GESTÃO EDITORIAL

CIP-BRASIL. CATALOGAÇÃO NA PUBLICAÇÃO
SINDICATO NACIONAL DOS EDITORES DE LIVROS, RJ

B794g   Braga, José M. Gestão editorial : o livro do autor ao leitor / José M. Braga, Edson Furmankiewicz. – 1. ed. – Porto Alegre [RS] : AGE, 2025.
560 p. ; 21x28 cm.

ISBN 978-65-5863-333-4
ISBN E-BOOK 978-65-5863-328-0

1. Livros – Indústria – Administração. I. Furmankiewicz, Edson. II. Título.

24-94191   CDD: 070.5
            CDU: 655.4/.5

Meri Gleice Rodrigues de Souza – Bibliotecária – CRB-7/6439

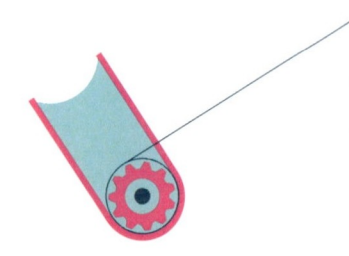

José M. Braga & Edson Furmankiewicz

GESTÃO EDITORIAL
O LIVRO DO AUTOR AO LEITOR

Editora AGE

PORTO ALEGRE, 2025

© José M. Braga e Edson Furmankiewicz, 2025

Capa:
Marco Cena

Diagramação:
Júlia Seixas

Editoração eletrônica:
Ledur Serviços Editoriais Ltda.

Reservados todos os direitos de publicação à
EDITORA AGE
editoraage@editoraage.com.br
Rua Valparaíso, 285 – Bairro Jardim Botânico
90690-300 – Porto Alegre, RS, Brasil
Fone: (51) 3223-9385 | Whats: (51) 99151-0311
vendas@editoraage.com.br
www.editoraage.com.br

Impresso no Brasil / Printed in Brazil

Prefácio

Em qualquer negócio ou profissão, todos nós desenvolvemos convicções que se baseiam em nossas observações empíricas. Por esse motivo, pensamos que seria útil resumir nossas convicções acerca da indústria editorial com base em nossas experiências como executivos do setor editorial e consultores de assuntos de administração editorial. Nossas crenças ao longo dos anos se consolidaram em uma série de conhecimentos, práticas e procedimentos sobre a publicação de livros.

A intenção é proporcionar aos profissionais e iniciantes do setor editorial uma base sobre a qual possam construir uma estratégia de negócio e fornecer uma visão da *realidade* do que é importante no mundo da publicação. Essas ideias são subjetivas e refletem um conjunto de práticas e conhecimentos adquiridos ao longo de 35 anos na indústria editorial.

Durante mais de três décadas trabalhando na indústria de publicações, como vendedor, representante editorial, editor, diretor editorial, diretor de marketing, tradutor e consultor de publicação tivemos a oportunidade de observar as mudanças e o crescimento dessa indústria. Este livro é o resultado dessa longa e diversificada experiência no mundo da publicação de livros educacionais, obras de referência e literatura em geral. Ao longo desses anos, aprendemos com diversos profissionais e é esse aprendizado que agora apresentamos aos leitores.

O processo envolvido em adquirir, desenvolver e publicar um livro didático é complexo, requer mão de obra intensivamente e altos investimentos. Não obstante serem significativos os investimentos financeiros, humanos e intelectuais que as editoras são obrigadas a fazer para se manterem competitivas no mercado, inovação com qualidade contínua e sucesso da educação permanecem como metas primordiais atualmente. As editoras devem comprometer-se em garantir que os estudantes e professores tenham fácil acesso a materiais didáticos da mais elevada qualidade possível.

As editoras líderes estão comprometidas em oferecer a estudantes e professores uma ampla variedade de opções para suas necessidades de aprendizagem e instrucionais, desde materiais impressos até ferramentas eletrônicas e baseadas na Internet. É essa amplitude de escolhas que pode fazer a diferença entre um estilo de ensino prosaico e uma educação de classe internacional.

Cada um dos campos da atividade ou do saber, implícita ou explicitamente, possui uma série de normas ou diretrizes resultantes da experiência adquirida. No início de qualquer empreendimento, essa soma de conhecimentos específicos paira solta em seu próprio ambiente cultural. Mas sempre acaba chegando o momento de se parar para colocar no papel e organizar de alguma maneira esse arcabouço de conhecimentos.

Neste livro, apresentamos uma seleção de ideias, exemplos e sugestões para as pessoas envolvidas no processo de publicação de livros – editorial, produção e marketing. Acreditamos que a adoção das práticas e procedimentos descritos aqui facilitarão enormemente sua rotina de trabalho. Mas, como em todos os negócios e profissões, a atividade editorial tem seus aspectos técnicos altamente complicados e seu próprio jargão e, por mais que nossas recomendações sejam adequadas, somente o trabalho constante, a criatividade e o interesse tornarão alguém um especialista no assunto.

Se juntarmos a isso os critérios especiais de uma empresa – inclusive certas diretrizes de caráter ético – estaremos perante um quadro completo de normas que é muito conveniente guardar por escrito.

Como o próprio título sugere, apresentamos de forma abrangente e didática o fluxo de todas as etapas que um livro percorre, desde sua concepção até chegar ao leitor. No decorrer desta jornada é mostrada a interação entre as diferentes funções da publicação e são descritas as tarefas envolvidas e as habilidades e conhecimentos necessários em cada função. Os autores tiveram a preocupação de não apenas dizer o que fazer, mas como fazer e para alcançar este objetivo à obra contempla uma variada gama de formulários, quadros, tabelas, figuras, dicas importantes, tornando o livro um manual prático para uso na atividade diária.

Nossa perspectiva sobre a publicação é organizacional, ou seja, examinamos as relações entre pessoas, processos e estrutura organizacional, e seus resultados.

O livro fornece aos profissionais e estudantes um framework no qual possam construir uma estratégia de publicações e oferecer uma "checagem da realidade" sobre o que é importante nos negócios de publicações. Com uma vasta experiência em uma variedade de campos – ficção e não ficção – os autores explicam em um animado estilo informal, as diferentes atividades, os processos e as práticas que os profissionais executam na indústria editorial.

Se você deseja saber como funciona uma editora, este livro vai mostrar:

- o que cada departamento faz em uma editora;
- o que está envolvido em cada fase do processo de publicação;
- como todas as fases do processo de publicação se relacionam;
- como os departamentos se relacionam para criar um negócio bem-sucedido.

Os autores apresentam uma perspectiva ampla da atividade editorial, seus procedimentos, processos e o que fazem estes profissionais:

- os autores;
- os editores de aquisição e de desenvolvimento;
- os editores de texto e revisores;
- a equipe de produção;
- a equipe de marketing e vendas.

Este manual ajudará os editores a:

- obter o melhor de seus autores;
- compreender a dinâmica da relação autor-editor;
- apresentar propostas de publicação comercialmente atraentes;
- planejar, implementar e gerenciar programas de publicação;
- preparar orçamentos e cronogramas de produção de livros;
- aplicar os princípios de controle de qualidade;
- publicar seus projetos no prazo e no orçamento estabelecido;
- identificar e evitar armadilhas comuns da editoração;
- agregar valor ao negócio da publicação.

Se você deseja tornar-se um autor encontrará em cinco capítulos:

- informações completas sobre como escrever livros de ficção e não ficção;
- dicas, ferramentas e técnicas que irão ajudá-lo a se tornar mais produtivo;
- orientações de como encontrar uma editora, como escrever uma proposta, negociar um contrato e como apresentar seus originais;
- estratégias e técnicas que irão ajudá-lo no marketing de seu livro.

Neste manual, apresentamos os principais procedimentos nas áreas operacionais de uma editora, principalmente aquelas que publicam livros didáticos para o ensino fundamental, médio e universitário. Nosso objetivo é auxiliar as pessoas em sua rotina, as quais poderão capacitá-las a desenvolver com eficiência e eficácia as suas tarefas. Embora algumas recomendações deste manual na forma de formulários, relatórios e procedimentos não sejam comumente adotadas no Brasil, foram inseridas aqui porque acreditamos que os tempos modernos se caracterizam pela necessidade de mudança. Avanços tecnológicos, fusões, aquisições, altas expectativas dos clientes e mercados em evolução estão causando enorme impacto na indústria editorial.

O contínuo crescimento da indústria editorial apresenta uma significativa demanda por profissionais especializados, mas o setor carece de mão de obra qualificada, há poucos cursos na área e falta uma bibliografia sobre o assunto. Tudo isso nos encorajou a produzir este manual. Um dos ingredientes-chaves na indústria editorial é o fato de não enxergarmos essa atividade como um processo de linha de montagem, mas, pelo contrário, como uma criação artística que congrega diversos profissionais para uma única finalidade. Autor e editor dependem um do outro, mas frequentemente falam linguagens diferentes e nesse trabalho não apenas mostramos como o trabalho editorial funciona, mas também como você – autor, editor ou empreendedor – pode dar o melhor de si e tirar o melhor proveito dessa dedicação.

Um escritor em uma pequena sala digitando em seu *laptop*; um editor em seu escritório assinando contratos, lendo inúmeros relatórios e propostas; um gerente de produção revisando o cronograma dos livros em produção; um editor de texto revisando um original; um departamento de marketing discutindo planos de marketing; um livreiro em uma loja empilhada de livros; um jornalista na televisão entrevistando um autor; um autor falando em um congresso; um representante entrevistando professores e promovendo livros. Todas essas imagens são parte do mercado editorial contemporâneo. Nessas imagens, parece existir algum tipo de narrativa, uma rede ligando essas pessoas, objetos e atividades. Mas como devem ser definidas essas imagens e quais são as narrativas? Que conflitos e alianças podem criar essas imagens? Este livro é um exame dessas imagens e suas narrativas no processo da publicação.

Bem-vindos ao mundo editorial.

José M. Braga
Edson Furmankiewicz

Agradecimentos

A lista de agradecimentos é longa e a cada rascunho percebia que faltavam nomes. Para não ocorrerem omissões, decidi preservar somente aqueles nomes muito especiais. Ao longo de minha carreira recebi a colaboração de muitos colegas, os quais cederam materiais para este livro, e aqui estão seus créditos:

- Richard E. Burke – Capítulo 2.
- Nelson Black – Capítulo 3.
- Arnaldo Arruda e Barbara Benevides – Capítulo 10.
- Maria C. Jurado Moriya – Capítulos 19 e 20.
- Hanz Werner e Raymudo Cruzado – Capítulo 23.
- Daisy P. Daniel – Sua contribuição salvou estes autores em muitos capítulos.
- Edson Luís Rosa – Capítulos 24 e 25.
- João R. Martins, meu chefe na McGraw-Hill, pelo apoio que recebi ao longo de cinco anos (1979-1984). Hoje um grande amigo.
- Jan Rais, que me promoveu a editor da McGraw-Hill e disse: "Braga, você tem todas as ferramentas para construir uma carreira exitosa".

IN MEMORIAM

Henrique Bertaso. Meu primeiro mestre, proprietário da Livraria do Globo, que em suas ações e exemplos demonstrava que os alicerces de um negócio só se sustentam com ética, dedicação e respeito.

Josefina Paiva da Gama e Silva. Minha primeira chefe, a qual foi um exemplo de garra, persistência e tinha a capacidade de reconhecer e recompensar as pessoas com talento e dedicação.

Richard Edwin Burke e Hanz Werner. Meus ex-colegas na McGraw-Hill International. Com eles aprendi muitos procedimentos, técnicas de vendas e que o negócio da publicação envolve bons relacionamentos e devem ser cultivados por um período longo. Alguns capítulos deste livro tiveram a colaboração significativa desses profissionais. Tive a sorte de trabalhar com ambos.

Maria Celina Jurado Moriya (ex-colega na McGraw-Hill, Thomson Learning e Pearson). Impossível esquecê-la.

Miguel S. Braga e Lídia M. Braga, meus pais. Meu profundo sentimento de amor e gratidão.

Um especial agradecimento à minha esposa, Geneci G. Braga, e a meus filhos, Leonardo e Aline. Sem eles não faria sentido escrever este livro.

José Braga

Ao meu filho, Andrey, que sempre me ensina algo novo, e aos meus pais, que sempre me apoiaram.

Edson Furmankiewicz

Sumário resumido

Prefácio 5
Agradecimentos 9
Sumário resumido 11
Sumário 13

PARTE I   O MUNDO DA PUBLICAÇÃO 31
Capítulo 1   Publicação: uma visão geral 33
Capítulo 2   Administração editorial 71
Capítulo 3   O negócio da publicação 83
Capítulo 4   Estrutura e organização editorial 107

PARTE II   DIRETRIZES PARA OS AUTORES 123
Capítulo 5   Por que escrever um livro? 125
Capítulo 6   Escrevendo materiais educacionais 149
Capítulo 7   Procurando uma editora 179
Capítulo 8   Criando o melhor livro: dicas para futuros autores 199
Capítulo 9   Desenvolvimento editorial 209
Capítulo 10 Preparação de originais 223

PARTE III   A FUNÇÃO EDITORIAL 255
Capítulo 11 Aquisições: organização e gerenciamento 257
Capítulo 12 A decisão de publicar 289
Capítulo 13 Avaliação e viabilidade de projetos editoriais 311
Capítulo 14 Lançando um livro em produção 329

Capítulo 15	Negociação de contratos 337
Capítulo 16	As relações com os autores: diretrizes para os editores 353

PARTE IV A FUNÇÃO DE PRÉ-IMPRESSÃO 365

Capítulo 17	Pré-impressão: organização e gerenciamento 367
Capítulo 18	O processo de produção editorial 373
Capítulo 19	O editor de texto como gerente de projeto 389
Capítulo 20	O processo de edição 409

PARTE V A FUNÇÃO DE MARKETING E VENDAS 423

Capítulo 21	Administração de marketing 425
Capítulo 22	Introdução ao marketing de livros 435
Capítulo 23	Planejamento e pesquisa de marketing editorial 465

PARTE VI UMA INDÚSTRIA EM TRANSFORMAÇÃO 497

Capítulo 24	Publicação eletrônica 499
Capítulo 25	Como criar seu site 523

Apêndice A	O fim de uma jornada 535
Glossário	 537
Bibliografia	 543
Índice remissivo	 547

Sumário

Prefácio 5

Agradecimentos 9

Sumário resumido 11

Sumário 13

PARTE I   O MUNDO DA PUBLICAÇÃO 31

Capítulo 1   Publicação: uma visão geral 33
    Introdução 33
    A publicação é diferente 34
    O lugar do livro 35
    Publicação de livros: fatos e fantasias 36
        Áreas funcionais 37
        O que as editoras procuram 38
    Como fazer para se destacar na multidão? 38
        Como ingressar na carreira editorial? 39
            Uma carreira flexível e de longo prazo 40
            Que tipo de pessoa se sai melhor na publicação? 40
            Você é insaciavelmente curioso? 40
            Você está animado com o novo? 40
        Qualidades desejadas 40
        Cargos e funções – quem faz o quê em uma editora de livros 41
            Editorial 41
            Pré-impressão e manufatura 42
            Marketing 43
            Recursos humanos e financeiros 43
            Desenvolvimento web 44
    Campos da publicação 44
    Divisões da indústria editorial 45
    Publicação: uma síntese 46
        Seleção do projeto 46
        Produção 47
        Divulgação 47

A cadeia de valor da publicação 48
    A mudança na cadeia de valor 51
    Repensando a cadeia de valor tradicional 51
    O valor agregado da publicação 53
    Como as editoras agregam valor ao conteúdo? 53
    Marca 54
    A cadeia de suprimentos de produtos digitais 54
    Explorando o mundo da publicação 55
    A revolução digital 59
Uma indústria em transformação 60
    e-books: os novos modelos de negócio 60
    Uma revolução oculta: a reinvenção do ciclo de vida do livro 61
Tecnologia e sociedade 61
Mitos sobre as empresas de publicação 61
    O futuro da revolução digital 63
Conclusão 64
    Revolução no ar 64
    Os primeiros passos de uma jornada rumo ao desconhecido 65
    Mudanças estruturais e implicações estratégicas 66
    O que está por vir 66
    Mais produtos 67
    Maior acesso 67
    Marketing focado 67
    Aumento da eficiência 67
    Reutilização do conteúdo 68
    Mais criatividade? 68

Capítulo 2   Administração editorial 71
Introdução 71
Gerenciamento editorial 72
Desenvolvimento e coordenação 74
Auditoria da publicação 76
    Quais são os benefícios de uma auditoria da publicação? 76
    O que uma auditoria examinará? 77
    Os passos para a auditoria de publicação 77
    Auditoria de gestão na publicação 77
Comprando ou vendendo uma editora 77
    Questionário de avaliação 78
Avaliação de uma editora 80
Dicas importantes – o contexto em que sua organização opera 81

Capítulo 3   O negócio da publicação 83
Conceitos fundamentais 83
As realidades e um quadro para o sucesso 85
Iniciando uma editora 87

Fórmula para o sucesso: nicho editorial	89
O ambiente de publicação	89
O ciclo da publicação e a linha de tempo	92
A necessidade da pesquisa de mercado	95
O que você quer ser?	96
Qual é seu mercado e quem são seus concorrentes?	98
Declaração de missão	98
Posicionamento para vender	101
Gestão da qualidade total aplicada ao desenvolvimento de produtos	102
Kaizen é importante	103
Processo, tempo do ciclo, foco na satisfação do cliente	103
Como aprender sobre seus clientes	104
Recomendações para a melhoria da qualidade	104

Capítulo 4   Estrutura e organização editorial ... 107

Introdução	107
Organização para gerar sinergia	108
Áreas funcionais de uma editora	112
Descrições de cargos	115
Desenvolvimento, supervisão e administração	117
Autoritarismo e consenso	120
Perdão	121

PARTE II   DIRETRIZES PARA OS AUTORES ... 123

Capítulo 5   Por que escrever um livro? ... 125

Razões para escrever	125
Qual é seu propósito?	126
Qual é sua razão?	127
Estou determinado a escrever	127
Quero publicar para ter satisfação pessoal	127
Quero defender uma causa	127
Quero compartilhar meu conhecimento	127
Quero avançar em minha carreira	127
Quero alcançar fama	128
Quero ganhar uma fortuna	128
Todas acima!	128
Escritores desejados	128
Escritores de ficção	129
Aprender a escrever	129
Um tempo e lugar para todas as coisas	131
Quando é o melhor momento para escrever?	132
O ritual idiossincrático de alguns autores famosos	133
Ferramentas para o trabalho	133
Fazendo um inventário	133

Por que escrever um livro-texto?...135
Como ser um autor quando não se sabe escrever?..136
Qualificações necessárias para escrever um livro didático..137
O conceito modelando suas ideias..138
    Encontrando seu gancho...138
    A ideia com alto conceito...139
    Determinação do alvo de seu mercado *versus* saturação de mercado 139
    Como surgem as ideias para um livro? 140
    As realizações de uma boa ideia 140
    Aguçando seu foco...141
    Dicas de escrita de George Orwell...142
        Quem pode escrever um livro?...142
Como lidar com as rejeições 143
Como os editores tomam decisões 144
    O processo de aquisição 144
        Posso falar com um editor?..145
        Meu editor, meu terapeuta 145
        Anacronismos da indústria editorial 146
Juntando tudo..146
Dicas importantes – a constante arte de ser um escritor...147

Capítulo 6   Escrevendo materiais educacionais...149

Introdução 149
Parceria na publicação 150
Preparação de uma proposta de livro-texto 151
    O texto 151
    O mercado e a concorrência...152
    Materiais auxiliares 153
        Outras informações..153
    Sumário detalhado...153
    Capítulos de amostra 153
    Currículo..153
    Observação especial 153
Como criar uma boa proposta..154
    Dica 1: Espere seu projeto se transformar...155
    Dica 2: Entenda a ideia e sua plataforma 155
    Dica 3: Alguns passos...155
    Dica 4: Mostre suas credenciais inteligentemente...155
    Dica 5: Escreva um capítulo de amostra 156
    Dica 6: Prepare uma carta de apresentação 156
    Sobre a concorrência..156
Seis estratégias para propostas de livros de não ficção 156
Avaliação da proposta...157
    De posse dessas avaliações, a editora decide fazer uma reunião editorial
    para analisar a proposta. O que acontece nessa reunião? 157

O processo de publicação 158
    Desenvolvimento 158
    Produção 158
    Marketing e vendas 160
Escreva seu livro 160
    Abordagem e organização 161
    Materiais auxiliares de aprendizagem 162
    Concisão 163
    Coerência 164
    Clareza 164
    Harmonia 165
    Legibilidade 165
    Vocabulário 165
    Extensão de orações e parágrafos 166
    Exemplos e aplicações 166
    Ritmo 166
    Interesse 166
    Diversidade de assuntos humanos 166
    Materiais auxiliares de estudo 166
    Introduções e resumos 166
    Gráficos 166
    Citações 166
    Listas 167
    Linguagem adequada 167
    O lugar da ideologia 167
    Politicamente correto 167
    Orientações filosóficas e políticas 167
    Precisão e atualidade 167
    Plágio 168
    Controle de extensão 168
    Faça um esboço do conteúdo projetado do livro 168
    Faça uma estimativa do tamanho 168
    Gramática e estilo 168
    Múltiplos autores 168
    A natureza geral do livro 169
    A filosofia do livro 169
    Público 169
    Estilo de escrita 169
    Rascunho 169
    Quantidade de contribuições individuais 169
    Ilustrações 169
    Bibliografia 170
    Notas e referências 170
    Tabelas 170
    Materiais auxiliares de ensino e aprendizagem 170
    Programação 170

Comunicação 170
Desenvolvendo um plano para o livro 171
    Passo 1: conheça seu público 171
    Passo 2: desenvolva o sumário 171
    Passo 3: defina os elementos pedagógicos 171
    Passo 4: programa de ilustrações 172
    Passo 5: prepare os suplementos 172
Como prender a atenção dos leitores 172
Avaliações e revisões 174
    Avaliações de conteúdo 174
Avaliações pelo editor de desenvolvimento 175
    Revisões 175
    Data de entrega final 175
Imaginação e criação 175
Dicas importantes: como avaliar um livro-texto 176

Capítulo 7 Procurando uma editora 179

Introdução 179
Escolhendo uma editora 180
    Tipos de editores 181
        Editoras de livros de ficção 181
        Editoras de livros educacionais 181
    Escrevendo um livro-texto antes de receber um contrato 181
        Enviando correspondências 181
Livros-texto 181
Livros-texto universitários 182
Prospectando editoras 183
Escrever, avaliar e revisar 186
    Avaliar e reescrever 188
Trabalhando com seus editores 190
Material complementar 192
    Material impresso 192
        Livro do professor 192
        Guias de estudo 193
        Cadernos de soluções 193
        Cadernos de exercícios 193
        Banco de testes 193
    Mídia digital 193
        CD/DVD de dados 194
        Software 194
        Slides de apresentação 194
        Recursos on-line 194
Novas edições 195
Negociação de contrato 196

Royalties: como o bolo é dividido 196
Coisas que o autor deve saber antes de assinar um contrato 197

Capítulo 8 Criando o melhor livro: dicas para futuros autores 199
Introdução 199
Por que escrever um livro-texto? 200
O primeiro passo para abordar um editor 200
Armadilhas a serem evitadas 201
Como funciona o processo de avaliação 202
Qualidade *versus* potencial comercial 203
O que faz um bom livro? 204
É ético enviar uma proposta a diferentes editores ao mesmo tempo? 205
O que podemos aprender a respeito de escrever livros 205
O leitor em primeiro lugar 205
Livros-textos 206
Livros de negócios 207

Capítulo 9 Desenvolvimento editorial 209
Introdução 209
Decisões de desenvolvimento 210
Negociando ajuda para desenvolvimento 212
Trabalhando com um editor de desenvolvimento 212
Diferença entre edição de desenvolvimento e edição de texto 213
Entendendo o papel do editor de desenvolvimento 213
Estabelecendo uma boa relação de trabalho 213
Fontes de tensão na relação entre autores e editores 213
Fazendo seu próprio desenvolvimento 215
Obtendo colaboração da editora 215
Crie uma mapa para uma pesquisa comparativa da concorrência 216
Comparação de conteúdo 217
Redes sociais, profissionais e/ou acadêmicas 218
Obtendo e usando avaliações/pareceres 218
Número de avaliações/pareceres 219
Análise das avaliações/pareceres 219
Orientações e questões para pareceristas 220
Organização e conteúdo 220
Estilo de redação e apresentação 220
Recursos e pedagogia 220
Avaliação global 221

Capítulo 10 Preparação de originais 223
Introdução 223
O processo de produção 224
Arquivos de amostra 224

Gerenciamento de arquivos ... 224
    Formatos de arquivo ... 225
    Vinculação e incorporação de objetos ... 226
    Métodos de envio ... 227
    Compressão e compactação de arquivos ... 228
    Organização e nomeação ... 229
    Formatação ... 230

Cópias impressas ... 231

Partes do livro ... 232
    Elementos pré-textuais ... 232
        Capas ... 233
        Orelhas ... 233
        Falsa folha de rosto ... 233
        Folha de rosto ... 233
        Página de copyright ... 234
        Dedicatória ... 234
        Epígrafe ... 235
        Listas ... 235
        Prefácio ou apresentação ... 236
        Agradecimentos ... 237
        Lista de colaboradores ... 237
        Ao aluno/leitor ... 237
        Como usar este livro ... 237
        Sumário ... 238
    Elementos textuais ... 238
        Elementos estruturais ... 238
        Arte e elementos de apoio ... 239
        Elementos de localização ... 242
    Elementos pós-textuais ... 243
        Posfácio ... 243
        Referências ... 243
        Apêndices e anexos ... 244
        Glossários ... 244
        Bibliografia ... 244
        Índices ... 244
        Erratas ... 244
        Colofão ... 244
    Elementos extratextuais ... 244
        Cores e tintas ... 245
        Formato ... 246
        Papel ... 246
        Encadernação ... 246
        Encartes e inserções ... 247
        Corte e vinco ... 247
        Abas ou guias ... 247
        Caixas ... 248

Permissões ... 248

Estilo editorial ... 249

  Itálico 249
  Aspas duplas 249
  Aspas simples 250
  Emprego de maiúsculas e minúsculas 250
  Datas 250
  Pronomes possessivos 250
  Artigo e pronome possessivo 250
  Notas de rodapé/bibliografia 250
  Siglas 251
  Títulos e subtítulos 251
  Tribos indígenas 251
  Livros inéditos no Brasil 251
  Nomes próprios 251
  Números 251
    Exceções 251
    Porcentagens 251
  Escrita não sexista 251
 Lista de verificação do autor 252

PARTE III A FUNÇÃO EDITORIAL 255

Capítulo 11 Aquisições: organização e gerenciamento 257

 Introdução 257
 Aquisições 259
 Papéis e tarefas do editor de aquisição 262
  O valor agregado da aquisição 262
  Caçador 263
  Selecionador 263
  Modelador 263
  Conector 264
  Promotor 264
  Aliado 264
  Construtor de redes 265
  Construtor de lista 265
  Por que ser um editor? 266
 Canais de aquisição 266
  O que faz um editor de aquisição? O que eles deveriam fazer? 267
    Visão de mercado 268
    O processo 268
  Pesquisa e desenvolvimento (P & D) 268
  Está tudo nos números 269
  A figura maior 269
  Desenvolvimento de autores e relacionamentos 269
  Gerenciando e revitalizando o catálogo 270
  Gerenciando a equipe e o projeto editorial 271
  Desenvolvimento de manuscritos 271

Trabalhando com seus pares: vendas e marketing 272
Sua equipe mais ampla 272
A aquisição é diferente para o digital?... 272
Desenvolvimento de novos produtos... 273
Habilidades e competências editoriais 274
O valor das ideias... 275
Qualquer um pode adquirir novos livros?... 275
Quatorze atributos do editor de aquisição bem-sucedido 276
Especialistas no assunto... 276
Gerenciando a si mesmo e os outros... 276
Aquisição e desenvolvimento nos livros didáticos 276
Como avaliar a função de aquisição.. 278
Perguntas para serem respondidas 279
Tomada de decisão... 279
Documentação.. 279
Considerações de mercado 279
Medidas.. 280
Desenvolvimento de novos produtos... 280
Desempenho... 280
Processo 280
Recrutamento de autores 280
Documentos para avaliação 280
Benefícios da avaliação das aquisições.. 280
Respostas às perguntas 281
Fatores considerados pelos autores ao selecionar uma editora 281
Por que os projetos fracassam ou são bem-sucedidos 283
Sugestões de aquisição de livros 283
Apêndice... 286
Max Perkins: o editor de gênios 286

Capítulo 12   A decisão de publicar 289

Introdução 289
Fatores que influenciam a decisão de publicar 290
O processo de aprovação 291
Construindo um programa de publicação 292
Desenvolvendo e mantendo listas.. 295
Desenvolvendo uma lista estabelecida 295
Identificar e avaliar o mercado 296
Contribuir para as atividades de marketing 296
Selecionando e preparando propostas de livros 297
Comprometimento editorial 301
Desenvolvendo propostas de publicação 303
Como identificar e avaliar ideias de publicação potencialmente comerciais 303
Como desenvolver, pesquisar e propor ideias de publicação............................. 303

Como desenvolver e aperfeiçoar um plano editorial 304
Como fazer os autores escreverem o que a editora quer 306
Critérios para seleção de autores 308
Desenvolvendo e mantendo um plano de publicação 308
Como estabelecer e manter a estrutura do plano de publicação 308
Como preparar e ater-se a um plano contínuo de publicações 309
Como avaliar o plano de publicações 310

Capítulo 13 Avaliação e viabilidade de projetos editoriais 311

Introdução 311
Criação de um livro didático: um processo elaborado 312
    1. Análise de mercado e planejamento 313
    2. Parceria com autores 313
    3. Desenvolvimento de um livro baseado no mercado 313
    4. Revisões 314
    5. Desenvolvimento de agregados 314
    6. Produção e manufatura 314
    7. Marketing 315
    8. Promoção e vendas 315
    9. Atendimento ao cliente 315
Olhando para o futuro 315
Autorização de projetos editoriais 315
    1. Justificação do projeto preparado pelo editor 316
    2. O projeto 316
    3. Pesquisa de mercado 317
    4. Currículo 317
    5. Metas e conteúdo 317
    6. Autores/avaliadores 317
    7. Contratos 317
    8. Características e benefícios 317
    9. Mudanças propostas (no caso de nova edição) 317
    10. Agendamento para a preparação do original 317
    11. Informação financeira 317
    12. Justificação do departamento de marketing 318
    13. Folha financeira 318
        Formulário de autorização de projetos (FAP) 318
O papel do conselho editorial 323
Os segredos das reuniões editoriais 323
Momentos de expectativa 325
Dez medidas para avaliar a eficácia de um plano editorial 325
Identificação e avaliação de mercados 325
Como identificar e avaliar os mercados das propostas de publicação 325
Como identificar e avaliar as prioridades, objetivos e recursos da editora 326
Formulário de solicitação de custos 326

Capítulo 14 Lançando um livro em produção 329
    O que significa lançar um livro em produção? 329
    A reunião de transmissão 330
        Quem deve participar do lançamento de um livro em produção? 330
    O relatório de lançamento em produção 332
    O lançamento em produção e dinâmica de grupo 333
        Outros procedimentos 333

Capítulo 15 Negociação de contratos 337
    Introdução 337
        Uma via de mão dupla 337
            O autor fornece à editora: 338
            A editora fornece ao autor: 338
    Contrato de publicação 338
        Royalties 339
    Adiantamentos de direitos autorais: seis dicas 339
    Modelo de contrato 340
    Original satisfatório 343
    Quanto se deve gastar para conseguir autores? 346
        Protegendo seus ativos 349
    Dicas importantes – Preparação e revisão de contratos 349
        Elemento 1 – Preparar e revisar os contratos para aquisição de direitos
            por sua empresa 349
        Elemento 2 – Revisar e preparar contratos para o sublicenciamento
            de direitos da sua empresa 350
        A cooperação com autores, colaboradores e fornecedores 350
            Elemento 1 – Negociar contratos 350

Capítulo 16 As relações com os autores: diretrizes para os editores 353
    Introdução 353
    O recebimento e o manuseio dos originais 354
    Rejeições 354
        Recebimento e manuseio de propostas 355
    Negociações do contrato 355
        Do contrato ao original 355
        Recebimento do original completo sob contrato 356
    O livro no prelo 357
    Data da publicação 358
        Manutenção do contato 359
        Quando uma edição se esgota 359
    Troca de editores 359
        Alguns problemas especiais 359
        Registros 360
            Relações com a equipe de um autor 361

Por que não dizer aos autores? 361
Reclamações dos autores 361
    Os quatro tipos de autor 361

PARTE IV   A FUNÇÃO DE PRÉ-IMPRESSÃO 365

Capítulo 17   Pré-impressão: organização e gerenciamento 367

Introdução 367
Treinamento 369
Controle de projetos 369
Elaboração e controle da programação de produção 370
    Como elaborar a programação de produção 370
    Como controlar a programação da produção 371

Capítulo 18   O processo de produção editorial 373

Introdução 373
Fornecimento de originais 373
    Fornecendo um arquivo de amostra 374
A equipe de produção editorial 374
Edição de texto 375
    Avaliação da edição de texto pelo autor 375
    Índice 377
    Páginas iniciais e páginas finais 377
Edição de arte 378
    Projeto gráfico 378
    Ilustrações 378
    Capa 378
    Provas diagramadas 379
    A evolução do processo de produção 379
    O que é uma prova? 380
Revisão de provas diagramadas 380
    Como se lê a prova? 380
    Símbolos da correção de provas 381
    Segunda prova diagramada 383
    Revisão de ilustrações nas provas 383
    Alterações do autor 383
Custos, cronograma e qualidade 384
    Reimpressões 386
    Mídias alternativas de apoio ao produto principal 386
    Como garantir prazos e programas de produção 386

Capítulo 19   O editor de texto como gerente de projeto 389

O editor de texto e suas funções 389
Profissão, carreira e mercado de trabalho 391

Habilidades do editor de texto 392
    Perspectiva do editor versus autor.. 392
    O conjunto de habilidades editoriais: o que um editor pode fazer 393
    A mentalidade editorial: o que faz um bom editor 394
    Escritores e autores são adversários naturais.. 394
Preparação de originais... 394
    Marcação de texto... 394
Revisão de provas tradicional... 395
    Número de provas... 395
    Métodos de revisão de provas... 395
    Sinais de revisão 397
Revisão de provas eletrônica 397
    Editando arquivos PDF 399
    Alternativas para edição de PDFs... 401
Listas de verificação... 402
Verificação de fatos... 402
Gerenciamento de projetos 403
    Ferramentas para gerenciamento de projetos 404
    Produção de relatórios.. 405

Capítulo 20   O processo de edição 409

A edição como processo 409
Edição de texto 410
Tarefas principais 411
    1. Edição mecânica 411
    2. Correlação de partes.. 412
    3. Edição da linguagem 412
    4. Edição do conteúdo ou edição substantiva 412
    5. Permissões.. 413
O que os editores de texto não fazem?... 413
    Níveis de edição de texto.. 414
        Edição leve (básica) 415
        Edição média 415
        Edição pesada...415
        Quanto ao público 415
        Quanto ao texto...415
        Quanto à edição e ao tipo de edição...416
        Quanto ao estilo editorial..416
        Quanto ao autor 416
        Quanto a detalhes administrativos...416
O processo editorial 416
Triagem editorial 418
Estimativas.. 419
    A Lei de Murphy da publicação 420
    Uma profissão acidental 421

PARTE V A FUNÇÃO DE MARKETING E VENDAS 423

Capítulo 21 Administração de marketing 425
- Introdução 425
- Organização do departamento de marketing 426
- Vendendo o livro 427
- Alcançando o mercado 429
- Funções e estratégias de marketing 430

Capítulo 22 Introdução ao marketing de livros 435
- Marketing é tudo, tudo é marketing 435
- A diferença entre marketing e vendas 436
  - Quando termina o editorial e começa o marketing? 437
  - Decisões de marketing 437
  - As funções da equipe de marketing 438
- Maximizando as receitas 439
- Como tornar os esforços de marketing eficientes 439
- Como calcular seus parâmetros financeiros 440
- Como definir um modelo de análise da lucratividade 441
- Quanto se deve gastar? 442
- Como colocar seu plano de marketing no papel 442
- Marketing na Era Digital 444
  - O cenário do marketing hoje 444
  - Análise 445
  - Produção de vídeo 445
  - Mídias sociais 445
  - Marketing de conteúdo 446
  - E-mail 446
  - Habilidades essenciais de marketing tradicional 446
- Iniciando o marketing 446
  - Linha do tempo do marketing 447
- Realizando o marketing para vender o livro 447
- Estratégias de marketing e plano de marketing 453
- Ferramentas de vendas 454
  - Marketing de banco de dados 454
  - Guias de localização 454
  - Informações competitivas 454
  - Informações sobre o produto 454
- Processo promocional e de vendas 455
  - Reuniões de vendas 455
  - Encontro nacional de vendas – abril 455
  - Encontro nacional de vendas – setembro 455
  - Convenções, congressos e feiras 455

Tecnologia 455
World Wide Web 456
Sessões de bate-papo ao vivo 456
Marketing adicional 456
Envolvimento do autor 456
Marketing de conteúdo 456
Mandamentos do marketing de conteúdo 457
A estratégia de conteúdo unificado 457
Como funciona a adoção de um livro didático? 458
Treinamento dos representantes de vendas (divulgadores) 459
Como evitar erros no marketing de livros 460
Identificando o mercado do livro 462

Capítulo 23   Planejamento e pesquisa de marketing editorial 465

Planejamento e estratégia 465
A importância do planejamento 465
O objetivo chave do planejamento 466
Pesquisa de marketing 466
As suposições e dúvidas do setor editorial 467
O papel da pesquisa de marketing na indústria editorial 467
Tipos de pesquisa realizados no setor editorial 469
Segmentação dos mercados 469
Posicionamento competitivo 469
Dados de desempenho 469
Dados comportamentais e motivacionais 470
Pesquisa por setor 470
Pesquisa na indústria editorial no futuro 470
Plano de marketing 471
Compilando o plano de marketing 471
Etapa 1 – Formule a direção e a meta globais 471
Etapa 2 – Identifique as oportunidades externas 473
Etapa 3 – Identifique as ameaças externas 473
Etapa 4 – Analise os pontos fortes e os pontos fracos internos 473
Etapa 5 – Programe o mix de marketing 474
Etapa 6 – Identifique o tipo de comunicação e o controle 474
Um caminho prático a ser seguido 475
Análise SWOT da publicação de livros 476
Pontos fortes 476
Pontos fracos 477
Oportunidades 478
Ameaças 478
Como usar a análise SWOT para a publicação de livros 478
Considerações sobre o produto 479
Publicação criativa 479
Ciclo de vida do produto 480

Gerenciamento do ciclo de vida de um título 481
Tipos de comprador 482
Uso ativo do ciclo de vida do produto 483
        Monitorando produtos editoriais 483
Definição do preço 484
    A percepção do preço 485
    A nova realidade e seus efeitos 485
    Contando ao mundo 486
Planejamento estratégico editorial 486
Por que os editores devem aprender sobre estratégia? 487
    Alinhamento estratégico 488
    Marketing de Guerra 488
    A diferenciação em um ambiente competitivo 489
Modelo de planejamento estratégico 491
    Estratégias no período de cinco anos 491
        Imperativos do planejamento estratégico 492
    Práticas do planejamento estratégico editorial 492
    Modelo completo para o desenvolvimento do produto 493
    Processo de publicação e sua implementação 494
    Processo de desenvolvimento do produto em 20 passos 494
    Como implementar o processo em seu programa? 494
    Passos individuais do processo 494
Plano de marketing para produtos editoriais 495
    1. Preparar o plano de marketing e as estratégias 495
    2. Planejar e monitorar o orçamento de marketing 495
    3. Preparar e transmitir novas metas de vendas 495
    4. Monitorar e avaliar as atividades de marketing 496

PARTE VI — UMA INDÚSTRIA EM TRANSFORMAÇÃO 497

Capítulo 24 — Publicação eletrônica 499

Introdução 499
Visão geral da publicação eletrônica 500
    E-books 500
    Impressão *sob demanda* 501
    Publicação de e-mails 501
    Publicação na *web* 501
Tecnologias, mercados e valor agregado 502
Estratégias de conteúdo na web 504
Publicação de livros didáticos e a web 506
Do livro impresso à mídia digital 508
    O papel dos editores 509
        Mudanças nas operações tradicionais de publicação 510
    Sugestões para publicação eletrônica bem-sucedida 510

Mídias sociais para editores de livros educacionais 510
    Estratégia 511
Questões e sugestões de *e-publishing* 512
A encruzilhada do e-book 513
    Origens e definição 513
        Um sonho antigo 514
    Dispositivos de leitura 514
        O desenvolvimento dos leitores de e-books 515
    Formatos 516
    Plataformas e modelos de negócio 517
        Google Play 517
        Amazon.com 518
        Apple Store 518
    Gerenciamento dos direitos digitais 519
    Estado atual da publicação eletrônica 519

Capítulo 25   Como criar seu site **523**
Introdução 523
    Por que ter um site? 523
Cuide do layout de seu site 524
    Acessibilidade 524
    Suporte aos diferentes tipos de acesso 524
        Suporte a navegadores 524
        Suporte a resoluções de tela 525
        Suporte a tablets, smartphones e TVs 525
Use seu site para divulgar sua identidade 526
Forneça informações valiosas aos visitantes 527
Use seu site para construir relacionamentos 528
    Redes sociais 528
Use seu site para vender 529
    Vendas diretas 529
    Vendas de assinaturas 529
Amplie seu campo de ação 530
    Marketing através de boletim por e-mail 530
    Pesquisa de produto no site 530
    Comércio eletrônico e informações on-line 531
Invista em um site de livros da editora 531
    Centro de Estudo On-line (CEO) 532

Apêndice A   O fim de uma jornada **535**

Glossário **537**

Bibliografia **543**

Índice remissivo **547**

Parte I: O mundo da publicação
Parte II: Diretrizes para autores
Parte III: A função editorial
Parte IV: A função de pré-impressão
Parte V: A função de marketing e vendas
Parte VI: Uma indústria em transformação

PARTE I
O mundo da publicação

NESTA PARTE

Capítulo 1	Publicação: uma visão geral	33
Capítulo 2	Administração editorial	71
Capítulo 3	O negócio da publicação	83
Capítulo 4	Estrutura e organização editorial	107

CAPÍTULO 1

Publicação: uma visão geral

NESTE CAPÍTULO

Introdução 33

A publicação é diferente 34

O lugar do livro.....................................35

Publicação de livros: fatos
    e fantasias..36

Como fazer para se destacar
    na multidão?.....................................38

Campos da publicação 44

Divisões da indústria editorial 45

Publicação: uma síntese....................46

A cadeia de valor da publicação.....48

Uma indústria em
    transformação..................................60

Tecnologia e sociedade.....................61

Mitos sobre as empresas de
    publicação..61

Conclusão..64

INTRODUÇÃO

O que é a publicação de livros na frase da moda: o estado da arte? Muitos profissionais dizem que não é uma arte, é um negócio. Se a publicação é um negócio, na melhor das hipóteses, torna-se uma vocação.

Os autores Geiser, Dolin e Topkis[1] escrevem: a rigor, a publicação não é uma arte nem uma profissão. Embora artistas e profissionais encontrem carreiras em publicações (advogados, contadores, MBAs, diretores de arte e assim por diante), a publicação é apenas acidentalmente uma profissão e esporadicamente uma arte. Não faz exigências profissionais formais de estudo, estágio, admissão por exame ou expulsão por violação. Os melhores editores são éticos e têm comportamentos adequados, o negócio não tem regras fixas ou códigos éticos de conduta. Pode haver arte na publicação como na carpintaria, na diplomacia ou na psiquiatria (três campos não estranhos ao nosso). No entanto, a publicação, embora em parte seja derivada da arte, pode ser às vezes tão mundana e repetitiva quanto outras formas de trabalho. Não é mais uma arte do que atividades semelhantes como biblioteconomia ou venda de livros e não deve ser confundida com escrita ou impressão, cada uma das quais pode ser uma arte ou ofício ou simplesmente um trabalho cotidiano.

A ironia é que os editores são regularmente criticados por serem muito profissionais e fracos nos negócios. A verdade é que não conseguimos esclarecer certas questões, já que os críticos da publicação parecem relutantes em aprender a verdade básica.

A publicação é um negócio tranquilo ou espetacular e certamente é um negócio interessante e peculiar. Pode ser frustrante ou gratificante, ético ou duvidoso, mas as pessoas que sobrevivem na publicação são aquelas que aprenderam a publicar e a administrar um negócio. Os que prosperaram, especialmente espiritualmente, são indivíduos afortunados o suficiente para descobrir que o que eles têm não é apenas um trabalho, mas uma vocação.

A publicação, precisa ser esclarecida desde o início: o que significa publicação?

A resposta está, na raiz da palavra: a palavra latina *publicare*, que significa "tornar público, revelar, divulgar, anunciar".

Como acontece com muitas ideias, quanto mais de perto se olha, mais complicada se torna a questão. Em essência, nosso foco é simples. Por "publicar" significa vagamente "publicação de livros", ecoando o uso coloquial e a compreensão desta palavra.

A publicação descreve não uma, mas uma série de indústrias. Por exemplo, na indústria da música, a publicação denota uma atividade específica alinhada ao trabalho central das gravadoras. Os editores de música são essencialmente agências de licenciamento e arrecadação de receitas em nome de artistas e detentores de direitos musicais. Eles normalmente coletam material de usos subsidiários da música e não estão preocupados com a gravação, produção e disseminação da música, mas com vários recursos de propriedade intelectual em torno dela. A estrutura da indústria atribui o que no mundo dos livros seria a publicação a gravadoras, enquanto a publicação de música encontra seu análogo literário nos departamentos de editoras de livros e agências especializadas (como agências literárias).

Na introdução de seu livro, o autor Guthrie[2] escreve: *A publicação é um processo pelo qual a comunicação humana se torna pública. A intenção nas primeiras mensagens humanas transmitidas pelo primeiro discurso público, a primeira apresentação musical, até mesmo as primeiras marcas riscadas na parede de uma caverna ou rocha, são parte integrante de uma história que leva através do tempo até a porta da publicação contemporânea. A publicação tem estado presente em cada expressão pessoal, política e social de ideias, em cada instinto criativo, impressão, emoção, pensamento, memória, troca de informação que já foi deliberadamente tornada pública em qualquer contexto cultural desde que começaram a gravar a existência da humanidade. A extraordinária amplitude e longevidade da publicação é igualada apenas pela singularidade de cada evento publicado. Toda publicação, seja livro, gravação de música, programa de televisão, filme, fotografia, revista ou jornal, é única em si mesma. Cada caminho percorrido na redação, composição, produção e marketing de cada publicação é diferente.*

A PUBLICAÇÃO É DIFERENTE

O processo de publicação é diferente por cinco motivos.

1. É apenas um pequeno, mas um significativo grupo de indústrias que traçaram suas origens em séculos, mas que, em um grau extraordinário, também se modernizaram e abraçaram as mudanças. De certa forma, a publicação era, no final do século XV e início do século XVI, um universo diferente. Culturalmente, tecnologicamente, economicamente: o contraste dificilmente poderia ser maior. No entanto, tópicos de semelhança são igualmente impressionantes. Os editores tinham que comprar papel e administrar a fábrica. Produção, distribuição, design do livro, fluxos de trabalho e cronogramas complexos, feiras de livros em Frankfurt, autores difíceis, pressão constante sobre o capital de giro, dificuldade de avaliar a tiragem correta, relacionamentos com livrarias e distribuidores, risco financeiro, cultural e legal. Muita semelhança com o momento atual. A autora Johnson[3] afirma que o modelo econômico fundamental não mudou muito: *você produz ou facilita a produção de livros, com uma arquitetura de informação específica, que são vendidos acima do preço de custo. Da mesma forma, o problema central da publicação é consistente: para qualquer livro, em qualquer momento, o número provável de leitores é pequeno, menor do que qualquer autor ou editor esperaria, e também difícil de alcançar.*

A publicação nunca foi uma indústria que olha para trás. Tem uma longa tradição e uma inovação radical, poderosamente continuada. Os editores estão há muito tempo na vanguarda da mudança. Eles foram os pioneiros da primeira tecnologia industrial, a imprensa, a pequena produção em massa padronizada que define a condição moderna. Com isso, eles também foram pioneiros em fluxos de trabalho industriais, a complexa divisão de trabalho em ofícios qualificados e semiqualificados trabalhando em conjunto em torno de máquinas e cadeias de suprimentos e dependências intrincadas.

2. Segundo os autores, Phillips e Bhaskar[4] essa diferença merece interrogação, explicação e articulação: *Acima de tudo, é preciso entender o que a publicação é, faz e significa, especialmente no contexto de mercados em rápida mudança, tecnologias em evolução e estruturas instáveis de comunicação, para combinar teoria e prática em um nível onde cada um informa o outro. Os editores geralmente se concentram nas exigências de sua profissão, e não em suas implicações ou compreensão acadêmica. Embora sempre tenha um ar livresco, e embora os editores geralmente não sejam os produtores primários, os editores ainda são executores. A programação da publicação é implacável e interminável que precisa continuar rolando. Prazos e aquisições ditam a maior parte do dia a dia da atividade editorial, e cada um deixa pouco espaço para reflexão. Embora a maioria dos editores tenha um estoque em que possam confiar em seu catálogo, na verdade, eles dependem de um fluxo constante de novidades para sua sobrevivência, e é esse fluxo acima de tudo que guia e sustenta suas atividades.*

3. O professor e autor Albert Greco[5] também diz que a publicação é diferente e escreve: *é uma atividade plural e variada, não apenas uma indústria, mas um conjunto de indústrias e indústrias dentro de indústrias. Comparar a publicação de livros com outras formas de publicação é útil para nos focalizar, mas, por sua vez, levanta outra questão: o que é um livro? Em uma época em que as bases fundamentais dos livros, em alguns sentidos estáveis por séculos, estão mudando rapidamente, a natureza da publicação de livros está, sem surpresa, mudando com ela.*

4. Além das questões teóricas, estratégicas, ou mesmo filosóficas, isso na publicação é importante. Publicar realmente importa. Está no cerne da nossa literatura, nosso aprendizado, nossa sociedade civil, na esfera pública e discussões políticas. A publicação leva adiante a ciência e fortalece nossa cultura. A publicação não é um meio passivo: faz parte de nossas vidas e sociedades, moldando-as, guiando-as, às vezes até controlando-as. Olhando para dentro, a publicação ajuda a definir nosso mundo. Ao longo dos séculos, essa combinação clássica e humanista teve um impacto descomunal. Isso deveria ser interessante e ter um olhar mais atento.

Na opinião do autor Bhaskar,[6] uma teoria da publicação deve levar em conta o seguinte:

- O caráter público e institucional da publicação, explicando o que torna algo público;
- O papel da publicação como ato de mediação;
- Entendimentos históricos divergentes;
- As formas de mídia divergentes publicadas;
- Facetas como (finanças) risco, a relação com conteúdo e criação de mercado;
- O passado da publicação e como ela informa seu envolvimento com a mídia digital no presente.

5. Em sua consagrada obra Bhaskar destaca: *a publicação não é como a maioria das indústrias, pois ocupa-se com questões de valor intangível e valor moral ou é exatamente como as artes ou as ciências, obcecadas por balanços e margens de lucro. Os livros são passíveis de uma análise em escala industrial: dada a alocação de recursos suficientes, qualquer número de cópias pode ser disponibilizado para produzir retornos cada vez maiores. A publicação é a primeira indústria criativa e por mais perverso que pareça, mesmo deixando de lado as mídias digitais, a publicação está em crise. A publicação, notoriamente, está sempre em crise e o presente tem alguns sintomas desagradáveis.*

Macrotendências alarmantes, como o declínio na leitura de formato longo, o aumento da mídia alternativa e as pressões de tempo, só pioram. Os editores veem seus catálogos diminuindo; os editores de livros didático enfrentam a pressão dos cortes de gastos com educação e também enfrentam uma concorrência cada vez maior em seus mercados.

O LUGAR DO LIVRO

O debate sobre o lugar do livro na publicação e na sociedade em geral funciona em vários níveis. Durante séculos, o livro dominou o cenário intelectual e cultural, certamente no que hoje chamaríamos de Ocidente. Se você queria armazenar e disseminar conhecimentos ou ideias; se você queria contar uma história para um público numeroso; se você queria fazer um argumento significativo, seja religioso, político ou pessoal; se você queria alcançar a fama ou causar impacto, escrever e publicar um livro provavelmente era sua melhor aposta. A construção da aprendizagem e da cultura que se acumulou desde a Idade Média até o século XX foi sustentado pela impressão. Este é um papel estrutural sistemicamente importante na sociedade que o autor Van der Weel[7] chamou de Ordem do Livro. Embora o lugar do editor sempre tenha sido ambíguo em sociedades altamente estratificadas, em algum lugar entre o príncipe comerciante e o comerciante de rua, o igual dos gigantes intelectuais e também seu servo bajulador, tanto capitalista, eles finalmente cresceram para ter um status significativo na sociedade. Essa era de ouro se foi, mas as editoras ainda exercem influência significativa. Há cada vez mais pontos de interrogação sobre a Ordem do Livro, esse sistema de letras, conduzido e governado pelos editores, e se ele pode sobreviver. A partir do final do século XIX, sucessivas inovações tecnológicas deram origem a novas mídias que competiram com os livros por elementos funcionais no ecossistema geral de comunicação e entretenimento, e o fizeram a um custo indiscutivelmente mais barato. Seja na rádio, na televisão, nos meios digitais, entre outros, os livros já não são os únicos nem os mais poderosos mecanismos de comunicação para grandes audiências. Outras empresas e entidades de mídia, e outras formas de mídia, seja a Netflix, o rádio ou o jogo on-line massivamente multiplayer, surgiram para ocupar espaços outrora habitados pelo livro.

Isto não é necessariamente uma coisa ruim. Afinal, essas novas mídias em muitos, senão na maioria dos sentidos, representam avanços: de tecnologia, padrões de vida, escolha. Os editores produzem mais agora, seja medido pelo faturamento ou pelo número de produtos, do que nunca. Nesse ecossistema expandido, eles ainda são frequentemente a fonte de novas ideias e o garantidor da qualidade, mesmo quando outras mídias, com guardiões mais difusos e menos espaço para experimentação, perdem contato com esses papéis.

> A publicação de livros não é o rito misterioso que muitas pessoas parecem pensar que é. Quase todo mundo conhece um editor, alguém em uma editora, ou um autor ou amigo de um autor, mas é surpreendente o quão pouco as pessoas sabem sobre o negócio editorial e quantas coisas estranhas elas imaginam.
>
> – Stanley M. Rinehart, presidente da AAP

Temos de lembrar que a publicação sempre foi um negócio, uma indústria criativa e única em um ambiente altamente competitivo. A cadeia de valor da publicação é assim chamada devido ao valor agregado de todos as fases do processo de publicação, cujos papéis foram redefinidos de acordo com as condições sociais, tecnológicas, culturais, financeiras e políticas. Provavelmente, o conceito ainda "romântico" de publicação, a surpresa pela concorrência e pelas estratégias utilizadas, bem como pelas mudanças que a tecnologia trouxe podem ser atribuídos à identidade única da indústria, que faz parte tanto os criativos como os informativos.

Durante as últimas quatro décadas, ocorreram mudanças significativas na indústria editorial, alterando a cadeia de valor da publicação, a atividade editorial e a estrutura da indústria, enquanto o livro em si está frequentemente se transformado. Inegavelmente, os rápidos avanços na tecnologia e a convergência dos meios de comunicação social são uma realidade, os meios de comunicação social e as redes fornecem a estrutura para estratégias de promoção e marketing viáveis e bem sucedidas, o feedback dos leitores é oferecido mais do que nunca e o papel do leitor é importante. Os desafios aos editores são muitos devido às novas tecnologias de informação e comunicação que oferecem uma variedade de ferramentas, métodos e oportunidades a serem exploradas.

PUBLICAÇÃO DE LIVROS: FATOS E FANTASIAS

Para muitos, a palavra *publicação* evoca imagens de autores famosos, *best-sellers* e profissionais do ramo que adquirem fama. Ocasionalmente, a publicação de livros inclui cenários de muito *glamour*, mas se essa possibilidade é o que lhe atrai para uma carreira na publicação de livros, chegou a hora de separar fatos e fantasias.

Por trás dessa imagem, encontra-se o trabalho laborioso de imensa equipe, cujas habilidades variam desde a alta administração até o nível operacional. Nenhum livro é publicado sem a participação intensa do editor de aquisição, a atenção meticulosa de editores de texto e o trabalho eficiente das equipes de produção e marketing, para assegurar que o consumidor receba um bom produto.

Para muitas pessoas em atividade na indústria de publicação de livros, esse trabalho pode ser descrito da mesma forma que em muitas outras profissões: requer esforço e dedicação de tempo. É desafiante, mas também, frequentemente, frustrante.

Poucos na indústria editorial conseguem alcançar uma grande reputação fora de seu círculo profissional. E embora a remuneração possa ser muitas vezes atraente, há ramos que certamente oferecem ganhos financeiros mais altos. Ainda assim, muitos profissionais da área lhe dirão que seu trabalho oferece recompensas pessoais muito maiores que as encontradas na maioria das outras profissões.

Exercendo seus cargos, editores, designers, impressores, analistas de marketing e finanças, ou representantes de vendas, os profissionais desse ramo experimentam a satisfação de contribuir para um importante processo – a publicação de conhecimento, informação e entretenimento para um grande número de leitores.

No mundo das publicações, sempre existiram muitas funções editoriais diferentes desempenhadas por diferentes profissionais: revisores, editores de texto, editores de aquisição, editores de desenvolvimento, só para citar alguns. Hoje, um título de editor pleno não diz mais o que esse profissional faz, nem como ele se qualifica dentro da organização. A indústria em geral, governos e organizações sem fins lucrativos constituem seus próprios departamentos de publicação e contrataram pessoas cujas funções, apesar de relacionados à publicação, diferem das funções dos cargos equivalentes na indústria editorial. Entre os títulos atualmente encontrados estão: editor de desenvolvimento, editor de aquisição, escritor/editor, editor de texto, editor de produção, editor de documentação, gerente de produção, assistente editorial, editor de comunicação e analista editorial. As descrições de funções variam tão amplamente quanto os títulos. Como resultado, quando uma organização procura um editor, ela deve dizer que tipo de *editor* está procurando. Na contratação de gerentes, não se pode assumir um conjunto de habilidades e competências particulares baseadas somente no título "editor" em um currículo.

Áreas funcionais

Uma das características mais atraentes nessa indústria é a variedade de trabalhos que nela se exerce. Aqui estão algumas das principais funções, em qualquer tipo de editora de livros:

- Planejar e desenvolver novos produtos;
- Selecionar e editar originais;
- Trabalhar com autores;
- Criar e controlar orçamentos, estimar custos e projetar receitas;
- Projetar as partes internas e externas do livro;
- Planejar e produzir programas de promoção, propaganda, publicidade e vendas, para atingir os clientes em potencial;
- Vender os livros, administrando os negócios em geral e desempenhando as funções operacionais, inclusive logística e distribuição, contabilidade, recursos humanos e infraestrutura computacional.

Dentro de cada uma dessas áreas, há uma variedade de cargos a serem preenchidos, desde assistentes até executivos.

Muitas pessoas interessadas em entrar para o ramo de livros querem se tornar um editor. Mas é importante saber que essa é apenas uma dentre muitas funções, altamente interessantes e vitais.

Há pessoas que tendem a pensar em termos de livros de interesse geral ou de referência – títulos que compõem o estoque de uma livraria típica, de livros de ficção e não ficção para adultos, e livros infantis. No entanto, há muito mais no ramo editorial do que esses tipos de livro.

A indústria inclui, por exemplo, a publicação de livros e materiais didáticos para o ensino fundamental, médio e universitário; publicações profissionais em ciências e tecnologia, bem como em medicina, negócios e direito; livros religiosos; livros escolares sobre diferentes tópicos; clubes do livro e outros vendidos por mala direta; enciclopédias e outros trabalhos de referência. Muitas das funções executadas em uma editora podem alternativamente ser terceirizadas, por exemplo, tradutores, revisores, ilustradores, iconógrafos, desenhistas, preparadores de originais etc.

Importantes, também, são os inúmeros editores *freelancer*, escritores, pesquisadores, classificadores, operadores e técnicos de computação.

Finalmente, existem os componentes vitais que completam o processo de publicações: distribuidores, livrarias, bibliotecas, que são os principais canais para os leitores.

> A publicação abrange uma grande variedade de processos, produtos e serviços em constante transformação; portanto, não é de se admirar que esse campo sofra de léxico ambíguo.
> – Richard Marek. Works of Genius. Hunter Publishing

O que as editoras procuram

Antes de prosseguirmos, vamos apresentar algumas definições básicas, começando com o que é um editor e o que ele faz. Ao contrário do inglês que distingue facilmente as funções de um *editor* das de um *publisher*, o português usa o mesmo termo para ambos. Assim, é importante diferenciar editor de editora:

- **Editor (indivíduo).** Profissional responsável por todo o processo de publicação de livros – aquisição de livros, contratação de autores, editoração, produção, impressão final e marketing. Em uma pequena editora, o editor pode exercer todas essas funções sozinho ou com poucos funcionários. Em casas maiores, várias pessoas ou departamentos inteiros são dedicados a cada uma dessas tarefas.
- **Editor (organização).** Termo usado para designar uma casa editorial, que assume o financiamento de todo o processo de publicação de um livro.

Um editor é muitas coisas para muitas pessoas e esse título é praticamente impossível responder de uma forma concisa.

Um editor costuma ser o defensor e representante de um autor junto à editora. O processo começa com a prospecção de um autor e continua com a aceitação pela casa, a negociação de um contrato e a publicação em si – edição de texto, provas, produção, marketing e vendas.

Devemos notar, contudo, que a publicação de livros não significa apenas livros impressos, mas também a mídia digital, principalmente com a proliferação do livro eletrônico ou *e-book*.

Frequentemente o profissional procurado para desempenhar o papel de editor, em geral, é uma pessoa experiente, criativa, com sólidos conhecimentos de idiomas e do universo editorial. Esses altos requisitos não impedem que a concorrência para um lugar nesse universo seja intensa.

COMO FAZER PARA SE DESTACAR NA MULTIDÃO?

Relacionamos algumas estratégicas básicas para o aspirante a entrar para a área:

- Faça algum trabalho preliminar para descobrir o tipo de empresa com a qual você está tratando. Por exemplo, que tipos de materiais essa editora publica? Qual o tamanho da organização? Até que ponto suas experiências seriam compatíveis com as necessidades dessa organização?
- Mesmo que você não tenha experiência no ramo, outras experiências de trabalho – até mesmo temporários – poderão lhe trazer alguma vantagem. Pense nos vários trabalhos que você já executou, e considere quais experiências poderão provar suas habilidades.

- Já trabalhou em uma biblioteca ou livraria? Já teve alguma ligação com algum jornal local, ou da faculdade? Já prestou alguma vez um trabalho de serviço ao consumidor, publicidade, ou vendas – mesmo em um ramo completamente diferente? Esses trabalhos muitas vezes envolvem habilidades que podem ser muito bem utilizadas no ramo editorial, e que serão bem vistas pelos empregadores.
- Poderá ser interessante adquirir conhecimentos preparatórios sobre a indústria, por meio de estudos em um dos cursos ou institutos disponíveis em certas áreas do país.
- Editoras cada vez mais precisam de pessoal que tenha aprendido, ou possa aprender rapidamente, a trabalhar com programas específicos de computadores, para processamento de texto gerenciamento de conteúdo e produção gráfica. A familiaridade com essas tecnologias é essencial.
- A experiência de trabalho em um escritório padrão pode ser um dos melhores caminhos para se conseguir um acesso a uma editora. Tendo obtido o emprego, você descobrirá que existem enormes possibilidades de fazer carreira na indústria, para tanto, é necessário muita dedicação e vontade de aprender sempre.

Embora a indústria editorial seja caracterizada por um grande número de multinacionais, empresas com interesses diversos em uma variedade de áreas, há centenas de editoras menores que servem às necessidades de mercados específicos. Para aqueles que procuram entrar nessa atividade, as grandes empresas oferecem as melhores oportunidades para qualquer pessoa sem experiência, porque têm os recursos necessários para o recrutamento, treinamento e formação de pessoal. No entanto, trabalhar para uma pequena empresa tem suas vantagens, como a maior variedade de funções que as pessoas podem desempenhar.

Se você está começando uma carreira no mercado editorial, ou está apenas curioso sobre o que está acontecendo no mundo da publicação, saiba que a publicação é uma indústria cultural em um estado de fluxo. As atividades diárias e as responsabilidades de todos os que trabalham com livros, jornais e revistas mudaram significativamente no final do século XX e continuarão mudando com mais intensidade no século XXI.

Como ingressar na carreira editorial?

A adaptabilidade é um atributo valioso para quem pretende entrar no mercado editorial com pouca ou nenhuma experiência ou conhecimento. Vale a pena se candidatar a uma variedade de empregos para quais sua formação e educação podem ser adequadas, em vez de se concentrar em uma área específica, como editor. Ter encontrado um caminho pode ser um pouco mais fácil para encontrar uma posição mais adequada posteriormente. Diz-se que os melhores empregos são para aqueles que já estão na publicação; em outras palavras, a experiência é altamente valorizado.

Invariavelmente, a educação em nível de graduação é agora um pré-requisito para muitos empregos e especialmente para editores de aquisição e editores de desenvolvimento. Treinamento e qualificações formais e específicas são necessários para áreas como design e produção. No entanto, as editores que publicam em mercados especializados – por exemplo, livros educacionais – muitas vezes recrutam pessoal docente como editores ou representantes de vendas com base em seu conhecimento do mercado.

Estar imerso no mundo dos livros para ganhar a vida pode soar como uma opção de carreira muito atraente e glamorosa: muitas pessoas adoram ler, conhecer autores e discutir seus livros favoritos. No entanto, trabalhar na área editorial é muito mais do que lidar com manuscritos e escritores – a variedade de trabalhos varia enormemente, dependendo do tipo de publicação em que você se encontra e do departamento que você trabalha.

Para muitas pessoas que iniciam uma carreira, bem como para o público em geral apaixonado pelos livros e pela leitura, a publicação tem uma mística especial. E o trabalho de editor tem muito prestígio.

Também está envolto em mistério. O que é um editor? O que ele ou ela faz? Até mesmo os profissionais do setor editorial têm dificuldade em responder a essas questões porque o título "editor" é abrangente e inclui uma infinidade de cargos e funções. Editor de aquisição, editor executivo, editor-chefe, editor de desenvolvimento, editor de texto, editor de produção – essas são apenas algumas das espécies...

O que os profissionais que compartilham o título de editor têm em comum? O que distingue um do outro? A resposta simples é que todos eles lidam com palavras, mas também de maneiras diferentes e em graus variados. Alguns editores lidam com conceitos amplos, outros cuidam para que as vírgulas e os hifens estejam no lugar certo, outros ainda se preocupam com a forma como as palavras aparecerão na página impressa.

Uma carreira flexível e de longo prazo

A atividade editorial é uma boa escolha para aqueles que desejam uma carreira flexível e talvez não precise trabalhar no escritório a vida toda. As editoras geralmente são administradas com uma equipe pequena e há uma tradição de confiar em serviços e opiniões externas. Segue-se que você pode continuar se sentindo útil depois deixar a empresa oficialmente. Existem vários papéis que combinam bem, como ter uma família ou viver um estilo de vida itinerante, e a indústria não é tão obcecada pela juventude quanto outras atividades Existe um amplo entendimento de que você melhora na publicação à medida que mais coisas acontecem, à medida que você tenha mais empatia com um grupo mais amplo de mercados. Outras indústrias tendem a assumir um 'culto à presença' muito maior, o que significa que, se você não estiver lá, não poderá fazer parte dela.

Além disso, as habilidades e competências que você adquire durante uma carreira na publicação são úteis em uma ampla variedade de empregos voluntários e remunerados, como redação e edição de boletins informativos, publicidade, relações públicas e gerenciamento de outros tipos de publicações. Sua experiência também lhe dá um legado socialmente aceitável.

Que tipo de pessoa se sai melhor na publicação?

Vamos falar sobre os dois atributos principais sugeridos por Baverstock, Bowen e Carey[8]: você precisa ser insaciavelmente curioso e entusiasmado com novas ideias. A primeira lhe dá o material para trabalhar, a segunda lhe dá a paixão de fazer algo com esse material.

Você é insaciavelmente curioso?

Para ter sucesso na publicação, você precisa ser curioso. Intrometido pode ser uma palavra melhor. Você conhecerá novos mercados e por que e como os clientes compram e usam seus produtos, e por que aqueles que não compram não foram tentados. Você pode identificar tendências e ficar entusiasmado com novos métodos de marketing, instalações de produção e pontos de venda. Você pode se imaginar submetendo seus amigos e familiares a todos os tipos de ideias de produtos e pode ouvir, em vez de apenas impor suas próprias ideias ou soluções.

Você está animado com o novo?

Para ter sucesso na publicação, em qualquer meio, você terá que distinguir entre tendências passageiras (que ainda podem ter oportunidades lucrativas, se você agir rapidamente) e tendências duradouras (mais lucrativas, porque são duradouras)

Você deve ser capaz de identificar tendências; boas ideias arquivadas em submissões pouco promissoras e seja guiado por seus instintos para ir além. Você precisa combinar entusiasmo com realismo, ser capaz de persuadir os outros a segui-lo, mas ter a mente aberta o suficiente para ouvir feedback negativo e tomar a decisão certa. Seja cheio de curiosidade.

Qualidades desejadas

Ao preencher uma posição editorial, a casa procura por uma variedade de qualidades ou atributos. Alguns são concretos, outros são vagos ou confusos. Aqui está uma lista típica sugerida pelo consultor e especialista em desenvolvimento de materiais de ensino Kelvin Smith:[9]

- *Personalidade, postura, estilo;*
- *Curiosidade;*
- *Iniciativa;*

- *Conhecimento e experiência;*
- *Energia;*
- *Gosto;*
- *Criatividade;*
- *Dedicação;*
- *Capacidade de trabalhar bem sob pressão.*

A publicação tem muito a oferecer – você trabalha com pessoas inteligentes e criativas. Você usa seu tempo falando e trabalhando com a palavra escrita. Você tem uma chance de combinar suas paixões pessoais com seus compromissos profissionais. Melhor de tudo, você pode executar inúmeras atividades, como editoração, *arte/design*, marketing, publicidade, vendas, finanças e manufatura. Acima de tudo isso, você está envolvido em algo mais significativo do que um empreendimento comercial simples, você faz parte de algo importante e nobre – a divulgação de ideias, pontos de vista e conhecimentos.

Cargos e funções – quem faz o quê em uma editora de livros

A publicação é um *negócio de pessoas,* e para entender a publicação de livros você precisa saber quem faz o quê no processo de publicação. Antes de começar os próximos capítulos, apresentamos alguns dos trabalhos que você vai encontrar em uma editora e alguns tipos de publicação de livros. No entanto, os títulos dos cargos nem sempre são utilizados da mesma forma, e, muitas vezes, é melhor conhecer as funções que os profissionais desempenham.

A quantidade de cargos existentes em uma editora, assim como o número de pessoas trabalhando nos diferentes subgrupos, variam. Essas variações dependem do propósito, tamanho e políticas de cada empresa, assim como do volume de trabalho que cada uma terceiriza.

Um dia na vida de um profissional da publicação de livros é extremamente intenso e aqueles que com sucesso abraçam essa profissão não têm ilusões de que o que eles fazem é apenas de natureza artística ou intelectual. "Você tem que manter as coisas dentro de uma programação. Você tem que fazer as coisas acontecerem ou estará fora do negócio", disse um editor profissional, acrescentando que o processo de publicação envolve vários profissionais, e vários níveis hierárquicos, dentro de uma editora. O trabalho de mais alto nível é o de editor que trabalha com os autores para desenvolver um produto de qualidade. Muitas outras posições estão disponíveis para os interessados na indústria, incluindo editores de texto, gerentes de promoção, gerentes de produção e outros.

Essas ocupações são fundamentais para o bom funcionamento de uma editora. Aqueles que querem seguir uma carreira nessa indústria devem examinar suas próprias habilidades e competências, tendo em conta a variedade de oportunidades disponíveis para pessoas audaciosas e criativas que veem uma perspectiva de trabalhar com livros. Uma grande editora pode ter centenas de projetos em execução simultaneamente e o diretor editorial precisa estar atento aos detalhes e ser capaz de antecipar os problemas antes que eles ocorram. Profissionais de sucesso nessa indústria utilizam suas habilidades interpessoais para despertar o interesse dos consumidores e estimular as vendas de seus produtos.

A maioria das pessoas que deseja ingressar na indústria de publicação objetiva trabalhar no departamento editorial. Se você está procurando um emprego na área, ou se você apenas gostaria de saber mais sobre as funções editoriais, descrevemos a seguir os papéis editoriais mais comuns dentro de uma editora de livros. Esses títulos de cargos variam nas editoras, mas em geral seguem as descrições da *Association of American Publishers*.[10]

Editorial

- **Diretor editorial** (editor-executivo, editor-chefe, publisher, vice-presidente editorial). Administra o departamento e toma a maioria das decisões chave. É quem chefia o planejamento e desenvolvimento dos programas editoriais da empresa ou divisão, organiza o pessoal e estabelece orçamentos. Também é responsável pela ligação com os departamentos de marketing, administrativo e produção. Juntamente com os editores, deve ter o conhecimento da dinâmica do mercado e ser capaz de detectar suas tendências.

- **Gerente editorial**. Coordena todas as funções editoriais na execução do planejamento de cada livro e projeto. É responsável por manter a rotina de todos os programas; e administrar o fluxo de projetos entre o departamento editorial e os departamentos de arte e pré-impressão.
- **Editor de desenvolvimento** (editor de conteúdo). Trabalha intensamente com o autor para assegurar que o conteúdo esteja bem organizado, atualizado e orientado para o mercado.
- **Editor de aquisição** (editor responsável, editor de projetos, editor sênior). Participa da procura por autores e do desenvolvimento de originais; propõe e executa planos editoriais, de acordo com as metas e diretrizes financeiras; prepara contratos; e trabalha com autores. Esse editor também controla o cronograma e os orçamentos para os projetos editoriais e apoia os esforços de marketing.
- **Editor associado** (editor, editor de projetos). Seleciona e recomenda os originais; cuidando da reprodução e da revisão, e trabalhando frequentemente com autores. Também trabalha com a produção, a arte e outras áreas. Como editor especial, poderá dirigir projetos em campos especializados.
- **Editor assistente/assistente editorial**. Confere, seleciona e encaminha os originais recebidos; faz a primeira leitura (geralmente parcial) de manuscritos não solicitados; relata descobertas; desenvolve concorrências públicas; cuida de arquivos e tarefas de rotina do departamento.
- **Editor de tecnologia**. Mantém-se atualizado com as mais recentes evoluções tecnológicas e suas aplicações no ramo a fim de poder recomendar e implementar aplicações específicas concebidas para manter a empresa tecnologicamente competitiva na indústria editorial.
- **Editor Web**. O editor web é responsável por escrever, editar, publicar, criar e implementar o conteúdo on-line de uma empresa. É seu trabalho ajudar a desenvolver uma presença on-line que atraia os leitores ou clientes de sua empresa, com o objetivo final de aumentar o público e aumentar as receita.
- **Gerente de licenças e direitos autorais**. Obtém licença para uso de materiais com direitos autorais; registra os direitos autorais para novos livros, junto à Biblioteca Pública. Muitos dos aspectos dos direitos autorais podem ser tratados por um representante do próprio autor, em vez da editora.
- **Gerente de direitos subsidiários**. Comercializa o licenciamento dos direitos do uso de seus materiais publicitários. É responsável pela distribuição via clubes do livro; traduções; edições estrangeiras; reproduções para o mercado de massa; publicações em jornais e periódicos; apresentações no rádio, televisão, cinema, teatro; e uso em antologias e outras publicações.

Pré-impressão e manufatura

- **Diretor de produção** (diretor de pré-impressão, gerente de produção, gerente industrial, vice-presidente de produção). Determina as especificações e processos de produção para o departamento e estabelece planos e funções globais para essa divisão. Dirige o aspecto visual e orienta a produção. Está sempre em estreito contato com os editores e o pessoal de marketing. É o responsável final por todas as compras de materiais e serviços industriais. Por isso, é ele que cuida das estimativas de custos e mantém os orçamentos.
- **Gerente de arte** (gerente de projetos). Gerencia o aspecto gráfico do livro como arte e tipografia, suporte (papel etc.) e uso de cores, bem como capa e/ou sobrecapa. Também é responsável por adquirir serviços de artistas, ilustradores e fotógrafos.
- *Designer* (arte-finalista, desenhista). Cria projetos e layouts, e coordena ambos com a arte, tipografia, papel e encadernação, para formar um todo coeso.
- **Coordenador de produção**. Inspeciona todos os serviços e funções relacionados à composição de páginas, desde a compra de insumos (no caso de a composição ser feita internamente) até a especificação dos arquivos eletrônicos finais.
- **Editor de texto** (editor de redação, copidesque). Lê os manuscritos finais, para se certificar clareza e precisão. Corrige erros tipográficos e gramaticais; assegura que os manuscritos estejam de acordo com o estilo da casa; e argumenta com os editores quando necessário.

- **Avaliador de custos.** Computa todos os custos de produção ou assiste o diretor ou coordenador nessa tarefa. Também pode ser responsável por avaliar o ponto de equilíbrio entre a receita e as despesas, ou *break-even* (quantas cópias devem ser vendidas para pagar as despesas) em relação às varias estimativas de custos, quantidades impressas e preços de venda.
- **Assistente de produção**. Produz e mantém as comunicações, pedidos de compra e registros de produção; controla o tráfego de reedições e mantém o acompanhamento com os fornecedores.

Marketing

- **Diretor de marketing** (diretor de vendas, vice-presidente de marketing). Planeja e dirige todas as funções de marketing; coordena esforços na promoção de vendas, propaganda, publicidade e vendas; e coordena o marketing com o editorial e outros departamentos. Para tanto, desenvolve objetivos, políticas e estratégias de marketing, bem como planos de marketing por produto e por mercado. É responsável por identificar a capacidade de comercialização de produtos atuais e futuros, bem como por antecipar as tendências e integrar as pesquisas de marketing e desenvolvimento de produto.
- **Gerente de pesquisa de marketing**. Usando técnicas de pesquisas qualitativas e quantitativas, fornece dados sobre os novos mercados e os já estabelecidos, a fim de expandir os já existentes e descobrir outros, para novos produtos.
- **Gerente de canais de marketing**. Fornece informações no estágio de planejamento dos projetos e implementa planos de marketing para o programa de publicações. Essa função faz a ligação com vários canais de vendas, entre os quais se encontram os representantes (divulgadores), bem como clientes, escolas e professores.
- **Assistente de marketing**. Auxilia em diversas funções de marketing. Pode cuidar da manutenção de registros de vendas, alterações de preços, e informações sobre edições esgotadas; distribui cópias de críticas literárias; assiste a preparação de catálogos e redige peças promocionais.

- **Gerente de vendas**. Supervisiona as vendas; fornece diretrizes e materiais para o pessoal de vendas e compõe orçamentos e previsões, trabalhando juntamente com o gerente de promoção de vendas. Recruta, treina e motiva os representantes de vendas, conduz reuniões de vendas, e determina territórios. O gerente de vendas faz contatos pessoais com as principais cadeias de livraria.
- **Gerente de promoção** (gerente de propaganda e promoção de vendas; pode ser o mesmo que o gerente de vendas). Dirige as vendas por mala direta e fornece circulares e materiais impressos e expositivos a pontos de venda. Também pode dirigir a venda por cupom e outras propagandas de resposta direta. Supervisiona o trabalho dos representantes editoriais.
- **Gerente de publicidade** (publicitário). Trabalha junto à imprensa escrita, rádio e televisão, bem como a críticos literários, livreiros e outros profissionais que podem influenciar o leitor a comprar. Pode ser ajudado por outros funcionários especializados em contatos com rádio, televisão e crítica. Encaminha para a imprensa "press releases" e kits de divulgação. Mantém estreita ligação com outros departamentos, inclusive o de direitos subsidiários.
- **Representante editorial** (divulgador, promotor). Visita livrarias, bibliotecas, escolas, universidades etc., a fim de influenciar na adoção de livros ou estimular pedidos. Analisa dados de pesquisas de mercado e coleta dados sobre seu campo de ação.

Recursos humanos e financeiros

Os cargos nessa área são intitulados como em muitas outras indústrias. As funções são partes integrantes do processo de publicação e incluem:

- Estabelecer objetivos financeiros e políticas que irão implementar as metas editoriais e a missão da empresa.
- Analisar os resultados financeiros (custos, receita etc). Providenciar os serviços essenciais dentro da empresa, como contabilidade, ar-

quivos, folha de pagamentos e outros serviços de rotina.
- Supervisionar o preenchimento de pedidos; registrar pedidos e garantir as entregas.
- Manter todos os departamentos informados sobre suas posições atuais e as projetadas no quadro financeiro da empresa.
- Comparar o desempenho da empresa, quantitativamente, com a de outras em áreas similares, e com as metas da editora.
- Administrar e manter bancos de dados eficientes, bem como os serviços de produção.
- Gestão de pessoas: uma divisão da administração, envolvida com cada departamento. Cuida de salários, benefícios, contratações e demissões, bem como de comunicações internas, desenvolvimento organizacional e os vários interesses dos empregados, providenciando programas de treinamento interno ou aprimoramento profissional fora da empresa.

Desenvolvimento web

O grupo de desenvolvimento web é responsável por manter, desenvolver e produzir sites para a editora, bem como estabelecer e manter relações com o pessoal de marketing. Os profissionais de desenvolvimento de Internet são responsáveis pelas seguintes atividades diárias:

- Planejamento, priorização e implementação de novas iniciativas da Web para títulos e comunicações corporativas;
- Criação e execução de recursos on-line e promoções especiais;
- Liderar o gerenciamento e manutenção de todos os sites;
- Consultoria com autores na criação de sites de autores;
- Seleção, contratação e gerenciamento de equipe freelance;
- Contratação de empresas de produção e design da Web;
- Auxiliar no desenvolvimento de design;
- Pesquisar tecnologias emergentes de produção on-line e na Web.

CAMPOS DA PUBLICAÇÃO

É importante saber que "a indústria editorial" tem uma enorme e complexa variedade de domínios. Há variados e diferentes tipos de publicação de livros e mercados, e seria um equívoco tratá-los como um todo. Schiffrin[11] e Epstein[12] escrevem principalmente sobre a publicação e o comércio norte-americano, e muito do que eles dizem se aplica com igual força para o negócio da publicação no Brasil, Grã-Bretanha, França, Alemanha e outros países. Portanto, a noção genérica da indústria deve ser particularizada. Como podemos fazer isso?

Um modo de fazer isso é com a introdução do conceito desenvolvido pelo sociólogo John Thompson[13] sobre os campos ou divisões editoriais: "cada uma dessas divisões (ou campos) tem suas próprias características e dinâmicas no sentido de que cada uma tem sua própria história que difere em alguns aspectos de outros campos. Os indivíduos que trabalham na indústria editorial geralmente têm preferências por um desses campos e podem saber muito pouco sobre o que acontece em outros que não seu. O mundo da publicação é como um conjunto de jogos, cada um tem suas próprias regras, como xadrez e damas: você pode ser muito bom em um jogo, mas pode não saber nada sobre os outros; sem nunca os ter jogado talvez tenha pouco interesse por qualquer um deles. Então, se desejarmos entender o mundo da publicação e como ele está mudando, temos de nos concentrar em diferentes campos da publicação e tentar conhecer as características distintivas e dinâmicas de cada um."

Embora possamos distinguir cada um dos campos da publicação e analisar as características de cada um, na prática as fronteiras entre eles são muitas vezes similares e muitos livros podem desfrutar de uma vida em mais de um campo. A colocação desses livros em duas categorias é relativamente comum. Seu sucesso em mais de um campo pode ser devido, pelo menos em parte, às estratégias visadas pelos editores. Uma editora acadêmica pode publicar um livro acreditando que é um trabalho destinado a outros profissionais, mas o livro também pode encontrar seu caminho na lista de livros educacionais e serem usados para fins de ensino.

Há muitos campos de publicação diferentes que vão desde livros educacionais e literatura infantil até obras de referência, livros de arte etc. Cada um desses campos tem suas próprias características distintivas e sua própria dinâmica.

Naturalmente, esses campos se sobrepõem de muitas formas e os limites entre eles muitas vezes se confundem. A imagem é ainda mais complicada pelo fato de que muitas editoras operam em vários campos ao mesmo tempo. No entanto, cada campo tem suas peculiares e formas de competição. Mesmo se uma editora opera em vários campos simultaneamente, as operações são diferentes para cada um.

A maioria dos editores percebe que se quiserem ser bem-sucedidos em diversos campos, devem se tornar especialistas em cada um: eles sabem que não podem aplicar os mesmos princípios da publicação de livros didáticos à dos livros infantis. Daí as grandes empresas que operam em diferentes campos tenderem a se diferenciar internamente e criar divisões especializadas, que podem acumular os conhecimentos, habilidades e experiência para competir de forma eficaz em campos específicos. Empresas de publicação concorrem entre si apenas no contexto de domínios específicos, pois é apenas no contexto de domínios específicos que se deparam com outras empresas que estão buscando adquirir conteúdo semelhante ou vender livros de um tipo similar.

DIVISÕES DA INDÚSTRIA EDITORIAL

No ramo da publicação de livros, há várias áreas de interesses especiais nas quais as editoras preferem se concentrar. Por exemplo, algumas editoras são especializadas em literatura infantil, enquanto outras se concentram em ficção científica, romances, autoajuda, religião etc. Uma das áreas mais especializadas do setor editorial é o importante ramo dos livros didáticos. Os livros didáticos são especialmente projetados para satisfazer as estritas necessidades de professores e alunos.

Os livros são tradicionalmente divididos em duas grandes áreas temáticas: ficção e não ficção. Dentro dessas áreas existe uma grande variedade de categorias, e cada uma é uma área potencial de especialidade para o editor que iniciará uma jornada. Por exemplo, sob o grande grupo de não ficção, estão livros didáticos, obras de referência, biografias e muito mais. Ao criar um livro de não ficção, os autores estão fornecendo informações para o leitor. Eles estão transmitindo conhecimento, pesquisa, instrução, dados, fatos, inteligência ou sabedoria. Ficção é o termo usado para se referir a uma narrativa imaginária e, como tal, abrange romance, contos e poesias. E, claro, há obras que ficam nos dois mundos, misturando histórias de ficção com a vida real.

As autoras Bykofsky e Sander[14] escrevem: "ficção é uma arte e é o resultado da emoção; não ficção são as habilidades e competências que vêm da informação e do conhecimento."

> Um livro de ficção também é chamado de romance. Nesse sentido, o termo romance de ficção é uma aparente redundância. A ficção não tem a pretensão de ser verdade e admite ser uma invenção, mesmo que seja baseada em um evento na vida real. Não ficção é um livro que narra acontecimentos reais ou que fornece informações e conhecimento. Essa última categoria abrange todos os outros tipos de livros exceto os de ficção.

A indústria de livros se divide naturalmente em diferentes áreas, algumas das quais se cruzam frequentemente, enquanto outras são relativamente estanques.

Descrevemos a seguir principais divisões da indústria editorial, conforme recomenda a *Association of American Publishers*.[15] Isso fornecerá ao leitor uma noção dos mercados disponíveis e do tipo de esforço exigido para fazer sucesso nessas áreas.

- **Livros de interesse geral.** Livros produzidos para venda em livrarias em geral e bibliotecas públicas; ficção, poesia, críticas literárias; biografia e história; artes, música, teatro e cinema; ciência popular e tecnologia; culinária e outras artes domésticas; autoajuda; negócios e livros do tipo "como fazer" de natureza não profissional; medicina popular; esportes, viagens, jardinagem, natureza; questões sociais e novidades em geral. Muitos desses livros são reeditados em edições mais baratas.

- **Livros infantis** (ou infanto-juvenis). Livros cuja redação, ilustração, editoração e suporte (papel etc.) são especialmente adaptados para uma faixa etária; produzidos mais por editoras comerciais e vendidos para varejistas e bibliotecas públicas e escolares.
- **Livros de editoras universitárias.** Produtos do setor de publicações ligado às universidades. São editados, principalmente, para atender às necessidades especiais do mundo acadêmico universitário e bibliotecas de consulta. Muitas publicam também jornais escolares.
- **Livros religiosos.** Livros publicados para leitores em geral por editoras comerciais, congregações ou outras organizações religiosas. Incluem bíblias e escrituras sagradas das várias religiões, bem como livros de orações e hinos, além de materiais educacionais religiosos. Ao lado dos canais usuais, as vendas são alavancadas por canais institucionais.
- **Edições de mala direta.** Livros geralmente de não ficção, alguns em estilo sofisticado, outros em formato gráfico de revista, que oferecem autoajuda e autoaprendizado em inúmeros campos: história, geografia e estudos sociais; negócios, ciências e tecnologia; artes e artesanato; e assuntos domésticos e passatempos. Incluem também algumas séries de clássicos literários em formato de qualidade. Costumam ser vendidos por catálogos e entregues pelo correio.
- **Livros de clubes do livro.** Normalmente, são títulos de editoras comerciais em geral vendidos por meio de sistemas de vendas por assinatura, operações de clubes do livro. Os direitos do clube do livro são uma boa fonte de renda de direitos subsidiários para editoras e autores.
- **Livros profissionais.** Trabalhos especializados em ciência e tecnologia, medicina, direito, negócios, educação e outras áreas profissionais. Essa categoria inclui também muitos livros de referência e anuários, assim como vários periódicos profissionais.
- **Livros-texto e materiais didáticos universitários.** Livros e outros materiais produzidos especialmente para a instrução de nível universitário, estudos suplementares e a educação continuada de adultos.
- **Livros didáticos para o ensino médio e fundamental.** No Brasil, em geral, são de capa mole (brochura) e incluem livros de exercícios, manuais e guias para professores, além de gráficos e outros materiais impressos e audiovisuais, bem como programas de aprendizagem e até equipamentos. São vendidos diretamente às livrarias, escolas e, em sua grande maioria, são comprados pelo governo.
- **Livros de referências por assinatura.** Em sua maioria, as enciclopédias e outros livros de referências são vendidos via correio por meio de catálogos ou de porta em porta por representantes de vendas. São produzidos por grandes equipes de editores em escritórios centrais, usando muitos materiais fornecidos por especialistas de fora.
- **Livros eletrônicos** *(e-books).* São principalmente versões eletrônicas de livros que são entregues aos consumidores em formatos digitais, mas também podem incluir produtos multimídia.

PUBLICAÇÃO: UMA SÍNTESE

O mundo da publicação envolve diversas e distintas atividades e requer habilidades e competências de muitos profissionais. O editor adquire um manuscrito, revisa, dá forma física, protege os interesses do autor, comercializa e partilha a receita com o autor. O autor e consultor William Germano[16] resume a publicação em **seleção**, **produção** e **divulgação**.

Esses três objetivos juntam-se durante o processo de publicação, ligando e dividindo os departamentos e os profissionais. Os trabalhos práticos podem ser explicados em termos dessas atividades:

Seleção do projeto

- **Pesquisa de um mercado para atender às necessidades dos clientes.** Um editor não simplesmente acorda de manhã e decide que a informática, por exemplo, é uma área em que deve publicar. Antes de se lançar em um novo campo, uma editora vai estudar a dimensão do mercado, isso é, o porte e o número de editoras concorrentes que participam ativamente desse segmento.

- **Seleção de candidatos para publicação.** O editor faz prospecção de mercado e também recebe propostas diretamente de autores e agentes. Alguns editores, especialmente nas grandes editoras, recebem muitos projetos e propostas anualmente. Editoras menores podem dedicar mais tempo aos projetos visto que recebem menos propostas.
- **Avaliação da qualidade dos projetos.** Um editor de livros didáticos tem a responsabilidade de assegurar que um manuscrito atende aos padrões de excelência estabelecidos pela casa e pela disciplina a que se destina. Enquanto um editor de livros de interesse geral avalia os projetos com base em sua própria experiência e bom gosto, talvez levando em conta a opinião de seus colegas, um editor de livros educacionais geralmente depende da avaliação dos professores da área ou da disciplina que ministra.
- **Avaliação da concorrência.** Ter um bom manuscrito na mão é só o começo de uma longa jornada. O editor precisará saber se o livro preenche uma lacuna no mercado. E para fazer isso, a editora irá analisar cuidadosamente os livros concorrentes, identificando suas forças e fragilidades. Às vezes, o concorrente não é tão bom, mas o autor já estabeleceu uma reputação; às vezes o concorrente é muito bom, mas a força de vendas da editora é deficiente.
- **Orçamento de um título.** Os conhecimentos do pessoal editorial, marketing e produção são indispensáveis e contribuem para a criação do orçamento de um livro. A casa precisa saber quanto vai custar para desenvolver, editorar, imprimir e comercializar um determinado projeto. É importante que os autores entendam que mesmo os projetos destinados à publicação eletrônica incorrerão em despesas. Papel, impressão e acabamento são apenas parte dos custos de uma boa ideia e tê-la publicada.
- **Apresentação de livros para aprovação.** As editoras de livros educacionais – e de outros segmentos – geralmente oferecem contratos aos autores após a aprovação do comitê de publicação. Em geral, o contrato é assinado pelo presidente da editora.
- **Negociação com os autores.** Autor e editora devem negociar todos os detalhes da produção, publicação e vendas, incluindo *advances*, porcentagem de direitos autorais, tiragem, reedições, direitos subsidiários, término etc. e celebrar um contrato (ver modelo de contrato no Capítulo 15). Cada vez mais, os editores estão lidando com agentes, um desenvolvimento que acrescenta mais complexidade ao processo.

Produção

- **Editoração.** O editor deve se comprometer e executar uma série de funções para tornar o livro um produto acabado de qualidade e sucesso. Em geral, o copidesque é o primeiro passo nesse sentido e costuma ser feito fora da casa, mas deve ter o olhar atento do editor.
- **Projeto gráfico e composição.** Essas etapas também costumam ser terceirizadas e alguns editores preferem não envolver o autor ou autores em tais tarefas. Aqui o editor deve lidar com rafes, bonecos e provas e ter conhecimentos técnicos em artes gráficas para tomar decisões fundamentadas.
- **Impressão.** Poucas editoras possuem gráfica própria, de modo que essa etapa é quase sempre feita externamente. O editor, porém, deve saber como solicitar um orçamento para seu projeto, especificando qualidade e aproveitamento do papel, especificações da encadernação etc.

Divulgação

- **Marketing e planejamento promocional.** A editora não aprovará um projeto a menos que ela tenha capacidade de eficientemente promover e vender as cópias que pretende imprimir. Um plano de marketing para um livro deve ser elaborado alguns meses antes da publicação; mas já constatamos que alguns editores só cuidam dessa tarefa quando o livro chega ao depósito. Em qualquer caso, as vendas de livros não acontecem por acaso. O marketing de livros

educacionais se concentra mais fortemente em mala-direta e visitas de divulgadores a escolas e congressos. O envolvimento do autor nessa etapa é essencial.
- **Preços e descontos.** A editora decide qual preço estabelecer para o livro e qual desconto praticará. O desconto é concedido aos livreiros, distribuidores, governo e bibliotecas.
- **Contabilidade.** A editora deve manter registros de tudo o que for vendido, doado, danificado ou invendável. Uma vez por ano, ou em algumas casas duas vezes por ano, um autor receberá um relatório indicando o que foi vendido e qual pagamento de royalties, se houver, é devido ao autor sobre as vendas do livro ou receita subsidiária.

A CADEIA DE VALOR DA PUBLICAÇÃO

As empresas editoras cresceram e diversificaram-se e, ao mesmo tempo, surgiram novas empresas. Estas produziram inovações quer na sua abordagem a nichos de mercado recentemente identificados e novos canais de vendas e distribuição, técnicas de produção e formatos inovadores, quer na emergência de novos modelos econômicos e de negócios. Em particular, o período desde 2000 tem sido um período de mudanças devido ao surgimento de novas plataformas de mídia, mídias sociais, impressão sob demanda, autopublicação e indústrias de mídia interativa e jogos. O mundo editorial está abraçando as possibilidades dessas novas tecnologias.

A editora é apenas uma das organizações envolvidas na cadeia da publicação, ou seja, uma rede de organizações e atividades envolvidas na publicação, venda e distribuição de livros. Esta cadeia compreende um conjunto de organizações independentes, mas interligadas que se situam em pontos específicos da cadeia e que desempenham determinadas tarefas ou funções, pelas quais são remuneradas de alguma forma. Essas tarefas e/ou funções incluem a criação e desenvolvimento de conteúdo, o controle de qualidade, o design do livro, capa, composição, impressão e acabamento, armazenamento, marketing, vendas e distribuição.

Os editores estão constantemente revendo a questão de assumir certas funções por conta própria ou terceirizar para *free-lancers* ou empresas especializadas que oferecem seus serviços para uma variedade de clientes, e nas últimas décadas tem havido uma tendência em muitos setores da indústria terceirizar mais funções.

A vantagem da terceirização é que ela reduz as despesas fixas e aumenta a flexibilidade para o editor, mas, ao mesmo tempo, pode envolver alguma perda de coordenação e controle.

Para Davis e Balkwill,[17] "a cadeia de publicação é uma cadeia de valor e ao mesmo tempo uma cadeia de suprimentos. É uma cadeia de suprimentos no sentido de que ela fornece uma série de ligações organizacionais por meio da qual um produto específico – o livro – é gradualmente produzido e distribuído por meio de distribuidores, varejistas e livreiros para o usuário final."

A publicação costuma ser um negócio de longo prazo, com pequenas margens de lucro. Isso significa que uma editora precisa de um ambiente estável para construir um catálogo e cumprir as diversas etapas da cadeia de valor vendendo seus livros por um longo período de tempo.

Editores conectam os leitores com os autores, e fazem isso trabalhando com outras pessoas que têm habilidades especializadas. As pessoas envolvidas nesse processo de comunicação e disseminação compõem a *cadeia do livro,* que contém diversos grupos distintos, como autores, editores, livreiros, impressores, bibliotecas e leitores. Todos ligados entre si de uma forma linear para transmitir uma mensagem do criador para o usuário de um livro publicado. Todos os elos que compõem essa cadeia do livro são necessários para assegurar o funcionamento regular do processo. Esse processo linear é consecutivo – do autor para o editor, para a produção, para o marketing e distribuição – se tornou uma rede mais complexa, em que os membros trabalham de uma forma muito mais inter-relacionados e interdependentes.

O processo de publicação de um livro envolve várias etapas, ciclos e muitos profissionais. Esse longo período compreendido entre a concepção de um projeto, desenvolvimento, avaliações, *design*, editoração, manufatura, marketing e distribuição até o livro chegar ao leitor, constitui a *cadeia de valor*. A cadeia de valor é um conceito especialmente útil para entendermos o que ela significa para a publicação de livros, principalmente aqueles destinados à educação formal. *A expressão cadeia de valor refere-se ao circuito que um produto percorre do ponto de sua concepção até chegar ao cliente.*[18] Em cada etapa é agregado valor ao produto. A cadeia de valor não é um modelo "comercial" utilizado para acompanhar como os aumentos de preço se acumulam para o cliente; ao contrário, ela descreve o processo por meio do qual produtos e serviços ganham valor para o cliente. A cadeia de valor pode incluir editores de aquisição; editores de desenvolvimento que ajudem os autores a compartilhar e aperfeiçoar suas ideias para atender melhor às necessidades dos clientes; editores de texto e equipes de pesquisa e marketing que interpretem as necessidades dos clientes e lhes expliquem como adotar o produto para satisfazê-las; um sistema de distribuição que facilite para os clientes obter aquilo que necessitam; e atendimento e apoio ao produto depois da venda.

Michael Porter[19] apresenta o conceito de cadeia de valor como *uma ferramenta para identificar e analisar as maneiras como se pode criar mais valor para o cliente.* Nesse modelo, o autor analisa os relacionamentos e as ligações entre os elementos e identifica as áreas nas quais uma empresa pode desenvolver vantagem competitiva. A cadeia de valor decompõe uma empresa em suas atividades estrategicamente relevantes, a fim de que se possa entender o comportamento dos custos, bem como as fontes, existentes ou potenciais, de diferenciação.

Porter identificou duas fontes distintas e fundamentais de vantagem competitiva – uma vantagem de custo relativo menor ou alguma forma de diferenciação – e argumentou que a obtenção de um ou de outro depende de todas as atividades que uma empresa leva a efeito. Essas atividades podem ser divididas em dois elementos:

1. *Atividades primárias.* São aquelas atividades diretamente envolvidas na criação de um produto.

2. *Atividades de apoio.* São aquelas atividades que sustentam as atividades primárias e outras atividades de apoio.

A cadeia de valor foi idealizada para ajudar a analisar as relações e vínculos entre os elementos e para identificar áreas nas quais a empresa pode desenvolver vantagem competitiva. Encontramos no modelo de Porter uma contribuição para a compreensão da indústria de publicação. Essa abordagem fala sobre a necessidade de "desagregar" as atividades de um negócio que sejam relevantes para esse negócio em particular, separando principalmente aqueles que tenham um impacto potencial e elevado de diferenciação ou que sejam responsáveis por uma proporção significativa dos custos incorridos. As funções centrais da cadeia de valor da publicação são as atividades operacionais na organização e, no modelo oferecido, incluem a aquisição de conteúdo, desenvolvimento de produto, pré-impressão, manufatura, marketing e vendas; logística e distribuição. As autoras Marion e Hacking[20] usaram o modelo de Porter para descrever como a cadeia de valor se reflete nas cinco etapas do processo de publicação do livro educacional, conforme ilustra a Figura 1.1.

1. **Criação e aquisição de conteúdo.** Nessa etapa, o editor e/ou o autor concebe o projeto e o escreve ou agrega materiais como, por exemplo, o manuscrito, documentos originais, fotografias, ilustrações ou mapas. Adquirindo a matéria-prima – o texto do autor – a editora adiciona valor suficiente para vender o produto final a um valor superior aos custos que foram incorridos. Uma série de atividades são realizadas para tornar o texto do autor um produto atraente que os consumidores desejarão comprar.

2. **Desenvolvimento.** Depois o editor desenvolve o manuscrito editorialmente, ajudando os autores a modelar suas ideias em apresentações coerentes e pedagogicamente fundamentadas que correspondam às necessidades dos clientes conforme aquilo que as pesquisas de mercado e as avaliações de consultores acadêmicos determinam.

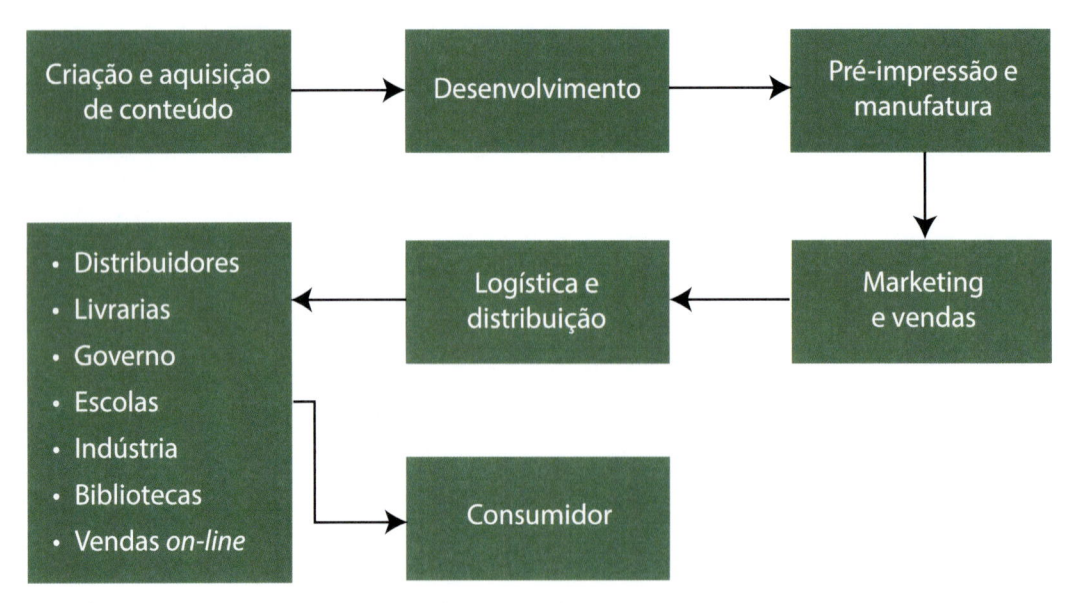

FIGURA 1.1 | A cadeia de valor do livro educacional.

3. **Pré-impressão e manufatura.** Durante a produção, o manuscrito é preparado para impressão. Na etapa de manufatura, o produto é produzido nas quantidades apropriadas.
4. **Marketing e vendas.** A etapa de marketing envolve propaganda e venda para estimular professores a adotarem o livro.
5. **Logística e distribuição.** O processo de logística e distribuição impõe colocar os livros no depósito e, finalmente, colocar os livros nos distribuidores e livrarias.

Esse processo tem várias características determinantes:

- Ele é *linear*: um projeto de livro texto tem início em certo ponto e progride sistematicamente por meio de uma série de etapas.
- É um processo *unidirecional*: os eventuais clientes têm pouca influência sobre o processo.
- O processo funciona bem em um ambiente de mercado relativamente *estável e previsível*.
- O processo envolve a *produção em massa*.

Essas cinco funções da cadeia de valor definem os principais aspectos em que as editoras "agregam valor" no processo de publicação. Quando executadas com eficácia, essas funções podem fazer uma diferença significativa na qualidade do livro e fazê-lo alcançar sucesso no mercado. O desempenho dessas funções (e as despesas gerais associadas com elas) também respondem por uma proporção substancial dos custos incorridos no processo de publicação.

É verdade que a entrega eletrônica eliminaria a necessidade de impressão e os custos associados com o papel, impressão e acabamento, mas esses custos, embora não insignificantes, representam uma porção relativamente pequena no total dos custos incorridos no processo de publicação.

Cada tarefa ou função na cadeia de publicação existe em virtude de que ela faz alguma contribuição, em diferentes graus de importância, para o objetivo global da produção e venda de livros. Algumas dessas tarefas, como design e editoração, estão dentro de uma gama de atividades que poderiam ser feitas por uma organização de publicação única, embora um editor possa decidir desagregar as funções a fim de reduzir os custos e melhorar a eficiência.

Mudanças nas práticas de trabalho, desenvolvimento econômico e os avanços tecnológicos podem ter um grande impacto sobre a cadeia de produção, de tal modo que tarefas que antes eram comuns ou essenciais hoje foram amplamente abandonadas, como a produção de fotolitos, por exemplo.

O objetivo de uma editora é publicar e vender com lucro. Mesmo uma editora sem fins lucrativos desejará operar no azul para cobrir seus custos, a menos que receba subsídios de alguma instituição ou governo.

Os editores podem escolher quais elementos da cadeia de valor serão feitos internamente e quais poderão ser terceirizados. Por exemplo, a aquisição de novos títulos geralmente é feita pela editora, mas outras atividades como editoração, vendas e distribuição podem ser terceirizadas. A concessão de descontos elevados para os distribuidores e cadeias de livrarias com o objetivo de garantir melhores vendas estreita as margens de lucro. Vendas diretas, em vez de por intermediários, permitem à editora manter mais do valor final do produto. Impressão sob demanda, isso é a impressão de pequenas quantidades de acordo com as necessidades, ou a comercialização de *e-books*, minimizam o investimento em estoque.

Editoras menores podem ser mais ágeis em colocar um produto no mercado, adquirindo e publicando mais rápido que os concorrentes maiores. Com isso, as editoras buscam ganhar *vantagem competitiva* no mercado, o que é alcançado por meio da aquisição e controle da melhor matéria-prima, que, no caso, é a propriedade intelectual. Além disso, ter as melhores pessoas possíveis nos papéis de aquisição é a chave para o sucesso de muitos editores.

Existe, também, o valor a ser encontrado em outras partes da cadeia de valor. Por exemplo, uma grande editora tem maior poder de negociação com gráficas, fabricantes de papel, livreiros e distribuidores do que as editoras menores.

A mudança na cadeia de valor

A indústria da publicação de livros está mudando, com partes significativas da cadeia de valor deixando de pertencer exclusivamente às empresas que normalmente seriam reconhecidas como "casas de publicação". Ao mesmo tempo, muitas organizações que não eram reconhecidas principalmente como "editoras" agora estão produzindo informação, educação e conteúdo de entretenimento, disponíveis especialmente on-line. O ambiente digital está criando desafios para os editores que terão de reconfigurar suas atividades tradicionais, a fim de enfrentar esses desafios de forma eficaz.

O desenvolvimento do ambiente digital trouxe para o mundo editorial muitas mudanças em torno do fluxo de trabalho, sistemas de gestão, a atividade de marketing e a integração das práticas de mídia social. Cada aspecto da publicação precisa repensar alguns de seus comportamentos fundamentais.

A cadeia de valor tradicional (Figura 1.1) anteriormente explicada vem sofrendo algumas alterações e alguns aspectos estão se tornando redundantes – armazéns, por exemplo, não são necessários para livros digitais.

Também outros tipos de editoras podem ter mais envolvimento ou acesso a outras etapas da cadeia de valor, ou seja, os editores não serão os únicos na prestação destes serviços. Certos elementos da cadeia de valor precisarão ajustar a estrutura da editora.

Repensando a cadeia de valor tradicional

Se alguém examinar uma versão simplificada da cadeia de valor poderá questionar o seu lugar no ambiente de publicação digital. Abaixo estão algumas questões que surgem com cada parte da cadeia. Isto não tem a intenção de ser uma discussão abrangente, mas a lista engloba os debates que surgiram ao longo da nossa experiência. A autora Frania Hall[21] diz que é evidente que cada área pode gerar considerável debate sobre o papel das editoras dentro das seguintes funções:

- **Fontes de conteúdo:** os autores podem publicar seu próprio trabalho e chegar aos leitores sem muita intervenção – embora eles ainda precisem de um intermediário digital, como Kindle e outros dispositivos. A publicação sempre foi possível para um indivíduo disposto a pagar para outro o indivíduo e colocar tempo e esforços necessários. No entanto, economia de escala, esforços de marketing, contatos com as principais redes de livrarias coloca as editoras em vantagem nessa atividade. Mas as coisas estão ficando mais fácil e menos caras, permitindo que mais autores publiquem seus trabalhos, então a cadeia de valor fica mais exposta. Ainda assim, os editores podem prover a melhorar a rota para alcançar os clientes com conteúdo de boa qualidade.

- **Trabalho textual e conteúdo estruturado:** isso ainda precisa acontecer, embora possa ser feito sem a necessidade de editores, utilizando freelances e comunidades para ajudar nas revisões. No entanto, os editores fazem isso com mais competência dado a sua experiência, e garantia de um conteúdo livre de erros. O trabalho editorial pode ser feito mais rapidamente com métodos digitais. A velocidade para o mercado é dificultada por muita interação com o texto e se estágios pode ser pulados então se coloca pressão sobre este aspecto da cadeia.
- **Produção:** as várias fases da produção podem ter lugar sem a utilização de métodos tradicionais e todo o processo pode ser gerenciado com mais rapidez. No entanto, os editores tem desenvolvido uma experiência considerável na gestão de conteúdo digital. As editoras são capazes de gerenciar o conteúdo de forma flexível e tem habilidades para facilitar o acesso aos arquivos e acondicioná-lo de diferentes maneiras, uma vantagem enorme. Para aqueles envolvidos na auto publicação e sem conhecimentos da tecnologia digital dispenderão muito tempo e terão frustrações.
- **Distribuição:** essa pode ser física e digital. Onde os produtos físicos são necessários, as editoras fazem melhor dadas a sua longa experiência e infraestrutura, mas a distribuição digital não exige necessariamente uma editora, visto que, vários intermediários estão disponíveis. Como a mudança para o digital as estratégias de armazém mudarão, mesmo para impressão de livros em demanda e *just-in-time*.
- **Distribuição global:** o mundo digital aproxima todos os lugares facilitando uma distribuição imediata e global. Isto significa que os editores que desejam acrescentar valor através da facilitação de distribuição global são menos críticos para estes mercados.
- **Vendas:** as editoras precisam desenvolver novos relacionamentos rapidamente com os intermediários e ao mesmo tempo se envolver diretamente com os seus clientes. Claramente uma editora não vai ser capaz de ter muito relacionamento direto com todos seus clientes em todas suas linhas de produtos, mas essa questão reflete que os editores precisam ir além das relações estreitas que eles têm com livrarias (embora mantenha uma valiosa fonte de vendas e promoção) e reconhecer que, se não fizer isso eles vão perder mais controle sobre seu mercado.
- **Marketing:** isso pode, naturalmente, ser feito sem a necessidade de editoras. Muito pode ser conseguido utilizando práticas de marketing digital sem grandes orçamentos. Agora é possível para um indivíduo desenvolver a sua própria comunidade de clientes através de blogs e sites bem sucedidos. Há bastante trabalho, no entanto, e os editores têm desenvolvido formas sofisticadas para maximizar a descoberta dentro do ambiente digital, bem como grandes orçamentos de marketing para títulos importantes.

Como estes elementos da mudança na cadeia de valor, os custos também mudam e o custo de produção pode vir para baixo, devido à diminuição das impressões, mas os custos de marketing com muito mais mídia aumentarão. Departamentos de serviço ao cliente crescerão à medida que assumem papéis mais técnicos para apoiar publicações digitais especializadas.

Quando for alterada a cadeia de valor, muitos dos principais problemas que as editoras enfrentam serão irrelevantes. Novos entrantes no mercado estarão livres desta história e de muitas maneiras serão capazes de criar uma cadeia de valor com as suas competências específicas.

O resultado é que as editoras existentes reconhecem que o imperativo digital está mudando em muitos aspectos da forma como eles trabalham e fazem negócios; eles percebem que precisam se reorganizar e alinhar-se com a evolução do mercado e avaliar a sua estrutura editorial a partir das próprias raízes. Eles precisam olhar para o que eles podem fazer o que eles precisam fazer, e o que eles não podem se dar ao luxo de fazer mais. A editora pode precisar voltar à cadeia de valor, tirando as peças que já não relevantes e reconfigurar o que eles adicionam à luz do ambiente digital.

O ambiente digital continuará mudando em um ritmo acelerado e os negócios da publicação mudarão com ele. Cada segmento tem seus próprios desafios, mas cada um pode ter uma abordagem proativa para as oportunidades que surgirão.

Alguns setores estão mais avançados do que outros para se reinventar, mas também algumas mudanças são menos sísmicas – a morte do livro impresso não está no horizonte.

O problema com o livro é que as coisas estão mudando tão rapidamente em todos os aspectos da cadeia de valor que é difícil incluir tudo e manter todos esses elementos atualizados. A indústria precisa se adaptar rapidamente, compreender as implicações das estratégias, ser capaz de experimentação, criatividade para aplicar soluções de publicação, ser sensível às tendências e reconhecer rapidamente quando a mudança é necessária.

> **Editor**
>
> Um dos aspectos mais importante a considerar na publicação de um livro é o valor que cada etapa do processo de publicação agrega ao produto, seja uma publicação impressa ou digital. O valor agregado deverá ser evidente em todas as fases do processo de publicação. Agregar valor inclui questões como estruturar o texto de forma correta e coerente, garantindo que a linguagem seja adequada ao público visado, bem como a inclusão de recursos de aprendizagem e material ilustrativo apropriado.

O valor agregado da publicação

Criar um livro desde sua concepção até a publicação é o trabalho de muitas mãos. O mundo da publicação envolve diversas e distintas etapas e requer habilidades e competências de muitos profissionais. O autor e consultor William Germano[22] descreve em seu livro:

> "Alguns editores gostam de falar sobre o que um editor faz em termos de valor agregado. Essa é apenas uma maneira elegante de dizer que um manuscrito vale mais no mercado depois que foi publicado – revisados por colegas ou um agente, editorado, bem projetado, impresso e lançado no mercado com a marca de uma empresa respeitada. Valor agregado é uma boa metáfora, em que um manuscrito praticamente sem valor ganha polimento e valor monetário à medida que passa de um departamento para outro na editora. A ideia de valor agregado está no cerne do negócio da publicação, uma vez que diversas etapas foram cumpridas e o editor pode agora determinar um bom preço para o produto e compartilhar as recompensas com o autor."

Mas como se pode quantificar esse valor? Na nova era digital, quando cada vez mais pessoas acreditam que só precisam de um computador e da versão mais recente de um programa de editoração para serem seus próprios editores, há uma necessidade cada vez maior de se esclarecer o papel de uma editora.

Como os guardiões das avaliações por pares (uma atividade que distingue os editores de livros educacionais), os editores e o conselho editorial fazem uma contribuição inestimável. Em questões importantes, os editores e o pessoal de marketing e vendas avaliarão o valor de outras publicações em editoração, design, produção, marketing, vendas e distribuição.

O que não gostamos nessa metáfora é que ela sugere que o trabalho do autor não tem muito valor e coloca as prioridades na ordem errada. Todo editor pode *lustrar seu tesouro* por meio de avaliações por pares, edição cuidadosa, design e marketing, e relações responsáveis com o autor, embora seja verdade que uma editora está mais bem posicionada para ganhar dinheiro com o livro do que o autor que publica seu livro sozinho. Provavelmente, teremos menos valor agregado, no mais estrito sentido econômico, em publicações de livros de ficção do que nos livros de não ficção, principalmente livros didáticos.

Como as editoras agregam valor ao conteúdo?

Na era dos *e-books* e, com as facilidades de autopublicação criadas por empresas como a Amazon, está na *moda* questionar em que os editores agregam valor no processo de publicação de livros. O raciocínio é esse: agora que eu posso autopublicar um *e-book*, e vendê-lo por meio de muitos canais, por que não autopublicar e eliminar o intermediário (a editora) mantendo todo o lucro para mim?

Parece lógico, mas é essa a realidade da publicação de um livro? Que serviços prestados pelo editor agregam valor ao processo de publicação?

O consultor John McHugh[23] escreve: Uma editora agrega valor ao processo de publicação de 10 maneiras:

1. Decidindo qual informação é valiosa e como publicar esse conteúdo.
2. Pesquisando mercados, para saber como posicionar o produto no mercado.
3. Decidindo quais são os melhores formatos para publicar.
4. Gerenciando e financiando o processo de desenvolvimento e avaliação.
5. Servindo como *coach*, consultor e conselheiro do autor.
6. Editando manuscritos e melhorando o conteúdo e o estilo.
7. Promovendo e divulgando o livro por meio de um sistema multicanal.
8. Gerenciando vários canais de distribuição em formatos físicos e digitais.
9. Pagando royalties para os autores.
10. Gerenciando os pedidos e liberações de permissões.

Marca

Emprestando sua marca ou selo, a editora está fazendo uma declaração sobre o valor da obra do autor; a marca agrega valor e aprovação. No mercado de livros de não ficção, o caráter de uma marca é entendido por agentes literários. No mercado de livros educacionais, o *status* das marcas é reconhecido por grupos de pares (por exemplo, professores) e toda a cadeia logística, incluindo compradores institucionais e corporativos. Grandes editoras de livros didáticos publicam grandes autores em uma plataforma para mostrar que sua abordagem de ensino é melhor que os textos existentes e tem a vantagem de fornecer serviços de apoio on-line.

"As empresas de publicação" – escreve John Thompson[24] – "estão envolvidas no negócio da aquisição de conteúdo, agregando valor de diversas formas. Os editores agregam valor de várias maneiras: construção de um catálogo, investimento financeiro, assumindo riscos, desenvolvendo conteúdo, controle de qualidade, gestão de marketing e vendas."

O mundo dos negócios está sofrendo uma profunda alteração. Não se trata apenas de mudanças nos produtos ou serviços oferecidos, nem de novas formas de distribuição e geração de receitas. É a própria lógica de fazer negócio que está mudando. No passado recente, as empresas tinham a noção clara de sua individualidade e sabiam quem eram seus clientes, seus fornecedores e seus concorrentes. Hoje, uma mesma empresa pode ser, ao mesmo tempo, cliente, parceira e concorrente. Entrou-se na lógica do comércio de parceria. A concorrência já não se trava tanto ao nível dos produtos e serviços propostos no mercado, mas sim na gestão da cadeia de valor.

É importante entender que a gestão de uma cadeia de valor está apoiada na lógica colaborativa e funciona com o sistema de gerenciamento de dados existente na empresa. Não é necessário, portanto, investir na aquisição de um novo conjunto de dados. Trata-se simplesmente de retirar o maior valor possível da informação que já está presente na base ou nas várias bases de dados com as quais a empresa trabalha.

A cadeia de suprimentos de produtos digitais

Para Davis e Balkwill,[25] "a cadeia de publicação é uma cadeia de valor e ao mesmo tempo uma cadeia de suprimentos. É uma cadeia de suprimentos no sentido de que ela fornece uma série de ligações organizacionais por meio da qual um produto específico – o livro – é gradualmente produzido e transmitido por meio de distribuidores e varejistas para o usuário final."

A distribuição de conteúdo digital se enquadra no escopo da discussão da gestão da cadeia de suprimentos, que cobre uma ampla gama de tecnologias e abordagens para o entrega de conteúdo ou propriedade intelectual aos consumidores via comércio eletrônico.

A cadeia de suprimentos digital abre as portas para novos modelos de negócios. Os editores podem liberar um capítulo ou muitos capítulos e ilustrações de um livro de forma independente como produtos viáveis, combinar diferentes temas de livros ou jornais para criar variadas ofertas comerciais e proporcionar um aumento do catálogo, sem custos de estoque, impressão e distribuição. Além disso, esse sistema fornece flexibilidade para os clientes no sentido de que o conteúdo que pode ser concebido e acessado atenderá melhor as necessidades exigidas. Esses modelos de negócios devem ser projetados para evoluir em resposta às mudanças na paisagem da publicação. À medida que cresce o fluxo de informações e ideias, o equilíbrio entre a proteção e a promoção tende a se transformar cada vez mais. Nenhum modelo será eficaz indefinidamente: à medida que a tecnologia muda o comportamento, também mudam as atitudes do cliente.

As cadeias de suprimentos digitais e físicas terão de convergir para integrarem um sistema que atenda, sob medida, as expectativas do cliente. Modelos de receita também exigirão uma nova abordagem apoiada por uma engenharia financeira. Os editores terão de trabalhar em mercados não tradicionais, associar-se à tecnologia on-line, comercio eletrônico, provedores de varejo e também oferecer aos clientes uma variedade de estruturas de custos e formas de pagamento, e compartilhar a receita em toda a cadeia de suprimentos.

Talvez a maior mudança envolva o componente humano. A próxima onda de tecnologias digitais será redefinir a maneira como uma empresa funciona internamente e como se relaciona com seus acionistas. Os indivíduos terão de ser retreinados, todos os processos do fluxo de trabalho deverão passar uma reengenharia e o gerenciamento de conteúdo terá de ser repensado.

A verdade é que ninguém pode prever, com precisão, o que vai e o que não vai funcionar na cadeia de suprimentos digital. Os editores devem experimentar, tentar variações, descobrir o que os consumidores querem e fazer de uma forma que lhes permite facilmente mudar e tentar outras possibilidades. A melhor maneira de apoiar a indústria editorial, nesses tempos de mudança, é pesquisar e consolidar as práticas atuais; melhorar, capacitar e simplificar as funções essenciais, e prover a flexibilidade necessária para explorar as oportunidades de valores diferentes ao longo da cadeia de suprimentos digital.

Explorando o mundo da publicação

Desde a primeira escrita em papiro, 2400 a. C. até o século 21, hoje com mais de 500 milhões de domínios na web, as pessoas em todas as profissões – artes e humanidades, ciências sociais e naturais, engenharia e saúde – têm contado com a ajuda dos editores para se comunicarem. Alguns escritores sobre a indústria do livro (incluindo os autores deste livro) têm dito repetidas vezes que a publicação de livros pode ser um negócio, uma profissão, uma aposta ou todos os três, e que para muitas pessoas é uma vocação. Samuel Vaughan, publisher da Random House dizia que publicação era "uma profissão acidental" *porque muitas vezes, sem nenhum plano definido, pessoas de diversas formações encontram seu caminho na indústria editorial.* Talvez porque elas gostem de ler ou querem estar perto da cultura, informação ou entretenimento. Uma das características mais atraentes do trabalho em publicação é que você raramente será tomado pelo tédio. Em geral, nesse ambiente, encontram-se pessoas vibrantes, com interesses ecléticos, e de todas as origens e etnias.

O autor e consultor Dan Poynter[26] diz: "a indústria do livro está repleta de pessoas úteis e amigáveis. A razão por que as pessoas dessa atividade são tão acessíveis está no fato de que o livro é um produto único. Comparado com outras indústrias, existe pouca competição na publicação de livros, principalmente nas áreas de não ficção. Quando se trata de marketing de livros, somos conspiradores, não concorrentes."

A indústria do livro é um campo de ideias e criatividade, e depende de uma diversidade de pontos de vista para torná-la relevante em uma sociedade multicultural.

Uma característica importante da indústria editorial é sua diversidade, pois inclui grandes empresas internacionais e empresas muito pequenas especializadas em nichos de mercado. As maiores empresas representam a maioria das vendas, mas a diversidade da indústria como um todo é uma característica importante na medida em que oferece uma rota alternativa para muitos autores, funcionando como uma incubadora de talentos para as grandes empresas. Essa diversidade se reflete no aumento do número de títulos publicados anualmente.

A fragmentação da indústria em poucas grandes empresas e numerosas pequenas (ou micro) empresas tem facetas positivas e negativas. Os pequenos editores são empreendedores e são capazes de identificar novos escritores e novos mercados. No entanto, as pequenas empresas podem enfrentar problemas consideráveis no acesso aos canais tradicionais de varejo e muitas vezes têm poucos recursos de marketing. Mesmo as grandes editoras tendem a manter os custos de marketing em um mínimo, o que torna mais difícil atingir um novo público que possibilite o crescimento da indústria.

Embora em alguns casos, os salários na indústria editorial possam ser bem atraentes, é seguro dizer que se dinheiro é o principal objetivo de um profissional, ele está no negócio errado. Um editor de livros é o principal investidor no negócio da produção de livros. Isso não deve ser confundido com indivíduos e empresas que investem em editoras ou compram ações da empresa de publicação.

As editoras gerenciam uma cadeia de valor produzindo literatura de informação, conhecimento e entretenimento, conduzindo as operações de forma linear:

Criação → Produção → Distribuição → Varejo

Certa vez, alguém descreveu os editores como eternos otimistas com memória curta, constantemente buscando e esperando o sucesso, acreditando que as recompensas futuras superariam as perdas anteriores. Eles são certamente uma mistura curiosa do mundo empresarial e criativo. As editoras são o elo entre o autor e o leitor, em busca de bons livros (a criatividade) que vendam (negócios).

Uma editora de livros é o principal investidor no negócio de produção de livros. Isto não deve ser confundido com indivíduos e empresas que investem em editoras ou compram ações de editoras. A editora investe em livros, desenvolvendo suas atividades desse modo:

- pesquisando e entendendo o mercado;
- procurando novos autores e trabalhando para manter relacionamento com autores atuais;
- adicionando a autoridade de sua marca e publicando o trabalho de um autor;
- avaliando a qualidade de um trabalho escrito;
- calculando custos, cronogramas e vendas potenciais;
- financiando a produção e comercialização de um livro;
- trazendo valores de design e produção à aparência de um livro;
- comprando e supervisionando a produção impressa e digital;
- desenvolvendo novas tecnologias;
- trabalhando com atacadistas/varejistas para promover e vender livros;
- atendendo pedidos e distribuindo livros;
- mantendo estoques de livros para atender à demanda;
- pagando royalties aos autores.

Um editor investe em livros, e desenvolve suas atividades desse modo:

- Pagando escritores para escrever livros, ou "comprando livros";
- Pagando para produzir livros;
- Pagando para promover e comercializar livros;
- Concedendo crédito às livrarias e aos distribuidores.

A publicação de livros pode não quebrar recordes de receita, quando comparada com outras indústrias, como telecomunicações, automobilística ou indústria farmacêutica, mas a indústria do livro continua a ser produtiva e inovadora.

Dentro do processo de criação, produção, marketing e distribuição a equipe da editora desempenha muita funções e gerencia vários processos. Entre eles, segundo o pesquisador Guthrie[27] estão:

- aquisição e desenvolvimento de conteúdo;
- gerenciamento de projeto e pré-impressão;
- análises de custos de produção, estimativas e orçamentos, escolha de papel, impressão e acabamento;
- desenvolvimento e gestão de programas de marketing e promoção;

- venda de livros, gestão do armazenagem e canais de distribuição;
- vendas de direitos.

Em geral, as editoras desenvolvem e comercializam dois tipos de livros: frontlist e backlist e todo o negócio é baseado em três áreas de atuação:

- publicações atuais ou front list (livros no prelo)
- publicações anteriores (backlist)
- vendas de direitos autorais.

Os livros lançados no mercado permanecem no front list por 12 meses, posteriormente entram na back list.

A publicação de livros pode não bater recordes de receitas quando comparada com outras indústrias, como as telecomunicações ou as indústrias farmacêuticas, mas a indústria do livro continua a ser produtiva e inovadora.

A estrutura desse processo pode ser simplificada assim:

Escritores → Editores → Leitores.

Um escritor procura uma editora e/ou um editor está à procura de um texto publicável. Para operar as editoras precisam ter conhecimento da infraestrutura de produção, marketing e distribuição, a fim de produzir um livro vendável e chegar aos mercados de leitores da maneira correta no melhor tempo possível. O modelo mais amplo passo a passo tem estes participantes:

Escritor → Agente → Editora → Impressor → Distribuidor → Livreiro → Leitor.

Se um texto é escolhido, planejado e encomendado por uma editora, a cadeia é assim:

Editor → Escritor → Revisores → Produtor → Impressor → Distribuidor → Livreiro → Leitor.

Cada etapa do livro, do escritor ao leitor é única e por vezes complexos, levando diversos ciclos e etapas com diversas atividades como impressão, distribuição e venda de livros.

Henrique Bertaso[28] diretor da Livraria e Editora do Globo, dizia: "a publicação exige três ingredientes: paciência, perseverança e coragem. O mesmo pode ser dito para qualquer negócio, mas pelo menos esses três pré-requisitos (e talvez um quarto, conhecimento) aplica-se com precisão nessa profissão. Sucesso, quando acontece, vem com pouca frequência e, muitas vezes de forma inesperada." E continua esse editor pioneiro: "Você trabalha todos os dias e você faz o melhor que pode; cedo ou tarde, se tiver alguma habilidade, o sucesso ultrapassará o fracasso. Você sabe o que fazer porque você faz isso hoje, amanhã, depois e depois."

O lendário editor da Scribner, Max Perkins, que serviu de inspiração a notáveis autores como, Hemingway, Fitzgerald e Wolfe disse: "Você pode aprender todos os procedimentos e técnicas em seis meses, o resto leva uma vida". Quando Perkins, morreu, em junho de 1947, ele foi considerado o editor mais importante nos Estados Unidos.

No clássico de 1926 de Sir Stanley Unwin, The Truth about Publishing (ainda relevante), ele descreve as editoras e a publicação desta forma:

> Os editores não são necessariamente filantropos ou malandros. Eles geralmente não são magnatas nobres nem mendigos mesquinhos. São seres humanos comuns tentando ganhar a vida em uma ocupação difícil. É fácil tornar-se um editor, mas é difícil permanecer nesta atividade; a mortalidade na infância é maior do que em qualquer outro negócio ou profissão.

> A publicação está no cerne da economia do conhecimento e o mundo depende muito dela. As estatísticas contam apenas metade da história. A contribuição da publicação é percebida de outras formas. Ela lança sementes e alimenta a criatividade da televisão, cinema, música e teatro e desempenha um papel fundamental em nossa educação, desde a infância até a idade adulta.

O autor Smith[29] escreve: "a atividade editorial exige imaginação, planejamento de longo prazo e espírito de experimentação, bem como muita paciência para permanecer no negócio."

Os autores Davies e Balkwill[30] descrevem a publicação de livros como "um processo complexo, orientado por prazos, etapas, altamente intensivo e criativo que envolve valor agregado, muitas vezes volátil, e um valioso ingrediente, chamado autor." Esses autores resumem na Figura 1.2 uma visão geral do processo de publicação que são similares em editoras de livros educacionais.

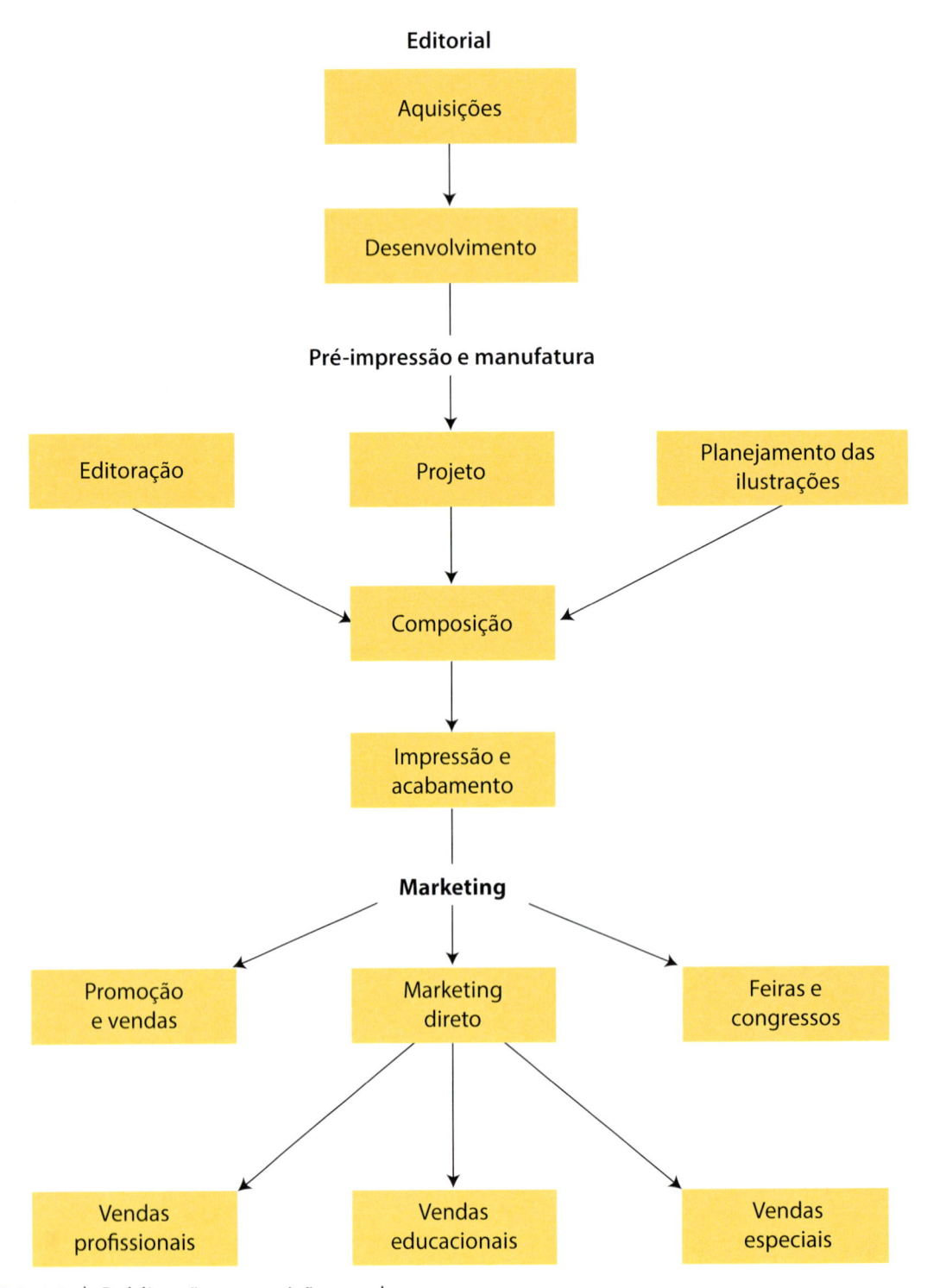

FIGURA 1.2 | Publicação: uma visão geral.

A revolução digital

As mudanças no campo da publicação são um processo impulsionado sobretudo por fatores sociais e econômicos, por atores e organizações que perseguem seus objetivos, respondendo às mudanças circunstanciais e aproveitando novas oportunidades nessa indústria. Mas entrelaçada com essa transformação e contribuindo para o que foi uma revolução tecnológica que começou na indústria editorial em meados de 1980, a revolução digital tornou-se uma fonte de crescente especulação e preocupação a partir de 1990. Depois de convulsionar a indústria da música, ela parecia destinada a causar perturbações semelhantes em outros setores das indústrias criativas.

O rápido crescimento da Internet, a partir de meados da década de 1990, serviu apenas para aumentar a especulação. No final da década de 1990, muitos editores norte-americanos estavam despejando milhões de dólares em projetos de publicação eletrônica e surgiram novas empresas destinadas à digitalização de conteúdo do livro para torná-lo disponível em uma variedade de formatos. "O futuro digital" tornou-se o tema de inúmeras conferências, o tema de inúmeros artigos e um tópico chave nas reuniões das editoras. Em um artigo sobre "tecnologias disruptivas", Bower e Christensen[31] *advertiram abertamente sobre os perigos enfrentados por empresas líderes se elas resistissem às novas tecnologias. As empresas de menor porte poderiam criar um mercado por meio da experimentação de novos produtos e colocar-se na vanguarda. A mensagem foi bem recebida pelos chefes corporativos. As grandes editoras estavam lutando para estar na vanguarda de uma revolução tecnológica inevitável.* Tecnologia disruptiva ou inovação disruptiva é um termo que descreve a inovação tecnológica, produto ou serviço que utiliza uma estratégia "disruptiva", em vez de "revolucionário" ou "evolucionário", para derrubar uma tecnologia existente no mercado.[32]

A convicção de que a indústria editorial estava à beira de uma mudança fundamental foi reforçada pelas previsões de empresas de consultoria de gestão, no final de 1990 e início de 2000, muitas das quais antecipavam que os *e-books* rapidamente se tornariam uma parte significativa e crescente no mercado.

A revolução digital representa uma grande mudança na indústria editorial. O impacto das novas tecnologias na indústria editorial não é diferente do impacto das novas tecnologias em outros setores da indústria: a digitalização e informatização permitem aos editores transformar seus sistemas de gerenciamento de informações em sistemas muito mais eficientes, abrangentes e atualizados. Eles também têm enormes consequências no modo como os livros são produzidos, desde a digitalização e design até a impressão, incluindo gestão de estoque, logística e distribuição. Mas o potencial do impacto da digitalização na indústria editorial vai muito além do próprio conteúdo do negócio, e esse processo resulta em um ativo digitalizável.

> Inovação e empreendedorismo são essenciais no desenvolvimento de negócios sustentáveis na arena digital. Os editores terão que inovar de forma incremental, e esse modelo tem algumas limitações quando confrontado com as mudanças mais radicais que a digitalização e as redes poderão criar.

A revolução digital está trazendo novas oportunidades para o mundo da publicação de maneiras que nunca foram vistas antes. Essa revolução está inspirando novas maneiras de pensar e novas formas de fazer as coisas. E os editores precisam começar a desenvolver novos modelos de negócios para o novo ambiente comercial. Novas oportunidades e modelos também exigem mudanças, o que para muitas pessoas é tanto uma bênção como uma maldição.

É fácil pensar em algo novo, mas o que pode não ser tão fácil é saber o que fazer sobre isso e ainda mais difícil é saber como fazer isso acontecer. As tecnologias digitais tornam possível aumentar as vendas em uma escala sem precedentes, para vender a um público mais vasto e interagir com os mercados mais diretamente.

Nós temos a oportunidade de usar e reusar nosso conteúdo de novas formas e planejar novos desenvolvimentos, mesmo na maneira como o conteúdo é criado. Também podemos reduzir custos e melhorar a qualidade.

> A indústria editorial já mudou drasticamente, mas isso é apenas o início. Ela continuará mudando e a velocidade da mudança aumentará exponencialmente. Processos artesanais tradicionais já não são processos sustentáveis e a automatização é um requisito essencial.

UMA INDÚSTRIA EM TRANSFORMAÇÃO

Os tempos modernos se caracterizam pela mudança oportuna e apresentam grandes desafios para os editores. Por isso, é necessário entender a natureza e o ritmo da transformação digital e como devemos nos modificar a fim de responder com agilidade. Essas mudanças não são simplesmente uma questão de reconfigurar os processos e sistemas de informação. Já hoje vivemos uma cultura educacional híbrida baseada em material impresso, conteúdo digital e sistemas de CMS (*content management systems, sistema de gerenciamento de conteúdo*) on-line. Acredita-se, porém, que o livro impresso permanecerá presente por um longo tempo, mas a maneira como ele será usado na educação inquestionavelmente se modificará.

À medida que o ambiente digital evolui, somos instados a pesquisar maneiras de capitalizar o potencial da Web e ao mesmo tempo manter a publicação de livros impressos. Algumas editoras de livros didáticos já fazem experiências disponibilizando um conjunto de materiais na Web em um sistema em que os professores escolhem aquilo que querem usar em suas aulas e podem incluir textos que eles mesmos escreveram.

A tecnologia digital possibilita aos editores atingir novos leitores e ampliar o mercado para todos os tipos de livros. Os editores agora começam a discutir e identificar os tipos de parcerias que podem trazer benefícios tanto em termos financeiros como no alcance de novos mercados.

Há uma muitos benefícios para esse novo modelo baseado no livro eletrônico. Naturalmente, também há muitos benefícios para os livros impressos. É por isso que os especialistas acreditam que ambos vão continuar por um bom tempo. Mas essa revolução do e-book é tão nova e continuará crescendo tão rapidamente que é importante aprofundar e entender melhor como leitor, autor e editora se comportarão. A revolução digital está apenas começando. Certamente, os autores populares e editores de hoje continuarão, mas surgirão muitos novos rostos e novos nomes na lista de celebridades viabilizados precisamente pelas novas mídias e os novos negócios. Compreender esse novo mundo pode ser complicado. Muitos editores passarão a publicar nas mídias impressas e digitais, enquanto outros abraçarão apenas o mundo digital. Entender essa indústria em constante mudança pode ser um desafio, mas nesse caso é o lugar onde nascem novos valores em liderança, criatividade e visão.

Já vimos essa mesma transformação mudar a música e o cinema. Ao longo dos anos, elas evoluíram a partir de muitas mídias diferentes – fitas, discos de vinil, CDs e, agora arquivos MP3 que podem ser baixados da web ou ouvidos da nuvem. E a indústria fonográfica vem se reinventando, com as lojas on-line e as assinaturas de serviços musicais.

> Muito em breve, veremos autores se tornarem editores. Também veremos editores se tornarem livreiros. Livreiros se tornarão editores e veremos os autores se tornarem livreiros.
>
> – Stephen Riggio, Presidente da Barnes & Noble (1998)

e-books: os novos modelos de negócio

A revolução do *e-book* é uma nova porta de entrada para muitos novos autores. Ela permite que os autores encontrem seu público sem recorrer a uma editora tradicional (e sua cadeia de valor, livreiros, editores, distribuidores etc.). Mas é precisamente esse o desafio dos autores: encontrar seu público e fazer com que eles possam encontrá-lo.

Mesmo com a concorrência do mundo digital, a indústria de livros impressos continua crescendo ano a ano consistentemente. Cada vez mais se veem best-sellers que vendem centenas de milhares e até milhões de exemplares, e isso faz o negócio editorial parecer ser bem atraente. Mas, para ser um autor bem-sucedido, você não precisa ser um Paulo Coelho, um Dan Brown ou uma J. K. Rowling, ou descobrir um se for um editor. A realidade econômica da publicação de livros está mudando, tanto para os autores como para as editoras Na atual sociedade de massas, um pequeno nicho no mercado pode representar dezenas de milhares de leitores. Essa é uma incrível oportunidade para autores e editores, mas há muitos riscos também. Nem todo mundo será bem-sucedido e o fracasso espreita toda ideia ousada. Mas, uma coisa é certa, essa é uma mudança que não vai parar. Essa nova onda está mudando a paisagem editorial e fará muitas transformações. Assim, é imperativo conhecer as novas regras do jogo, aprender a fazer mudanças e tirar vantagem dessa nova onda de sucesso. Essa nova história do livro está apenas começando.

Hoje, o livro foi além do e-book para abranger uma variedade de publicações eletrônicas facilitadas pelos avanços na mídia e da tecnologia. O pesquisador Keh[33] pensa no futuro quando descreve: *"na era da informação, o editor não se vê mais como fornecedor de produtos físicos, mas de ideias e informações. O ativo do editor reside nos conteúdos, aos quais agrega valor ao disponibilizá-los em diversos formatos"*. As observações deste pesquisador são relevantes hoje, à medida que o atual modelo de publicação continua a desenvolver-se lentamente e a expandir-se tanto vertical como horizontalmente, permitindo formas inovadoras de conectar e controlar novas tecnologias de entrega de conteúdo. As tecnologias sociais fornecem "restrições como mecanismo para aumentar a criatividade, a complexidade e a novidade".

Uma revolução oculta: a reinvenção do ciclo de vida do livro

Grande parte da discussão sobre o impacto das novas tecnologias na indústria de publicação tem sido focada na questão de saber se o livro impresso tradicional será ofuscado pela entrega de conteúdo on-line, seja na forma de *e-books* ou pelo desenvolvimento de sistemas de gerenciamento de conteúdo mais elaborados. O fato de os *e-books* não conseguirem decolar no caminho que muitos previram, no final da década de 1990, levou alguns a acreditar que a revolução digital da indústria editorial fracassou, que as promessas não foram cumpridas e que poucas mudanças ocorrerão no futuro próximo. Na verdade, graças à digitalização, há uma revolução em curso no mercado editorial, mas não é exatamente o tipo de revolução que alguns especialistas tinham em mente no final dos anos de 1990. Em sua obra consistente, Thompson[34] descreve: "é uma revolução silenciosa, uma revolução oculta que não chamará a atenção dos jornalistas e não fará manchetes dramáticas, mas que é contínua e transformará profundamente as práticas de trabalho e modelos de negócios da indústria editorial, transformando a vida do livro em si. Não é tanto uma revolução no produto, mas uma revolução no processo: enquanto o produto final pode parecer o mesmo que o livro à moda antiga, o processo pelo qual ele é produzido tem sido, e está sendo radicalmente transformado." O e-book é apenas um sintoma de uma transformação muito mais profunda que aconteceu nos bastidores e que reconstitui o livro como um arquivo digital – isso é, como um banco de dados. E essa revolução oculta tem uma ironia, pois, em alguns aspectos, se tornou a profecia de alguns especialistas.

TECNOLOGIA E SOCIEDADE

John B. Thompson[35] escreve: "A ascensão da Internet é apenas um aspecto da revolução digital, uma transformação tecnológica que teve, e continua a ter, um profundo impacto na indústria editorial. Desde o início dos anos 1990, a indústria editorial está em um estado de debate contínuo sobre o impacto das novas tecnologias em suas práticas de trabalho, sistemas de gerenciamento e cadeia de suprimentos. A ascensão de varejistas on-line como a Amazon e os debates muito divulgados sobre e-books, são apenas as manifestações mais visíveis de uma revolução que afetou a indústria editorial em todos os níveis da cadeia de valor."

MITOS SOBRE AS EMPRESAS DE PUBLICAÇÃO

A publicação é uma daquelas indústrias sobre a qual existem muitos mitos. Talvez isso faça sentido, já que um dos principais resultados da publicação é contar histórias: a propriedade intelectual que sustenta outros setores da economia criativa, incluindo cinema, TV e teatro. A publicação tem um certo prestígio, uma sensação de glamour e uma atração permanente para trabalhar em papéis que levam à produção de livros, revistas, periódicos e produtos digitais relacionados.

Mas quando os indivíduos tentam entrar nessa indústria, esses mitos – e a perpetuação deles é uma realidade – podem levar à exploração e criar barreiras para o acesso pleno e igualitário às carreiras editoriais.

É importantes fazer intervenções para desmistificar mitos e esclarecer as vias de acesso à indústria editorial. Por meio de explicações compreensíveis dos setores do mercado, a publicação é apresentada neste volume como uma complexa, mas vibrante indústria, que oferece diferentes tipos de cargos e caminhos para ingressar neste competitivo segmento. Entre esses mitos podemos resumir as considerações de Thompson:[36]

- **"As empresas não têm interesse na publicação de livros de qualidade. Elas estão interessadas somente na publicação de *best-sellers*."** Naturalmente, as empresas estão interessadas em publicar *best-sellers* e assim obter o maior lucro possível e ganhar visibilidade; mas dizer que elas não estão interessadas na publicação de livros de qualidade é simplesmente errado. Obviamente, "qualidade" é um termo às vezes subjetivo nessa atividade, mesmo nos livros de ficção, há bons e maus *thrillers*. Mas, deixando de lado as questões estéticas e intelectuais, é importante ver que todas as grandes editoras têm selos ou divisões que estão explicitamente preocupados em vender o maior número de livros possível. Livros de qualidade podem vender bem se a editora conseguir bons autores e profissionais qualificados para o processo de publicação. Portanto, há bons motivos financeiros para a publicação de livros de qualidade. A maioria das editoras procura desenvolver uma lista equilibrada; até certo ponto isso é uma questão de gosto pessoal e predisposição por parte da alta administração, mas também é uma questão de criar um portfólio diversificado.
- **"Nas grandes editoras, os editores perderam o poder que tinham antigamente. Diretores de vendas, diretores de marketing e diretores financeiros detêm todo o poder e decidem o que será publicado."** Há um elemento de verdade na primeira sentença, mas a segunda sentença não procede. De fato, em muitas editoras tradicionais, os editores costumam ter um grande espaço para decidir o que publicar, e o pessoal de vendas e marketing pouco participa das decisões.

O modelo de publicação era essencialmente linear: editores decidiam o que publicar e a divisão de marketing comercializava os livros publicados. No decorrer das décadas de 1980 e 1990, esse modelo linear tradicional foi substituído em muitas editoras – não apenas nas grandes corporações mas em muitas casas independentes também – por um modelo mais participativo, no qual os pontos de vista de vendas e marketing passaram a ser ativamente consultados no processo de aquisição.

Editores foram incentivados e mesmo obrigados a dividir com o pessoal de vendas e marketing a decisão de publicar determinados tipos de livros, especialmente quando um projeto exigia alto investimento.

Às reuniões de aquisições foram introduzidas e diretores de marketing, diretores de produção, diretores financeiros comumente convidados a participar. Esse processo serviu, em parte, para injetar uma perspectiva de marketing e vendas – para qual mercado esse livro se destina? Quais são os canais mais adequados? Quais são as estimativas de vendas? Quais as melhores estratégias de marketing? – Mas em parte, também serviu para garantir que toda a empresa estava por trás do livro e que o entusiasmo foi amplamente compartilhado, de modo que as chances de transformá-lo em um sucesso foram maximizadas. Mas nada disso implica que o editor tornou-se impotente em empresas editoras e que as decisões sobre as principais aquisições são agora tomadas por vendas, marketing e financeiro.

As práticas variam de uma editora para outra, mas em todas elas a força motriz da aquisição de títulos é iniciada pelos editores. Eles são os únicos que verificam propostas de livros e decidem quais títulos querem comprar. O editor geralmente tem que formular uma apresentação na reunião de aquisições.

A importância das vendas e do marketing não é algo que é simplesmente imposto aos editores recalcitrantes por um triunvirato cada vez mais poderoso de vendas, marketing e finanças; é algo que os próprios editores e editoras têm interiorizado e incorporado em suas próprias práticas.

O futuro da revolução digital

Muitos se perguntam se o livro impresso vai seguir o caminho do vinil e se tornar uma curiosa relíquia de uma época passada. Muitos também acreditam que os livros continuarão a ter uma presença significativa em um mundo onde o computador e a televisão tornaram-se penetrantes formas culturais, cultivando atitudes cognitivas e comportamentos que estão provavelmente em desacordo com um tipo de leitor. Concordamos com o Thompson[37] quando ele afirma: *existe muita especulação sobre o papel tradicional do editor e se ele sobreviverá a essa revolução. Por que eles seriam necessários se os produtores culturais poderiam disseminar seu trabalho diretamente na Internet como Stephen King colocou seu romance Riding the Bullet. E por que os consumidores pagariam mais por um conteúdo fornecido por editores se podem obter o conteúdo gratuitamente (ou muito mais barato) de outras fontes na web?*

Nos dias inebriantes da década de 1990, a especulação sobre o futuro do livro era generalizada. Estavam lá alguns "analistas" pregando que aconteceria uma profunda mudança nas culturas ocidentais, o que conduziria inexoravelmente ao declínio da palavra impressa e sua substituição pela comunicação eletrônica.

Dentro da indústria da publicação, vários consultores se autointitularam especialistas no assunto, prevendo o fim iminente do livro impresso e recomendavam que as editoras deveriam reinventar-se para um futuro eletrônico; mas quando o novo milênio amanheceu, logo ficou claro que grande parte da especulação sobre o futuro do livro tinha sido equivocada.

Então, quais são as mudanças chave que estão transformarão a indústria de publicação? A tecnologia, sem dúvida tem um papel importante a desempenhar, mas é apenas uma parte da história. A indústria também está passando por grandes mudanças sociais e econômicas, e somente poderemos compreender o verdadeiro significado da revolução digital situando-nos dentro de um contexto mais amplo.

A indústria editorial sustenta muitas culturas contemporâneas e é uma importante fonte de conteúdo para outros setores da mídia e indústrias culturais, incluindo cinema e televisão. O setor audiovisual e as indústrias de alta tecnologia podem ter mais brilho e *glamour,* mas concentrar-se somente nesses domínios, à custa da indústria editorial, seria uma visão míope.

A indústria de publicação tem recebido relativamente pouca atenção comparada a outros setores da indústria cultural, mas isso não foi ignorado por pesquisadores acadêmicos. Provavelmente, a melhor tentativa de fornecer uma análise detalhada dessa atividade, foram os estudos agora clássicos dos sociólogos Coser, Kadushin e Powell.[38]

Esse foi um estudo da indústria editorial norte-americana do livro, com ênfase na área de não ficção e editoras universitárias. Coser e seus colaboradores dedicaram especial atenção à tomada de decisão editorial e usaram o conceito de "*gatekeepers of ideas*"[39] para analisar o processo de publicação: os editores eram vistos como "porteiros de ideias", que, por mérito de suas posições organizacionais, decidiam quais livros seriam disponíveis para o público e quais seriam recusados. Essa é uma peça exemplar de pesquisa social, rica em detalhes e perspicaz, e lança uma grande luz sobre um mundo em que o segredo parece governado por práticas arcaicas; mesmo perspicaz, no entanto, o trabalho de Coser e seus colaboradores está longe de ser satisfatório, por diversas razões – em primeiro lugar, a noção de porteiro não é realmente adequada como forma seletiva que caracteriza as atividades de editores e editoras –; a ideia do porteiro sugeria que havia autores na fila para passar pelo portão e o trabalho do porteiro era decidir quem poderia passar.

Esse modelo era razoavelmente preciso na época e refletia o que aconteceu em alguns setores da publicação, mas não representa mais o papel de um editor da maioria das empresas hoje.

A publicação de livros e a mídia impressa em geral são indústrias estrategicamente importantes, por causa do papel crucial que desempenham na sociedade como provedores de informações, ideias e cultura; o Brasil, não é diferente de outros países a esse respeito e a história da publicação de livros e da imprensa em geral ilustra elegantemente a história econômica e cultural do país (ver, nesse sentido, a *História do Livro* de Thomas Hallewell[40]).

A única coisa certa é que as normas e os modelos atuais mudarão. Conheça os fundamentos da indústria, tornando-se completamente familiarizado com o processo de planejamento e gestão estratégica de sua empresa em seu ambiente. Tanto no presente como no futuro, coloque em prática os modelos de gestão para que seu pessoal entenda o que você quer e como você quer, então você terá feito seu trabalho e, não importa como será o futuro, sua empresa terá sucesso.

CONCLUSÃO

Uma editora tem, entre seus objetivos dar lucro aos acionistas e publicar livros valiosos. Isso implica que ao mesmo tempo o objetivo final dos negócios para uma editora é criar e atender à demanda do mercado, obter um retorno sobre o investimento garantindo que a organização continue operando. Cada vez mais, as empresas são chamadas a dar uma contribuição para a sociedade, e não apenas ter lucratividade. Esse não é um novo conceito para os editores; a publicação tem sido sempre considerada como uma indústria em que o maior prêmio é desempenhar um papel social e ético na criação de produtos de informação e conhecimento.

O autor Philip G. Altbach[41] pesquisador e professor de educação no Boston College afirma que os editores são (às vezes controversamente) considerados como pessoas que controlam a informação disseminada e que são considerados como os "guardiões do conhecimento na sociedade". Isso deve ser verdadeiro para todos os tipos de editores: livro, revista e jornais. Todos esses editores têm a responsabilidade de fornecer material relevante para seus leitores.

Os editores muitas vezes ficam frustrados com o fato de que o conceito de "publicação" é erroneamente entendido como apenas "impressão", ou o processo de produção, que sempre foi considerado um componente sem importância das atividades de um editor. Devido ao impacto da mídia digital, no entanto, os editores estão sendo forçados a aumentar seus conhecimentos tecnológicos.

Por mais de 500 anos, os livros têm desempenhado um papel importante nas culturas modernas e é um dos fundamentos básicos da educação e da vida acadêmica. É difícil imaginar o que seria a cultura ocidental, ou mesmo as grandes culturas de qualquer civilização em qualquer lugar do mundo de hoje, sem a riqueza de recursos que são preservados, divulgados e disseminados de uma geração para outra na forma de livro. Mas nos anos recentes especula-se sobre a possibilidade de que esse objeto conhecido e valorizado durante meio milênio, venha desaparecer.

Revolução no ar

A indústria editorial de hoje está passando por um processo de mudança tão profundo e provavelmente algo tão impactante como foi a revolução da prensa gráfica de Gutenberg. Uma das forças dessa mudança é a revolução tecnológica trazida pela digitalização.

Os pesquisadores Greco, Milliot e Warthon[42] formularam algumas perguntas acerca da conjuntura atual da indústria, mesmo não apresentando resposta essas perguntas elas são úteis para uma reflexão:

"Qual é a estrutura da indústria editorial? O que as editoras e os editores estão fazendo na cadeia de valor da publicação? As receitas líquidas das editoras e as margens de lucro estão caindo? Os consumidores estão lendo menos livros impressos, provocando quedas nas vendas das editoras? Os *e-books* terão a maioria das vendas, provocando o declínio do livro impresso? As vendas de livros pela Internet que oferecem uma infinidade de títulos a preços competitivos provocarão uma queda ou o fechamento de muitas livrarias? Os autores poderão ganhar a vida escrevendo *e-books*? Livros impressos sob demanda substituirão os livros impressos tradicionalmente?"

Em todo o mundo, há preocupações com o bem-estar dessa indústria. Qualquer pessoa familiarizada com a publicação de livros sabe muito bem que a economia da publicação é dura e implacável.

Alguns analistas financeiros especulam que a indústria editorial está em desordem por causa de uma série de forças hercúleas que estão minando a base tradicional das editoras, incluindo:

1. A "tecnologia disruptiva" da internet e o computador.
2. A competição com *e-readers* e *e-books*.
3. Declínio na receita das livrarias.
4. Consumidores volúveis e sensíveis ao preço.
5. Baixo nível da educação no país.

A publicação está inquestionavelmente numa encruzilhada. No entanto as grandes editoras criaram nos últimos anos estruturas inovadoras e mudaram suas operações.

Estamos no meio de uma revolução e é difícil ver onde isso vai dar (o que é típico das revoluções: sabe-se quando inicia, mas não se sabe quando e onde acaba). No entanto, algumas previsões parecem estar se cumprindo; entre essas, estão:

- maior variedade de produtos, principalmente digitais;
- maior facilidade e novas formas de acesso a conteúdos;
- novas oportunidades de marketing mais focado, especialmente por meio das comunidades de leitores com interesses comuns;
- maior eficiência na gestão de conteúdos, o que permitirá maior reutilização de conteúdo e maior mix de produtos;
- novas formas de geração de receitas e financiamento como a publicidade on-line, o financiamento coletivo (*crowdfunding*) etc.;
- novos modelos de negócio baseados na impressão sob demanda e CMSs (*content management systems*, sistemas de gerenciamento de conteúdo) on-line;
- sistemas de assinaturas de acervos digitais na nuvem, que reinventam os clubes do livro.

Olhando assim, revela-se uma paisagem que é impossível não ficar entusiasmado, especialmente se você é um editor ou um leitor. Mas não é uma paisagem atraente para os livreiros – pelo menos se não seguirem as abordagens em escala industrial que se tornaram dominantes nos últimos anos. Mesmo assim, se a paisagem representa um ecossistema, há certamente alguns nichos dentro dela em que as espécies ameaçadas – entre elas o livreiro – têm uma chance de prosperar.

Muitos apostam ou pensam que o futuro do mercado editorial é desolador. Outros rejeitam essa ideia, mas reconhecem que os desafios para a sobrevivência de muitos editores e principalmente livreiros são numerosos. A revolução técnica precipitada pela Internet está gerando muito mais informação do que nunca... e isso deveria ser uma boa notícia para as editoras, porque a informação é o coração e a alma de qualquer negócio editorial. A era Gutenberg não está prestes a chegar ao fim. Livros impressos existirão por muitas décadas.

Depois da televisão, ainda temos cinema e rádio. A indústria do livro vai continuar a prosperar, mas vai ser transformada por *e-books* e *e-readers*.

Nos próximos anos, os livros impressos ainda serão responsáveis pela maioria das vendas. A tecnologia pode mudar rapidamente, mas os hábitos das pessoas não. As pessoas continuarão comprando livros para encher suas prateleiras, dar como presentes e colocar em sua cabeceira. Mas não se iludam: dispositivos de leitura modernos já dão sinais de uma transformação digital e o mercado de livros já dá seus primeiros passos irreversíveis em um novo cenário. É difícil prever qual a velocidade dessa evolução da indústria editorial.

Os primeiros passos de uma jornada rumo ao desconhecido

A indústria da publicação atravessa uma transformação tão significativa quanto foi a invenção da impressão no século XV. Não é apenas o crescimento de formatos digitais, como *e-books*, áudio e vídeo, ou novos canais para o mercado através da web e dispositivos móveis. É a maneira como as redes sociais e os blogs estão mudando o marketing e a interação com o cliente. É a maneira como o mundo on-line está mudando a atividade diária dos provedores de conteúdo, editores e varejistas: os editores estão vendendo diretamente para os leitores, os escritores estão se autopublicando, os agentes estão vendendo *e-books* diretamente para lojas on-line, e os jornais estão proporcionando fóruns de blogueiros com supervisão editorial mínima.

Ainda é cedo para saber quais as oportunidades serão mais eficazes e confiáveis. A única coisa inegável é que o sucesso no mundo on-line vai exigir novas estratégias, processos e habilidades que, inevitavelmente, serão muito mais dependentes da tecnologia da informação, dos meios de comunicação e dos sistemas de gestão e distribuição de ativos digitais. A realidade é que o modelo de negócio virtual não vai substituir imediatamente, ou mesmo dominar, o modelo físico. Os editores devem operar duas estratégias de negócios: como e onde eles identificarão o tempo adequado, recursos e experiência para fazê-lo, sem multiplicar os custos.

Mudanças estruturais e implicações estratégicas

Em seu olhar lucido sobre a indústria de publicação de livros, Coser, Kadushin e Powel[43] observaram que "as ideias são os filhos cerebrais dos indivíduos; mas os livros, nos quais as ideias ganham forma concreta para serem transmitidas ao seu público-alvo, são produtos do trabalho coletivo de membros de editoras especializadas na produção e distribuição de livros". Estes autores também observaram que "na era da mídia eletrônica, a publicação de livros não ocupa mais a posição cultural preeminente que desfrutou até a Segunda Guerra Mundial".

No entanto, nos anos desde que Coser et al. escreveram seu livro, a indústria editorial continuou a prosperar. Observamos que seu crescimento econômico foi impressionante nos últimos 50 anos, mesmo em períodos de retração econômica geral.

Apesar de seu notável crescimento, poucas pesquisas foram realizadas sobre o setor. O pesquisador Keh[44] em seu artigo escreve: com exceção de alguns livros que descrevem a indústria em termos gerais e amplos, pouca pesquisa acadêmica foi realizada sobre ela. Isso pode ser atribuído ao fato de que a publicação de livros é uma indústria menos glamorosa em comparação com outras, como automóveis e computadores. Além disso, a integridade do livro como o conhecemos não mudou muito nos últimos cinco séculos. É um item onipresente e discreto; palavras impressas em pedaços de papel encadernados entre duas capas. A falta de pesquisa sobre publicação de livros é frustrante e intrigante, pois é uma indústria única com muitas características singulares que tornam o estudo interessante. Por exemplo, nenhuma outra indústria de consumo produz 50.000 produtos diferentes e relativamente acessíveis a cada ano; cada um com sua personalidade, exigindo reconhecimento individual no mercado. Além disso, a indústria tem uma proporção alta de fracassos comerciais. Os best-sellers comerciais geralmente têm ciclos de vida do produto entre seis e 18 meses. Muitas mudanças drásticas ocorreram na indústria nos últimos 30 anos.

> Se não podemos prever o futuro da publicação, podemos pelo menos pensar nisso. Por sua vez, isso pode ajudar a aprofundar a compreensão da indústria editorial e formular estratégias para navegar no futuro.
>
> – GRECO, Albert; MILLIOT, Jim e WHARTON, Robert. *The book publishing industry*, 3ª ed

O que está por vir

- Os preços dos *e-readers* continuarão caindo, e telas coloridas e conectividade com a Internet se tornarão comuns.
- Tablets serão mais leves e a vida útil da bateria será aumentada. Eles continuarão a ser opções atraentes para pessoas que querem ler *e-books*.
- Tablets competirão com revistas e jornais impressos, especialmente para os adultos e jovens adultos.
- Mais editoras irão oferecer conteúdo multimídia em *e-books*.
- Livros de interesse especial serão vendidos capítulo por capítulo, tais como livros de receitas e guias de viagem serão oferecidos como aplicativos ou *e-books* com recursos interativos, atualizações on-line e assinaturas.
- As bibliotecas poderão investir em *e-books* e *e-readers* para complementar sua coleção de livros impressos.

Como a demanda diminuirá para livros impressos, alguns títulos já não estarão disponíveis em papel. Outros podem ser oferecidos customizados.

A demanda por certos tipos de livros continuará forte; esses incluem as categorias de livros religiosos, como a Bíblia e o Corão, livros infantis e livros para presentes.

Mais produtos

A variedade de produtos diferentes disponíveis para os editores está aumentando rapidamente. As opções para os livros impressos são maiores do que antes, se considerarmos que a impressão sob demanda é uma alternativa aos tradicionais livros de capa dura e capa mole.

A impressão sob demanda oferece um potencial para alcançar os clientes diretamente. Os livros eletrônicos podem ter uma relação direta com os leitores, sem necessidade de intermediários. Onde um editor tem uma relação direta com os leitores, outros produtos e serviços podem ser vendidos para complementar o interesse e a lealdade do próprio livro. No formato eletrônico, o conteúdo de um livro ou mais livros pode ser em parte ou no todo licenciado a terceiros em apoio a outros produtos ou serviços.

Maior acesso

A Internet proporciona acessibilidade inimaginavelmente maior aos produtos de um editor. Livrarias terão momentos difíceis, embora algumas estejam procurando maneiras de oferecer mais para os leitores em termos de uma melhor informação e um ambiente mais confortável do que as lojas on-line. No Brasil, a concorrência está aumentando entre os varejistas on-line, como a Saraiva, a Cultura, a Submarino e a Amazon, e todas estão procurando suas próprias áreas de domínio no espaço on-line. As livrarias também estão ameaçadas pela facilidade crescente com que as editoras podem vender diretamente a seus leitores.

Essa é uma área particularmente interessante para as editoras explorar por causa dos outros benefícios que ela pode trazer – a consciência de que seus clientes estão sendo potencialmente mais valorizados. Como parte desse processo, mais canais para o mercado surgirão; dessa forma, distribuidores serão obrigados a se tornar mais competitivos e a reduzir suas taxas de distribuição.

Marketing focado

Algumas editoras estão aprendendo a tirar proveito dessas mudanças, seguindo o exemplo de outras indústrias para alcançar seus clientes – os leitores – diretamente.

- O contato direto com os leitores, em vez de depender de intermediários, revoluciona os canais de marketing. Algumas editoras vêm fazendo isso há muito tempo, com grande efeito, embora os custos de marketing sejam elevados.
- A Internet tem o potencial de facilitar as relações entre editores e seus clientes para impressão de produtos digitais e as vendas on-line. A indústria editorial tem uma oportunidade única, porque há uma continuidade natural entre os produtos e os processos, o que é algo que a maioria das outras indústrias não têm: tudo envolve troca de informações e, portanto, essas informações podem ser usadas para vender outras informações. Os produtos dos editores são informação, o meio de transporte é informação e o feedback do cliente também é informação.
- Um fator frequentemente esquecido é que a menos que os editores saibam quem são seus leitores, haverá uma lacuna nesse círculo virtuoso. Mas se o editor conseguir cobrir essa lacuna, ele terá uma grande chance de levar seu produto ao público interessado.

Aumento da eficiência

O ambiente digital melhora significativamente a eficiência dos processos de publicação. Isso se aplica tanto aos processos criativos como às rotinas de funcionamento.

- Trabalhar em um ambiente comum evita a perda de qualidade quando o conteúdo muda de um ambiente para outro e garante não só o trabalho feito em cada fase do processo, mas também a pesquisa valiosa que é agregada ao conteúdo final.

- A manipulação de conteúdo é mais eficiente porque há menos restrições técnicas.
- A maior facilidade de compartilhar tarefas potencializa os benefícios da colaboração.
- O feedback mais rápido mantém um diálogo mais animado no processo criativo.
- A maior rapidez das respostas inspira mudança e inovação.

Reutilização do conteúdo

O conteúdo de uma editora é sua "matéria-prima", portanto, um de seus ativos mais valiosos. Se esse conteúdo só puder ser usado uma vez, seu valor comercial é minimizado. A capacidade de reutilizar conteúdo eficientemente é uma marca da qualidade da editora a partir de um ponto de vista comercial. O ambiente digital oferece muitas oportunidades de usar e reutilizar conteúdo que eram anteriormente impraticáveis ou muito caras.

- Um ambiente digital comum, como XML, torna mais fácil publicar o mesmo conteúdo no formato impresso ou digital (*e-books*, sites, aplicativos, CMSs etc.) e para distribuição por outros parceiros.
- Uma editora que publica de forma consistente em diversas áreas aumenta as oportunidades para "misturar e combinar" conteúdos, tão logo se apresentem oportunidades comerciais.
- Uma estrutura técnica flexível permitirá que o conteúdo seja reestruturado de forma fácil e barata para diferentes fins: "fatiado e picado", bem como "misturados e combinados". Um exemplo: em um contexto educacional é a habilidade de selecionar conteúdos on-line e produzir uma série de livros para saída rápida, talvez como um PDF ou para impressão sob demanda. Isso só é prático se o conteúdo estiver estruturado de forma consistente e flexível, caso contrário, as opções para fazer isso são caras ou limitadas.
- Agregar valor à matéria-prima às ideias e pesquisas de refinamento para criar conteúdo – como é trabalhado e fazendo isso de forma coerente, com os objetivos comerciais em mente, produzirá a qualidade que fundamenta a afirmação de que "o conteúdo é rei".

Mais criatividade?

A publicação experimentou uma explosão de criatividade quando a tecnologia de impressão em cores se desenvolveu. Essa explosão criativa teve aspectos estéticos, educacionais e comerciais que persistem até hoje e é difícil imaginar como era a publicação antes.

Hoje, a revolução digital igualmente oferece às editoras oportunidades formidáveis para criar, manipular e explorar os conteúdos impressos e digitais, o que nos faz antecipar as perspectivas mais emocionantes de todos os tempos nessa indústria.

As escolas que incentivam a exploração da mídia digital estão inspirando adolescentes talentosos de maneiras que os editores mal podem perceber.

As oportunidades para os editores, que desejam criar, manipular e explorar um bom conteúdo está no papel central dessa revolução digital.

Existe na publicação uma necessidade de equilibrar a criatividade com a realidade comercial. É dito que alguém, em algum lugar, quando questionado sobre o que faz um bom livro prontamente respondeu: aquele que vende. Isso pode ser um pouco exagerado, porque uma das atrações de um livro podem ser suas qualidades estéticas – o cuidado e a atenção com a escolha de tipos de letra, o design das páginas e da capa e a qualidade da encadernação são todos aspectos de um livro ainda não igualado por nenhum computador palmtop. No entanto, tal as qualidades estéticas podem muito bem ser menos importantes para a entrega de alto valor agregado, informações para os mercados acadêmico e profissional especializado, e especialmente aqueles em que o jornal erudito é a principal fonte de dados e opiniões atuais.

Assim, apesar das complicações da mídia eletrônica, o livro permanece, como Clark e Phillips[45] escrevem: *"um meio duradouro através do qual as ideias e conhecimento são comunicadas e a cultura de uma sociedade é retratada; e, como tal, é um recurso primordial para o aluno, o leitor em geral e a mídia. A diversidade de livros e editores é de vital importância para uma democracia"*.

A publicação é uma das poucas indústrias que tem uma linhagem que remonta a séculos, e em aspectos importantes permanece na linha de frente das mudanças. Isso vem se tornando objeto interessante de estudos acadêmicos, o que é muito valioso sobre essa multifacetada e influente indústria. A publicação tem um significado global porque é pioneira em novas formas e tendências culturais; fortalece a produção e disseminação de novos conhecimentos científicos e também possibilita sistemas educacionais modernos. A indústria editorial então, tem um papel estruturante na sociedade. A revolução digital impactou os livros e entender essa mudança é um dos principais desafios para entender a publicação hoje.

O estudo sistemático dos livros e dos meios pelos quais eles são criados e distribuídos começou no século XVIII, mas foi apenas nos últimos 100 anos que se tornou um importante campo de estudos. Após uma transformação intelectual no último quarto do século XX, a história dos livros – e particularmente a história comercial dos livros – é agora uma área de estudo e pesquisa vibrante e amplamente praticada. Estudiosos literários, historiadores e muitos outros nas ciências humanas e sociais têm um grande interesse em saber como os textos chegaram até nós, como foram criados, comercializados e distribuídos e qual o impacto que os processos comerciais de publicação tiveram em seus conteúdos.

A indústria do livro tem sido caracterizada como uma indústria madura e com poucas oportunidades de crescimento natural. O pesquisador Picard[46] descreve as indústrias de mídia impressa de 300 anos (jornais, revistas e publicação de livros) como altamente resistentes à mudança. Muitas editoras operaram com margens confortáveis e construíram sua cultura em torno da consistência e da limitação das mudanças. Embora a publicação de livros historicamente não tenha sido tão lucrativa quanto a publicação de jornais e revistas (entre os anos de 1950 a 2000), ela ainda desfruta de um longo período de lucros regulares e relativamente altos. Picard chama as editoras de "vacas leiteiras" que oferecem retornos previsíveis para os proprietários e poucos incentivos para as empresas inovarem.

NOTAS DO CAPÍTULO

1 GEISER, Elizabeth; DOLIN, Arnold; TOPKIS, Gladis. *The Business of Book Publishing*, Londres: Routledge, 2018.

2 GUTHRIE, Richard. *Principles of publishing*. Londres: Sage, 2011.

3 JOHNSON, Miriam. *Books and Social Media: How the Digital Age is Shaping the Printed Word*. Londres: Routledge, 2011

4 PHILLIPS, Angus; BHASKAR, Michael. *The Oxford Handbook of Publishing*. New York: Oxford University Press, 2011.

5 GRECO, Albert; MILLIOT, Jim; WHARTON, Robert. *The book publishing industry*. 3. ed. Nova York: Routledge, 2014.

6 BHASKAR, Michael. *The content machine: Towards a theory of publishing from the printing press to the digital network*. Londres: Anthem Press, 2011.

7 VAN DER WEEL, Adriaan. *Changing our textual minds: Toward a digital order of knowledge*. Manchester: Manchester University Press, 2011.

8 BAVERSTOCK, Alison; BOWEN, Susannah; CAREY, Steve. *How to Get a Job in Publishing: A Guide to Careers in the Booktrade, Magazines and Communications*. 2. ed. Londres: Routledge, 2023.

9 SMITH, Kelvin. *The Publishing Business: From p-books to e-books*. Lausanne: Ava Academia, 2013.

10 ASSOCIATION OF AMERICAN PUBLISHERS. *Getting into book publishing*. Nova York: AAP, 2002.

11 SCHIFFRIN, André. *The business of books*. Londres: Verso 2000.

12 EPSTEIN, Jason. *Book business*. Nova York: Norton, 2001.

13 THOMPSON, John. *Books in the digital age*. Londres: Polity, 2005.

14 BYKOFSKY, Sheree; SANDER, Jennifer. *Complete idiot's guide to getting published*. 5. ed. Nova York: Alpha Books, 2012.

15 ASSOCIATION OF AMERICAN PUBLISHERS. *Getting into book publishing*. Nova York: AAP, 2002.

16 GERMANO, William. *Getting it published*. 2. ed. Chicago: The University of Chicago Press, 2008.

17 DAVIES, Gill; BALKWILL, Richard. *The professional's guide to publishing*. Londres: Kogan Page, 2011.

18 HILL, Charles; JONES, Gareth. *Strategic management theory: an integrated approach*. 10. ed., Boston: Cengage Learning, 2013.

19 PORTER, Michael. *Vantagem competitiva: criando e sustentando um desempenho superior*. Rio de Janeiro: Campus, 1995.

20 MARION, Ann; HACKING, Elizabeth. Educational publishing and the world wide web, 1998. *Journal of Interactive Media in Education*(2).

21 HALL, Frania. *The business of digital publishing*. Londres: Routledge, 2013.

22 GERMANO, William. *Getting it published*. 2. ed. Chicago: The University of Chicago Press, 2008.

23 McHUGH, John. *Eighteen Ways How Book Publishers Add Value to Content*. Milwaukee: McHugh Publishing Consultant, 2009.

24 THOMPSON, John. *Books in the digital age*. Cambridge: Polity Press, 2005.

25 DAVIES, Gill; BALKWILL, Richard. *The professional's guide to publishing*. Londres: Kogan Page, 2011.

26 POYNTER, Dan. *Book publishing encyclopedia: Tips and Resources for Authors and Publishers*. California: Para Publishing, 2006.

27 GUTHRIE, Richard. *Principles of publishing*. Londres: Sage, 2011.

28 BERTASO, Henrique. Editor gaúcho, pioneiro em publicações de obras de ficção e livros técnicos, em colóquio com o autor.

29 SMITH, Dathus. *A guide to book publishing*. Washington: University of Washington Press, 1966.

30 DAVIES, Gill; BALKWILL, R. *The professional's guide to publishing*. Londres: Kogan Page, 2011.

31 BOWER, Joseph; CHRISTENSEN, Clayton. *Disruptive technologies*. Harvard Business Review. Fev. 1995.

32 TECNOLOGIA_disruptiva. In: Wikipédia: a enciclopédia livre. Disponível em: <http://pt.wikipedia.org/wiki/Tecnologia_disruptiva>. Acesso em: 22 nov. 2014.

33 KEH, Hean Tak. Evolution of the book publishing industry: Structural changes and strategic implications. *Journal of Management History June 1998* 4(2):104-123.

34 THOMPSON, John. *Merchants of culture*. Cambridge: Polity Press, 2011.

35 THOMPSON, John. *Books in the digital age*. Cambridge: Polity Press, 2005.

36 THOMPSON, John. *Merchants of culture*. Cambridge: Polity Press, 2011.

37 THOMPSON, John. *Books in the digital age*. Cambridge: Polity Press, 2005.

38 COSER, Lewis; KADUSHIN, Charles; POWELL, Walter. *Books: the culture and commerce of publishing*. Nova York: Basic Books, 1982.

39 COSER, Lewis. Publishers as gatekeepers of ideas. *In*: *Annals of the American Academy of Political and Social Science*, vol. 421 (pp. 14-22), 1975.

40 HALLEWELL, Laurence. *O livro no Brasil: sua história*. São Paulo, São Paulo: EdUSP, 1998.

41 ALTBACH. P. G. *The knowledge context*. Nova York: State University of Nova York Press, 1987.

42 GRECO, Albert; MILLIOT, Jim; WHARTON, Robert. *The book publishing industry*. 3. ed. Nova York: Routledge, 2014.

43 COSER, Lewis; KADUSHIN, Charles; POWELL, Walter. *Books: the culture and commerce of publishing*. Nova York: Basic Books, 1982.

44 KEH, Hean Tak. Evolution of the book publishing industry: Structural changes and strategic implications. *Journal of Management History June 1998* 4(2):104-123.

45 CLARK, Giles; PHILLIPS, Angus. *Inside book publishing*. 5. ed. Londres: Routledge, 2020.

46 PICARD, R.G. *The economics and financing of media companies*. New York. Fordham University Press, 2008.

CAPÍTULO 2

Administração editorial

NESTE CAPÍTULO

Introdução 71

Gerenciamento editorial 72

Desenvolvimento e coordenação .. 74

Auditoria da publicação 76

Comprando ou vendendo
  uma editora 77

Avaliação de uma editora 80

Dicas importantes – o contexto
  em que sua organização opera 81

INTRODUÇÃO

Em grande medida, a gestão de uma editora é como qualquer outro negócio e muitas das regras e práticas que se aplicam a outras empresas se aplicam igualmente à publicação de livros. Uma delas tem, por exemplo, investimento de capitais, controle de estoques, fluxo de caixa, crédito, pessoal etc. No entanto, há muitas formas de publicação, primeiro por causa de seus aspectos culturais. As editoras, a maioria, são muito conscientes do papel cultural dos livros e muitas vezes suas decisões são baseadas em aspectos culturais ou literários ou outros como a lucratividade do negócio. Em segundo lugar, cada novo livro (ou série de livros) é um novo empreendimento ou um novo projeto. A editora produz uma lista de livros, que devem ser contratados, editados, projetados, fabricados e vendidos. Cada livro é único e tem muitas características individuais que afetam o seu progresso durante todas as fases de publicação.

O presidente deve estar consciente de todos os meandros internos da casa sem perder o contato com os fatores externos. Na organização interna da casa, ele deve integrar todos os departamentos dentro de uma unidade de trabalho, um fato enfatizado pelo autor Bayley:[1] "uma editora bem-sucedida não é uma montagem independente, com departamentos desconectados, com uma estrutura e muitas portas, algumas abertas outras fechadas. Se todas as portas estiverem trancadas, a casa não funcionará harmoniosamente. A sala do presidente é o centro de decisão e formulação de políticas. Nenhum trabalho realmente flui através desse escritório, mas ele está na empresa, para estabelecer às políticas e procedimentos adequados as atividades da editora".

O presidente da empresa é o responsável final pelo recrutamento, organização, desenvolvimento e supervisão do quadro de funcionários, assim como pelas provisões financeiras. Em editoras pequenas, o presidente também pode ocupar a função de diretor editorial.

> O verdadeiro editor move-se com facilidade tanto no mundo do intelecto, como no mundo comercial. Ele deve ser um especialista quando se trata de sua profissão, mas quanto à erudição e à literatura deve ser um generalista.
>
> – John Dessauer, autor e editor

De qualquer forma, o presidente é o responsável por múltiplas tarefas – representando a duplicidade de interesses, do conselho para com os empregados, assim como dos empregados para com o conselho.

Para John McHugh,[2] o mais importante no trabalho do presidente é o recrutamento, coordenação e a criação de um *grupo de gerenciamento de núcleo*, formado por especialistas para liderar a aquisição básica de originais, o desenvolvimento de pré-impressão, marketing e operações financeiras, cuja interação é essencial para o sucesso do processo de publicação. Embora cada um dos diretores desses quatro departamentos deva atingir diferentes objetivos, é da responsabilidade do presidente fazer com que todos sigam a mesma direção, a fim de que consigam uma *sinergia*, isto é, um resultado total maior que a soma de seus esforços separados, em relação à missão da empresa. É importante que toda empresa tenha uma declaração de missão.

GERENCIAMENTO EDITORIAL

Para se alcançar essa sinergia, é vital que o presidente *delegue* claras responsabilidades a cada um dos principais diretores em seus respectivos departamentos, em vez de tentar atingir todas as metas em cada área de operações. Entretanto, um presidente hábil estará *sempre* atento às fontes de informações básicas das operações, para saber como flui o trabalho em cada função. Isso significa que deverá insistir sempre para que a função de aquisição mantenha um constante fluxo de novas propostas, a fim de fazer fluir novos contratos; que o departamento de marketing esteja mantendo ativos os inúmeros contatos promocionais, a fim de desenvolver as vendas; que o departamento de pré-impressão esteja sempre antecipando futuros obstáculos, a fim de permitir que reajustes no cronograma evitem atrasos na publicação; que as operações comerciais estejam sempre monitorando o fluxo de caixa, de modo que possa moldá-lo, por meio de esforços nas cobranças e prudente controle das despesas para evitar qualquer dificuldade futura.

As editoras precisam de capital humano, como outras organizações e elas serão eficientes se tiverem bom pessoal. O editor John Thompson,[3] afirma: "uma força de trabalho altamente treinada e motivada é um recurso vital para uma empresa de publicação e de muitas maneiras a chave para seu sucesso". Isso é verdade em todos os níveis, mas particularmente verdadeiro no nível do pessoal editorial, já que esse é o núcleo criativo da editora. O sucesso de uma editora depende fundamentalmente da capacidade de selecionar, treinar e reter editores altamente motivados, que serão capazes de adquirir uma lista forte de novos projetos e desenvolvê-los em livros bem-sucedidos comercialmente, construindo relacionamentos de confiança de longo prazo com autores criativos e produtivos. Os editores que têm a combinação de criatividade intelectual, social e conhecimentos financeiros são altamente valorizados. Muitas editoras costumam formar seus próprios editores dadas as peculiaridades de sua área de atuação e, depois disso, fazem tudo para mantê-lo na posição. A saída de um membro chave da equipe não é apenas a perda de um indivíduo que contribui para o fluxo de trabalho diário: também pode ser a perda de alguém que possui uma grande quantidade de conhecimento acumulado, prática e habilidade. e que poderá exigir da editora tempo e esforço para substituí-lo.

Conforme ilustrado no Quadro 2.1 na descrição de cargo, adaptado dos autores Huenefeld[4] e Woll[5] o presidente é corresponsável pela realização das metas de cada um dos diretores do grupo de gerenciamento de núcleo – fazendo com que o diretor editorial dirija as funções de aquisição, a fim de gerar novos títulos que contribuam apropriadamente para o volume de vendas. O diretor de pré-impressão deve controlar o custo de todas as etapas de pré-impressão e assegurar o lançamento dos títulos no mercado dentro do cronograma. O diretor de marketing deve manter um bom cresci-

QUADRO 2.1 | Descrição de cargo de presidente

Título: **Presidente**

Reporta-se: ao conselho

Supervisiona diretamente: diretor editorial, diretor de pré-impressão, diretor de marketing, diretor financeiro, assistente do presidente, secretária do presidente

Índices de responsabilidades:
- porcentagem de vendas para novos títulos
- taxa de crescimento do volume de vendas
- margem operacional

Responsabilidades gerais:
- atuar como chefe executivo e dirigente de operações da empresa, e representá-la como seu porta-voz, público e jurídico.
- o presidente é responsável por todos os aspectos da editora incluindo o desenvolvimento de novos produtos, contratação e desempenho da equipe.

Responsabilidades operacionais específicas:
a) representar os interesses do conselho perante os empregados, assim como os dos empregados perante ao conselho;
b) obter a reafirmação periódica da declaração de missão da empresa, como base para o planejamento estratégico;
c) recrutar, instruir e supervisionar o grupo de gerenciamento de núcleo (editorial, pré-impressão, marketing e financeiro), como líderes das principais funções e planejadores estratégicos da empresa;
d) manter ativo o grupo de gerenciamento de núcleo, manter atualizadas as descrições de cargos de todos os empregados em suas respectivas funções, assim como os índices financeiros necessários para um planejamento eficaz;
e) coordenar e reajustar os planos estratégicos de cada função superior na empresa, a fim de maximizar suas metas;
f) recrutar e supervisionar o pessoal de posições estratégicas;
g) reportar-se ao conselho sobre a atuação, problemas e oportunidades da empresa, com acuidade e responsabilidade;
h) tomar todas as providências que o presidente ou os membros do conselho possam julgar apropriadas, para o máximo resultado das metas da organização;
i) relatar todas as questões de desempenho, incluindo problemas e oportunidades, ao conselho, com precisão e no tempo oportuno;
j) monitorar as atividades relacionadas ao pessoal, incluindo a determinação de salários, avaliações do desempenho, aumentos salariais por mérito, programas de treinamento e ações disciplinares; assegurar que sejam tomadas as medidas que sustentem as metas da empresa, e que elas sejam justas para os empregados e estejam de acordo com a política da empresa;
k) monitorar as atividades relacionadas ao pessoal, incluindo a determinação de salários, avaliações do desempenho, aumentos salariais por mérito, programas de treinamento e ações disciplinares; assegurar que sejam tomadas as medidas que sustentem as metas da empresa, e que elas sejam justas para os empregados e estejam de acordo com a política da empresa;
l) liderar a equipe no desenvolvimento de metas, direção e planos de longo prazo que deem sustentação à missão, à visão e as metas.

Procedimentos operacionais:
a) participar do processo de planejamento estratégico da organização;
b) iniciar e coordenar o processo de planejamento estratégico da editora com as necessidades do plano estratégico;
c) manter-se a par das tendências da indústria editorial e seu possível impacto sobre as atividades corporativas;
d) assegurar que o curso fundamental das atividades seja coerente com as metas e seja factível.

Além de conduzir seus diretores para a realização de cada uma de suas metas especializadas, o presidente, na maioria das empresas, tem uma outra meta, simples e abrangente: em vez de uma porcentagem comparativa, deve acrescentar continuamente uma razoável soma em dinheiro às reservas de lucros, pagando os dividendos aos acionistas ou transferindo-os de volta para novos investimentos.

mento no volume de vendas. O diretor financeiro deve trabalhar para que a empresa tenha uma boa margem de lucro, assim como manter o investimento em estoques dentro dos limites previstos do capital determinado pelos acionistas, na declaração de missão da organização. Índices formais de responsabilidade são essenciais para um relacionamento eficiente e disciplinado entre o presidente e os outros principais diretores. Como esses pequenos grupos tendem, após certo tempo, a desenvolver um considerável grau de intimidade pessoal, nem sempre é fácil para o presidente tomar medidas enérgicas quando os resultados não aparecem em uma ou outra função. Mesmo que os índices de atuação declinem durante alguns meses em uma das funções, é improvável que o responsável possa reverter essa tendência, apesar das melhores intenções. A solução óbvia – a substituição desse diretor – será um processo muito mais humano para todos os envolvidos se o presidente deixar claro, desde o início para todo o grupo, que seus cargos, assim como o dele, dependem dos resultados da editora.

Índices de responsabilidade em todos os níveis são melhores classificados como *metas quantitativas*, que podem ser controladas rotineiramente por computador. Quando você começa a se tornar *subjetivo e qualitativo* quanto à expectativa de desempenhos, você geralmente cria saídas ambíguas, que podem ser utilizadas como desculpas. Mas, além de sua obrigação de ajudar os outros diretores a atingir suas metas quantitativas, a declaração de missão pode ainda sobrecarregar o presidente com responsabilidades adicionais, as de buscar seus resultados dentro do contexto das aspirações qualitativas dos proprietários.

DESENVOLVIMENTO E COORDENAÇÃO

O desenvolvimento e coordenação editorial dos principais dirigentes deverão ser posicionados em torno de seus planos estratégicos individuais, para aquisição, desenvolvimento, pré-impressão, marketing e controle financeiro. Esses dirigentes não conseguirão planejar com eficiência, a menos que saibam quais recursos terão para trabalhar. A maior parte desses recursos pode ser expressa em termos de dinheiro. Mas é perigoso deixar que diretores transformem seus orçamentos em folha de pagamento (por meio de aumento de pessoal), a menos que estejam comprometidos em longo prazo com a missão da organização.

No item "d" das responsabilidades específicas, o modelo da descrição de cargo sugere que o presidente tenha a obrigação de manter os dirigentes funcionais avisados, não só sobre a quantidade de valores orçados que podem esperar em médio prazo – por meio de endosso ou aumento dos índices de planejamento, propostos pelo diretor de marketing para o crescimento anual de vendas, ou outro financiamento que se espera seja utilizado em cada função – mas também pela apresentação de um organograma atualizado, que identifique cada cargo autorizado a ser preenchido.

A dimensão do controle exigida do presidente no Quadro 2.1 (supervisão direta de seis pessoas) é a mais ampla, normalmente aconselhável em qualquer organização de fonte de informações operada por "pequeno grupo", dinâmica de planejamento e coordenação (e isso deveria incluir virtualmente *toda* editora de livros com menos de 150 empregados e/ou R$ 30 milhões em vendas anuais). Como a editora em nosso caso tem um quadro de dois assistentes, além dos quatro dirigentes em funções básicas, é provavelmente uma empresa bem estabelecida, com um orçamento anual relativamente alto. Dentro do restante da editora, ninguém deverá supervisionar diretamente mais de oito pessoas.

Por quê? Porque a editora é um negócio tão complexo que relativamente poucas pessoas têm descrições de cargo idênticas. Quando um gerente tenta supervisionar mais de oito ou dez (nesse caso, dez) pessoas *que exercem diferentes tarefas*, quase sempre reduzem suas expectativas e instruções para generalizados "denominadores comuns", que diluem eficiência e criatividade. E inibir a criatividade em um empreendimento editorial é mortal!

Um presidente eficiente e eficaz delega muitas responsabilidades de controle e planejamento aos diretores especializados, que dirigem cada função (aquisições, pré-impressão, marketing, financeira). Note-se que no modelo de descrição de cargo, somente as despesas da editora em si, regularmente nominativas, principalmente a folha de pagamento, mais o custo de juros de obrigações de propriedade para a provisão de capital de giro necessário, são designados como responsabilidades orçamentárias específicas do presidente.

A sala do presidente é o centro nervoso e o posto de comando das operações editoriais. Assim sendo, ele não só deve saber *o que está acontecendo* nessas operações o tempo todo, como também deve dar aos principais diretores, acionistas e outros envolvidos *respostas rápidas* às suas perguntas sobre o plano atual de metas da organização, assim como propostas de mudanças. Para estar constantemente a par das condições, e poder tomar decisões oportunas, o presidente deve estar sempre alerta, especialmente quando a empresa é pequena.

Em um estágio mais avançado do desenvolvimento da empresa, torna-se necessário acrescentar um segundo – e muito diferente – assistente ao quadro de pessoal imediatamente subordinado ao presidente. Esse é geralmente um "assistente executivo" (muitas vezes intitulado "assistente do presidente") que funciona como um intelectual. O cargo deve ser preenchido por alguém com quem o presidente tenha um diálogo franco e aberto e que seja de sua absoluta confiança. Todos os outros funcionários (inclusive os principais diretores) deverão ser oficialmente informados de que, embora esse assistente não dê "ordens" a qualquer pessoa (exceto quando orientado pelo chefe) ele tem autoridade para solicitar qualquer informação, independente do grau de confidencialidade sobre as operações editoriais, de qualquer pessoa – como se a solicitação viesse do próprio presidente.

> Executivos preparados sabem que as pessoas são os principais ativos de uma organização. Alguns princípios devem nortear o sucesso de um empreendimento:
> a) ouça sua equipe;
> b) confie em seu pessoal;
> c) aprecie os esforços de sua equipe;
> d) reconheça as realizações;
> e) divirta-se.

O assistente executivo pode, devido à natureza confidencial de seu cargo, funcionar também como o administrador pessoal básico da organização. Poucas editoras são grandes o suficiente para justificar os custos de um departamento de pessoal ou gerente especializado. Essa responsabilidade *não* incluirá contabilidade de pessoal, normalmente operada no departamento financeiro, ou programação de férias (melhor controlada por cada supervisor), mas o assistente poderá manter um arquivo confidencial dos empregados (como referências de recrutamento e revisões sobre desempenhos anteriores) e monitorar a programação e resultados das revisões periódicas dos supervisores, sobre o desempenho de seus subordinados, o que normalmente determina os reajustes de salário – a fim de que o presidente seja informado de qualquer problema ou promoção significativos.

Outro aspecto do processo de publicação, que pode ser bem cuidado pelo assistente do presidente e todos os envolvidos, é a programação do trabalho integrado. Em geral, emprega-se um sistema de avaliação de resultados – baseado em relatórios cronológicos atualizados sobre as relações entre as funções, indicando quem é o responsável por fazer o quê e quando – antes de cada reunião semanal de coordenação dos principais diretores para suas revisões e ajustes. Manter esse calendário (principalmente para a aplicação dos ajustes feitos nessas reuniões) é uma atribuição da assistente executiva da editora – frequentemente a "secretária apontadora" (apesar de não participar ativamente) das reuniões dos principais diretores. Isso deve garantir que o presidente aprenda rápido (a partir de outros aspectos) sobre sérias falhas de última hora, que possam influenciar no progresso da empresa.

O executivo "assistente do presidente" desempenha então uma abrangente "função de sombra", que se projeta sobre todos os aspectos da empresa. Por isso, alguns executivos consideram esse cargo particularmente apropriado para se "testar" e treinar um bom candidato, para qualquer vaga no núcleo de gerenciamento de grupo no futuro.

Antes de deixarmos as principais preocupações editoriais, deveremos dar alguma atenção às suas instalações físicas. Se houver uma rede de computadores, de onde qualquer pessoa qualificada poderá acessar todas as formas de planejamento e controle, e índices de informações, as necessidades de instalações convencionais para a editora, como arquivos e computadores, serão muito limitadas. Mas, pela natureza do trabalho, editores tipicamente gastam, em média, *metade* de seu tempo total de trabalho em reuniões com outras pessoas. Os assuntos tratados, nessas reuniões, são muitas vezes sigilosos, então a necessidade premente de uma sala, com espaço apropriado para conversas confidenciais e também para as reuniões de transmissão.

> Publicação é uma atividade de equipe – a coordenação e otimização de talentos, não apenas de editores e autores, mas também de profissionais de marketing, vendas, produção, distribuição e atendimento ao cliente – são indispensáveis para o sucesso de uma editora. Todos esses profissionais, trabalhando motivados em um ritmo sincronizado publicarão livros de sucesso.
>
> – John Kremer, consultor em marketing editorial

Os participantes da típica reunião do núcleo de gerenciamento – o presidente, quatro diretores operacionais e o assistente executivo como secretário apontador – definem bem a necessidade do espaço, para reuniões confidenciais. Qualquer grupo maior (como uma reunião de diretoria, com especialistas de apoio – ou uma reunião geral de pessoal) deverá ser realizado em uma sala de conferências gerais. De qualquer maneira, com tantos participantes é muito improvável se manter uma confidencialidade.

Mas não queremos sugerir aqui, que a maior parte do trabalho editorial seja feita a portas fechadas. Presidentes mais eficientes delegam, delegam, delegam – e assim alguém mais fica responsável não só por fazer, praticamente, todo o trabalho mais detalhado da editora, mas também por providenciar que isso seja feito. Então, o presidente pode, e deve, circular livremente como catalisador e instigador, garantindo, assim, que nenhum grande problema, nem legítimas oportunidades, sejam negligenciados.

O sucesso ou fracasso de qualquer negócio editorial repousa inequivocamente sobre a capacidade da administração em traduzir as metas e objetivos em tarefas concluídas com êxito, dentro de um orçamento estabelecido e período de tempo adequado. Sem uma visão clara, sem planos estratégicos e metas, a administração não pode efetivamente dizer a sua equipe e seus clientes o que quer fazer, quando quer fazê-lo, e aonde ele quer ir no futuro.

AUDITORIA DA PUBLICAÇÃO

A atividade editorial raramente é estática. É uma indústria dinâmica com mudanças de mercados, clientes, capital e recursos humanos. Por todas essas razões, a auditoria poderá ajudar as editoras a melhorar seu programa editorial, economizar tempo e dinheiro. Auditoria pode significar lucro. Uma auditoria de publicação é um exame abrangente do programa de publicação de uma editora. A finalidade varia de uma organização para outra, mas no processo de uma auditoria rigorosa muitas perguntas são formuladas. Tipicamente uma auditoria salienta aspectos operacionais e financeiros. O termo "auditoria" conota contabilidade, mas isso é uma visão estreita do processo de auditoria. O cerne de uma auditoria na publicação eficaz é elaborar perguntas incisivas. Como uma visão geral para as especificidades, você aprenderá os benefícios de uma auditoria e seus componentes recomendados pelo consultor John McHugh.[6]

Quais são os benefícios de uma auditoria da publicação?

A auditoria de publicação oferece os seguintes benefícios:

- Informação consistente para decisões da alta administração.
- Gestão imparcial da informação.
- Sugestões sobre áreas de oportunidade.
- Uma avaliação do desempenho passado.
- Recomendações sobre como melhorar o desempenho futuro.
- Sugestões sobre o projeto da organização, seus processos e suas formas de comunicação.
- Visões sobre a dinâmica política da editora e seus efeitos sobre o desempenho de sua área de atuação.
- Recomendações sobre recrutamento, treinamento e desenvolvimento de pessoal.

O que uma auditoria examinará?

Toda organização tem diferentes necessidades quando realiza uma auditoria, mas uma auditoria editorial costuma examinar esses 13 componentes:

1. **Rentabilidade.** Avaliação da rentabilidade das linhas de produtos editoriais com recomendações de melhoria.
2. **Processos de publicação.** Avaliação de todos os processos de publicação.
3. **Promoção e marketing.** Avaliação da publicidade, promoção e marketing de cada divisão, com recomendações.
4. **Tomada de decisão editorial.** Avaliação dos critérios de decisão e seleção de processos.
5. **Gerenciamento de direitos e permissões.** A organização não pode estar vulnerável juridicamente. Gestão de direitos e permissões são negligenciados em muitas organizações.
6. **Comunicação interna.** Avaliação interna das comunicações, relatórios e fluxo de trabalho.
7. **Descrições de cargos**. Avaliação e descrição de cargos com recomendações.
8. **Habilidades e competências.** Avaliação das habilidades e competências da equipe editorial, produção e marketing.
9. **Desenvolvimento profissional.** Recomendações para o desenvolvimento profissional das divisões da editora e seus conhecimentos e habilidades necessários.
10. **Moral e clima.** Avaliação da moral e clima de cada divisão da editora.
11. **Projeto organizacional.** Sugestão de um projeto organizacional para a editora e suas divisões.
12. **Pesquisa.** Avaliar a qualidade do mercado, pesquisa de cliente e sugerir pesquisas adicionais, se necessárias.
13. **Serviço ao cliente.** Avaliar e medir a satisfação do cliente.

Os passos para a auditoria de publicação

Como uma auditoria de gestão editorial é conduzida, varia de situação para situação e de organização para organização, no entanto, para a maioria das organizações, os passos seguintes constituem o processo.

1. Preparação e apresentação de um abrangente questionário para executivos e funcionários da editora.
2. Solicitação de uma série de documentos organizacionais para avaliação e análise do consultor.
3. Avaliar as informações preenchidas no questionário.
4. Entrevistas no local com a equipe executiva e demais membros da equipe.
5. Realização de mesas-redondas no local com funcionários para recolher ideias para a melhoria.

Auditoria de gestão na publicação

A auditoria de gestão editorial significa um ponto de partida para melhorar as operações de publicação.

Dependendo de suas razões específicas para a realização dessa auditoria, alguns diagnósticos serão:

- A reorganização da estrutura da publicação.
- A revisão e realinhamento das responsabilidades nas descrições de cargo.
- A reavaliação da declaração de missão do programa de publicação.
- A reavaliação da supervisão e do envolvimento do programa de publicação.
- A terceirização da totalidade ou de algumas das atividades da editora.
- A decisão de ampliar as linhas de produtos editoriais por querer crescer internamente ou adquirir uma linha de outra editora.
- Auditoria de todo o sistema de gerenciamento de direitos para avaliar como a organização adquire, protege e comercializa os direitos de seu conteúdo.

COMPRANDO OU VENDENDO UMA EDITORA

Se você tem dinheiro, a forma mais simples (e mais segura muitas vezes) para entrar no negócio da publicação de livros é comprar uma editora já estabelecida. Se você está pretendendo comprar uma editora, a primeira coisa é fazer uma avaliação realista. Avaliações de empresas convencionais, na maioria das vezes têm um valor de mercado, projetando o lucro recente. Muitas editoras de pequeno e médio porte registram perdas operacionais a cada ano, mas percebe-se que têm um significativo potencial de mercado. Com uma estimativa de mercado realista, você poderá achar que é útil a aquisição de algo com potencial.

A grande pergunta que um investidor faz para decidir se entra no negócio é: "Em quanto tempo vou receber meu dinheiro de volta?" Mas aqueles anos em que o programa de publicação foi desenvolvido para pagar esse preço de aquisição não serão regidos pelas circunstâncias ou as estratégias de publicação do passado. O quanto um comprador pode pagar vai depender da dinâmica que existe no momento da transferência.

Esse processo frequentemente produz um preço sugerido perto do volume de vendas anual atual da editora.

Antes de entrar em uma negociação, aconselhamos a preparar uma lista ponderada das características da editora em questão, que reduzirão, significativamente, o risco do negócio. Entre os fatores que reduzem o risco são:

- A editora tem um número significativo de livreiros e distribuidores suficiente para não ficar vulnerável se algum for excluído;
- Número de títulos que continuam a vender bem desde sua publicação até a presente data;
- O desempenho financeiro recente da empresa (em comparação ao desempenho irregular, ou projeções construídas em curto prazo);
- Contratos assinados recentemente (número razoável) para desenvolver novos projetos para os próximos 2 anos;
- Um "mercado cativo", com uma listagem, acordos especiais com associações relação das escolas que têm adoções significativas.

Essas, são algumas coisas que um vendedor tenta "consertar" na última hora e um comprador tenta identificar e "pechinchar" antes de fazer um acordo.

A compra de uma editora pode incluir ou excluir quaisquer ativos relacionados. Definindo o que será incluído, ou não, é um aspecto importante do acordo de venda final. De um modo geral, é uma boa ideia incluir apenas os ativos que se revelem necessários para operar o negócio editorial. O consultor e autor Huenefeld[7] sugere incluir estes itens:

- Um inventário dos livros vendáveis (com um valor de capital de 30% aproximado do volume de vendas anual);
- Todos os arquivos úteis e registros da empresa desde sua criação;
- A transferência irrestrita do nome da empresa e todos os selos e logomarcas;
- Todas as listas de clientes reais ou potenciais, contatos publicitários, autores e fornecedores;
- Todos os contratos de autor;
- Quantos livros estão sob contrato, mas ainda não publicados;
- Quantos contratos vencerão nos próximos 18 meses;
- Todos os softwares de computador relacionados à publicação;
- Os móveis de escritório e equipamentos individuais atualmente utilizados.

Importante: *a garantia de que o vendedor não entrará em concorrência direta com a empresa por um período (3 a 5 anos)*. Existem outros ativos que não são essenciais para a continuidade da editora, mas que podem ser excluídos das negociações. Se o comprador, no entanto, desejar incluí-los na compra, seu valor deve ser negociado separadamente, e adicionados ao preço de venda. Esses incluem:

- Contas a receber (assumindo que o vendedor também assume a responsabilidade por contas a pagar);
- Estoque obsoleto com valor único;
- Imóveis.

Questionário de avaliação

Um questionário de avaliação, como ilustrado no Quadro 2.2, com uma carta solicitando respostas para continuar as negociações.

QUADRO 2.2 | Questionário de avaliação

1. Em que ano iniciou seu programa de publicação? _____
2. Quantos títulos existem hoje em catálogo? _____
3. Quais os itens que têm no inventário e que não são livros? _____
4. A empresa é uma sociedade? Quantos sócios? _____
5. Único proprietário? _____

Desempenho Financeiro Recente:

Exercício	2020	2021	2022
Vendas líquidas R$			
Lucros antes de impostos			
Endividamento			
Número de títulos publicados			
Número de títulos reimpressos			

Aproximadamente o que você espera das vendas do próximo ano?(Explicar qualquer aumento ou diminuição antecipada).

Liste os principais itens de bens e equipamentos a serem incluídos na venda e os valores de mercado aproximadamente.

Item_____ Valor R$ _____
Item_____ Valor R$ _____
Item_____ Valor R$ _____
Item_____ Valor R$ _____

O nome das pessoas que agora executam cada uma das seguintes funções da editora e indicar ("sim" ou "não") se você acha que essa pessoa vai querer permanecer nesse trabalho após a venda.

Função	Nome	Permanecerá?
Diretor geral		( ) Sim ( ) Não
Gerente financeiro		( ) Sim ( ) Não
Gerente editorial		( ) Sim ( ) Não
Gerente de marketing		( ) Sim ( ) Não
Gerente de produção		( ) Sim ( ) Não

Quantas pessoas estão na folha de pagamentos? _____

Quais dos seguintes documentos estão disponíveis para inspeção?

[ ] Orçamento por escrito
[ ] Contagem de estoque por valor e título
[ ] Resultados ano a ano comparados com o orçamento
[ ] Declaração de lucros e perdas dos últimos 3 anos
[ ] Balanço financeiro dos últimos 3 anos
[ ] Vendas por título para o ano atual e os últimos 3 anos
[ ] Vendas por região
[ ] Vendas por cliente
[ ] As declarações de imposto para o ano atual e os últimos 3 anos

(Continua)

(Continuação)

Quantos livros foram contratados recentemente? _____ Quantos desses já estão escritos? _____

Quais são os 5 livros mais vendidos publicados nos últimos 5 anos?

Ano da publicação _____ Total de cópias vendidas até hoje_____

Liste as principais áreas de publicação e indique a porcentagem aproximada de seus últimos títulos novos representados por cada área:

Área: _____ porcentagem: _____
Área: _____ porcentagem: _____
Área: _____ porcentagem: _____
Área: _____ porcentagem: _____
Área: _____ porcentagem: _____

Qual a porcentagem aproximada do volume de vendas em cada uma das seguintes fontes?

Vendas para livrarias: _____ %
Vendas para distribuidores: _____ %
Vendas para bibliotecas: _____ %
Vendas governamentais: _____ %
Vendas pelo site: _____ %
Exportação: _____ %
Vendas de direitos: _____ %

AVALIAÇÃO DE UMA EDITORA

Existem muitos métodos diferentes para avaliar uma editora, suas linhas de produtos ou seu estoque. Pode-se optar por usar uma abordagem de avaliação relativa, comparando múltiplos e métricas de uma empresa em relação a outras empresas dentro de sua indústria ou setor. Outra alternativa seria o valor de uma empresa com base em uma estimativa absoluta, tal como a implementação de fluxo de caixa ou o método de desconto de dividendos, em uma tentativa de colocar um valor intrínseco à referida empresa.

O valor de uma editora pode ser medido em termos de seus ativos físicos – prédios e estoque, mas o mais importante é a propriedade intelectual que ela controla, tais como arquivos eletrônicos. As avaliações de editoras quanto elas são compradas e vendidas tendem a ter como base as receitas das empresas e do setor em que operam, isso em parte porque os balanços das empresas, que mostram seus ativos, podem ser difíceis de interpretar. Como as dívidas da empresa podem incluir adiantamentos aos autores que podem não ser recuperados, o valor das ações pode ser inflado por livros no estoque que nunca serão vendidos. Passivos ocultos poderiam incluir a devolução de dezenas de milhares de livros para serem creditados. Empresas com publicações de livros de medicina, direito e publicações eletrônicas poderão ser compradas por um múltiplo mais elevado de vendas do que editoras de livros de referência.

No Quadro 2.3, com adaptações, apresentamos as considerações do consultor britânico Eric De Bellaigue[8] sobre avaliação de uma editora.

Lembramos que essa é uma análise muito simples e cada editora e cada segmento tem suas peculiaridades.

Resumindo:

1. Uma editora que publica livros de informática tem pouco valor de mercado, pois a vida útil de seus produtos é muito curta. Editora de livros profissionais (negócios, autoajuda) estão em situação muito semelhante.
2. Editora de livros universitários, com muitas traduções, são vulneráveis, pois nem sempre conseguem renovar os contratos dos livros mais vendidos.

(Continuação)

QUADRO 2.3 | Avaliação de uma editora
A avaliação de editoras toma diversos caminhos em uma série de circunstâncias diferentes, nas quais são sujeitos a pressões de diferentes preços:

> - Com a morte de um dos principais acionistas, muitas vezes em uma empresa privada, para fins de herança.
> - Quando um negócio de publicação é vendido para outra empresa, o que pode envolver uma empresa privada, um dos fundadores deseja recuperar seu investimento ou, dentro de uma empresa, uma divisão ou simplesmente uma lista que veio a ser julgada secundária.
> - Quando uma empresa garante uma cotação na bolsa de valores e às vezes levantando o dinheiro para a empresa, ao mesmo tempo.
> - Quando uma editora recebe uma oferta de outra empresa ou um grupo financeiro, como uma empresa privada. Isso poder ser acordado entre as partes interessadas em documento confidencial. Essa abordagem muitas vezes é considerada hostil se diversos interessados entrar na briga, o processo pode se converter em um leilão.
>
> A variedade de ocasiões que exigem avaliações é amplificada pela diversidade de setores dentro da indústria, como educação, técnico-científico-médica e direito. Confrontado com esse cenário, há um acordo geral sobre um denominador comum, ou seja, vendas, em relação a como as empresas editoriais são valorizadas. Isso pode parecer uma medida muito simplista, mas as vendas têm o mérito de serem perceptíveis de maneira que os lucros não são.
>
> As vendas anuais são então relacionadas com a quantidade a ser paga e isso é expresso como um múltiplo de vendas. Uma empresa com vendas $10.000.000,00, foi vendida por 1,5 vezes. Outra empresa foi vendida com um multiplicador 1,75. A aplicação desse "formulismo" – para as operações em diversos setores da publicação – deu origem a uma variedade de resultados ao longo dos últimos 20 anos. Uma variedade de multiplicadores é mostrado a seguir.
>
> | | |
> |---|---|
> | Direito | 2,5 a 3.5 |
> | CTM (Científico-Técnico-Médico) | 1,8 a 3,0 |
> | Educacional | 1,7 a 2,7 |
> | Profissional | 0,8 a 1,5 |
>
> Dentro dos diversos setores, acreditamos que a publicação de livros de direito é a mais valorizada, seguido pelo CTM (científico-técnico-médico) e educação, enquanto as áreas de livros profissionais têm menor valor de mercado.

DICAS IMPORTANTES – O CONTEXTO EM QUE SUA ORGANIZAÇÃO OPERA

Essas dicas indicam a compreensão que você deve ter do contexto em que sua organização trabalha.

É importante você saber sobre seus consumidores, sua organização, seus concorrentes, o quadro jurídico e o mercado de que ela participa. Compreenda a natureza complexa da indústria editorial. Descubra proativamente as informações e desenvolva mecanismos para manter-se atualizado com as mudanças e os desafios que a indústria enfrenta.

O que você precisa saber:

- As competências de sua organização, cultura, formas de trabalho e o portfólio de publicação.
- Os diferentes produtos e serviços oferecidos por sua organização, suas principais características e benefícios, incluindo a acessibilidade para os leitores de livros impressos e eletrônicos.
- As diferentes funções de sua organização, as responsabilidades das pessoas dentro dela e quais aspectos de seu trabalho precisam melhorar.
- As motivações e as prioridades fundamentais de sua equipe.
- O efeito de novos produtos e contratos de publicação dentro da organização.
- As diferentes demandas do mercado de produtos digitais e como eles se integram com os produtos impressos.
- Serviços oferecidos por sua organização e como eles podem ser adaptados às necessidades de clientes e consumidores.
- Os estágios de interação e as interdependências entre as diferentes funções da editora.
- Quem são seus concorrentes, quem são seus principais clientes e como suas atividades estão mudando.
- A dinâmica do mercado que opera e as tendências atuais e futuras em sua indústria.
- Como usar seu sistema de organização, de gerenciamento, de conteúdo.

O que você deve ser capaz de fazer:

- Monitorar e entender o mercado, seus concorrentes e manter-se a par de novas oportunidades.
- Identificar a informação que você precisa para realizar seu trabalho de forma eficaz.
- Manter a informação acessível interna ou externamente que atenda à proteção de dados relevantes.

- Identificar maneiras de manter-se atualizado com as mudanças em sua organização, seus concorrentes, seus clientes, produtos, serviços e processos.
- Identificar o efeito da inovação e do futuro, a evolução de sua organização e parceiros editoriais.
- Extrair fatos importantes de fontes formais e informais de informação e analisá-los sua utilidade.
- Manter-se atualizado com as leis, os regulamentos e as diretrizes que regem a publicação.

NOTAS DO CAPÍTULO

1 BAYLEY, Jr. Herbert. *The art and science of book publishing*. New York: Norton, 2004.

2 McHUGH, John. *How to organize a book company: 15 essential organizational, strategic, and financial elements*, Milwaukee: McHugh Publishing Consultant, 2009.

3 THOMPSON, John. *Books in the digital age*. Cambridge: Polity Press, 2005.

4 HUENEFELD, John. *The Huenefeld guide to book publishing*. 6. ed. Bedford: Mills & Sanderson, 2004.

5 WOLL, Thomas. *Publishing for profit*, Chicago: Chicago Review Press, 2010.

6 McHUGH, John. *Publishing management audit: The basics and benefits*. Milwaukee: McHugh Publishing Consultant, 2013.

7 HUENEFELD, John. *The Huenefeld guide to book publishing*. 6. ed. Bedford: Mills & Sanderson, 2004.

8 BELLAIGUE, Eric. *British book publishing as a business*. London: The British Library Publishing, 2004.

CAPÍTULO 3

O negócio da publicação

NESTE CAPÍTULO

Conceitos fundamentais....................83

As realidades e um quadro
    para o sucesso.........................85

Iniciando uma editora 87

O ambiente de publicação...............89

O ciclo da publicação e
    a linha de tempo.............................92

A necessidade da pesquisa
    de mercado..........................95

Declaração de missão......................98

Posicionamento para vender........101

Gestão da qualidade total
    aplicada ao desenvolvimento
    de produtos.....................102

CONCEITOS FUNDAMENTAIS

Todos nós de qualquer negócio ou profissão desenvolvemos convicções que se baseiam em nossas observações subjetivas. Por esse motivo, pensamos que seria útil resumir nossas convicções acerca do ramo de publicações com base em nossas experiências como executivo do setor editorial e consultor de assuntos de administração editorial. Nossas crenças ao longo dos anos se traduziram em uma série de conceitos de nível executivo sobre como uma pessoa obtém sucesso nessa atividade.

Nossa perspectiva sobre a publicação é organizacional, ou seja, examinamos as relações entre as pessoas, processos, estrutura organizacional e os resultados.

A intenção é proporcionar aos profissionais e iniciantes do setor editorial uma base sobre a qual possam construir uma estratégia de publicação e fornecer uma "visão realista" do que é importante nessa área. Essas ideias são subjetivas e refletem um conjunto de experiências de nosso aprendizado, resumido a seguir:

- Tenha em mente que a publicação é um negócio, não um empreendimento criativo esotérico (embora a criatividade faça parte dela). Atenha-se ao básico. Desenvolva um produto, comercialize-o e monitore as margens de lucro.
- O sucesso no ramo das publicações se baseia em atenção ao processo, documentação, medição, prestação de contas e satisfação do cliente.
- A satisfação do cliente é vital para seu sucesso. Monitore e avalie constantemente a satisfação do cliente. Projete produtos e processos para servir o cliente.
- O desenvolvimento de um novo produto não ocorre em um vácuo. Alguém da organização deve ser responsável por seu desenvolvimento. O desenvolvimento bem-sucedido requer um líder para defender a introdução de ideias para um novo produto na empresa.
- Se você é editor de livros, converse com seus leitores sempre que tiver oportunidade. Converse com os leitores em seminá-

rios e conferências profissionais para descobrir como suas publicações são recebidas e para garimpar ideias para novos livros. Não pressuponha que o gerente do canal de distribuição seja sempre seu cliente.

- Os e-books não alteraram os negócios de publicação de livros. Os e-books são simplesmente outra maneira de os editores de livros reembalarem e distribuírem conteúdo sem incorrerem em novos custos de desenvolvimento. Um hábil licenciamento dos direitos de seu livro pode ser a chave para a publicação bem-sucedida de e-books. A mesma observação também se aplica ao ramo de publicação de periódicos.
- Livros e revistas são negócios totalmente separados e distintos. Você não pode amontoá-los como entidades operacionais e financeiras e esperar ser bem-sucedido. Da mesma forma, a publicação de livros, de assuntos de negócios, de material educacional e a publicação científica, técnica e médica são negócios diferentes com características diferentes.
- Um tratamento justo e equitativo para os autores, colaboradores e *freelancers* é vital para o sucesso. Entretanto, uma prática administrativa razoável e justificável é pagar não mais do que os preços competitivos de mercado a esses profissionais por seus serviços.
- O gerenciamento de copyrights e licenciamento é uma função estratégica fundamental para o sucesso no ramo das publicações. O gerenciamento inteligente de direitos é crucial para o sucesso de uma editora. Os direitos são um importante ativo de uma organização editora. Um número demasiadamente grande de executivos do setor editorial vê o gerenciamento de direitos como uma função de escritório de pouca importância e provê recursos inadequados para o suporte do gerenciamento de direitos.
- Um dos ativos mais poderosos que uma organização possui quando cria novos produtos editoriais é a dinâmica de pequenos grupos. Entenda a dinâmica de pequenos grupos, o comportamento das equipes e a liderança de equipes, e você estará bem encaminhado rumo ao desenvolvimento de um fluxo contínuo de novos produtos.
- Coedição pode ser uma iniciativa poderosa para uma editora. Avalie cuidadosamente todas as oportunidades de coedição com outras organizações. Trabalhe para estruturar negócios que sejam benéficos para todas as partes envolvidas.
- A criação e a comercialização de conteúdo é a publicação. Não confunda o aspecto tecnológico de disseminar conteúdo com publicar. Deve existir conteúdo para algo se tornar uma publicação.
- Publicar é outra maneira de fazer o aproveitamento de uma propriedade intelectual relevante e valiosa. Organizações sem fins lucrativos têm muitas vantagens porque dispõem de um vasto acervo de propriedade intelectual. A propriedade intelectual pertencente a organizações não lucrativas é extensa e pode ser formatada em uma série de mídias de publicação.
- Muitas organizações sem fins lucrativos são avessas ao risco em suas operações de publicação. Essa mentalidade excessivamente cautelosa inibe o crescimento dos negócios de publicação de uma organização.
- Associações, fundações, sociedades e outras organizações sem fins lucrativos têm muitas vantagens que dão suporte à publicação. As organizações sem fins lucrativos devem ser capazes de lucrar bastante se recorrerem a suas muitas vantagens inerentes.
- Publicar é um negócio que deve ser empreendido com uma mentalidade voltada para o lucro. Isso é verdadeiro, mesmo que a entidade editorial esteja sediada em uma organização sem fins lucrativos. Todos os projetos de publicação devem ser lucrativos, e o diretor da unidade editorial deve ter a responsabilidade financeira.
- Como outros negócios, a publicação de livros é altamente imprevisível. Livros – particularmente livros de não ficção, que são o maior setor dessa indústria – dependem de caprichos e gostos do consumidor.
- Os livros não têm o mesmo vigor de outras mídias, como jornais, filmes e música. O negócio de livros não é uma "mídia urgente" como a de outros negócios na indústria de entretenimento. Livros não têm o toque especial de cinema, televisão ou mesmo rádio.[1] Livros não são pro-

gramados para entrar na mídia, o que raramente acontece. Eles são *solitários*.
- Os conceitos de gestão da qualidade são poderosos em um ambiente editorial. Conceitos como, por exemplo, "*melhoria do processo*," "*medição*", "*cliente interno*", e "*retrabalho*" devem ser incorporados ao seu vocabulário editorial diário. Leia e aprenda com os mestres: W. Edward Deming, Joseph Juran, Tom Peters e Philip Crosby.
- Como um adendo à afirmação anterior, não há livros, periódicos ou revistas "perfeitos". Quem faz o julgamento final sobre os produtos da editora é o mercado.

> Bons livros despertam excitação, divulgam boas ideias, ajudam os leitores a entender o mundo e a repensar o que conhecemos.
>
> – William Germano. *Getting it Published*, 3ª ed

AS REALIDADES E UM QUADRO PARA O SUCESSO

Editores principiantes aprendem que a publicação é um negócio difícil e arriscado. A publicação de livros é um negócio que parece enganosamente simples, mas os profissionais sabem que fazer um lucro pode ser muito difícil. A realidade é que a publicação de livros é um negócio complexo em que qualquer número de variáveis determina o sucesso ou fracasso de um catálogo.

Os autores e editores Gill Davies e Richard Balkwill[2] afirmam: *"Os avanços tecnológicos tem simplificado muito a atividade editorial e reduziram seus custos. Ao mesmo tempo, a produção especializada em pequenas tiragens têm proliferado, trazendo baixo custo de produção de pequenas tiragens."* A aparente simplicidade e facilidade de entrada nesse mercado deve exigir resposta a essas perguntas básicas:

- Qual é o potencial de mercado para esse título?
- Quais são suas projeções de vendas para os próximos três anos?
- Você pode fazer projeções de vendas para os diversos segmentos do mercado, como livrarias, mala-direta, governo e instituições de ensino?
- Qual será a produção e os custos de manufatura?
- Você preparou um fluxo de caixa?
- Você preparou uma declaração de *lucros e perdas* (LP)?
- Você preparou uma análise de *break-even point* (ponto de equilíbrio)?

Aqueles que almejam montar uma empresa de publicação devem compreender certas considerações econômicas básicas da publicação de livros. Se você considera o conceito de custos de oportunidade para cada publicação que você pretende, você renunciará a outras oportunidades lucrativas.

O investimento na publicação, que inclui seu tempo, quando se considera a curva de aprendizagem envolvida na produção e promoção do livro, certamente poderia ser melhor empregado em oportunidades com retorno financeiro mais rápido e garantido. Mas no final das contas, tudo se resume ao fluxo de caixa. O consultor John McHugh[3] define ironicamente a questão: "A publicação é uma maneira rápida de fazer dinheiro lentamente por que são investidos recursos financeiros significativos por um longo tempo antes de qualquer retorno sobre o investimento". O giro de estoque na publicação de livros é muito lento quando comparado a outros produtos. A maioria dos pequenos e médios editores passa por dificuldades por causa de estoques elevados. Mesmo com o advento das pequenas tiragens, ainda é difícil para os editores manter um estoque pequeno.

A distribuição é, talvez, o maior obstáculo ao sucesso do negócio editorial. O sistema de distribuição de livros é uma combinação de práticas ineficientes e arcaicas extremamente hostis ao pequeno editor ou ao autor que publica seu próprio livro. Como a professora e consultora editorial Alisson Baverstock[4] observou: "A distribuição de livros é a venda de livros, sejam estes de pequenas ou grandes editoras. E a venda de livros representa a principal fonte de renda para qualquer editor para poder cobrir as despesas, reinvestir em novas publicações e obter um lucro" Outras armadilhas dessa indústria são subestimar a complexidade da publicação e adquirir a síndrome da gratificação intelectual – um conceito do autor e editor John

Dessauer[5], segundo o qual, *alguns editores publicam livros somente em razão do seu entusiasmo pessoal por um determinado original. É verdade, que alguns talentosos editores entendem que tais livros venderão.* A maioria de nós, porém, não tem esse talento editorial.

Dessauer[6] comentou: "Na verdade, os arquivos falam por si, o número de livros não vendidos, que foram publicados intuitivamente e com essa síndrome são elevados". Talvez o caráter excessivamente intuitivo de muitas decisões editoriais forneça um indício para se saber porque existe uma média de fracassos tão alta entre os livros de ficção.

O autor e editor Avery Cardoza[7] inclui outras razões para o fracasso:

- Às vezes um editor fica impressionado pelos êxitos anteriores do autor; ou deixa de obter suficientes opiniões de especialista sobre os originais ou escolhe erroneamente os consultores.
- O editor pode estar pressionado pela administração para alcançar sua quota – em muitas editoras os editores são avaliados pelo número de livros publicados no ano.
- Os esforços de marketing foram equivocados e ineficazes – embora todo editor saiba que nenhuma quantia gasta em publicidade pode transformar um óbvio fracasso em sucesso.

No entanto, a causa principal do fracasso de um livro – mesmo de um excelente título que mereça melhor sorte – é a quantidade de títulos publicados. Há livros demais sendo publicados anualmente, talvez mais do que os espaços disponíveis para eles nas livrarias e bibliotecas.

Por outro lado, algumas editoras ouvem o conselho de seus autores e publicam o que deve ser publicado. Uma das principais funções de um editor é fazer com que os livros publicados tenham sucesso comercial. A maioria dos autores está muito próxima de seu local de trabalho e podem fazer julgamentos objetivos. Alguns editores se tornam excessivamente entusiasmados com o aspecto criativo da publicação. Publicação de livro é um negócio intelectualmente estimulante e criativo. É uma ótima maneira de ganhar a vida! Você deve ter cuidado, no entanto, para não ficar obcecado pela criatividade e perder de vista os aspectos econômicos da publicação. Como lidar com as realidades econômicas da publicação de livros? Em primeiro lugar, obtenha críticas objetivas e pareceres sobre qualquer livro que pretende publicar, tanto de dentro como de fora de sua empresa. Um editor não deve tomar sozinho a decisão de publicar um livro. Você precisa de alguém para criticar suas decisões e analisar por que um determinado livro deve ser publicado. Em segundo lugar, faça pesquisa de mercado. Você precisa validar a necessidade de um determinado produto no mercado.

> **Editor**
>
> Construir uma editora bem-sucedida requer que você aprenda novas habilidades, como gerenciar pessoas, monitorar o fluxo de caixa, negociar contratos e elaborar planos e estratégias de negócios.

Considere o conselho do autor e consultor John Huenefeld[8]: "Faça muitas perguntas às pessoas cuja opinião realmente significa alguma coisa. Se estiver na área de publicação comercial, você deve ser capaz de fazer negócios com as principais cadeias de livrarias e fazer isso de forma eficaz. Assim, exponha suas ideias e tente conseguir apoio antes de imprimir seu primeiro exemplar, antes mesmo de fazer o layout da primeira página."

Prepare um plano de negócios para cada livro, com ênfase no marketing e faça uma projeção de lucros e perdas. Faça um plano, conforme recomenda Richard Guthrie[9] que pode ser resumido em uma página com uma abordagem disciplinada para publicação. Os componentes de um plano de negócios podem ser assim resumidos:

- **Mercado/Clientes**. Quem são seus clientes? Por que eles deveriam comprar de você? Por que eles deveriam comprar seus livros? Quais necessidades seus livros satisfazem? Quais são os canais de marketing para chegar a seus clientes?
- **Competição.** Outras editoras vendem para esse público? Quais são suas linhas de produtos? Os preços? Como seus livros são melhores? Há espaço no mercado para uma nova editora? Você tem todos os dados para apoiar sua tese de que

há uma necessidade de outra editora no mercado?
- **Marketing/Distribuição.** Como você fará a promoção? Você usará a mala-direta, espaço publicitário, representantes de vendas, etc.? Você fará pré-vendas, consignação em massa? Você também venderá a instituições como faculdades, universidades, governo? Como você vai lidar com a distribuição? Onde você vai estocar seus livros? Você venderá por meio de distribuidores? Você venderá diretamente para a cadeia de livrarias?

INICIANDO UMA EDITORA

A publicação de livros goza de prestígio social e pode ser razoavelmente rentável e extremamente recompensadora com benefícios intelectuais e costuma exigir um pequeno aporte de capital. Mas muitos empreendimentos fracassam antes de se tornem autossustentáveis. As chances de sucesso nesse complicado empreendimento estão substancialmente relacionadas com o grau de atenção e a elaboração de um bom planejamento.

Há seis fases básicas no lançamento de um empreendimento editorial:

1. A *fase de definição de negócio*, em que você escolhe um *nicho editorial*.
2. A *fase planejamento*, em que você escreve um plano de negócio.
3. A *fase de capitalização*, em que você tem de aumentar (e certificar-se de que pode pagar) o "dinheiro emprestado" (investimento de capital) necessário para a empresa ser sustentável e operar no ponto de equilíbrio.
4. A *fase de aquisição*, em que você estabelece um fluxo adequado de manuscritos publicáveis, que é a prioridade número um do empreendimento.
5. A *fase de marketing*, em que você se esforça para construir um volume de vendas suficiente (e, portanto, um fluxo de caixa) para ter uma chance razoável de conseguir receitas tão rápido quanto você deve gastá-las;
6. A *fase de institucionalização*, em que você ajusta todos os compromissos anteriores que fez e realinha as atribuições do pessoal, a fim de assegurar a viabilidade a longo prazo, a qual, de uma forma ou de outra, significa essencialmente rentabilidade.

A primeira tarefa, a mais sensível, então, é identificar o "nicho editorial" que se espera de uma nova editora que pretende ocupar um espaço na indústria editorial. Um "nicho" é uma combinação coesa de assunto e público-alvo que permitirá à editora acumular e explorar conhecimentos e contatos de marketing eficiente. É difícil ter sucesso em um nicho já ocupado por outros editores estabelecidos, a menos que você esteja muito bem financiado ou que os concorrentes estejam fazendo um trabalho ruim no segmento. No início de seu processo de planejamento da nova empresa, elabore uma lista tão sucinta quanto possível das áreas, disciplinas e profissões que você está pensando atender. Agora, passe algum tempo procurando as melhores fontes de informação nessas áreas. Veja quantos livros você encontrou sobre os temas que listou. Visite as melhoras livrarias nessas áreas. Consulte os catálogos e os sites das editoras que publicam nessas áreas. As editoras que você listou, então, são seus potenciais concorrentes. Agora, a partir desses catálogos, você deve ser capaz de desenvolver uma ideia bastante clara do que está fazendo nas áreas escolhidas. Não economize nessa pesquisa sobre os concorrentes; criadores de ideias de novos livros são constantemente surpreendidos ao descobrir que alguém nesse mundo criativo da publicação já teve sua "grande ideia".

Mas um produto ainda mais importante dessa pesquisa será sua descoberta do que não está sendo feito. Olhe atentamente para assuntos que lhe interessam e descubra os aspectos que não foram desenvolvidos por outras editoras – ou para os segmentos do público potencial, cujas necessidades não foram satisfeitas. Algumas editoras concorrentes ignoraram os profissionais ou os amadores, os velhos ou os jovens, os professores ou os médicos, os nostálgicos ou a vanguarda? Por que as escolas importantes de pensamento ou de pontos de vista não estão sendo representadas? Em suma, o que resta para você fazer que ninguém mais no campo está fazendo de forma adequada?

Esse segmento ignorado, então, é um nicho editorial novo e viável. Quanto mais intocado o nicho, melhor. Às vezes, é difícil iniciar um novo empreendimento editorial em face da concorrência existente, mas se você tem vantagens específicas (contatos com autor, aquisições, ideias de marketing, produção etc.), isso o ajudará a enfrentar a concorrência. Depois de identificar seu nicho, você está pronto para começar a desenvolver um plano de negócio. Querendo ou não, você precisa de um plano escrito para convencer os investidores; e a redação desse plano é uma condição indispensável para assegurar sua sanidade mental, e talvez sua própria vida.

Leva tempo construir uma empresa, diz Woll,[10] e ainda mais tempo construir uma reputação. Mas leva pouco tempo destruir uma empresa e menos tempo ainda acabar com uma boa reputação. Você deve estar preparado para gastar anos para desenvolver uma lista, fazer contatos, métodos de teste de publicidade estabelecer uma rede de representantes de vendas e/ou distribuidores, e fazer todos os outros trabalhos para a construção de uma empresa. Não desista. Se você pode fazê-lo por meio dos primeiros anos, você vai estar bem em seu caminho para o sucesso

Antes de iniciar qualquer desafio editorial, você deve assumir o *compromisso* de vê-lo atravessar alguns momentos muito difíceis, desde o início até as contínuas crises diárias. Inicialmente, Baverstock,[11] recomenda estes compromissos:

- Financiar o empreendimento por conta própria ou por meio de empréstimos.
- Desenvolver seu conceito e nicho editorial.
- Progredir em uma programação bem organizada.
- Produzir produtos de qualidade que seu público-alvo queira, a um preço razoável.
- Comercializar seus produtos e torná-los conhecidos.
- Oferecer excelente materialização do produto e atendimento ao cliente.

Se você planeja ser um editor de livros didáticos, profissionais ou religiosos, ter *consistência* é algo crítico. Cada tipo de publicação tem sua própria base sazonal, algo que você, como editor, deve reconhecer e seguir se quiser ser um membro bem-sucedido dessa comunidade. Não há nenhum benefício em tentar produzir livros em um momento em que eles não sejam necessários, ou quando têm a mínima probabilidade de ser bem-sucedidos. Isso é verdadeiro, seja você seja um editor comercial que quer produzir livros em tempo hábil para o Natal, ou um editor acadêmico que quer produzir livros em tempo hábil para o próximo ano letivo.

Seja qual for seu mercado, você deve certificar-se de que seu programa se desenvolva de acordo com uma programação consistente a fim de que todos os envolvidos saibam o que é produzido e quando é produzido. Sua empresa deve adquirir livros consistentemente, e eles devem ser produzidos de acordo com uma programação regular que atenda as necessidades de seus fornecedores e de seus clientes. Deve haver consistência quanto ao comprometimento, especialmente da parte da administração, que é responsável por financiar o programa. Sem consistência, o caos resultará muito facilmente. Muitos editores se perguntam quantos livros são necessários para garantir o sucesso no mercado. Ponderam: "Há uma massa crítica de livros que devem ser publicados para assegurar seu reconhecimento e vendas dentro do mercado?" A resposta a essa pergunta é simples. Não é o número de novos livros que você publica que é importante, mas a qualidade e consistência com que são publicados.

Essa é a chave! Se seu orçamento o limita a somente dois livros por ano, tudo bem, contanto que você continue a publicar esse número de livros a cada ano. Desse modo, seus representantes de vendas, distribuidores, compradores atacadistas e varejistas, começarão a conhecê-lo – e começarão a entender seu programa de publicações. Se você puder publicar bem dois livros por ano, e fizer dentro do prazo, oferecendo todo o apoio necessário para tornar cada livro visível e obter uma sólida venda em nível de varejo, então, pela consistência, você adquirirá credibilidade.

Em resumo, o autor e consultor editorial Kelvin Smith[12] recomenda seguir estes passos:

- Planejar metas, como o número de títulos e a margem de lucro prevista.

- Planejar seu orçamento para alcançar essas metas.
- Fazer e manter contato com fontes de aconselhamento e ideias para publicação.
- Desenvolver um programa de publicação futura, alinhado com as tendências e necessidades do mercado, e as metas, prioridades e recursos de sua organização.
- Garantir a apresentação de propostas de publicação suficientes, em tempo hábil, para pôr em prática seu plano.
- Definir e trabalhar dentro das limitações de sua publicação.
- Usar o conhecimento adquirido sobre tendências e necessidades do mercado a fim de contribuir para a estratégia de publicação de sua organização.

Um ingrediente necessário que as editoras grandes e pequenas devem esforçar-se para obter é a credibilidade, mas ela é altamente evasiva. Pode-se defini-la concisamente como "fazer aquilo que você diz que vai fazer, quando diz que o fará." Implica ser honesto, aberto e justo em seu trato com as pessoas.

Uma razão para a credibilidade ser tão evasiva no processo de publicação são os eventos que sempre parecem conspirar para impedir a conclusão dos projetos dentro do prazo previsto. Se não tiver feito um comprometimento financeiro suficientemente grande, talvez você não consiga produzir seu livro porque os revisores, designers e mesmo a gráfica quer o dinheiro antecipadamente. Você pode descobrir que seus autores não entregam o trabalho no prazo, prejudicando todo seu programa.

Você também pode descobrir que a gráfica coloca seus livros em último lugar, porque você é uma conta nova e ainda pequena. Você pode marcar uma entrevista ou preparar uma festa de autógrafos e o voo do autor se atrasar. Essas são apenas algumas das razões pelas quais sua credibilidade pode ser arranhada e sobre as quais você tem pouco ou nenhum controle.

Credibilidade é uma característica frágil que é criada ao longo do tempo, mas é algo que, em última análise, você precisa ter para ser bem-sucedido. Para ter credibilidade, você deve pôr em foco o comprometimento e a coerência. Com essas duas em seu poder, a credibilidade será obtida.

Fórmula para o sucesso: nicho editorial

Publicar livros em um campo especializado, ou um nicho editorial é a abordagem mais eficaz para vender livros, desde que tenha um mercado na área que você escolheu. Ao concentrar suas energias em um mercado restrito (sendo um especialista), você aumenta suas chances de sucesso. O mercado editorial vai levar você mais a sério, se tiver um programa de publicação coerente. Assim como o livro deve atingir um público específico, seu programa editorial deve atingir um público específico também. Desvios, muitas vezes causarão resultados desastrosos.

Uma editora desconhecida que publica três títulos diferentes em três áreas completamente diferentes cria a percepção de que não tem foco e o valor e a visibilidade de sua linha tem pouco valor.

Com três diferentes tipos de títulos, você não tem uma linha. Você tem uma mistura confusa e isso não é uma boa imagem para você estabelecer sua empresa. O comércio de livros faz a pergunta: "Quem são essas pessoas?" Sem um programa de publicação coerente você vai encontrar dificuldades para dar uma resposta satisfatória.

O foco é, portanto, vital. Para ser bem-sucedido, você deve cuidadosamente posicionar seus produtos no mercado. Publique livros de qualidade que vendam e a reputação chegará.

> Para criar um negócio de publicação de livros, você precisa ter um espírito empreendedor muito forte, um amor permanente a palavra escrita, um desejo infalível de criar ótimos livros e uma paixão para usar seus talentos o melhor que puder para a melhoria da sociedade.

O AMBIENTE DE PUBLICAÇÃO

Para ver exatamente o quanto o comprometimento, a consistência e a credibilidade estão inter-relacionados, você precisa entender o ambiente editorial no qual cada editora funciona. Graficamente, a progressão de qualquer livro flui conforme ilustra a Figura 3.1.

Em sua definição mais simples, diz Woll,[13] a essência do negócio da publicação de livros é a ge-

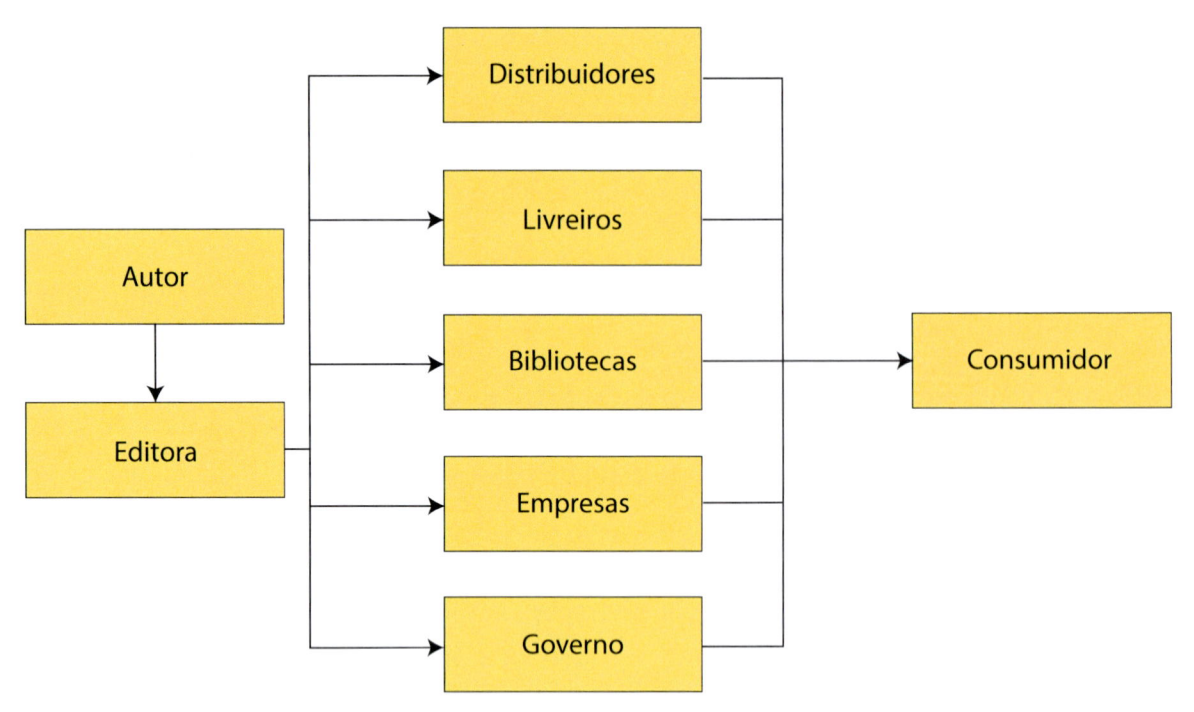

FIGURA 3.1 | O ambiente de publicação.

ração de um lucro por meio da disseminação de informações. A ideia é criar livros que fluam harmoniosamente do autor para o editor, percorrendo uma série de etapas e, por fim, chegando às mãos do consumidor. O fluxo pode ser direto ou pode percorrer várias etapas.

- Diretamente da editora para o consumidor por meio de resposta direta.
- Da editora para o livreiro e depois para o consumidor.
- Da editora para o distribuidor, para o livreiro e depois para o consumidor.
- Há muitas outras rotas também, e muitas que operam simultaneamente.

> A publicação de livros é uma maneira rápida de ganhar dinheiro lentamente. Demanda uma quantidade significativa de tempo para se obter lucro publicando livros. É necessário tempo para desenvolver novos livros, comercializá-los e estabelecer um nicho de mercado identificável. Se tiver pressa para ganhar dinheiro, fique longe da publicação de livros.
>
> – John McHugh, consultor editorial

Cada uma das organizações da rede de entrega tem suas próprias necessidades e suas próprias demandas de tempo. Desse modo, você, como editor, talvez queira publicar determinado livro o mais rapidamente possível para minimizar o tempo em que seu caixa permanece comprometido. Você pode achar que quanto mais rápido puder editar e produzir um livro, mais rápido gerará caixa e lucratividade. Infelizmente, isso não é verdadeiro na maioria das vezes. Por quê? Porque cada uma das outras organizações que estão no caminho até o consumidor tem suas próprias restrições de tempo e necessidades organizacionais a que você deve obedecer se quiser que seu livro siga bem a estrada.

Quando uma editora publica um grande número de títulos, ela precisa impor ordem ao fluxo de livros para garantir que é capaz de cuidar bem da produção e, última análise, de obter lucro. Vejamos como tudo isso se inter-relaciona e qual é o impacto sobre você, como editor.

As principais organizações dentro do ambiente da publicação comumente são definidas por suas funções:

- **Autor.** A pessoa que cria o conceito original do livro e cujo nome, habitualmente, mas nem sempre, aparece no livro. Por exemplo, ele pode ter sido escrito por um escritor-fantasma.

- **Editora.** A empresa que adquire ou cria um produto cultural (livro, fita de áudio, vídeo, saída digital etc.) do autor ou criador e vende esse produto por meio de uma série de meios (resposta direta, representantes de vendas, distribuidor, atacadista ou por algum outra meio) a um cliente, seja ele um atacadista, varejista ou consumidor. A editora pode agregar valor à obra do autor ao editar, projetar, produzir e vender a obra.
- **Livreiro.** As livrarias são um conjunto heterogêneo de pontos de venda que vão desde as lojas dedicadas exclusivamente a livros até supermercados e megastores, passando por bancas de jornal, cafeterias, cinemas, museus, lojas de conveniência etc.
- **Distribuidor.** Uma organização que adquire livros de uma editora armazena esses livros e os vende a atacadistas, varejistas, bibliotecas e consumidores. Os distribuidores também aceitam e processam devoluções de suas contas.
- **Bibliotecas.** Organizações que recebem financiamento público ou privado que oferecem livros gratuitamente ao seu público ou aos seus membros. Os livros são emprestados durante períodos específicos de tempo e devolvidos à biblioteca para subsequente empréstimo. As bibliotecas compram tanto das editoras como indiretamente por meio de atacadistas e/ou distribuidores.
- **Governo.** Adquire livros diretamente das editoras para os estudantes do ensino fundamental.
- **Empresas.** Compram livros para suas bibliotecas ou treinamento de seus colaboradores, diretamente das editoras ou livreiros. Como as editoras fazem isso? Quão antecipadamente é necessário começar? Uma editora adquire sinergia com suas necessidades de mercado por meio de um planejamento cuidadoso.

O editor precisa saber quantos livros – e quais livros – devem ser publicados em cada semestre. A editora deve completar seu ciclo de trabalho editorial, pré-impressão e marketing antes da data promocional. E isso significa que a editora deve iniciar o processo de planejamento com uma antecipação de três anos. Os primeiros 12 meses desse prazo de entrega de 36 meses devem ser ocupados com os primeiros planejamentos referentes ao catálogo. Os doze meses seguintes devem ser gastos para escrever o livro e para garantir sua entrega em tempo hábil ao editor. Os doze meses finais desse ciclo devem ser gastos para editar o livro, fazer a pré-venda dos direitos subsidiários, vendê-lo ao mercado final, produzir, armazenar e distribuir o livro.

Dado esse cronograma ideal, o editor deve ser capaz de integrar facilmente o título em qualquer semestre de vendas que seja o melhor para o livro e para o mercado. Por que são necessários alguns meses para a aquisição, desenvolvimento e produção até a chegada ao depósito da editora? Porque você deve reservar tempo suficiente para:

- Aquisição e assinatura do contrato
- Desenvolvimento editorial
- Editoração, projeto e produção
- Pré-venda
- Campanhas de marketing
- Remessa da gráfica para o depósito
- Estoque
- Venda
- Faturamento
- Seleção, embalagem e despacho do depósito para distribuidores, atacadistas, livreiros etc.

Um livro pode ser publicado mais rápido do que essa programação ideal? Certamente. Às vezes, é importante chegar ao mercado o mais rapidamente possível, especialmente se a informação contida no livro é momentosa. Editoras de menor porte primam em fazer isso porque seus sistemas são flexíveis e suas hierarquias organizacionais são pequenas.

Ao mesmo tempo, quando você começa a pressionar a programação, também começa a pressionar aqueles que são responsáveis pela execução do trabalho. Muito frequentemente, isso resulta em erros ou mau desempenho. As editoras de menor porte são notórias em termos de empurrar livros ao longo do processo de publicação, firmemente determinadas a fazer com que os livros sejam produzidos rapidamente, sem considerar as necessidades ou a estrutura normal do mercado. Com muita frequência, o resultado são livros que permanecem nos depósitos da editora, incapazes de serem despachados porque não há distribuidores para o livro; não ocorre a venda de direitos porque não há um prazo de espera suficiente para que o livro seja adequadamente considerado; e há perda de vendas porque o esforço de marketing não foi adequadamente encaminhado e executado. Com planejamento e prazo de espera apropriados, você será capaz de tirar proveito da sazonalidade do mercado e dos esforços promocionais.

Você será capaz de trabalhar com as contas para gerar o maior número de vendas possível para seu livro. E, nesse processo, você gerará algo que se acumulará em benefício de sua empresa ao longo de toda sua existência: *credibilidade* – esse atributo crucial que requer tanto tempo para ser obtido. Por mais cedo ou tarde que você inicie o processo, a meta derradeira deve ser estabelecer credibilidade; desse modo, você deve certificar-se de entregar seu livro no prazo certo. Quando é isso? É o prazo que você diz que cumprirá. Ao examinar necessidades divergentes, você poderia concentrar-se em mercados de vendas especiais como, por exemplo, Internet, escolas, clube do livro, mala direta etc. Se esses canais escolherem seu livro, eles podem somar vendas significativas e alguma contribuição aos lucros. Como operam quase exclusivamente por meio de catálogos de resposta direta, esses canais geralmente precisam de pouco tempo para montar o catálogo, enviar as correspondências (ou e-mails) e receber a resposta dos clientes. A questão em relação a todos esses mercados para seus livros é que o mercado responde às necessidades de seus clientes. Se você, como editor quer vender livros por meio desses mercados, então, também deve responder à necessidade desse mercado. E isso significa que você deve assumir o compromisso de atender esse mercado. Você precisa ser coerente em sua orientação e abordagem a esses mercados. Se fizer ambas as coisas, você ganhará credibilidade, a qual, por fim, resultará em maiores vendas de seus livros nesses mercados.

O CICLO DA PUBLICAÇÃO E A LINHA DE TEMPO

A maioria das editoras se divide em departamentos que são hierarquicamente estruturados e interligados em termos do fluxo de trabalho. A vida de um livro começa no departamento editorial, que é responsável pela aquisição de conteúdos, construção de relacionamentos, negociação de contratos com os autores e supervisão do desenvolvimento dos projetos. Quando um manuscrito final é aprovado pelo comitê editorial, ele será entregue ao departamento de produção, que terá a responsabilidade pela supervisão do processo de produção até a entrega final das cópias acabadas no depósito da empresa.

O **ciclo da publicação**, incluindo editoração, design, diagramação, impressão e acabamento, costuma ser terceirizado. Em certo estágio no ciclo de produção, o departamento de marketing começa a implementar uma estratégia de marketing para a promoção de um título. Enquanto cada departamento tem suas próprias tarefas especializadas e pode ter um grau significativo de autonomia, a relação entre esses departamentos tende a ser estruturada hierarquicamente

O **ciclo da publicação** define as fases pelas quais um livro tipicamente se move ao longo de seu ciclo de vida, conforme ilustra a Tabela 3.1. Cada uma dessas etapas envolve uma gama de atividades específicas que são realizadas por pessoas envolvidas no processo de publicação e algumas fases exigem decisões que têm uma relação direta com as características financeiras do projeto. O sociólogo John Thompson[14] descreve que essas fases como uma estrutura temporal e sequencial, que normalmente são integrados em um fluxo de trabalho, com certas atividades necessariamente seguindo outras.

As decisões financeiras associados com essas fases têm vários graus de risco e incerteza, que são geralmente mais elevados no início da sequência e se tornam progressivamente mais baixos, à medida que o título caminha ao longo das fases do ciclo de publicação.

Esse tempo é similar nas editoras de livros educacionais e, em alguns casos, pode ser muito mais longo. Tempo é crucial na publicação de livros educacionais e o ciclo de publicação é contínuo, conforme ilustra a Figura 3.2.

Cada editora tem diferentes programações e cada uma tem departamentos com arranjos dife-

TABELA 3.1 | Linha de tempo da publicação

	Mês 1	Mês 2	Mês 3	Mês 4
Autor	Autor apresenta proposta e capítulos de amostra	O autor e os editores de aquisição e de desenvolvimento discutem forma e conteúdo do projeto		O autor recebe o contrato e começa a escrever
Departamento Editorial		A proposta é analisada pelo grupo de gerenciamento núcleo e aprovada	O contrato é assinado	O editor seleciona lista de consultores para avaliação do material
Departamento de marketing			O departamento de marketing fornece as estimativas de vendas	
	Mês 5	**Mês 6**	**Mês 7**	**Mês 8**
Autor				Autor entrega 50% do projeto
	Mês 9	**Mês 10**	**Mês 11**	**Mês 12**
Departamento editorial	Avaliações, desenvolvimento e revisões	Avaliações, desenvolvimento e revisões	Avaliações, desenvolvimento e revisões	Avaliações, desenvolvimento e revisões
	Mês 13	**Mês 14**	**Mês 15**	**Mês 16**
Autor		Autor entrega os capítulos finais		
Departamento Editorial	Avaliações, desenvolvimento e revisões	Avaliações, desenvolvimento e revisões	Avaliações, desenvolvimento e revisões	Avaliações, desenvolvimento e revisões
	Mês 17	**Mês 18**	**Mês 19**	**Mês 20**
Autor	Autor recebe as avaliações dos consultores para eventuais modificações, inclusões ou supressões		Autor entrega o manuscrito com as alterações recomendadas pelo editor de desenvolvimento e dos consultores	Autor começa a preparar os suplementos: CD, Manual Professor, Guia de estudo, slides, site do livro, etc.
Departamento Editorial				Manuscrito lido, revisado e aprovado
	Mês 21	**Mês 22**	**Mês 23**	**Mês 24**
Departamento editorial, marketing e pré-impressão	Reunião de transmissão: participam os departamentos editorial, marketing e pré-impressão, financeiro e o Presidente			

(Continua)

(Continuação)

	Mês 21	**Mês 22**	**Mês 23**	**Mês 24**
Departamento de marketing	Fornece novas estimativas de vendas, se necessário		Informa o lançamento do livro	Prepara planos de marketing e promoção
Departamento de pré-impressão	Diretor de produção entrega o original ao editor de texto	Inicia a editoração do original	Começa a elaboração do projeto gráfico	Preparação de amostras de capa
	Mês 25	**Mês 26**	**Mês 27**	**Mês 28**
Departamento de pré-impressão	Amostras de páginas são elaboradas	Projeto concluído, provas feitas e capa aprovada		
Departamento editorial		Provas revisadas pelo departamento e pelo autor		Revisão das heliográficas
	Mês 29	**Mês 30**	**Mês 31**	**Mês 32**
Departamento editorial e pré-impressão	São feitas correções e revisões			Arquivos eletrônicos enviados a gráfica
Departamento de marketing	Preparação de folhetos, catalogo, releases	Livro colocado no site	O gerente de marketing prepara a reunião de vendas	Inicio das vendas
	Mês 33	**Mês 34**	**Mês 35**	**Mês 36**
Departamento editorial e pré-impressão	Inicia-se o processo de impressão e acabamento	Livro no depósito	Começa a entrega de pedidos e faturamento	Data da publicação

rentes, mas as atividades são muito semelhantes. Vemos a publicação de um livro como um esforço de colaboração entre a editora e autor. Uma característica importante do ciclo da publicação é que, ao contrário dos ciclos de produtos em algumas indústrias, tende a ser longo; se for um livro didático, estende-se por vários anos. Quando um editor assina um contrato com um autor, pode levar vários anos pesquisando, avaliando e desenvolvendo o projeto, e mais um ano ou mais para aprovação de uma versão final do texto e entrega ao departamento de produção.

A duração do ciclo da publicação tem várias implicações para a editora. Em primeiro lugar, significa que os investimentos iniciais na forma de adiantamentos podem levar muito tempo para serem recuperados, período durante o qual esses investimentos são, na verdade, dívidas não cobradas. Isso agrava os problemas de fluxo de caixa enfrentados por muitas editoras, especialmente as mais novas e menores que não tiveram a chance de acumular reservas significativas. Além disso, existe o risco de que uma parte desses investimentos nunca sejam recuperados, já que alguns dos livros contratados podem nunca se concretizar, ou podem não se materializar de forma aceitável pela editora. Também pode ocorrer que os livros publicados podem não vender o suficientemente para recuperar o adiantamento. Uma segunda consequência do longo ciclo é que os editores geralmente operam em condições nas quais não têm um feedback rápido e confiável sobre as decisões que tomam nos estágios iniciais do ciclo.

No momento em que um editor e o comitê editorial está considerando a possibilidade de aprovar a contratação de um livro, pode haver muita discussão, especulação e até mesmo deliberações conflitantes sobre as perspectivas de vendas, mas quando o livro é realmente publicado e seus números de vendas são claros, a discussão anterior

Aquisição de manuscrito. Nesta etapa, o editor assina um contrato e o autor começa a escrever. A função de aquisição é essencialmente a divisão de pesquisa e desenvolvimento de uma editora.

Desenvolvimento editorial. Desenvolvimento é aquilo que acontece a um manuscrito entre a fase de aquisição e de produção. Tão logo o editor de aquisições assina um contrato, o original precisa ser desenvolvido (ou seja, escrito e revisado, talvez diversas vezes) antes de estar pronto para transformar-se em um livro.

Pré-impressão. Nesta fase o manuscrito é revisado, editorado e preparado para impressão. Esta é a etapa durante a qual o manuscrito é transformado em livro. A produção inclui o trabalho de edição de texto, design e composição (uma indústria e arte em si mesma), leitura de provas e preparação de arte da capa, fotos e arte interna para a gráfica.

Manufatura. Impressão e acabamento, nas quantidades estabelecidas pelo marketing. Geralmente feitas por gráficas externas, em vez da própria editora.

Marketing. Promoção dos livros antes e depois da publicação. Envolve o envio de folhetos e catálogos por mala direta, promoção on-line e exposições em convenções. Treinamento de divulgadores e envio de livros de amostra. O pessoal de marketing também deve se envolver em pesquisa de mercado.

Logística e distribuição. O processo de levar os livros do armazém aos clientes. A distribuição para o varejo envolve trabalhar com redes de livrarias e negociar trabalhos de distribuição com outros mercados.

FIGURA 3.2 | O ciclo da publicação.

pode ser amplamente esquecida e o livro ganha vida própria.

Um livro é publicado porque um editor acredita que o manuscrito tem bom conteúdo, mérito literário, apresenta um argumento convincente, tem potencial comercial ou "precisa ser publicado". Em uma economia de mercado, os objetivos da maioria dos editores são bastante modestos: vender exemplares suficientes para pagar os funcionários da editora, impostos e outras despesas, ao mesmo tempo em que contribui para o mundo da informação, entretenimento ou conhecimento. Esperançosamente, um lucro pode ser obtido e os royalties pagos ao autor.

A NECESSIDADE DA PESQUISA DE MERCADO

Todos (ou quase todos) os editores acreditam intuitivamente que os livros que eles querem publicar são aqueles que devem ser publicados, e aqueles que o público deseja. Contudo, repetidas vezes, essa hipótese se revela equivocada quando livros publicados com as melhores expectativas recebem poucos comentários favoráveis, vendem muito pouco e estão sujeitos a devoluções. Fracassos editoriais, em geral, são resultantes de decisões meramente intuitivas.

A única maneira de evitar esse fatídico fim é ter certeza, para começar, de que não está se iludindo. À semelhança de bons empresários em todas as áreas, você deve avaliar o mercado para seu produto e o potencial de lucratividade que pode resultar se você for capaz de lançar o produto de maneira bem-sucedida.

Como realizar essa tarefa de pesquisa de mercado? Há uma série de maneiras, dentre as quais pedir que um consultor faça isso para você. Recomendamos que você gaste seu próprio tempo pesquisando essa atribuição fundamental. Por dois motivos: primeiro, ao fazer a pesquisa por conta própria, você pode adquirir um enorme conhecimento sobre o mercado, seus parâmetros, sua competição e o ambiente do mercado varejista no qual seus livros devem ser expostos – todos os quais são de vital importância que você entenda. Segundo, é mais provável que você aceite os resultados de sua pesquisa se vier a obtê-los de primeira mão. Em suma, se você pretende investir uma enorme quantidade de seu tempo, esforço e dinheiro futuros em seu negócio, certamente deve despender um pouco de cada um a fim de garantir que realmente conseguirá bons resultados.

No Capítulo 23, trataremos com mais detalhes sobre pesquisa na área editorial.

O que você quer ser?

A chave principal para estabelecer e dirigir uma editora bem-sucedida é definir seu nicho editorial. O autor Cardoza[15] faz as seguintes perguntas – e certifique-se de respondê-las confiantemente:

- Em quais áreas sua editora se especializará?
- Por quê?
- O que fará seus livros diferenciados dentro do mercado?
- Você tem conhecimento específico dentro desse mercado?
- Você sabe quem são os melhores autores nesse mercado? Você pode entrar em contato com eles?
- Quais são seus concorrentes dentro dessa categoria de livros?
- Quais lojas vendem o(s) tipo(s) de livro que você publicará?
- Em qual lugar da loja essa categoria de livros é colocada?
- Quais são as principais características dos livros concorrentes? Considere:
  - Tamanho
  - Preço médio
  - Capa dura ou brochura
  - Número de páginas
  - Uso de cores
- Qual é o número médio de cópias vendidas nessa área?
- Se você vender essa quantidade, suas metas de lucratividade serão atingidas?
- Se não, quantos novos livros você terá de vender para ser lucrativo?
- Quantos novos títulos dentro dessa área são publicados anualmente?
- As vendas dessa área estão se expandindo ou se retraindo?
- Como você distinguirá esses títulos que planeja publicar? Considere:
  - Conteúdo editorial
  - Tamanho ou formato
  - Preço
  - Cor
  - Autor

Se você não for capaz de responder de maneira clara e completa a essas perguntas, então, deve repensá-las novamente. Como executivo de sua empresa, você deve ter clareza a respeito do tipo de livro que quer publicar e a maneira como quer vender esse livro. Se não tiver clareza a respeito do tipo de livro, você será incapaz de determinar se o livro que está considerando atende seus objetivos. E se não tiver clareza a respeito de como vender o livro, sem dúvida será induzido a erro no complexo processo de comercialização.

Além disso, se você não for capaz de estabelecer de maneira clara e concisa qual é seu nicho, como sua equipe será capaz de fazê-lo para adquirir novos livros e conversar com seus compradores? Você deve ser capaz de declarar claramente qual é seu nicho com uma ou duas frases breves.

Quando começamos a rascunhar esse livro, ocorreu um encontro com um presidente de uma grande editora em São Paulo. Discutíamos a respeito de uma série de livros que a editora queria publicar, quando o editor nos interrompeu comentando: "Não estamos tentando fazer todas as coisas para todas as pessoas. Essa série pretende preencher um nicho do mercado no qual somos conhecidos por publicar bem. A série deve adicionar reconhecimento ao nicho e expandi-lo, se possível." Foi uma declaração concisa do propósito e da estratégia que seria prudente que as editoras de todos os tamanhos reconhecessem e imitassem.

Todo editor entra no ramo para criar livros para o público leitor – a maioria, para vender esses livros lucrativamente para esse público. Cada editor, devido à subjetividade do processo editorial, define esse público de uma maneira diferente e, portanto, cria livros para seu público com uma estratégia ou foco um tanto singulares. E é essa individualidade da programação que, em última análise, cria uma imagem da editora na mente dos colegas editores e varejistas. Se o programa for suficientemente distintivo, uma imagem deve ser criada fortemente na mente do público.

A construção de uma marca é baseada no negócio e obtenção de capital cultural. O posicionamento de uma imagem de mercado ou marca é de primordial importância para o futuro das empresas, um fator mais importante que o tamanho ou faturamento anual. Muitas marcas e logos se tornaram nomes conhecidos. Muitas são agora bem conhecidas, são quase celebridades, por direito próprio. A princípio, poderíamos dizer que isso não ocorre na grande maioria das compras de livros, isto é, o público não compra livros em função do reconhecimento da marca da editora. De maneira geral, os *selos* da editora nada significam ao público consumidor. Entretanto, se a editora for capaz de verdadeiramente dividir seu *selo* e torná-lo significativamente reconhecido pelo público, identificada por meio de uma posição editorial ou de mercado específica, então essa editora terá obtido o sucesso definitivo em seu nicho editorial. Como exemplo, podemos considerar o Grupo A com seu selo Bookman, Artes Médicas e Penso; a Pearson com diversos selos como Prentice Hall, Addison-Wesley, Makron. Também podemos citar como exemplo a editora Saraiva: em 1998 ela adquiriu a Atual Editora, a qual tinha uma participação de mercado significativa na linha de livros para o ensino fundamental e médio. Seus executivos de forma acertada mantiveram o selo e fizeram alguns ajustes nas operações.

Uma publicação difere em certa medida de outros produtos de consumo, porque os produtos criados, em sua maior parte, não levam em consideração a marca. Se você entra em uma livraria e examina as prateleiras, a maioria dos livros se destaca como títulos individuais, não como parte de uma série que é identificada por uma imagem ou marca patenteada em especial. Certamente a maioria dos livros que estão nas prateleiras se destaca por si só. A imagem da editora, por mais forte que possa ser um livro da Atlas, Record, Saraiva, Pearson, Nova Fronteira, ele sequer se aproxima da identificação com o cliente ou força que têm a Coca-Cola, Microsoft, IBM, Volkswagen ou outras marcas de consumo significativas.

De acordo com uma pesquisa Gallup, a principal razão pela qual os consumidores compram um livro e o assunto abordado. Por isso e pelo fato de os consumidores, em sua maior parte, não comprarem livros em função da marca, as pequenas editoras podem competir com as grandes editoras, construir uma marca própria ao publicarem em áreas editoriais relativamente estreitas e definidas, e escolher temas grandiosos para seus livros.

Autores são mais marcas do que editoras. Os autores são os provedores de conteúdo, enquanto os editores são os comerciantes e distribuidores de conteúdo. No entanto, embora as editoras comercializem e distribuam os livros dos autores, a editora não é o nome que os consumidores frequentemente reconhecem. Autores como Dan Brown, Paulo Coelho, J.K. Rowling são instantaneamente reconhecidos por muitos, enquanto as editoras que comercializaram e distribuíram o trabalho dos autores quase nunca são reconhecidas. Ao concentrar-se em um nicho editorial e construir estrategicamente e coerentemente esse nicho por meio de cada livro novo publicado, o catálogo da editora torna-se identificado com essa categoria na mente de compradores de todos os níveis, do comprador atacadista ao comprador da livraria varejista e ao consumidor. Nesse ponto, o sucesso se tornará mais fácil, porque os compradores procurarão seus produtos e novos autores apresentarão propostas à sua editora.

> O importante para uma empresa editora, ou seus departamentos, é ter uma personalidade e integridade editorial. Editores criativos como Alfred Knopf nos Estados Unidos, Santiago Salvat na Espanha, Gonzalo Losada na Argentina, José Olympio e Luiz Hermann no Brasil, conquistaram suas reputações não exatamente como bons homens de negócios, mas porque o nome de suas empresas na capa dos livros significava alguma coisa para o leitor.

Qual é seu mercado e quem são seus concorrentes?

Assim que tiver definido seu próprio nicho editorial e determinado o que você acha que ele deve ser, ou o que você gostaria que ele fosse, não tome nada por certo. Pesquise seu mercado e seus concorrentes completamente. Como iniciar a pesquisa que comprovará ou desmentirá a hipótese de que você possui um produto que o público quer?

Primeiro, converse com aqueles que já estão estabelecidos no ramo editorial: diretores editoriais, editores e gerentes de vendas de editoras. Converse com compradores de livros de lojas de varejo, bibliotecários (a biblioteca de sua região é um excelente lugar para obter informações de primeira mão) e outros. Agora não é hora de ser tímido. O consultor editorial Thomas Woll[16] sugere perguntar a eles:

- Quais livros são os mais vendidos ou os mais pedidos?
- Quais livros eles acham que vendem melhor em longos períodos de tempo?
- Quais livros e assuntos os clientes solicitam continuamente?
- Quais categoriais são mais publicadas e quais poderiam utilizar apoio adicional?
- Quais são as editoras mais destacadas dentro da categoria?
- O que torna o livro delas tão atraente?
- Quais características as tornam mais competitivas?
  - Condições de pagamento?
  - Devoluções?
  - Descontos?

Segundo, pesquise as tendências dos livros: uma categoria de livros está com sua popularidade declinando e outra está em ascensão? Certos livros são demasiadamente sazonais para sustentarem um programa de um ano inteiro? Por exemplo, livros didáticos vendem apenas três meses por ano. Como eles são altamente sazonais, o que você pode publicar nas outras épocas do ano para compensar?

Quando fizer sua pesquisa, não use tapa-olhos. A pesquisa que você faz deve constituir o alicerce e influenciar sua decisão. Se a pesquisa comprovar que há demasiados atores predominantes ou os termos são tais que você não pode publicar lucrativamente, reconheça esse fato. Ou passe a avaliar outro nicho ou retire-se elegantemente agora. Não desperdice seu tempo, esforço e dinheiro em uma busca infrutífera. Definitivamente, há outros nichos que você pode ocupar com sucesso – basta encontrá-los.

DECLARAÇÃO DE MISSÃO

A declaração de missão é o início do processo editorial. Uma vez definida, você deve começar a agir de acordo com essa declaração de missão e focar ainda mais na linha de produtos.

Assim que tiver pesquisado sua hipótese e determinado que ela é segura e que vale a pena persegui-la, o passo seguinte consiste em resumir seu conceito em uma *declaração da missão* para orientar a sua equipe (se houver uma) em seu processo diário de tomada de decisões.

Muito frequentemente as pessoas acreditam que a missão de uma organização é evidente ou "fala por si mesma". Entretanto, aquilo que pode ser evidente para a alta administração pode não permear a organização e gerar valores e estilos compartilhados da companhia, os quais, por sua vez, ajudam a impelir o tipo de ação certa. Uma declaração simplista do tipo "acreditamos na maternidade" ou "nossa meta é publicar bons livros e obter lucro" pouco contribui para os negócios. Mas uma declaração de missão construída apropriadamente, que considere as muitas dimensões da relação de uma empresa com seu ambiente e inclua tempo, propósito e direção – tudo com um foco no cliente – pode ter valor prático real.

A declaração de missão, portanto, deve expor uma visão clara e direta do por que a empresa está no negócio, com quais recursos o negócio será gerido e rumo a quais fins. Isso incita uma consideração contínua de questões-chave:

- Qual é nosso negócio?
- Quem são nossos clientes?
- O que representa valor para os clientes?
- Qual será nosso negócio futuro?

Grande parte do detalhe com o qual uma empresa deve lidar e gerenciar provavelmente se baseia originalmente nas respostas a essas questões fundamentais – de fato, na revisão e atualização contínua delas.

A missão de uma organização é modelada fundamentalmente por cinco elementos-chave:

1. **A história da organização.** Toda organização tem uma história de metas, políticas e realizações. Para atingir o propósito futuro ela deve recorrer a elementos-chave de seu passado (desvios abruptos e radicais de atividade podem simplesmente não ser práticos).
2. **As preferências atuais da administração e dos proprietários.** Estas podem, é claro, ser as mesmas; ou podem ser diferentes. Historicamente, é possível afirmar, em relação a algumas editoras, que esse elemento predominou na orientação editorial da empresa, excluindo um foco de mercado mais realista.
3. **Considerações ambientais.** O mundo em que a editora trabalha define as principais oportunidades e ameaças que devem ser levadas em conta e que influem no propósito da organização.
4. **Os recursos da organização.** Estes tornarão certas missões possíveis e excluirão outras, pelo menos no curto prazo. O termo "recursos" aplica-se em sua mais ampla interpretação e inclui tudo, de pessoas e suas respectivas habilidades e competências, a considerações financeiras, obviamente.
5. **Competência distintiva existente.** É muito importante que isto seja a base de qualquer coisa que se pretenda fazer. Em outras palavras, simplesmente querer fazer algo evidentemente não basta. Deve haver também a capacidade para fazê-lo. É importante ser muito obstinado nessa área, ainda que as competências mudem no decorrer do tempo.

Qualquer declaração de missão também deve ter um foco de mercado definido. Ela deve definir:

- Os grupos de clientes que serão atendidos
- As necessidades do cliente que serão satisfeitas
- A tecnologia e os processos que atenderão essas necessidades.

Esse foco no mercado é mais importante do que um simples foco no produto (não obstante os dois estarem evidentemente inter-relacionados): o marketing insiste em vermos o negócio como um processo de satisfação do cliente, não como um processo de produção de um produto.

Embora muitas editoras de pequeno porte achem que não vale a pena perder tempo para criar uma declaração de missão, é imprescindível dedicar o devido esforço a esse aspecto. Por quê? Simplesmente porque a declaração da missão é o primeiro passo tangível, concreto, para definir e articular com precisão seu nicho e suas metas editoriais.

Sua declaração de missão consiste no mínimo em quatro partes:

- Uma declaração clara das metas editoriais de sua empresa.
- Uma definição de seu nicho dentro do mercado competitivo.
- Sua definição do mercado.
- Um comprometimento com suas metas.

Talvez você queira incluir mais de quatro partes. Por exemplo, talvez você queira definir de maneira plena e completa o tipo de produto que produz; talvez queira articular o que impulsiona a empresa, isto é, se seu foco será o trabalho editorial, o mercado ou a prestação de serviços; e outros itens específicos afins.

Isso é ótimo, contanto que você mantenha em mente que a função da declaração de missão deve ser praticável. Isto é, as pessoas devem ser capazes de olhar para ela quando surgirem questões a serem resolvidas e, de fato, usarem-na para formular e reforçar suas decisões e ações administrativas diárias.

No Quadro 3.2 apresentamos um exemplo de declaração de missão para uma editora.

QUADRO 3.2 | Exemplos de declaração de missão

Parcerias em aprendizagem, pesquisa e prática profissional

- Nossa missão é servir a necessidade de conhecimento, adquirindo, desenvolvendo, produzindo e distribuindo informações e serviços de qualidade, de modo que beneficie autores, leitores, pesquisadores, professores, profissionais e a sociedade, possibilitando-lhes desempenhar melhor suas funções;
- Criar livros, serviços de informações, mídias visuais e eletrônicas, para prover informação valiosa, atender e exceder as necessidades e expectativas dos usuários;
- Da mesma forma que apoiamos o progresso do conhecimento e da aprendizagem, também desenvolvemos constantemente nossas próprias habilidades profissionais;
- Esforçamo-nos para alinhar nossas metas e valores com as de nossos clientes e consumidores. Em parceria com eles, estamos dando uma importante contribuição à sociedade.

Junto com a declaração de missão, a editora pode adicionar suas crenças como sugerimos no Quadro 3.3.

QUADRO 3.3 | Nosso credo

- Acreditamos que todo indivíduo tem o direito de ser instruído;
- Acreditamos que somos parceiros na profissão de ensinar;
- Acreditamos que a essência de nossos produtos educacionais é favorecer a aprendizagem e divulgar o conhecimento;
- Acreditamos em nossas metas de oferecer aos estudantes, educadores e profissionais, materiais de ensino e aprendizagem constantemente aperfeiçoados;
- Acreditamos que determinação e excelência em informação e conhecimento são nosso dever e que isso nos manterá na vanguarda da indústria de publicações.

Uma nova editora abordou a questão de seu nicho editorial ao formular uma breve declaração da missão que está à disposição de sua equipe e ajuda seus integrantes a posicionarem a empresa para autores, compradores e outros. Em parte, a declaração afirma:

"Nossa missão é publicar materiais educacionais para estudantes de administração que sejam visualmente estimulantes, da mais alta qualidade, baseados em sólido conhecimento científico e testados em sala de aula. Dentre os temas de nossas publicações estão preocupações legais, éticas e financeiras dos estudantes. Cada livro é avaliado por especialistas da área a fim de garantir a inclusão das informações mais atuais, acuradas e aplicáveis. A maioria dos livros são em quatro cores e são projetados para prover fácil acesso à informação, bem como servir de referência rápida."

Essa declaração foi escrita antes de a empresa publicar seu primeiro livro – que é o momento certo para levar seu nicho a sério. Com a missão definida, qualquer pessoa de dentro ou de fora da empresa pode ter consciência – em base diária – de exatamente como essa editora vê sua missão, e o formato em que ela espera entregar sua mensagem.

Veja outros exemplos de declaração da missão:

"Nossa missão é servir a três grupos: nossos clientes, nossos empregados e nossos acionistas. Aos nossos clientes, dedicamo-nos a fornecer livros excitantes, informativos e de alta qualidade relacionados à educação física, bem como outros produtos de informação. Aos nossos empregados, dedicamo-nos a proporcionar um ambiente de trabalho desafiador e recompensador que oferece a oportunidade de sucesso. E, aos nossos acionistas, dedicamo-nos a maximizar o valor de seus investimentos nessa empresa."

"Nós, da editora Apolo, produzimos literatura genuinamente útil, informativa e esteticamente agradável, além de produtos relacionados, que alimentam e ampliam os interesses especiais de nossas comunidades de leitores."

"Reconhecemos que nosso sucesso empresarial depende de servirmos bem aos nossos clientes; comprometemo-nos a fazê-lo enquanto buscamos satisfação pessoal em realizarmos um bom trabalho."

"Acreditamos em um ambiente de trabalho cooperativo e atencioso em que às necessidades das pessoas são mantidas em equilíbrio com as metas da organização à medida que crescemos e prosperamos mutuamente."

Tão logo começa a vigorar, a declaração da missão passa a disseminar o conceito de todos da empresa de várias maneiras, conforme sugerido pelo autor McHugh.[17]

1. Dado um nicho editorial definido, você pode então concentrar sua atenção nas habilidades e conhecimento daqueles que quer contratar.
   - Eles têm o tipo de experiência acadêmica e funcional que os tornam especialistas na área?
   - Quão focalizada é essa experiência nas áreas que você quer publicar?
   - Qual potencialidade adicional cada pessoa contratada traz à empresa? Em outras palavras, se você é um editor da área de saúde, quais qualidades sua editora precisa ter? Ela conhece e tem acesso a agentes e autores da área de saúde? Ela tem a competência necessária para ler um original e fazer, ela mesma, julgamentos editoriais? Ou você precisa contratar editores de desenvolvimento ou consultores. Seu diretor de marketing tem experiência concentrada no mercado de saúde ou é um generalista?
2. Assim que tiver definido seu nicho, você pode adquirir um firme entendimento dos produtos de seus concorrentes, o que, em um ciclo de feedback, permite-lhe descobrir lacunas no mercado onde livros são necessários e onde repousa a oportunidade. Isso, por sua vez, solidifica ainda mais seu posicionamento no nicho. Por fim, à medida que crescer, sua posição se tornará mais clara para os outros da indústria, e também para autores e agentes, os quais começarão a submeter-lhe material. Muitos editores, por falta de experiência, têm medo de pagar elevados adiantamentos, ou simplesmente porque publicam somente um ou dois livros por ano, não solicitam livros de agentes. O que muitos descobrem é que, à medida que crescem e seus nichos se tornam mais claramente definidos, os agentes de fato os encontram exatamente porque posicionaram suas empresas fortemente em relação aos concorrentes. Uma vez que os agentes precisam vender os livros de seus clientes para permanecer no negócio, eles procuram avidamente editores que possam vender esses livros, mantê-los ativos e tratar bem seus autores. Se uma editora define bem seu nicho, ela pode encontrar outros mercados em que pode vender seus livros – atualmente desconhecidos, ou simplesmente ignorados – pelas editoras de maior porte. Isso, por sua vez, significa que tanto os livros da *frontlist* como do *backlist* podem ter uma vida mais longa e, em última análise, vendas maiores.
3. Outra razão para definir bem seu nicho editorial é que esse posicionamento permite à sua empresa planejar sua estratégia de marketing de uma maneira muito mais direcionado, coerente e eficiente quanto ao custo.

POSICIONAMENTO PARA VENDER

Nenhum manuscrito ou proposta deve ir em frente até que você tenha uma ideia de como posicionar o livro. Isso significa que, antes de tomar qualquer decisão editorial, você deve sempre fazer a pergunta: *"Quem vai comprar esse livro, e por que"*. A última parte dessa pergunta é crucial. Você deve sempre ser capaz de descrever o que precisa e as necessidades do mercado.

O publicitário David Ogilvy[18] uma vez listou 32 coisas que tinha aprendido em sua longa carreira. Dos itens nessa lista, ele disse que o mais importante era *como posicionar o produto no mercado*. Os resultados, segundo ele, foram baseados não tanto sobre a forma como a propaganda foi escrita, mas a forma como o próprio produto foi posicionado.

Posicionamento é vital quando seu livro não é o primeiro sobre um assunto. Por exemplo, se você está publicando um novo livro sobre dieta, a primeira pergunta que um leitor vai perguntar é: "Por que eu deveria comprar outro livro de dieta? Os outros quatro que eu comprei não funcionaram. Por que este vai funcionar?" Se você espera que os leitores comprem seu livro de dieta, você precisa responder a essa pergunta. E você precisa ter respondido a essa pergunta tão logo o autor comece a escrever. Isso porque sua resposta a essa pergunta não só definirá a forma como você lançará no mercado, mas também afetará a forma como você editará e criará o projeto do livro.

Se você está tentando vender um conjunto variado de livros díspares a um público amplo, precisará gastar seu orçamento de propaganda e de promoções em um esforço disperso que tem pouco foco e continuidade. Por outro lado, se você tem uma lista editorial de livros muito definida e focalizada, então poderá gastar seu dinheiro em um esforço promocional estreitamente focado no qual o impacto de promover um livro beneficiará os outros da lista.

A natureza repetitiva de seus esforços promocionais ajudará a estabelecer sua linha de produtos como algo altamente qualificado aos olhos e mentes daqueles a quem você promove sua lista. Isso, por sua vez, os conduz a você como fonte de material promocional adicional que eles podem usar. Evidentemente, isso não acontece se sua lista for uma miscelânea de diferentes tipos de livros sobre vários assuntos.

Uma editora que fez um excelente trabalho em termos de definir seu nicho é o Grupo A. Essa empresa concentrou quase toda sua atenção editorial nos anos 80 e 90 nas áreas de psicologia e pedagogia. Em consequência, tornou-se uma força altamente respeitada dentro desse segmento. Além de seus próprios programas, ela alavancou sua força editorial e seus bancos de dados para elaborar parcerias e distribuir conteúdo online. A partir de uma base muito pequena, o Grupo A concentrou-se em sua potencialidade central e construiu um negócio considerável, bem-sucedido e multifacetado. O Grupo A é uma das muitas histórias de sucesso que demonstram que o foco é essencial na publicação de livros. Se tentar fazer de tudo para todas as pessoas, você não será nada para a maioria.

GESTÃO DA QUALIDADE TOTAL APLICADA AO DESENVOLVIMENTO DE PRODUTOS

É da responsabilidade da editora avaliar a qualidade do texto para garantir que ele atende aos padrões determinados. Esses padrões variam de uma editora para outra em uma variedade de procedimentos de avaliação utilizados, que vão desde o julgamento da casa até leitores externos que são especialistas na área. O controle de qualidade é importante para a editora, porque é um dos principais meios pelos quais as editoras são capazes de construir um perfil distinto e uma marca no campo editorial e, assim, distinguir-se de outras editoras.

Controle de qualidade tem relevante importância no processo de publicação e não se limita a publicação tradicional. A qualidade é um aspecto importante do processo de aquisição e desenvolvimento do conteúdo. Os livros devem passar por fases de avaliação, editoração do texto, revisão de provas, para que os erros e inconsistências sejam identificados e corrigidos. Bons editores usam as melhores práticas por meio da utilização de leitores externos e editores profissionais para moldar o livro. É importante que o controle de qualidade fique evidente no produto final.

Nossa experiência diz que a aparência ainda desempenha um fator importante na determinação da qualidade de um produto e os leitores são suscetíveis ao avaliar a qualidade do conteúdo quando mal apresentado. Desenvolvimento de novos produtos é fundamental para o sucesso editorial. Muitas editoras abordam o desenvolvimento de produtos diferentemente e não existe uma abordagem comum para organizar as pessoas e o processo, a fim de otimizar o desenvolvimento de produtos. Ao analisar formas de promover e melhorar o desenvolvimento do produto, é útil discutir as ideias de gestão da qualidade total (GQT).

De acordo com a American Society for Quality, GQT é um termo que foi usado para descrever uma abordagem de gestão para melhoria da qualidade. Desde então, o GQT tem assumido vários significados. Simplificando, é uma abordagem de gestão para o sucesso a longo prazo por meio da satisfação do cliente. A GQT supõe que todos os membros de uma organização participem na melhoria dos processos, produtos, serviços e da cultura organizacional.

Os métodos para a implementação dessa abordagem são encontrados nos ensinamentos de líderes da qualidade, como Philip B. Crosby, W. Edwards Deming, Armand V. Feigenbaum, Kaoru Ishikawa e Joseph M. Juran. A GQT atingiu seu pico nos EUA ao final do século XX e foi vendido como uma panaceia, e logo foi considerado um modismo. Isso foi lamentável, pois a GQT tem muito a oferecer as organizações, visando a melhorar o desempenho e, finalmente, o alcance dos resultados. Compreender e aplicar alguns princípios GQT, como processo, reduzindo o tempo do ciclo e a satisfação do cliente pode ter uma grande utilidade para as editoras.

Kaizen é importante

Kaizen é uma palavra japonesa que significa "melhoria contínua". Kaizen é uma filosofia; é um modo de vida e que busca melhorar as habilidades regularmente, analisando as falhas e ineficiências e removendo-as. A pessoa também tenta melhorar seu conhecimento, eficiência, proficiência, produtividade e qualidade. As melhorias não precisam ser grandes; na verdade, pequenas melhorias regulares podem ter um impacto dramático na qualidade e na produtividade ao longo de um período de tempo. Você pode praticar o kaizen para melhorar continuamente todas as fases e ciclos do processo de publicação.

Processo, tempo do ciclo, foco na satisfação do cliente

Os conceitos de GQT mais úteis são o processo, tempo do ciclo, foco e satisfação do cliente. Vamos definir os termos processo e tempo de ciclo.

- **Processo.** Refere-se às atividades ou tarefas necessárias para alcançar um objetivo. Dentro de cada processo, há uma série de subetapas que, em última análise, se deslocam para o profissional responsável pelo processo seguinte. Do ponto de vista operacional, um processo é um conjunto consolidado de atividades de trabalho inter-relacionados, cada um tendo prescrito entradas e saídas. Um processo tem um principio, um meio e fins bem definidos. Um processo é essencialmente um método de fazer as coisas. Na publicação os processos empregados combinam uma mistura complexa de profissionais e freelancers. Considere os autores, os editores de aquisição, editoração, arte, composição, vários ciclos de revisão de texto, impressão e acabamento. Editores precisam de uma compreensão desses processos, a fim de gerenciarem o desenvolvimento de produtos, dado o fato de que alguns processos são terceirizados.

- **Tempo de ciclo.** Refere-se à quantidade de tempo que leva para um determinado processo ser concluído. Ambos os conceitos de processo e tempo de ciclo estiveram em voga nas indústrias de produção e, recentemente, em indústrias de serviços. Publicação de livros é um negócio híbrido, que combina serviços de valor agregado (edição, arte, design, etc) com o aspecto físico de trazer um livro para impressão, e acabamento. Para avaliar a eficácia do desenvolvimento do produto de sua organização a análise de seus processos e tempos de ciclo é um exercício útil.

> Publicação de livros é um negócio feito por muitas mãos. É um negócio de intrincadas relações entre editora, autores, agentes, freelancers, livreiros, distribuidores e impressores. Nessa teia de relações interdependentes, GQT beneficiará o desenvolvimento do produto da editora, além de melhorar a satisfação total do cliente.

- **Foco na satisfação do cliente.** Empresas existem para servir os clientes. "Um dos principais objetivos de uma empresa é criar um cliente", de acordo com o guru da gestão, Peter Drucker. Portanto, uma das contribuições mais importantes do GQT é que ele trouxe de volta o foco para o cliente. Você deve ser capaz de responder a essas cinco perguntas sobre seus clientes:

1. Quem são nossos clientes e por que eles compram de nós?
2. Quais são as expectativas de nossos clientes?
3. Como podemos medir e monitorar a satisfação do cliente?
4. Qual é nosso índice de retenção de clientes?
5. Como nossos processos agregam valor para a satisfação e retenção de clientes?

Como aprender sobre seus clientes

É fácil perder de vista o fato de que sem clientes, o negócio não tem propósito de existir. Portanto, você deve monitorar constantemente o nível de satisfação de seu cliente.

Ouça seus clientes por meio de uma combinação de atividades:

- Use seu pessoal de serviço ao cliente como um canal para aprender o que os clientes estão pedindo, ou reclamando;
- Considere a execução de um programa de pesquisas de satisfação do cliente como uma forma de produzir feedback valioso para melhorar seu desempenho organizacional;
- O pessoal de campo é também uma fonte valiosa de informações assim como o são seus distribuidores, livreiros, atacadistas e varejistas.

Fale diretamente com seus clientes, faça perguntas e ouça. Não presuma que, devido à sua posição e status em sua empresa você conhece o requisito para a satisfação dos clientes.

Recomendações para a melhoria da qualidade

Adote os conceitos GQT que produzem mais benefícios, ou seja, processo, métricas, o tempo de ciclo, foco e satisfação no cliente. John McHugh,[19] sugere que você faça o seguinte:

1. Defina e compreenda as expectativas de seus clientes para a satisfação. (Isso é realizado por meio de pesquisa de clientes.)
2. Elabore um fluxograma e documente seus processos de desenvolvimento de produto.
3. Examine cada processo. Pergunte: "Como é que esse processo vai agregar valor para a satisfação do cliente?" (Se não agregar valor, considere sua eliminação ou modificação.)
4. Estabeleça um procedimento operacional padrão para lançamentos de produtos.
5. Determine a momentos críticos no ciclo de desenvolvimento do produto.
6. Determine as informações necessárias, o que oferecer, e quando, no ciclo de desenvolvimento do produto.
7. Determine quais etapas de desenvolvimento do produto são fundamentais e precisam ser controladas.
8. Forneça as informações para a equipe de desenvolvimento do produto depois que você entender e documentar seus processos.
9. Meça o tempo de ciclo dos processos do cliente e os níveis de satisfação dos clientes em uma base regular.

Periodicamente, revise as etapas e pergunte "Como eles estão funcionando?" Dessa maneira, você estará adotando os conceitos a partir do movimento da qualidade que produzem mais benefícios para os editores.

- As taxas de alfabetização podem diminuir.
- Mudanças de prioridade nos gastos do governo podem significar menos dinheiro disponível para fins educacionais.
- Redução do consumo de livros em escolas e faculdades em favor do aprendizado interativo e materiais de autodesenvolvimento.

Retrato de uma profissão

O racionalismo econômico tem dominado muitas empresas por algum tempo, mas os editores estão começando a perceber que eles estão sacrificando padrões editoriais em busca de resultados. Em 2002, Cardoza[20] soou um alerta:

"Precisamos de editores com altos padrões para a produção de texto em que os leitores possam confiar. Em um momento de insegurança, uma vez caracterizada pelo mau uso da linguagem, os profissionais envolvidos no negócio da informação precisam de coragem para enfrentar a desinformação. Mais do que nunca, precisamos de editores comprometidos com a qualidade e excelência. Esses editores sempre foram subestimados na indústria editorial. Grande parte da função editorial foi terceirizada. As editoras decidiram que poderiam extinguir certas funções. Mas sempre me pareceu que nós somos uma indústria pobre por causa disso. Nossos padrões, como editores, têm sido rebaixados. Nosso respeito pela qualidade do texto em si está fora da tela do nosso radar. A menos que paguemos para editar o melhor. Isso é tudo o que importa. A esperança pelos bons padrões de qualidade permanece."

NOTAS DO CAPÍTULO

1. CARDOZA, Avery. *Complete guide to successful publishing.* Cardoza Publishing: Nova York, 2002.
2. DAVIES, Gill e BALKWILL, Richard. *The professional's guide to publishing.* Londres: Kogan Page, 2011.
3. McHUGH, John. *Introduction to book publishing as a business: the realities and framework for success,* Milwaukee: McHugh Publishing Consultant, 2009.
4. BAVERSTOCK, Alison. *How to market books.* 4. ed. Londres: Kogan Page, 2010.
5. DESSAUER, John. *Book publishing: what it is what does.* Nova York: Continuum Publishing, 1998.
6. DESSAUER, John. *Book publishing: what it is what does.* Nova York: Continuum Publishing, 1998.
7. CARDOZA, Avery. *Complete guide to successful publishing.* Cardoza Publishing: Nova York, 2002.
8. HUENEFELD, John. *The Huenefeld guide to book publishing.* 5. ed. Bedford: Sanderson & Mills Publishers, 2004.
9. GUTHRIE, Richard. *Publishing: principles and practice.* Califórnia: Sage, 2011.
10. WOLL, Thomaz. *Publishing for profit: successful bottom-line management for book publishers.* Chicago: Chicago Review Press, 2008.
11. BAVERSTOCK, Alison. *How to market books.* 3. ed. Londres: Kogan Page, 2000.
12. SMITH, Kelvin. *The publishing business: from p-books to e-books.* Lausanne: Ava Academia, 2013.
13. WOLL, Thomaz. *Publishing for profit: successful bottom-line management for book publishers.* Chicago: Chicago Review Press, 2008.
14. THOMPSON, John. *Books in the digital age.* Cambridge: Polity, 2005.
15. CARDOZA, Avery. *Complete guide to successful publishing.* Cardoza Publishing: Nova York, 2002.
16. WOLL, Thomaz. *Publishing for Profit: Successful Bottom-Line Management for Book Publishers.* Chicago: Chicago Review Press, 2008.
17. McHUGH, John. *Introduction to book publishing as a business: the realities and framework for success.* Milwaukee: McHugh Publishing Consultant, 2009.
18. OGILVY, David. *Confissões de um publicitário.* São Paulo: Bertrand, 2011.
19. McHUGH, John. *Improving book product development using total quality* management, Milwaukee: McHugh Publishing Consultant, 2009.
20. CARDOZA, Avery. *Complete guide to successful publishing.* Cardoza Publishing: Nova York, 2002.

CAPÍTULO 4

Estrutura e organização editorial

NESTE CAPÍTULO

Introdução 107

Organização para gerar sinergia 108

Áreas funcionais de uma editora 112

Descrições de cargos 115

Desenvolvimento, supervisão e administração..............................117

Autoritarismo e consenso 120

INTRODUÇÃO

Agora que você sabe o que pretende fazer, deve saber quem executará cada tarefa e quem responderá a quem. Chegou a hora de formalizar sua estrutura organizacional. Se a editora é uma operação de uma só pessoa, provavelmente não precisará de um gráfico organizacional, pois é você quem faz *tudo*. (Se for esse seu caso, o material a seguir o ajudará a esclarecer os muitos papéis que você deve desempenhar para tornar-se bem-sucedido.) Mas se você tem mais de uma pessoa em sua empresa e há uma série de funções em andamento, as coisas se tornam mais fáceis para toda sua equipe se um gráfico organizacional claro for criado, o qual especifique exatamente o que todos fazem e quem se reporta a quem. Para facilitar, um *organograma* simples, como o que apresentaremos neste capítulo, deve ser criado e apresentado a todos os interessados.

> A alma de uma editora é seus editores…
>
> – Richard Curtis. *The Business of Publishing*

O organograma deve iniciar no topo, com o cargo ou função da pessoa que, em última análise, é responsável por todas as decisões e pelo sucesso ou fracasso da empresa como um todo, habitualmente, o presidente ou o proprietário. Uma vez que você está tentando esclarecer a estrutura de tomada de decisões, é o cargo ou função que é importante, não o nome do indivíduo.

Muitas empresas de publicação estão divididas em departamentos, que são hierarquicamente estruturados e estão interligados em termos de fluxo de trabalho. Um livro normalmente começa sua vida no departamento editorial, que é responsável pela aquisição de novos conteúdos, construção de relacionamentos com os criadores de conteúdo, negociação, contratos com autores e supervisão do desenvolvimento intelectual dos projetos.

A maioria das editoras tem diversas áreas funcionais chave: os departamentos editorial, pré-impressão, marketing e financeiro (incluindo RH). Na maioria dos casos, cada uma dessas áreas funcionais constitui um cabeçalho organizacional principal para o gráfico organizacional. Os cargos apropriados devem ser colocados sob cada cabeçalho. A questão não é especificar e traçar no organograma um grande número de funções simplesmente porque elas podem ser necessárias um dia. A questão é traçar um organograma da editora, realistamente, com o objetivo de esclarecer sua estrutura atual. Dessa maneira, todos os que desempenham determinada função podem saber a quem se reporta e quem deve aprovar as decisões que precisam ser tomadas.

Na maioria das vezes, a maneira mais fácil de gerenciar é padronizar os processos que as pessoas usam para tomar decisões. Se o resultado desse processo permite que as pessoas determinem rápida e decisivamente se algo vai ou não funcionar, isso as faz pensar mais e mais profundamente sobre as questões subjacentes, enquanto mantém isso fora de sua mesa em estágios formativos.

Uma excelente maneira de fornecer a estrutura organizacional para uma equipe é configurar modelos que possam determinar e ilustrar rapidamente se certas funções atendem aos critérios acordados. Esses modelos podem ser formulados e usados em todos os departamentos da empresa.

ORGANIZAÇÃO PARA GERAR SINERGIA

Entenda também que o organograma reflete a estrutura da empresa em determinado momento do tempo. Ele pode e deve ser modificado para refletir os resultados de eventos que impactam continuamente a estrutura da empresa ao longo de seu período de crescimento. À medida que cada pessoa é acrescentada à equipe, o organograma deve refletir essa mudança a fim de que todos se mantenham atualizados.

Muitas pessoas acham que os organogramas organizacionais, uma vez criados, não podem ser modificados. Tentam encaixar cada novo empregado ou função na versão original dele. Isso geralmente cria uma estrutura emaranhada. O fato é o seguinte: se sua organização precisa mudar para melhorar o fluxo de trabalho ou se você cresceu a um ponto em que novos cargos precisam ser criados, não se torne refém de seu organograma organizacional – modifique-o para que ele reflita sua nova realidade. O organograma é antes e acima de tudo uma ferramenta para ajudá-lo a visualizar sua empresa como um todo. Se ele atrapalhar essa percepção de alguma maneira, deve ser modificado para adequar-se às suas necessidades.

A estrutura e organização de uma editora ou mesmo de outro tipo de empreendimento é necessária para assegurar o alcance de metas e objetivos estabelecidos pela alta direção. Qualquer que seja o tamanho da empresa, ela necessita ser organizada em torno de suas políticas, procedimentos e objetivos. Logicamente que um sistema não executará o trabalho, mas ajudará os funcionários na realização de suas tarefas.

As estruturas das organizações editoriais evoluíram ao longo de um tempo considerável e adaptaram-se continuamente às mudanças no ambiente de negócios. Estas organizações e tornaram-se mais flexíveis à medida que experimentam novas formas de trabalho baseadas em projetos e muitas vezes orientadas para serviços; aplicando a teoria contemporânea de gestão e comportamento organizacional e introduzindo pesquisas de líderes da indústria.

O propósito desta seção não é teorizar sobre diferentes modelos de gestão para uma empresa de publicação ou a melhorar forma de estrutura, mas é importante perceber que a maneira como uma editora está estruturada, pode ter um impacto no seu fluxo de trabalho e sua sobrevivência. Também deve estar claro que a estrutura, o funcionamento e as políticas de uma editora devem estar estreitamente alinhadas, com o planejamento que foi elaborado.

A palavra "estrutura" não deve ser confundida com hierarquia. Estrutura, no sentido em que utilizamos aqui, denota uma certa ordem para uma empresa funcionar eficazmente, enquanto "hierarquia" está associado a uma empresa com um grupo estritamente controlado com "estrutura top-down", onde todo o controle sobre todos projetos terão a aprovação da alta administração.

Em contraste com um rigoroso ordenamento hierárquico, a tendência moderna de uma organização é o grupo, as pessoas juntas em unidades operacionais que assumirão a responsabilidade por um determinado projeto. Talvez o ponto mais importante a considerar é que as constantes mudanças na indústria da publicação, exigem uma estrutura e fluxo de trabalho que permita flexibilidade.

Os autores Geiser e Dolin[1] escrevem:

> Estrutura pode ser um termo muito estático para um empreendimento tão variado e fluido como a publicação de livros. No entanto, as ações necessárias para publicar qualquer livro seguem um padrão bastante natural que se aplica a todos os livros, e as editoras geralmente se enquadram facilmente em grupos de acordo com os tipos de livros publicados, os públicos que se pretende alcançar e os mercados pretendidos. Negócios também pode ser um termo insuficiente para descrever um empreendimento no qual o livro é o produto do pensamento e da criatividade humana. A publicação certamente é um negócio no sentido pleno, mas também é algo mais, porque diz respeito a todas as responsabilidades e oportunidades de comunicação. Mas, quer estejam "no mercado" ou não, todos os editores, se quiserem realizar seus propósitos escolhidos, devem ser profissionais.

Como muitos aspectos dessa indústria, as características dos cargos e funções variam de editora para editora dependendo do tipo de publicação envolvido. Nesse manual abordamos as funções de aquisição (editorial), pré-impressão, marketing e administrativo. Uma editora bem organizada e estruturada deve ajustar-se às necessidades do mercado, suas linhas de produtos e ao tamanho da operação. As sugestões que apresentamos no decorrer deste livro são aplicáveis a empresas de grande porte e podem ser adaptadas às pequenas empresas. Logicamente que uma pequena editora não precisa de muitos especialistas, além daqueles que façam a distinção entre os trabalhos de cada indivíduo.

À medida que uma editora cresce, torna-se necessário dividir as principais tarefas em departamentos. A criação de departamentos torna-se necessária pois contribuirá decisivamente para alcançar eficiência e eficácia, pois isso dará autoridade e responsabilidade pela especificação de quem responda a quem. A experiência diz que quanto mais poderes delegarmos a um departamento e quanto mais serviços são entregues aos seus cuidados, melhor produtividade e desempenho terão as pessoas. A estrutura editorial deve refletir a natureza das tarefas e cada departamento deve ter suas linhas de responsabilidades bem claras e definidas na organização da editora. Existem diferentes conceitos de filosofia gerencial por traz do método pelo qual uma editora organiza suas diversas áreas de publicação e nesse trabalho adotamos as práticas de grandes empresas que construíram fama e sucesso internacional, entre elas McGraw-Hill, Simon & Schuster, Pearson Education, Houghton Mifflin, Wiley, e outras.

Em uma atividade tão complexa, muitas vezes árida, como a publicação, nem sempre é fácil para as pessoas compreenderem como seus esforços são interpretados no processo total – ou até que ponto afetam os resultados do grupo. Isso pode levar a desperdícios de energia, divisões de responsabilidades e confusões de prioridades.

Mas, se a pessoa for identificada claramente como membro de um específico segmento da organização – e se as metas desse segmento forem bem definidas, analisadas de maneira impessoal, e reportadas abertamente – torna-se muito mais fácil focalizar suas intenções e desempenhos.

Se essas medidas forem aplicadas no dia a dia, lado a lado com a concretização dos resultados dos outros grupos dentro da organização, uma poderosa e ao mesmo tempo sutil pressão será exercida sobre cada membro do *staff*, "para não decepcionar a equipe" em uma competição de boa vontade para com os outros grupos.

O sucesso final de uma casa de publicação dependerá quase que exclusivamente da qualidade de seus diretores e gerentes, isto é, das habilidades dos dirigentes em prever o futuro e adaptar-se a ele. Portanto, as decisões mais importantes em uma organização são o recrutamento e a seleção de pessoas adequadas aos níveis gerenciais, porque essas decisões não são tomadas com frequência, tornando fácil perder a visão das necessidades globais para o futuro e para se tratar cada caso individualmente. A incompetência gerencial não deve ser tolerada. Ela é percebida por todos os funcionários, destruindo o moral, bem como acarretará em baixo desempenho. A chave para uma organização eficiente em uma empresa editorial será a formação de quatro grupos, denominado *grupo de gerenciamento de núcleo* conforme descrito pelos autores Davies e Balkwill:[2]

1. **Aquisição (Editorial)**: um primeiro grupo, para assumir as responsabilidades de adquirir, desenvolver e publicar novos livros que tragam o máximo apoio aos esforços de marketing.

   Essa função está resumida nestas responsabilidades*:*

   - Conceber novos produtos, recrutar e selecionar autores.
   - Avaliar a viabilidade do produto e negociar contratos.
   - Trabalhar com o autor no plano de um livro, incluindo, sumário, pedagogia, arte, orçamento e programação.
   - Planejar e implementar avaliações por especialistas e desenvolvimento
   - Contratar e gerenciar editores.
   - Monitorar a programação e as datas estabelecidas.
   - Verificar o texto original e arquivos para assegurar que estejam completos (texto, arte, pedagogia, referências, permissões etc.)

2. **Marketing**: um segundo grupo, que deverá se dedicar a maximizar o volume de vendas. Essa função está resumida nestas responsabilidades*:*

   - Desenvolver a estratégia de promoção e formular planos anualmente.
   - Executar toda mala direta e publicidade.
   - Produzir catálogos e brochuras dos produtos.
   - Frequentar feiras, congressos e conferências para exibir produtos da empresa.
   - Servir como webmaster para o site da empresa.
   - Coletar e analisar as informações sobre a concorrência.
   - Sugerir novos produtos baseados em inteligência de mercado.
   - Sugerir estratégia de marketing baseada em pesquisas.
   - Participar da formulação de planejamento e estratégia da empresa.

3. **Pré-impressão**: um terceiro grupo, para colocar em tempo os novos produtos no depósito, utilizando adequadamente os recursos da empresa. Essa função está resumida nessas responsabilidades*:*

   - Fornecer cronograma de produção do livro e monitorar até a publicação.
   - Criar a arte da capa e interior, juntamente com editorial e marketing.
   - Editoração do original (gramática, estilo, consistência).
   - Coordenar correções do autor e do leitor de provas.
   - Avaliar a utilização das mais recentes tecnologias eletrônicas na produção.
   - Avaliar e fazer as recomendações mais adequadas sobre a tecnologia eletrônica para empresa.
   - Monitorar os custos de correção das emendas.
   - Gerenciar os fornecedores externos (componedores, impressores).

4. **Operações financeiras**: um quarto grupo, para cuidar dos ativos físicos/fiscais, de uma maneira que a editora consiga reter uma máxima porcentagem das receitas de vendas, como "lucro". Conseguindo esses objetivos, essa editora dificilmente fracassará. Essa função está resumida nas seguintes responsabilidades:
   - Monitorar o fluxo de caixa, contas a pagar e contas a receber.
   - Avaliar a rentabilidade da empresa e dos produtos individualmente.
   - Elaborar sistematicamente as demonstrações financeiras.
   - Assegurar o cumprimento com os regulamentos e legislação fiscais.
   - Fornecer instalações adequadas à organização.

Com a coordenação do presidente identificado em separado, como *administração geral,* definimos então os cinco componentes básicos do *staff* de uma editora organizada profissional e racionalmente.

Logo no início do desenvolvimento de um programa editorial, de uma pequena editora, será necessário que algumas pessoas atendam a mais de um chefe, dividindo suas atenções entre dois ou mais objetivos quantitativos. Agindo assim, é essencial que parem de vez em quando, lembrando-se de *quais* focos e resultados finais espera-se que atendam no momento. De fato, pode ser útil para tais almas divididas separar horas específicas de seu dia, para trabalhar em cada uma das diferentes funções.

Mas é importante começar, tão logo possível, a identificar cada pessoa com uma função simples e constante – a fim de que todos, com exceção do presidente, tenham total clareza quanto aos resultados finais específicos, o que será a prioridade máxima em seu planejamento e tomada de decisões.

No caso de haver duas pessoas em toda a empresa, deverá ficar claro – independente de quem seja o presidente – que um deles será o responsável principal pelas *aquisições* e o outro pelo *marketing*. Essas são as duas funções mais estratégicas – a função de *aquisição* controlando a direção na qual se desenvolve seu programa editorial, e a de *marketing* controlando a velocidade de seu desenvolvimento.

O primeiro vê o mundo através dos olhos do autor, o outro através do leitor/cliente; é quase impossível manter ambas as perspectivas claras como cristal em uma única mente. Com a interação de seus mútuos esforços, será alcançada a sinergia e os resultados serão satisfatórios. Mas, se um deles "dominar" o outro, e tornar suas prioridades soberanas – essa sinergia será dissipada e os resultados da empresa estarão comprometidos. Aqui o presidente precisa estar atento.

Manter um relacionamento realmente equilibrado, incentivando honestas disputas entre os diferentes universos de marketing e aquisições, será sempre um dos mais importantes desafios para um presidente. Havendo um plano de sucessão nessa organização, certamente uma dessas funções substituirá a do presidente. As disputas em alguns casos são danosas à editora.

Conforme a junção do trabalho dessas duas pessoas vai se desenvolvendo, normalmente se procuram identificar *as próximas duas*, com suas funções principais – *pré-impressão* e *operação financeira*.

É imprescindível ter indivíduos específicos para organizar as estratégicas, procedimentos e arquivos de cada uma das quatro funções básicas, tão logo possível, na evolução do empreendimento. Desde que seja mantida uma civilidade de mútuo respeito profissional, um dos quatro poderá presidir o grupo como presidente, com segurança por vários anos – mas terá que ter muito cuidado para não assumir uma posição de apoio a um deles em particular, colocando em perigo a sinergia de sua disputa leal.

Os mais afetados pela ambiguidade organizacional e divisões de responsabilidades, são os que desempenham tarefas básicas dentro de cada uma dessas funções, pois não conseguem ver o quadro geral, tão claro quanto os gerentes operacionais, o que impede que alcancem seus objetivos como administradores. Até que consigam definir essas quatro funções básicas, é realmente melhor considerar *cada um, como um gerente de núcleo*. Nenhum deles deverá ter uma secretária ou um outro assistente, até que um *quinto* funcionário seja justificável.

Embora as quatro funções possam necessitar de suporte burocrático no período da admissão da quinta pessoa, coloque esta como um subordinado do diretor financeiro que será o principal responsável pelos resultados – e as margens de lucro serão sua própria meta final. A fim de se evitar maiores ambiguidades operacionais, exceto para a própria editora, começamos então com essa quinta pessoa, designando cada novo membro do *staff* a uma ou outra das equipes básicas.

Quando uma empresa atinge os 3 milhões em seu volume anual de vendas, o que é normalmente necessário para seu ponto de equilíbrio, ela deverá estar com um quadro de 10/12 funcionários. Já deverá ter selecionado suas quatro funções básicas, a fim de definir claramente que todos os novos recrutados pertencerão a uma ou outra função, mesmo que seja necessário terceirizar serviços.

Agora, o presidente deverá tomar cuidado com o número total de funcionários em tempo integral na folha de pagamento, para cada R$ 800.000 do volume anual de vendas – somente autorizando novos cargos que possam ser justificados dentro das proporções assumidas, no modelo estratégico do planejamento financeiro.

O organograma, onde a editora identifica as posições autorizadas, pode simplesmente ser o mapa de um registro de descrições de cargos. Mas será mais proveitoso se mostrar cada posição, uma em relação à outra, em uma só folha de papel – a fim de que fiquem bem definidas as relações entre os canais informativos e as redes de trabalho. O pessoal do editorial tende a ser criativo e individualista demais, em relação a hierarquias rígidas, como as pirâmides de estilo militar, típicas de organizações industriais. Como poucas pessoas têm idênticas responsabilidades em uma editora típica independente, a ideia de juntá-las física e administrativamente, ajudará na coordenação da rede de relacionamentos, o que facilitará alcançar resultados especiais em cada função (o crescimento de marketing, contribuição na aquisição de novos títulos, custo por página e a margem operacional), sem sobrecarregar a função administrativa, que deverá facilitar o trabalho da equipe. Com isso em mente, a típica editora contemporânea, dirigida por pequenas dinâmicas de grupo altamente criativas, será organizada de forma correta recomendada por Huenefeld[3] como ilustrado na Figura 4.1.

Note que cada uma das funções de gerenciamento de núcleo ocupa *dois lugares* no organograma – um como chefe "facilitator" do trabalho especializado de seu grupo na busca da definição de seus índices de responsabilidades, outro na sala de reuniões da editora, como membro da coordenação do grupo de gerenciamento de núcleo. O presidente tem também uma dupla identidade – como presidente desse *grupo de gerenciamento de núcleo*, e como um dos participantes representando o conselho.

O que ilustramos na Figura 4.1 é uma editora de grande porte, basicamente envolvida em várias áreas de publicação, como por exemplo livros para o ensino fundamental, médio, universitário e outros. Essa organização ilustra as práticas usadas por corporações americanas e europeias e julgamos que muito dessas filosofias e políticas podemos aplicar no Brasil. Em uma organização menor algumas das posições de comando estarão provavelmente combinadas.

A grande dimensão de qualquer empreendimento tende a tornar-se burocrática e impessoal e muitas vezes a diluir responsabilidades e, portanto, reduzir o desempenho dos diretores, gerentes e de toda equipe.

Essa situação é inevitável mas se o presidente adotar medidas eficazes, no momento certo elas poderão ser reduzidas. Esperamos que o chefe tenha habilidade e competência para a solução de conflitos. A burocracia weberiana tem muitos aspectos positivos.

ÁREAS FUNCIONAIS DE UMA EDITORA

Como dissemos, a editora poderá eventualmente ser constituída, não só pelo presidente, mas por um assistente administrativo para tarefas burocráticas, e um assistente executivo para monitorar as atividades dos departamentos. Raramente o escritório do presidente (função geral administrativa) necessita realmente ser maior que esse, em uma editora de menos de R$ 80 milhões. Isso sugere que algo em torno de 6 pessoas (os quatro do grupo de gerenciamento de núcleo, mais os dois assistentes) deverão se reportar ao presidente, e contar com seu apoio. Esse relacionamento com um grupo de subordinados se reportando diretamente, é conhecido como "amplitude de controle" e sugerido a seguir pelo autor Guthrie.[4]

Aquisição. Essa função é frequentemente reconhecida como *primeira entre as demais em uma interação sinérgi*ca, o que o pessoal de marketing poderá contestar. É tradicionalmente liderada por um "diretor editorial ou editor chefe", que poderá também se desdobrar como editor de aquisições. Compõe-se de editores de aquisições, editores de desenvolvimento e também dos necessários assistentes editoriais.

Pré-impressão. O departamento é tradicionalmente liderado por um diretor de pré-impressão

FIGURA 4.1 | Organograma editorial.

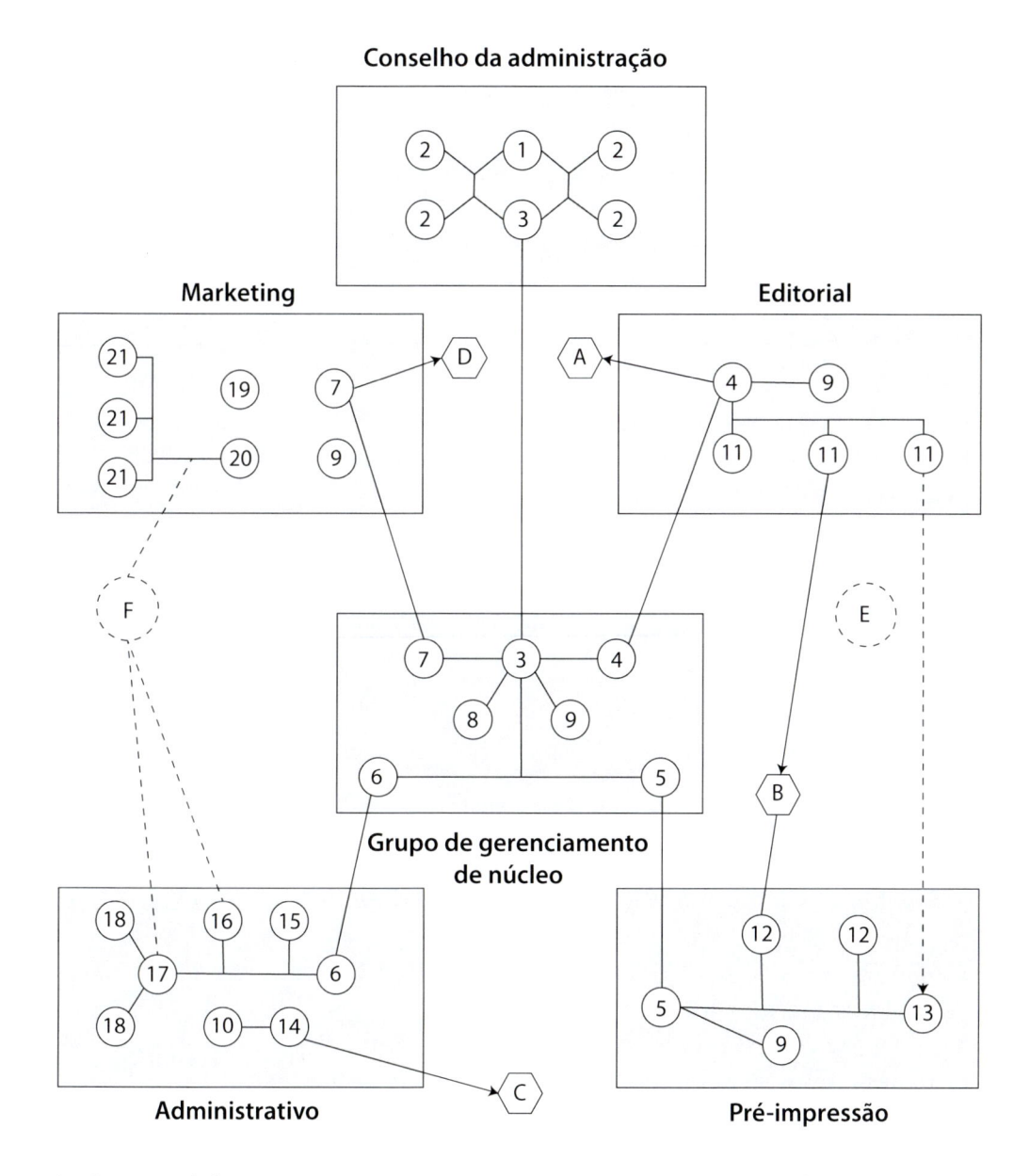

A – Reunião de lançamento
B – Reunião de transmissão
C – Comitê de instalações
D – Reunião exploratória
E – Páginas produzidas
F – Processamento de pedido de matéria prima

1 – Presidente de conselho
2 – Membros do conselho
3 – Presidente
9 – Assistente administrativo
8 – Executivo assistente do presidente
4 – Diretor editorial
11 – Editores de aquisição/Editores de desenvolvimento

5 – Diretor de pré-impressão
12 – Editores de texto
13 – Operador de desktop
6 – Diretor Financeiro
14 – Instalações
10 – Recepcionista
15 – Gerente de compras
16 – Gerente financeiro
17 – Supervisor de expedição
18 – Expedição
7 – Diretor de marketing
19 – Gerente de promoção
20 – Serviço ao cliente
21 – Representantes

ou diretor de produção. Seus especialistas básicos são os editores de texto (ou editores de projeto), que recebem os originais dos editores de aquisições e desenvolvimento, verificam a correção ortográfica, pontuações e sintaxe. Por meio dos editores de aquisição e desenvolvimento, os autores questionam sobre trechos não claros, ou não convincentes, e providenciam sua conversão nas provas.

Refletindo a tendência mais revolucionária das editoras, nos últimos anos, os demais membros da atual equipe de pré-impressão, em muitas situações, são compositores de página (ou operadores de computados ou digitadores).

Esses profissionais formatam páginas e finalizam o texto, por meio da manipulação dos arquivos do copidesque de originais processados em um determinado software, usando impressoras laser para mostrar ao editor de texto (e, aos autores, se necessário, por meio dos editores) exatamente como cada livro irá se parecer. Em algumas editoras menores, os editores de texto também atuam como operadores de "desktop".

Marketing. A função de marketing deverá ser organizada para ser desempenhada no formato "dois em um". Essa subfunção "promocional" se comunica com as pessoas *por categorias de público* (por meio de mídias como mala direta, encartes, anúncios impressos ou rádio/TV/web, telemarketing, displays, e-mails e capas de livros). Isso irá gerar os primeiros retornos, que irão "qualificar" os clientes potenciais para uma futura atenção mais dispendiosa, intensiva ou extensiva.

O gerente de promoção pode supervisionar uma equipe de representantes de vendas ou distribuidores – mas, é cada vez mais provável se orquestrar todos os clientes pelo confronto interno, por meio de serviços de telemarketing, que lançam os pedidos no computador, processam devoluções, respondem dúvidas do consumidor.

Operações financeiras. São tradicionalmente chefiadas pelo diretor financeiro. Conforme visto anteriormente, esse é assistido por pessoal de crédito e cobrança, inventariantes e algumas vezes por recepcionista, de acordo com o tamanho e necessidades da organização. No organograma da Figura 4.1, está representado um importante papel de cada diretor, nas estratégias organizacionais de uma editora eficiente.

São grupos interdepartamentais, que se juntam periodicamente, quando necessário, para oferecer informações ou ideias relativas a qualquer problema ou preocupação específica. São propriamente presididos pela pessoa mais responsável pela negociação. Poderão ser comitês permanentes, com representantes de cada função relacionada, reunindo-se sempre que necessário, ou poderão ser reconstituídos pelo *grupo de gerenciamento de núcleo* para cada tipo de situação.

Mas as pessoas designadas como participantes de tais reuniões deverão ser sempre lembradas, dos dois princípios decisivos, da utilização efetiva do comitê:

1. Eles deverão manter seus colegas nessa reunião somente pelo tempo necessário, para obter as ideias e informações relevantes que os participantes tiverem prontamente disponíveis, o que não deve se transformar em sessões enfadonhas de estudo ou planejamento; uma reunião de 10 minutos é geralmente muito mais proveitosa para a utilização do tempo do *staff* do que uma de 30 minutos.
2. A convocação dessa delicada reunião *não livra* a parte mais envolvida com o problema da responsabilidade por sua solução. *Não permita* que essas reuniões superficiais "tomem decisões"(pelo voto ou outra ação); em muitos casos apenas confunde a responsabilidade – e então ninguém é realmente responsável quando as coisas dão errado. E isso *não tende* a inspirar o desenvolvimento de um *staff* dependente, ou de uma equipe coesa administrativamente.

Após definir a taxa decisiva que cada equipe operacional deverá desenvolver – crescimento do volume anual de vendas para o marketing, contribuição de novos títulos como porcentagem do volume de vendas para aquisições, custos por página, para o desenvolvimento de novos títulos, na *data ótima* para pré-impressão, margem operacional (lucratividade) para as operações comerciais – o presidente deverá providenciar que seu assistente executivo (se existir), ou seu diretor financeiro (que terá fácil acesso aos dados) envie ou mesmo distribua uma atualização *rotineira* mensal do desempenho real de cada função, com relação àqueles índices.

Devido à diversidade de responsabilidades do departamento financeiro, esse poderá também comparar os resultados das operações comerciais, pelos índices adicionais como o custo de compra por página impressa, o valor acumulado do estoque como porcentagem das vendas anuais, e/ou os rendimentos (lucro anual) como porcentagem desse investimento em estoque.

Você fará com que esse retorno seja muito mais proveitoso – e as frágeis desculpas para declinar os índices, muito mais óbvias – se transformar esses dados em *anuais* (criando um sumário dos últimos 12 meses no final de *cada* mês, para nivelar todas as distorções sazonais e casualidades de curto prazo).

Faça isso simplesmente lançando a base *bruta* mensal para cada índice (o número de páginas acabadas prontas para imprimir, edições de página impressa, margem em reais antes do imposto etc.) em um lançamento *no final de cada mês* e então programando o lançamento para *completar os últimos 12 meses* no fechamento do fim do mês (e, para as tendências de taxa de crescimento ano a ano, os números de vendas líquidas também para os 12 meses *anteriores*).

Uma vez que esses índices comecem a aparecer no relatório fornecido ao conselho – ou na intranet – no final de cada mês, você verá um departamento se vangloriando e o outro bajulando, enquanto suas respectivas "marcas" sobem e descem.

Será muito fácil para todos os envolvidos, notar quais funções (e consequentemente, quais os diretores de núcleo estão trazendo para a casa o "filé" – e quais estão emperrando o progresso da editora.

O resultado inevitável é uma forte pressão de rivalidade dentro de cada departamento, para todos os membros (inclusive o presidente) por "carregar o peso" e ter que salvar o barco do naufrágio.

Falando de modo geral, se o índice de resultados de uma função superior continuar a desapontar o presidente por seis meses a fio, ele poderá concluir com segurança, que o diretor responsável pelas operações não é capaz ou suficientemente dedicado para reverter essa situação. É nesse ponto, e às vezes antes, que o presidente tem que mostrar sua garra, sendo duro o bastante para substituir aquele diretor de núcleo. A atividade editorial requer esforço de equipe, comprometimento, envolvimento e muita dedicação. Aqui não há espaço para um solitário.

DESCRIÇÕES DE CARGOS

Agora que você determinou a estrutura organizacional de sua empresa, as pessoas que executam as várias funções precisam saber:

- Quais são suas responsabilidades.
- A quem elas devem se reportar.
- Qual será a base de seu desempenho no cargo.

Boas descrições de cargos indicam todas essas funções de maneira compacta. Adicionalmente, uma boa descrição de cargos permitirá à pessoa que não está familiarizada com uma função entendê-la, porque a descrição refletirá com exatidão tanto as responsabilidades do dia a dia quanto as responsabilidades de longo prazo dessa função.

Muitas pequenas editoras acham que as descrições de cargos são algo que se aplica somente às empresas de maior porte. Um exemplo real de uma de minhas clientes nocauteará essa noção rapidamente.

Em meados do ano 1990, um cliente iniciou uma bem-sucedida editora de livros profissionais com somente dois empregados. Depois de trabalhar arduamente no negócio durante algum tempo e fazê-lo decolar com sucesso, ele faleceu repentinamente. Seu irmão, que possuía uma significativa experiência empresarial, mas nenhuma experiência em publicações, decidiu prosseguir o negócio. Infelizmente, seu irmão jamais especificara quem fazia o quê dentro da empresa e quais eram as responsabilidades detalhadas de cada função. Apesar das boas habilidades empresariais do irmão, a falta de conhecimento do setor de publicações e das descrições de cargos para orientá-lo o obrigou a iniciar quase do princípio, reaprendendo as funções diárias de uma editora. O fato de ter obtido sucesso, por fim, é um testemunho de suas habilidades e capacidade de aprender. Conforme ele prontamente admite, descrições de cargos certamente teriam tornado as coisas mais fáceis.

Embora esse exemplo possa ser extremo, a rotatividade diária da equipe também requer descrições de cargos. Se alguém da equipe decide sair, ou se você decide que essa pessoa deve sair, cabe à empresa fornecer uma descrição acurada e atualizada do cargo a fim de que um novo membro da equipe possa ser rapidamente introduzido nesse posto. Embora todos nós achemos que somos insubstituíveis até certo ponto, o fato é que poucos de nós o somos. Você, sua equipe e seus sucessores devem documentar os trabalhos feitos e a maneira pela qual são feitos. Isso inclui também seu próprio trabalho.

A maneira mais fácil de escrever descrições de cargos é fazer com que cada membro da equipe anote suas tarefas diárias ao longo de um período, digamos, um mês. À medida que cada tarefa é registrada, ela deve ser disposta em ordem de importância. No fim do mês, as descrições devem ser coletadas e formatadas comumente. Então, elas devem ser distribuídas aos outros para serem comentadas. Assim que os comentários forem discutidos, os formulários devem ser revisados e preenchidos. Cada membro da equipe deve receber um conjunto relativo às suas necessidades e cada um deve atualizar os formulários anualmente ou quando tarefas forem adicionadas ou subtraídas dos cargos. Se isso for feito de maneira coerente, você descobrirá que é necessário pouco tempo para realizar essa tarefa fundamental.

Como deve ser a descrição do cargo? A melhor abordagem é sugerida por Grecco, Milliot e Warthon,[5] é dividir a descrição em suas partes funcionais:

- O título do cargo;
- A quem o cargo se reporta;
- Quem é supervisionado pela pessoa que ocupa o cargo;
- Qual é a responsabilidade orçamentária do cargo?
- A quem o cargo presta contas;

As responsabilidades gerais do cargo podem ser divididas por:

- Determinação do orçamento/capital;
- Formação da equipe/pessoal;
- Responsabilidades particulares do cargo específico;
- Responsabilidades administrativas departamentais.

Se todas essas etapas forem cumpridas completamente, então o titular ou qualquer substituto terão uma ideia melhor de quais são as expectativas para o cargo. Nos próximos capítulos, apresentaremos como poderiam ser as descrições de cargos para todos os diretores e gerentes. Observe que essas descrições de cargos não pretendem ser definitivas, mas se destinam a ser somente exemplos do formato e dos detalhes. Suas próprias descrições de cargos podem e devem refletir as necessidades e tarefas organizacionais de sua própria empresa.

Uma vez que elas tendem a ser uma leitura bastante árida, talvez você queira pular para o próximo capítulo e depois retornar para lê-las quando iniciar seu próprio processo de descrição de cargos. Por outro lado, talvez você queira ver como as descrições de cargos podem fornecer orientação ao indivíduo e às pessoas que trabalham com ele. As descrições de cargos também fornecem orientação para a empresa como um todo, e ajudam a integrar as várias áreas funcionais e empresariais. Em certo ponto, você vai querer despender um bom tempo com essas descrições e tornar-se plenamente familiarizado com sua estrutura e seus cargos.

Consideramos de extrema relevância saber quem são as pessoas que exercem as diferentes funções e em que circunstâncias elas poderão realizar suas tarefas. Acreditamos em uma estrutura descentralizada e nela colocar os melhores profissionais. Entretanto, bons profissionais não são encontrados a qualquer momento e às vezes uma determinada função é difícil de ser preenchida

DESENVOLVIMENTO, SUPERVISÃO E ADMINISTRAÇÃO

Conforme já notamos, para alcançar as respectivas metas, o presidente deverá suprir o *grupo de gerenciamento de núcleo* com dois recursos básicos – dinheiro e pessoal. Tendo olhado para esses dois caminhos, ele poderá guiá-los para a utilização mais eficaz desses recursos – vamos agora examinar o que ele poderá fazer, para ajudá-los a usar o pessoal de apoio disponível da melhor maneira.

O segredo para uma boa atividade editorial é fundamentalmente gente de boa qualidade: pessoal qualificado nos níveis superiores, que por seu turno, atrairá pessoas para o níveis médio e inferiores e criará um ambiente adequado que permite ao pessoal dar o melhor de si.

A atividade editorial é um negócio de gente, desde o editor que precisa ganhar confiança do autor e orientá-lo para que produza o melhor livro, até o auxiliar de depósito que deve ter o cuidado de separar os pedidos corretamente. Notamos que algumas editoras parecem dar pouca atenção a essas questões.

Ao longo de muitos anos administramos o departamento editorial de grandes editoras e aprendemos que as pessoas são complexas e com personalidades diversas.

Administrar pessoas em uma editora requer essa atenção. Muitos desses profissionais são escolhidos por seus talentos especiais, criatividade e brilhante imaginação. Tudo isso tende a torná-los *potencialmente* muito produtivos – mas ao mesmo tempo, mais difíceis de serem manipulados e mesmo discipliná-los. As pessoas que trabalham com livros – diz Dessauer[6] – costumam ser conhecidas e admiradas por seu rigoroso individualismo, que julgam ser vantajoso quando têm de tomar decisões editoriais difíceis. Entretanto essa firmeza de espírito torna-as menos receptivas às necessidades e possibilidades de cooperação.

Esse desafio de supervisão é mais complicado, pela grande variedade de especializações no quadro pessoal necessárias para desempenhar o intrincado processo de publicação. Uma empresa com um faturamento anual de 30 milhões, bem administrado, tem 100 ou 120 funcionários – nunca com dois responsáveis pelas mesmas tarefas básicas.

O desafio de gestão na atividade editorial é diário pelo fato da publicação ser uma indústria criativa, e portanto, difícil de disciplinar a força de trabalho. E é ainda mais complicada pela grande variedade de trabalhos que nela se executa.

Por causa dessa variedade, é virtualmente impossível para os "chefes" em uma editora, entender tudo sobre o trabalho de todos. Após alguns meses utilizando o teclado e fones de ouvido, os atendentes de serviço ao consumidor aprendem muito mais com as experiências e atribuições, no uso do equipamento particular (software) da empresa para recebimento de pedidos do que seus supervisores. Os redatores experientes, geralmente, criam melhores peças promocionais do que os próprios editores. Os editores de texto conhecem as nuances do livro melhor que o diretor editorial. Os representantes editoriais (divulgadores) muitas vezes conhecem o mercado melhor que diretor de marketing.

Como a maior parte desse trabalho é criativa (desde os projetos de capa até as análises de marketing), chegando representativamente a milhares de mentes desconhecidas, por meio de combinações de arte visual, psicologia e pedagogia é muitas vezes a *qualidade,* mais do que a quantidade do trabalho realizado, que determina a eventual produtividade (i. e., o impacto desses índices é o que define a maioria dos resultados do empreendimento). E há normalmente uma variação muito maior em qualidade do que em quantidade, entre o que duas pessoas do mesmo nível realizam em um determinado tempo – ou até mesmo no que um indivíduo isolado consegue realizar em dias diferentes.

Por todas essas complicadas razões, diretores de pequenas editoras, concluem que a melhor abordagem para a maximização da produtividade total, com qualquer número de pessoas/hora (assim como a melhor maneira de se alcançar uma sinergia com a interação de diferentes funções) é *projetar um sistema* que reúna apropriadamente as pessoas que desempenham todas as tarefas especializadas, estabeleça as regras básicas necessárias para a integração de cada um com a organização, ofereça uma certa ajuda para simplificar a "manutenção da máquina funcionando" – e aí "saia da frente" com grandeza, deixando cada membro dessa equipe, altamente individualizada, "fazer suas próprias coisas" a maior parte do tempo.

O planejamento do sistema básico de articulação faz parte do desenvolvimento da editora e da evolução de seu organograma. Suas regras básicas são descritas nos regulamentos internos, descrições de cargos, índices de responsabilidades, manuais de procedimentos e políticas. Mas, como são muito interligados na relação empregado/supervisor – que fornece o máximo daquele "suporte facilitador" necessário – vamos cuidar primeiro desse aspecto do desenvolvimento do quadro pessoal.

A essa altura, deveríamos fazer uma distinção arbitrária entre a administração e a supervisão. De modo geral, *administração* significa a utilização dos recursos disponíveis (pessoal, tecnologia, dinheiro etc.) para alcançar os resultados desejados, em um nível de produtividade contínuo e satisfatório. Esse tipo de uso de recursos, em muitas editoras bem administradas, é esperado somente do presidente e dos quatro diretores – aqueles do grupo de gerenciamento de núcleo responsáveis por aquisições, pré-impressão, marketing e operações financeiras.

A *supervisão* é a arte mais limitada do dia-a-dia, direção personalizada apenas das *pessoas* envolvidas. Ela se preocupa não somente em sincronizar seus movimentos na direção correta, mas também em sintonizar cuidadosamente aquela mistura sutil, de ambiente de trabalho, com o desenvolvimento individual e disciplina ocasional, que acentua a produtividade, qualitativa e quantitativa. O presidente supervisiona os diretores, que por sua vez supervisionam os gerentes, editores, produtores, coordenadores e outros colaboradores em suas respectivas funções.

Lamentavelmente, a supervisão é muitas vezes interpretada por seus praticantes em termos de prêmio e punição: premia aqueles que lhe obedecem e pune aqueles que não o fazem. Por causa desse conceito simplório e arcaico, o pequeno grupo de trabalho (seja uma editora completa, um departamento funcional, ou uma subseção) pode facilmente se tornar um lugar miserável emocionalmente, onde alguém tem que ficar a maior parte do tempo acordado.

Para se proteger de tais tiranias, mesquinhas e destrutivas, os dirigentes são geralmente levados a "despersonalizar" as gratificações, tanto disciplinares quanto convencionais (financeiras) – vinculando-as a bons índices quantitativos (impessoais) de realizações.

Para algumas pessoas, isso pode parecer muito cruel. Mas se os índices de desempenho forem bem determinados, refletindo o impacto qualitativo sobre as medidas quantitativas, será geralmente mais justo, para todos os envolvidos, do que o julgamento subjetivo de supervisores, muitas vezes inexperientes, envolvidos diretamente. Então, quando o presidente aplica disciplinas impessoais sobre o desempenho do núcleo gerencial, fazendo com que cada um seja responsável pela realização de suas metas, em suas respectivas funções (taxa de crescimento para o diretor de marketing, contribuição de novo título para o diretor editorial, custos por página para o diretor de pré-impressão, margem operacional para o diretor financeiro) – o presidente deverá identificar outros índices no decorrer da operação, que irão ajudar os diretores e supervisores no julgamento da boa atuação de seus subordinados. Isso pode ser uma faca de dois gumes, que poderá também, dar a cada funcionário uma base para a *documentação de sua própria produtividade* (provando seu sucesso), sem a concordância subjetiva de um supervisor.

É importante, pois, ir diretamente ao organograma e perguntar: "Que índices quantitativos irão revelar as atuações fortes e os problemas em cada cargo?" Não "entre em uma fria" nesse caso. Não se espera que esses índices sejam perfeitos e inquestionáveis, mas eles podem trazer suficiente retorno de produtividade, *aproximado*, para indicar se um funcionário merece um aumento, a confiança, uma advertência ou a demissão. (As medidas extremas – aumentos e demissões – devem ser sempre sujeitas a uma solicitação, feita diretamente ao presidente e pelo supervisor ou pelo funcionário. Mas esse presidente deve fazer uma cuidadosa análise – e exigir fortes evidências – antes de sobrecarregar um supervisor. De outra forma, o delicado papel da supervisão, tentando "facilitar a disciplina" poderá se tornar totalmente sem efeito).

Os índices de atuação em grupo, em suas funções básicas (taxa de crescimento para marketing, etc.) deverão ser enfatizados como *parte das responsabilidades de cada funcionário*. Mas, além dos geradores numéricos colocados no fim de cada mês no quadro de avisos ou computador, você prestará grande ajuda ao seu supervisor, ampliando sua ficha de registros, sugeridos por Jennifer Fishberg[7] com os seguintes índices:

- quedas da taxa de crescimento, em cada tipo de segmento de marketing, campanha ou veículo promocional; ou na área territorial, na qual as atribuições do cargo de marketing se baseiam.
- linhas de faturamento, lançadas mensalmente por cada representante.
- quedas das contribuições de novos títulos (porcentagem do total de vendas) para cada categoria de produto, onde as responsabilidades de aquisições são baseadas – ou para cada editor de aquisições e desenvolvimento.
- páginas mensais acabadas para cada editor de aquisições, cada editor de texto, e cada compositor (colocando os originais substancialmente editados na função de pré-impressão).
- tendências da administração financeira e custos das instalações, como porcentagens do fluxo total de caixa.

Muito se tem falado sobre as consideráveis "recompensas psicológicas" de se trabalhar em editoras de livros. Pelo menos no modo de ver dos tipos literários que gravitam nessa indústria, essa é realmente uma forma muito mais interessante de se viver, do que trabalhar em rotinas físicas ou mentais, onde a grande maioria dos trabalhadores ganha seu pão de cada dia. Os editores brasileiros deveriam intensificar essas recompensas psicológicas, procurando assim evitar que seus melhores funcionários busquem novos empregos, enquanto aperfeiçoam suas curvas de aprendizagem. Infelizmente essa não é a prática usual, salvo poucas exceções.

A direção deverá encorajar cada encarregado de uma operação ou processo em andamento, a "conquistar" sua posição, pela redefinição de suas estratégias, procedimentos e estilos passo a passo, liderando e propondo mudanças práticas no planejamento de modelos e formatos de relatórios, descrições de cargos e circulares, para *aquele específico processo ou função*, desde que não sejam incompatíveis com as principais estratégias, políticas e sequenciais de trabalho da organização. Você eventualmente gostaria que cada gerente pensasse em seu subgrupo como "meu departamento", que cada editor de aquisições considerasse seu segmento de criação como "minhas criações", e que cada representante considerasse seus próprios clientes como "minhas contas".

Alguns administradores temem que encorajando as pessoas a personalizar seu trabalho dessa maneira irão capacitá-los a adquirir uma posição de "refém" na organização – tornando-os indispensáveis (e então, inacessíveis a disciplinas), formando entraves no trabalho, que ninguém mais saberá como operar. Um sistema básico de descrições de cargos, manuais de procedimentos e registros de regulamentos internos irá a fundo para evitar esse dilema. Mas talvez o antídoto mais seguro (e também uma boa prática por outras razões) é um programa complementar, mais abrangente.

Esse programa deverá nomear, um ou dois membros específicos de outro grupo, *além do encarregado*, que geralmente deverá estar bem familiarizado e atualizado com cada cargo da organização – para poder enfrentar seus picos de adversidades emergenciais. Isso significa que uma ou duas pessoas *extras* serão treinadas para atuar como editor, um ou dois para atuar como atendente de pedidos, e um ou dois para adquirir novos títulos. Não há logicamente, nenhuma razão para se preparar "substitutos" para cargos puramente burocráticos, que em princípio respondem a outras diretrizes.

Qualquer um dos diretores do núcleo poderá vir a substituir o presidente. Por outro lado, se seu assistente particular não for suficientemente capaz para substituí-lo, o presidente poderá então servir como substituto emergencial, para um ou mais daqueles líderes.

Quando você tem duas ou mais pessoas funcionando em cargos similares (como editores de aquisição, editores de desenvolvimento editores de texto), elas podem obviamente, e com facilidade, substituir *um ao outro*. Mas, em pequenas organizações, a oportunidade de substituir cargos muito diferentes, traz um certo clima de interesse e aventura ao ambiente de trabalho.

A primeira exigência para um bom programa de substituições, é que cada indivíduo escolhido receba uma cópia da descrição de cargo, para qualquer posição alternativa para a qual tenha sido escalado, junto com uma lista de atividades de rotina, para qualquer futura mudança. Em segundo lugar, qualquer pessoa a ser substituída, deverá dedicar ao seu possível substituto emergencial *pelo menos 1 hora* de explanações iniciais, sem restrições, sobre o que eles fazem, como e por quê. Isso deverá incluir a identificação e localização de todos os modelos de estratégias, índices de atuação, tabelas, bancos de dados, etc. Em terceiro lugar, uma atualização de meia hora entre cada pessoa substituída e cada encarregado, deverá ser programada *todos os meses.* Uma vez estabelecido o programa, significa que cada membro do *staff* irá gastar não mais de uma ou duas horas por mês, treinando alguém para seu trabalho, e sendo treinado para um ou dois trabalhos alternativos.

Dessa maneira, esse programa irá dificultar muito, para qualquer incompetente, se manter em um segmento na organização. Isso também facilitara aos membros em ascensão em seu *staff*, um bom meio de avaliar seus assistentes (e outros) para promoções, quando eles próprios subirem para cargos de maior responsabilidade.

Eventualmente, você terá de enfrentar o fato de que, o maior elemento de satisfação no trabalho e a motivação na produtividade são os salários – não somente porque proporcionam aos empregados recompensas físicas, mas porque são geralmente vistos como o mais específico, inquestionável reconhecimento do valor de cada indivíduo para a organização.

Se as informações sobre níveis salariais, para todos os cargos, deveriam ou não ser de caráter público é motivo de certa controvérsia entre os dirigentes de pequenas organizações. Algumas pessoas argumentam que, permitir que outros saibam (ou sejam capazes de calcular com precisão) o salário de alguém, é uma invasão de privacidade. Outros acreditam que programas salariais anunciados abertamente tendem a minimizar injustiças e favorecimentos e protecionismo.

Em uma pequena empresa, mesmo quando a direção tenta manter a confidencialidade dos níveis salariais, os boatos costumam gerar muitas expectativas. Mas a falta de um padrão racional de compensação financeira baseada nas responsabilidades e contribuições do indivíduo provoca às vezes injustiças e explorações de personalidades mais fracas no grupo, independente de quanto trabalhem.

Um sensato programa salarial, deverá refletir aumentos significativos nos salários básicos, para cada nível progressivo de responsabilidade ou critério profissional, fatores esses que contribuem substancialmente para o desenvolvimento da empresa. Deverá também suprir pequenos diferenciais de "aumentos de mérito" em cada nível de responsabilidades. Ao mesmo tempo em que a continuidade de trás alguns benefícios para a organização (pois as pessoas adquirem experiência e contatos), essa contribuição é menor do que o exercício de maior responsabilidade profissional.

A eficácia da administração e operação de uma editora depende do inter-relacionamento positivo entre os vários departamentos da organização. Publicação é uma atividade complexa e todas as discussões dessa indústria devem ser muito explicitas com papéis bem definidos de responsabilidades.

AUTORITARISMO E CONSENSO

A maior diferença nos estilos de gerenciamento de editoras eficazes divide os autoritários dos que buscam consenso.

O autor e consultor Huenefeld[8] enfatiza:

A gestão autoritária geralmente funciona melhor com uma equipe inexperiente e sem treinamento e é encontrada com mais frequência em novas editoras. Como tende a limitar a sinergia (uma vez que sugere que apenas as ideias do chefe "realmente contam"), é relativamente raro quando as editoras ampliam sua equipe para mais de uma dúzia de pessoas.).
A gestão em busca de consenso é mais palatável para uma equipe de profissionais experientes e autoconfiantes – e tende a ser mais fácil para o sistema

nervoso do diretor, uma vez que a responsabilidade (e a culpa) de assumir riscos é compartilhada. Mas pode custar muito caro se a autoconfiança da equipe não for totalmente merecida. Na maioria das vezes, porém, a escolha entre a gestão autoritária e a que busca o consenso baseia-se quase inteiramente na personalidade do diretor, e não na análise racional da situação. Como a questão é tão crítica para a produtividade, cabe a todo diretor conscientemente dedicar alguma reflexão séria aos ajustes de estilo que trazem as necessidades do restante da equipe para a equação.

Alguns chefes simplesmente não têm flexibilidade emocional e/ou intelectual para delegar em componentes que podem ser claramente delegados, mas ainda controlados (através do monitoramento de resultados para intervenções ocasionais e necessárias). Mas quando eles começam a sentir falta de comprometimento de outras pessoas com seus objetivos (do gerente) – talvez seja hora de afrouxar as rédeas e buscar mais consenso. Por outro lado, a construção de consenso (muitas vezes levada ao extremo) pode refletir uma falta de autoconfiança ou competência por parte do líder.

Quando você ouve muitas pessoas murmurando: "O que estamos realmente tentando realizar?" Talvez seja a hora do CEO montar no cavalo branco, apontar e decretar: "Vamos embora!"

Perdão

Publicação é um trabalho de alta pressão e às vezes estressante. Haverá momentos em que o editor pedirá o perdão e a compreensão dos colegas pelos livros que publicou e não alcançaram as vendas que foram projetadas. Na melhor das hipóteses, vai exigir a tolerância de seus colegas pelos erros que cometeu. O processo é recíproco, outros também estão sob pressão e também da mesma forma, querem a sua compreensão.

Uma parte importante do trabalho em equipe é um bom entendimento básico do trabalho de seus colegas e as dificuldades específicas que cada um enfrenta. Um número surpreendente de editores acha difícil fazer um esforço para desenvolver uma boa compreensão dos processos de produção ou de marketing e pode passar por situações difíceis por pura ignorância, prometendo coisas para o autor que não pode garantir.

NOTAS DO CAPÍTULO

1 GEISER, Elizabeth; DOLIN, Arnold. *The business of publishing*. Londres: Routledge, 2019.

2 DAVIS, Gill; BALKWILL, Richard. *The professionals' guide to publishing*. Londres: Kogan Page, 2012.

3 HUENEFELD, John. *The Huenefeld guide to book publishing*, 6 ed. Bedford: Mills & Sanderson Publishers, 2008.

4 GUTHRIE, Richard. *Publishing: principles and practice*. Califórnia: Sage Publications, 2012.

5 GRECCO, Albert; MILLIOT, Jim; WARTHON, Robert. *The Book Publishing Industry*. 3. ed. Nova York: Routledge, 2014.

6 DESSAUER, John. *Tudo sobre publicação de livros*. São Paulo: Mosaico, 1979.

7 FISHBERG, Jennifer. *Become a book publisher*. Washington: FabJob Guide, 2012.

8 HUENEFELD, John. *The Huenefeld guide to book publishing*. 6 ed. Bedford: Mills & Sanderson Publishers, 2008.

Parte I: O mundo da publicação
Parte II: Diretrizes para autores
Parte III: A função editorial
Parte IV: A função de pré-impressão
Parte V: A função de marketing e vendas
Parte VI: Uma indústria em transformação

PARTE II

Diretrizes para os autores

NESTA PARTE

Capítulo 5	Por que escrever um livro?	125
Capítulo 6	Escrevendo materiais educacionais	149
Capítulo 7	Procurando uma editora	179
Capítulo 8	Criando o melhor livro: dicas para futuros autores	199
Capítulo 9	Desenvolvimento editorial	209
Capítulo 10	Preparação de originais	223

CAPÍTULO 5

Por que escrever um livro?

NESTE CAPÍTULO

Razões para escrever........................125

Por que escrever um
   livro-texto?..............................135

Como ser um autor quando
   não se sabe escrever?...................136

Qualificações necessárias
   para escrever um livro didático.137

O conceito modelando
   suas ideias................................138

Como lidar com as rejeições..........143

Como os editores tomam
   decisões..................................144

Juntando tudo...................................146

Dicas importantes – a constante
   arte de ser um escritor.................147

RAZÕES PARA ESCREVER

Provavelmente você está lendo este capítulo porque decidiu ou está pensando em escrever um livro. A decisão de escrever um livro implica uma série de perguntas. Por exemplo: Por que escrever? O que escrever? Para quem escrever? E o que fazer para escrever? Essas são as questões que este capítulo poderá responder.

Escrever um livro é um compromisso sério, que requer várias centenas de horas de seu tempo. Vale a pena examinar, portanto, as razões para esse compromisso. Afinal, existem outras coisas que podem ocupar seu tempo. Muitos autores acadêmicos não pensaram muito para fazer essa pergunta: "Por que escrever? A frase *publicar ou perecer* é muito familiar no ambiente educacional norte americano e por aqui começa a ser difundida. Vale a pena ir atrás dessa frase e considerá-la como uma questão da motivação autoral em mais detalhes. Objetivos variam muito entre os autores. Quanto mais consciente você estiver de seus objetivos, mais poderá usá-los para orientar as decisões que você toma como um autor – e mais provável que você alcance esses objetivos.

A escrita é um trabalho duro. Publicar é um trabalho muito duro. Vender livros é um trabalho muito, muito difícil. Mas, antes de sugerir um o caminho para tornar-se a um autor, vamos dar um passo atrás e fazer uma pergunta crítica: Porque você quer escrever um livro? Escrever um livro requer muito esforço e trabalho. O que isso significa para você?

Escrever de forma eficaz é uma habilidade importante, que podemos usar para o resto da vida. Para ser bem sucedido na faculdade, na vida profissional e no quotidiano precisamos nos comunicar de forma eficaz por meio da escrita. Se você está escrevendo um relatório para seu chefe, um relatório, ou uma carta para resolver uma questão pessoal, escrever bem é essencial. A boa notícia é que você não tem que ser dotado para aprender a se tornar um grande escritor. Você pode desenvolver suas habilidades de escrita, estudando e praticando a escrita.

Você pode praticar muitas técnicas valiosas que o tornarão um leitor melhor, um pensador crítico e um escritor com habilidades de interpretar e comunicar mensagens de forma eficaz.

A editora Laura Bacellar[1] afirma: escrever, como qualquer atividade humana, melhora com a prática. Mesmo que você não tenha o talento de Camões, exercite-o escrevendo sempre. Um autor com talento razoável muito exercitado produz mais e melhor do que um autor extremamente talentoso com paralisante preguiça de escrever.

Qual é seu propósito?

Determine seu propósito para escrever. Por que você está escrevendo? O que você espera de sua escrita? Qual o efeito que você deseja ter em seu público-alvo? Se você estiver redigindo um documento de trabalho, ou uma carta pessoal – diz a autora Tarutz,[2] – sua escrita vai atender pelo menos um dos cinco propósitos principais: informar, interpretar, persuadir, entreter e expressar sentimentos.

1. *Escrever para informar.* Muitas escritas são de alguma forma informativa. Quando você escreve para informar, seu objetivo é fornecer aos leitores informações úteis sobre o assunto ou ensiná-los a fazer alguma coisa. Por exemplo, você pode escrever um ensaio resumindo um artigo ou uma história que você leu, um conjunto de instruções sobre como realizar um procedimento de trabalho, ou uma receita para fazer um prato com pimentão para sua avó.

2. *Escrever para interpretar.* Às vezes, a escrita pode ajudar você ou seu público a entender alguma coisa. Por exemplo, você pode escrever um ensaio de interpretação (análise) um poema para uma aula de literatura, ou você pode escrever uma comparação de dois pacotes de software que seu chefe está pensando em implementar. Quando você escreve de forma interpretativa, você está dando suas opiniões sobre o assunto ao invés de apenas divulgar informações. Às vezes, sua interpretação pode incluir uma avaliação de seu assunto. Por exemplo, você pode escrever uma avaliação de um empregado ou uma resenha de um filme que você já viu.

3. *Escrever para persuadir.* Embora quase todos os tipos de escrita precisem ser convincentes, às vezes, seu principal objetivo é discutir um ponto. Por exemplo, você pode escrever um ensaio argumentando a favor ou contra uma proposta de lei, ou pode enviar uma carta para convencer seu chefe solicitando um aumento de salário. Outras vezes, você deseja convencer seus leitores para fazer alguma coisa. Por exemplo, você pode desafiar seus leitores a fazer mais do que apenas reciclar para ajudar a preservar o meio ambiente para as gerações futuras

4. *Escrever para entreter.* Alguns tipos de escrita são destinados principalmente para entreter os leitores. Você pode optar por escrever uma história criativa, poema, desenhos animados, ou letras de músicas. Com frequência você pode entreter seus leitores, ao mesmo tempo em que você aborda o assunto com outro propósito. Você pode querer usar o humor em um papel informativo ou persuasivo para ajudar a envolver seus leitores no material que está sendo coberto.

5. *Escrever para expressar sentimentos.* Você pode usar a expressão pessoal de muitas maneiras. Você pode escrever um bilhete para alguém especial, um ensaio sobre um evento emocionante e assustador que você experimentou, uma reação a uma revista ou um artigo de jornal.

6. *Propósitos combinados.* Os cinco propósitos para a escrita não são mutuamente excludentes, eles se sobrepõem. Por exemplo, se você estiver escrevendo um ensaio como parte de um pedido de uma bolsa, você pode responder a três propósitos, informando os leitores sobre sua formação e situação, expressando seus sentimentos sobre o quanto você precisa dessa bolsa e quão grato você ficaria ao recebê-la, e persuadir seus leitores que você é um merecedor da bolsa.

Qual é sua razão?

As pessoas querem tornar-se autor por diversas razões. Vale a pena gastar um pouco de tempo pensando sobre por que você deseja escrever e publicar um livro e isso deve orientar o tipo de editora que você deve procurar.

Agora é a hora de sentar e escolher as principais razões para querer publicar seu livro e em seguida estabelecer suas prioridades.

Empenho, dedicação e paixão pela escrita, além de uma vontade de trabalhar no ofício, são realmente muito importantes. Há muitos motivos e razões para escrever, pois há livros em livrarias, bibliotecas e leitores para comprar.

Veja se essa lista, sugerida pelas autoras Bykofsky e Sander[3] combina com suas ambições:

- *Estou determinado a escrever;*
- *Quero publicar para ter satisfação pessoal;*
- *Quero defender uma causa;*
- *Quero compartilhar meu conhecimento;*
- *Quero avançar em minha carreira;*
- *Quero alcançar a fama;*
- *Quero ganhar uma fortuna;*
- *Todas as opções acima.*

Essas autoras comentam:

Estou determinado a escrever

Algumas pessoas escrevem porque são compelidas por uma necessidade interior de escrever. Elas acordam no meio da noite com o desejo de anotar algumas linhas ou até mesmo escrever páginas inteiras. Para esse pessoal, a escrita vem naturalmente e eles se sentem bem. Você já ouviu um romancista dizer que "os personagens estão escrevendo o livro, e eu estou apenas segurando a caneta"? Ou "eu tenho que colocar essas ideias no papel!". Publicar pode ser seu principal objetivo; fazer dinheiro seria bom, mas poderia ser de importância secundária.

Quero publicar para ter satisfação pessoal

Colocar os dedos no teclado (ou a caneta no papel) pode ser muito gratificante. E uma vez que a escrita for concluída você terá realizado algo muito real. Em vez de falar sem parar sobre como você pretende escrever um livro algum dia, faça isso! Não é somente a satisfação de escrever, mas há também recompensas psicológicas para ser adquirida a partir de sua publicação.

O orgulho e a satisfação que pode vir de escrever um livro são insuperáveis. Imagine o dia em que você visitar uma livraria e ver seu nome em um livro. Ou melhor ainda, imagine alguém lhe pedir um autógrafo.

Quero defender uma causa

Você tem uma mensagem que deseja compartilhar com o mundo (ou pelo menos com alguém inteligente o suficiente para comprar seu livro)? Você quer compartilhar sua opinião política, filosófica, religiosa, ou qualquer outra coisa para avançar numa causa.

Quero compartilhar meu conhecimento

Você pode saber como construir uma armadilha e você pensa que o mundo precisa saber, também. Isso não é a mesma coisa do que escrever para defender uma causa, mas é uma missão de ajudar as pessoas a fazer algo melhor. Talvez como veterinário, você já tenha passado 10 anos no campo cuidando de um vasto rebanho de gado e agora você pode contar aos criadores desses animais a melhor maneira de fazer inseminação artificial.

O mercado para informações sobre como fazer parece interminável e escritores com conhecimentos úteis têm agora um grande momento. "Encontre uma necessidade e preencha-a" é um antigo axioma de negócios que ainda vale hoje no mercado editorial.

Quero avançar em minha carreira

A publicação de um livro, em seu campo, pode ser uma forma muito poderosa para alavancar sua carreira porque você pode ganhar o reconhecimento como um especialista em seu campo, quem sabe, você poderia construir uma segunda carreira como consultor ou palestrante.

Quero alcançar fama

Similarmente aos escritores que esperam para avançar em suas carreiras, alguns escritores esperam publicar para alcançar fama, mesmo que essa fama chegue apenas em seu bairro, cidade ou estado, ou entre seus colegas. O mundo é um lugar com muitas celebridades e para eles a fama significa: a melhor mesa em um restaurante, uma boa garrafa de vinho, sua imagem nas principais revistas e admiração dos fãs.

Quero ganhar uma fortuna

Não há garantias de que você fará fortuna escrevendo, mas escrever um livro ou escrever vários livros é um caminho possível para a fortuna. Basta perguntar a Spencer Johnson, o criador da série *Minuto*. Ao dar palestras inspiradoras, o prazer desse autor em mostrar os slides estava refletido nos sete dígitos de royalties. E temos outros como Kenneth Blanchard, Tom Peters e Steve Covey etc. mas se é isso que o leva a escrever então dê o melhor de si. Comece por certificar-se de que sua ideia tem apelo de massa.

Assim como a fama nem sempre segue a fortuna, fortuna nem sempre está ligada à fama. Só uma percentagem muito pequena de autores ganha dinheiro com a publicação de livros. Para a grande maioria dos escritores, considerando o tempo que leva para escrever um livro e o retorno que obtém, seria muito melhor fazer outra coisa. Escrever um livro para ficar rico e famoso não é nossa recomendação. Ainda que você acabe incluído na minoria que fica rica e famosa escrevendo, escolha outra razão para publicar…

Todas acima!

Poucos escritores têm uma única razão para escrever. A maioria combina uma necessidade emocional com um desejo secreto de fama e um desejo implícito pela fortuna. Reflita sob as razões que você deseja escrever. Porque se entender o que você quer escrever, pode fazer um trabalho muito melhor de planejamento. É uma satisfação interior que o impulsiona? Então pode ser feliz em ver seu trabalho publicado em um pequeno jornal ou revista. Tem planos para avançar em sua carreira e elevar seu perfil profissional? Isso exige um plano específico. Fazer uma fortuna é seu principal objetivo? Para evitar decepção, certifique-se que seu objetivo final é factível.

Escritores desejados

Nunca perca de vista o fato de que o negócio do livro precisa de escritores para que ele possa manter a publicação de livros. Agentes precisam de autores, editoras precisam de autores e editores precisam de autores, não importa o que digam. Não se sinta intimidado ou desencorajado nos encontros com essas pessoas porque elas precisam de você para permanecer no negócio.

> A parte mais difícil de ser um escritor é viver a vida. Não há nenhuma garantia de que você terá sucesso, e se o tiver, não há garantias de que você continuará o tendo. Mas continue trabalhando. Você não tem escolha: ser um escritor está codificado em seu DNA.
>
> – Nicole Kelby. *The Constant Art of Being a Writer: The life, art and business of fiction*

Os leitores precisam de palavras, as editoras precisam de palavras e as palavras vêm de uma fonte – o autor. Se seus primeiros esforços resultarem em *rejeição*, use isso como uma oportunidade de retrabalho e refinamento de suas ideias. Talvez uma abordagem diferente possa funcionar. Ao final deste capítulo, abordaremos esse tema.

Então, por que escrever? Porque você pode ser publicado!

Ao menos você precisa saber:

- Escrever pode ser uma experiência gratificante emocional ou financeiramente, ou ambos!
- As pessoas tornam-se perfeitamente escritores, não há nenhuma razão para serem intimidadas com as ideias.
- Publicação de livros é um negócio, e você precisa abordá-lo como um negócio.
- Os brasileiros estão lendo mais e comprando mais livros e o mercado de livros é forte e saudável.

A escrita, segundo Rocco e Hatcher,[4] pode ser uma tarefa miserável, uma tarefa difícil e um desafio que produz crescimento e satisfação – tudo isso ao mesmo tempo. Horas, dias, e às vezes meses são gastos apenas começando a escrita de um livro ou artigo. Estudiosos escrevem por diferentes razões profissionais e pessoais, tais como recompensas financeiras e promoção.

Escrever não significa ganhar dinheiro, ficar famoso ou fazer amigos.

> A escrita deve enriquecer a vida de quem vai ler seu trabalho e enriquecer sua própria vida também.
>
> – Stephen King, escritor

Outras razões para escrever um livro podem incluir:

- **Passar seu tempo livre de forma construtiva.** Para as pessoas que gostam de palavras, a escrita pode ser um *hobby* especialmente agradável. Se você gosta de escrever poemas, histórias, romances, memórias ou outros temas, a escrita pode ser relaxante, esclarecedora e em muitos aspectos, gratificante.
- **Ferramentas para ensinar.** Alguns livros de grande sucesso surgiram porque seus autores precisavam de um manual para seus próprios alunos ou clientes, ou para explicar suas invenções. Sua principal razão para escrever é frustração pela falta de um livro para práticas diárias.

O professor Kenneth Henson[5] escreve:

A escrita é uma atividade poderosa. Muitas pessoas gozam do poder que deriva da escrita e o poder derivado da publicação posterior. Por exemplo, os professores desfrutam do respeito que começa a partir de colegas e alunos quando seus artigos e livros são usados em sala de aula. Empresários e executivos desfrutam do poder que a escrita lhes proporciona dentro de suas organizações. Talvez a mais significativa é a satisfação pessoal. Ter um original aceito para publicação é uma evidência de seu conhecimento, visto que um editor deve ter consultado bons especialistas e seus colegas na editora para tomar uma decisão.

Alguns escritores sentem uma sensação de poder após a publicação, há também um sentimento de alegria e admiração ao ver seu nome impresso. Dinheiro, poder, alegria são simplesmente os produtos finais emocionais depois da tarefa da escrita finalizada.

Escritores de ficção

O autor Avery Cardoza[6] escreve: "escritores de ficção são pessoas criativas e imaginativas. Afinal, eles têm que inventar histórias para a vida. Escritores de ficção são capazes de criar personagens imaginários e eventos, e fazê-los parecer real para seus leitores. Escritores de ficção têm que ser criadores de problemas, também, inventar todo tipo de problemas para seus personagens. Eles têm que criar personagens e pensamentos divertidos e preencher suas vidas com a ação. Por fim, os escritores de ficção tem que ser solucionadores de problemas, ajudando seus heróis encontrarem soluções para satisfazer seus problemas até o final da história."

Se você gosta de ler ficção e parar no meio de um livro e dizer em voz alta: "Eu poderia fazer isso melhor", então, talvez você pode.

Mas poucos escritores de ficção podem trabalhar em seu tempo de forma amadorística. Eles têm a necessidade de manter algum outro tipo de emprego para ajudar a pagar suas contas até que eles possam sustentar-se por meio de sua escrita. Devido a isso, os escritores dedicados usam cada minuto livre para trabalhar em seus livros ou histórias.

Aprender a escrever

Os autores Casanave e Vandrick[7] afirmam que a escrita é um processo que nunca é perfeito e nunca termina. Os autores devem se esforçar para produzir seu melhor trabalho, apesar de revisar um original depois de um período de tempo para produzir melhorias. Se você aceita isso, então você pode trabalhar para melhorar sua escrita e produzir originais que exigem cada vez menos revisões. Aprender a escrever envolve a leitura sobre a escrita, refletir criticamente sobre o que leu, discutir por escrito com os outros e ouvir os autores falarem sobre o processo de escrita.

Escritores como John Grisham, Stephen King e Dan Brown falam sobre seus hábitos, problemas e dificuldades de escrita. Eles têm horários de trabalho regulares e lugares onde gostam de escrever, um em um escritório às 4:00 da manhã, o outro em uma cafeteria e Don Brow em qualquer lugar. Outros falam sobre como eles conduzem pesquisas, elaboram tramas difíceis e criam mapas conceituais para manter a história em movimento. Essas habilidades são úteis para melhorar qualquer tipo de escrita, incluindo textos de não ficção.

O autor Michael Larsen[8] diz que as pessoas têm diferentes razões para escrever e elas têm o direito a essas razões, sejam quais forem. Algumas pessoas escrevem porque seu trabalho exige que eles publiquem; essas pessoas não entendem como os outros jamais se sentem compelidos a escrever. O fato é que essa compulsão é a principal força que motiva muitas pessoas a escrever.

Autores bem-sucedidos, afirma Larsen, também dizem que escrevem porque gostam imensamente de escrever. Dada a escolha entre escrever, ver televisão ou ir ao cinema, preferem escrever. Talvez seja uma combinação de criar algo e completar uma tarefa, sabendo que um dia seu trabalho será lido por outras pessoas.

Certa vez perguntaram ao escritor Kurt Vonnegut: por que você escreve? Vonnegut respondeu que existe apenas uma razão para escrever: um desejo ardente de ser publicado. Mas essa não é uma razão aceitável. A única razão para você escrever, segundo ele, é se tiver algo convincente para dizer. Certamente, essa paixão proporciona uma motivação interna para preparar seus originais, ao mesmo tempo aperfeiçoa suas habilidades de escrita.

Os autores têm diferentes motivações para escrever de acordo com o tipo de livro e o indivíduo. Escritores de ficção podem ser impulsionados a escrever por uma força interior; apenas têm de escrever. Os acadêmicos objetivam publicar a fim de avançar em suas carreiras, ganhar *status* e dinheiro. Autores de livros profissionais podem complementar seus rendimentos ou ganhar a vida com seus livros. Na realidade para muitos autores os retornos financeiros são baixos. Para aqueles autores bem-sucedidos, as recompensas podem ser elevadas. Em 2008 os 10 autores mais vendidos no mundo ganharam mais do que 50 por cento do rendimento total recebido pelos demais autores.

Autores como Dan Brown (*Código da Vinci*) são altamente organizados em sua escrita. Em seu depoimento para alta corte norte-americana, ele disse:

> A escrita é uma disciplina, muito parecida com tocar um instrumento musical, requer prática constante e aprimoramento das habilidades. Por essa razão, escrevo sete dias por semana. Então, minha rotina começa por volta das 4 horas da manhã, todas as manhãs. Ao escrever estou dando importância simbólica enorme em minha vida, o que me ajuda a manter-me motivado. Se eu não estou em minha mesa ao nascer do sol, eu sinto que estou perdendo minhas horas mais produtivas. (The Bookseller, 31 de Março de 2006)

O Código da Vinci vendeu cerca de 40 milhões de cópias em seu primeiro ano e Dan Brown fez fortuna. No entanto, para muitos autores, o rendimento do trabalho é de importância secundária e o prazer de escrever é uma recompensa por si só. Não há escassez de autores que gostariam de ser publicados.

As pessoas podem ser colocadas em dois grupos: os *conversadores* e os *fazedores*. Algumas pessoas gostam de falar sobre escrever e contar por que não escrevem para publicação. Uma professora disse que não escreve para a publicação porque "há demasiados livros e artigos medíocres e não desejo associar-me à mediocridade". Outros falam muito dizendo que estão planejando escrever, mas parecem que nunca o farão. Então, há os que fazem. Muitas vezes, a grande diferença entre os dois grupos é que os escritores sérios têm objetivos específicos para atingir por meio de sua escrita.

Inicialmente, você pode não estar apto para articular esses objetivos por medo de nunca alcançá-los ou por medo de que outros possam criticá-lo, mas poucos objetivos são alcançados antes que se tornem claros para seus poucos simpatizantes. E, por essa razão, aqueles que são sérios sobre como se tornar escritores devem esclarecer pelo menos para si mesmos suas próprias razões para escrever. Ao contrário de ser um estudante ou trabalhar para um supervisor ou chefe, os escritores geralmente não têm pessoas para estimulá-los.

O mundo está cheio de pessoas que sonham em se tornar algo que não são, mas que não têm a iniciativa de fazer o trabalho que deve ser feito para se tornar o que eles desejam. A maioria das pessoas que aspira se tornar-se escritor está ciente de alguns dos benefícios da escrita. Eles sabem que quando você é um escritor pode ser seu próprio patrão. Você pode decidir *o que* você quer escrever, *quando* você quer escrever e até *onde* você quer escrever. Os autores podem até escolher o público que desejam alcançar. A escrita oferece oportunidade para ganhar reconhecimento. Poucos profissionais desfrutam de mais admiração do que os escritores de sucesso. A maioria das pessoas também sabe que a escrita oferece uma oportunidade para aplicar seus talentos criativos.

Quando você escreve, você inventa, e então compartilha sua criação com outros tantos quanto possível. Nossa sociedade coloca muito valor na criatividade. Nas universidades os professores escrevem para compartilhar resultados de suas pesquisas, para promover suas disciplinas. Para os mais afortunados, dissertações e teses tornam-se rotina diária. Esses professores usam suas publicações para divulgar seus resultados, contribuindo assim para o avanço de suas profissões.

Algumas pessoas acham que a escrita pode ajudar a clarificar seu próprio pensamento. Por mais estranho que possa parecer, eles escrevem para descobrir o que pensam e remover inconsistências em seus próprios pensamentos. Alguns profissionais e professores universitários publicam antes de ganharem promoções ou remuneração por mérito. Mas a escrita é um esforço pró-ativo. As pessoas escrevem porque escolhem.

Outros ainda optam por escrever para ganhar dinheiro e muitos escrevem para melhorar a si mesmos.

Em seu livro Megatrends 2000, Naisbitt e Aburdene[9] oferecem dez megatendências para o século XXI. Entre elas está o triunfo do indivíduo. Esses autores dizem:

> O grande tema unificador no final do século 21 é o triunfo do indivíduo... É o indivíduo que cria uma obra de arte, abraça uma filosofia política, aposta em um novo negócio, inspira um colega ou um membro da família para ter sucesso, muda para um país novo, tem uma experiência transcendental espiritual. É um indivíduo que muda a si mesmo antes de tentar mudar a sociedade.

Muitas vezes, estudiosos veem a publicação como uma forma de contribuir para sua profissão. Alguns dizem que, ao longo dos anos conseguiram uma profissão na escola e que agora, tendo completado sua educação é hora de disseminar seus conhecimentos. Escrever para a publicação é um meio para a prestação desse serviço. Os profissionais que possuem essa filosofia não precisam ser pressionados para ganhar promoções, ou mérito para motivá-los a escrever para a publicação. Talvez isso explique porque muitos profissionais experientes, incluindo aposentados, continuem escrevendo e participando ativamente de vida acadêmica e congressos. Alguns empresários e executivos escrevem para promover seus negócios. Por exemplo, um corretor de imóveis pode escrever um artigo para uma corretora de imóveis ou o diretor de uma clínica médica pode escrever para divulgar o sucesso do uso de abordagens inovadoras. Alguns profissionais consideram a escrita essencial para recompensar seus esforços. Por exemplo, médicos, enfermeiros e educadores frequentam muitos congressos e simpósios. Eles sentem a necessidade de compartilhar seus conhecimentos com seus colegas dentro e fora do país. Obviamente, muitas pessoas escrevem para publicação porque desejam alcançar benefícios, tanto para si mesmos e como aos outros.

Um tempo e lugar para todas as coisas

Um texto bem conhecido no Antigo Testamento diz que há um tempo para cada coisa. A escrita não é uma exceção. Saber onde e quando aplicar sua energia para essa tarefa afeta fortemente seu grau de sucesso. Em meu trabalho como editor, conversando com autores e futuros autores produziram muitas perguntas. Dessas muitas perguntas, as mais frequentes (e uma das mais difíceis de responder) é, como você encontra tempo para escrever? Na verdade, essa questão foi tão frequente que me levou preparar algumas palestras sobre o tema.

Quando falamos de "encontrar tempo", estamos dando a entender que o tempo é um objeto tangível. Quando viajamos, falamos de recuperar o tempo que foi perdido devido a falhas mecânicas, falta de dinheiro ou intempéries. Na verdade, o tempo, talvez o bem mais valioso nunca é criado por humanos, nem é encontrado. Normalmente, quando dizemos que devemos encontrar tempo para fazer algo, o que queremos dizer é que devemos dar a essa atividade mais atenção. Para fazer isso, devemos aprender a programar nossas atividades com mais cuidado e atribuir mais tempo para aquelas atividades que são mais importantes.

Dizer que não há tempo para escrever, na verdade, significa dizer que você comprometeu todo o tempo com outras coisas ou não aprendeu como efetivamente calcular o tempo de escrita. Certamente, em nosso mundo agitado, essa não é uma sensação estranha para qualquer um de nós. No entanto, nesse momento você deve tomar uma decisão: deve optar por continuar fazendo todas as coisas que você está fazendo, caso contrário deve descartar a ideia de escrever; ou você deve examinar cuidadosamente seu calendário semanal e substituir algumas das atividades menos importantes para escrever e publicar. Para a maioria de nós, isso exige abrir mão de algumas horas de televisão por semana; uma vez que os indivíduos não substituem algumas dessas atividades passivas pela escrita, eles se dão conta que as atividades que foram escolhidas para relaxá-los são muito menos relaxante do que escrever.

Paradoxalmente, *escrever para publicação é simultaneamente estimulante e relaxante*. Você já reparou que, depois de um dia de trabalho árduo, uma noite passada em frente da televisão o deixa exausto? Por quê? Porque você não estava muito cansado fisicamente como emocionalmente esgotado e a recuperação passiva é lenta. Escrever é diferente. Ela coloca seu cérebro em marcha e seu sistema nervoso em repouso. Alguns escritores dizem que a escrita os estimula mentalmente, enquanto os relaxa emocionalmente. Escrever é uma boa terapia, que permite você se expressar.

Quando é o melhor momento para escrever?

Alguns escritores fazem a maior parte de seu trabalho tarde da noite, enquanto outros preferem se levantar muito cedo e escrever por algumas horas antes de iniciar as obrigações do dia. Alguns escritores cuidadosamente agendam uma combinação de manhãs, tardes e noites. Seu horário deve ser determinado primeiramente por suas preferências pessoais. Se começar a "pescar" e cochilar às 8 ou 9 da noite, você deve tentar programar sua escrita em outros horários. Mas, se você é do tipo que gosta de ficar acordado até tarde e dormir até tarde, uma escrita programada para a noite provavelmente será mais adequado.

Em seguida, verifique suas obrigações diárias. Seu trabalho atual pode ditar que algumas vezes você não estará disponível para escrever. Não se preocupe. Alguns dos mais prolíficos escritores são desligados da escrita entre oito e cinco horas por dia. Considere se você precisa de grandes blocos de tempo e se você precisa ser livre de ruídos ou interrupções. Tais preocupações podem às vezes restringir a qualidade de sua escrita.

Uma última sugestão, mas importante. *Seja realista sobre a quantidade de tempo definido para escrever, e então, honre seu compromisso.* Tire um tempo para tênis, golfe, ou exercício, leitura, ou um programa especial de televisão. Se você é casado, peça apoio de outros membros da família.

Deixe que todos saibam de sua agenda como escritor e quando o telefone tocar peça para alguém atender. Instrua sua família para dizer que você não essa disponível para vir ao telefone se a chamada for para você. Interrupções tais como visitas imprevistas, vendedores, podem destruir seu tempo.

No texto seguinte, o professor Robert Maddox, da Universidade do Tennessee, conta sobre suas estratégias para conseguir tempo para escrever:

Encontrar tempo para escrever é uma das partes mais difíceis da escrita. Descobri que definir o tempo ajuda a encontrar soluções para quem se dedica exclusivamente à escrita. Quando faço minha agenda para o próximo semestre, ajusto meu calendário para os horários fora do período de aulas, os horários de expediente e também os blocos de tempo apenas para escrever. É muito mais fácil, se eu me comprometer a esses períodos de tempo, para não perder a "programação". Se estou escrevendo em meu escritório, fecho a porta e coloco o telefone no correio de voz. Dessa forma, ele não toca, mas sei que não vou perder chamadas importantes. Também uso um sinal sonoro tipo pager que minha família usa, se tiver um motivo urgente para me alcançar.

Sempre que possível visito à biblioteca apenas para escrever e tentar fazer quase toda minha escrita. Lá não há telefone e meu nome não está na porta... Tenho um computador e uma impressora na universidade e outro em casa.

O ritual idiossincrático de alguns autores famosos

- Charles Dickens não poderia escrever sem seu macaco de porcelana;
- Marcel Proust escrevia em uma sala forrada de cortiça;
- Agatha Christie escrevia em uma grande banheira vitoriana;
- James Joyce, Marcel Proust e Truman Capote também gostavam de se deitar para escrever, enquanto Virginia Woolf e Ernest Hemingway prefeririam ficar de pé;
- Vladimir Nabokov gostava de escrever dentro do seu carro;
- Victor Hugo colocou-se em prisão domiciliar.

Ferramentas para o trabalho

Ter uma quantidade definida de tempo reservado a cada semana é indispensável para escritores bem-sucedidos. No entanto, o sucesso da escrita depende das ferramentas adequadas para o trabalho pretendido. A importância de ter as ferramentas adequadas disponíveis é fácil de entender: você já tentou consertar uma máquina ou cozinhar uma refeição com os ingredientes necessários. As pessoas sempre me perguntam quais ferramentas são essenciais para meu escritório. Eu costumo recuar um pouco e depois lhes digo que as ferramentas que um escritor considera essenciais podem não ter valor para outros escritores. Quando pressionado, dou a seguinte lista de ferramentas que, além de material de escritório, iluminação adequada e solidão, alguns escritores consideram básicos para seus escritórios:

1. Processador de texto;
2. Dicionário (veja bibliografia);
3. Enciclopédia;
4. Manuais de estilo (veja bibliografia);
5. Livros de gramática (veja bibliografia).

Um amigo autor, explicou a importância de ter essas ferramentas em mãos no momento em que ele se senta para escrever. Para ele, "a escrita é como cavar um poço à mão". Quanto mais fundo você cava, mais você precisa descer no poço e depois subir de volta todos os dias. Muita energia e tempo são gastos entrando e saindo do poço, portanto, o escavador eficiente assim terá a certeza de ter todas as ferramentas necessárias à espera no fundo do poço. Da mesma forma, o escritor deve ter todas as ferramentas necessárias ao seu alcance. Por mais banal que isso possa parecer, ter de sair do escritório para comprar papel ou buscar um dicionário costuma ser uma grande perda de tempo.

Fazendo um inventário

A escrita de sucesso é trabalho duro. Ela exige disciplina e sacrifício, e os índices de rejeição de muitas revistas e editoras de livros são astronômicos.

Afirmamos que os escritores sérios devem reservar algumas atividades para o lazer. Programe o tempo para a escrita, e discipline-se para honrar o cronograma. Para muitas pessoas, tais sacrifícios parecem tolices. Essas pessoas muitas vezes criticam escritores dedicados. Lembrem-se, é um mercado comprador, e as chances de sucesso são realmente pequenas. A escrita de *sucesso é uma atividade que pode ser aprendida e dominada*, e que a escrita bem-sucedida traz recompensas. Tendo dominado o ofício da escrita, relata os autores Eckstut e Sterry[10] *você terá alcançado uma variedade de objetivos pessoais e profissionais, incluindo ganhar dinheiro, avançar profissionalmente, tornar-se criativo e poder ser seu próprio patrão.* Eu espero que você use este livro para reunir o conhecimento de escrever para publicação. Decida o que você realmente deseja e use a escrita como um meio para alcançar seus objetivos pessoais e profissionais. Entre as muitas coisas que aprendi frequentando oficinas para escritores é que há várias ideias falsas e *mitos que assombram a maioria dos escritores* e muitas vezes impedem e bloqueiam os iniciantes. As ideias do Quadro 5.1, elaborado pelo professor de escrita K. Henson,[11] são seis desses mitos e algumas sugestões para lidar com eles.

QUADRO 5.1 | Seis mitos que assombram os escritores

1. Não tenho certeza do que fazer

   Descobri que em muitas universidades do sul ao norte, há um escritor celebre que só precisa colocar os dedos no teclado ou a caneta no papel e as palavras fluirão rapidamente. E acredita-se que esses pensamentos sairão sem muitos esforços. Esses contos são tão ridículos como histórias de fantasmas, mas mais prejudiciais, pois a maioria das pessoas acredita neles. E, assim como histórias de fantasmas, sua finalidade é assustar. Se eu acreditasse que a escrita fosse fácil para escritores iniciantes, tentaria desencorajá-los. Você já ouviu falar em algo como um super escritor? Você pode conhecer um pelo nome. Bem, não acredite nisso. É provavelmente a criação de uma pessoa que não tem a intenção de escrever e, portanto, gostaria que você escrevesse. A próxima vez que alguém mencionar essa superpessoa pense em Ernest Hemingway, que escreveu o último capítulo de *Farewell to Arms (Adeus as Armas)* 119 vezes. Ou pense nas seguintes definições de escrever: "A escrita é 10 por cento de inspiração e 90 por cento de transpiração" e ao contrário do mito, todos os escritores (inclusive estes autores) transpiram; suor mesmo!

2. Não tenho tempo para escrever

3. Não tenho nada que vale a pena escrever

   Você já ouviu isso muitas vezes e se for como a maioria, você mesmo já deve ter dito isso: "Se eu tivesse tempo para escrever". Ironicamente, a maioria dos aspirantes a escritor tem mais tempo para escrever do que a maioria dos escritores bem-sucedidos. Alguns escritores sequer têm 24 horas por dia para fazer o que desejam. Mas eles representam apenas uma pequena fração de todos os escritores. Eu não sugiro que você pare de jogar tênis, golfe, pescaria ou assistir à novela, mas se quer ser um escritor bem-sucedido, deve desistir de parte do tempo que gasta na sala de café ou bar e também deve desistir da ideia de que está muito cansado para escrever e que assistindo a um programa de TV medíocre você relaxa. A escrita é muito mais relaxante para a maioria de nós que retorna do trabalho emocionalmente esgotada, e proporciona uma saída para frustrações, uma versão muito mais eficaz do que nossas tentativas mais passivas para escapar deles.

4. Os editores rejeitarão meu manuscrito porque meu nome não é conhecido

   De todas as desculpas para não escrever, nenhuma é mais fraca do que essa: "Se meu nome fosse Dan Brown, J. K. Rowling, Paulo Coelho, Philip Kotler, os editores me ouviriam". Mas essas pessoas não consideram que esse autores nem sempre foram famosos, mas sim começaram como desconhecidos e fizeram seus nomes por meio do talento e trabalho árduo.

   Eles provavelmente serão os primeiros a dizer que têm de escrever para ganhar reconhecimento por meio do trabalho árduo. Claro, esses autores têm um talento incomum, mas é certo que eles continuarão a trabalhar arduamente para aprimorar suas habilidades e expressar suas ideias.

   Não há garantia de que qualquer um de nós possa ganhar status e aclamação semelhantes, mas podemos melhorar nossa experiência em nossas áreas de interesse e melhorar nossas habilidades de comunicação.

5. Meu vocabulário e habilidades de escrita são muito limitados

   Muitas pessoas têm um belo jargão, palavras desconhecidas, estrutura de frase complexa e parágrafos longos, com boa escrita. Na verdade, apesar de um bom vocabulário ser um grande trunfo, os dicionários e enciclopédias serão de grande valia. Jargão, longas sentenças, frases longas e desnecessariamente complexas são mais prejudiciais do que úteis. Lembre-se, seu trabalho é comunicar. Não tente impressionar o editor. Os editores sabem o que seus leitores querem e os leitores raramente exigem jargão e complexidade.

6. Em minha área há poucas oportunidades para publicar

   Se sua área de especialização tem poucos livros (na verdade, alguns campos têm apenas um ou dois), você pode se sentir preso, sabendo que essa relação oferta/demanda irregular eleva a competição nesse segmento.

   Você pode lidar com isso procurando editoras mais gerais que cobrem o campo, ou editoras de universidades. Novamente, você poderia considerar escrever para outros públicos, expandindo suas áreas de especialização, fazendo cursos em outras disciplinas, lendo muito e pesquisando outras áreas para ajudar a desenvolver uma ampla variedade de assuntos sobre os quais escrever.

   Todos nós já ouvimos isso. Um percentual significativo de aspirantes a escritor realmente acreditam que eles não sabem tudo. Se você é um deles, você não está aprendendo de suas experiências: ou você não comete erros ou não quer ajustar seu comportamento para evitar repeti-los. A verdade é que você possui uma grande quantidade de conhecimento que pode ser útil a outros. E você tem as habilidades que os escritores de sucesso têm para pesquisar os tópicos que você deseja escrever. Não conheço nenhum escritor bem-sucedido que não precise pesquisar seus tópicos. Comece com os assuntos que lhe são mais familiares, então enriqueça seu conhecimento dessas disciplinas fazendo visitas periódicas à biblioteca, entrevistando pessoas ou pesquisando esses temas.

POR QUE ESCREVER UM LIVRO-TEXTO?

O autor é a pessoa mais importante na criação do livro. Mas tornar-se um autor não é fácil. Na verdade, é uma tarefa difícil. É mais difícil do que conseguir um emprego, é mais difícil do que ensinar, é mais difícil do que vender um produto, é mais difícil do que fazer uma apresentação. Você vai se tornar um autor apenas quando seu livro estiver publicado. Para publicar seu livro, você terá que convencer um editor em alguma editora de que sua ideia é valiosa. Você terá que fazê-lo a acreditar que seu manuscrito ou proposta, uma vez publicado irá, pelo menos, recuperar o dinheiro que investiram no projeto. Se você convencer o editor de que sua ideia vai fazer um *bestseller*, então você tem mais opções. Se você já é um autor publicado com sucesso, é mais fácil e você tem mais poder de barganha. Se é autor de um livro didático, tem uma vantagem sobre o autor de uma obra de ficção (por exemplo, um romance). Em seu caso, você pode alavancar seu pedido com seu conhecimento e posição na comunidade acadêmica. Você conhece os livros concorrentes e faz uma comparação e explica como seu livro é diferente e superior. Suas qualificações educacionais, seu conhecimento, sua experiência de trabalho e suas afiliações profissionais irão ajudá-lo. Mas para um escritor que tenha completado seu primeiro romance, nem suas habilitações literárias, nem sua experiência de trabalho vão ajudá-lo. O autor tem que convencer o editor sobre seu manuscrito. Não pode comparar seu trabalho com livros concorrentes. No caso de ficção, cada livro é único. Bons livros são rejeitados, enquanto medíocres são aceitos. Ter um trabalho de ficção publicado envolve tempo, sorte e encontrar as pessoas certas. Mas as recompensas também são significativamente melhores. Se o romance entrar na lista dos mais vendidos, o dinheiro e a publicidade que ele recebe será recompensador. Voltando aos livros didáticos, o dinheiro não é mau, se não ótimo, você vai ter publicidade, mas não na escala de um escritor de ficção. Paul Samuelson escreveu em 1948 o clássico livro *Introdução à Economia*, que foi traduzido para mais de 15 idiomas e hoje se encontra na vigésima edição. Samuelson ganhou reconhecimento no meio acadêmico e também o prêmio Nobel de Economia, mas seu livro pouco influenciou para essa conquista.

Autores de ficção como Don Brown, Paulo Coelho, J. K Rowling e Hemingway certamente ganharam mais visibilidade do que Paul Samuelson, Tom Peters, Phillip Kotler, Peter Senge e outros autores de não ficção. Por que isso? Por que os escritores de ficção são mais famosos? A resposta está no tamanho do público-alvo. Se você comparar o número de pessoas que leem romance, contos, memórias, com o número de pessoas que leem livros sobre economia, engenharia e administração você vai perceber porquê. Escritores de ficção têm mercados de massa, enquanto escritores técnicos têm um público limitado.

Mas apenas uma fração dos milhares de escritores de ficção se torna bem-sucedida e famosa. Muitos não conseguem nem mesmo publicar um livro. E entre aqueles que conseguiram publicar seu primeiro livro, muitos fracassaram. Assim, a vida do escritor não técnico é mais desafiadora, é uma aventura arriscada. Por isso, é justo que os bem-sucedidos sejam recompensados e se tornem mundialmente famosos.

Você já sabe as vantagens e benefícios de se tornar um autor. Portanto, se tem experiência em um assunto técnico e acha que pode contribuir para o corpo de conhecimento existente, deve pensar seriamente em escrever um livro. Se ama seu assunto, gosta de escrever e pode explicar os assuntos altamente técnicos com exemplos do mundo real, histórias e figuras, dê início à sua longa jornada.

Para todos os escritores não técnicos: estamos cientes de sua luta, o esforço que você faz, as noites que você fica acordado para trazer-nos histórias, memórias, viagens e assim por diante, para nos entreter e nos encantar, certamente apreciamos seu esforço e desejamos fama e o sucesso que você merece, com razão. O Quadro 5.2 apresenta os principais desafios com que um autor se defronta ao decidir escrever um livro-texto.

Se você tiver o perfil sugerido nesse quadro, certamente é um forte candidato a desenvolver um livro-texto competitivo.

QUADRO 5.2 | Razões para escrever um livro-texto

- **Tem paixão pelo ensino e tem sólida experiência?** Tem uma boa percepção sobre o que os estudantes necessitam aprender e como explicar a matéria de modo que eles aprendam?
- **Tem uma visão?** Conhece os desafios da disciplina e pode, com clareza, ver o que atrai outros professores?
- **É um bom ouvinte?** Ouve os estudantes, os colegas, os consultores e os editores?
- **É objetivo?** Tem um saudável respeito por suas próprias ideias as quais permitirão que você critique construtivamente seu trabalho e dos concorrentes?
- **Tem tempo para escrever?** Está em um momento de sua vida que pode comprometer-se com tempo e energia para essa tarefa?
- **Conhece o mercado?** Conhece todos os livros da disciplina e tem uma boa ideia do que é necessário para fazer um livro melhor?

COMO SER UM AUTOR QUANDO NÃO SE SABE ESCREVER?

Os autores e consultores Poynter e Bingham[12] descrevem, com propriedade, a diferença entre ser um autor e ser um escritor: o escritor é a pessoa que coloca as palavras no papel, enquanto o autor é a pessoa que cria um material. Algumas pessoas são escritores naturais, algumas são autores e outras são ambas.

Há muitos autores que têm toda uma vida de experiência, e há escritores muito bons que não têm a experiência ou habilidade necessárias para produzir um manuscrito do tamanho de um livro. A solução é juntar esses dois tipos de pessoas. Combinar o conhecimento do especialista/criador com o talento e treinamento do escritor profissional tem a vantagem de produzir um produto superior muito favorável. Algumas pessoas, dizem esses autores, não sabem escrever porque:

- Não têm tempo suficiente.
- Não gostam de escrever.
- Consideram-se pessoas "de ideias".
- Não têm paciência.
- Não têm o nível de instrução para escreverem com elegância.
- Não sabem assumir o compromisso emocional com esse tipo de solidão e perseverança.

Lee Iacocca, à semelhança de outras celebridades, não escreveu seus dois *best-sellers* sozinho; ele teve dois diferentes escritores. E foi anunciado em 1998, que o astro do basquetebol, Shaquille O'Neal, estava "escrevendo" um livro infantil para a editora Scholastic. O título: *Shaq e o pé de feijão*.[13]

Se não puder se dar ao luxo de tomar tempo de sua carreira para tornar-se um escritor especialista, talvez seja mais prático e eficiente em termos de custo deixar o trabalho de redação do manuscrito para um escritor profissional. Se, por exemplo, seu "outro" trabalho lhe paga R$ 100 por hora, não faz sentido economicamente despender tempo realizando um trabalho pelo qual você pode pagar R$ 25. Você pode decidir contratar um digitador, redator, coautor, *ghostwriter*,[14] ou outro colaborador. Atrás da maioria dos autores há um pequeno exército de soldados de apoio. Pode haver editores de aquisição, desenvolvimento, editores de texto, leitores, pesquisadores, indexadores, leitores de prova, pesquisadores literários, agentes, bibliotecários, representantes da editora, tradutores ou qualquer outra pessoa que preste um serviço ligado à escrita de um livro.

Segundo Rocco e Hatcher,[15] existem duas categorias de escritor:

1. Escritores que escrevem para si mesmos, pela arte, autoexpressão ou a expressão de uma ideia, ou narrativa de algum tipo.
2. Escritores que escrevem sob contrato. Essas categorias não são mutuamente exclusivas, mas muitas vezes são. Escritores que escrevem para eles mesmos e procuram a publicação podem encontrar dificuldades em encontrar uma editora. Geralmente há muito mais escritores procurando editoras do que editoras procurando escritores – embora seja o contrário em algumas áreas especializadas do conhecimento.

Muitas vezes o escritor é parte inferior de todo o processo de publicação, mas paradoxalmente, talvez o mais importante participante dessa atividade. Percebemos algumas vezes que os editores veem os escritores como problemas, e sem dúvida alguns são. A verdade é que os editores e os escritores precisam uns dos outros, mas nem sempre na mesma medida. Uma boa comparação que não é perfeita, por vezes, para a complicada relação escritor-editor é a relação jogador-treinador no futebol. Tal como acontece com o treinador de futebol, a editora às vezes precisa endurecer com eles.

Em geral, os editores usam o termo "autor", mais do que escritor, porque um autor é o escritor de uma obra que um editor publicará. As diferenças nos termos "autor" e "escritor" são práticas e sutis. Para R. Guthrie,[16] *um autor é alguma pessoa que, uma editora escolhe, produz, promove e vende, enquanto um escritor é alguém que pratica o ofício da escrita. Autores bem-sucedidos no mercado provavelmente não se importam com essa distinção.*

> Ser escritor é, por vezes, mais fácil do que ser um autor. Um autor tem que criar, desenvolver e comunicar uma ideia, enquanto um escritor tem que comunicar apenas as ideias de alguém. Um autor deve ter habilidades de escrita excepcionais e dominar seu campo. Essas habilidades podem ser obtidas por meio da escrita constante e pode ser um talento nato em alguns. Só um escritor especializado é capaz de retratar ideias, eventos, e imagens por meio do simples uso de palavras.
>
> – Dan Poynter e Mindy Bingham. *Is there a book inside you*

QUALIFICAÇÕES NECESSÁRIAS PARA ESCREVER UM LIVRO DIDÁTICO

A criação de um livro-texto, livro profissional e outros materiais exigem tempo e energia. Há uma série de perguntas que você precisa responder antes que possa tomar uma sólida decisão para realizar um projeto dessa envergadura. Certamente uma das primeiras dessas questões deve ser a seguinte: "Tenho as qualificações necessárias para um editor se interessar por meu projeto". Existem também as qualificações que você pode considerar como sendo necessárias, mas que realmente não são. Ambos os tipos são estão descritos aqui: uma das primeiras qualificações necessárias seria ter uma reputação nacional ou internacional como uma autoridade sobre o tema. Suponha que a maioria dos consumidores potenciais de seu livro sabe que você não têm uma ótima qualificação. Isso significa que será improvável um editor lhe oferecer um contrato? Absolutamente, não, embora uma boa reputação ajude a ser bem conhecido e respeitado na área (ou sobre o tema) sobre a qual você está escrevendo. Muitos contratos de publicação foram concedidos a pessoas que ainda não estabeleceram uma reputação na área. De fato, muitos livros didáticos e profissionais, foram escritos por pessoas que tinham pouco conhecimento dos temas antes de preparar uma proposta. Muitas pessoas que publicaram livros e são amplamente considerados como autoridades sobre os temas tratados ganharam suas reputações depois de seus livros serem publicados.

Outra preocupação que você pode ter é se você pode escrever bem. Você tem que ser capaz de escrever claramente para comunicar suas ideias de uma forma que pode ser facilmente compreendida pelos leitores. Essa habilidade também é necessária para ser um bom professor. Além disso, você tem que ser capaz de apresentar informações de maneira que o leitor sinta-se recompensado. Isso também é necessário para ser um bom professor. Consequentemente, as habilidades de comunicação são necessárias para escrever um bom livro ou outro material. Existem algumas habilidades de escrita que você pode considerar necessárias que realmente não são. Você não tem que ser capaz de escrever "artisticamente" (como um contista ou romancista); além disso, você não precisa ter um vocabulário extremamente grande, ou excepcionalmente bem informado sobre o uso de ortografia e gramática. Quase todos (talvez todos) os erros que você fizer nessas áreas serão corrigidos pelo editor de texto. Se suas habilidades de escrita são adequadas para relatórios, preparação de provas elas provavelmente também serão adequados para escrever um livro.

Existem várias qualificações que são essenciais. Elas se referem aos atributos de personalidade. O primeiro é a capacidade de manter uma tarefa que você começa com pouca gratificação imediata. É provável que levará mais de um ano para concluir um projeto de livro e haverá dias em que você não receberá reforço positivo do trabalho. Esses podem ser os dias em que a escrita parece não "fluir" ou mais quando você descobre que os pontos que você pensou que eram bem escritos requerem uma nova revisão.

Outra característica essencial para o sucesso como autor é ser capaz de tolerar a solidão. Você estará gastando grande parte do tempo sozinho, mesmo que tenha coautores. A escrita, normalmente, não é uma atividade que você pode compartilhar com os outros. Se não gostar de passar tempo sozinho, você pode ter dificuldade em motivar-se e cumprir um cronograma.

Outro atributo que é essencial para o sucesso como autor é não ser excessivamente perfeccionista. Se você se sente obrigado a fazer uma frase perfeita (no que diz respeito à gramática, à escolha das palavras, à ortografia, e afins) antes de escrever a próxima, provavelmente não vai escrever muito. Autores de livros mais experientes primeiro elaboram rascunhos de seus capítulos para então refinar mais tarde.

Embora esses atributos de personalidade possam influenciar significativamente o que talvez seja um determinante mais importante é seu nível de *motivação* para fazê-lo, por exemplo, a prioridade atribuída ao projeto.

Você tem que estabelecer suas prioridades. Se escrever um livro é uma coisa importante em sua vida, você tem que lhe dar um lugar de prioridade. E tem que estabelecer as hora em que ficará sozinho. Seus filhos devem entender que não devem interromper o pai enquanto ele está no escritório ou no quarto com a porta fechada. Alguns professores que conheci construíram pequenas estruturas no quintal, a fim de ter um lugar para escrever onde não seriam interrompidos.

Você deve ser dedicado e estar disposto a gastar de um a três anos no desenvolvimento do projeto. Você deve acreditar que tem algo muito importante para dizer ao mundo. Não é o dinheiro. Não é nada além de uma forte crença de que deve ser contada e você é a pessoa que pode fazê-lo.

Tornar-se autor de um livro é um trabalho extremamente demorado. Você vai trabalhar à noite, fins de semana e feriados. Você vai levantar-se cedo pela manhã e ficar até tarde da noite. É uma tarefa muito demorada. Toda vez que dizia isso aos futuros autores, eles respondiam: "Oh, pensei que eu entendi o que você disse, mas eu não entendi".

Então eu não acho que existam palavras adequadas para dizer a um futuro autor o quão é demorada a tarefa. Eles parecem tão ansiosos para fazê-la que não ouvem o editor.

Como esses comentários indicam, você deve estar disposto a dispender um tempo significativo e investimento. O investimento de tempo pode ser de vários anos. Além disso, você terá que trabalhar no livro quando a escrita não está indo bem ou quando a tarefa que você está fazendo não é agradável. Há tarefas associadas com a escrita do livro, como a indexação e revisão, que poucos autores fazem essa tarefa.

Sua motivação para concluir um livro será uma incógnita se você não acreditar fortemente que isso irá melhorar significativamente sua vida. Responda as seguintes perguntas hipotéticas da forma mais honesta possível: "Se você tivesse que acordar uma manhã e descobrir que seu livro foi publicado que efeito teria sobre sua vida?" "Que oportunidades você tem e que você não tem agora?" "Como isso afetaria seu autoconceito?" " Quais os impactos que isso tem sobre sua vida profissional e social?" "Poderia de alguma forma afetar adversamente você?". "Se suas respostas a essas perguntas indicar a conclusão do projeto, tornará sua vida melhor e muito significativa para fazer o que é necessário para completá-la adequadamente".

O CONCEITO MODELANDO SUAS IDEIAS

Uma boa ideia constitui o fundamento para qualquer proposta de livro de não ficção. Ela é o produto intangível que você tenta vender a uma editora. Boas ideias estão em todas as partes; mas é necessário perspicácia e conhecimento para modelar uma ideia na proposta de um livro e, em última análise, em uma venda.

Encontrando seu gancho

O que constitui uma boa ideia? Inovação e um bom foco no mercado-alvo dão a qualquer ideia uma margem – ou gancho. Encontrar um gancho é o processo de pegar uma ideia complicada e descrevê-la em termos que lembrem uma chamada publicitária de efeito. Seu gancho é o ponto focal a partir do qual sua proposta de livro pode ser formada. Esse gancho deve ser suficientemente instigante para chamar a atenção que um editor dedica aos seus concorrentes. Quando pesquisar o universo em busca de ideias para livros, você precisa encontrar exatamente o foco certo. Mas a ideia para seu livro não precisa ser inteiramente original. Se você é capaz de escrever de maneira única e dar um tratamento superior a um assunto em particular, não interessa se há livros similares no mercado. Se você é confiante, inovador e pode encarar a concorrência, talvez possua aquilo que é necessário para convencer um editor. A primeira coisa a considerar ao escolher uma ideia para seu livro de não ficção é se a ideia pode ser desenvolvida em um livro. Muitas ideias são capazes de sustentar um factoide na TV, mas não um livro de mais de 200 páginas.

Algumas ideias sustentam apenas um artigo de revista, que é uma boa mídia para introduzir conceitos; livros requerem uma profundidade muito maior.

Não importa o que escreva, provavelmente você precisará fazer alguma pesquisa sobre o assunto. Se deseja escrever não ficção, a pesquisa é essencial. Independente do seu conhecimento sobre o assunto, sua memória não é perfeita e mesmo que fosse, há mudanças que ocorrem com frequência e pode tornar o conhecimento ultrapassado. Você tem que ter certeza de que suas informações são precisas, atualizadas, e que ainda não foram escritas da maneira que você pretende escreve.

A ideia com alto conceito

Uma ideia com alto conceito é uma ideia muitas vezes ultrajante, mas atraente, que pode ser resumida em uma frase. Eis dois exemplos:

1. Um escritório de advocacia do Memphis faz a lavagem de dinheiro para a máfia, e um jovem advogado que tenta sair da empresa é ameaçado de morte (*A Firma*, John Grisham).
2. Um grupo de exploradores – investiga distúrbios no mar – são capturados por um capitão megalomaníaco em um submarino de alta tecnologia em alto-mar. Este exemplo não seria de alto conceito agora, mas em 1870 quando Jules Verne escreveu *Vinte Mil Léguas Submarinas*, era certamente.

Determinação do alvo de seu mercado *versus* saturação de mercado

Mesmo que suas ideias possam preencher as páginas de um livro, a consideração fundamental é se alguém o compraria e o leria. Se quiser obter sucesso comercial, você deve pensar comercialmente. Os hábitos de acasalamento de obscuras criaturas marinhas podem atrair certo segmento da população, mas um livro sobre o tema não seria o tópico de interesse na maioria dos jantares festivos.

Se quiser escrever para o mercado comercial, você precisa estar ciente da possibilidade de saturação do mercado sobre determinado tema. Quando estiver formando a ideia de um livro, primeiramente pesquise o tema para ver o que já existe. Vá a uma livraria; vá a uma biblioteca e confira os livros existentes sobre o assunto. Se há livros concorrentes, mas seu pode preencher um espaço único e necessário, vá em frente. Se não conseguir achar nada que o distinga dos demais, mude para outro assunto. Não se alarme excessivamente a respeito de livros antigos e difíceis de encontrar. Muitos livros, muito bons simplesmente estavam adiante de seu tempo. Se um assunto é suficientemente importante, ele pode ser habilmente "ressuscitado" em um formato atualizado.

> **Autor**
>
> Conheça o mercado que você pretende alcançar e faça alguma pesquisa do que existe disponível na área. Tente identificar lacunas nesse mercado e faça o melhor para preencher essa necessidade. Essa sugestão serve para todas as categorias de livros, principalmente os livros didáticos.

Se aparecerem repentinamente nas livrarias diversos livros sobre o tema que você escreveu – de diferentes editoras – tome isso como um bom indício de saturação do mercado.

Como surgem as ideias para um livro?

Geralmente o nascimento de um livro começa como uma ideia. A ideia, ou faísca, para o livro geralmente vem do autor, do editor ou de ambos. O autor pode ter o desejo de compartilhar seu conhecimento ou para ensinar o que adquiriu ao longo de sua carreira. Você pode ter visto e lido muitos livros sobre sua área de especialização e tem a confiança de que pode fazer um trabalho melhor. Você deve ter coletado muitas informações, as quais acha que podem ser úteis para outras pessoas. Vamos ver alguns cenários típicos:

- Você é um especialista em uma determinada área.
- Você passou anos estudando e domina com proficiência o assunto.
- Você tem anos de experiência no mundo real.
- Você é considerado por seus pares como um especialista no assunto.
- Nos anos que você estudou e praticou, encontrou quase todas as situações e os desafios que possivelmente poderiam ocorrer.
- Você conhece os livros de sucesso existentes no mercado e se considera qualificado para desenvolver algo melhor.
- Você percebe que há uma lacuna no mercado; essa é uma lacuna que você se sente qualificado para preencher.
- Você está lecionando uma disciplina e tem anotações, que podem se transformar em um livro com relativa facilidade.
- Você sabe que pode explicar as coisas de uma maneira simples e que as pessoas entendam.
- Você tem credenciais suficientes, habilidades e competências profissionais para as pessoas desejarem ler seu livro.
- Então você decidiu escrever um livro em sua especialidade.
- A ideia do livro nasceu.

A Figura 5.1 ilustra e resume como o autor e editor articulam as ideias para um livro.

As realizações de uma boa ideia

Para identificar uma ideia potencialmente boa de ser comercializada é necessário ter consciência das tendências populares. Porém, não basta estar em sintonia com o que está acontecendo agora; você precisa ser capaz de avaliar qual será o interesse do público no momento em que seu livro estiver sen-

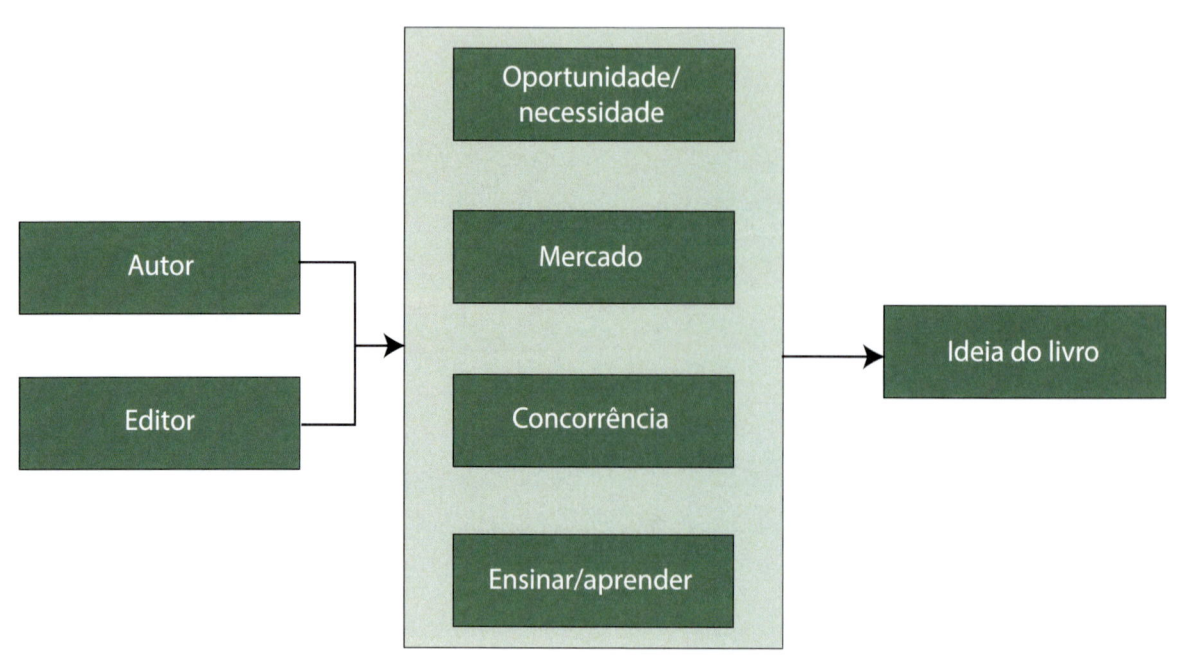

FIGURA 5.1 | A ideia do livro.

do lançado. Nada é mais antigo do que uma ideia sensível ao tempo, cujo tempo já passou.

Tenha em mente que a indústria editorial opera, no mínimo, de seis meses a um ano antes de o produto ir para as prateleiras das livrarias. A identificação de tendências e de novos mercados potenciais requer uma qualidade quase visionária. Você pode contornar a síndrome do "Não suporto mais ouvir uma única palavra sobre esse assunto" sendo criativo. Se você for capaz de se destacar por meio de uma nova abordagem a um assunto, ainda pode escrever sobre um tema bastante saturado. Pegue seu próprio barco; não espere para pular no barco de outra pessoa.

Identifique as tendências e então tente permanecer adiante delas. A identificação das tendências também exige um bom entendimento dos interesses populares. Não recorra unicamente à mídia eletrônica para refletir a respeito das tendências dos tipos de livros que as pessoas querem ler. Uma coisa não constitui necessariamente um guia preciso para a outra.

Revistas são úteis para observarmos o que ocorre em relação aos interesses de leitura do público. Frequentemente, elas são mais imediatas e devem ser incluídas em sua pesquisa. Até mesmo as revistas refletem o gosto popular e são úteis para se ter uma percepção daquilo que as pessoas acham interessante. Certas pessoas dizem que leitores de revistas não compram livros. Não se esqueça da internet. Os escritores atuais têm a sorte de poder contar com esse recurso tão ilimitado. Você pode verificar quais livros são os mais vendidos ou pode conferir grupos de discussão e salas de bate-papo. A internet oferece uma enorme quantidade de informação ao seu alcance.

Visitas a bibliotecas e livrarias o ajudarão, mas sua maior fonte de ideias será seu dia-a-dia. Participe de *workshops* e palestras que lhe interessem. Preste atenção às perguntas que as pessoas fazem e nos temas que elas focalizam, a fim de poder detectar quais tipos de livro elas poderiam necessitar. Olhe para sua própria área profissional e para aquilo que você conhece melhor. Se sentir paixão por algo, poderá desenvolvê-lo em uma boa ideia para um livro.

Assim que encontrar seu gancho e começar a modelar sua ideia, você precisará olhá-la de maneira objetiva. Se for uma tese que pode ser desenvolvida e detalhada para dar suporte a um livro inteiro, veja o que os autores Herman e Herman[17] sugerem nas seguintes questões:

- Por que alguém haveria de querer ler esse livro?
- Qual é meu público-alvo?
- Qual é meu gancho em particular, escrito em 25 palavras ou menos?
- O gancho pode sustentar um livro inteiro?
- Não estarei dizendo aos meus leitores algo que eles já sabem?

Por exemplo, se você é igual à maioria das pessoas, os detalhes diretos de sua vida não sustentariam um livro; mas, se puder contar uma boa história ou um bom caso, certamente poderá dar vida ao seu livro com relatos divertidos; você precisará, então, colocar seus relatos em um contexto que lhe sirva de gancho.

Aguçando seu foco

Para moldar a ideia em uma proposta de livro, você deverá refiná-la e poli-la para que ela possa ser comunicada de uma maneira lógica. A escrita de não ficção se destina a transmitir informação. Não tente ser literário. Conciso e legível significa que ninguém precisará consultar um dicionário depois de cada parágrafo. Em livros de não ficção não deve haver diversas nuanças de significados, como ocorrem na literatura clássica. Livros de não ficção narrativos podem usar técnicas criativas, mas, com exceção dos exemplos, a proposta deve ater-se a uma linguagem básica e clara. Ter uma ideia focalizada é imperativo. Uma ideia não focalizada é uma das principais razões para um livro ser rejeitado. Além de seu gancho, você precisará declarar sua tese ampliada em um parágrafo conciso.

Autor

"Pense como um editor e escreva para o mercado" é uma máxima para colocar o leitor em primeiro lugar.

Se não for capaz de convencer alguém sobre os méritos de seu livro em seis linhas ou menos, você precisará ser mais focalizado. Já vimos pessoas excepcionalmente talentosas retardarem suas carreiras com ideias de livros não focalizados. Até mesmo os melhores palestrantes e oradores podem não encontrar um editor para um livro ruim. Se sua ideia levar somente a algo personalista ou chato, desista e inicie tudo novamente. Você precisa ser tanto objetivo quanto flexível ao escrever. Precisa ser tenaz e persistente, mas não teimoso.

Não tente empurrar uma má ideia para dentro do sistema. Se você se tornar demasiadamente preso emocionalmente a uma ideia, talvez não seja capaz de perceber uma ideia melhor quando ela aparecer. Às vezes, uma ideia de livro tem um período de gestação de muitos anos antes de estar pronta para nascer. Não desista se algum de seus esforços parecer nunca chegar a lugar algum. Mantenha um arquivo de boas ideias que necessitem de mais tempo para serem desenvolvidas. Com o tempo, talvez você adquira os *insights* ou os ingredientes para fazê-las funcionar. Deixe o livro crescer com você, enquanto aprende a maneira de embalar a si mesmo e colocar-se no mercado. Quando tiver uma ideia para um livro, você deve verificar aonde ela o conduz. Boas ideias podem ter vida própria quando você lhes der a chance de florescer.

Dicas de escrita de George Orwell...

Eric Arthur Blair, mais conhecido por seu pseudônimo de George Orwell, era um autor e é considerado o melhor cronista inglês do século 20. George Orwell escreveu muitos romances, ensaios, críticas literárias e poesia. Seu trabalho mais famoso é o romance *1984*.

Independentemente de você ser um escritor novato ou experiente, você sempre pode melhorar seu ofício, lendo o que os mestres têm escrito. Segundo George Orwell[18] um escritor escrupuloso em cada frase que escreve, vai ao menos fazer quatro perguntas:

1. O que estou tentando dizer?
2. Com quais palavras vou expressá-la?
3. Que imagem ou linguagem irá torná-lo mais claro?
4. Essa imagem é boa o suficiente para ter um efeito positivo?

E provavelmente ele fará mais duas perguntas:

1. Eu poderia colocá-lo mais resumida?
2. Eu disse coisas inadequadas que poderiam ser evitadas?

Mas muitas vezes pode-se ficar em dúvida sobre o efeito de uma palavra ou uma frase, e podemos confiar em algumas regras quando o instinto falha. As seis regras seguintes sugeridas por George Orwell,[19] podem ser úteis:

1. Nunca use uma metáfora, mentiras ou outra figura de linguagem que você está acostumado a ver na imprensa.
2. Nunca use uma sentença longa quando uma curta pode ter o mesmo efeito.
3. Se for possível cortar uma palavra não hesite.
4. Nunca utilize a voz passiva onde você pode usar a ativa.
5. Nunca use uma frase estrangeira, palavra científica, ou um jargão se você pode usar algo equivalente.
6. Quebrar qualquer uma dessas regras é melhor do que dizer alguma coisa completamente absurda.

Essas regras parecem elementares, mas elas exigem uma profunda mudança de atitude em qualquer pessoa que deseja escrever com estilo.

Quem pode escrever um livro?

Essa questão requer um pouco de autorreflexão e você está qualificado – diz o autor Ladenheim-Gil[20] – se cair em uma dessas categorias:

- **O especialista.** É alguém que tem anos de experiência em um campo específico. Especialistas são geralmente professores, técnicos ou pesquisadores. Ao ensinar, queremos dizer palestras, treinamento, escrita e consultoria. O especialista desenvolve materiais e formas únicas para descrever as peculiaridades de um determinado campo. Um técnico passa um tempo realizando atividades de uma forma prática e pode se relacionar com as necessidades das pessoas. O pesquisador geralmente tem alguma informação recente para compartilhar.

- Tornar-se um autor pode ser mais fácil para os especialistas, porque eles já dominam o assunto. Eles têm um mercado pronto, porque aqueles que são novos em um campo estão ansiosos para saber o que eles têm a dizer. O principal problema do especialista é encontrar tempo suficiente para escrever. Eles tendem a ser pessoas muito ocupadas.
- Mas há razões para tentar encontrar tempo. A autora Mary Embree[21] escreve: "um livro em seu campo é uma experiência de aprendizagem. Ele ajudará você a reorganizar, reduzir, condensar e esclarecer o que você sabe."

- **O inovador.** Em geral conhece um tema publicado e acrescenta novas dimensões a ele. Inovadores são frequentemente especialistas que observam áreas em seu campo que precisam ser melhoradas ou colocadas com uma nova abordagem.
- **O desbravador.** Descobre e é fascinado por um assunto novo. Quando ele ou ela encontra há pouca informação disponível sobre o assunto, esse tipo de pessoa vai fazer a pesquisa e ser o primeiro a escrever um livro sobre a área. O desbravador pode não ser uma especialista no assunto, ainda. Por meio de pesquisa, experimentação, entrevistas e coleta de informações, o desbravador se torna um especialista.
- **O artista ou espírito criativo.** É uma categoria que inclui a maioria dos poetas e escritores de ficção. Esses artistas narram histórias, gostam de compartilhar seus pensamentos criativos, imaginações vivas, sentimentos mais íntimos e experiências pessoais. O romance ou poema entretém ou evoca emoção, como um escultor, pintor ou músico, o escritor criativo é um artista. Boa ficção e poesia exigem uma mente criativa.

A escrita criativa começa com você, com sua imaginação, personalidade e interesse. Só você sabe o que você quer escrever e como você gosta de trabalhar. Só você pode optar por passar um tempo trabalhando em uma poesia ou prosa para fazer suas palavras se comunicarem com os leitores.

Ouça a si mesmo, não os outros, e esteja preparado para surpresas. As pessoas muitas vezes perguntam: todos podem escrever? Bem, (quase) todo mundo pode escrever, no sentido de criar uma frase e, em seguida, outra. No entanto, em contraste com outras habilidades artísticas, como tocar viola ou pintura a óleo ou artesanato, as pessoas, às vezes não percebem que a escrita é para um público – escrita para se comunicar com os outros, requer estudo, trabalho duro e prática. Todos nós passamos a vida contando histórias, e, nesse sentido, todo mundo tem um livro em si – ou, se não um livro inteiro, então pelo menos um conto ou dois – mas isso não significa dizer que todos estão preparados para trabalhar nele de tal forma que, como uma obra de arte, ela se comunica com outras pessoas.

COMO LIDAR COM AS REJEIÇÕES

Como editores experientes sempre respondemos a essa pergunta com conselhos paternais: "Sempre vemos as rejeições como prova de crescimento". Talvez uma resposta melhor é que *muitos autores de sucesso foram rejeitados*. Escritores bem-sucedidos cresceram como resultado de rejeição porque eles aprenderam com a experiência.

O professor Henry Mintzberg[22] guru do planejamento estratégico, teve seu livro The Nature of Managerial Work, recusado por 16 editoras e essa obra tornou-se um clássico sobre os papéis gerenciais. A autora J. K. Rowling (série Harry Poter) teve seu trabalho recusado por diversas editoras entre elas, Penguin e HarperCollins e foi finalmente publicado pela editora Bloomsbury. O famoso autor Stephen King recebeu uma carta de rejeição de um editor com essas palavras: não estamos interessados em ficção científica que trata de utopias negativas. Elas não vendem.

Lembre-se: por vezes, as razões das rejeições estão relacionadas com a qualidade do manuscrito ou também pelo alto nível da obra.

E também por editores inexperientes ou incompetentes...

> **Autor**
>
> A diferença entre uma rejeição e um contrato muitas vezes está na qualidade de sua pesquisa de mercado, não necessariamente na qualidade da escrita do conteúdo.

Autores experientes sabem que terão de gastar um pouco de seu tempo para evitar rejeições. Jesus Garcia, professor da Universidade de Illinois, usa uma abordagem preventiva e objetiva. Ele elaborou um método para reduzir as rejeições e um método para lidar com elas objetivamente. Diz esse professor:

> [...] a rejeição não deve ser a parte mais difícil da escrita, mas é. Suspeito que potenciais autores não escrevem para publicação, porque eles não querem lidar com a rejeição. Autores devem aprender cedo que precisam desenvolver seu próprio mecanismo para lidar com rejeição. Depois de algumas rejeições, pense e desenvolva os passos seguintes:
> – Em primeiro lugar, tente desenvolver originais de qualidade. Geralmente, quando um original é rejeitado, não é porque ele é mal escrito. Também não é porque a ideia não foi bem pensada.
> – Em segundo lugar, quando receber uma rejeição leia a carta e arquive o original por uma semana.
> – Em terceiro lugar, depois de diminuir a dor volte ao original e leia a carta de apresentação e as críticas construtivas em uma folha de avaliação ou no original. (Se não houver comentários construtivos, envie o original para uma segunda editora).
> – Em quarto lugar, quando a crítica é construtiva avalie os comentários e faça essas mudanças. Se não forem consistentes envie o original para outra editora.
>
> As pessoas que pretendem escrever para publicação não devem apoiar-se nessa abordagem, mas desenvolver um mecanismo que é o reflexo de suas próprias personalidades.

Os esforços de Jesus Garcia para desenvolver um original de qualidade antes de enviá-lo para um editor, poupou tempo e decepção. Seu processo de examinar cuidadosamente as críticas para melhorar o original foi inteligente. Lembre-se: deixar inalterado o original pode afetar os outros de maneiras igualmente negativos. A experiência de Garcia recomenda que os autores devem desenvolver seus próprios sistemas para lidar com a rejeição.

Pessoas comuns com vidas perfeitamente normais, por vezes, tornaram-se autores famosos. Danielle Steel era uma professora de uma escola secundária, John Grisham era advogado, Ernest Hemingway era um repórter de jornal e Wallace Stevens vendia seguros. Então, por que não você?

COMO OS EDITORES TOMAM DECISÕES

As autoras e consultoras Schneider e Doyen[23] escrevem:

> Há uma noção romântica prevalente entre os escritores de que a chave do sucesso é entregar seu original nas mãos de um editor que reconhece sua qualidade maravilhosa, do contrário nada acontece. É verdade que um editor entusiasmado com seu trabalho pode ajudar a convencer os tomadores de decisão na editora a publicar seu livro. No entanto, há muitos outros ingredientes que serão decisivos para editora assinar um contrato e alguns deles estão sob o controle do editor.

O processo de aquisição

Um editor raramente tem a palavra final sobre a assinatura de um contrato. Essas decisões geralmente são feitas em "reuniões editoriais" pelo conselho editorial (grupo de gerenciamento de núcleo) constituído pelo diretor editorial, diretor de marketing, diretor de produção e o presidente. O conselho pode se reunir uma vez por semana ou menos frequentemente e os editores têm alguns minutos para apresentar os projetos de interesse da editora. Eles podem pedir aos seus colegas para analisar as propostas ou original, para recomendar ou não um contrato.

Há muitas maneiras de um projeto ser "torpedeado" em uma reunião do conselho. O representante do marketing recusa, dizendo que o livro será difícil de vender e a tiragem proposta é muito elevada; também pode argumentar que a casa já lançou há cinco anos um livro similar e vendeu muito pouco. Pode dizer que outros editores publicaram títulos semelhantes que tiveram pouco êxito. Não importa o quão bem uma proposta ou original esteja escrito, esse tipo de objeção na reunião editorial pode matar o projeto. Se o editor recebe uma resposta positiva na reunião do conselho, muitas vezes ele precisará correr atrás dos "números" para aprovação, ou seja, pesquisar as despesas e os registros de vendas de títulos semelhantes. Ele vai voltar ao o conselho com esses números e seus colegas vão emitir opiniões. Então, se os colegas gostarem e se os números mostram que a editora pode ganhar dinheiro, um "*vá em frente*" ou "*não vá em frente*" será comunicado. Se o diretor editorial disser "vá em frente", o editor apresentará um contrato para o livro. Se for um "não vá em frente", o editor enviará uma carta de rejeição. Esse longo processo de vai e vem é a principal razão dos editores levarem tanto tempo para responder aos seus pedidos. É também por isso o slogan: "Nenhuma notícia é boa notícia", é amplamente adotado entre autores experientes. No Capítulo 12, abordamos esse tema em mais detalhes.

Posso falar com um editor?

Em uma editora, um editor pode fazer uma série de coisas. Um editor de aquisições é a pessoa com quem você fará o primeiro contato, pois essa é a pessoa com a responsabilidade primária para recomendar materiais para publicação. Algumas casas chamam essa posição de editor de aquisição. Essa é a pessoa que você vai brevemente chamar de "meu editor". Esse editor terá que tomar decisões sobre seu original que pode incluir ou cortar partes. Ele pedirá para você repensar partes, ou exigir que você adicione algo que você nunca pensou antes.

Um editor de texto (copidesque) será o responsável pela correção de estilo e pontuação e pode levantar dúvidas sobre a clareza, coerência e harmonia. Às vezes, uma parte da escrita estará sujeita apenas aos mais leves ajustes cosméticos, enquanto outras vezes o original será substancialmente reformulado O editor de texto será o responsável pela consulta de qualquer coisa pouco clara ou faltando em seu texto. É você, no entanto, que será o responsável pela versão final de seu livro.

O autor Brewer[24] diz que um editor de desenvolvimento não é um editor de aquisição, mas pode ser atribuído a um projeto importante, emprestando ao autor assistência crucial. Editores de desenvolvimento são comuns em casas de livros didáticos, mas são raros em outros ramos da publicação de livros. Às vezes, o desenvolvimento significa assumir um projeto caótico e organizá-lo, enquanto em outros casos pode significar o desenvolvimento levando a uma miríade de detalhes (como permissões e ilustrações). O tempo de um editor de desenvolvimento é precioso, e essas horas de trabalho serão comprometidas apenas a projetos para os quais a editora vê a possibilidade de retorno significativo.

Meu editor, meu terapeuta

O editor pode ser também seu conselheiro pessoal, guia, ombro e líder de torcida. Enquanto seu livro está passando pelo processo de publicação, você pode precisar de seu editor para todos os tipos de função. Felizmente, os editores são usados para isso. Tenha em mente, porém, que um dos papéis fundamentais de um editor é manter o entusiasmo para seu projeto na casa. Quando o livro está sob contrato, o editor é seu advogado. Nenhuma outra conexão para o marketing nem mesmo uma chamada de você é tão convincente como o apoio de seu editor para o livro. Você pode pensar de seu editor como seu bom amigo, assim como a pessoa que você sabe o que deve fazer. Quando o original é entregue, é o editor que assume as tarefas para que o livro tenha sucesso.

Por fim, é o editor, que geralmente lança o livro para a força de vendas em uma conferência de vendas. Mesmo após a publicação, o editor continuará a ser uma tábua de salvação na editora.

Você provavelmente vai ligar para seu editor mais de uma vez para saber a receptividade do mercado. Como está o livro em relação às expectativas da casa?

Os editores sabem que devem ouvir os autores; mas os editores não fazem tudo dentro de uma editora. Quando você liga para seu editor perguntando sobre design, publicidade ou capa, a resposta virá de outros colegas do editor.

Anacronismos da indústria editorial

O que descrevemos neste capítulo e ao longo do livro é o resultado da experiência dos autores nas principais editoras multinacionais e nacionais e das fontes citadas. Há um pouco de utopia em nossos conselhos, mas a indústria editorial norte-americana e europeia, funciona assim. Nossas recomendações e as práticas sugeridas certamente são desconhecidas ou ignoradas por algumas editoras brasileiras. Surpreendentemente, numa indústria de cultura, informação e conhecimento, encontramos práticas anacrônicas.

Ilustramos alguns anacronismos no Quadro 5.3.

JUNTANDO TUDO

Os capítulos 5, 6, 7, 8, 9 e 10 descrevem algumas complexidades da jornada para um autor ser bem-sucedido, competir com sucesso no mercado editorial e ganhar dinheiro para o editor e autor.

Escrever e desenvolver um livro educacional é uma tarefa difícil. Neste capítulo apresentados algumas complexidades dessa jornada e finalizamos com a Figura 5.2 sumarizando essas complexidades.

QUADRO 5.3 | Anacronismos da indústria editorial

1. O que significa um editor colocar 18ª edição na capa de um livro, se ao longo dos anos não houve nenhuma mudança de conteúdo? Essa é uma prática frequente de algumas editoras, para dizer o sucesso do livro. Não concordamos. Quantas edições teve Guimarães Rosa, Paulo Coelho, Jorge Amado? Em geral os livros de não ficção tem somente uma edição. O editor poderia dizer: 50 reimpressões, 5.000.000 de cópias vendidas etc. Uma nova edição invariavelmente deve ter mudanças.

2. Uma editora em seu *site* diz: **Seja um Autor**. Você começa a navegar e fica perplexo com este texto: "a) Se dentro de 60 dias não dermos uma resposta é porque seus originais não foram aprovados. b) Não devolvemos os originais eles serão destruídos…" O que é isso!

3. Um "publisher" diz em seu site: "a) Só recebemos originais completos e registrados na Biblioteca Nacional. b) não respondemos cartas…"

4. Outra editora coloca no site: "devido à quantidade de livros que recebemos, nosso prazo para avaliação é de até dois anos. A editora não emite parecer do material recebido. Entramos em contato apenas quando a obra for aprovada para publicação. Não há devolução dos originais, que são destruídos no caso de serem recusados. Apesar de não ser uma exigência, recomendamos o registro da obra na Biblioteca Nacional para que, em caso de extravio [*ué! não foi extraviada, mas foi destruída!*], você tenha resguardado seus direitos autorais."

5. Um editor carioca coloca no site: Para submeter um original, o autor deve enviar, pelo correio, uma cópia impressa da obra para nosso Departamento Editorial (endereço abaixo). Obras enviadas em versão eletrônica (disquete, e-mail ou indicação de sites) não serão avaliadas. É importante lembrar que a editora não confirma o recebimento de originais – nem pelo correio nem por telefone. [*acreditei porque vi*] Os autores que submeterem suas obras dessa maneira receberão uma resposta pelo correio num prazo médio de quatro meses. As obras recusadas não serão comentadas, e a justificativa da recusa será sucinta. Os originais não aceitos serão destruídos."

6. Um editor recebeu o original de um autor, o avaliou e o aprovou. Quando foi encontrar o autor, descobriu que este lecionava contabilidade geral para 60 alunos; acabou não aprovando por esse motivo. Que visão!

7. Um representante, em plena reunião de vendas, com muito alarde, entrega ao editor um original de introdução à economia, e discursa: o autor desse material tem 560 alunos e leciona em 3 escolas… O inexperiente editor aplaude e dá um bônus ao representante na reunião de vendas do semestre seguinte e diz que o livro será publicado em novembro para ser adotado em março do ano seguinte. Soube-se mais tarde, as véspera da publicação, que as avaliações do manuscrito não recomendavam sua publicação. Pior de tudo: o autor morreu e o livro fracassou. Resultado: livro com pouco conteúdo não vende. Livro com bom conteúdo vende, mesmo com a morte do autor.

8. Estava escrito em um contrato: "o autor compromete-se a dar prioridade à editora nas futuras obras que escrever". Isso é desnecessário. Se as relações entre autor e editora forem boas, certamente o autor irá procurá-la. Se estiverem estremecidas, o autor apresenta os originais e pede um adiantamento absurdo.

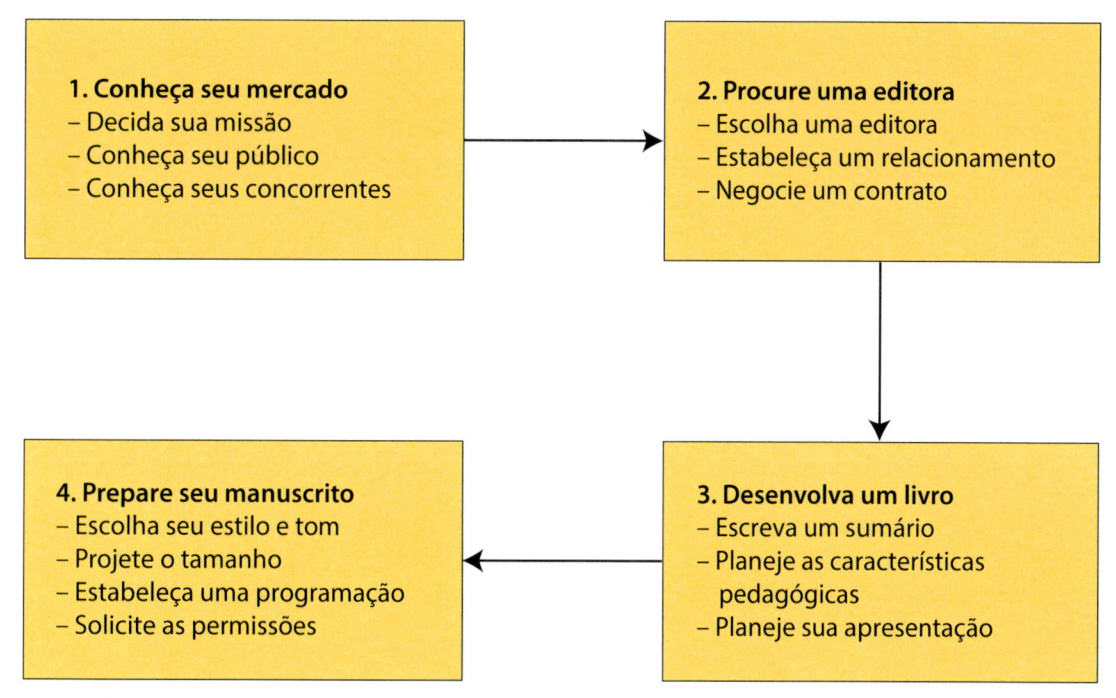

1. Conheça seu mercado
- Decida sua missão
- Conheça seu público
- Conheça seus concorrentes

2. Procure uma editora
- Escolha uma editora
- Estabeleça um relacionamento
- Negocie um contrato

3. Desenvolva um livro
- Escreva um sumário
- Planeje as características pedagógicas
- Planeje sua apresentação

4. Prepare seu manuscrito
- Escolha seu estilo e tom
- Projete o tamanho
- Estabeleça uma programação
- Solicite as permissões

FIGURA 5.2 | Escrevendo e desenvolvendo seu livro-texto.

DICAS IMPORTANTES – A CONSTANTE ARTE DE SER UM ESCRITOR

A escritora Nicole M. Kelby[25] apresenta em seu livro algumas dicas que ajudarão você a identificar se você é um escritor ou algum tipo de sonhador. Todos nós podemos aprender muito com essas dicas. Para ela, escritores de verdade:

- sabem que existe um mercado para uma boa escrita e assim, aprimoram seus rascunhos;
- revisam, revisam e revisam de novo, se necessário;
- entendem que os editores rejeitam originais com base em seu próprio gosto e mercado. Eles sabem que alguém vai gostar de seu trabalho, por isso continuarão tentando;
- sabem que podem sempre aprender e crescer com seus erros;
- escrevem porque gostam de escrever;
- entendem que a publicação é uma indústria cooperativa, mas com muitos defeitos;
- sabem que é fácil desanimar algumas vezes;
- desconfiam de elogios e sabem que um contrato de publicação é o único sinal verdadeiro de que o trabalho é bom;
- seguem seu coração.

Autor

Ninguém nasce publicado. Milhares de novos livros são publicados a cada ano e milhares de pessoas são necessárias para escrevê-los. Você pode ser um deles.

Seja realista. Para cada escritor publicado há no mínimo milhares esperando na fila para ser publicado. "Muitos são chamados, mas poucos são os escolhidos."

– Jeff Herman.
Guide to book publishers

NOTAS DO CAPÍTULO

1 BACELLAR, Laura. *Escreva seu Livro*. São Paulo: Editora Mercuryo, 2001.

2 TARUTZ, Judith. *Technical editing*. Massachusetts: Perseus Book, 1992.

3 BYKOFSKY, Sheree; SANDER, Bayse. *The complete idiot's guide to getting published*. 5. ed. New York: Alpha Books, 2012.

4 ROCCO, Tonette; HATCHER, Tim. *The handbook of scholarly writing and publishing*. New York: Jossey-Bass, 2011.

5   HENSON, Kenneth. *Writing for publication*: road to academic advancement. Massachusetts: Allyn & Bacon, 2004.
6   CARDOZA, Avery. *Guide to successful publishing*. New York: Cardoza Publishing, 2003.
7   CASANAVE, Christine Pearson; VANDRICK, Stephanie. *Writing for scholarly publication: Behind the scenes in language education*. New Jersey: Erlbaum, 2003.
8   LARSEN, Michael. *How to write a book proposal*. 4. ed. Ohio: Writers Digest, 2011.
9   NAISBITT, John; ABURDENE, Patricia. *Megatrends*. New York: William Morrow, 1999.
10 ECKSTUT, Ariele; STERRY, David. *The essential guide to getting your book published*. New York: Workman, 2010.
11 HENSON, Kenneth. *Writing for publication*: road to academic advancement. Massachusetts: Allyn & Bacon, 2004.
12 POYNTER, Dan; BINGHAM, Mindy. *Is there a book inside you*. California: Para Publishing, 2009.
13 *Shaq and the Beanstalk*: Recorrência ao clássico "João e o Pé de Feijão".
14 Ghostwriter: Escritor-fantasma. Uma pessoa que escreve livros, artigos etc. para outro, que declara ser o autor.
15 ROCCO, Tonette; HATCHER, Tim. *The handbook of scholarly writing and publishing*. New York: Jossey-Bass, 2011.
16 GUTHRIE, Richard. *Publishing: principles & practice*. California: Sage, 2011.
17 HERMAN, Jeff; HERMAN, Deborah. *Write the perfect book proposal: 10 that sold* and why. 2. ed. New York: John Wiley, 2001.
18 ORWELL, George. *Politics and English Language*. London: Penguin, 1976.
19 ORWELL, George. *Politics and English Language*. London: Penguin, 1976.
20 LADENHEIM-GIL, Randy. *The everything guide to getting published*. Ohio: Adams Media, 2012.
21 EMBREE, Mary. *The author's toolkit*. New York: Allworth Press, 2010.
22 MINTZBERG, Henry. *The nature of managerial Work*. New York: Harper & Row, 1973.
23 SCHNEIDER, Meg; DOYEN, Barbara. *Everything guide to writing a book proposal*. Avon: Adams Media, 2005.
24 BREWER, Robert. *Writer's Market*. Ohio: Writer's Digest Books, 2013.
25 KELBY, Nicole. *The constant art of being a writer*. Cincinnati: Writers Digest, 2009.

CAPÍTULO 6

Escrevendo materiais educacionais

NESTE CAPÍTULO

Introdução 149

Parceria na publicação 150

Preparação de uma proposta
  de livro-texto 151

Como criar uma boa proposta 154

Seis estratégias para propostas
  de livros de não ficção 156

Avaliação da proposta 157

O processo de publicação 158

Escreva seu livro 160

Desenvolvendo um plano
  para o livro 171

Como prender a atenção
  dos leitores 172

Avaliações e revisões 174

Avaliações pelo editor de
  desenvolvimento 175

Imaginação e criação 175

Dicas importantes: como
  avaliar um livro-texto 176

INTRODUÇÃO

No momento em que escrevemos estas orientações, o mundo impresso ainda é o meio mais acessível para entrega de informação educacional. A informação, em geral, tornou-se moeda de nossa sociedade – informação acessível, atual, e até mesmo personalizada. Reconhecemos que muitos autores e muitos leitores deste manual trabalharão na mídia eletrônica. Descobrimos que muitos dos princípios de desenvolvimento se aplicam a diferentes mídias, e talvez você ache úteis as sugestões aqui apresentadas ao desenvolver materiais em uma variedade de mídias.

Como novo autor, ou talvez como um futuro autor, você está lendo este livro em busca de sugestões a respeito de como proceder e para obter uma breve visualização da jornada que está prestes a iniciar. Muitas pessoas estarão envolvidas ao longo do caminho, mas você é o centro, e uma editora não poderá ser bem-sucedida sem você. Os autores são os principais ativos em uma editora. Uma boa redação em um livro-texto não chama a atenção por si mesma. Idealmente, o estilo do livro-texto é tão claro e despretensioso que é quase invisível, permitindo que os leitores concentrem toda sua atenção naquilo que é dito. Os leitores aprendem melhor quando podem absorver e consolidar novos fatos e ideias em um ritmo constante e confortável, livre de confusões e obscuridades. Sua tarefa como autor é assegurar que isso aconteça.

Escrever um livro didático é uma tarefa difícil e exigente para qualquer um, seja por conta própria ou em equipe. Acreditamos que isso deve ser uma tarefa conjunta entre o autor e a editora, envolvendo igual compromisso de ambas as partes. Editoras de classe mundial oferecem apoio aos seus autores desde a fase de pré-assinatura de contrato, passando pela escrita e desenvolvimento, até a etapa de vendas e marketing – ajudando-os a realizar as metas do livro.

É imperativo que se estabeleça uma visão forte para o livro dando atenção especial ao detalhe, garantindo uma excelente visualização e unidade de texto e imagens. Desafios de ensino em particular podem ser encaminhados por meio de ideias de novos recursos e apresentação criativa do material. Um extensivo processo de avaliação e crítica assegura a receptividade do mercado. Um precoce envolvimento da equipe de marketing e vendas leva a um maior conhecimento e compromisso em atingir esse mercado.

> **Autor**
>
> Escrever um livro-texto deve ser pelo amor ao ensino e para a transmissão de conhecimentos, pensamentos e ideias na página impressa. As recompensas de escrever livros didáticos são intrínsecas; mas, associadas ao processo criativo, "tornam-se" um pouco extrínseca a essas recompensas.

Pode soar como um estereótipo injusto, mas é verdade: aqueles que trabalham na indústria de publicação sabem que poucos escritores de primeira viagem têm alguma ideia do que se passa nos bastidores de uma editora. E não é porque a informação é secreta e que os agentes e editores não querem que você saiba. Na verdade, o oposto é verdadeiro: desenvolver uma compreensão básica do processo de como você influencia a venda de seu livro é crucial para seu sucesso. Se você sonha com uma carreira como escritor, quanto mais conhecimento você tiver sobre o mercado e o processo de publicação, maiores serão suas chances para traduzir seus sonhos em realidade.

Há duas partes cruciais na carreira de escritor:

- A primeira é a escrita e a conclusão de seu manuscrito e prepará-la para a aquisição e publicação.
- A segunda é todas as etapas da produção, marketing, vendas e distribuição de seu livro.

Saber como tudo isso funciona não apenas aumentará suas chances de elaboração de uma boa proposta, mas também lhe dará uma melhor chance de impactar as decisões que podem conseguir o sucesso de seu livro.

Veja como o trabalho funciona, por que você precisa saber como você pode entrar em um acordo de publicação

Antes de entrar em detalhes de como publicar, você precisa começar com o básico. E isso significa que, mesmo quando você está em fase de conclusão ou revisão de seu manuscrito, você precisa criar o hábito de visitar uma livraria regularmente. Seu objetivo: a pesquisa de mercado. Navegue pelos corredores, fazendo observações, leia livros semelhantes do mesmo gênero que seu.

Preste atenção especial aos livros da área que você está escrevendo. Observe o tamanho, formato e preço. Tome nota do design da capa, sobrecapa, endossos e sinopses.

PARCERIA NA PUBLICAÇÃO

Ao publicar seu trabalho com uma editora, você se torna sócio em uma aventura comercial conjunta; pelo menos essa deve ser a filosofia de toda editora. O negócio da publicação de livros educacionais tem muitas dimensões. Envolve informações atuais, acadêmicas, que sejam precisas e apropriadas ao público que você pretende atingir. Envolve também o conhecimento de como uma disciplina em particular é amplamente – ou quase amplamente – ensinada. Requer uma exposição lúcida, lógica e com ideias inteligentes. Envolve uma embalagem estratégica e atraente. E exige constante sensibilidade às necessidades intelectuais e práticas tanto do estudante como do professor.

Em suma, autor e editora devem compartilhar essa meta: criar o melhor livro possível – ou sistema educativo – a fim de atrair e, portanto, servir, ao mercado mais amplo possível. Você, como autor, e seu editor apresentam diferentes habilidades para dar apoio a essa empreitada mútua. Você é o especialista em termos de conteúdo e pedagogia. Seu editor é especialista em apresentação – verbal, visual e promocional. É a integração dessas variadas habilidades que deverá resultar em excelentes produtos que contribuirão para a sociedade. Enquanto autores estão preocupados em publicar seus originais, editores estão ocupados em adquirir originais. É o mesmo processo visto de diferentes ângulos. A reputação de autores e editores sobre os livros é a mesma. Quando um livro recebe boas críticas ou ganha um prêmio de prestígio, tanto o autor como o editor são reconhecidos. O livro que consegue sucesso comercial coloca dinheiro nos cofres da editora e no bolso do autor. Quando um livro fracassa financeiramente e recebe críticas desfavoráveis – autor e editor compartilham a mesma decepção. Por que, então, há conflito entre os parceiros? A ignorância é uma fonte de conflito. O autor que não entende o processo de publicação, que não lê o contrato, e que não corrige é obrigado a ser infeliz com o tempo.

PREPARAÇÃO DE UMA PROPOSTA DE LIVRO-TEXTO

Se você pensa em escrever um livro-texto, é importante, logo no início, definir e descrever claramente seu projeto. Redigir uma proposta pode ajudá-lo a organizar suas ideias e é um primeiro passo para desenvolver um plano para atingir suas metas de publicação. Além disso, a proposta deve prover ao futuro editor informações suficientes para avaliar seu projeto e tomar uma decisão baseada em um bom julgamento quanto à publicação. A proposta deve fornecer uma visão geral descritiva do projeto, incluindo o fundamento lógico e uma ideia clara a respeito de seu mercado-alvo. Ela deve dizer ao editor por que o autor está escrevendo esse texto, como planeja desenvolvê-la e a quem o livro se destina. Além disso, a proposta deve esboçar claramente como o livro se diferenciará de textos atualmente disponíveis no mercado.

Redigir uma proposta é uma das fases mais importantes no desenvolvimento de um livro. Para o editor representa o pré-planejamento e atenção a detalhes vitais para a criação de um livro bem-sucedido.

Se você decidir prosseguir com seu livro ou material didático e não autopublicá-lo, você terá que preparar uma proposta. Na verdade, você deve preparar uma proposta, mesmo que esteja planejando publicar por conta própria. Isso irá ajudá-lo a desenvolver um foco para o projeto e organizar seu conteúdo. A maioria dos contratos para livros didáticos e livros profissionais é concedida com base em uma proposta e um capítulo de amostra (ou capítulos). Um autor que já teve vários livros publicados não precisa apresentar capítulos da amostra porque a capacidade de escrita pode ser julgada a partir de livros anteriores. Vamos nos concentrar aqui nas funções de propostas, sua preparação, bem como o processo avaliação.

Esta seção foi projetada para dar-lhe uma ideia de por que uma proposta é uma parte importante do processo de publicação e quais devem ser os elementos principais. Sempre é melhor você entrar em contato com o editor de aquisição antes de submeter sua proposta, para discutirem suas ideias com mais detalhes. Inicialmente, uma proposta ajudará a atrair a atenção dos editores e determinar o melhor editor para o livro. Uma recepção positiva dessa proposta pelos professores universitários ou profissionais contatados pelo editor para fazer a avaliação crítica garantirá confiança no sucesso do livro. Também ajudará a 'pré-vender' o livro e a obter os tipos de crítica construtiva que o ajudarão o autor a produzir um livro com a maior atratividade possível.

Uma boa proposta também é uma ferramenta valiosa para o livro. Essa – e os comentários do editor e dos consultores – deve servir como um guia no preparo de um original inicial. Se o autor for capaz de executar as ideias incorporadas a uma proposta bem recebida, poderá esperar uma recepção similarmente calorosa para seu livro. Uma proposta bem elaborada conforme recomenda Eric Maisel[1] incluirá as seguintes informações:

O texto

1. **Conteúdo.** Descreva seu texto. Quais tópicos você abordará? Como o conteúdo será organizado? Qual ou quais abordagens usará para transmitir esse conteúdo? Como o escopo e profundeza de abordagem do conteúdo se comparam com os líderes atuais do mercado?
2. **Pedagogia.** Quais estratégias específicas de ensino ou aprendizagem serão os alicerces da abordagem de seu texto? Você vai incorporar ferramentas ou ideias inovadoras (por exemplo, aprendizagem ativa, aprendizagem cooperativa, raciocínio crítico) em um esforço para melhorar a motivação e aprendizagem do estudante? Quais outros recursos pedagógicos (estudos de caso, tabelas, quadros, questionários, ilustrações etc.) você planeja incluir?

3. **Programa de arte.** Há aspectos específicos do programa de ilustração que serão especialmente únicos ou inovadores? Descreva-os. Quantas ilustrações de cada tipo (fotografia, arte vetorial, arte a traço) você imagina que vai usar? Você incluirá *cartoons*, mapas, coisas reais? Você pode fornecer algum desses recursos e/ou sugerir outras fontes para eles?
4. **Formato.** Há considerações especiais a respeito do design? Quantas páginas você calcula que o livro terá? Em que formato de arquivo você pretende entregar o material?

O mercado e a concorrência

1. **Mercado.** Para qual disciplina e cursos seu texto se destina? Em qual nível geralmente ele é ensinado? Ele se destina a graduação, pós ou outros? Há requisitos prévios para esse curso? Há condições ou tendências de mercado atuais às quais seu texto recorrerá (por exemplo, reforma, uso de multimídia)? Esse é um mercado crescente? Neste caso, por que e como seu projeto poderia recorrer a essas condições? Esse projeto poderia ser apropriado para outros mercados?

    Esse mercado deve ser grande o suficiente para apoiar o projeto e deve ser atingível, o que significa que ele deve ser específico. Embora os autores pensem que seu trabalho tenha aplicação a muitos mercados, editores sabem que algumas obras têm um mercado restrito. E um velho ditado expressa o dilema. um livro escrito para todos não será usado por ninguém.

    Além de ser específico, a descrição do mercado deve dar exemplos de contextos específicos em que o livro pode ser adotado ou indicado. Para propostas de livros universitários, alguns exemplos de cursos universitários que possam utilizar esse livro devem ser mencionados. A maioria das bibliotecas e departamentos das universidades têm catálogos e muitas exibem em seus sites o programa das disciplinas em detalhes, como carga horária, bibliografia e nome dos professores.

2. **Concorrentes.** Quais são os maiores concorrentes e como seu texto se compara e se contrapõe a eles? Quais são suas potencialidades? Suas fragilidades? Você tem conhecimento de projetos similares em desenvolvimento?

    Os autores que não reconhecem a força da concorrência estão assegurando sua própria derrota. Porque se você está escrevendo um livro em seu campo de estudo, você terá conhecimentos sobre o assunto e você deve estar ciente dos livros concorrentes mais adotados no mercado. Mas você pode não estar ciente de todos os textos concorrentes disponíveis.

    Você deve estar mais do que ciente desses livros e intimamente familiarizado com cada obra concorrente. Só então, você pode usar seus pontos fortes e fracos para melhorar seu projeto. Todos os editores querem garantias de que seu livro irá conter os capítulos que os professores necessitam para ministrar a disciplina em que lecionam. Além disso, eles querem que seu livro seja não tão bom, mas superior à aos concorrentes. Dois itens são necessários para comunicar essas vantagens competitivas. Primeiro, você deve apresentar um esboço do capítulo detalhado dos títulos concorrentes. Em segundo lugar, você deve criar um gráfico de comparação de conteúdo que claramente demonstra a superioridade de seu livro. Um exemplo de comparação de conteúdo é mostrado no Capítulo 9, Quadro 9.2.

3. **Sua visão do livro.** por que outro livro? Muitos mercados estão repletos de títulos concorrentes, geralmente incluindo diversos títulos muito populares. Por que alguém estaria interessado em seu livro? Quais aspectos destacarão seu livro dos existentes (por exemplo, abordagem, organização, tópicos especiais, ilustrações, inserções em caixas/quadros etc.)?

4. **Sua vantagem competitiva.** Quais são os recursos proeminentes ou únicos em seu texto? Quais necessidades seu texto encaminhará que não são atendidas atualmente pelos concorrentes? Quais benefícios ou vantagens seu texto oferecerá a potenciais adotantes que os líderes de mercado não oferecem?

Materiais auxiliares

1. **Materiais auxiliares impressos.** Quais materiais auxiliares você propõe para os professores (por exemplo, banco de testes, manual do professor)? E para os estudantes (por exemplo, guia de estudo, livro de exercícios)? Você escreverá algum desses materiais?
2. **Materiais auxiliares eletrônicos.** Quais materiais auxiliares em vídeo, software e/ou online você prevê para acompanhar seu texto? Eles serão projetados para o estudante ou para o professor? Você desenvolverá esses materiais ou as ideias que os sustentam? Você imagina um material auxiliar baseado na Internet? Neste caso, descreva-o, por favor.

Outras informações

1. **Cronograma.** Quando planeja concluir o rascunho do primeiro original?
2. **Apoio do editor.** Quais são suas expectativas/necessidades em relação ao editor (por exemplo, pesquisa de mercado, pesquisa fotográfica, desenvolvimento de ilustrações, subvenções)?

Sumário detalhado

Um sumário detalhado, comentado, é uma ferramenta essencial para mostrar o escopo e a sequência de abordagem de seu livro ao seu possível público. Ele não somente deve transmitir aquilo que é distintivo em relação ao conteúdo/ou organização, mas também deve tornar claro como o livro didático será superior aos dos concorrentes.

Inclua em seu sumário todos os capítulos que imagina atualmente. Coloque depois de cada título de capítulo uma breve descrição sobre a abordagem e uma declaração sobre os objetivos do capítulo. Depois relacione todos os títulos principais e subtítulos (se puder). Incorpore os títulos de quaisquer recursos pedagógicos únicos que planeja incluir como aplicações especiais, estudos de casos, ensaios fotográficos, excertos de fontes primárias e assim por diante.

O preparo de um sumário detalhado não somente o ajudará a aprimorar seus planos para o texto, mas também permitirá ao editor e aos consultores entenderem a conceituação e a organização do material e avaliar sua eficiência pedagógica.

Capítulos de amostra

Seus capítulos de amostra devem exibir com destaque a elevada qualidade e os aspectos distintivos de seu livro-texto. Submeta dois ou três capítulos da obra – se estiverem disponíveis. Idealmente, os capítulos devem ser consecutivos para mostrar como se desenvolvem e fluem entre si. Os capítulos de amostra devem incluir todos os recursos de seu livro didático, incluindo elementos como introdução de capítulos, objetivos do capítulo, problemas, questões para revisão e assim por diante. Eles também devem conter exemplos representativos de arte a traço (esboços, fotocópias de outras fontes modificadas para refletir necessidades de seu texto e/ou uma lista preliminar de ilustrações); sugestões de fotografias e/ou *cartoons* (se for aplicável); e amostras dos recursos pedagógicos únicos que planeja incluir.

Se já tiver preparado capítulos correspondentes a um ou mais materiais auxiliares que acompanharão seu livro didático, submeta também amostras deles para ajudar o editor e os consultores a verem como o livro e os materiais auxiliares trabalham juntos para formarem um programa completo de ensino e aprendizagem.

Currículo

Envie um currículo atualizado que resuma suas credenciais acadêmicas e sua experiência em ensino e pesquisa, bem como suas publicações anteriores e quaisquer prêmios de reconhecimento profissional que tenha recebido.

Observação especial

É de seu maior interesse submeter originais claros e legíveis de seu original de amostra e materiais de apoio, uma vez que esses itens serão distribuídos a um grande número de pessoas durante o processo de avaliação do projeto. Uma vez que sua proposta é o primeiro esforço de sua parte para convencer o editor e a comunidade acadêmica sobre suas capacidades como autor, você também deve verificar cuidadosamente a grafia, a gramática e a pontuação em todos os itens que submeter.

Você deve ser preciso e honesto. Pesquise nas livrarias, editoras e bibliotecas os títulos iguais ou semelhantes ao seu. Prepare uma lista de todos os principais títulos que surgem como concorrentes – autor, editora, preço e data de publicação (todos podem ser encontradas nos sites das editoras e livrarias). Se puder manuseá-los, faça uma leitura rápida e identifique o que eles tem de bom e ruim. Em sua proposta apresente um resumo de duas linhas dos concorrentes principais e diga em algumas linhas como seu livro é diferente. É desnecessário listar todos os livros sobre o assunto – mas os 3 ou 4 principais já serão suficientes.

> **Autor**
> Uma boa proposta é tanto uma ferramenta de vendas como um plano de negócios. Ela deve convencer um editor a oferecer-lhe um contrato para o livro que você pretende escrever. Acompanhada de uma carta de apresentação, a proposta deve incitar um editor a saber mais sobre seu projeto e convencer o editor a oferecer-lhe um contrato.

Quase todas as editoras solicitam ao autor que apresente uma proposta de livro. Na verdade, quando o autor aborda um editor com uma ideia deve apresentar uma proposta bem escrita. Na Figura 6.1 apresentamos uma visão geral de tudo o que deve conter em uma proposta do livro. Diferentes editoras têm necessidades diferentes e todas elas terão de conhecer certos procedimentos básicos. Para ter uma ideia sobre o que os diferentes editores solicitam em suas propostas de livro visite os sites dos editores e baixe os formulários de proposta. A proposta do livro contém os detalhes de como a editora solicita a apresentação. Ela incluirá uma sinopse, sumário, data prevista de conclusão, número aproximado de capítulos, número de página e a arte. Em muitos casos, a proposta também conterá amostras de capítulos do livro proposto. E também deve conter informações de marketing.

> **Editor**
> Faça estas perguntas: o livro se encaixa na estratégia de publicação da editora? O conteúdo desse livro tem um alto padrão acadêmico? Existe mercado para um livro de alta qualidade sobre esse assunto? Que evidências existem para esse mercado? Se há uma lacuna no mercado, esse livro irá preenchê-la?

Na publicação de um livro, a proposta representa o plano de negócio do autor. A proposta de um título de não ficção descreve os objetivos do livro e seu público-alvo. Um livro-texto de negócios, por exemplo, pode apelar para profissionais e estudantes de cursos administração. O autor deve explicar quais os benefícios para o leitor e demonstrar por que ele é diferente de outros livros concorrentes. O autor deve destacar as características especiais do livro as ferramentas práticas ou técnicas que são importantes para os leitores. Os editores usam seu conhecimento de mercado para determinar como uma proposta atende as necessidades não satisfeitas do leitores.

COMO CRIAR UMA BOA PROPOSTA

Para livros de não ficção é recomendável escrever uma proposta. Não um manuscrito. A proposta deve conter informações sobre você, o mercado e a concorrência Você precisa trabalhar duro em sua proposta para mostrar que está bem ciente do mercado. Visualize seu livro. Quanto tempo ele poderá ficar no mercado? Onde ele irá aparecer em uma livraria? Quais livros estarão ao lado dele? (A concorrência). Não diga que você não vai ter qualquer tipo de concorrência e que sua ideia é única. Não é verdade. Seu livro vai competir com outros. Os editores estão muito cansados e reviram os olhos com essa declaração comum de novos escritores.

Uma proposta de livro de não ficção é uma ferramenta de vendas do escritor que está se candidatando a autor. No mínimo, deve conter os seguintes elementos: uma visão geral do livro, as credenciais do autor, livros concorrentes, informação de marketing e promoção, sumário, informação sobre tamanho, data de entrega e dois capítulos de amostra. Agentes literários e editores estão

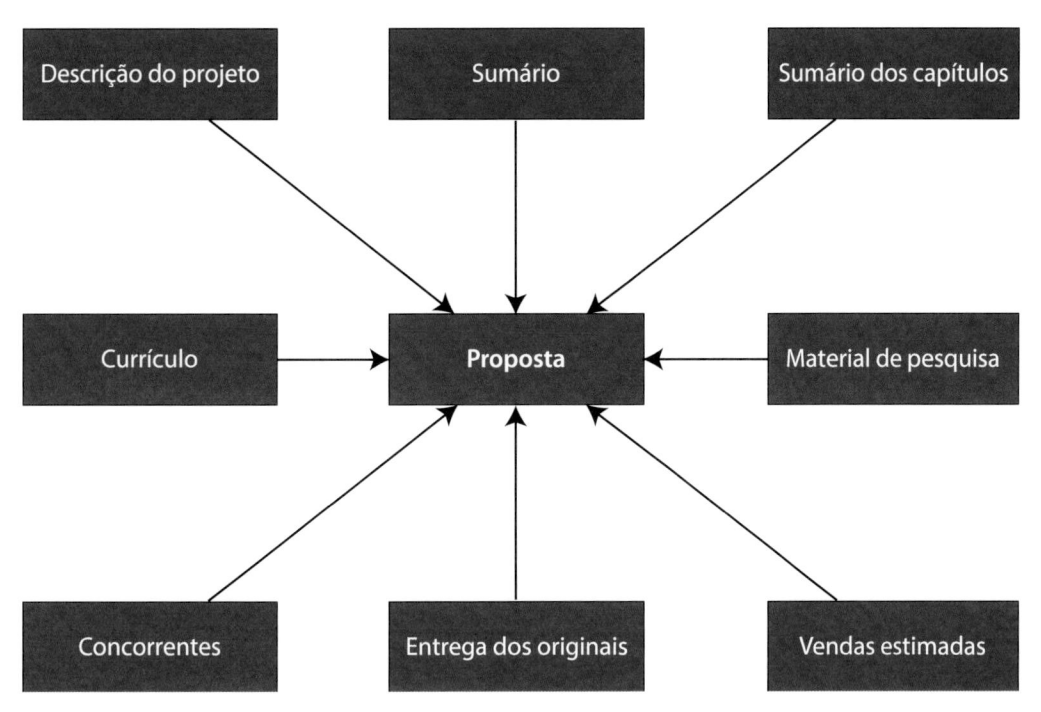

FIGURA 6.1 | Proposta de publicação.

à procura de propostas de livros onde o autor tem uma forte plataforma, um público-alvo, habilidades em marketing e promoção, e uma ideia vendável. A seguir estão seis dicas sugeridas pelo autor M. Larsen,[2] para transformar uma ideia inteligente em uma poderosa proposta de livro de não ficção.

Dica 1: Espere seu projeto se transformar

Quando você começa um novo livro, você começa com uma ideia. Como você elabora sua ideia, como você pensa sobre ela, e como você realmente trabalhará com ela, muitas vezes é irreconhecível! Esteja preparado para essas mudanças pois seu projeto pode mudar de um dia para o outro. O que está acontecendo não significa que você não sabe o que está fazendo, significa que você está envolvido no pensamento e no processo de escrita.

Dica 2: Entenda a ideia e sua plataforma

Os editores querem que seus autores em potencial alcance um grande público: seja como um blogueiro em um site bem movimentado, como um apresentador de TV, rádio, como um conferencista regular, executivo bem-sucedido e assim por diante. Se tem uma coluna que aparece em um site que atrai um milhão de acessos ao mês, isso faz você mais atraente do que um autor que não tem essa plataforma. Comece a construir sua plataforma agora.

Dica 3: Alguns passos

A proposta de livro de não ficção inclui uma seção sobre marketing e promoção. Faça sua proposta vencedora! Identifique de modo inteligente esforços promocionais que você pode se envolver para apoiar seu livro, fazer conexões pessoais com a mídia com pessoas de seu network para organizar palestras de alto nível para a criação de um blog virtual ou twitter. Editores querem mais do que sua garantia de que você vai avidamente mercado: eles querem ouvir sobre os esforços concretos que você pode e pretende fazer.

Dica 4: Mostre suas credenciais inteligentemente

Os editores querem que você seja um especialista em seu campo, mas também esperam que você tenha outras habilidades e credenciais – que você fale em público, com desenvoltura confiável e vai entregar o que prometeu, que você é esclarecido sobre marketing e promoção, e assim por diante. Certifique-se de descrever todas suas credenciais que fazem você parecer um autor que seria atraente para uma editora.

Dica 5: Escreva um capítulo de amostra

Nem todos os capítulos nascem iguais. Alguns são mais informativos e outros podem ser mais ricos e com mais conteúdo. À medida que você decide qual capítulo ou capítulos você pretende escrever para sua amostra, veja o sumário para ter uma noção de quais capítulos parecem mais interessantes e mais fortes. Escolha um ou dois deles para escrever a melhor amostra!

Dica 6: Prepare uma carta de apresentação

Quando a proposta de seu livro estiver pronta, será a vez de abordar editores ou agentes literários. Se tiver um contato pessoal ou uma referência, sua jornada será facilitada, mas se não tiver você vai precisar se aproximar desse mercado "frio" com uma consulta por e-mail (se eles aceitarem consultas por e-mail). Deixe alguns amigos ler seu e-mail de consulta antes de enviá-lo – você quer que sua consulta realmente funcione.

Sobre a concorrência

Para um editor, nada é tão irritante quanto uma proposta contém uma alegação de que não há concorrentes. Isso significa que o editor tem fazer todo o trabalho de verificar a concorrência – extensão, data de publicação, preço, nível e conteúdo e como o livro proposto era diferente. A proposta que contém um resumo claro da competição deixa o editor feliz e demonstra que o autor realmente pensou em um livro competitivo e que se encaixava em minha lista. Muitos autores pensam que o fato de seu trabalho ter concorrentes as editoras podem recusá-lo. Há tão poucas ideias originais que fazer as coisas de maneira diferente ou melhor é uma estratégia de publicação perfeitamente aceitável. Se um editor não tem um livro sobre um tema e seus concorrentes tem eles estão ansiosos para preencher a lacuna em sua lista.

SEIS ESTRATÉGIAS PARA PROPOSTAS DE LIVROS DE NÃO FICÇÃO

Propostas de livros são essenciais para os autores de não ficção e muitos acham esse um aspecto mais desafiador do que de escrever o livro em si! Propostas de livro tornam-se mais fáceis de escrever quando se tem clareza de foco. O professor de psicologia James Hartley[3] sugere estas estratégias:

1. **Aproveite sua paixão.** Um livro que irá atrair um editor ou agente para vendê-lo a uma editora e prender a atenção do leitor é uma paixão que exala. Sua melhor aposta para escrever um livro vendável é escrever o livro com uma paixão profunda e um senso de propósito. Uma crença fortemente sustentada e profunda e um desejo de fazer a diferença serão grandes razões para escrever um livro!
2. **Elabore uma mensagem original.** Poucos têm vivido uma vida exatamente como sua. Poucos tem acumulado um corpo de conhecimento e uma amplitude de experiência como você. Você está singularmente posicionado para entregar a mensagem.
   Claro que haverá outros livros parecidos e com uma premissa semelhante. Seu trabalho é encontrar uma mensagem original e ser capaz de articular o que faz com que seu livro se destaque dos demais.
   Agentes e editores estão procurando livros com uma nova abordagem, uma única premissa ou um ponto de vista distinto. Apresente sua singularidade e de ênfase em sua proposta porque você é o único a escrever esse livro.
3. **Caracterize seu livro.** Jogue com seus pontos fortes e seja você mesmo. Escreva um livro que você gostaria de ler. Seu livro deve ser um reflexo de sua personalidade. Você encara a vida com humor e irreverência? Então deixe esse aspecto de sua personalidade se manifeste por meio de seu livro. Você é um contador de histórias? Seu livro será infinitamente mais legível, para não mencionar mais fácil e divertido de escrever, se você permitir que sua

personalidade natural por meio flua pela sua escrita. Em sua proposta, apresente seu brilho e estilo de escrita por meio da descrição e pelos exemplos.

4. **Personifique seu leitor.** Traga seus leitores-alvo para a vida. Quais são os problemas que enfrentam e que você será capaz de resolver? O que não os deixa dormir à noite? Por exemplo seus leitores-alvo poderiam ser:
   - Executivos que querem dormir à noite sabendo que suas decisões são baseadas em princípios éticos e estão à procura de estratégias para reverter a crescente onda de desonestidade.
   - Mulheres que estão enfrentando uma crise de meia-idade, sofrendo com o divórcio ou sofrimento no trabalho e que estão à procura de coragem para sair em uma nova direção.
5. **Focalize suas ideias.** Você pode muito bem ter mais do que um livro para escrever. Se você tentar colocar tudo em um livro, o resultado pode ser desastroso para o leitor. Dedique tempo para ordenar suas ideias e identifique a finalidade de seu livro. Defina seus pontos principais. Encontre uma estrutura para organizar suas ideias, por exemplo: 10 maneiras de... 7 estratégias para... Torne mais fácil para o leitor imaginar que você tem um processo claro para tirá-los da situação problemática em que estão e levá-los para um lugar que proporciona uma solução.
6. **Visualize seu futuro.** Imagine seu livro em versão impressa, antecipe seu nome na lista dos mais vendidos, pense e fale de si mesmo como um autor e imagine-se falando confiantemente a uma plateia deslumbrada com sua mensagem.

Autor

Para sua proposta ser bem-sucedida você deve convencer o editor de que seu livro será superior aos concorrentes já estabelecidos. Fatores importantes que influenciarão a decisão do editor:
- A qualidade dos comentários dos consultores (avaliações);
- O mercado-alvo e o potencial de mercado;
- O preço;
- O tamanho do livro, o formato e o rigor do projeto;
- Os custos de produção envolvidos na publicação;
- O posicionamento do livro no mercado.

AVALIAÇÃO DA PROPOSTA

Depois que o autor apresenta uma proposta de livro para a editora, esta passa por dois tipos de avaliação: *técnica e editorial*. O objetivo dessas avaliações da proposta é decidir se a editora publicará o livro ou não. A avaliação técnica é geralmente feito por consultores da área. Os consultores técnicos são especialistas no campo do autor e estão familiarizados com o mercado e o processo de publicação. As avaliações técnicas indicarão ao editor o seguinte:

- O autor é qualificado para escrever o livro proposto?
- O livro terá um mercado, como indicado pelo autor?
- O livro aborda todos os temas relevantes que o público-alvo necessita?
- As afirmações do autor sobre os livros concorrentes são verdadeiras?
- A escrita do autor é clara, livre de erros, e é apropriada ao público-alvo?

Os consultores também darão sugestões para melhorar a comercialização do livro além de sugerir outros tópicos, maior cobertura de tópicos existentes, supressão de certos temas, inclusão de ilustrações etc. Eles também comentarão a organização e maneiras de reorganizar o texto para melhor clareza e continuidade. Geralmente a editora fornecerá um questionário para os consultores técnicos o utilizarem como roteiro para fazer a avaliação do texto.

De posse dessas avaliações, a editora decide fazer uma reunião editorial para analisar a proposta. O que acontece nessa reunião?

- A reunião editorial representa o momento formal quando sua proposta é apresentada ao co-

mitê editorial para aprovação e assinatura do contrato.
- Sua proposta será apresentada e defendida pelo editor de aquisição, o qual será interrogado pelos representantes dos departamentos marketing e produção, o diretor editorial e o presidente se esse estiver disponível. Durante essa reunião, o editor de aquisição serve essencialmente como seu defensor.
- O comitê editorial está preocupado com a rentabilidade provável do projeto.
- A rentabilidade de sua proposta será avaliada em relação ao mercado, a qualidade da escrita e os custos de produção.
- Algumas boas propostas podem ser rejeitadas porque o mercado é muito pequeno, ou o livro é muito grande para ser rentável, independentemente dos méritos livro.
- O comitê editorial poderá sugerir alterações (tornar o livro menor, maior ou torná-lo mais abrangente em termos de público)

O PROCESSO DE PUBLICAÇÃO

O processo que seu livro seguirá na editora ocorrerá em diversas etapas até ele se transformar em um livro encadernado (ou um CD ou algum outro produto final). O que apresentamos a seguir é uma breve descrição do processo que seu livro seguirá e os papéis do editor patrocinador e dos outros membros da equipe. Essas etapas variam de acordo com cada original, mas em geral esse processo é mostrado na Figura 6.2.

Desenvolvimento

Quando assinou um contrato, você e seu editor patrocinador concordaram a respeito das metas referentes ao seu projeto: sua razão pedagógica de ser e sua posição no mercado. Desenvolvimento é o processo de testar essas metas e certificar-se de que o produto acabado as cumpre. Diversos fatores determinam o tipo de suporte de desenvolvimento que seu texto pode receber. O mais provável é que lhe será designado um editor de livros básicos se você estiver escrevendo um livro em primeira edição para um grande mercado como, por exemplo, economia, contabilidade, administração. O editor de livros básicos lê a partir da perspectiva de um estudante e procura termos não definidos e explicações obscuras que podem não incomodar os consultores, mas que poderão induzir a erro leitores estudantes.

Um componente importante do desenvolvimento é a avaliação do original. Os consultores da editora frequentemente são seus colegas – as pessoas que ministram a disciplina, que usam os livros didáticos concorrentes e conhecem a disciplina tão bem quanto você. As editoras recorrem a eles não somente em questões de conhecimento e precisão, mas também para obter respostas a perguntas sobre qual é a melhor maneira de ensinar a matéria. Com essa ajuda, o *editor de aquisição* e o *editor de desenvolvimento* determinarão quais tipos de avaliadores serão os melhores para seu projeto. Com sua ajuda e a do editor patrocinador, o editor de desenvolvimento planeja para os avaliadores questões que identificarão as potencialidades e fragilidades do projeto. O editor de desenvolvimento e o editor patrocinador o ajudarão posteriormente a entender as avaliações. Seis avaliadores podem ter seis diferentes opiniões, e o editor de desenvolvimento pode ajudá-lo a classificá-las. Além de fazer a avaliação do original, a editora pode usar grupos de foco ou realizar pesquisas telefônicas para coletar informações sobre o mercado e seu texto. Dedicamos todo o capítulo nove sobre desenvolvimento editorial.

Produção

Assim que seu texto estiver pronto para ser publicado, o original completo (contendo toda a arte e recursos pedagógicos) será entregue a um editor de produção, e a produção se inicia. Neste ponto, o cumprimento dos prazos torna-se mais importante que nunca. O editor de produção conduz o original ao longo do processo de design, edição de arte, pesquisa iconográfica, revisão de texto, composição tipográfica, leitura de provas e impressão, atuando como seu agente à medida que o original é transformado em um livro encadernado.

Durante a primeira fase de produção, o trabalho ocorre simultaneamente em duas frentes: re-

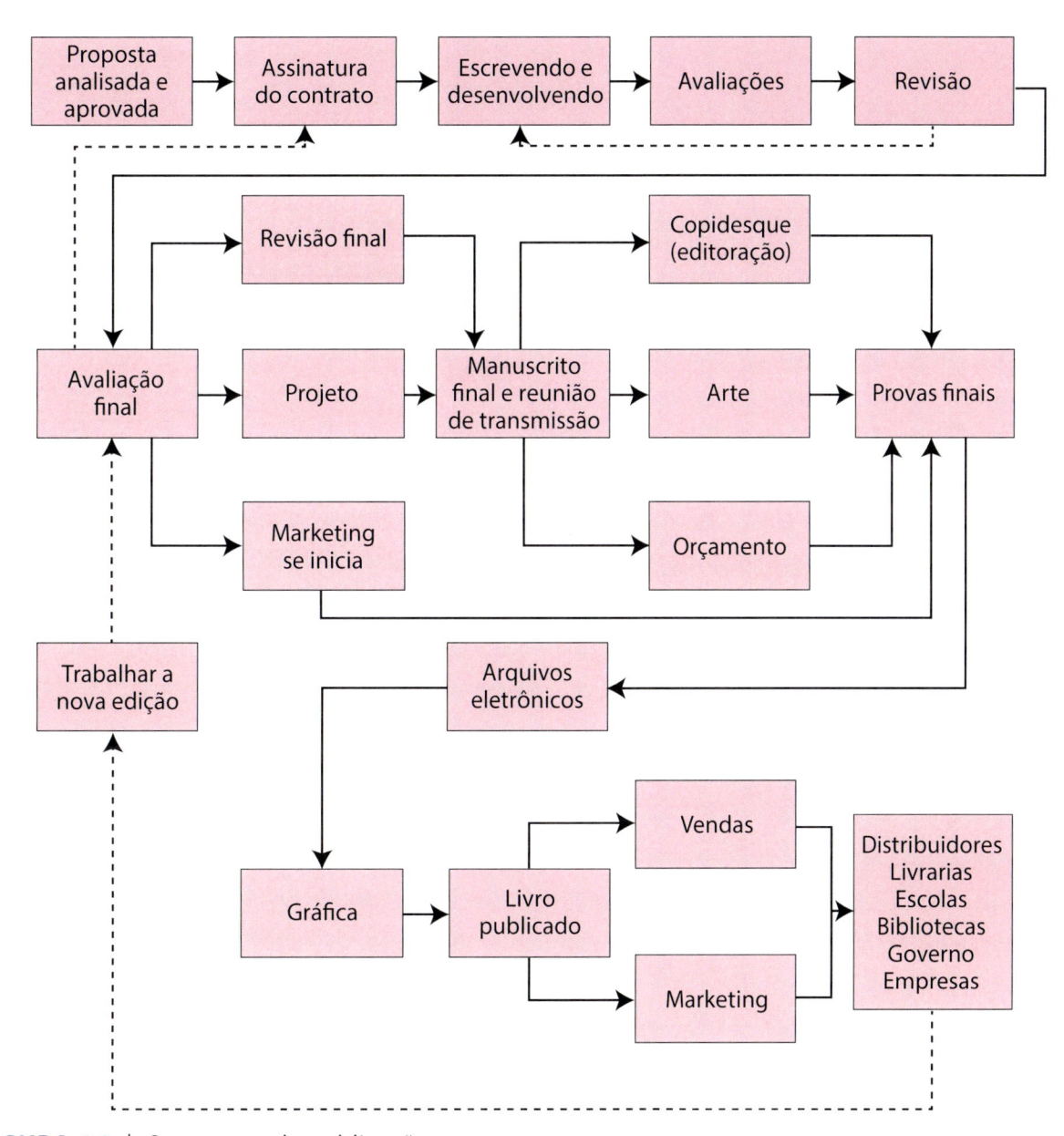

FIGURA 6.2 | O processo de publicação.

visão de texto e design. A primeira prova tangível que você terá de que seu texto está em produção é o original revisado, o qual você receberá para confirmar ou recusar as interferências do revisor e para fazer seus últimos ajustes antes da diagramação. A edição de texto é a revisão editorial final que seu original recebe. Depois de instruções do editor de projetos, o editor de texto corrige erros gramaticais e valores expressos erroneamente. O editor de texto também ajusta e condensa a prosa, verifica a arte em relação ao texto para se certificar de que combinam, e certifica-se de que todos os termos são definidos e que as palavras escolhidas são apropriadas. A leitura do texto revisado é última oportunidade do autor de ver seu texto em forma de rascunho e sua última chance de fazer modificações significativas sem incorrer em despesas extras ou retrabalho.

Enquanto o editor de texto trabalha, o processo de design também se desenvolve. Os membros da equipe de produção do livro discutem as necessidades de mercado, examinam a concorrência e determinam a aparência desejada para produzir um livro que seja competitivo e funcional. O editor de produção trabalha com um coordenador de produção para escolher um designer e transmitir-lhe essa informação. Quando o design estiver concluído, o editor de produção enviará o projeto gráfico (páginas de amostra) ao autor mostrando como os vários elementos do texto aparecerão quando forem montados.

O resultado da primeira fase de produção é um original revisado e um conjunto de especificações. Ambos são enviados ao diagramador, e o processo de composição se inicia. Para muitos autores, um dos eventos mais satisfatórios durante a produção é o recebimento das primeiras provas diagramadas. Em relação a alguns livros com designs simples o texto é lançado diretamente em páginas, e suas primeiras provas, com todos os elementos nos lugares e espaço a eles reservados, estarão muito próximas ao produto final.

Antes de as provas chegarem, o editor de projeto dará ao autor um prazo para entrega e devolução da prova e o instruirá sobre como revisá-la. O autor receberá uma cópia do original editado para consultar. Enquanto o autor lê a prova, um revisor de provas profissional revisa a prova-mestra, palavra por palavra em relação ao original. Quando o autor devolver sua prova, marcada para correção, o editor de projetos acrescentará modificações do autor à prova-mestra antes de devolvê-la ao diagramador.

As várias etapas de produção muitas vezes se sobrepõem. Enquanto o autor revê seu original revisado, também pode revisar fotos selecionadas por um iconógrafo ou a arte a traço produzida por um estúdio a partir das especificações (ou desenhos em rascunho) que ele incluiu no original. Ou quando estiver revisando os últimos capítulos do original revisado, o autor pode receber o primeiro lote de provas e opções fotográficas para seleção e redação das legendas. O editor de projetos instruirá o autor sobre o que fazer primeiro para manter tudo dentro do cronograma.

Quando o texto estiver diagramado e revisado, quando toda a arte for entregue e as fotografias tiverem sido escolhidas e posicionadas no texto, a cópia do disco criado pelo diagramador (no formato pdf) estará pronta para ser entregue à gráfica. O editor de projetos trabalha com um coordenador de produção/design e com um coordenador de manufatura para preparar todas as peças para a impressão e continua a revisar as várias provas fornecidas pela gráfica.

Marketing e vendas

Há outros membros da editora com quem o autor se encontrará e que contribuem anonimamente durante o desenvolvimento. O pessoal de marketing e vendas participa das grandes decisões sobre o plano estratégico da disciplina e sobre o livro. Eles serão atores-chave na apresentação do livro à equipe de vendas e ao mercado. Os representantes de vendas e gerentes de vendas desempenham papéis importantes para implementar o plano de marketing, colocar os livros nas mãos certas e influenciar nas decisões favoráveis à sua adoção. Como o editor patrocinador e o editor de desenvolvimento, eles trabalham para obter a melhor informação possível a respeito do mercado e para modelar o livro para atender as necessidades do mercado. O gerente de marketing costuma então solicitar o preenchimento do formulário denominado *Questionário para o autor* (veja Capítulo 22). Essa descrição omitiu alguns detalhes importantes, que abordaremos oportunamente. Esperamos, no entanto, que essas diretrizes tornem-se uma valiosa e útil ferramenta para a produção de um livro-texto, da mesma maneira que esperamos que a associação com sua editora seja longa e frutífera.

ESCREVA SEU LIVRO

Quando você escreve para seus colegas, afirma o autor Kenneth Henson[4] sabe de antemão que eles compartilham a linguagem de seu campo profissional e a mesma estrutura geral de conhecimento. Escrever para estudantes, porém, é uma atividade singular. Quando você escreve e desenvolve materiais visuais para estudantes, deve se certificar de que seus leitores o compreenderão. Todos os pontos devem estar claros e ordenados de maneira lógica, além de serem precisos. As relações entre os conceitos devem ser minuciosamente explicadas, já que muitos de seus leitores são leigos. Além de ter em mente as necessidades e limitações do estudante, você deve considerar a disciplina para a qual o livro está sendo escrito. Quais tópicos devem ser incluídos? Quais conjuntos de teorias e aplicações são necessários? Qual é a melhor ordem para apresentar o tema do livro?

É claro que seus editores de aquisição e de desenvolvimento poderão ajudá-lo a responder a essas questões por meio da revisão de conteúdo, mas a responsabilidade pela apresentação do material será sempre sua. Para auxiliá-lo a escrever com a eficácia necessária, apresentamos algumas diretrizes de estilo. Usadas em conjunto com um bom manual de estilo (ver aqueles listados na bibliografia) e uma boa gramática, essas diretrizes o ajudarão a evitar as armadilhas comuns encontradas ao se escrever um livro-texto, reduzindo assim as revisões durante o processo de produção.

Essas diretrizes versam as principais áreas sobre as quais muitos autores nos têm solicitado ajuda. Temos tentando dar sugestões gerais e práticas. Nosso principal objetivo, como seu, é alcançar os leitores e os estudantes.

Feitas as adaptações, os princípios de organização e clareza a seguir descritos aplicam-se igualmente a projetos impressos e de mídia.

> **Autor**
>
> Quando você é escritor, você é um sonhador e precisa de alguém em quem confie para ajudá-lo a interpretar seus sonhos.

Abordagem e organização

Quando desenvolver a estrutura para seu texto, você irá considerar não somente a cobertura e o equilíbrio entre fato e ideia, mas também como quer desenvolver os tópicos e temas do livro. Seus conhecimentos a respeito das necessidades dos estudantes nesse mercado e sua visão dos desenvolvimentos em seu campo, sem dúvida, determinarão o tipo de livro que você quer escrever. Você pode querer enfrentar as grandes questões primeiro. Ou pode estar tão convicto das respostas que as perguntas parecem irrelevantes. Alguns economistas acreditam que grandes tópicos como comércio internacional e controles fiscais não podem ser apropriadamente entendidos sem uma cuidadosa instrução básica sobre a análise microeconômica de custo, produção e mecanismos de preços. Outros consideram essa análise tão tediosa que afastará os estudantes da matéria, a menos que eles se tornem interessados primeiramente por tópicos mais amplos. Um geneticista pode iniciar com recentes desenvolvimentos bioquímicos ou começar com Mendel e um tratamento histórico da genética clássica. Mas o argumento quase certamente não se mudará do bioquímico para o clássico, uma progressão do difícil para o fácil, bem como do último para o primeiro, e para um anticlímax que somente desanimaria o estudante.

Toda unidade de exposição, seja um único parágrafo, uma seção, um capítulo, ou uma parte, desenvolve seu argumento. Você deve ter o comando do ponto preciso que deseja abordar. Então pense: a coisa que vem logicamente em seguida vem em seguida? Preparei-me adequadamente para isso? Expliquei todos os conceitos e defini todos os termos? Ilustrei-os tão plenamente e vividamente quanto necessário? Coloco a questão claramente, apresento os fatos importantes e depois trago a discussão de volta ao tema principal a fim de que os leitores vejam não somente aquilo que precisam saber mas por que precisam sabê-lo agora e aonde isso os leva? Apresento a informação em uma sequência e em um ritmo que os estudantes podem entender, sem gastar demasiado tempo e esforço no óbvio ou ler às pressas o que é difícil?

Assim que a ordem geral do projeto tenha sido determinada e sua extensão tenha sido estabelecida, você deverá optar entre apresentar os capítulos individualmente ou em unidades de organização, de modo que os estudantes possam compreendê-los e aprender eficazmente com eles. Organizar capítulos ao agrupar tópicos similares e apresentar conceitos em uma sequência lógica fornece aos leitores uma estrutura na qual eles poderão construir seu conhecimento. A maioria dos leitores também necessita de algum tipo de estrutura física de títulos e parágrafos que possa ajudá-la a dividir o material em partes digeríveis. Não pretendemos aqui oferecer uma fórmula pronta; antes, nosso intuito é apresentar uma estrutura para ajudá-lo a alcançar uma organização coerente.

Antes de iniciar a organização de um capítulo, sugerimos que você anote as ideias principais que planeja incluir no livro. Você poderá organizar essas ideias em uma ordem lógica, hierárquica, usando um perfil-padrão com dois ou três níveis de títulos. Veja o exemplo no Quadro 6.1.

QUADRO 6.1 | Esboço de capítulo para um livro de marketing

A natureza do marketing

1.1 Como o marketing afeta nossa vida diária
1.2 O que é marketing
1.3 Como manter clientes e construir relacionamentos
1.4 O que é um mercado?
1.5 O composto de marketing:
   O primeiro elemento – produto
   O segundo elemento – ponto
   O terceiro elemento – promoção
   O quarto elemento – preço
   A arte de combinar os elementos
1.6 O ambiente de marketing – competindo com o incontrolável
1.7 Como os profissionais de marketing usam os conceitos de marketing
   Orientação do produto – "com tanto que ele seja preto"
   Orientação de vendas – enfoque sobre as transações
   Orientação de marketing – estabelecer relacionamentos
   O conceito de marketing
   Orientação para o cliente
   Rentabilidade a longo prazo
1.8 Marketing é uma atividade funcional
1.9 Gestão da qualidade total (GQT)
1.10 O marketing e a sociedade
1.11 Por que estudar marketing?

Concebida a estrutura básica, você pode começar a transformar em realidade o esboço, acrescentando exemplos, termos a serem definidos, figuras, tabelas, casos, problemas, aplicações, analogias, citações e assim por diante. Neste ponto, seu esboço deve estar bem detalhado, embora muitas partes ainda sejam somente anotações rápidas e notas resumidas.

Antes de prosseguir, verifique seu rascunho e remova os tópicos menos relevantes. Verifique o nível de detalhamento e a profundidade de cobertura de seu plano para cada tema abordado. A cobertura está equilibrada? Os tópicos mais importantes estão recebendo maior ênfase? Cabe lembrar aqui que as repetições devem ser cuidadosamente calculadas para auxiliar os alunos a compreenderem o material mais difícil, ou seja, elas não devem ocorrer por falta de atenção. Essa avaliação rigorosa de seu esboço ajudará efetivamente a comunicar sua informação e também a localizar e excluir material supérfluo.

Agora você está pronto para desenvolver seu projeto. Os capítulos de um livro-texto normalmente têm início com uma atraente introdução ou abertura de capítulo, a qual estabelece as etapas e ajuda os estudantes a organizarem seu estudo. Procure incluir na introdução uma breve declaração de propósitos para o capítulo que explique sua temática ou a razão para agrupar esses tópicos em particular. É também uma boa ideia incluir na abertura um resumo dos tópicos que serão analisados.

Em livros não técnicos, dois níveis de título de texto são suficientes, embora um terceiro possa, algumas vezes, ser útil. Mais do que três níveis pode distrair os leitores e interromper o fluxo do material. Note que no esboço anterior do capítulo de marketing os títulos não incluem letras ou números romanos, ou seja, as principais seções devem ser numeradas consecutivamente, usando o sistema de numeração dupla, no qual o primeiro número é o do capitulo. A numeração tripla de subseções não é recomendada.

Autor

Descreva o conteúdo de seu livro em linguagem fácil de entender. Seja o mais preciso possível e forneça uma visão geral e uma descrição dos assuntos tratados com detalhes. Indique o nível de detalhamento que você usará para abordar o assunto.

Materiais auxiliares de aprendizagem

Além de fazer o resumo de cada capítulo, você deve planejar inserir uma lista dos objetivos no início dele, uma relação dos termos-chave no final e um 'glossário' no miolo em cada página onde apareça o termo a ser explicado ou no final. Talvez você queira incluir um ou mais quadros ou seções especiais em cada capítulo contendo estudos de caso ou outras informações que por alguma razão você deseje separar do corpo principal do texto. Você também poderá inserir exercícios ou pequenos resumos no transcorrer do capítulo, para que os estudantes possam checar sua compreensão do texto. O uso desse tipo de material é normalmente determinado na reunião do planejamento do projeto.

Tenha sempre em mente que o primeiro capítulo que você desenvolver servirá como modelo para os próximos. Assim, este capítulo-modelo deve incluir todos os elementos que você acredita que ajudarão na aprendizagem. Quando escreve um livro, você monitora seu trabalho pela concisão, coerência, clareza, harmonia e legibilidade. Esses são os temas que a editora Amy Einsohn,[5] apresenta a seguir.

Concisão

Em seu livro clássico de referência, *The Elements of Style*, Strunk Jr. e White[6] dizem: "uma escrita vigorosa é concisa. Uma frase não deve conter palavras desnecessárias, um parágrafo não deve conter frases desnecessárias, pela mesma razão que um desenho não deve ter linhas desnecessárias. Um bom texto é alcançando excluindo palavras desnecessárias e organizando as palavras restantes em ordem direta. Com determinação e prática, você pode dominar a arte da escrita simples. Agora é hora de aprender a escrever com clareza e simplicidade."

Um dos maiores escritores do mundo, Ernest Hemingway, ficou famoso por seu estilo objetivo e prosa concisa. Como todos os romances de Hemingway, *O Velho e o Mar* certamente é o que melhor reflete seu estilo de escrita único. A linguagem é simples e natural na superfície, mas, na verdade, é deliberada e artificial. O estilo simples de Hemingway está relacionado com sua experiência como jornalista. Seu estilo influenciou escritores em todo o mundo. *O Velho e o Mar* é repleto de fatos, a maioria dos quais vem da própria experiência de Hemingway como repórter. Na parte inicial do romance, ele mostra a qualidade de vida de Santiago, e são narrados de forma simples e natural, enquanto na parte final do romance, eles são usados a partir de dentro da própria consciência de Santiago e fazem parte de todo um esquema do romance.

A Quadro 6.2 contém um exercício de edição para ajudá-lo a reconhecer os problemas estilísticos. Tente simplificar cada uma das seguintes afirmações, eliminando partes desnecessárias de cada frase. Tenha cuidado para não alterar o significado da frase. Então veja a Quadro 6.3 para uma versão editada do exercício.

QUADRO 6.2 | Exercício de edição.

Delete as palavras desnecessárias.

1. A verdadeira questão é que a empresa não foi bem sucedida.
2. O juiz, que era um primo distante, o liberou.
3. Ela é uma mulher que não costuma dar um passo em falso sem dar considerável atenção para as possíveis consequências.
4. Seu primo, que é um pouco mais velho do que ele, terá uma boa chance de herdar toda a propriedade.
5. O fato é que ele está acabado.
6. Seu trabalho é altamente exigente.
7. Não há dúvida de que ele respondeu de uma maneira altamente precipitada.
8. A razão é que o grupo de controle de Hawthorne ficou chocado de sua complacência pela presença do supervisor.
9. Não há dúvida de que o júri tinha razão em considerá-lo culpado.
10. Você estava ciente do fato de que o sal excessivo produz hipertensão.

Embora os resultados possam variar nas revisões no Quadro 6.3, você provavelmente vai concordar que a maioria dessas declarações são melhoradas sobre aqueles no Quadro 6.2. Se você olhar com cuidado, você vai descobrir ainda mais formas de encurtar alguma dessas frases sem alterar seus significados. Por exemplo, a sentença 7 ainda contém palavras supérfluas, "Não há dúvida de que." Essas palavras são um excesso. Exclua. A frase 8 tem palavras desnecessárias, "A razão é que". A frase 9 poderia ser reduzida ainda mais, suprimindo "não há dúvida de que". É importante notar que essa edição tem lugar em etapas, e cada etapa melhora a qualidade do produto. Essa é precisamente a forma de trabalho dos bons escritores. A crença popular de que a boa escrita é o produto de gênios é bastante equivocada.

QUADRO 6.3 | Efeito da edição concisa

1. A empresa não foi bem sucedida.
2. O juiz, um primo distante, o liberou.
3. Ela não costuma prosseguir sem considerar as consequências.
4. Seu primo mais velho terá uma boa chance de herdar toda a propriedade.
5. Ele está acabado.
6. Seu trabalho é muito exigente
7. Não há dúvida de que ele respondeu apressadamente.
8. A razão é que o grupo de controle Hawthorne ficou chocado de sua complacência pela presença do supervisor.
9. Sem dúvida, o júri tinha razão em considerá-lo culpado.
10. Você sabia que excesso de sal produz hipertensão?

Resultado: originais bem editorados a partir de uma série de leituras melhoram consideravelmente.

Coerência

Coerência se refere ao fluxo da informação e à conexão entre ideias. Um livro coerente é aquele que pode ser interpretado de maneira adequada, isto é, as transições e as conexões entre sentenças, parágrafos, seções e capítulos são claras, bem como as conexões entre o texto e as imagens. Quando as ideias fluem logicamente, os leitores podem assimilar a informação com facilidade, porque ela é cuidadosamente ordenada e agrupada. Eles não terão de tentar inferir o significado ou lutar para integrar os conceitos. A apresentação fará isso por eles.

Um esboço de capítulo sólido e completo é metade do trabalho. Entretanto, para assegurar um capítulo coerente, adicione transições e guias direcionais. As transições podem ser bastante mecânicas, com a inclusão de conjunções coordenativas (mas, porém, etc.), adversativas (entretanto, contudo, etc.) e enumeração (primeiro, segundo, etc.). Isso, no entanto, não deve impedi-lo de usar transições extensivas (um parágrafo inteiro, por exemplo, que une conclusões soltas). As guias direcionais geralmente fornecem aos leitores um sentido indicativo do caminho percorrido pelo texto. Não há necessidade de elas serem óbvias ou enfadonhas. Se integradas cuidadosamente, são uma parte natural da progressão da obra.

Clareza

Na escrita a clareza é alcançada por meio da utilização de uma abordagem simples, concisa e simples. Escrever de forma simples e clara parece fácil, mas para a maioria das pessoas não é. Por quê? Existem duas razões. Primeiro, a maioria dos escritores iniciantes acredita que a sua tarefa é impressionar o editor. Segundo, acham que a melhor maneira de impressionar o editor é utilizando palavras difíceis, frases complexas (bem temperado com o jargão) e parágrafos longos. Ambas as ideias são absolutamente erradas.

A melhor maneira de impressionar um editor é comunicando claramente. Isso não é fácil para a maioria dos acadêmicos que estão mergulhadas no jargão. Os escritores experientes e editores sabem que qualquer um pode fazer um tema fácil parecer difícil, mas só um escritor hábil pode pegar um assunto complicado e torná-lo mais simples. Além disso, o trabalho do autor não é agradar o editor: é agradar os leitores.

Bons editores desenvolvem e mantém um senso acurado para satisfazer seus leitores em termos de conteúdo e estilo. Aqui, talvez você esteja se perguntando: "Como posso saber qual conteúdo e estilo são adequadas para um editor?" Há duas maneiras de aprender o que os editores esperam de seus autores. Em primeiro lugar, obter uma proposta para e estudar seu estilo e conteúdo. Segundo, você pode contatar o editor sabendo de sua lista de necessidades e temas futuros que autor está prospectando.

É imperativo que os leitores sejam capazes de entender o que você está dizendo. Assim, é importante escrever de maneira simples e direta e deixar claro o que de fato deseja dizer. Evite, portanto, alusões de qualquer natureza e defina os novos termos na primeira ocorrência. Forneça sempre aos leitores, resumidamente, referências de outras fontes no texto ou em um apêndice. Evite a linguagem familiar e busque utilizar palavras que expressem o significado exato de suas ideias.

Sempre que possível, forneça aos leitores exemplos relevantes e concretos para esclarecer conceitos abstratos ou de difícil explicação. E lembre-se:

demonstrações de erudição podem estar além do universo cognitivo de muitos estudantes.

Para melhorar a clareza e fortalecer a comunicação:

- Mantenha as sentenças razoavelmente curtas;
- Construa parágrafos de modo que cada um expresse uma única ideia ou diversas ideias claramente conectadas. Parágrafos muito grandes talvez tenham de ser divididos ou repensados. Parágrafos com apenas uma ou duas sentenças curtas podem ser um indicativo de que a ideia necessita ser mais desenvolvida;
- Evite ser prolixo e repetitivo;
- Prefira a voz ativa à passiva. Deixe claro a que ou a quem se referem os pronomes para não confundir os leitores.

Harmonia

Embora cada autor dirija-se ao leitor em um estilo diferente, algumas maneiras parecem ser mais eficazes que outras. Se você se sentir confortável para utilizar os métodos discutidos aqui, ótimo. Do contrário, certifique-se de que seu original esteja em harmonia com o que você projetou para seus leitores. Seja consistente. Acima de tudo, respeite seus leitores.

> **Autor**
> Um autor que apresenta suas ideias de forma convincente e em prosa atraente conquistará o leitor.

Eis algumas sugestões para que seu livro alcance harmonia:

- Tente usar a forma inclusiva (não a real) "nós" quando você e o leitor, juntos, estiverem revisando ou considerando o material. Isso normalmente cria uma harmonia informal, relaxada, que não afeta a credibilidade ou a autoridade. Embora incomum, é aceitável o autor se referir a si mesmo como "eu", quando expressa um desejo ou uma opinião. Se essa última possibilidade se encaixa em seu estilo ou em suas propostas e no nível do texto, não há razões para não a utilizar.
- Se você se sentir mais seguro com o estilo de leitura de discurso, certifique-se de que o livro esteja legível e interessante, sem parecer pedante.
- Ao tentar refletir sua personalidade em seu texto, esteja certo de que o efeito não será prepotente ou chocante. Evite sarcasmos, palavras com sentido dúbio e observações potencialmente ofensivas. Evite também julgamento de valor pessoal que possa dar aos estudantes ou aos professores que adotarem o livro razões para questionar a objetividade ou a credibilidade do texto.

Em qualquer caso, tente manter uma harmonia consistente. Oscilar entre os estilos pessoal e de leitura, ou entre narrativa na primeira ou na terceira pessoa, por exemplo, pode distrair ou confundir os leitores. De maneira semelhante, expressar opiniões sem preparação adequada ou inserir observações cômicas pode fazer sua obra parecer caprichosa.

Legibilidade

Os educadores concordam que um texto legível, com escrita clara e interessante, promove nos estudantes a capacidade de aprender. Alguns estudantes têm habilidade de leitura limitada e dificuldade com a escrita tradicional dos livros. Para tornar seu texto tão legível quanto possível, sugerimos que você tente desenvolver uma imagem mental clara de seus leitores estudantes – do que eles gostam e quais são suas habilidades, seus antecedentes, seu grau de instrução e idade. Assim, você poderá personalizar sua escrita e adaptá-la às necessidades dos leitores.

Vocabulário

Os estudantes conhecem os termos técnicos e os jargões utilizados no original? Se você estiver em dúvida, tente descobrir sinônimos simples ou definir para eles as palavras, em sua primeira ocorrência, de modo que possam compreender o que está sendo dito. Geralmente, definições explícitas de novos termos facilitam a memorização e posterior aplicação. Quando você introduz e define um termo-chave, convém mostrá-lo em **negrito** ou *itálico*.

Extensão de orações e parágrafos

Suas sentenças são concisas e diretas? Sentenças e parágrafos mais curtos são mais fáceis de ler. Entretanto, extensões de sentenças variadas ajudam a estimular os leitores. A maioria dos índices de nível de leitura utiliza a extensão de orações e parágrafos para indicar o nível de legibilidade de um texto.

Exemplos e aplicações

Você forneceu bastantes exemplos específicos e concretos? Se os leitores estiverem tendo problemas para compreender conceitos ou teorias, exemplos ou aplicações, os exemplos poderão torná-los mais claros. Além disso, exemplos integrados por todo o capítulo ajudam os estudantes a perceber as conexões entre os tópicos. Lembre-se, porém, de não restringir os exemplos a uma cultura, ou seja, eles devem representar a diversidade de seu público adequadamente.

Ritmo

Você está apresentando conceitos em um ritmo que os estudantes podem seguir confortavelmente? Integre os conceitos de modo que os leitores possam organizar e assimilar a informação.

Interesse

Você incluiu dispositivos interessantes como exemplos, figuras, fotos e desenhos? A apresentação e o estilo podem motivar ou não os estudantes, e isso poderá determinar o sucesso do livro.

Diversidade de assuntos humanos

As pessoas descritas ou mencionadas em seu livro refletem a diversidade de seus leitores potenciais? Ao mencionar pessoas em exemplos ou como colaboradores importantes para seu campo, procure um equilíbrio entre homens e mulheres e busque diversidade em outros aspectos, como etnicidade e idade.

> **Autor**
>
> Elementos pedagógicos são ferramentas de aprendizado e dispositivos que tornarão mais fácil para seus alunos compreender e aplicar o conteúdo do livro. Os elementos específicos que você escolherá serão influenciados pelo nível do livro e pelo assunto. Por exemplo, um livro de administração de nível introdutório provavelmente incluirá estudos de casos em um quadro, o que certamente não seria necessário em um texto de cálculo avançado.

Materiais auxiliares de estudo

Você incluiu exercícios, questões para discussão, tabelas, resumos, vocabulário, suplementos, estudos de caso, material de revisão de capítulo, apêndices etc.? O que poderia melhorar ainda mais seu projeto? Quais inclusões poderiam melhorar os aspectos pedagógicos? Você os destacou no prefácio? Você e seus editores poderão se reunir para discutir a inclusão desses materiais auxiliares em sua obra.

Introduções e resumos

Você fornece introduções e resumos para os capítulos e seções? Além de serem úteis para a organização e a coerência do texto, eles fornecem um sentido de unidade ao livro.

Gráficos

Você acrescentou ilustrações e tabelas? Muitos conceitos são mais bem explicados na forma visual.

Citações

Você usa criteriosamente os materiais citados? Citações longas ou difíceis interrompem o fluxo de sua escrita e confundem os leitores. Usar diversas citações, intercaladas somente por seus próprios comentários curtos, também pode confundir os leitores. Normalmente, é melhor parafrasear ou reformular os conceitos com suas próprias palavras – citando, claro, as fontes.

Listas

Quando bem utilizadas, as listas ajudam os estudantes a compreender a informação rapidamente ou as etapas em um processo. Entretanto, se utilizadas em excesso, podem prejudicar a coerência e a legibilidade. Certifique-se de que todas as listas utilizadas sejam necessárias e práticas, não somente atalhos para poupá-lo do trabalho de escrever as informações em forma de texto.

Linguagem adequada

Os termos *racismo e sexismo* referem-se ao uso de linguagem, imagens, suposições e comentários hostis a determinada categoria de pessoas. Alguns estereótipos fazem parte de nossa linguagem de tal maneira que compreende um esforço consciente evitá-los. É importante que você seja muito claro e objetivo, eliminando toda e qualquer atitude que possa refletir prejuízo, hostilidade ou condescendência, estereotipar ou desfavorecer qualquer pessoa.

De modo geral, escolha exemplos que incluam ampla variedade de indivíduos; apresente homens e mulheres em termos e situações semelhantes. Selecione exemplos que reflitam o equilíbrio das raças, culturas, condições socioeconômicas e idades.

Evite linguagem que possa ser ofensiva às pessoas que adotarão ou comprarão seu livro. Humor duvidoso, sarcasmo, insultos – tudo que possa ser ofensivo deve ser cortado. Se você planeja inserir em seu texto observações bem-humoradas, faça antes um teste com um ou dois leitores para estar certo de que elas funcionam. Nada aliena mais rápido os leitores do que uma piada ruim.

O lugar da ideologia

Ao contrário de diferentes perspectivas teóricas em sua disciplina, ideologias e políticas não têm lugar nos livros introdutórios, a menos que eles sejam o tema do discurso ou sejam apresentadas de uma forma equilibrada.

Se seu liberalismo, conservadorismo, marxismo, feminismo, positivismo, existencialismo, ou outros "ismos" inevitavelmente informar (ou contaminar) seu conteúdo, é seu dever declarar. Dependendo do nível de investimento em seu livro, sua editora pode eliminar a necessidade de uma declaração desse tipo, porque, inevitavelmente, diminuirá o mercado e reduzirá as vendas.

Politicamente correto

O politicamente correto não é sobre política, nem é necessariamente sobre como fazer livros politicamente neutros. Na publicação de livros didáticos, o termo "politicamente correto" se refere à orientação de não ofender grupos étnicos, idosos, pobres, deficientes físicos etc. Alguns autores desprezam as preocupações dos editores sobre a correção política. Mas o bom-senso prático recomenda não ofender seu leitor. Um leitor ofendido poderá desistir do livro.

Orientações filosóficas e políticas

Orientação filosófica consiste em suas crenças e valores sobre o assunto, incluindo seus julgamentos profissionais, pessoais, políticos, religiosos ou ideológicos. Essas crenças e valores vêm de modos sutis em sua escrita, bem como as imagens fabulosas e mensagens subliminares em publicidade. Como a verdade na publicidade, honestidade intelectual é um direito do consumidor.

A honestidade *intelectual* requer incluir as ideias com as quais você não concorda. Os autores de um livro de introdução à psicologia que rejeitam Freud devem, contudo, discutir Freud e seus seguidores em seu livro e devem fazê-lo de forma honesta e imparcial, não se omitindo em colocar um ponto de vista, mas identificando claramente os pontos fortes e fracos de sua visão.

Precisão e atualidade

Nunca é demais enfatizar que você é responsável pela precisão dos fatos, dos valores, das afirmações, da apresentação de teorias e dos cálculos de uma obra.

Para manter o livro atualizado, seja cuidadoso no que diz respeito às referências que são atuais no momento em que você está escrevendo. Referências a um evento específico, personalidade ou modismo poderão não ter a força ou o valor que tinham quando estavam nas manchetes. Você poderá usar tais referências, mas situe-as em um contexto ou continuidade que não soe tão sensível ao tempo. Vários anos podem ter se passado entre o primeiro rascunho do projeto e sua publicação, e o material tem de ser atual no momento da publicação.

Plágio

O plagio pode ser infeliz, extremamente caro e um enorme problema para autores e editores. Aconselhamos, assim, que você envide todos os esforços para creditar suas fontes e evitar apresentar ideias ou teorias de outros como sendo suas. O departamento editorial e de produção poderão auxiliá-lo nessa etapa. Embora hoje em dia haja empresas e softwares especializados na detecção de plágio, é o autor quem está na melhor posição para evitar problemas reais ou potenciais dessa natureza.

Controle de extensão

O tamanho é uma questão *crucial* na produção de um livro. Um texto maior do que o mercado necessita compromete suas chances de vender bem. Além disso, um texto muito longo impõe mais custos de editoração, diagramação, papel, impressão e acabamento. Pode revelar-se impossível produzir o livro ao preço que o mercado considerará aceitável.

Tenha sempre em mente que é importante seu livro ficar dentro das diretrizes de extensão que você recebeu de seu editor e que podem estar estabelecidas em seu contrato de publicação. Um original que exceda sua extensão preestabelecida necessitará de cortes; caso contrário, a obra enfrentará problemas em sua programação e com custos de produção, o que poderá implicar um atrativo menor para os leitores e comprometer seriamente as chances de o livro fazer sucesso. Também aqui você poderá se aconselhar com seu editor, que lhe dará mais especificações sobre a extensão da redação.

A seguir, há uma lista de sugestões que poderão ajudá-lo a controlar a extensão de seu original:

Faça um esboço do conteúdo projetado do livro

Esse esboço deve incluir as introdutórias e as finais. Depois, atribua um tamanho a cada capítulo ou parte. Se alguma seção for maior (ou menor) do que o limite que você definiu, reduza (ou aumente) aquilo que já escreveu ou corte (ou adicione) alguma seção posterior. Se nenhuma dessas tarefas parecer possível, discuta a questão com seu editor.

Faça uma estimativa do tamanho

Para estimar o tamanho, conte o número de palavras de uma página média do original e multiplique pelo número de páginas (incluindo páginas parcialmente ocupadas); certifique-se de incluir a quantidade de espaço que suas figuras planejadas ou outras ilustrações requererão. (Seu processador de texto deve dar-lhe uma contagem de palavras com exatidão.) Se pretende incluir tabelas, gráficos e outros trabalhos de arte em seu livro, considere esse fato quando medir a extensão de seu original. Se estiver em dúvida com relação ao espaço que deverá ser destinado para esse material, peça ao seu editor para orientá-lo.

Gramática e estilo

Existem no mercado muitos manuais de redação e estilo e gramáticas que você poderá consultar e, assim, desmistificar o que as editoras fazem para transformar um original em livro.

Algumas editoras e empresas jornalísticas têm seus próprios manuais de estilo, que podem ser essenciais para o sucesso de uma publicação.

Múltiplos autores

Dois ou mais autores podem trabalhar em conjunto de diversas maneiras para escrever um livro. Em um trabalho conjunto, um autor principal desenvolve a ideia do livro e convida outros para escrever capítulos específicos. O autor principal também age como editor e coordenador, normalmente com a responsabilidade de administrar o progresso do livro e arbitrar qualquer disputa que possa surgir.

Em colaborações de somente dois ou três autores, cada um tem colocações em todas as partes do livro, não somente nas seções pelas quais é primeiramente responsável. Em livros de múltiplos autores, todos devem ter voz na tomada de decisões.

Preparamos uma lista das questões comuns mais importantes em projetos de múltiplos autores. Se considerar com cuidado cada ponto, provavelmente você e seus colaboradores produzirão um bem-sucedido e eficiente livro com um mínimo de confusão. Aqui estão algumas das questões que necessitam ser estabelecidas antes de você começar a escrever. Seus editores fornecerão diretrizes de todas essas matérias baseados nas decisões de planejamento do projeto.

A natureza geral do livro

Antes de tudo, é necessário definir se a abordagem do livro será ou não convencional. Todos os autores devem compreender que dessa definição depende a singularidade do livro entre seus pares.

A filosofia do livro

É preciso que todos os autores estejam de acordo com a abordagem básica do livro, pois se as diferenças de opiniões não forem ajustadas com sucesso, elas poderão prejudicar a unidade da obra. A filosofia do livro deve ser declarada no prefácio ou na introdução. O autor principal talvez queira preparar esse trabalho inicial, mas nada impede que todos trabalhem em conjunto para prepará-lo. Você e seus coautores podem, ainda, incluir um capítulo final que reafirme a ênfase do livro e que poderá ser escrito após serem feitas todas as contribuições individuais.

Público

É necessário, ainda, que seja especificado o público a que o livro se destinará.

Estilo de escrita

O estilo de escrita também deve ser definido: o livro será mais objetivo e acadêmico? Em que recairá a ênfase, no conteúdo real ou na análise interpretativa? É claro que ninguém espera que os autores escrevam do mesmo modo, mas é necessário que exista harmonia e coerência sem nenhuma quebra drástica no estilo, de capítulo para capítulo.

Rascunho

Prepare um esboço *detalhado* de seu capítulo e o distribua para todos os coautores. Peça-lhes que façam o mesmo. É preciso que todos conheçam o trabalho do grupo, para evitar duplicidades ou esquecimentos. Do mesmo modo, um esboço detalhado do livro irá assegurar coerência de abordagem e organização.

Como resultado dessa troca, poderá ser desenvolvido um modelo que levará os coautores a seguirem práticas coerentes no uso de títulos, boxes e outras características do capítulo. Envie a seu editor um capítulo-modelo no início do processo.

Quantidade de contribuições individuais

Você sabe exatamente qual a extensão de sua parte do livro? Essa decisão deve ser tomada no início, especialmente nos livros com vários colaboradores, e ser aceita por todos. Se você e seus coautores decidirem que sua seção será de 25 mil palavras, esteja certo de que ela se manterá nesse tamanho. Não escreva mais de 40 mil palavras, alegando que seu tema necessita de um tamanho extra. Muitas vezes os autores fazem acordos informais sobre a extensão à medida que a escrita progride, mas sempre mantendo o equilíbrio geral dos tópicos em mente.

Ilustrações

Se você pretende incluir ilustrações ou fotos em seu livro, deverá formar um pacote completo (fotocópias de desenhos, gráficos e tabelas selecionadas de outras fontes, esboço bruto para a nova arte e uma lista de sugestão de fotos) com as autorizações necessárias, já solicitadas ou adquiridas, antes de o original ir para a produção. Sugerimos que o autor principal examine todas as ilustrações do livro para checar se o pacote de arte está completo e se as autorizações foram solicitadas. Se seu grupo inclui um autor experiente ou particularmente interessado em ilustrações, ele poderá servir como consultor ou revisor do trabalho de arte para o grupo. Se você tiver algum problema nessa etapa, discuta com seu editor, em alguns casos a Editora assume a responsabilidade de pedir as autorizações de reprodução de imagens, basta que os autores apresentem a lista de sugestões de fotos.

Bibliografia

Estabelecido o tamanho da bibliografia, é necessário decidir se constará uma listagem no final de cada capítulo ou se todas as listagens serão agrupadas no final do livro. Todos os autores devem usar o estilo previamente estabelecido pelo editor. Sugerimos colocar a bibliografia ao final do livro, para não haver muitas repetições.

Notas e referências

As notas poderão aparecer no rodapé da página, no final de cada capítulo ou no final do livro. Com relação às notas e referências no texto, todos os autores devem usar o mesmo estilo. Os autores deste livro usam e recomendam as notas e referências ao final de capítulo.

Tabelas

As tabelas são um recurso amplamente utilizado nos livros-texto e têm estreita ligação com a natureza geral do livro, sua filosofia, o estilo de escrita, a pedagogia e o público-alvo. Tabelas muito grandes podem aparecer no próprio texto ou ser colocadas em um apêndice no final do livro.

Materiais auxiliares de ensino e aprendizagem

Você deseja incluir em seu livro questões e problemas? Estudos de caso? Eles serão difundidos por todo o livro, após cada capítulo, ou aparecerão apenas no final do livro? Cada autor deve fornecer uma descrição escrita da intenção, colocação, formato e frequência dessas ajudas. Para que sejam úteis aos estudantes, elas devem ser coerentes.

Programação

Você e os outros autores estão de acordo com as diretrizes definidas para o encerramento de cada capítulo? Se você falhar em sua data-limite, a programação do livro como um todo estará comprometida. Se, por alguma razão, você achar que não pode simplesmente cumprir o prazo estipulado, converse com seu editor, de modo que os ajustes necessários possam ser feitos na programação geral. O autor principal deve emitir relatórios periódicos a todos os colaboradores apontando o progresso geral do livro e dos colaboradores, além de mantê-los – incluindo os editores de desenvolvimento e de aquisições – atualizados com as informações pertinentes.

Comunicação

Para manter cada coautor e os editores informados sobre os acontecimentos relacionados ao livro e ajudar a seguir a programação, o que afetará o sucesso de seu livro, todos os coautores devem estar preparados para se comunicar por e-mail, telefone ou fax. Recomendamos que os autores se reúnam para resolver as questões levantadas no início do trabalho. Na impossibilidade de reunir todos os autores, outros meios devem ser empregados para que todos os colaboradores compreendam seu papel no projeto. Todos os colaboradores devem estar de acordo e cientes das decisões tomadas sobre o projeto. Um dos autores (frequentemente o principal) deve agir como uma central de informações para todos os participantes. É aconselhável que todas as decisões finais sejam colocadas por escrito e distribuídas para todos os autores e editores.

Especialmente nos projetos em que cada autor contribui em todas as partes do livro, o autor principal deve ler cada um dos trabalhos antes de os originais irem para a produção. Esse exercício servirá como uma revisão adicional, ajudará o grupo a descobrir novos tópicos cuja cobertura tenha sido duplicada ou negligenciada e fará com que o trabalho fique mais coeso e compreensível aos estudantes. Lembre-se sempre de que você é um dos membros do grupo. O cuidado com o qual prepara sua parte e sua atenção constante sobre o padrão global do livro afetará diretamente o sucesso do projeto.

> **Autor**
>
> A parte mais fácil de seu trabalho inicia quando você começa a escrever seu original. Até então, você tem uma ideia clara de como você está indo e como chegar lá. Para atingir esse estágio, você tem que passar por aquilo que poderia ser descrito como um processo de nascimento: você tem que criar um plano do livro. Não é exagero dizer que esse plano determinará o sucesso de seu projeto. Ele irá definir seu livro, seus suplementos e o trabalho que você deve fazer para escrevê-los.

DESENVOLVENDO UM PLANO PARA O LIVRO

A parte mais fácil de seu trabalho inicia quando você começa a escrever seu original. Até então, você tem uma ideia clara de como você está indo e como chegar lá. Para atingir esse estágio, você tem que passar por aquilo que poderia ser descrito como um processo de nascimento: você tem que criar um plano do livro. Não é exagero dizer que esse plano determinará o sucesso de seu projeto. Ele irá definir seu livro, seus suplementos, e o trabalho que você deve fazer para escrevê-los.

Os passos seguintes irão ajudá-lo a desenvolver o plano de seu livro.

Passo 1: conheça seu público

Você não pode começar a planejar sem conhecer o público para o livro – professores e estudantes que irão utilizar o livro em sala de aula. Tenha em mente que seu livro deve atender a esses dois grupos distintos, mas que no final, as necessidades dos professores para ensinar e os alunos aprenderem são semelhantes.

Quando os representantes da editora oferecerem uma cópia gratuita de seu livro para os professores, eles saberão muito rapidamente se o livro atende às suas necessidades.

Eles verão se o sumário abrange todos os tópicos ensinados, a organização, e os exercícios exigidos na disciplina. Eles também podem analisar os suplementos para ter certeza de que eles contém os elementos desejados. Além disso, os professores avaliam o nível e o ritmo do material.

Lembre-se sempre de que seu livro vai vender apenas se for bem-sucedido na sala de aula e atender às necessidades de alunos e professores. Assim, uma parte crítica do processo de planejamento envolve descobrir exatamente qual é o seu público e a melhor maneira de se comunicar com ele. Comece olhando os livros mais vendidos para a disciplina. Analise quais às necessidades que estão sendo atendidas pelos livros existentes e determine como fazer melhor. Em seguida, analise quais as necessidades não atendidas atualmente, e desenvolva soluções inovadoras para atender essas necessidades.

Passo 2: desenvolva o sumário

Essa etapa envolve nada menos do que organizar seu projeto como um todo. Você deve decidir, logo no início, como organizar o corpo de conhecimento que é o assunto de seu livro, em partes distintas e capítulos. É importante lembrar, neste ponto, que você não tem que reinventar a roda. Conversando com editor de aquisições e com um número razoável de colegas que lecionam a mesma disciplina, e sua de experiência, será possível desenvolve uma boa tabela de conteúdos.

Nós não estamos sugerindo que você deve parar por aqui. Pelo contrário, é nesse ponto que sua criatividade deve começar a fluir. Usar essa informação como um trampolim para o que pode ser uma maneira ainda mais eficaz de organizar o texto.

Se, depois de falar com as pessoas, você percebe que os alunos tem dificuldades em compreender alguns itens da disciplina, considere adicionar outro material para esclarecer as dúvidas.

Passo 3: defina os elementos pedagógicos

Os elementos pedagógicos farão o texto mais interessante e facilitará a aprendizagem dos alunos. São ferramentas eficazes que devem ser utilizadas sistematicamente para auxiliar a aprendizagem e reforçar os conceitos principais. Esses elementos incluem esboços do capítulo, objetivos de aprendizagem, termos importantes, notas marginais, alguns exemplos da vida real e estudos de casos. A seleção de elementos pedagógicos vai depender do tema de seu livro.

Passo 4: programa de ilustrações

Mapas, gráficos, diagramas, fotografias, desenhos, que você escolheu para ilustrar cada capítulo são tão importantes quanto às palavras na página. Então nunca trate como uma reflexão tardia ou como responsabilidade de outra pessoa, pois eles são críticos para o sucesso do seu livro. Discuta com seu editor o número de ilustrações apropriado para o texto. Então, calcule o número médio de ilustrações para cada capítulo, e use este número como orientação enquanto você escreve. Lembre-se de que o objetivo de cada ilustração é ajudar os alunos a aprender o material que ajudará a visualizar os conceitos que já foram explicados em palavras. Para ser eficaz cada ilustração deve ser estreitamente integrada com o texto. Na maioria dos casos, o texto descreverá o conceito, e a ilustração reforçará a descrição. O sucesso do seu programa de ilustração depende da sua capacidade de pensar visualmente.

Passo 5: prepare os suplementos

Ao mesmo tempo em que você planeja seu texto, você também deve considerar os **suplementos** do texto. Os materiais de amostra (cortesia) e os vendáveis são parte do "pacote" do texto. Você e seu editor determinarão os requisitos do mercado, que variam amplamente. Enquanto os textos para alguns cursos avançados não possuem suplementos, para os cursos básicos de grande matrícula podem ser indispensáveis para um mercado competitivo. Os suplementos são ferramentas de marketing extremamente importantes e muitas vezes são cruciais nas decisões de adoção dos professores. Entre os suplementos mais populares estão os manuais do professor, guias de estudo, transparências, bancos de teste. Em muitos mercados, software, vídeos ou multimídia podem ser componentes importantes do pacote de aprendizagem.

Os sites que oferecem recursos como atualizações de texto, auto-testes de estudantes e links para outros sites são cada vez mais comuns. Quanto maior o pacote de suplementos, mais cedo o planejamento deve começar.

COMO PRENDER A ATENÇÃO DOS LEITORES

De certa forma, a boa escrita é como uma boa pescaria. O sucesso começa com a atenção ao público alvo. Você deve ir atrás de seu público ou atrair seu público-alvo para você. Muitas vezes você só tem uma chance, então você deve dar seu melhor. Como todos os consumidores, os leitores de não ficção têm uma boa ideia do que eles estão procurando. Se você sabe o que é, você pode usar uma abordagem eficaz. *Pescadores bem-sucedidos conhecem os hábitos de diferentes peixes e escolhem a isca adequada. Ao escolher seu tema para escrever pare e pense sobre o leitor. Todos os leitores de não ficção estão à procura de substância. Mas o que é certo para um público não é certo para outro. Por exemplo, se você está escrevendo para gestores de pequenas empresas, você pode querer enfatizar maneiras de tornar as empresas mais pessoais. Mas, isso pode ser errado para muitos gestores de grandes conglomerados que podem preferir artigos sobre fusões e aquisições internacionais.*

Tendo identificado uma área de interesse para seu consumidor em potencial, você pode escolher um tema que vai chamar a atenção e atrair o leitor para seu artigo ou livro. Um rápido olhar para a vida moderna vai explicar porque você tem apenas uma chance de chamar a atenção de seu leitor. Como as pessoas estão muito ocupadas, algumas leem apenas artigos selecionados de determinada revista, escolhendo apenas os artigos ou livros que prometem preencher suas necessidades. Mas, como um autor você pode usar as seguintes seis etapas para capturar e prender a atenção de seus leitores.

1. **Escreva títulos atraentes.** A maioria dos leitores começa procurando por artigo, capítulos ou livro. Você deve fazer cada título chamar a atenção do leitor. Seus livros ou artigos devem cumprir as promessas de seus títulos. A maioria de nós se lembra da decepção sobre a compra de um livro descobrindo depois que seu conteúdo não conseguiu fazer jus ao seu título.

   Na tentativa de fazer sua escrita fiel aos seus títulos, não deixe que seus títulos se tornem seu mestre. Em primeiro lugar, diga o que você acha que é importante para os leitores. Se necessário, depois de terminar de escrever o artigo ou livro, você pode facilmente rever o título para adequar a mensagem.

2. **Use subtítulos para captar a atenção.** Quando os leitores potenciais vislumbram os títulos de capítulos de livros ou artigos (tanto no sumário ou pulando de artigo para artigo da revista), eles fazem tentativas para localizar o que mais interessa.

   Os subtítulos são como as maiores divisões em um esboço. O leitor acredita que o autor vai cumprir a promessa feita no título. Claramente, você pode usar subtítulos para convencer seus leitores que seu artigo ou livro é consistente. Isso significa muito para os leitores de não ficção que leem para obter informações. Você pode obter pleno êxito colocando numerais em cada subtítulo.

3. **Escrever fluidamente** (falando informalmente ao público). Depois de ter capturado a atenção dos leitores com um título eficaz e subtítulos, você deve manter sua atenção ao longo do artigo ou capítulos do livro. Existe uma maneira de fazer isso. Comece por relaxar e escrever como se você estivesse falando com um de seus leitores. Como todos os escritores experientes sabem, a primeira lei para todos os autores é que eles precisam dominar seu negócio – a escrita. Os escritores devem escrever tão rapidamente quanto a fluidez das palavras, sem se preocupar com estilo, gramática, ortografia, pontuação ou qualquer outra coisa até que todas as palavras estejam no papel.

   Agora que você tem seu público em mente tente inverter os papéis. Imagine que você é o público. O que você deseja que o autor lhe diga? Que tipo de perguntas que você gostaria de perguntar se você pudesse se encontrar e conversar com o especialista? Esse é o lugar onde seu artigo deve começar: responder a essas perguntas que os leitores provavelmente gostariam de perguntar. Ao escrever, mantenha seu público imaginário em mente.

   Seu trabalho é servir a esse público, oferecendo respostas às suas perguntas. Às vezes, isso significa que você não vai conseguir dizer o que você quer dizer, pelo menos não até que você tenha satisfatoriamente respondido às perguntas do público. Muitas pessoas desejam se tornar escritores, porque esses especialistas têm poder sobre o público. Paradoxalmente, os autores mais bem-sucedidos continuam subservientes ouvintes, cujo primordial objetivo é servir seus leitores.

4. **Escreva com simplicidade.** Autores de não ficção devem ter em mente que esse leitor lê para adquirir conhecimento. Eles querem fatos concretos. Eles querem ler algo essa noite e implementar amanhã. Suas razões para a leitura são claras e essas razões não incluem saber se o autor é arrogante, rico ou pobre, famoso ou desconhecido. Cada parágrafo deve ser tão breve que, tendo acabado de ler, o leitor pode se lembrar de todos os principais conceitos. Cada frase deve ser estruturada de forma que o assunto está no início da frase e é rapidamente seguido pelo verbo.

5. **Escreva assertivamente.** Embora os leitores não leiam para aplaudir, pedir autógrafos ou reverenciar os autores, eles defendem sua sabedoria. Os leitores de não ficção devem confiar na experiência de seu autor. Convencer os leitores que o autor é de fato um especialista sobre o tema é de responsabilidade do autor. A força das palavras pode ser adquirida por meio de uma linguagem positiva. Escrita assertiva é uma combinação de palavras simples e afirmações positivas. Por exemplo, as frases que começam com *não poucos* poderiam começar com a palavra *vários* ou *muitos*. "Nem todas as leis servem para proteger os cidadãos" podia ler "Algumas leis não protegem os cidadãos."

6. **Use aplicações.** A maioria dos leitores de não ficção são profissionais que buscam soluções para problemas reais. Esses leitores estão sempre procurando maneiras específicas de melhorar um processo, melhorar seu desempenho profissional e mesmo aplicar em sua atividade diária. Eles não gostam de longos

e tratados pedantes porque não têm tempo e porque querem ideias que possam usar. Você pode conquistar esse leitor, oferecendo caminhos específicos para aplicar as informações em seu artigo ou livro. Dê aos leitores exemplos específicos e, em seguida, explique como esses são aplicáveis. Para fazer isso, primeiro estude seu público e, em seguida, selecione exemplos que podem ser usados por todos que leem revista ou livro.

Quando você escreve para os leitores de não ficção, lembre-se que seu trabalho é capturar a atenção dos leitores e mantenha a atenção no decorrer do trabalho. Bons títulos e subtítulos são excelentes dispositivos para ganhar a atenção. Segurar o leitor ao longo de cada sentença não é fácil. A única maneira que pode ser alcançado é por meio da edição cuidadosa e rescrevendo, sempre mantendo os leitores com uma visão clara e lembrando que bons autores são dedicados servos.

AVALIAÇÕES E REVISÕES

Um original aceito para publicação é o resultado dos esforços de muitas pessoas – autor, editores de aquisição e de desenvolvimento, consultores que emitiram seus pareceres em vários estágios no desenvolvimento dos originais. É importante salientar que um livro-texto deve reunir certos padrões, como precisão e atualidade, dos quais o editor não pode fazer um julgamento isolado. Por isso, é necessário que o original passe pelo crivo dos consultores, também denominados revisores. Esses profissionais, geralmente professores ou especialistas na área do respectivo projeto, emitem críticas essenciais não apenas para a melhoria específica do material, mas também para ajudar o autor e o editor a entender as necessidades e os objetivos dos professores e estudantes naquela disciplina. Esses revisores (consultores) são parte fundamental para o êxito de qualquer projeto editorial.

Avaliações de conteúdo

Seu editor começará a se envolver com o original logo nos estágios iniciais. A proposta editorial, ou *plano do livro*, é certamente o primeiro passo em direção a um original completo, e seu conteúdo será determinado pelos editores de aquisição e de desenvolvimento. A proposta deve declarar sua percepção do mercado, seu ponto de vista sobre os livros concorrentes e quanto seu projeto pode ser superior a eles.

Quando os editores receberem seus originais para avaliação de conteúdo, considerarão várias estratégias de revisão. Eles avaliarão o material e o compararão com os lançamentos mais recentes na disciplina. Um dos objetivos do processo de avaliação é manter a integridade de suas ideias e, ao mesmo tempo, viabilizar melhorias.

A equipe editorial o ajudará a medir a importância das críticas e sugestões dos consultores e também dirá *por que* eles fizeram certos comentários. Certas sugestões podem ser vistas como supérfluas ou ilógicas; entretanto, poderão apontar detalhes vitais para uma boa aceitação da obra. Ao ler as avaliações, prepare-se para receber uma enxurrada de críticas, na maioria das vezes construtivas. Leia com isenção as avaliações e faça o que sugere a autora Lepionka:[7]

- Seja objetivo. Rejeite as críticas verdadeiramente injustas e imprecisas e veja o restante pela ótica de um possível usuário ou comprador do livro.
- Muitos consultores poderão fazer uma análise equivocada. Tente esclarecer cada ponto e discuta com ele as principais questões com cuidado e seriedade.
- Seja realista sobre suas próprias expectativas de sucesso.
- Lembre-se de que esses consultores são parte importante no marketing de seu livro. Com eles, você e seus editores aprenderão como desenvolver suas ideias em um produto para que seus colegas em outras escolas o vejam como a melhor opção entre os diversos concorrentes. Quando seu livro for publicado, os editores desejarão que seus consultores o adotem; assim, é recomendável pensar neles como clientes desde o início do projeto.

As responsabilidades com relação a essas tarefas recaem sobre dois editores: de aquisição e de desenvolvimento, que são responsáveis pelos procedimentos adotados no processo de avaliação para todos os originais. Se você tiver qualquer pergunta sobre o processo, ambos os editores deverão estar aptos a respondê-la prontamente.

AVALIAÇÕES PELO EDITOR DE DESENVOLVIMENTO

Para mercados com grande número de estudantes, seu editor de aquisição pedirá que o editor de desenvolvimento dê uma olhada geral no original. Enquanto os consultores se concentram no conteúdo, na organização e na precisão, o editor de desenvolvimento lê os originais como se fosse um estudante e ainda verifica a organização, o conteúdo, a abordagem e as características-chave. Como é um especialista em escrever, esse editor procurará algumas áreas em que os estudantes poderão ter dificuldade de identificar pontos importantes, proporá estratégias construtivas, solucionará problemas e o ajudará a interpretar críticas e sugestões dos consultores.

O editor de desenvolvimento também poderá sugerir melhorias na arte visual do original e no formato do projeto. Uma das metas do editor de desenvolvimento é ajudá-lo a convencer os professores a adotarem seu livro-texto.

Revisões

Após ler e analisar as avaliações juntamente com o editor, planeje uma estratégia para revisar o original. Mantenha o mercado-alvo em mente, pois os editores terão de analisar as avaliações e desejarão assegurar-se de que você concordará com o que deve ser feito para a melhoria do projeto.

Autor

O processo de avaliação por pares envolve um extenso feedback acadêmico e pedagógico sobre uma ampla gama de questões, incluindo atualidade, precisão, estilo de escrita, rigor científico, cobertura e sequência apropriada dos tópicos, materiais de apoio à aprendizagem, pedagogia, e integração de tecnologia.

Data de entrega final

Em geral, os contratos de publicação estabelecem uma data para entrega do original final. Considere que o editor tem uma programação e coordena muitos projetos, e que seu livro está planejado para estar no mercado na data acordada entre o pessoal de produção e o de marketing. Não obstante seus esforços e dos editores para desenvolver um bom produto, pouco adiantará se ele não chegar às mãos dos professores e dos coordenadores de ensino em data que eles possam analisá-lo. Você e a editora terão perdas em vendas. Seus editores não medirão esforços para ajudá-lo a completar o trabalho a tempo. Um livro que chegue às mãos de um professor às vésperas de um período letivo terá poucas chances de sucesso.

IMAGINAÇÃO E CRIAÇÃO

Como complemento do que dissemos, devemos acrescentar que escrever um livro é, antes de tudo, um trabalho criativo. Não há um livro igual a outro. Pode até haver livros com o mesmo formato, papel e tipo de letra, mas acima dessas características físicas de importância secundária está a essência do livro, seu conteúdo, que atesta a originalidade de cada autor.

Com isso, queremos destacar que quem escreve um livro é um criador, em maior ou menor grau. Por esse motivo, é chamado "autor" (do latim *auctor*, *auctoris* = criador, autor). Nesse particular, desejamos salientar que a mais valiosa característica de quem cria é talvez a imaginação, pois ela é o ingrediente maravilhoso que, incluído na frieza dos dados, produz um resultado atraente e torna possível a fácil assimilação dos conhecimentos. Assim, a diferença entre um livro comum e outro de valor inestimável, parece depender do grau de imaginação que nele foi colocado. Portanto, nosso conselho final para um futuro autor: seja criativo, pois disso depende o êxito de seu livro, seja qual for a área de conhecimento que ele aborde.

> **Originalidade é importante**
>
> Tente ser original no que você está escrevendo. Você pode pedir emprestado a outros. Mas certifique-se de transformá-los e agregar valor ao que está pegando emprestado. Se você emprestou as ideias de outras pessoas, não se esqueça de reconhecer suas fontes. Você pode tornar seu trabalho original pelo seu estilo de escrita, pela maneira como apresenta as ideias, explicá-las e como organiza e estrutura seu trabalho.
>
> – Jack Heffron, *The Writer's Idea Book*

DICAS IMPORTANTES: COMO AVALIAR UM LIVRO-TEXTO

Há muitas qualidades a serem consideradas quando se avaliam livros didáticos. Os autores Chali e Conrad[8] apresentam uma série de perguntas que podem ajudá-lo a selecionar materiais apropriados para estudantes da primeira à oitava série:

I. **Conteúdo**
   a) O conteúdo cumpre os padrões locais e nacionais para a disciplina?
   b) O conteúdo é atual?
   c) O conteúdo é preciso?
   d) O conteúdo é apropriado à idade? Considere o nível de leitura, bem como a linguagem)
   e) Há exercícios ou revisões no final de cada capítulo?
   f) O conteúdo apela a uma ampla variedade de interesses e habilidades dos estudantes
   g) Esse livro didático poderia ser utilizado durante vários anos? Quantos?
   h) O livro didático exibe uma aprendizagem transcurricular?
   i) O conteúdo estimula a aprendizagem ativa?

II. **Organização**
   a) Há um sumário útil, índice, glossário e apêndices?
   b) O livro tem uma organização e desenvolvimento lógicos da matéria?
   c) O livro inclui referências úteis, bibliografias e outros recursos? Eles são suficientes e úteis?
   d) Os capítulos incluem, objetivos, introdução e sumários?

III. **Aspectos físicos**
   a) O tamanho e o peso do livro são apropriados à idade do estudante?
   b) Qual é a durabilidade do livro?
   c) A capa é atraente?
   d) As ilustrações e fotografias são ilustrativas de todos os gêneros, raças, condições socioeconômicas?
   e) As tabelas, mapas, figuras, gráficos etc. são relevantes e úteis?

IV. **Material de apoio ao professor (pacote de recursos)**
   a) Há material suplementar para ajuda ao professor?
   b) A Edição do Professor é abrangente, organizada e usável?
   c) Os recursos adicionais são organizados e úteis?
   d) São incluídas ferramentas de avaliação ou ideias?
   e) São incluídas ideias para adaptar o material para grupos com diferentes habilidades e competências?
   f) São incluídas respostas para os exercícios?
   g) Os objetivos didáticos estão claramente estabelecidos?
   h) O pacote de recursos para o professor incluem tecnologia? Você possui o equipamento para rodar os CD-Roms, vídeos etc.?

V. **Custo**
   a) O custo do material inclui recursos complementares?
   b) Há materiais consumíveis que precisarão ser substituídos anualmente?

NOTAS DO CAPÍTULO

1. MAISEL, Eric. *The art of the book proposal.* New York: Penguin, 2004.
2. LARSEN, Michael. *How to write a book proposal.* 4. ed. Ohio: Writers Digest, 2011.
3. HARTLEY, James. *Academic writing and publishing: A practical handbook.* Londres: Routledge, 2008.
4. HENSON, Kenneth. *Writing for publication.* Massachusetts: Allyn & Bacon, 2004.
5. EINSOHN, Amy. *The copyeditor's handbook: a guide for book publishing and corporate communications.* 3. ed. California: The University of California Press, 2011.
6. STRUNK, William Jr. e WHITE, Elwyn Brooks. *The elements of style.* 4. ed. New Jersey: Longman, 1989.
7. LEPIONKA, Mary. *Writing and development your college textbook.* 2. ed. Gloucester: Atlantic Path Publishing, 2008.
8. CHALI, J. S.; CONRAD, S. S. *Should textbooks challenge students?* New York: Teachers College Press, 1991.

CAPÍTULO 7

Procurando uma editora

NESTE CAPÍTULO

Introdução 179
Escolhendo uma editora 180
Livros-texto 181
Livros-texto universitários 182
Prospectando editoras 183
Escrever, avaliar e revisar 186
Trabalhando com seus editores ... 190
Material complementar 192
Novas edições 195
Negociação de contrato 196

INTRODUÇÃO

Publicar um livro é um dos passos mais importantes em uma carreira acadêmica, mas para o iniciante, traz muitas preocupações.

> Prometo fazer tudo o que posso para torná-lo um grande editor, mas espero que você faça todo o possível para tornar-me um grande autor.
> – Do autor Robert Frost para o editor Alfred Harcourt

Ao percorrer uma livraria ou uma feira de livros um aspirante a autor pode imaginar que encontrar a editora certa – ou qualquer editora – será como acertar na loteria. Diferentemente da loteria, porém, há uma estratégia para se encontrar uma editora, que facilite, embora não garanta, o sucesso, e minimize o trabalho envolvido. Igual a qualquer projeto de pesquisa, essa estratégia exige compreender qual é o alvo dos esforços de alguém, cultivar informantes, coletar informações e analisar dados a fim de enfocar as possibilidades de ação. Ela exige também que se tomem algumas decisões e que se enfrentem alguns riscos. O mais importante: a estratégia requer que se entenda a indústria editorial e como os editores pensam. Os editores, que são antes e acima de tudo pessoas de negócios, não pensam como acadêmicos.

Tornar-se um autor é uma tarefa desafiadora para um escritor iniciante, contudo se você seguir algumas diretrizes poderá aumentar suas chances de ter seu livro publicado.

As editoras de livro-texto raramente baseiam suas decisões em um original concluído. Editores profissionais preferem começar a trabalhar com um autor no início do desenvolvimento do livro. Você é livre para apresentar seu trabalho a várias editoras e deixá-las disputar seu livro. Como você não está perto de ter um original terminado enquanto está buscando uma editora, a proposta para o livro-texto, como mostrada no Capítulo 6, é muito mais importante.

ESCOLHENDO UMA EDITORA

A primeira coisa que se deve entender em relação às editoras de livros didáticos é que elas são especializadas, tanto por disciplinas como dentro delas. Raramente é possível encontrar uma editora que aborde todo o espectro das ciências sociais, por exemplo, muito menos todas as outras áreas. Editores de maior porte abordam mais áreas – elas têm mais editores – mas não necessariamente cobrem cada disciplina melhor do que uma editora pequena. Se seu livro se enquadra bem em uma única disciplina, procure uma editora especializada nessa disciplina ou que, pelo, menos, tenha um editor nessa área, e que tenha um estande de exposição em encontros profissionais relevantes. Se seu livro se encaixar em duas ou mais disciplinas (por exemplo, administração financeira e orçamento) tente encontrar uma editora que venda em ambas, mas esteja preparado para concentrar-se naquela que vende para o mercado potencial maior. As editoras ingressam em novas áreas quando percebem que há um lucro potencial, mas preferem fazê-lo cautelosamente. Isso significa que elas preferem inicialmente publicar livros que serão vendidos em suas disciplinas estabelecidas, além de, potencialmente, fazerem incursões em novas. Se seu livro se destina àquilo que você acha que é um florescente novo mercado, procure uma editora que não tenha de dar um grande salto adiante.

O livro mais difícil de vender é o multidisciplinar, que poderia ser usado em cursos encontrados em diversas disciplinas. As editoras sabem como comercializar para as disciplinas, por meio de seu banco de dados. Quanto mais seu livro se encaixar em uma posição estabelecida, com um mercado e estratégia de mercado já existentes, mais fácil será convencer uma editora a investir nele.

O passo seguinte é compilar uma lista de aproximadamente seis editoras que poderiam interessar-se por seu livro. As candidatas mais prováveis são aquelas que nos últimos quatro anos publicaram livros que são similares, mas não idênticos ao seu. As editoras consideram uma quebra das normas publicar livros que são diretamente concorrentes (a menos que um deles esteja desatualizado), mas gostam de beneficiar-se das economias de escala provenientes de programas de marketing coordenados. Desde que você deve conhecer melhor os livros de sua própria área, examine os livros concorrentes e faça uma lista das editoras. Livros da mesma área são aqueles que podem ser usados na mesma disciplina. Ao procurar uma editora, pergunte a si mesmo em quais cursos seu livro, pode ser usado e em quais disciplinas ele se encaixa.

É útil descobrir se a editora ainda essa interessada nesse tema e é desejável descobrir se novas editoras estão ingressando nele. Isso pode ser mais bem feito em encontros profissionais, andando e conversando com editores. Eles também podem lhe assoprar quais editores mudaram-se para quais editoras (levando consigo seus interesses pessoais), e quais editoras estão explorando novos temas. Você também pode perguntar diretamente quais editoras vendem nas áreas em que você pretende publicar, e quais achariam sua proposta interessante.

As melhores editoras a serem abordadas são aquelas que acabaram de publicar um livro que é usado em cursos nos quais seu também pode ser usado. As segundas melhores são aquelas da mesma disciplina, que não têm um livro para esses cursos em particular, e que estão impressionadas com as vendas dos livros de outras editoras para outros cursos. De maneira geral, essas conversas são breves, uma vez que os editores raramente discutirão seu livro de maneira extensa ou lerão uma proposta, a menos que você seja um nome famoso. Nos encontros profissionais, o tempo deles é limitado e eles precisam falar com o maior número possível de pessoas. Nesse mercado de compradores, a maioria das editoras precisa tomar decisões difíceis entre um número demasiadamente grande de possíveis autores.

Assim que tiver compilado sua lista e obtidos os nomes dos editores pertinentes, sua própria campanha de marketing pode se iniciar. Há duas maneiras de publicar um livro: a maneira fácil e a maneira difícil. A maneira fácil é preferível, mas nem sempre possível.

Lembre-se: sua proposta é sua ferramenta de vendas. Uma ideia vaga não pode ser vendida. Seu manuscrito final pode não se assemelhar a sua proposta, mas isso pode ser cuidado mais tarde se vier a constituir um problema. Ao preparar a proposta, e ao escrever o livro, tenha em mente quem são seus leitores e quem são seus adotantes. Você quer escrever um livro que satisfaça suas necessidades e que não suponha que eles sabem mais do que sabem. Seus adotantes são membros do corpo docente. Eles querem um livro que possa ser ensinado, que seus alunos apreciem e que estimule suas próprias mentes com novas ideias.

Se, depois de pesar nos benefícios potenciais e perdas, você decidir ir em frente com seu livro ou material educacional, sua próxima tarefa é decidir como publicá-lo. Há duas opções. Você pode publicar por uma editora ou você mesmo publicá-lo. A maioria dos autores está propensa a escolher a primeira opção e só ir para a segunda, se não houver interesse de uma editora.

Se você escolher a primeira opção, você terá que selecionar um editor (ou editores) e apresentar uma proposta. Existem vários tipos de editoras e um determinado tipo pode diferir uma da outra de maneira significativa.

Tipos de editores

Editoras de livros de ficção

Essas editoras publicam livros de ficção (romances, contos, poesias). Esses livros são vendidos nas cadeias de livrarias, supermercados e pequenos pontos de venda.

As editoras comerciais, principalmente as norte americanas e britânicas geralmente preferem ter propostas apresentadas por agentes literários e não diretamente pelos autores. Na verdade, as editoras com grande reputação não estão dispostas a considerar as propostas apresentadas pelos autores, somente por agentes.

Editoras de livros educacionais

Esses editores publicam livros didáticos para o ensino, fundamental, médio e universitário. Se uma empresa publica os dois tipos, provavelmente eles são elaborados por diferentes divisões. Os livros são vendidos diretamente para as escolas, livrarias, distribuidores e governo. Esses editores geralmente preferem lidar diretamente com os autores. Eles podem se recusar a considerar as propostas apresentadas por um agente.

Escrevendo um livro-texto antes de receber um contrato

É arriscado escrever um livro para o qual você não tem um contrato. O principal risco, é claro, é que você pode não encontrar uma editora interessado em seu livro. Na indústria editorial britânica e norte-americana, a maioria dos autores não escreve um livro sem um contrato assinado, a menos que estejam planejando publicar por conta própria.

Outro risco que você pode evitar ao escrever, especialmente um livro-texto, antes de ter uma editora, é que precisará reescrever boa parte do livro. Propostas de livros didáticos e originais geralmente são enviados para potenciais adotantes para avaliação. Se o conteúdo e organização não são aceitáveis para uma elevada percentagem de potenciais adotantes, o autor será convidado a fazer o que é necessário para obter aprovação. É mais fácil fazer isso quando um projeto de livro está em fase de proposta que depois de ser escrito.

Enviando correspondências

Depois de ter identificado vários bons editores em potencial, selecionar cinco ou seis dos mais adequados e simultaneamente enviar-lhes cartas ou e-mails perguntando se eles estão interessados em ver uma proposta para seu um livro. Dê-lhes uma breve descrição de seu projeto, mas não mais do que uma página. Seja direto, permitindo que cada editor saiba que você está contatando outros editores. Isso vai evitar o constrangimento possível de ter dois ou mais editores aceitando seu trabalho e depois ter que descartar um ou mais editores. Essa correspondência também irá encorajar os editores para responder sem atrasos desnecessários.

LIVROS-TEXTO

Um livro-texto é um produto criado predominantemente para uso na educação formal e com aparato educacional, como exercícios, questões, casos, gráficos etc. Não existe nada que se compare com um livro-texto. É uma ferramenta tanto para o professor quanto para o aluno. Primordialmente, deve preservar o conteúdo desenvolvido oralmente em aula, permitindo assim que o aluno possa dispor das informações recebidas, para revê-las ou aprofundar seu estudo.

> Um livro-texto provê educação e organiza as rotinas diárias da sala de aula. Essa afirmativa também inclui aqueles países em que as escolas dispõem de uma ampla e variada gama de recursos de instrução, onde certamente o livro-texto é o mais importante instrumento para os docentes e alunos.

Um livro-texto deve atender a padrões específicos de excelência. Deve ampliar a experiência de aprendizagem, aprofundando e provendo vigor às novas descobertas O conteúdo deve ser desafiador, e exato, apoiado em exemplos relevantes, para estabelecer um vínculo entre a teoria e a prática e ao mesmo tempo criar um senso de realidade na classe. Dessa forma, os alunos serão mais bem capacitados para transferir o conhecimento recém-adquirido para as situações da vida profissional e prática.

Livros didáticos são um recurso valioso para os estudantes. Eles complementam e aperfeiçoam a instrução recebida em sala de aula, constituem uma plataforma intelectual comum, fornecem referências e perspectivas adicionais, e são excelentes ferramentas de revisão. Embora compreendamos que os alunos se preocupem com os preços dos livros didáticos, a questão real não é preço, mas o *valor*. Quando os livros-textos são fundamentais para um curso, e os professores ensinam e aplicam avaliações em função deles, o livro é visto mais como um investimento e menos como uma aquisição desnecessária ou obrigatória.

> Um livro didático deve ser projetado para auxiliar o ensino e a aprendizagem. Além do próprio texto, há muitos elementos pedagógicos como, por exemplo, ilustrações, gráficos, fotos e revisões ao final de capítulos que acrescentam um custo considerável ao processo de desenvolvimento e de produção.

LIVROS-TEXTO UNIVERSITÁRIOS

Um livro-texto deve ser projetado especificamente para ajudar um professor a ensinar uma disciplina e para alunos aprendê-la. Esse tipo de livro raramente representa a culminação da pesquisa, ao contrário, resume, organiza e analisa a sabedoria acumulada de uma área de conhecimento, apresentando-a de maneira abrangente para alunos em um nível específico de competência.[1]

Os autores de livros-texto mais bem-sucedidos em determinado campo não estão necessariamente – nem mesmo normalmente – na dianteira da pesquisa. Os exemplos são abundantes. Eles são com mais frequência, embora nem sempre, professores extremamente competentes. As habilidades necessárias para escrever um bom livro-texto são organização, síntese, didática e comunicação. Entretanto, a capacidade de comunicar-se oralmente em uma sala de aula, conferência ou seminário não é automaticamente traduzida na capacidade de escrever com eficiência. Quando escreve um livro-texto, você não obtém um feedback imediato do entendimento ou da dúvida/confusão do aluno. Você não pode continuar uma conversa ou discussão. Você deve decidir, na base da lógica e da experiência, o que requer explicação extensa e o que será entendido rapidamente.

Ao escrever um livro-texto, você deve considerar não apenas o aluno, mas o professor também. Afinal de contas, o professor decidirá se adota seu livro-texto ou uma obra concorrente. Isso significa que seu livro deve ser fácil para o professor utilizar como a base de um curso. Para satisfazer os professores, você deve abranger todos os fundamentos básicos e o material central da disciplina. Se a utilização de seu livro-texto forçar professores a encontrar materiais suplementares para assuntos importantes, eles provavelmente não irão adotá-lo.

Seu livro não deve, portanto, exigir uma estrutura de curso rígida – particularmente não deve determinar que muitos professores precisem radicalmente revisar suas anotações ou consultar outros materiais. Ao organizar seu livro, você deve ter isso em mente e, se possível, organizar o livro-texto de tal maneira que permita ser utilizado flexivelmente. Por exemplo, o livro poderia ser dividido em unidades que podem ser ensinadas em ordem diferente e apresentadas independentemente uma da outra. Seu editor oferecerá conselho sobre essas questões.

Os professores também adotam livros por razões menos racionais. Eles podem gostar da maneira como um livro fica em sua mão ou em uma estante, ou podem preferir um volume grande e impressionante a um livro mais fino que utiliza papel menos volumoso e formato maior. Eles podem odiar encadernações verdes. Eles conhecem (ou deveriam conhecer) esse tipo de coisa, e você não deve ficar surpreso quando eles levantarem essas questões aparentemente superficiais.

Outro ponto geral sobre os livros-texto também deve ser observado: os investimentos em sua publicação são muito maiores do que os relacionados com os livros de interesse geral, negócios ou referência. As editoras de livro-texto devem lucrar, e embora corram riscos, elas não publicam livros que provavelmente darão prejuízo. Os livros para cursos introdutórios são empreendimentos de larga escala. As editoras de livro-texto podem investir dezenas de milhares de reais em um livro-texto básico e esperam vender muitas milhares de cópias por ano. Isso naturalmente significa que os autores podem esperar ganhar royalties muito maiores de livros-texto básicos do que de monografias ou textos avançados. Também significa que os editores devem considerar muito cuidadosamente onde vão investir seus recursos.

Uma vez que os livros-texto com grandes vendas previstas demandam grandes investimentos de dinheiro e esforço, normalmente os editores conduzem extensas pesquisas de mercado e consultas com usuários potenciais. Os editores conhecem o mercado e suas decisões estão baseadas em considerações econômicas.

Por fim, a data da publicação é crucial na publicação do livro-texto. Os prazos finais de entrega são importantes em qualquer tipo de publicação, mas são duplamente importantes para os livros-texto. A agenda de publicação de um livro-texto pode ser muito apressada e pode não haver tempo para colocar todos os pontos nos is. O departamento de marketing precisa de alguns meses para efetuar a promoção do livro e dar conhecimento aos professores visando possíveis adoções.

Um resultado da primazia das considerações financeiras é que os editores de aquisição de livro-texto tendem a ser pessoas diferentes dos editores de livros de interesse geral ou de referência. Normalmente eles chegam ao departamento de aquisições via pessoal de promoção. Um economista conversando com o editor de economia de uma editora de uma universidade poderá falar muito de economia, mas a mesma conversa com um editor de livro-texto acabará tratando do mercado e dos livros-texto concorrentes.

Há exceções, naturalmente, e alguns editores trafegam entre os dois mundos. Mas de um modo geral, você descobrirá que a publicação de livro-texto tem uma aura bem diferente da publicação de outros segmentos.

Os livros didáticos são ferramentas básicas de ensino e aprendizagem para professores e alunos. Seus valores são intrínsecos e intangíveis, o que torna impossível medi-los em termos monetários. Seu real valor só pode ser medido pela capacidade do professor e do aluno em usá-los de forma eficaz. Livros didáticos oferecem muitos benefícios. Eles apoiam, reforçam as aulas, esclarecem questões e preparam para exames. Estudantes que veem os livros como ferramentas de aprendizagem e como referências permanentes, estão diante de um investimento duradouro e permanente.

Os livros-texto de cursos avançados ou especializados, particularmente os que representam uma abordagem metodológica ou teórica particular, podem ser mais atraentes para uma editora de universidade ou editoras de livros de referência do que para uma editora de livro-texto. Nesses projetos, você faria bem em abordar esses dois tipos de editora para ver onde o interesse é maior.

PROSPECTANDO EDITORAS

Procure editoras que estão ativas em seu campo. Você pode fazer isso vendo os livros-texto que estão sendo adotados, lendo os catálogos das editoras, pesquisando nas livrarias e examinando os cartões de visita dos representantes editoriais (divulgadores) que o visitam a cada semestre.

> **Autor: quem procurar primeiro**
>
> Quando procurar uma editora, tente primeiramente aquelas especializadas em seu assunto. Elas provavelmente estarão interessadas em seu trabalho e certamente serão mais eficientes do que outras editoras não especializadas em sua área.

Não exclua editoras só porque elas já têm um livro-texto em sua área ou disciplina. Empresas maiores podem publicar vários livros em uma área, especialmente para cursos com grande número de matrículas. Talvez o livro-texto atual esteja vendendo mal ou a editora precise de um outro título com características diferentes ou com uma abordagem inovadora.

Qualquer empresa que publica em seu assunto é uma possibilidade. O pessoal de vendas das editoras de livro-texto são contatos valiosos. Uma parte do trabalho desses profissionais é conseguir novos originais. Se tiver uma boa ideia para um livro-texto, eles terão prazer em levá-la ao conhecimento do editor de aquisições. Mas você não precisa esperar que um representante apareça em sua porta. Muitas editoras apresentam em seu site uma seção denominada *publique conosco*, *seja um autor* ou algo parecido. Provavelmente você conseguirá efetuar seu primeiro contato com um editor de aquisição nessa página. Se você desaprovou muitas vezes o pessoal de vendas de uma determinada editora, pode querer riscar essa de sua lista. Afinal de contas, eles são as pessoas que estarão vendendo (ou não conseguindo vender) seu livro. Entretanto, há também outras considerações importantes ao escolher uma editora para publicar seu livro.

O dinheiro pode ser um fator importante para você. Editoras maiores podem oferecer *adiantamentos* maiores, e isso certamente pode fazer uma diferença. Lembre-se, contudo, de que o adiantamento não se soma aos royalties, somente um pagamento antecipado. Os editores não lhe adiantarão mais do que eles pensam que o livro merecerá, então um adiantamento maior significa que você obtém o dinheiro agora em vez de mais tarde. Os royalties sobre livros-texto são geralmente de 8 a 10% sobre a venda de varejo, mas algumas editoras praticam as taxas sobre as vendas líquidas. Sugerimos consultar algum colega seu que seja autor para obter informações sobre essas práticas. Se não estiver sob pressão financeira, você deve avaliar a renda potencial de cada editora de acordo com a taxa de *royalty* e com que qualidade e quanto tempo eles produzirão e promoverão o livro. Leia os livros-texto que as editoras têm em seu catálogo. Eles são bons? Você os utilizaria? Outras pessoas os utilizam? Os editores lhe dirão qual o desempenho de seus livros no mercado, mas você deve ver esses números criticamente e comparar à estatística. Quantas cópias foram vendidas no primeiro ano? No segundo ano? Que fatia do mercado ele representa? Se as vendas caírem dramaticamente no segundo ano e desaparecem no terceiro, isso diz algo importante sobre a qualidade do livro e o esforço de vendas da editora. Sempre haverá alguma redução nas vendas que se deve à circulação de livros usados, mas um bom livro-texto básico que é bem promovido e atualizado com edições revisadas deve continuar a vender ano após ano.

Assim como a publicação de livro-texto é cara para a editora, ela também pode ser cara para o autor. Se você tiver de pagar permissões, ilustrações e índice, você terá de levantar uma quantia em dinheiro. Veja se a editora pagará as taxas de permissões de citações e ilustrações. Eles pagarão um artista para fazer a arte especial para o livro e um pesquisador de fotos para localizar as fotos existentes? Alguns podem oferecer o pagamento de parte ou de todas essas taxas, e você deve considerar isso em seus cálculos. Se eles não vão pagar nem dividir nenhum desses custos, peça-lhes a eles que adiantem o pagamento das taxas dos *royalties* de modo que você não tenha de pagar à vista.

Muitas editoras empregam editores de desenvolvimento para ajudar os autores a transformar ideias em originais prontos. Esses profissionais ocupam o espaço entre editores de aquisições e editores de texto. Pergunte ao editor de aquisição como os editores de desenvolvimento trabalham. Quanto suporte eles fornecerão? Eles vão ler e comentar cada capítulo quando cada um estiver pronto? Eles enviarão os capítulos para obter sugestões de especialistas?

> **Autor: critérios básicos para a publicação de um livro-texto**
>
> (1) ter um mercado para seu livro, (2) boa afiliação institucional ou um histórico profissional, (3) conhecer os produtos das editoras concorrentes, e (4) a determinação de apresentar seu conhecimento em uma forma aceitável.

O editor de desenvolvimento pode ajudar com ilustrações? Ele organizará teste de sala de aula desse material? Ajudará o autor a fazer isso, ou esperará que este o faça sem ajuda?

Você também precisa saber se o departamento de marketing da editora pode fornecer relatórios de pesquisa sobre obras concorrentes. Se fornecerem, você e o editor de desenvolvimento podem decidir como utilizar as informações para obter melhor vantagem. A pesquisa de mercado também pode ajudar a determinar o escopo e nível do livro-texto que você escreve informando quais os pré-requisitos que a maioria de alunos terá obtido, qual o material que eles geralmente abrangeram nos cursos anteriores, e qual o avanço que eles atingiram nas habilidades básicas e em seu campo acadêmico.

Determine, também, o que cada editora esperará de alguma maneira dos materiais suplementares, e se você precisa fornecê-los. Por exemplo, você terá de escrever um manual de laboratório, manual do professor, um guia de estudo? Outra pessoa os escreverá, para sua revisão? Seu livro-texto será vendido com software de computador, como exercícios? O editor oferecerá uma coleção de slides em PowerPoint ou um CD-ROM com reproduções? Quanto de ajuda você precisará para preparar materiais complementares agregados à obra? Às vezes uma coleção de leituras é considerada suplementar para um livro-texto, embora exija bastante trabalho para ser considerado um livro em si. Os livros-texto introdutórios estão sendo vistos cada vez mais como pacotes e você precisa saber exatamente quanto trabalho estará dedicando para produzi-lo.

Nem sempre se pode julgar a qualidade da edição do original lendo um livro concluído. O trabalho de um bom editor é invisível, e se um livro for bem escrito você não poderá dizer se o crédito deve ir para o autor ou para o editor. Entretanto, um livro precariamente editado é uma falha da editora. Se você puder indicar erros gramaticais, inconsistências estilísticas, repetição excessiva e problemas semelhantes, então o livro foi mal editado. Se a qualidade de sua redação for importante para você, localize um editor cujos livros foram consistentemente bem editados. Em geral uma editora menor dedicará mais esforço à edição, mas tamanho não é um guia infalível. Pergunte ao editor de aquisições como o copidesque foi tratado. Certifique-se de que o editor o faz seriamente, permite suficiente tempo, espera você revisar a edição e oferece conselhos por escrito (e, se possível, diretrizes escritas) a seus autores. Se o editor de aquisições promete não tocar em uma palavra de sua preciosa prosa, procure outro lugar. Nenhuma prosa é tão preciosa. Quanto o pessoal do editorial modifica seu texto original? Se os editores se mantêm fechados, há algo errado e a produção de seu livro certamente atrasará. Além disso, você pode frustrar-se uma vez que cada novo editor pensa que você fará novas revisões ou reinterpreta prévios entendimentos. Pergunte a colegas sobre a experiência deles com a publicação dos livros deles.

Examine o design e os recursos especiais dos livros de uma editora. Os livros são fáceis de ler e de utilizar? São atraentes? Demonstram um pensamento inovador nos materiais auxiliares de estudo e outros recursos especiais? Há ilustrações suficientes? As ilustrações são bem desenhadas ou reproduzidas casualmente a partir de fontes antiquadas? Elementos como o glossário e o índice são de boa qualidade? Veja se o livro está bem feito. O papel é de boa qualidade? A impressão está clara, nítida e uniforme? As fotografias foram claramente impressas? É provável que a encadernação dure um ano?

Pergunte ao editor como se dará a promoção de seu livro. Eles têm um pessoal adequado de vendas? Eles são bons em seu trabalho? Se você nunca viu um representante de uma determinada empresa, provavelmente colegas de outra faculdade também não viram.

Pergunte qual é o tempo mínimo que a editora esperaria receber um primeiro rascunho e para quando eles preveem a publicação do livro. Eles podem estar com muita pressa.

Por fim, pergunte quanto tempo o editor mantém os livros na impressão e a frequência com que as edições revisadas serão lançadas. A necessidade de revisão frequente varia de um campo para outro – astronomia muda mais rápido que metafísica – mas você deve certificar-se de que o editor está disposto a revisar conforme necessário. A perda de vendas devido à revenda de livros usados é outra motivação para a revisão. Lembre-se, é claro, de que se o livro não for bem-sucedido na primeira tentativa, a pergunta se tornará discutível. Você não terá nenhuma garantia nesse ponto, mas certifique-se de que a prática geral da empresa é não deixar livros razoavelmente bem-sucedidos morrer prematuramente.

Se conseguir mais de uma oferta de publicação, pese todos esses elementos – dinheiro, empréstimos, taxas de *royalty* e divisão de custos, competências e apoio editorial, talento de design, qualidade de produção, e histórico e potencial de vendas – e escolha a editora com que você mais gostaria de trabalhar. Você receberá um contrato, que deve ser lido cuidadosamente. Dadas às quantias de dinheiro em risco, você pode querer um advogado para revisá-lo. Veja o Capítulo 15 sobre negociação de contratos. Antes de começar a escrever seu livro, seria recomendável responder algumas perguntas sugeridas pela consultora editorial Mary Ellen Lepionka.[2] As respostas ajudam a determinar não apenas a apresentação de seu projeto, mas também seu futuro. Responda as perguntas seguintes da forma mais completa possível.

1. **Qual é seu público?** Isso ajuda a localizar quem vai comprar o livro. Qual é a idade de seus leitores? Eles são do sexo masculino? Feminino? Tem curso superior? Em qual região geográfica estão? Consulte seu público-alvo para saber mais sobre os pensamentos e se familiarizar com seu público.
2. **Aonde está seu público?** O que faz com frequência seus leitores típicos? Quais as revistas que lê? Que causas eles apoiam? Conheça e faça perguntas a seu público.
3. **Qual é seu assunto?** Qual tema que você está escrevendo? Assuntos atuais? Assuntos controversos, tais como controle de armas, aborto etc.? Será que se relaciona ao negócio?
4. **Qual é seu propósito?** Por que você está escrevendo esse livro? Você tem a informação que deseja compartilhar com o mundo? Você está esperando para fazer dinheiro com seus esforços, e em caso afirmativo, quais são suas metas monetárias? Você está preenchendo um nicho que não foi preenchido?
5. **Quais são os componentes de seu livro?** Quais são as partes que o livro contém? É uma introdução? Tem glossário? Quantos capítulos? Quantas ilustrações, fotos, mapas, gráfico.
6. **Quais livros competirão com seu e porque seu é melhor?** Use várias fontes para encontrar esses livros. Comece na biblioteca local, veja o site de editoras, visite livrarias.

> **Autor**
>
> Trabalhe com seu editor para criar o melhor livro que você pode escrever. Não se ofenda se seu editor sugerir mudanças para fazer o livro melhor. Deixe-o fazer seu trabalho. Um bom editor pode fazer seu livro mais claro e mais simples, adequando ao público que deseja atingir.

Agora pergunte a si mesmo, anotando as respostas para cada um: que outros livros similares estão disponíveis em seu assunto e porque seu melhor? É menos caro? Mais abrangente? Como você ficou sabendo sobre esses livros? Seu trata o assunto de forma diferente? Se afirmativo, como?

ESCREVER, AVALIAR E REVISAR

Os processos de escrever, avaliar e revisar os originais de um livro-texto são muito diferentes dos processos utilizados na publicação de livros de referência ou interesse geral. Como dissemos anteriormente, os livros-texto também diferem no nível de dificuldade, no formato e na quantidade de imagens. Um livro-texto deve tentar ser todas as coisas para todos os professores, e isso requer um processo diferente de revisão e a consideração de um novo espectro de questões da escrita.

Um livro didático deve ser crível e respeitável. O elemento chave que transmite credibilidade é, naturalmente, sua competência de escrever o livro. Você deve conhecer seu assunto completamente. As fontes básicas em seu campo, bem como a literatura atual, devem estar ao seu alcance. Vamos supor, entretanto, que você não tentasse escrever sobre um assunto que não conhecesse. Vamos também supor que você pudesse escrever claramente, pelo menos com a ajuda de um editor. Que armadilhas você deve evitar que podem ser depreciativas a partir da autoridade de que você deve ser capaz de transmitir?

A primeira é exagero. Não diga todos quando você quer dizer a maioria, ou maioria quando você quer dizer muitos, ou muitos quando significa alguns, ou alguns quando significa poucos. Na descrição da pesquisa, você frequentemente terá de simplificar conclusões, mas não exagerar as implicações de um estudo ou atenuar qualquer limitação significativa em sua aplicabilidade.[3] Se escrever, por exemplo, "esta é descoberta mais emocionante da década", pense na possibilidade de tratar o assunto apenas como uma descoberta.

Uma segunda ameaça à credibilidade é uma tendenciosidade óbvia, especialmente se for não reconhecida. Os alunos podem não notar isso, mas os professores sim. Se seu livro-texto é projetado especificamente para representar uma escola de pensamento, isso deve ser explícito. Provavelmente deve até ser parte do título: Administração: um enfoque de sistemas; Psicologia: uma abordagem comportamental. Mas em um livro-texto geral e para todos os fins, todas as escolas devem ser representadas imparcialmente. Isso não significa dedicar a uma escola um parágrafo. Significa que suas explicações de vários argumentos devem ser objetivas e claras, e que pontos de vista respeitáveis não são negligenciados. Tenha o cuidado de não apresentar teorias demais só porque sua natureza exótica as torna mais divertidas.

Uma terceira maneira de perder a credibilidade é fazer declarações dogmáticas arbitrárias. Isso é uma questão de tom. Você pode dizer que há somente uma maneira certa de fazer algo sem ridicularizar as alternativas ou aqueles que acreditam nelas. Tal procedimento poderia colocá-lo sob acusação de difamação. Se você precisa reclassificar "isso é assim porque digo assim", há algo errado com seu argumento. Os alunos respondem melhor se sentem que eles próprios descobriram a verdade e resistem a receber conclusões forçadas.

Além de credibilidade, você deve se esforçar para a aceitabilidade geral. Seu livro será considerado para adoção e lido por homens, mulheres, pessoas mais velhas e jovens. O livro não pode ser todas as coisas para todas as pessoas e você não pode ficar calado. Você pode, porém, fazer um esforço para ser justo e evitar ofensas espalhafatosas como estereotipar ou ignorar minorias, ridicularizar opiniões religiosas ou políticas de outras pessoas ou deturpar argumentos.

Evitar a linguagem racista não é difícil, mas há questões mais sutis a serem observadas. Você deve, naturalmente, evitar imagens, exemplos, e ilustrações estereotipadas.

Não é mais seguro assumir que seus leitores sejam todos da faixa etária entre dezessete e vinte e cinco anos. Muitas pessoas mais velhas estão retornando à escola e você não pode garantir que eles compartilham o vocabulário e experiências da geração atual de jovens e adolescentes. Naturalmente, nem você pode compartilhar com estes e é um equívoco tentar escrever como se compartilhasse. Uma medida de dignidade ajuda bastante a evitar esse problema.

Em alguns campos, a religião é uma questão. A criação do mundo e o status efetivo de evolução são novamente questões de disputa. Essas perguntas devem estar tratadas brevemente, mas não devem ser ignoradas, rejeitadas ou ridicularizadas. Em perguntas onde crença religiosa é um fator importante – aborto, por exemplo – você deve ser extremamente cuidadoso para apresentar pontos de vista relativamente contrários. Escolha os argumentos fortes de cada lado.

Na redação do livro-texto, pode ser difícil determinar a linha entre a imparcialidade e a "correção política".

Em todas essas questões, escrever um livro-texto pode ser uma oportunidade para você aprender – para reexaminar velhos preconceitos, conhecer autores que você rejeitou de imediato, e repensar sua posição diante de um número de questões intelectuais substanciais.

Avaliar e reescrever

Antes de começar a escrever, você e seu editor devem elaborar uma agenda e um plano para avaliação da obra. Será importante estabelecer um acordo sobre uma estrutura de tópicos detalhada e um cronograma para submeter os capítulos à avaliação consultores do editor. Certifique-se de que você entende o processo de avaliação a ser utilizado e os tipos de revisão que você pode precisar fazer. Os editores de livro-texto utilizam um sistema muito diferente de avaliação daqueles empregados por editoras que publicam obras de interesse geral ou de referência, e as revisões que eles adotam são muito mais extensas.

É também nessa etapa que você e seu editor, normalmente na pessoa de um editor de desenvolvimento, determinarão os recursos especiais e os detalhes organizacionais que tornarão seu livro mais útil e mais vendável.

Em geral, um livro-texto deve ser organizado para seguir a ordem em que a maioria dos professores ensina aquela disciplina ou a ordem estabelecida pelo MEC. No entanto, é possível organizar um livro-texto de modo que ele possa ser utilizado de várias maneiras. Essa possibilidade pode ser explicada para o professor, com tabelas e quadros alternativos que explicam os detalhes. Quanto mais flexível for o texto, mais ele terá chances de ser adotado. Os livros-texto devem incluir algum tipo de material especial: exercícios, problemas, glossário, resumos de capítulo, casos, leituras sugeridas, as possibilidades são muitas. Você já pode ter discutido essas questões com seu editor de aquisição, mas agora é hora de determinar a natureza e quantidades desses recursos. Você e seu editor de desenvolvimento podem utilizar resultados de pesquisa de mercado e comentários dos consultores para buscar um grupo apropriado de materiais suplementares. Esses detalhes ajudam a atrair alunos e professores para o livro-texto, aumentam o interesse dos estudantes, ajudam no aprendizado e ocasionalmente inspiram alguns alunos a estudar ainda mais. Esses detalhes são pontos de venda importantes e são também importantes ferramentas de aprendizagem. Considere sua utilização cuidadosamente e os elabore bem.

Também é possível utilizar recursos extras para expandir o mercado do livro. Por exemplo, fornecendo exercícios em diferentes níveis de dificuldade, você pode tornar o livro aceitável para turmas de capacidades variadas. Materiais suplementares também podem fornecer ideias e desafios a alunos mais capazes ou avançados. Discuta todas essas possibilidades com seu editor.

Embora os detalhes possam variar, o processo editorial do livro-texto inclui três tipos de avaliação: mercado, conteúdo e editorial. A avaliação de mercado é utilizada primeiro para determinar as possibilidades de venda de um novo livro-texto. O editor pesquisa textos existentes e tenta aprender como eles estão se comportando, o que os usuários pensam deles, que recursos os tornam atraentes e onde eles são vulneráveis. Os resultados dessa pesquisa são então aplicados ao seu projeto, enquanto o editor determina a quantidade de páginas apropriada, a abordagem do assunto, extensão e tipo de ilustrações, nível de dificuldade, faixa de preço etc. Muitas dessas perguntas são relacionadas. Por exemplo, um livro para alunos que não são bons leitores pode requerer mais ilustrações, e um livro extenso de design complexo não pode ser vendido por preço alto. Obviamente, a avaliação de mercado deve ser feita bem no começo do jogo e a natureza básica do livro deve ser decidida antes de você ter escrito muito. Os autores podem contribuir nesse processo, mas aqui o editor é o especialista. Se você e seu editor discordam seriamente nessa etapa, você deve procurar outra editora.

As avaliações de conteúdo acontecem quando o texto está concluído. (Às vezes várias seções de um original serão enviadas mais cedo para especialistas em campos específicos.) Os consultores são seus colegas acadêmicos e são solicitados a verificar se seu original é exato, equilibrado, atualizado, decisivo e completo. Pede-se a eles que ofereçam sugestões para acréscimos e exclusões, e outras alterações. Eles podem indicar alguma pesquisa recente que aprimoraria sua apresentação ou reclamar que você gastou tempo demais em um tópico e muito pouco em outro. Se encontrarem fatos errados, eles os corrigirão. Eles podem detectar erros na lógica ou confusão na argumentação. A pesquisa do editor perguntará aos consultores se eles utilizariam o livro em seus cursos e, se não utilizarem, o que há de errado. Lembre-se de que o editor não considerará as revisões de conteúdo como a última palavra. Os revisores são especialistas, mas não são infalíveis. De fato, em geral há discordância entre eles mesmos. Se dez revisores unanimemente sugerem a mesma alteração, seu editor de desenvolvimento provavelmente insistirá em tal alteração. Muito provavelmente, porém, sugestões serão ponderadas e avaliadas, e alguma será seguida, enquanto outras serão descartadas.

Você também é um especialista e deve participar ativamente dessa etapa da revisão. Seu editor não solicitou e pagou avaliações para mostrar-lhe ou constrangê-lo. O propósito é dar-lhe algum conselho, antecipar a crítica e melhorar seu livro, que ainda é seu livro. Se você acha que um revisor está muito errado, manifeste-se. Você pode não concordar com a crítica de um consultor, mas oferecer uma solução diferente. A tarefa mais importante e difícil nessa etapa é considerar as avaliações objetivamente e utilizá-las de modo inteligente. Se você se sentir insultado muito facilmente, se for teimoso demais, não teimoso o bastante ou preguiçoso não conseguirá contribuir positivamente para a melhoria do livro. Pergunte a você mesmo por que está resistindo a uma sugestão. É porque sabe que ela está errada ou ela é inviável? Porque realmente trabalhou muito nessa seção e – mesmo que a alteração fosse útil – você não pode encará-la novamente? Porque você não gosta do tom da crítica? Seu editor de desenvolvimento tentou conseguir o melhor conselho disponível para você, mas sua reação determinará se o conselho terá boa utilização. Lembre-se, também, de que o editor está de seu lado. Você está com pressa de colocar o livro em produção, e os editores de aquisições e de desenvolvimento, gerente de pré-impressão e diretor de marketing também estão. Eles não estão oferecendo sugestões para colocar obstáculos em seu caminho, mas para melhorar o produto final. Mesmo se os comentários dos consultores forem sarcásticos ou depreciativos (o que raramente são), seu editor não os oferece nesse espírito. Tente abstrair sua vaidade do processo e ele fluirá muito mais fácil.

Por fim, as revisões externas não são nenhum substituto para sua própria leitura cuidadosa. Os revisores capturarão alguns erros lógicos e concretos, mas não capturarão todos eles. Seu nome está no livro, e, no final é sua responsabilidade assegurar sua exatidão. Se a fadiga ou a pressa o fazem deixar uma citação ou referência não verificada, uma alusão vaga ou uma declaração sem confirmação, volte à biblioteca e corrija o problema. Alguém verá o equívoco, e será melhor se você o encontrar antes.

A revisão editorial preocupa-se com questões de estilo, gramática, organização e inteligibilidade. O revisor pode ser um funcionário da editora ou um especialista *freelancer*. Os detalhes e alterações específicas serão cuidados na editoração, mas as alterações que requerem extensa reorganização ou importantes problemas de redação que recorrem por todo o original são melhor cuidados agora.

Alguns exemplos dos problemas que podem ser detectados nessa etapa: no estilo, um revisor pode notar que você é inconsistente em seu ponto de vista, às vezes referindo-se a você como "o autor", às vezes recorrendo a um "nós" editorial, ocasionalmente distraindo-se em um bate-papo "Eu me lembro…". Você pode se referir a seus leitores como "você" em um capítulo e "o aluno" em outro, e incluí-los no "nós" em outros pontos do texto. Esse problema é facilmente corrigido, mas é melhor tratado quando uma decisão consciente é feita em conjunto entre autor e editor.

Um problema no tom talvez seja uma suspeita da parte do revisor de que você esteja sendo autoritário em vez de competente, de que esteja depreciando seus leitores ao oferecer instruções dogmáticas em vez de argumentos racionais. Ou um revisor poderia interpretar que o tom de seu discurso é muito familiar, aproximando-se de um bate-papo, que você está inserindo sua personalidade inadequadamente. O revisor oferecerá exemplos desses problemas. Agora, talvez você tenha escolhido o tom deliberadamente familiar e acredita veementemente que isso torna sua redação e ensino mais eficiente. Se for caso, você desejará discutir isso com seu editor. Provavelmente o editor concordará com sua ideia geral, mas poderá sugerir que às vezes você exagerou.

Você conhece muitos tipos de problemas organizacionais gerais na redação, mas um ou dois são específicos dos livros-texto. Aqui o revisor pode indicar que os alunos não conseguirão entender o Capítulo 3 até eles terem lido a primeira metade do Capítulo 10, ou que a figura no Capítulo 5 utiliza termos não introduzidos até o Capítulo 7. É necessária uma revisão para corrigir esses problemas.

A inteligibilidade inclui a pergunta do quanto é fácil entender várias explicações no texto, mas nesse ponto o revisor preocupa-se mais com o nível geral de sua redação e a adequação de material ilustrativo suplementar. Se estiver escrevendo um livro dirigido a estudantes universitários do primeiro ano, seu vocabulário e estrutura da frase devem ser menos sofisticados do que aqueles que você utilizaria em um livro de especialização para alunos do último ano. É fácil perder isso de vista à medida que se escreve. Nessas questões, você deve muito seriamente pedir o conselho do revisor. Naturalmente você não tem nenhum problema para entender o texto. A classe em que você eventualmente tenha testado o livro também o entendeu muito bem, porque assistiram suas aulas e fizeram perguntas. Mas você não é um bom juiz para avaliar o grau de entendimento de sua própria redação.

O revisor também pode apontar pontos onde você precisa ampliar um exemplo, um gráfico, ou uma figura, ou sugerir que certo material pode ser tratado como detalhe opcional e colocado em quadros ou apêndices. Você e seu editor de desenvolvimento devem considerar essas sugestões e incorporá-las quando forem adequadas.

Com todas essas sugestões circulando, é importante decidir exatamente como você vai proceder à revisão de seu trabalho. Primeiro, certifique-se de que você e seu editor de desenvolvimento têm o mesmo entendimento sobre o que dever ser feito. A menos que as revisões sejam extremamente limitadas, é uma boa ideia colocar na redação exatamente o que você vai fazer – que sugestões incorporará, quais ignorará, o que reescreverá, o que acrescentará e assim por diante. Isso assegura que você e seu editor cheguem a um acordo e também proporciona um conjunto de objetivos e um plano de ação.

Então revise. Faça as alterações importantes primeiro – os acréscimos, reorganização, e nova redação. Em seguida faça as pequenas alterações e as específicas que são necessárias. Quando isso for concluído, se tiver tempo, deixe o original por uma ou duas semanas. Por fim, sente-se, releia a coisa toda do começo ao fim e certifique-se de que você está satisfeito. Então prepare um original final, de acordo com as instruções do editor.

TRABALHANDO COM SEUS EDITORES

Depois de todas as avaliações e revisões concluídas, você pode se surpreender ao aprender que ainda outra pessoa terá de ver seu original, mas aqui vem o copidesque. A primeira revisão editorial foi projetada para pegar problemas gerais ou recorrentes. O copidesque, porém, repassa seu trabalho palavra por palavra, frase por frase. Os erros de ortografia e gramaticais, construção de frase deficiente, devem ser corrigidos, e a consistência de estilo será imposta. Inconsistências lógicas serão eliminadas e as ambiguidades esclarecidas. Se um exemplo não fizer sentido ou um processo for mal explicado ou a cronologia não for clara, o copidesque capturará seus equívocos.

Os editores de texto às vezes fazem perguntas que parecem irrelevantes. Aqueles que trabalham em um livro didático tentam ver o trabalho com olhos de um acadêmico, mas um editor de livro-texto também vê seu trabalho com os olhos de um estudante. Se sua redação for para estudantes de economia, um copidesque eficiente tentará ler suas explicações da maneira como esse aluno leria. Se o editor não puder entender algo, os estudantes também não serão capazes de entender.

> **Autor: esteja aberto para o título**
>
> Esteja sempre receptivo a sugestões para mudar o título de seu livro. Não insista no título que você colocou. Seu editor e o pessoal de marketing da editora são especialistas e certamente darão o título com maior apelo mercadológico.

Revise cuidadosamente o original editado, verificando as mudanças e respondendo a todas as consultas. Devolva o original imediatamente para que a produção possa iniciar.

Na publicação do livro-texto, os papéis de autor e editor se sobrepõem em muitos lugares e o relacionamento dura meses ou até anos. Há várias maneiras de tornar a comunicação entre você e seus editores mais eficiente e agradável, além de observar as regras cotidianas normais de civilidade e decência.

Como salientado antes, lembre-se de que você e seu editor estão do mesmo lado. Podem surgir conflitos sobre o copidesque, dinheiro, agendas e outras questões, mas serão mais fáceis de resolver se você enxergá-los como argumentos dentro de uma união sadia em vez de como acessos de raiva em uma guerra fria. Seja firme em questões importantes, mas não reclame muito. Reconheça a perícia de seu editor em questões de publicação assim como você espera que seu próprio conhecimento profissional seja respeitado.

Um bom relacionamento entre autores e editores depende da cooperação de ambos os lados. No Quadro 7.1, Judith Tarutz,[4] sugere algumas coisas que você pode dizer aos autores para ajudá-los a entender como funciona o trabalho do editor.

QUADRO 7.1 | Diga aos autores

Coisas que o autor deve fazer

- Reconheça que os editores são importantes peças na publicação de livros. Ele tem experiências e estilos diferentes.
- Faça perguntas antes de iniciar sua escrita.
- Se não concordar com algo, não se aborreça, peça mais informações e esclarecimentos.
- Mostre ao seu editor o rascunho preliminar e solicite feedback logo no início.
- Não assuma que os comentários do editor sejam estúpidos, mesmo que ele esteja errado. Ele pode indicar um problema no manuscrito.

Coisas que o autor deve saber

- O objetivo do editor é o mesmo do autor: publicar um livro tão bom quanto possível.
- O editor é um recurso, não um obstáculo.
- Não se preocupe se seu manuscrito está cheio de vermelho, preocupe-se se ele voltar sem nenhum comentário.
- Não faça comentários pessoais, editores não editam autores, editam manuscritos.
- Editores não fazem mudanças arbitrárias, mas recomendam mudanças para atender as necessidades do leitor.

Recomendamos que você tenha tudo por escrito. Os editores trabalham em muitos livros e podem mudar de editora. Eles também podem prometer mais do que seus chefes desejarão cumprir. Não conte com conversas telefônicas ou garantias casuais. Suas garantias básicas estão escritas em seu contrato. Além disso, resuma por escrito seu entendimento de promessas subsequentes e as envie. Esteja pronto quanto às permissões e ilustrações, veja modelo de carta no Quadro 7.2 e cumpra sua meta.

Não concorde com um prazo final de entrega que você sabe que não pode cumprir. Os livros-texto devem ser publicados em tempo e o editor deve elaborar uma agenda realista. A honestidade e o realismo de sua parte são vitais. Por outro lado, se estiver esperando prova ou outro material que atrasou, dê um telefonema e verifique o atraso. Seu editor deve notificá-lo de atrasos, mas coisas realmente são perdidas no correio ou são enviadas para o endereço errado. Aconselhamos a elogiar o trabalho bem feito.

Se o copidesque foi brilhante, diga isso. Se você gostou muito da capa, diga isso ao designer. Quando os gráficos forem melhores do que você esperava, agradeça. Elogie o editor que o salva de humilhação ao apontar um erro fatal e o digitador que localiza um erro de ortografia. Se for como a maioria das pessoas, você fará queixas ou críticas rapidamente, e se esquecerá de reconhecer o trabalho bem feito.

Autor: lembre-se das permissões

As permissões são importantes para a publicação de seu livro. Lembre-se de que você pode ser responsabilizado legalmente por infringir direitos autorais de outra pessoa se não obtiver permissão quando for necessário. A obtenção de permissões são de sua responsabilidade, (a menos que você e seu editor tenham concordado em contrário); você é responsável tanto por adquirir as permissões como por pagar os custos delas, se houver.

Também como forma de reconhecimento será louvável agradecer a essas pessoas no prefácio do livro, no item agradecimentos.

QUADRO 7.2 | Carta de solicitação de permissões

Nome da cidade, _____

Prezado _____

Estamos preparando um livro-texto para publicação cujo título provisório é _____
_____ a ser publicado pela editora _____
_____ em _____ para uso dos _____.

Solicitamos aos senhores permissão para reproduzir em nosso livro, nesta e em futuras edições, o(s) seguinte(s) material(is): a) especificação completa dos materiais fabricados ou distribuídos no caso de empresas não editoriais; b) especificar qual material, nome da publicação, página, data da publicação etc.

Em todo material reproduzido em nosso futuro livro será feito referência à _____
_____ com o seguinte texto: Cortesia da _____
_____.

Para tanto deixamos um espaço abaixo para que os senhores assinem no "De acordo" e nos envie uma cópia para nossos arquivos.

Atenciosamente _____

De acordo

Nome _____ Assinatura _____ Data _____/_____/_____

MATERIAL COMPLEMENTAR

No mercado competitivo de hoje, um material auxiliar de alta qualidade é um requisito para o lançamento bem-sucedido de qualquer livro. O autor e seu editor de aquisições devem decidir juntos qual é o material complementar necessário para o livro.

Os complementos mais comuns são livros do professor, cadernos de soluções, guias de estudo, cadernos de exercícios e bancos de testes, bem como programas de computador, áudio, vídeo e slides de apresentação. Os complementos podem ser materiais impressos ou eletrônicos (estes em mídia física ou on-line). Alguns deles são brevemente comentados a seguir.

Material impresso

Materiais complementares impressos costumam ser produzidos de modo menos elaborado que o produto principal. Normalmente são diagramados com um design básico e impressos em papel mais barato e encadernação simples. A produção não leva muito tempo e normalmente é iniciada junto com o índice. Mas o autor deve ter o conteúdo preparado bem antes, pois todo o material terá de ser revisado.

É muito tentador considerar materiais suplementares do tipo guias de estudo e manuais do instrutor como materiais sem importância ou até mesmo como pequenos inconvenientes. Eles certamente não têm glamour. Mas se você decidiu fazer um, faça-o direito. Escreva cuidadosamente, seja exato, verifique e confirme todas as respostas, e faça uma escrupulosa leitura das provas. Muitos instrutores ignorarão o manual, mas aqueles que contam com ele esperam que seja exato e útil. Caso contrário, poderão nunca mais utilizar seu livro-texto novamente.

Livro do professor

A maioria dos livros didáticos tem um livro, manual ou guia do professor. Este contém respostas ou soluções para as perguntas ou exercícios apresentados no corpo do livro principal e também podem conter:

- Sugestões para o professor
- Roteiro do curso ou disciplina
- Perguntas problemas ou estudos de caso adicionais
- Amostra de projetos ou tarefas dos alunos

Em alguns casos, o livro do professor pode ser incorporado ao kit de recursos do professor e conter recursos/ideias para o docente. Um kit de recursos pode ser entregue no formato impresso ou *on-line*.

O livro do professor fornece, no mínimo, orientações sobre como ministrar a matéria, novos problemas não contidos no texto e respostas para os problemas. Outras possibilidades incluem perguntas de provas/exame (ensaio, múltipla escolha ou verdadeiro/falso) com respostas.

Guias de estudo

O autor e seu editor também podem decidir se devem preparar um guia de estudo para estudantes utilizando o livro-texto. Isso pode oferecer dicas gerais de estudo, resumos, perguntas de estudo, estrutura de tópicos de revisão e sugestões para leitura suplementar. Os guias de estudo são produzidos da mesma maneira que os guias do professor e em uma agenda semelhante.

Um guia de estudo do aluno pode conter:

- Uma revisão detalhada, capítulo por capítulo, dos objetivos, termos-chave e resumos.
- Perguntas para estudo, autotestes ou exercícios com respostas.
- Exercícios que permitem soluções aplicadas.

Os guias de estudo do aluno e os cadernos de exercícios são tratados como texto no tocante à redação, ao desenvolvimento e à produção. Muitas vezes, são negociados separadamente do corpo do livro principal.

Cadernos de soluções

Os cadernos de soluções são oferecidos como material auxiliar em cursos como os de matemática, em que o texto contém vários exercícios. Um caderno de soluções traz as soluções completas para os exercícios incluídos no texto. A precisão das soluções e a publicação desses cadernos junto com o texto são essenciais para o sucesso do novo produto.

A principal consideração em um caderno de soluções é, naturalmente, a exatidão. Verifique e confirme suas respostas e faça uma cuidadosa leitura das provas, lendo em voz alta com outra pessoa se possível. Uma razão para preparar o manual do instrutor primeiro é que você pode descobrir que os problemas que escreveu para o próprio texto contêm ambiguidades – ou que até não têm respostas. Descobrir os problemas antes que sejam impressos é uma boa coisa. Na prova, verifique e confirme todas as referências cruzadas para capítulos, páginas e problemas do texto.

Cadernos de exercícios

Esses cadernos podem incluir exercícios de repetição e prática, um método de instrução caracterizado pela repetição sistemática de conceitos, exemplos e problemas práticos. O aluno recebe feedback imediato e pode revisar um amplo material de forma condensada.

Banco de testes

Um banco de testes é um conjunto de perguntas e problemas de todos os tipos, como sim ou não, descritivas, verdadeiro/falso e múltipla escolha. As respostas podem ser apresentadas no final de cada capítulo ou como uma seção completa no final do banco de testes. Este pode ser parte do manual do professor, do kit de recursos do professor ou existir como um item separado.

Os bancos de testes podem ser apresentados no formato impresso ou eletrônico. quando você trabalha com bancos de testes computadorizados, pode receber software de seu editor junto com orientações sobre como escrever, organizar e salvar suas perguntas de testes.

Mídia digital

Todos os materiais impressos se beneficiam enormemente de uma versão eletrônica. Primeiro, há uma significativa redução de custos pela eliminação de papel e impressão. Segundo, e pela mesma razão, é possível oferecer muito mais conteúdo com os materiais complementares, o que agrega valor substancial ao produto principal. Terceiro, e talvez o mais importante, a mídia digital acrescenta uma nova dimensão ao material complementar de um livro ao fornecer áudio, vídeo e interatividade eletrônica ao estudo.

Ainda que os custos sejam reduzidos, vale lembrar que a adoção de mídias digitais como forma de material complementar de um livro não vem sem seus próprios custos. É imprescindível considerar a organização do material e como aluno e professor devem acessar esse material. Não basta encher um CD ou DVD com dados e software e dá-lo para o usuário se virar sozinho. No mínimo, deve-se contemplar uma página de abertura explicando o conteúdo da mídia com links de acesso rápido. Idealmente, o CD ou DVD deve conter um programa autoexecutável (AutoPlay) que, como o nome já diz, executa automaticamente quando o usuário insere a mídia na unidade DVD. Portanto, além dos custos de reprodução da mídia em si, deve-se levar em conta também a contratação de um programador para criar a página de abertura ou o programa autoexecutável, incluindo no cronograma as fases de teste e depuração de erros. Deve-se pensar também no uso em plataformas não Windows, como Mac e Unix.

CD/DVD de dados

Um CD ou DVD contendo arquivos de dados pode ser útil ao aluno para ilustrar determinados pontos do livro. Essa mídia pode incluir amostras de arquivos em formatos de texto, imagem, áudio e vídeo, bem como bancos de dados ou programas executáveis criados com uma ferramenta de software mencionada no livro.

Software

Isso pode incluir softwares educacionais desenvolvidos especificamente para o ensino da disciplina em questão, software livre (uso irrestrito), programas de código aberto (uso governado por iniciativas como a do movimento Open Source), e versões de demonstração de softwares comerciais relacionados com o conteúdo da disciplina.

Slides de apresentação

Em geral, slides de apresentação são criados para acompanhar cada um dos capítulos do texto. Podem incluir objetivos, resumos, ilustrações e pontos-chave de cada capítulo. Costumam ser muito bem recebidos pelos professores que encontram nesse material uma forma de passar a matéria sem perder tempo escrevendo na lousa ou falando devagar para permitir as anotações. O alunos, por sua vez, podem se concentrar melhor na aula sem se preocupar em fazer anotações sabendo que os resumos estão organizados em arquivos eletrônicos exatamente da forma como o professor lhes passou.

Muitos livros iniciaram precisamente com base na estrutura de tópicos preparada para criar apresentações de slide em sala de aula. Portanto, vale a pena caprichar nos slides. Uma boa referência nesse sentido é o livro *Apresentações Mágicas* de Nick Fitzherbert,[5] que ensina como tirar melhor proveito e criar impacto com o PowerPoint, o software mais usado para apresentação de slides.

Mas não exagere. Há um grande número argumentos contra o uso de apresentação slides que abusam de transições, cores e fundos que mais distraem a atenção e prejudicam a didática. Nesse sentido, surge toda uma corrente de profissionais da comunicação que recomendam o uso de esboços que permitem maior interatividade, compartilhamento de informações e criatividade. Os benefícios do uso de desenhos feitos à mão, em oposição a desenhos técnicos ou artísticos, foram discutidos e demonstrados em vários projetos de pesquisa sobre esse assunto, principalmente nas áreas de design, engenharia e psicologia. Consulte, por exemplo, o excelente livro de Martin J. Eppler e Roland A. Pfister, *Comunicação Visual Como Utilizar o Design Thinking para Resolver Problemas e Se Comunicar Melhor*.[6]

Recursos on-line

A mídia física, impressa e digital, se beneficia imensamente de uma versão online. Novamente, em primeiro lugar, há a economia de custos, uma vez que não estão envolvidos meios físicos para fornecimento do conteúdo. Em segundo lugar, a disponibilização do material complementar de um livro via internet significa que o conteúdo pode ser sempre atualizado, a qualquer momento e com qualquer frequência, seja para correção, inclusão ou exclusão de qualquer conteúdo, por qualquer que seja a razão. Em terceiro lugar, a disponibilidade on-line permite que o aluno acesse o material como quiser, usando um computador desktop, um notebook, um tablet ou até o celular, e onde quiser, em casa, na escola ou até no ônibus.

O autor deve ser responsável pelo fornecimento do conteúdo, enquanto a editora colocará o material no ar. O editor de aquisições ou o editor de desenvolvimento devem discutir com o autor o material adicional necessário, como prepará-lo e lhe darão um prazo para realizar esse trabalho. Alguns produtos têm sua própria página na internet ou seus próprios recursos on-line. Estes últimos podem incluir uma vasta gama de recursos, como atualizações de textos, testes *on-line*, tutoriais, amostras de capítulos, links etc. Dependendo das informações que serão colocadas nos recursos on-line, você terá que salvá-las em vários formatos, como HTML, PDF etc. Portanto, não se esqueça de discutir os formatos e as convenções de nomeação de arquivos com seu editor.

NOVAS EDIÇÕES

É mais provável que os livros-texto sejam revisados e publicados em novas edições do que os livros de negócio e os livros de referência. Uma razão para a frequente revisão é a competitividade do mercado. Mas essa não é a única razão.

Em quase todos os campos do conhecimento, os livros-texto devem constantemente assimilar novas informações para não se tornarem obsoletos. Em alguns casos, os livros devem ser revisados por causa das mudanças curriculares e tecnológicas, das tendências no ensino etc. O autor deve começar a trabalhar em uma nova edição logo que o livro for publicado. Naturalmente, não é necessário começar a escrever imediatamente a nova edição, mas é recomendável começar a fazer um arquivo de artigos que será adicionado à bibliografia, ideias para novos tópicos, novas ilustrações etc. O autor não deve esperar para fazer todo o material de uma só vez. Quando ficar decidido que haverá uma nova edição, ele deve certificar-se de que conhece o propósito da revisão.

Os representantes de editora terão discutido o livro com os professores que o utilizaram e devem ter algumas ideias sobre que aspectos são consistentemente elogiados e os que são repetidamente criticados. Omissões importantes terão sido anotadas. O editor também saberá do que os concorrentes são capazes e como uma edição revisada poderia aumentar sua vantagem competitiva. Ao mesmo tempo, o autor terá obtido a crítica de colegas e estudantes e terá desenvolvido algumas ideias sobre o que desejaria ter feito diferente. Também estará ciente de nova pesquisa que deve estar refletida em seu livro.

O autor e seu editor precisam sentar-se e entrar em um acordo sobre que tipos de revisões devem ser feitas e qual será sua extensão. É recomendável a necessidade de novas ilustrações e de um novo projeto a partir do zero. O processo de produção pode ser tão demorado quanto o de um livro completamente novo. Mas se as revisões forem menores ou limitadas a algumas partes do livro, somente as partes afetadas podem ser reiniciadas e todo o procedimento será muito menos complicado. Se as revisões forem extensas, o editor poderá pedir a nova versão inteiramente revisada. E, naturalmente, o autor deverá elaborar uma agenda de revisão que possa seguir e que permita à editora produzir o livro em tempo. Preparar uma nova edição não é só uma tarefa física de cortar e colar. Nem é simplesmente uma questão de corrigir erros.

Mesmo quando tiver as revisões e acréscimos decididos, novamente, o autor deve ler inteiramente o original para se certificar de que ele está coerente. Os detalhes com os quais se deve ter cuidado incluem referências cruzadas para páginas, capítulos, tabelas e figuras no livro que serão alteradas; referências relacionadas com a época; uso do presente com pessoas que morreram ou governos que caíram. Tabelas e figuras devem ser incluídas nessa verificação. A bibliografia deve ser revisada quanto ao material ultrapassado. Verifique, também, livros ou artigos que estavam "no prelo" e coloque as datas de publicação. Por fim, sente-se e leia o livro inteiro de novo (até o ponto que for possível). Certifique-se de que você está feliz com ele. Se não tiver tempo, energia, nem imaginação para fazer isso agora, esteja seguro de fazê-lo depois que o original passar pelo copidesque.

A redação do livro-texto pode ser uma atividade intelectual e financeiramente recompensadora, mas não é tão fácil quanto parece. É muito difícil organizar quantidades maciças de material, simplificar ideias complexas e fornecer explicações, exemplos e ilustrações que ajudem os alunos a aprender. O processo de revisão também pode ser cansativo, tanto física como emocionalmente, pois aceitar crítica e refazer o trabalho que você pensou que era um produto concluído raramente são agradáveis. Seu investimento em tempo e esforço será alto. Também pode ser necessário fazer um investimento financeiro significativo em trabalho artístico se o livro for muito ilustrado.

Por causa da duração e da intensidade do envolvimento, o autor deve esforçar-se ao máximo para encontrar um editor com quem possa trabalhar confortavelmente. Se estiver escrevendo com um coautor ou como parte de uma equipe, certifique-se de que você gosta e respeita seus colegas. Tenha cuidado para ver se todo mundo envolvido tem ideias compatíveis sobre o projeto e se as responsabilidades estão claramente atribuídas.

NEGOCIAÇÃO DE CONTRATO

Uma vez que uma editora lhe ofereça um contrato, é hora de negociar. Mas se esse é seu *primeiro livro, não exagere na pedida.*

Não tenha medo de negociar. A maioria dos editores é honesta. Mas os editores comerciais só podem sobreviver fazendo lucro. Se espera fazer um lucro escrevendo, você deve aprender a proteger seus próprios interesses, lembrando que seu relacionamento com uma editora é uma parceria comercial que pode ajudá-lo a catapultar sua carreira.

Royalties: como o bolo é dividido

Muitos autores de primeira viagem se espantam com a baixa porcentagem oferecida pelas editoras a título de royalties, sem entender como funciona a formação de preços de um livro. Portanto, eis aqui alguns fatos básicos que todo autor iniciante deve conhecer.

Os royalties costumam ser estabelecidos com base no "preço de capa" do livro, isto é, o preço pelo qual o livro é vendido nos pontos de venda, não o valor que a editora efetivamente recebe do canal de distribuição. Em geral, o distribuidor e a livraria ficam com 60%, a editora com 30% e o autor com 10%. As editoras costumam chamar isso de "desconto", e por esse sistema a editora não pode vender seus livros em seus próprios pontos de venda abaixo do preço das livrarias, com exceção das vendas para o governo.

Com esses 30% que a editora recebe, ela precisa cobrir todos os custos de produção do livro, incluindo composição, revisão, papel e impressão, e ainda os custos de estoque, marketing, vendas, etc. E estes são apenas os custos relacionados diretamente com o próprio livro. Some a isso os custos indiretos (instalações físicas, impostos, pessoal administrativo etc.) como os de qualquer outro empreendimento, e você tem um negócio no limite da lucratividade. De fato, muitos livros não dão lucro e a editora compensa isso com seus best-sellers.

Além disso, a editora não recebe os valores contra a entrega, mas, em geral, entre 60 e 120 dias depois que o livro foi vendido ao consumidor final. É o chamado *sistema de consignação*, em que a editora cede os livros a uma distribuidora, a qual se encarrega de colocar os livros nos pontos de venda. Por esse sistema, a editora tem de confiar na contabilidade do distribuidor para receber, pois não tem como controlar quantos livros foram vendidos ou para quem foram vendidos. Falta transparência ao sistema.

Em geral, o preço do livro é estabelecido com base nos custos diretos de produção multiplicado por um *fator*. Esse fator, em que pese as metodologias utilizadas por cada editora e a tiragem do livro, costuma ser baseado na experiência de vendas da empresa e um pouco na intuição, ou expectativa de vendas, dos formadores de preço. Normalmente, varia entre 5 e 7. Assim, se a produção do livro custou R$ 90.000 e a tiragem foi de 3.000 exemplares, seu custo unitário é de R$ 30,00 e, portanto, você pode esperar um preço de capa entre R$ 150,00 e R$ 210,00. Como, em uma tiragem média de 3.000 exemplares, o custo de papel e impressão/acabamento representam 60-70% do custo do livro, é possível estimar, mas muito grosseiramente, o custo final de um livro só com base nesses componentes. No final das contas, tudo se resume à tiragem pois é onde se pode fazer a maior economia de escala. Este exemplo fictício dá uma boa noção do processo de formação de preços:

Tiragem	Pré-impressão	Impressão	Custo unitário	Fator	Preço de capa	Autor
2.000	R$ 30.000	R$ 40.000	R$ 35	5	R$ 175	R$ 35.000,00
3.000	R$ 30.000	R$ 60.000	R$ 30	5	R$ 150	R$ 45.000,00
5.000	R$ 30.000	R$ 80.000	R$ 22	5	R$ 110	R$ 55.000,00

Note que, na última coluna, a expectativa de ganho do autor deve ser bastante relativizada. Depende da venda de toda a edição, que de maneira geral se dá ao longo de 5 anos (período de tempo usualmente chamado de vida útil de um livro); e os pagamentos são fragmentados em relatórios trimestrais, semestrais ou mesmo anuais, dependendo do valor das vendas e dos acordos contratuais. Mas o quadro mostra bem como, para a vasta maioria dos autores, é extremamente ilusória a ideia de se viver de direitos autorais no atual modelo de negócios das editoras e dentro no atual panorama econômico e social do país.

O fator também é uma forma de estabelecer de antemão o ponto de equilíbrio (do inglês *break-even-point*) das vendas (ponto em que a receita empata com as despesas). Um fator de 5, portanto, reflete a intenção de alcançar o ponto de equilíbrio com a venda de 20% da tiragem. Diminuindo o fator, a editora reduz o preço do livro para o consumidor final e, consequentemente, seu lucro marginal, mas com isso pode ampliar as vendas e aumentar seu lucro bruto. É uma delicada balança.

Por tudo isso, o autor em negociação de um contrato deve prestar bastante atenção à tiragem que a editora pretende fazer e considerar a possibilidade de fazer um acordo com base no sucesso das vendas do livro. Dito de outra forma, em vez de se contentar com 10%, independentemente do volume de vendas, o autor pode aceitar fazer uma aposta em seu livro e compartilhar os riscos com a editora. Por exemplo, ele poderia aceitar não receber nada até o ponto de equilíbrio, mas receber 15% até, digamos, 3.000 cópias e 20% daí em diante. Veja a diferença em uma simulação de um livro de R$ 100,00 com uma tiragem de 5.100 exemplares:

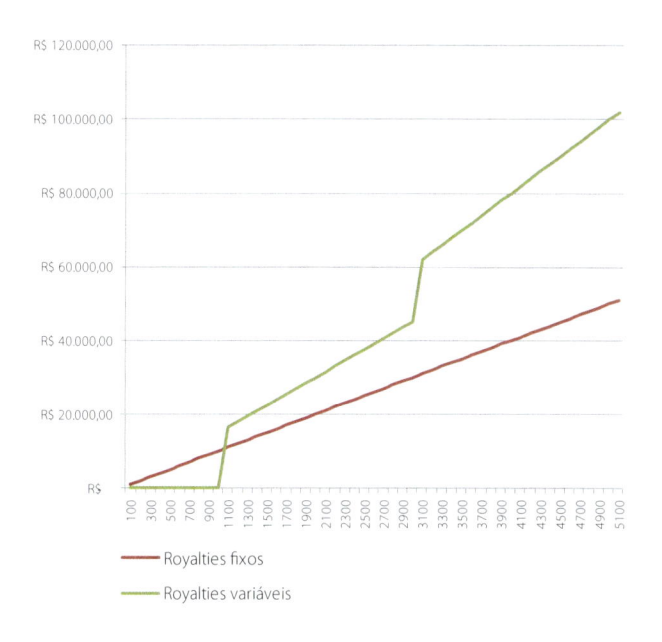

Pelo gráfico, fica óbvia a grande vantagem para o autor a partir do ponto de equilíbrio. O autor deve, portanto, considerar seu próprio ponto de equilíbrio. É uma aposta em seu próprio livro. Não ganhando nada até o ponto de equilíbrio, o autor permite que a editora reduza seus riscos. Isso permite que ela possa considerar aumentar a tiragem e, assim, diminuir o preço do livro, o que amplia as vendas e aumenta o lucro para ambos.

Coisas que o autor deve saber antes de assinar um contrato

São oportunas e relevantes as dicas apresentadas a seguir pela autora e consultora Lepionka:[7]

I. Dez coisas que seu editor deseja saber antes de assinar um contrato.
   1. Seu livro e você são uma boa escolha pela editora e pelo mercado?
   2. Quanto você está comprometido com o projeto?
   3. Você tem tempo suficiente disponível para essa monumental tarefa?
   4. De quais recursos você dispõe para concluir o projeto no tempo ideal?
   5. Quais são seus conhecimentos sobre o que está envolvido na publicação de um livro-texto?
   6. Você é receptivo às questões de marketing e às necessidades da editora?
   7. Qual será sua receptividade sobre as avaliações efetuadas por seus colegas ou profissionais da área?
   8. Você está disposto a fazer as mudanças sugeridas pelo editor e as avaliações efetuadas pelos consultores?
   9. Você tem atitudes positivas para reconhecer o papel do editor e da editora?
   10. Você tem boas habilidades de relacionamento e interage bem em equipe?
II. Nove coisas que você precisa saber de sua editora antes de assinar um contrato
   1. Por que você deve publicar com a editora "A" e não com a "B"?
   2. Qual o investimento que a editora fará em seu livro e seus suplementos?
   3. Como será o marketing de seu livro?
   4. Quantas cópias a editora estima vender e para qual mercado?
   5. Qual a percentagem de *royalty* que a editora lhe oferece?
   6. Você receberá alguma garantia ou um adiantamento dos *royalties*?
   7. Quantos capítulos, páginas ou palavras você precisa fornecer, quando e qual a data final de entrega?
   8. Quais critérios o editor usará para determinar se seu original é "aceitável"?
   9. Qual a extensão das avaliações e quem as fará?

NOTAS DO CAPÍTULO

1 LUEY, Beth. *Handbook for academic authors*. 4. ed. Cambridge: Cambridge University Press, 2004.

2 LEPIONKA, Mary Ellen. *Writing and development your college Textbook*. 2. ed. Gloucester: Atlantic Path Publishing, 2008.

3 GRAVES, Robert e HODGE, Allan. *The reader over your shoulder*. New York: MacMillan, 1944.

4 TARUTZ, Judith. *Technical editing*. Massachusetts: Perseus Book, 1993.

5 FITZ, Herbert, Nick. *Apresentações Mágicas*. Rio de Janeiro: Campus, 2011.

6 EPPLER, Martin J. e PFISTER Roland A., *Comunicação Visual Como Utilizar o Design Thinking para Resolver Problemas e Se Comunicar Melhor*. Rio de Janeiro: Campus, 2011.

7 LEPIONKA, Mary. *Writing and development your college textbook*. 2. ed. Gloucester: Atlantic Path Publishing, 2008.

CAPÍTULO 8

Criando o melhor livro: dicas para futuros autores

NESTE CAPÍTULO

Introdução 199

Por que escrever um
   livro-texto? 200

O primeiro passo para abordar
   um editor 200

Armadilhas a serem evitadas 201

Como funciona o processo
   de avaliação 202

O que faz um bom livro? 204

O leitor em primeiro lugar 205

Livros-textos 206

Livros de negócios 207

INTRODUÇÃO

> A marca de nosso tempo é sua revolução contra padrões impostos.
> – Marshall McLuhan. *O meio é a mensagem*

Editores de aquisições e editores de desenvolvimento assemelham-se a caçadores de talentos. Eles estão em busca de autores que combinem sólidas credenciais em pesquisa e educação, desempenho notável no ensino e uma paixão contagiante por aquilo que fazem. Autores bem-sucedidos não só possuem essas qualidades como também têm o firme compromisso de sustentar o projeto de escrever um livro e entregá-lo no prazo. A consolidação dos últimos anos no setor de publicação educacional reduziu o número de editores tomando decisões a respeito de quais livros contratar e publicar e quais rejeitar.

Professores experientes, muitas vezes estão insatisfeitos com os livros que usam para seus cursos. Para adequar suas aulas eles geralmente completam o texto com material adicional, alguns dos quais eles desenvolveram.

Por que muitos livros são inadequados? O autor e professor universitário Steve Dowd[1] arrola alguns fatores:

- A incapacidade do autor para explicar o material em um nível que os estudantes possam aprender.
- Redação pobre ou organização que não foi corrigida pelos editores.
- Incompetência da editora em fornecer quantidade e qualidade das ilustrações.
- A orientação filosófica do autor, cuja visão de como o material deve ser apresentado pode ser diferente daquelas que os professores necessitam.

Em algum momento, um professor pode decidir escrever seu próprio livro e será a solução. Há uma série de razões para escrever um livro – algumas boas, outras ruins. Schoenfeld e Magnus[2] indicam três aspectos importantes para qualquer professor que deseja escrever um livro-texto:

- Escrever um texto é uma expressão absoluta de professar (sendo um professor). Ele deve usar suas habilidades e técnicas para e atingir o público mais amplo possível. Ao escrever, você deve aprender mais sobre sua disciplina e mais sobre as técnicas de ensino.
- Publicar significa vender, e vender significa marketing. Um autor de livro didático deve se tornar um empreendedor. O autor de livros didáticos deve estar disposto a ajudar a promover e vender o livro.
- Recompensas são incertas. Mesmo um bom texto pode receber poucas adoções e críticas favoráveis. Em instituições de ensino, um autor de livro didático pode ser venerado. As recompensas financeiras podem ser surpreendentes.

Você pensa em escrever um livro didático? Tem uma ideia em desenvolvimento a respeito de um? Está, simplesmente, curioso em saber mais do funcionamento desse processo e do que ele envolve? Reunimos abaixo algumas das perguntas mais frequentes e percepções equivocadas a respeito da publicação de livros educacionais, além de alguns conselhos sobre como fazer um projeto decolar e chegar às mãos do editor certo.

POR QUE ESCREVER UM LIVRO-TEXTO?

Editores estão sempre atentos a sinais de autores em potencial e com evidências de uma perspectiva de bom desempenho. Em congressos e universidades, em conversas telefônicas e até por e-mail, estamos à procura dessa combinação rara de brilho, conhecimento e compromisso com o ensino. O autor Michael Larsen[3] pergunta se os seguintes indicadores se aplicam a você:

- "Não estou plenamente satisfeito com os livros didáticos existentes para o curso; realmente, tenho ideias específicas a respeito daquilo que gostaria que fosse feito de maneira diferente em um novo livro."
- "Leciono uma disciplina que desperta interesse entre meus estudantes e os deixa entusiasmados a respeito de minha área."
- "Idealizei maneiras inovadoras de fazer o conteúdo do curso se tornar mais atraente para meus alunos."
- "Além do texto principal que adotei, criei meu próprio pacote para o curso e elaborei uma publicação personalizada."
- "Estou no processo de criação de uma nova disciplina para meu departamento. (Ou já a criei recentemente.)"
- "Sou reconhecido por meu departamento ou universidade pela boa didática. Minhas avaliações de ensino feitas pelos estudantes são consistentemente positivas."
- "Tenho participação ativa em minha área e um currículo que demonstra desempenho expressivo em atividades de pesquisa atuais, artigos de periódicos e apresentações, além de afiliação a importantes organizações de meu campo profissional."
- "Já assumi a cadeira de professor titular ou estarei apto a assumi-la no próximo ano."
- "Escrevi ou fui coautor de um livro didático para um curso diferente."
- "Fui, anteriormente, autor de um manual do professor, banco de testes ou outros materiais suplementares a um livro didático principal."
- "Tenho percepção das tendências atuais e direções futuras em minha área que se devem refletir em um novo livro didático."
- "Leciono nesse curso há tempo suficiente e tenho experimentado diferentes textos e métodos para saber qual funciona para os estudantes."

O PRIMEIRO PASSO PARA ABORDAR UM EDITOR

Esse "primeiro passo" consiste, na verdade, em diversas tarefas de pré-planejamento. Antes de rascunhar uma proposta e tentar um contato com um editor você deve avaliar cuidadosamente a concorrência a fim de obter um entendimento concreto das potencialidades e fragilidades dos livros que ocupam posição de liderança no mercado. Examine de forma detalhada as estantes de livros de sua biblioteca e determine aquilo que você aprecia em seus livros textos prediletos. Você considera eficazes os recursos de abertura e de fim de capítulo? A arte é atraente? O projeto gráfico é convidativo? O estilo de redação é acessível? Os exemplos são concretos, relevantes? As atividades são centralizadas no aluno? O pacote de materiais auxiliares é útil? A Internet tornou muito fácil o acesso a informações instantâneas sobre publicações concorrentes – basta navegar pelos sites das editoras. É possível encontrar sumários, visão geral de livros, comentários de professores, prefácios, capítulos de amostra, clippings de mídia, listas de recursos e especificações de livros.

Teste suas ideias em classe, com seus alunos, e converse com colegas de sua instituição (e também de outras escolas) a respeito de metas de curso comuns e desafios de ensino. O que os professores consideram mais frustrante em relação a ministrar o curso? Quais tópicos provocam maior preocupação entre os estudantes? Em quais áreas os livros atuais falham em termos de ajudar os professores a atingir suas metas de ensino mais importantes? Entender as áreas problemáticas persistentes de um curso e o ponto em que os livros disponíveis no mercado são ineficazes constitui uma boa oportunidade para o novo autor de livro-texto que saiba atender essas necessidades de ensino com uma obra melhor.

Na próxima vez que um representante de vendas de uma editora parar para lhe dizer alô, não o dispense. Dedique alguns minutos a conversar com ele. Representantes experientes são especialistas não só nos livros de suas editoras como também nos da concorrência. Ele será capaz de lhe dizer por que um livro vende ou não vende, discutir tendências regionais e nacionais a respeito de cursos e explicar o impacto de novas tecnologias. Um bom representante de vendas também funciona como seu aliado, ajudando sua proposta a chamar a atenção de um editor ocupado ou mesmo proporcionando um encontro entre vocês.

Quando participar de congressos e simpósios, circule pelo hall de exposição e aproveite a oportunidade para se encontrar com editores e gerentes de marketing. Dependendo da seriedade com que você considera o projeto de um livro, pode marcar um encontro futuro com o editor. Converse com o pessoal do estande de vendas e faça perguntas sobre os livros e a mídia em exposição. Os livros são expostos de maneira proeminente? Há uma boa representação de títulos do catálogo e dos futuros títulos? Os catálogos têm uma oferta abundante? Os representantes de vendas e o pessoal do estande são eficientes e conhecedores de seus produtos? Os editores conversam com seus clientes? Aquilo que você observa no estande pode ser um indício do tratamento que espera para seu próprio livro?

Depois de avaliar os livros concorrentes e realizar alguma pesquisa de marketing informal, você estará preparado para rascunhar sua proposta e determinar a editora em que você e seu livro melhor se encaixam. A maioria das editoras possui orientações para a redação da proposta, as quais podem ser baixadas do site da editora ou solicitadas diretamente de seu representante editorial local. É uma boa ideia usar essas orientações como um roteiro para a elaboração da proposta, uma vez que elas abordam questões importantes de mercado e de projeto que um autor novato poderia desconhecer.

Além da descrição da proposta, com três a cinco páginas, você precisará fazer um sumário detalhado ou um esboço de livro que mostre claramente todos os títulos de capítulos, subtópicos, apêndices e outras materiais pós-texto que planeja incluir na obra. Certifique-se de não identificar seu nome ou afiliação. Seu editor desejará manter o processo de avaliação em sigilo para assegurar uma análise franca e objetiva das potencialidades e fragilidades de sua proposta

ARMADILHAS A SEREM EVITADAS

A seguir, discutimos algumas das armadilhas a serem evitadas ao se fazer uma proposta de livro.

Enviar original não solicitado ou enormes anexos de e-mail. A maioria dos editores prefere uma descrição do projeto ou proposta breves, acompanhados de uma cópia do currículo do autor. Em geral, não há problema em mandar seu material por e-mail; mesmo assim, envie sempre uma cópia impressa, pois sempre é mais confortável ler em papel do que no computador. A leitura em tela costuma ser apressada e você não vai querer que seu potencial editor esteja desconfortável e apressado ao ler sua proposta.

Ignorar os concorrentes. Autores inexperientes, escrevem Schneider e Doyen[4] muitas vezes alegam que nunca examinam livros concorrentes devido a uma ingênua percepção de que a originalidade de seus próprios projetos seria comprometida. Um autor sem familiaridade com a concorrência revela falta de entendimento do mercado e do público para o qual pretende escrever. Quanto mais você demonstrar uma sólida compreensão das forças e fraquezas dos livros que atualmente ocupam posição de liderança, mais convincentemente você posicionará seu livro em relação à concorrência. Por que um professor que usa um livro líder, comprovado, seria tentado a trocar o livro atual e pelo seu?

Para apresentar um argumento atraente a favor de seu livro, você precisará conhecer seus concorrentes, bem como os maiores desafios no ensino, as áreas de dificuldade para os estudantes e como sua obra constituirá uma alternativa melhor e inovadora.

> **Conheça seu adversário**
>
> O pior erro que um comandante militar pode cometer é subestimar o potencial do inimigo. Igualmente muitos autores falham por não saber ou não reconhecer as forças dos concorrentes.

Publicar seu livro para todos. "Não há nenhum outro livro igual a esse no mercado, em nenhum lugar. De fato, nunca vi um livro como o que estou propondo. Ele será adequado a uma variedade de cursos como, por exemplo, cursos introdutórios X, cursos avançados 'Y' e cursos de qualquer faculdade de medicina, além de atender a departamentos de antropologia e educação. Meu livro também terá amplo apelo a mercados profissionais e ao público leigo."

Alguma variação desse comentário aparece em muitos primeiros rascunhos de proposta, e não conseguimos imaginar uma linha de raciocínio que mais faça um editor se afastar (a não ser a afirmação anterior de não conhecer os concorrentes). Mais uma vez, essa armadilha comum revela a falta de conhecimento que o autor tem do público e do mercado para o qual pretende escrever. Se fizer uma pesquisa de mercado e não encontrar um livro similar em nenhum outro lugar, você deve, a partir disso, avaliar melhor a demanda de mercado ou mesmo o tamanho desse mercado. Se o curso para o qual você está escrevendo for emergente ou em crescimento, você precisará ter uma prova concreta (currículos escolares de amostra de outras instituições, estudos ou relatórios, artigos sobre novas tendências do curso) que sustente suas conclusões quanto à necessidade do livro. Um livro didático frequentemente atrairá mercados secundários ou sobrepostos e poderá alcançar mercados comerciais ou profissionais. Entretanto, é imperativo que você identifique claramente o público-alvo para o qual está escrevendo. No setor dos didáticos, isso significa ser capaz de identificar o principal curso para o qual seu livro será o texto central. Um livro com objetivos difusos acabará por não se encaixar bem em nenhum curso em particular.

COMO FUNCIONA O PROCESSO DE AVALIAÇÃO

Dependendo da qualidade e complexidade da sua proposta inicial, um editor poderá solicitar modificações antes de concordar em enviá-la para consultores. Quando ambos, o editor e o autor, estiverem satisfeitos e considerarem que a proposta está bem elaborada, o editor enviará o material a diversos consultores, a fim de colher comentários e sugestões sobre o potencial mercadológico.

O processo de avaliação varia muito de acordo com o tipo de livro e a complexidade do assunto. A editora precisa prospectar consultores e preparar e enviar por e-mail pacotes destinados à avaliação e isso pode levar um tempo considerável: você pode esperar qualquer coisa entre um e seis meses. É recomendável ter uma percepção do prazo para as análises logo no início. Em que data o editor mandará seu material para avaliação? Quando os consultores o devolverão ao editor? Quando as avaliações serão enviadas a você? Você possui um entendimento claro daquilo que o editor espera saber a partir das análises? Em outras palavras: o que o editor procurará especificamente nas avaliações, para chegar a uma decisão sobre o potencial de sucesso do livro no mercado? Você faz ideia daquilo que o editor considera uma rodada de avaliações "sólida" – análises 50% positivas ou análises 80% positivas? Precisamente em que data o editor lhe oferecerá um contrato ou declinará do interesse em seu livro? Quando todas as avaliações forem entregues, o editor lhe enviará um conjunto delas e fixará uma data para discuti-las com você. É uma boa ideia preparar-se para essa conversa, fazendo anotações cuidadosas à medida que ler as análises e anotando os comentários ou críticas que você considera úteis, bem como aqueles de que discorda. Você encontra algum padrão nos comentários do avaliador ou alguma preocupação ou discordância daquilo que propôs? Esteja preparado para debater as analises detalhadamente com o editor. Esse encontro lhe dará uma visualização prévia de como seria o trabalho em conjunto e do que você poderia esperar em termos de atenção, apoio, soluções criativas, orientação, conhecimento e flexibilidade. E esteja certo de que editores experientes procurarão essas mesmas qualidades em você! Supondo que as avaliações sejam encorajadoras – que os avaliadores indiquem adotar o texto proposto ou que se considere seriamente adotá-lo –, o editor fixará um prazo por escrito, de forma definitiva, e passará a negociar um contrato.

Público-alvo

Um velho adágio diz: um livro que será escrito para todo mundo, certamente não será lido por ninguém.

Qualidade *versus* potencial comercial

Qual é a marca característica de um bom livro-texto? O que torna um livro vendável? É importante reconhecer que há uma distinção entre um bom livro-texto e um livro vendável. Nem todos os bons livros são comercialmente bem-sucedidos. Um bom livro pode agradar a um estreito segmento de mercado, mas não satisfazer as necessidades de um público mais amplo. Cabe a seu editor elaborar uma estratégia para o sucesso crítico e comercial do produto, garantindo que ele seja uma obra de qualidade, amplamente adotada e que venda cópias suficientes para alcançar as metas de investimento. O desenvolvimento de um livro-texto – a pedagogia, a arte, as fotos, a mídia e o pacote de complementos – constitui um grande investimento financeiro e de longo prazo para a editora. A compreensão dos aspectos básicos do orçamento de seu livro e das expectativas financeiras do editor fará com que você consiga se associar a ele para a tomada de decisões acertadas ao êxito do projeto.

Para alcançar uma segunda edição, seu livro-texto terá de cumprir as metas de venda estabelecidas pelo editor (ou pelo menos se aproximar delas). De maneira geral, livros bem-sucedidos comercialmente são aqueles elaborados para um curso específico, no qual o autor leciona com sucesso. O entendimento que ele tem das metas de curso comuns, dos desafios de ensino e das áreas de dificuldade para os estudantes se forma a partir de sua experiência direta como professor.

A autora e editora Mary Lepionka[5] descreve com bons argumentos: um livro deve se combinar com a disciplina da forma como ela é comumente ensinada e, ao mesmo tempo, oferecer aperfeiçoamentos e inovações evidentes que o tornem uma alternativa melhor e mais atrativa em relação aos livros que já dominam o mercado. Um bom livro possui uma escrita acessível, isenta de jargões desnecessários e repleta de exemplos interessantes e relevantes. Um bom livro é elaborado com um olhar aguçado nos detalhes, a fim de que o texto, a arte, a pedagogia, a mídia e os complementos sejam planejados em conjunto desde a primeira página.

Também é fundamental que o autor conclua a obra de acordo com o cronograma, uma vez que um produto que padece de atrasos crônicos se arrisca a perder sua oportunidade de tempo, dinheiro e margem competitiva. Dada a elevada competitividade e as margens rígidas de publicação, o livro isoladamente já não basta. Autor e editor precisam se associar para a criação de uma resposta completa para o curso, a qual é entregue por meio de uma combinação de texto, mídia e complementos. O

Quadro 8.1, elaborado pelo professor de comunicação Franklin Silverman[6] apresenta as principais características dos livros educacionais bem-sucedidos.

QUADRO 8.1 | Características comuns dos livros bem-sucedidos

1. Eles dominam seu campo por duas ou mais edições:
   – são pedagogicamente inigualáveis;
   – são prestigiados, independentemente do nível de sofisticação;
   – aumentam e complementam as aulas do professor.
2. São escritos com precisão, exatidão e, quando envolvem análise, têm um grau de rigor apropriado ao leitor.
3. São escritos com imaginação e, por isso, proporcionam boa leitura:
   – recompensam o leitor naquilo que ele deseja: obter melhor aprendizagem;
   – os conceitos são desafiadores sem entediar ou intimidar.
4. Sumário, glossário e índice são detalhados e precisos.
5. Incorporam descobertas de pesquisas, muitas vezes restritas a revistas, jornais e *papers*, se elas já foram aceitas e aprovadas.
6. Usam cores para aumentar a aprendizagem. São elaborados com arte, enriquecidos com fotos, desenhos e variados tipos de letras;
7. Seu conjunto de exercícios aumenta o nível de dificuldade progressivamente e, geralmente, estão no final de cada capítulo ou seção. Em geral, incorporam um resumo que proporciona uma breve revisão da matéria estudada no final de cada capítulo.
8. Seus estudos de caso envolvem conceitos simples e são concisos, completos e raramente complexos.
9. São reconhecidos como uma fonte de referência e apresentam bons fundamentos para as disciplinas subsequentes e para a carreira que o estudante vai seguir.
10. Suas vendas aumentam a cada nova edição.
11. São em número reduzido.

O QUE FAZ UM BOM LIVRO?

Essa é uma pergunta de difícil resposta. Aqui estão algumas opções apresentadas pela escritora especializada em publicação de livros Rachael Stock[7] e qualquer uma delas pode definir um bom livro.

- Um livro que vende bem.
- Um livro que dá prazer a quem a lê.
- Um livro que ganha prêmios literários ou acadêmicos.
- Um livro que diz o que você precisa saber.
- Um livro que muda a vida de quem o lê.

Qual dessas alternativas definiria melhor sua ideia de um bom livro? Com muitos títulos no mercado para a disciplina X, por que um editor desejaria desenvolver mais um livro? Por que eu haveria de querer assinar um contrato com um editor que já tem outros livros na mesma disciplina? Por que eu desejaria assinar um contrato com um editor que jamais publicou um livro nessa disciplina? Novos autores que se defrontam com essas questões precisam decidir o que lhes é mais importante em uma editora e o que esperam em relação a seus livros. É preciso entender que há benefícios e desafios em potencial que acompanham qualquer um dos dois cenários mencionados acima. Assinar contrato com um editor que já possua uma história de sucesso na publicação para determinado curso pode beneficiar seu livro de diversas maneiras. A editora tem um compromisso demonstrado para com esse curso; além disso, seus representantes de vendas e o departamento de marketing conhecem os clientes e sabem o que é necessário para se destacar nesse mercado. Seu novo livro terá a vantagem de obter promoção seletiva com títulos estabelecidos. Em qualquer curso com muitas matrículas sempre há espaço para múltiplos livros, voltados a diferentes níveis do mercado (baixo, médio e superior), bem como para livros que seguem diferentes abordagens conceituais, temáticas ou organizacionais. O fato de um editor poder publicar um ou mais títulos na mesma disciplina não deve ser um obstáculo, contanto que cada um desses diferentes produtos – incluindo seu livro proposto – tenha uma história forte e convincente, que o diferencie das outras obras do catálogo.

Às vezes, é tentador o autor preferir um editor para quem seu livro representará a primeira entrada em determinado curso ou mercado. Como no cenário acima, certifique-se de obter garantias específicas logo de início sobre suas expectativas e as de seu editor a respeito de desenvolvimento e marketing. Quais são as metas do editor para ingressar em um novo segmento? Você desejará ver provas de que ele possui recursos, criatividade e compromisso necessários para estabelecer com sucesso um novo livro em um mercado competitivo e frequentemente abarrotado.

Se seu livro marca o início de uma editora nesse mercado, esse editor tem outras potencialidades que podem alavancar o estabelecimento de seu produto?

É ético enviar uma proposta a diferentes editores ao mesmo tempo?

Como futuro autor, você tem liberdade para conversar e obter orientação de quantos editores quiser. Não é incomum um autor submeter sua proposta a diversos editores simultaneamente. Essa iniciativa poderá ajudá-lo a avaliar sua potencial relação de trabalho com diversas editoras. Você obterá uma visão real da rapidez e do nível de cuidado com que um editor reagirá a seu material, da qualidade das avaliações e da urgência com que seu projeto será tratado.

No entanto, em toda situação de pré-assinatura de contrato em que compartilhe sua proposta de livro com mais de um editor, é vital garantir um processo justo. Para evitar problemas de comunicação, fale francamente com todas as partes sobre suas necessidades e preocupações mais importantes, identifique os editores, faça perguntas consistentes e estabeleça prazos claros para a tomada de decisões. Quando as avaliações serão discutidas? Quando você poderá esperar uma decisão do editor? Você tem uma data em que deseja ou necessita tomar uma decisão? Quando a fase de lua de mel de assinatura do contrato tiver passado e você estiver trabalhando arduamente no livro, desejará ter confiança de que a relação editorial na qual entrou é aquela que lhe dará apoio e sustentará seus esforços a longo prazo.

O que podemos aprender a respeito de escrever livros

A questão mais importante é *conhecer seu público*. Desde o início, o autor deve ter uma ideia clara de quem são as pessoas para as quais escreve. Assim que entender quem é seu público, a questão seguinte é perguntar por que razão essas pessoas estariam interessadas naquilo que você tem a dizer. Elas querem ser instruídas, informadas, esclarecidas ou se divertir? E por que você é a pessoa que pode fazer isso? Se, depois de uma cuidadosa reflexão sobre essas questões, ainda quiser prosseguir, você estará mais bem posicionado para solucionar as incontáveis opções que surgirão ao escrever. Quando tiver de tomar uma decisão, simplesmente pergunte: "o que meu público quer?" Se tiver um bom entendimento de quem é seu público, você será capaz de responder essa pergunta. A coisa importante seguinte a fazer é escolher um bom coautor. Parodiando o cantor de blues Taj Mahal que disse uma vez que "se não puder arranjar uma esposa, consiga uma banda", um bom conselho para os autores é "se não puder arranjar um bom coautor, consiga um bom editor de desenvolvimento." Você precisa ter alguém com bom gosto que possa ler seu original e dizer-lhe o que funciona e o que não funciona.

O LEITOR EM PRIMEIRO LUGAR

Um dos erros mais comuns que muitos escritores fazem é esquecer os leitores do livro. Um segundo erro é fazer suposições sobre o nível de conhecimento do público-alvo. Ambos podem resultar em um livro rejeitado pelos leitores. Quando você escreve sobre um assunto em que você é um especialista, é muito fácil escrever usando jargões e assumindo que os leitores tenham um bom entendimento do assunto. Esse é o caso de um livro para usuários avançados. Em todos os outros casos, o resultado será um livro que ninguém vai estar disposto a ler. Ou em outras palavras, um esforço desperdiçado.

Esquecer os leitores e seu nível de compreensão é uma das principais razões para um livro fracassar. Se você é um escritor técnico, é um especialista, sabe bem o assunto, sabe quais as áreas que são difíceis de aprender e quais são os conceitos difíceis de entender. Por isso, é seu dever como autor simplificar, ilustrar e demonstrar o tema e seus conceitos de tal forma que o usuário entenda. Se você pode escrever em um "fácil de ler" em um estilo de modo que o leitor não perca o interesse e pode apresentar os temas de uma forma envolvente, os leitores vão apreciar seu livro.

Os recursos didáticos mais comuns para simplificar temas complexos e torná-los fáceis de aprender são o uso de exemplos, estudos de casos, diagramas, ilustrações, fotografias, tabelas, gráficos, questionários, etc. Se os exemplos fornecidos são baseados em sua experiência, isso dá ao livro um toque pessoal, o que é muito importante para se conectar com os leitores. Os estudos de caso reais ajudam os leitores a compreender como os conceitos são aplicados na vida real e como eles ajudam na resolução de problemas. O professor Varian[8] escreve:

> A comunicação visual, isto é, a ilustração de uma mensagem com imagens, é seis vezes mais eficaz do que a comunicação somente com o texto. Um único diagrama, ilustração ou fotografia pode transmitir o que páginas de texto muitas vezes não fazem. Por exemplo, uma organização é melhor compreendida fornecendo um organograma, em vez de tentar explicar com palavras.

Questionários e fatos relevantes podem ser incluídos no livro para manter os leitores envolvidos e interessados. Testes também ajudam o leitor a fazer uma autoavaliação.

Então, quando você está escrevendo algo à primeira coisa que você deve considerar é o público-alvo do livro. Depois de identificar o nível de conhecimento de seus leitores como iniciante, intermediário ou avançado, você pode decidir sobre o estilo de escrita e a terminologia que é melhor para o livro. Um livro para iniciantes seria entediante para um leitor avançado e, inversamente, um livro avançado seria muito complexo para um iniciante. Você pode especificar no prefácio para quem você escreveu o livro. Quando você escreve um livro ou artigo com os leitores em mente, seu estilo de escrita vai muda para se adequar ao leitor. O tamanho das sentenças, a escolha das palavras também muda, assim como o número de ilustrações, fotografias e o estilo de apresentação. Todas essas mudanças irão percorrer um longo caminho para melhorar a usabilidade do livro e o valor que ele vai entregar.

LIVROS-TEXTOS

O auxílio mais importante para escrever um livro-texto é lecionar a disciplina para a qual seu livro se destina. Isso parece óbvio, mas você se surpreenderia em ver quão frequentemente essa diretriz é violada. Há vários anos, um economista muito famoso decidiu escrever um livro introdutório de economia. Quando ele procurou nosso conselho, foi orientado a lecionar a matéria. Ele concordou, relutantemente... mas lecionou somente para uma turma de 30 alunos! Obviamente essa experiência não o ajudou a desenvolver empatia suficiente com potenciais adotantes de seu livro. Ele deveria lecionar para classes com 300 estudantes com capacidades amplamente variáveis. Quando você dá aulas, recebe o *feedback* dos alunos. Tudo que você ensina lhe parece evidente, mas, com certeza, não é para eles, e provavelmente não foi para você na primeira vez que estudou. Sua tarefa como professor é ajudar o aluno a compreender a matéria, e você não poderá fazer isso efetivamente a menos que saiba o que eles *não* entendem. O editor Don Chatan disse uma vez: "reúna os exercícios e exames que espera que os alunos sejam capazes de resolver assim que tiverem lido seu livro, depois escreva o livro que mostre a eles como resolvê-los." O que há de formidável nesse conselho é que ele faz com que você focalize o resultado que quer produzir. Se você entender ambas as questões, de onde seu público vem, como dito anteriormente, e onde espera que ele esteja, não será tão difícil assim escrever o livro que os ajudará a fazer a transição. Se a meta é transmitir aos estudantes o conhecimento que lhes permitirá resolver problemas, então é importante colocar no livro muitos exemplos de resolução de problemas.

Exemplos nunca são demais: verbais, numéricos, algébricos, gráficos – você precisa de tudo, uma vez que diferentes estudantes aprendem de diferentes maneiras. "Reunir exemplos" não significa apenas exercícios matemáticos. Isso é importante para algumas áreas, mas, pelo menos no nível de graduação, estamos educando os alunos para serem cidadãos, e exemplos tomados de jornais, revistas e noticiários são tão importantes quanto os exemplos analíticos. Por fim, o autor deve se esforçar para facilitar as coisas para os estudantes e para o professor. Ao escrever um livro para um curso de graduação, é muito útil incluir um conjunto completo de slides das próprias aulas.

Tenha o leitor em mente

Os autores devem reconhecer que sua tarefa é sintetizar a informação de uma forma que seja legível e compreensível para o público-alvo. Muitas vezes, os autores cometem o erro de escrever tendo em mente seus colegas de profissão, em vez dos estudantes para quem o texto se destina. Um autor que se preocupa com o leitor fornece inúmeros exemplos, ilustrações e outros recursos didáticos para ajudar na compreensão do leitor.

LIVROS DE NEGÓCIOS

Dois autores estavam interessados em escrever livros de negócios e despenderam um bom tempo pensando a respeito de quem, exatamente, seriam os leitores do livro. Já possuíam muito material que haviam coletado de suas atividades na universidade, pesquisa e consultoria, de forma que tinham uma boa base de material para começar.

Uma das coisas mais difíceis a respeito de escrever um "livro de negócios" é como expressar as coisas em palavras. Um bom conselho é: "não tente explicar; diga o que fazer". Cientistas, naturalmente gostam de descrever as coisas; afinal de contas, é assim que entendemos o mundo. Mas leitores de um livro de negócios não necessariamente compartilham essa visão. Seu foco é decidir o que fazer. Em vez de dizer "a discriminação de preços pode aumentar os lucros", você poderia dizer "estabeleça o preço para os usuários de acordo com o valor para eles, não de acordo com seus custos".

É imprescindível usar uma terminologia que seja significativa para o leitor. O jargão econômico simplesmente não transmite muito significado para o leitor médio. "Rentabilidade" é um bom exemplo. É um conceito importante, sem dúvida, mas seu leitor típico simplesmente não entenderá as sutilezas sem boas explicações. "Lucro" eles entendem (ou, pelo menos, acham que entendem), e provavelmente é um termo melhor na maioria dos casos.

Por fim, há a questão de tornar as coisas simples para o leitor. Excertos do livro destacados e listas itemizadas no final do capítulo são recursos úteis para esse fim. Também são uma grande ajuda para o autor: se perceber que escreveu duas ou três páginas e não ofereceu um resumo em uma única frase de tudo que foi dito, você deve se preocupar por estar apenas divagando. Talvez você deva reduzir parte dessa verborragia.

Da mesma forma, se chegar ao fim do capítulo e não tiver condensado meia dúzia de lições não triviais, provavelmente você deve voltar e repensar o capítulo. Nosso conselho final é contar algumas histórias. Leitores de livros de negócios podem tolerar algumas abstrações, mas o que realmente prende a atenção deles são histórias de casos. E quanto mais próximas essas histórias estiverem dos problemas que eles enfrentam, melhor. Lembre-se de que os leitores de livros de negócios querem saber o que fazer; portanto, histórias sobre o que outros fizeram, e como essas escolhas aconteceram, enviam uma mensagem poderosa.

Livros que fazem uma contribuição intelectual significativa serão sempre reconhecidos. Não necessariamente no momento da publicação. Mas certamente com o tempo. Todo editor pode citar vários projetos que não conseguiram o sucesso merecido e desapareceram. E todo acadêmico pode citar um grande livro em seu campo que permanece desconhecido ou subvalorizado.

Livros abrem a mente

Você deve escrever um livro se existe algo que você precisa dizer, ou você sente que há algo que outras pessoas precisam saber. Os livros são portadores de ideias e informações. São a chave para o crescimento pessoal e profissional. Quando você escreve um livro, você se torna parte de uma comunidade.

NOTAS DO CAPÍTULO

1. DOWD. Steve B. *Teaching in the health-related professions*. Iowa: Eastwind Publishing, 1995.
2. SCHOENFELD, A. e MAGNAN, R. *Mentor in a manual: climbing the academic ladder to tenure*. Wisconsin: Magnan Publications, 1994.
3. LARSEN, Michael. *How to write a book proposal*. 4. ed. Ohio: Writers Digest, 2011.
4. SCHNEIDER, Meg; DOYEN, Barbara. *The everything guide to writing a book proposal*. New York: Alpha Books, 2006.
5. LEPIONKA, Mary. *Writing and publishing for education markets*. Gloucester: Atlantic Path Publishing, 2009.
6. SILVERMAN, Franklin. *Authoring books and materials for students, academics and professionals*. Connecticut: Praeger, 1998.
7. STOCK, Rachael. *Getting your book published*. 2. ed. Hampshire: Trotman, 2011.
8. VARIAN, Hall. *What I've Learned about Writing Economics*. California: Taylor & Francis, 2001

CAPÍTULO 9

Desenvolvimento editorial

NESTE CAPÍTULO

Introdução 209

Negociando ajuda para
  desenvolvimento 212

Trabalhando com um editor de
  desenvolvimento 212

Diferença entre edição de
  desenvolvimento e edição
  de texto 213

Fazendo seu próprio
  desenvolvimento 215

Obtendo colaboração
  da editora 215

INTRODUÇÃO

Desenvolvimento editorial é o que acontece a um manuscrito entre a fase de aquisição e a de produção. Tão logo o editor de aquisições assina um contrato, o original precisa ser desenvolvido (ou seja, escrito e revisado, talvez diversas vezes) antes de estar pronto para transformar-se em um livro. Muitos autores têm a liberdade de desenvolver manuscritos mais ou menos por conta própria. Às vezes, um manuscrito pode passar por uma revisão feita por consultores e leitores externos. Livros didáticos grandes são desenvolvidos intensamente, com diversas revisões e intensa colaboração editorial.

O desenvolvimento editorial pode incluir um trabalho de pesquisa antes de se começar a escrever. O editor de desenvolvimento pode ajudar a planejar a organização, as características e outros aspectos do trabalho e a preparar revisões ou análises críticas. As tarefas muitas vezes incluem o que sugere o escritor e consultor editorial Gerald Gross[1].

- Sugerir formatos para comunicar a mensagem.
- Reescrever e reestruturar o texto para que se adapte ao formato.
- Reposicionar frases e parágrafos para melhorar o fluxo.
- Assegurar uma estrutura consistente adicionando ou excluindo títulos.
- Identificar lacunas de conteúdo e preenchê-las ou descrever o texto necessário para que o autor possa preenchê-las.
- Excluir conteúdo desatualizado ou que não alcance o tom ou o foco de marketing desejado.

O desenvolvimento editorial pode também envolver a alteração do conteúdo para satisfazer as recomendações de revisores e determinar o estilo e conteúdo geral das ilustrações e/ou diagramas. A edição de texto é um passo à parte depois do estágio de desenvolvimento. O editor e escritor Scott Norton,[2] afirma: o editor de desenvolvimento *não* assegura a consistência ou exatidão do texto, não verifica aspectos como referências cruzadas, o projeto tipográfico ou o paralelismo dentro das orações. Mas o editor de desenvolvimento pode fornecer ao editor de texto uma folha de estilos básica e algumas páginas de exemplo de edição de texto que demonstram as formas e os usos preferidos. Ele pode também indicar ao editor de texto o nível, o tom e o foco desejados e sugerir meios específicos que ele pode usar para alcançá-los e ajustá-los.

Desenvolvimento é um processo complexo no qual autores e editores colaboram a fim de tornar um manuscrito e todo seu material auxiliar adequados ao mercado e prepará-los para publicação. Se você já tem à sua disposição um manuscrito completo, pode imaginar por que seu livro precisa de um editor de desenvolvimento. Conforme relembra um autor, anonimamente: "Era meu *magnum opus* – brilhante, testado em sala de aula, o mais próximo da perfeição que pude chegar, o fruto de longos anos de árduo estudo e esplêndida revelação e longas noites no computador. Foi um trabalho de amor e realização profissional em um mundo em que a lei é publicar ou morrer. Fiz exatamente o que pretendia dizer, da maneira exata como queria dizer. Meus colegas de departamento, meus alunos e minha esposa, todos disseram que gostaram. No que me diz respeito, estava concluído. Era isso, aceite-o ou não. Então, conheci meu editor de desenvolvimento."

O editor de desenvolvimento como sugere a editora e escritora Jodi Brandon[3] ajuda os autores e equipes de redação a desenvolver livros e séries de documentos. O editor de desenvolvimento participa ativamente das etapas de planejamento e organização do texto e normalmente tem muitas oportunidades criativas particularmente na negociação da publicação de livros didáticos.

> **Editor de desenvolvimento: faça a coisa certa**
>
> O Web Editor's Forum define como funções do editor de desenvolvimento ajudar a planejar a organização, as características e outros aspectos da obra e a preparar revisões ou análises de desenvolvimento. Suas tarefas incluem definir a extensão da obra, assegurar a estrutura de frases apropriada, identificar falhas de conteúdo, estabelecer o tom e estreitar o foco.

O editor de desenvolvimento serve como mentor do autor e consultor para assuntos de redação e publicação. No desenvolvimento editorial, concentra-se a relação de trabalho mais próxima que um editor pode ter com um autor. Exige tempo, visão, paciência e diplomacia – de ambos os lados, mas geralmente mais do lado do editor. Todo autor precisa de um editor e a maioria dos livros didáticos precisa de desenvolvimento para formatar um produto bem-sucedido.

Na edição de desenvolvimento, autor e editor, em conjunto, desenvolvem um conceito ou ideia com base em pesquisas de mercado feitas pela editora. Ambos estendem que um manuscrito em desenvolvimento precisa ser parcial ou completamente rescrito para torná-lo um produto melhor para o mercado.

> **Autor: descubra se seu editor é criativo**
>
> Editores criativos com ideias sólidas podem encontrar o escritor certo e desenvolver o livro com essas ideias. Outro benefício na fase conceitual e da fase de desenvolvimento é que o editor experiente, sabendo os pontos fortes do escritor, é capaz de orientá-lo para maximizar a força dessas ideias. Todo escritor precisa de um editor e a maioria dos livros didáticos precisa de desenvolvimento para obter um grande sucesso. Com desenvolvimento, um livro texto pode multiplicar suas vendas em suas duas primeiras edições.

Decisões de desenvolvimento

O desenvolvimento editorial envolve as seguintes decisões, entre outras:

Mercado e público

- Qual é o mercado do livro? Para quem se destina o livro?
- Como o produto se destacará dos concorrentes?
- Quais serão o nível intelectual, o estilo e o tom?
- Como serão feitos o marketing e sua comercialização?

Organização e conteúdo

- Quais tópicos o livro cobrirá e em que ordem?
- Como será a divisão em partes e capítulos e qual será a extensão ideal?

- Como o conteúdo será organizado em termos de títulos e subtítulos?
- Que figuras, tabelas, diagramas, esquemas etc. serão incluídos, e quantos?

Recursos e pedagogia

- O que constará nas páginas introdutórias e nas finais?
- Como serão as aberturas dos capítulos e seu encerramento?
- Que recursos pedagógicos serão incluídos e com que frequência aparecerão?
- Haverá legendas descritivas, glossário e/ou notas marginais?

Tarefas de autoria e gerenciamento

- Como cada tarefa será executada?
- Quem fará a avaliação do manuscrito, quantos consultores serão necessários, que roteiro eles receberão e que metodologia será adotada?
- Quais serão os prazos para as avaliações?
- Quais serão materiais suplementares, quem os fará, o que eles conterão, como e quando serão feitos?

Apresentação

- Quais e quantas fotos e ilustrações serão incluídas?
- Qual será a projeto gráfico do livro? O que estará na capa?
- Como o livro será promovido e anunciado?

Essas decisões de publicação refletem os cinco *domínios do desenvolvimento*, sugeridos pela autora Mary Lepionka,[4] conforme ilustrado na Figura 9.1.

Embora muitas dessas perguntas estejam na esfera de ação do editor executivo (eles tipicamente se reservam o direito de dar a palavra final sobre a aparência do livro, por exemplo), o editor de desenvolvimento deve manter o quadro geral em mente ao respondê-las.

> **Editor de desenvolvimento: planeje cedo e planeje bem**
>
> É recomendável que o desenvolvimento seja feito antes mesmo de o manuscrito existir e, certamente, antes de o texto receber um polimento final. Em qualquer projeto editorial, remodelar um manuscrito para adaptá-lo a um plano de desenvolvimento posterior pode se tornar um pesadelo para todas as partes envolvidas.

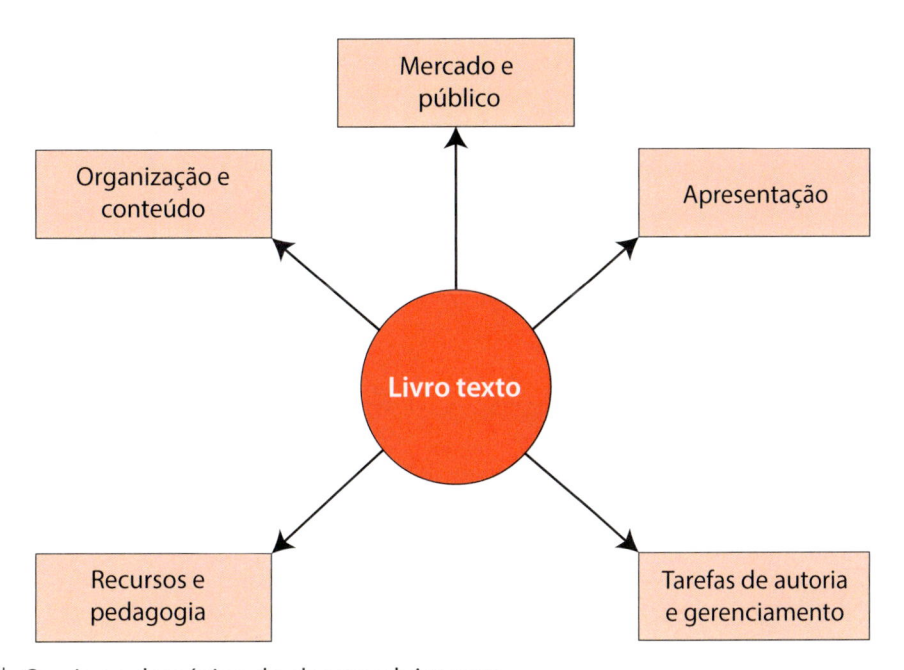

FIGURA 9.1 | Os cinco domínios do desenvolvimento.

NEGOCIANDO AJUDA PARA DESENVOLVIMENTO

Pergunte a seu editor se você poderá contar com a ajuda de um editor de desenvolvimento. É de seu interesse pedir ajuda do editor de desenvolvimento como parte de suas negociações de contrato. Se seu editor se recusar a investir em desenvolvimento, pergunte quais serão as estimativas de vendas e negocie o desenvolvimento nas edições seguintes caso as expectativas forem atingidas. Se seu livro for uma primeira edição não testada em um mercado incerto, se já estiver em sua enésima edição com vendas declinantes, ou servir a um grupo pequeno e especializado de leitores, o investimento em desenvolvimento quase certamente será negado. Mas se a projeção de vendas seja alta, digamos, mais de 10.000 unidades em um mercado bem estabelecido, alguma ajuda profissional em desenvolvimento pode ser garantida. Note, porém, que os editores têm diferentes ideias sobre o limiar de vendas esperadas para determinar que um livro terá o privilégio de contar com um esforço de desenvolvimento.

As editoras também especificam diferentes níveis de investimento em desenvolvimento, de acordo com suas expectativas de mercado. Isso pode variar desde um pequeno investimento, como alguns dias de revisão por um editor que não estabelece contato com o autor, até um maciço investimento que envolve rever cada detalhe do projeto, reescrever grande parte do material e até trabalhar em dupla com o editor de desenvolvimento. Desse modo, se seu editor estiver investindo em desenvolvimento, pergunte-lhe qual é o nível de desenvolvimento que está sendo planejado. Se nenhuma ajuda estiver prevista, porém, proponha investir parte de seu tempo e recursos no desenvolvimento, e anuncie sua intenção de desenvolver o livro por conta própria.

Em algumas editoras, uma parte do salário do editor de desenvolvimento é calculada como parte do custo de um livro, o que implica que somente os livros com grandes estimativas de vendas podem ter o privilégio de poder contar com o trabalho de um editor de desenvolvimento. A editora pode calcular os serviços de um editor interno ou *freelancer*, para cobrir os custos de desenvolvimento do livro.

TRABALHANDO COM UM EDITOR DE DESENVOLVIMENTO

Um editor de desenvolvimento tem uma função diferente das funções do editor de aquisições e do editor de texto. O trabalho do editor de aquisições vem antes: ele descobre o autor e defende a publicação do livro; assina o contrato com o autor, propõe considerações orçamentárias para o projeto, e muitas vezes é responsável por organizar as avaliações e decidir se deve investir ou não em desenvolvimento.

O trabalho do editor de desenvolvimento vem em seguida: ele analisa os concorrentes e as avaliações dos consultores e colabora com o autor para melhorar a organização e o conteúdo de seu original, criar uma hierarquia de títulos ou tópicos, desenvolver um plano pedagógico e um programa de produção de figuras e tabelas a fim de preparar o manuscrito para ser liberado para o editor de texto. Em algumas empresas, os editores de desenvolvimento também são responsáveis por outras tarefas: pagar consultores, desenvolver um programa de arte e/ou fotografia, auxiliar na pesquisa de autorizações, contratar um designer para desenvolver o projeto gráfico, conferir as etapas de revisão de provas, desenvolver os materiais suplementares, monitorar todo o projeto e encaminhar toda a papelada relacionada para os responsáveis.

Segue-se então o trabalho do editor de texto: ele confere o estilo de escrita, a ortografia/pontuação/gramática, a estrutura do texto, a ordem de desenvolvimento das ideias e outros aspectos textuais.

Em alguns casos os editores de desenvolvimento podem ajudá-lo a revisar ou reescrever, ou, como especialistas em conteúdo, podem até mesmo contribuir com material original para seu livro. Cada empresa define o papel de seu editor de desenvolvimento de maneira diferente, e os eles também variam entre si quanto à maneira de definir seus papéis.

DIFERENÇA ENTRE EDIÇÃO DE DESENVOLVIMENTO E EDIÇÃO DE TEXTO

Há uma diferença entre edição de desenvolvimento e edição de texto. No processo editorial, tarefas como correção ortográfica, pontuação e erros tipográficos são responsabilidade do editor de texto. A edição de desenvolvimento vem antes de edição de texto e não há necessidade de procurar a falta de uma vírgula ou ponto e vírgula quando não há enredo e a cena não está montada. A edição de desenvolvimento é um processo extenso, chegando até o limite de precisar reescrever todo o texto. O editor de desenvolvimento pode sugerir reescrever trechos confusos, dar um novo caminho para história ou excluir ou incluir um novo personagem. Claro, estamos falando de livros de ficção, mas os livros de não ficção têm os mesmos problemas, talvez não tanto com os personagens, mas com a transição de um ponto a outro, a estruturação, a inclusão e exclusão de conteúdo e o fluxo. O autor pode estar falando sobre um assunto que ainda não foi apresentado ao leitor. O autor já tem conhecimento sobre o assunto, mas o leitor não sabe sobre o assunto até o meio do livro. Nesse caso, um editor de desenvolvimento pode sugerir reordenar a apresentação dos conceitos de modo a criar um fluxo lógico. Mesmo um livro mal escrito pode conter uma grande quantidade de boas informações, mas precisa ser coeso e consistente para as pessoas aprenderem algo. Muitos livros são mal escritos e fazem as pessoas perderem logo interesse pela sua leitura. O trabalho do editor de desenvolvimento é entregar o livro pronto para o editor de texto. O trabalho do editor de texto é entregar o livro pronto para a composição e/ou a gráfica.

Entendendo o papel do editor de desenvolvimento

O editor de desenvolvimento representa tanto a editora como os clientes do livro e, nessa função, ajuda a responder as perguntas contidas nos cinco domínios do desenvolvimento. Trabalhar com um editor de desenvolvimento geralmente envolve contato frequente, tomada de decisão colaborativa ou consensual e cumprimento das exigências de extensão dos originais e prazos para produzir a obra. Trabalhar com um editor de desenvolvimento também envolve tentar ter uma atitude positiva e apreciação por aquilo que o editor precisa do autor e pelo que pode fazer pelo autor. Tradicionalmente, esse editor é, acima de tudo, o aliado e o defensor do autor e deve ser tratado de acordo.

Autores inexperientes às vezes supõem que o editor de desenvolvimento é fiel apenas à editora e que sua tarefa é unicamente garantir um produto vendável. A direção das editoras, sem dúvida, também gostaria de pensar assim. A verdade, porém, é que o principal compromisso do editor de desenvolvimento é para com o livro e as pessoas que o usarão para estudar. O objetivo é produzir um livro de qualidade que atinja seu pleno potencial de mercado. E o processo pode ser árduo, tanto que a metáfora da gravidez e parto referente à publicação de um livro entrou para a lista dos clichês.

Estabelecendo uma boa relação de trabalho

Por várias razões, autores e editores enfrentam alguma tensão em suas relações. O autor e o editor precisam um do outro para atingir suas metas, mas têm pautas diferentes. Quando as relações entre autor e editor são insatisfatórias ou estressantes, o livro corre riscos, de maneira muito similar ao risco que corre uma criança quando os pais brigam ou se separam. Algumas fontes dessa tensão são sugeridas nos exemplos a seguir.

Fontes de tensão na relação entre autores e editores

Certas atitudes de ambas as partes desgastam as relações e criam tensões desnecessárias entre os profissionais envolvidos. Eis as mais comuns divididas por tópicos.

- **Programação, extensão da obra e aspectos técnicos.** O *editor* tem expectativas irreais a respeito da programação; atormenta em relação a prazos finais; pede ou dita cortes "impossíveis" na obra; solicita alterações detalhadas de formatação; tem dificuldades em entrar em contato com o autor. O *autor* não retorna as chamadas prontamente; envia os manuscritos atrasados ou sem aviso prévio; não se restringe à extensão predeterminada; não dá a necessária atenção à preparação do manuscrito; não cuida das autorizações corretamente ou em tempo hábil.

- **Esforço e comprometimento.** O *editor* exige mudanças que envolvem demasiado tempo e esforço; impõe rodadas extras de revisão ou provoca mais trabalho ao modificar o plano do livro no meio do caminho. O *autor* está muito ocupado ou não está suficientemente comprometido com a realização do trabalho; não atualiza fontes citadas de forma eficiente; submete o manuscrito com elementos faltantes ou tratados inconsistentemente; evita responsabilidade pelos recursos pedagógicos.

- **Avaliação e ego.** O *editor* tem expectativas desproporcionais (positiva ou negativamente), é excessivamente crítico, focaliza as fragilidades; edita demasiadamente e é muito tirânico ou, inversamente, é omisso. O *autor* não sabe receber crítica positiva, não responde às preocupações dos consultores quanto a sugestões editoriais sólidas, e aceita ou insiste em um produto medíocre.

- **Propriedade e controle.** O *editor* determina cortes e alterações, mas se recusa a ajudar (ou a executar) tarefas de autoria; age como se o livro fosse seu. O *autor* faz alterações no texto de última hora sem avisar e sem ter negociado; espera que o editor cumpra responsabilidades de autor ou é superdependente; precisa de ajuda financeira por meio de auxílio não determinado no orçamento, ou horas-extras não programadas.

Os editores, à semelhança dos autores, têm diferentes personalidades, conhecimentos, capacidades, compromissos profissionais, padrões, potencialidades e necessidades. Variam grandemente quanto à educação, conhecimento da matéria e experiência em publicação, para não mencionar motivação e habilidade. Se deixarem de lidar com as tensões, se e quando elas surgirem, autores e editores podem tornar-se desmotivados, suspeitos, antagônicos ou alienados. Comunicação direta e espírito cooperativo para solução de problemas são os antídotos.

> **O diabo espreita em cada detalhe**
>
> Desenvolvimento editorial competente e atenção contínua à organização, projeto gráfico e gramática/ortografia são fundamentais para tornar um livro compreensível e agradável. Descuidos editoriais comprometem irremediavelmente a qualidade e o valor de um esforço editorial.

É prudente respeitar as recomendações do editor, pois ele entende do negócio de publicação de livros didáticos. O autor deve lembrar que toda solicitação editorial, por maior ou menor que seja, é geralmente motivada pelas necessidades e realidades da publicação. A primeira regra prática, porém, é jamais ignorar uma solicitação editorial. Bons editores de desenvolvimento rotineiramente hesitam discutir com o autor certos aspectos do processo de publicação com medo confundi-los com os muitos detalhes técnicos, mas explicarão prazerosamente as razões e argumentarão, quando for o caso. Cabe ao editor antecipar e encaminhar suas perguntas e preocupações – o autor somente precisa perguntar.

> O editor de desenvolvimento organiza, estrutura, formata e estiliza (...), seu foco principal é esclarecer ambiguidades, corrigir problemas conceituais e manter o tom do manuscrito, assegurando que seja direcionado ao público específico que o autor e a editora planejaram.
>
> – Elizabeth Dugger, consultora editorial

A segunda regra prática é estabelecer logo de início as fronteiras e regras básicas que definirão as relações de trabalho e afirmar isso de maneira positiva, começando pelo mútuo reconhecimento dos muitos sacrifícios pessoais e profissionais que autor e editor poderão fazer para criar um livro-texto. Pergunte ao editor de desenvolvimento exatamente qual será o papel dele no projeto e o que ele espera de você.

A terceira regra prática é não se queixar de seu editor de desenvolvimento sem antes confrontá-lo, porque as editoras, à semelhança dos departamentos acadêmicos, são ambientes de trabalho políticos. Ou seja, se você tiver uma reclamação a respeito da maneira como o desenvolvimento está se desenrolando, o editor de desenvolvimento tem o direito de sabê-lo diretamente de você, e deve ter uma oportunidade para corrigir o processo. Editores de desenvolvimento habilidosos pedem *feedback* de seus autores sobre o modo como desenvolvem o trabalho, a fim de assegurar satisfação mútua com relação à maneira como o desenvolvimento está sendo conduzido.

FAZENDO SEU PRÓPRIO DESENVOLVIMENTO

Desde meados da década de 80, o papel do editor de desenvolvimento se modificou drasticamente – deixando de ser o *alter ego* do autor, ou seu mentor, crítico, inspirador, analista de mercado, consultor de criação, defensor e intérprete da cultura editorial, e passando a ser gerente de produto. Algumas editoras acreditam que podem reduzir o custo de desenvolvimento fazendo os editores de desenvolvimento trabalhar com o maior número de livros possível. O lado negativo disso é que, quanto mais livros eles trabalham, menos tempo e cuidado podem despender a cada um. Consequentemente, as editoras impõem uma carga maior de responsabilidade pelos livros sobre seus próprios autores. Dessa forma, os custos que antigamente eram assumidos pelas editoras estão sendo transferidos aos autores, juntamente com tarefas que os editores de desenvolvimento costumavam exercer.

Em outras palavras, mesmo que lhe seja oferecida alguma ajuda para o desenvolvimento do seu livro, você vai ter que se virar por conta própria, o que, afinal, é uma das razões para este livro existir. Na falta de colaboração substantiva por parte dos editores, você precisa ser capaz de fazer seu próprio desenvolvimento. Uma grande vantagem de fazer seu próprio desenvolvimento é que você mantém mais controle sobre seu produto e sobre o que entra nele. A desvantagem é que você precisa dedicar mais tempo e recursos para planejar seu livro e adquirir uma visão comercial para seu livro ter sucesso.

A seguir, há algumas orientações para realizar tarefas de desenvolvimento de modo a garantir esse sucesso. Essas tarefas ensinam a desenvolver um sumário e um capítulos de amostra. Se você já assinou um contrato com uma editora, as informações o orientarão a fazer redação e revisão adicionais. E se já tiver publicado e estiver trabalhando em uma revisão, as práticas seguintes o ajudarão a aumentar sua fatia de mercado. Essas práticas incluem obter colaboração da editora, mapear a concorrência, estabelecer uma rede social ou *networking*[5] profissional e trabalhar com resenhas.

OBTENDO COLABORAÇÃO DA EDITORA

Peça à editora informações sobre o mercado do seu livro. Qual é o tamanho desse mercado? Quais são os livros mais vendidos atualmente? Que porcentagem do mercado eles controlam? Quem comprará esses livros? Por que esses livros são bem-sucedidos? O que os clientes estão procurando agora? Os editores de aquisições e os gerentes de marketing estão sempre atentos, pesquisando constantemente as tendências do mercado, a demanda do consumo e as margens competitivas. Pergunte-lhes sobre pesquisas de mercado em sua disciplina e peça-lhes para enviarem a você os resultados de quaisquer pesquisas de marketing pertinentes. Peça também informação sobre livros concorrentes.

Adquira cópias dos principais livros concorrentes atuais e compare seu conteúdo. Além disso, avalie também resumos e avaliações críticas em sites de livrarias e das próprias editoras concorrentes. Depois, faça uma análise da concorrência, considerando aspectos relacionados com o conteúdo – como cobertura, profundidade, uso de recursos didáticos – e com a forma – como o projeto gráfico, uso de cores, papel, impressão e encadernação. O objetivo é garantir que seu livro seja suficientemente competitivo para ser bem-sucedido no mercado. A seção a seguir descreve e exemplifica o que poderia ser uma mapa comparativo da concorrência para fácil cotejo e referência.

Crie uma mapa para uma pesquisa comparativa da concorrência

Alguns autores resistem a examinar seus concorrentes por uma série de razões: medo de serem influenciados indevidamente, medo de imitação inconsciente, orgulho profissional, ciúme profissional, medo de invadir a seara alheia e medo de se sentirem desestimulados. Mas temores naturais como esses devem ser superados porque um exame minucioso de livros concorrentes o ajudará a evitar despender um bocado de tempo escrevendo algo que a editora não pode vender porque seja porque é uma repetição do que já há nos outros livros, ou b) é tão exótico e diferente de qualquer outro livro existente que os professores não podem usar.

Desse modo, quantos capítulos os outros livros de administração têm sobre liderança? É significativo que todos os outros livros introdutórios de marketing dediquem pelo menos 40 páginas à promoção? Quantos exercícios um livro de cálculo para o primeiro ano deve conter em cada capítulo. Qual o principal contexto em que os outros livros de saúde discutem a aids em detalhes? Os outros livros sobre justiça criminal citam Mirabette e Negrão quanto a suas novas e controversas pesquisas? Você deve considerar adicionar mapas que exibam distribuições de frequência em cada capítulo de seu livro de sociologia? Aplicações de engenharia devem ser tratadas em um capítulo separado ou distribuídas por vários capítulos? Vale a pena converter alguns conceitos de direito comercial em fluxogramas ou gráficos? Seu livro de estudo de problemas sociais tem suficiente abrangência global e comparativa para ser competitivo?

Ao mesmo tempo em que são únicos, livros bem-sucedidos também se comparam seletivamente ou superam as características que tornam os concorrentes bem-sucedidos. Essas características incluem a organização do livro, seu tamanho, abrangência, recursos pedagógicos etc. O Quadro 9.2 fornece um mapa abrangente para levantar dados dos principais concorrentes na disciplina que você pretende publicar. Além disso, qualquer coisa que você descubra sobre a concorrência é munição para fazer sua editora investir mais em seu livro, porque livros-texto devem ser competitivos para vender. Talvez você possa apresentar um bom argumento para obter uma impressão em duas cores, ter mais fotos ou criar um site para seu livro.

QUADRO 9.1 | Mapa genérico para uma pesquisa comparativa da concorrência

	Concorrente 1	Concorrente 2	Concorrente 3
Livro Autor, Título, Edição, Editora, Ano			
Mercado Missão do autor Temas do livro Recursos exclusivos ou cobertura especial			
Organização e conteúdo Divisão em partes e capítulos (anexe o sumário) Pedagogia Aberturas de capítulo Fechamento de capítulos Recursos didáticos			
Apresentação Quantidade de páginas e cores Quantidade de figuras/tabelas e fotos Encadernação/papel			

Comparação de conteúdo

Todos os editores desejam publicar livros que contemplam aqueles capítulos ministrados na disciplina e com uma cobertura adequada. Também eles querem que seu livro seja superior aos concorrentes.

Duas características são importantes para você convencer o editor da viabilidade de publicar seu projeto. Primeiro, você deve apresentar um sumário detalhado de cada concorrente. Segundo, você deve criar uma grade com a comparação de conteúdo de cada livro e demonstrar que seu projeto pode superar os concorrentes.

Uma amostra da comparação de conteúdo é apresentada no Quadro 9.2. Nesse quadro, o editor identificará aqueles tópicos que são comuns aos principais textos usados na disciplina. Nele, seu texto está na última coluna.

Essa comparação o ajudará a projetar e desenvolver um livro superior, trabalhar nos temas relevantes e convencer o editor de sua determinação em publicar um texto competitivo.

QUADRO 9.2 | Exemplo de mapa comparativo da concorrência específico para a área de administração

Capítulos	Livro A	Livro B	Livro C
Conceitos de administração	X	X	X
Planejamento e administração estratégica	X	X	X
Formulação e implementação de estratégias		X	X
Tomada de decisões	X	X	X
Fundamentos da organização	X	X	X
Projetos organizacionais	X		X
Mudança e desenvolvimento organizacional		X	X
Administração de recursos humanos	X		X
Liderança nas organizações	X	X	X
Motivação nas organizações		X	X
Comunicação	X		X
Trabalho em equipe		X	X
Controle	X	x	X
Fundamentos do controle de qualidade	X		X
Sistema de informação e tecnologia		X	X
Administração de operações e serviços	X	X	X
Ética e responsabilidade social	X		X
Características dos livros concorrentes	416 páginas © 2019 – 2 cores 17x 24 Suplementos: manual do professor, guia do estudante	432 páginas © 2019 – 2 cores 17x24 Suplementos: Manual do professor, guia do estudante, banco de testes, exercícios *on-line*, *PowerPoint*	E AGORA? Você e seu editor podem formular o projeto.

Redes sociais, profissionais e/ou acadêmicas

Faça seu *networking*, isto é, use suas próprias redes sociais profissionais e/ou acadêmicas para contatar professores que ministram a disciplina para o qual você está escrevendo o livro. Essas pessoas são adotantes potenciais de seu livro. Selecione escolas com um grande número de estudantes no curso para o qual você está escrevendo. Descubra quais livros estão usando, por que os escolheram, quais são as potencialidades e fragilidades que acham que há no livro, quais recursos pedagógicos usam e quais não, o que necessitam em um livro, o que falta nos existentes, e quais suplementos gostariam que houvesse?

Experimente também algumas de suas ideias. Sem mostrar todas as cartas, pergunte aos professores se estariam interessados em um livro que traz aquilo que você planeja apresentar em seu. Na medida do possível, mantenha estrita confidencialidade em seus contatos. Você está fazendo um networking sobre uma introdução à economia, e isso é tudo o que qualquer um realmente precisa saber. Mais de um livro já foi arruinado no mercado porque a notícia sobre ele chegou às editoras rivais. Se seu livro for uma nova edição, guarde consigo a data do novo copyright. Mantenha um registro do que apreender de seus contatos de networking e discuta as informações com seu editor de aquisição para obter feedback e seguimento adicionais.

Transforme sua pesquisa informal, feita por e-mail ou telefone, em uma pesquisa on-line. As possibilidades se limitam somente à sua imaginação. Pesquise páginas e bancos de dados da web em busca de informações sobre sua matéria ou área, que possam ampliar a atualidade e apelo de seu livro. Inicie ou inscreva-se em um grupo de discussão, perguntando a colegas sobre seus cursos e preocupações instrucionais e sobre os livros que eles usam. Esse tipo de coleta de informações lhe dá uma visão mais ampla sobre as necessidades instrucionais, tópicos interessantes, desenvolvimentos de pesquisa, movimentos acadêmicos, padrões e tendências que seu livro pode lucrativamente refletir ou representar. Procure também recursos de informação on-line para si mesmo como autor de um livro didático.

Use informações da editora, provenientes de análises da concorrência e do *networking* da empresa para aprimorar seu sumário e redigir ou revisar seu manuscrito. Seu plano para o livro final deve incluir especialmente os números e tipos de recursos pedagógicos que você planeja ter para cada capítulo e amostras de como eles se apresentarão.

Obtendo e usando avaliações/pareceres

O passo seguinte no desenvolvimento é submeter capítulos em forma de rascunho revisado a uma avaliação profissional, trabalho que a editora deve gerenciar para você. O editor de aquisições já deve ter submetido o sumário e capítulo de amostra a uma análise e deve ter à disposição um banco de dados preparado para selecionar avaliadores. Para cada capítulo de seu manuscrito, ele desenvolve uma lista de questões específicas que gostaria que seus consultores recebessem. Ele pode incluir essas questões nas orientações gerais a fim de indicar as preocupações da editora. Essas questões devem refletir suas preocupações conscientes e devem ser redigidas de forma neutra, ou seja, sem perguntas capciosas, de duplo sentido ou retóricas. O consultor recomendaria este capítulo para os estudantes lerem? Por que sim ou por que não? A cobertura é abrangente ou suficiente? O que deveria ser acrescentado ou eliminado? O texto é atual, preciso, equilibrado, coerente e claro? Se o livro for uma nova edição, o editor pode criar dois conjuntos de perguntas: um para os professores que o estão adotando atualmente e outro para não usuários (novos clientes potenciais). Também é recomendável identificar capítulos que merecem um parecer de especialistas, além dos pareceres feitos de professores que ministram a disciplina geral. Especialmente em livros introdutórios e em livros investigativos, é prudente selecionar um ou dois capítulos que mais fogem à área de perícia do autor para um especialista fazer uma leitura técnica.

Número de avaliações/pareceres

As avaliações constituem uma parte corriqueira, mas rica e decisiva para o sucesso de qualquer projeto editorial. Os manuscritos que estão sendo desenvolvidos, os textos a serem revisados ou traduzidos e quaisquer outros produtos que envolvem decisões de publicação, precisam ser avaliados cuidadosamente por especialistas em suas respectivas áreas seguindo uma metodologia bem estabelecida. Infelizmente, com a pressa para cumprir prazos, eventualmente os editores deixam de conseguir avaliações de boa qualidade ou que atendam às recomendações feitas. Mas o fato é que erros editoriais onerosos podem ser evitados, tomando-se o devido cuidado no processo de avaliação. Os editores devem dedicar tempo suficiente para administrar essa tarefa. Quem são seus consultores pareceristas? São em número suficiente? O trabalho deles foi programado dentro do crescimento da empresa? Eles receberam orientações claras e úteis? Sua remuneração é adequada? A importância dos pareceres é tão grande que, idealmente, as limitações orçamentárias nunca deveriam influir no processo.

O autor pode, e deve, participar do processo de avaliação. Primeiramente, defendendo que a editora faça com que seu livro seja apropriadamente avaliado. Isso significa: a) que o livro seja avaliado por um número suficiente de pareceristas; b) que esses pareceristas sejam bem qualificados e indicados para a tarefa; c) que eles sigam um roteiro, ou uma metodologia, de avaliação predeterminada; e d) que eles possam sair do roteiro e agregar aspectos não previstos pelo autor ou editor.

Na prática, as editoras submetem o texto à apreciação de dois pareceristas e, no caso de um empate na indicação para publicação, a um terceiro, que será o fiel da balança. De qualquer forma, quanto mais avaliações estiverem disponíveis, mais fácil será identificar áreas de consenso crítico, e maior será a convicção de sucesso do projeto. Em razão da óbvia necessidade de isenção, idealmente, a identidade de ambas as partes deveria ser preservada. Na realidade, porém, o processo de avaliação por pares – comum na publicação de artigos científicos e frequentemente copiado por editoras – evidencia a identidade de profissionais reconhecidos em suas respectivas áreas de perícia.

Em certos casos, algumas editoras universitárias pedem para os próprios autores indicarem seus pareceristas. Esses autores podem se sentir tentados a pedir avaliações encomiásticas a amigos e colegas, com o objetivo de coletar testemunhos que se revelam mais uma campanha promocional do que uma avaliação crítica. Obviamente, essa atitude é nefasta e deve ser evitada a todo custo.

Em segundo lugar, o autor pode discutir com seu editor a metodologia das avaliações. Em geral, as editoras fornecem um formulário como um guia para as questões que ela considera importantes na avaliação. Mas cada área deve ter suas considerações específicas tanto do ponto de vista do conteúdo como dos aspectos mercadológicos. Portanto, vale a pena discutir a pertinência de algumas questões e a possibilidade de incluir outras. Da mesma forma, é razoável discutir com o editor quais serão os critérios objetivos para determinar: a) aprovação; b) aprovação com ressalvas; c) desaprovação com ressalvas; ou d) desaprovação de uma proposta e que medidas devem ser adotadas em caso de ressalvas.

Para editoras de livros didáticos, as avaliações são essenciais. Editores em geral não são especialistas em conteúdo, embora possam vir a sê-lo, e por isso contam com consultores para orientá-los se devem ou não publicar ou revisar um manuscrito. Mas boas avaliações não são um peremptório sim ou não. Pareceristas úteis não apenas julgam o valor de uma publicação como também ajudam a aprimorá-la. O editor deve saber que descobrir e cultivar esses pareceristas é uma arte. O autor deve reconhecer a importância desse estágio da proposta e a autoridade do parecerista no assunto e isso exige oferecer um material completo, de maneira facilmente acessível e organizada, e isento de erros ortográficos, material não desenvolvido e ilustrações toscas.

Análise das avaliações/pareceres

Ao fim do processo de avaliação por pares, o autor deve avaliar os pareceres o mais objetivamente possível. Essa pode ser uma tarefa árdua. É natural concentrar-se em observações laudatórias e tentar desprezar a crítica, assim como é fácil ficar na defensiva e desfazer-se por atacado dos comentários negativos. Mas a resistência natural do autor deve ser quebrada com a perspectiva de que o livro pode ser aprimorado e que isso pode ser feito sem comprometer seus pontos de vista ou sua integridade intelectual, o que, por sua vez, pode levar a um sucesso maior para o livro.

Por outro lado, às vezes os pareceristas têm algo próprio a promover e podem não se comunicar de uma maneira que seja útil ou gentil. Um parecer demasiadamente concentrado na crítica pode não ser confiável. Isso pode tornar a análise das avaliações algo bastante complicado. Em geral, avaliações positivas e negativas tendem a se cancelar mutuamente, deixando o editor com mais dúvidas do que convicções.

Assim como fez com a análise da concorrência, o autor pode usar a análise das avaliações para aprimorar ainda mais o projeto do livro, começando pelas questões de estilo de redação e passando pelas questões de estrutura, organização e conteúdo. Se a editora tiver realizado as avaliações para você, é imprescindível que lhe forneça cópias anotadas dos pareceres, junto com um resumo ou uma análise deles. Os editores usarão os pareceres para solicitar alterações que acham que afetarão as vendas e para tomar decisões finais sobre quando e como publicar seu livro. Seu manuscrito final deve acomodar preocupações genuínas da editora e dirimir de maneira justa as preocupações do(s) parecerista(s). A principal dessas preocupações é se você está atingindo seu verdadeiro público.

A edição de desenvolvimento é uma tarefa árdua. Exige habilidades analíticas, criatividade, a paciência de um santo e uma visão de um escritor para transformar um manuscrito em um livro que edifica, inspira e vende. O trabalho do editor de desenvolvimento costuma ser a primeira etapa da criação de grandes obras.

Orientações e questões para pareceristas

A avaliação crítica do manuscrito ajudará a revisá-lo para publicação. O editor pode se valer das seguintes questões sugeridas por Lepionka[6] para desenvolver um roteiro que orientará o parecerista:

Organização e conteúdo

- A organização do manuscrito coincide com a maneira como a disciplina é ministrada em seu departamento e em outras escolas? Se for o caso, como você modificaria a sequência de partes e capítulos? Há capítulos que você poderia eliminar, acrescentar ou combinar? Há capítulos que você não incluiria? Por quê?
- A cobertura dos tópicos coincide com os currículos desse curso em sua escola? Quais assuntos você eliminaria ou acrescentaria? Como você mudaria sua ênfase ou distribuição?
- O texto é suficientemente atual e preciso? Quais capítulos e tópicos têm mais necessidade de atualização? Ele abrange pesquisas e tendências da área e apresenta exemplos apropriados? É suficientemente documentado? Que fontes ou referências você acha que estão faltando?

Estilo de redação e apresentação

- O manuscrito foi escrito em tamanho e nível intelectual apropriados para os estudantes que cursam essa disciplina? O estilo de redação e o tom são apropriados e estimulantes? A exposição é clara? Quais seções precisam ser revisadas para terem maior unidade, clareza ou coerência? Quais capítulos e seções seriam de maior e ou menor interesse para os estudantes?
- As figuras e tabelas são apropriadas, claras e úteis para os estudantes? Quais figuras e tabelas em cada capítulo você identificaria como as mais valiosas e as menos valiosas para os estudantes? Quais você eliminaria e quais acrescentaria?

Recursos e pedagogia

- Os elementos de abertura e fechamento de capítulo são convidativos para os estudantes e úteis como ferramentas de aprendizagem? O que você modificaria em relação à maneira como os capítulos são abertos e fechados e ou-

tros materiais auxiliares são apresentados para melhorar a aprendizagem dos estudantes?
- Os recursos didáticos são interessantes para os estudantes e úteis como ferramentas de aprendizagem? Dê alguns exemplos de recursos que você considera especialmente fortes ou fracos? O que você modificaria em relação às características do recurso? De que outra forma você melhoraria o valor pedagógico de algum capítulo para os estudantes?

Avaliação global

- O que você identificaria como as três maiores potencialidades desse manuscrito? Quais fragilidades você identificaria? De que forma esse manuscrito se compara com outros livros que você já usou para esse curso? Até que ponto esse manuscrito cumpre sua missão, definida no prefácio? Você adotaria esse livro para usar em seu curso?

QUADRO 9.3 | Entrevista: o editor de desenvolvimento

O papel do editor de desenvolvimento existe na maioria das vezes nas editoras de livros didáticos e publicações técnicas. Em uma entrevista, Gina Wright, editora de desenvolvimento, da editora Mosby em St. Louis, discute seu papel no processo de publicação.[7] Diz ela:

"Eu formulo planos de desenvolvimento para garantir que os produtos atendam aos padrões e necessidades do mercado. Isso envolve reunir-me com autores, analisar a concorrência e identificar as necessidades e tendências do mercado. Coordeno uma equipe de consultores, artistas e críticos e gerencio orçamentos do projeto especificamente para avaliação do conteúdo. Analiso os manuscritos ou produtos multimídia para transmitir à produção e garantir uma publicação oportuna. Isso envolve trabalhar de perto com a edição, produção, design e manufatura. Além disso, participo das reuniões de marketing para assegurar uma bem-sucedida campanha de marketing. Isso envolve a criação de resumos informativos sobre o novo produto, redigir folhetos de publicidade e auxiliar na preparação e apresentar produtos e dados sobre a concorrência em reuniões de vendas."

NOTAS DO CAPÍTULO

1. GROSS, Gerald. *Editors on editing: what writers need to know about what editors do.* 3. ed. New Nova: Grove Press, 1993.
2. NORTON, Scott. *Developmental editing: handbook for feelancers, authors, and publishers.* Chicago: University of Chicago, 2009.
3. BRANDON, Jodi. *Become a book editor.* Washington: FabJob Guide, 2011.
4. LEPIONKA, Mary. *Writing and development your college textbook,* 2. ed. Gloucester: Atlantic Path Publishing, 2008.
5. *Networking:* 1) O desenvolvimento de contatos ou troca de informações com outras pessoas numa rede informal. 2) a interconexão, por exemplo, de sistemas de computador, via linhas de comunicação.
6. LEPIONKA, Mary. *Writing and development your college textbook.* 2. ed. Gloucester: Atlantic Path Publishing, 2008.
7. MOGEL, Leonard. *Making it book publishing.* Nova York: MacMillan, 1996.

CAPÍTULO 10

Preparação de originais

NESTE CAPÍTULO

Introdução 223
O processo de produção 224
Gerenciamento de arquivos 224
Cópias impressas 231
Partes do livro 232
Permissões 248
Estilo editorial 249
Lista de verificação do autor 252

INTRODUÇÃO

O objetivo deste capítulo é ajudar autores a preparar o melhor original possível, e, assim, permitir que a editora coloque um bom produto no mercado. Um original bem preparado ajuda o editor a concentrar-se nos recursos competitivos e no conteúdo do produto. Também ajuda a minimizar o tempo e o dinheiro investidos na produção. Quanto mais claro o original, mais fácil será o trabalho dos revisores, do editor de texto e do compositor. Deve ser prioridade do autor tomar todos os cuidados com o original em todas as fases de preparação. Um original que não esteja adequadamente preparado será devolvido ao autor, consequentemente atrasando seu projeto e, possivelmente, perdendo oportunidades de vendas. Da mesma forma, originais muito condensados ou muito estendidos serão devolvidos, a menos que o autor tenha negociado previamente as mudanças com o editor de desenvolvimento.

Para ser bem-sucedido, um livro deve ser claro, preciso e bem escrito. Também deve ser publicado no momento oportuno, com o menor número possível de correções ou revisões durante o processo de pré-impressão. Com esse objetivo, o original deve ser planejado, preparado e manuseado de acordo com padrões profissionais. Neste capítulo, descrevemos os procedimentos que autores devem seguir para planejar, desenvolver e finalizar um produto com a maior eficiência possível. Este capítulo pretende ser um auxílio prático para autores que se iniciam na atividade de escrever livros didáticos, bem como uma referência útil para autores experientes que talvez desejem aprimorar seus métodos para lidar com problemas especiais.

Ao longo das três últimas décadas, a tecnologia editorial sofreu uma revolução. Hoje em dia, todo original é captado em formato eletrônico, o que simplifica e enriquece significativamente o processo de produção. Aqui descrevemos procedimentos importantes para preparar os arquivos eletrônicos.

Na etapa de planejamento de um original, o trabalho se desenvolve em quatro linhas de frente: mercado, conteúdo, formato e organização. O foco do trabalho com o mercado é definir o público alvo e pesquisar a concorrência. A principal preocupação com o conteúdo é estruturar o texto, estabelecer e padronizar o estilo de escrita e garantir a atualidade do material. A definição do formato envolve definir a quantidade de páginas, o número de cores e o papel, além de criar um projeto gráfico. A organização concentra-se em estabelecer um cronograma de trabalho, assegurar rápida e fácil comunicação entre todas a partes envolvidas e organizar os arquivos de texto e imagem. Eventualmente também envolve garantir as permissões e planejar materiais suplementares. Como esse processo costuma ser demorado, até um ano ou mais, o autor deve se esforçar ao máximo para manter atualizado todo o texto, incluindo referências, exemplos e endereços internet, bem como o material ilustrativo.

Escrever um livro é uma tarefa ambiciosa. Embora realmente não sejam necessários conhecimentos avançados para realizar esse trabalho, a maior parte dos autores iniciantes aceita de bom grado algumas sugestões a respeito. As instruções a seguir baseiam-se em processos utilizados pelas melhores editoras e por autores experientes. Essas instruções não lidam com o conteúdo do original; ao contrário, concentram-se em sua forma e estilo e no trabalho necessário para transformá-lo em um livro.

O PROCESSO DE PRODUÇÃO

O autor deve se certificar de obter todas as permissões para texto citado e arte gráfica de terceiros e incluir uma cópia das ilustrações indicando o ponto onde entram. Feito isso, e se não houver uma fase de desenvolvimento editorial interno, os originais serão enviados para a produção editorial, onde lhe será designado um editor de produção.

Concluída a edição, o editor do projeto retornará os originais com apontamentos indicando alterações que ele julgou necessárias, para o autor fazer uma revisão final do conteúdo. Essa é a última oportunidade de fazer modificações sem incorrer em custos adicionais e sem atrasar a publicação do livro. É imprescindível que o autor responda a todas as perguntas feitas pelo editor de texto.

Depois que o editor de texto fez todas as alterações indicadas pelo autor, o original seguirá, então, para a diagramação, e o autor receberá uma prova do material já diagramado, para nova revisão. É ainda possível fazer alterações no material nesse estágio da produção, mas isso poderá implicar gastos extras. Além disso, o autor deverá levar em conta que o trabalho do indexador pode já ter sido feito, e, portanto, todas as alterações precisarão ser editadas de modo a manter a paginação atual para que o trabalho não seja perdido.

O editor de texto enviará ao autor uma cópia do texto da capa para revisão junto com uma cópia do projeto gráfico final aprovado para a capa. Caso tenha ideias específicas para a capa, o autor deve apresentá-las ao editor de aquisição no começo do processo, antes de se iniciar produção do livro.

Uma vez finalizados o texto, o índice e a capa, o livro irá para a impressão. Dependendo do acerto com a gráfica contratada, dentro de um ou dois meses o autor receberá suas cópias de cortesia.

Arquivos de amostra

Para eliminar potenciais problemas com os arquivos ou com a organização do original, o autor deve fornecer à editora alguns capítulos de amostra, três a seis meses antes do prazo de conclusão do original. Essas amostras devem incluir exemplos de títulos, notas, referências, quadros, figuras e tabelas, e quaisquer outros elementos contidos no original. É recomendável enviar também uma cópia impressa e paginada do material de amostra. Os editores farão uma revisão dos arquivos e da cópia impressa e darão ao autor um feedback específico sobre quaisquer problemas editoriais ou técnicos que detectarem.

GERENCIAMENTO DE ARQUIVOS

Para manter o custo de composição o mais baixo possível (e, consequentemente, o preço do livro), o autor deve seguir algumas regras de uso e gerenciamento de recursos digitais. As orientações a seguir tentam cobrir as diferenças entre plataformas, aplicações de software e técnicas de entrada. Primeiro, alguns pontos-chave: formatos de arquivo, vinculação e incorporação de objetos, métodos de envio, e compressão e compactação de arquivos.

Formatos de arquivo

O formato de arquivo de texto para entrega costuma ser quase que obrigatoriamente o Microsoft Word, que é o padrão *de facto* para processadores de texto usado por mais de 90% dos PCs em todo o mundo. Esse formato é compatível nas plataformas Mac e Windows e pode ser convertido pela editora praticamente sem nenhuma perda para o StarOffice no caso de eles usarem a plataforma Unix. Algumas poucas editoras exigem o StarOffice como formato de arquivo para recebimento, mas há conversores disponíveis para Windows como o StarOffice 8 Conversion Technology Preview que permite visualizar, abrir, editar arquivos do StarOffice no Windows e salvar arquivos do Microsoft Office no formato do StarOffice.

Resista à tentação de criar qualquer elemento gráfico no Word. Esse trabalho será inevitavelmente perdido e não terá maior valor que uma folha de papel rascunhada a lápis. Francamente, não vale o esforço e quase sempre atrapalha, incha o arquivo e dá trabalho para remover. Isso inclui linhas, formas, efeitos, caixas de texto, diagramas, fórmulas, WordArt e gráficos. Mas tabelas, ok. A estrutura das tabelas pode ser facilmente importada e bem aproveitada por programas de editoração eletrônica como o InDesign. Todo o resto vai para o lixo já no copidesque ou, em último caso, na diagramação, com o desenvolvimento do projeto gráfico do livro. As caixas de texto do Word são especialmente nefastas pois tiram o bloco de texto do fluxo normal e desaparecem na visualização rascunho. Para restaurar o fluxo do texto é preciso muito trabalho tedioso de cortar e colar, ou programação em VBA, a linguagem de macros do Office. Em qualquer caso, custa caro. Vale lembrar também que o Word não inclui as caixas de texto em sua contagem de palavras e caracteres, o que é mais uma indicação para não usá-las e para removê-las dos originais. As contagens do Word são comumente usadas pelas editoras para remunerar tradutores, copidesques e revisores e uma das partes pode levar prejuízo se ambas não atentarem para o fato.

Todo e qualquer outro elemento gráfico deve ser produzido em software apropriado. Desenhos lineares (line-art) são comumente feitos em Adobe Illustrator ou Corel Draw, e salvos em um formato proprietário (.ai e .cdr, respectivamente) ou um formato genérico como EPS (Encapsulated PostScript). Fotografias e imagens de tons contínuos (como imagens digitalizadas) costumam ser trabalhadas no Adobe Photoshop e salvas em um formato proprietário (.psd) ou um formato genérico como EPS (Encapsulated PostScript), TIFF (Tagged Image File Format) ou, menos preferivelmente, JPEG (Joint Photographic Experts Group).

Este último formato, embora possa ser utilizado, não é recomendável pois emprega um método de compressão de imagens "com perda". Isso significa que a redução das dimensões físicas das imagens implica perda de qualidade e definição da imagem. Mas se o autor tiver o cuidado de enviar a imagem com pelo menos três vezes o tamanho físico final com que ela terá quando impressa, é possível garantir a qualidade dos detalhes. É um formato padrão secundário utilizado por câmeras digitais e celulares de acordo com a configuração do equipamento. O formato primário é o chamado RAW, ou formato cru, que é uma denominação genérica de formatos de arquivos de imagens digitais que contêm a totalidade dos dados da imagem da forma como foram captados pelo sensor da câmera fotográfica. Embora cada fabricante de câmera e celular tenha uma especificação própria desse formato, essa é única garantia de que você terá um arquivo íntegro e intocado, já que além da redução do tamanho fornecida pelo JPEG as câmeras costumam acrescentar um tratamento de imagem básico ao arquivo JPEG que inclui alterações na luminosidade, tonalidade e brilho.

Há uma infinidade de outras aplicações de software altamente especializadas que os autores usam nas mais diversas áreas do conhecimento. Administradores de empresa e estatísticos, por exemplo, usam muito o Excel, arquitetos e engenheiros usam o AutoCAD, médicos e geólogos utilizam softwares de imageamento e assim por diante. Todos esses programas geram uma miríade de formatos de relatórios e imagens. Mas a maioria gera uma saída formatada em PDF, no caso de texto, com ou sem imagens, ou em um formato de imagem padrão como JPEG. Em qualquer caso, sempre é possível imprimir em um drive de impressora Adobe PDF (instalado junto com o programa Acrobat Reader por padrão) que gera um arquivo PDF, o qual pode ser usado diretamente no Adobe InDesign como imagem, ou convertido em um formato de imagem como EPS. Para tanto, basta selecionar o comando de imprimir na aplicação e selecionar a impressora Adobe PDF (é necessário ter o programa Adobe Acrobat Reader instalado).

Em último caso, sempre é possível fazer o que se chama captura de tela, simplesmente ampliando a imagem ou relatório para ocupar toda a tela e pressionando a tecla PrtScn que copia uma imagem da tela para a área de transferência. Então, basta colar com Ctrl+C em um programa de edição de imagem e salvar no formato apropriado. Como os livros são geralmente impressos em 300 dpi (pontos por polegada) e a tela tem 96 dpi, o ideal é que a captura de tela tenha pelo menos cerca de três vezes o tamanho físico do formato final em que imagem será impressa. Portanto, quanto maior a resolução da tela, melhor: mais detalhes da imagem podem ser capturados. A maior definição dos monitores de consumo popular atualmente disponíveis é Full HD, 1080x1920 pixels. A média atual é HD, 1360x768 pixels. Mas se uma tela de alta resolução não estiver disponível, é possível fazer a captura em partes e montar no software de edição de imagens. Há programas específicos para captura de tela que ajudam nessa e em outras tarefas como capturar partes da tela, capturar o cursor do mouse, capturar telas em sequências autonumeradas, temporizar a captura etc. O melhor programa para captura de tela é o SnagIt (http://www.techsmith.com/snagit.html).

Por fim, é importante salvar todas as imagens no sistema de cores CMYK, apropriado para impressão gráfica, e não RGB, que é o sistema de cores usado em monitores de computador (ver "Cores e tintas" na página 245).

Vinculação e incorporação de objetos

Em geral, as editoras seguem uma regra de separação de interesses: texto de um lado, imagens de outro. Isso é natural, pois cada um seguirá um caminho no processo editorial. O texto seguirá a rota dos redatores: editor de texto, revisor técnico e/ou copidesque. As imagens seguirão a rota dos artistas: produtor gráfico, designer, fotógrafo, ilustrador e/ou arte-finalista. No final, o diagramador juntará as peças e o revisor de provas irá conferir a montagem.

Mas nada impede que o autor possa inserir imagens e outros elementos gráficos em seu texto, o que pode facilitar significativamente o trabalho de revisão, desde que o faça de maneira planejada e apropriada para seu caso, o que facilita significativamente o trabalho da diagramação.

Antes de tudo, porém, é preciso entender o que é Object Linking and Embedding (OLE), ou vinculação e incorporação de objetos. Trata-se de uma tecnologia proprietária desenvolvida pela Microsoft que permite que diferentes aplicativos compartilhem informações de maneira automatizada. Assim, por exemplo, é possível copiar um gráfico do Excel no Word, alterar depois os dados na planilha e então abrir o documento do Word e ver essas alterações refletidas automaticamente. Clicar em um objeto incorporado ou vinculado abre o aplicativo que o criou para edição. Há inúmeras aplicações dessa tecnologia, mas o que nos interessa aqui é a diferença entre vinculação e incorporação.

Vincular um arquivo é como criar um link para uma imagem em uma página HTML: o arquivo do texto permanece separado do arquivo da imagem. Incorporar um arquivo, como a própria palavra já diz, significa que os dados da imagem são armazenados no próprio arquivo de texto. Isso tem implicações óbvias sobre o tamanho do arquivo: a incorporação aumenta significativamente o tamanho do arquivo; a vinculação, não. Mas a incorporação também tem outro aspecto nefasto: como o link para o arquivo original é perdido, formatos de arquivo não compatíveis com OLE como JPEG e EPS, quando incorporados no Word, não são importados pelo software de editoração eletrônica. Somente formatos compatíveis com OLE são importados, como arquivos de bitmap (.bmp), mas estes não servem para impressão de livros por causa da diferença entre o sistema de cores usado para monitores (RGB) e o usado para impressão (CMYK). Inversamente, a vinculação de arquivos permite a importação direta de arquivos apropriados para impressão pois apontam para um arquivo físico no disco.

Portanto, se decidir colher os benefícios da união de texto e imagens em um mesmo documento, o autor deve preferir usar o método da vinculação. No Word, isso é feito do seguinte modo. Aponte para Inserir>Imagem>Do Arquivo, selecione a imagem desejada, clique na seta ao lado do botão Inserir e escolha a opção Vincular ao arquivo.

Obviamente, se o texto contiver apenas meia dúzia de imagens, pouco importa se elas estão vinculadas ou incorporadas, pois o impacto no tamanho não é tão grande e não custa muito copiar e salvar meia dúzia de arquivos em disco para edição no programa de imagem. Agora, na maioria dos livros didáticos, que podem conter centenas de imagens, a diferença é brutal. O lado negativo da vinculação de imagens é que o usuário precisará gerenciar cuidadosamente os arquivos e sua localização. Ao enviar arquivos para o editor, este pode ver um ícone de link quebrado no lugar das imagens devido à diferença na estrutura de diretórios das duas máquinas. Se pressionar Alt+F9, você pode visualizar o campo que o Word insere para vincular a imagem e o endereço físico da imagem. É algo parecido com isto:

```
{INCLUDEPICTURE "images/fig10-01.jpg"
\* MERGEFORMAT \d}
```

Note que, por padrão, o Word usa um endereço relativo à posição do arquivo de texto na estrutura de diretórios da máquina, o que minimiza o problema. Mas se o editor que recebeu seus arquivos mudar o local de armazenamento das imagens em relação ao arquivo do Word, ou vice-versa, é possível editar manualmente esse caminho pressionando Alt+F9 para abrir o campo. Depois, basta pressionar F9 para atualizar a exibição e então pressionar Alt+F9 novamente para voltar ao modo de exibição normal: se o endereço tiver sido corretamente editado, a imagem reaparecerá. No exemplo, o arquivo fig10-01.jpg reside no diretório images que está no mesmo nível do arquivo do Word. Por via das dúvidas, mantenha todos os arquivos no mesmo diretório. Dois outros comandos são úteis para gerenciar arquivos vinculados: Ctrl+F11 protege os campos impedindo sua atualização e Ctrl+F4 desprotege.

A vinculação dos arquivos de imagem facilita enormemente a revisão do material pois o revisor não precisa alternar constantemente entre o Word e o programa de visualização de imagem para cotejar o texto com as figuras. Eventualmente, para alguns formatos como EPS, o revisor nem dispõe de um visualizador de imagem.

Do lado da composição, o diagramador ficará muito feliz por poder importar automaticamente todas as imagens vinculadas no Word para um software de editoração eletrônica como o Adobe InDesign. Dependendo do volume de imagens, isso pode significar a economia de vários dias de um tedioso trabalho braçal.

Métodos de envio

E-mail. Sempre prefira enviar os arquivos por e-mail. Além da facilidade, economia e agilidade, o e-mail funciona como um comprovante de entrega e um backup da versão enviada. Mas há um limite para o tamanho dos anexos que depende do servidor de e-mail e da velocidade de conexão do remetente e do destinatário. Antes de enviar anexos com mais de 3 MB a qualquer pessoa, pergunte se ela pode aceitar arquivos desse tamanho. Em comunicações profissionais, sempre use o recurso de confirmação de recebimento e confirmação de leitura do seu programa cliente de e-mail. Alternativamente, peça para o editor confirmar explicitamente o recebimento respondendo à sua mensagem.

Nuvem. Em segundo lugar na ordem de preferência, podem ser usados serviços de armazenamento e/ou compartilhamento de arquivos como o Dropbox e o GoogleDrive, que oferecem um bom espaço de graça e um espaço enorme por uma taxa relativamente módica. Prefira esse método se os arquivos forem grandes, digamos mais de 3 MB comprimidos. Esse sistema de *nuvem*, como é mais conhecido hoje em dia, também é um excelente método de trabalho em grupo. Você envia um link fornecido pelo site para a pessoa e ela escolhe

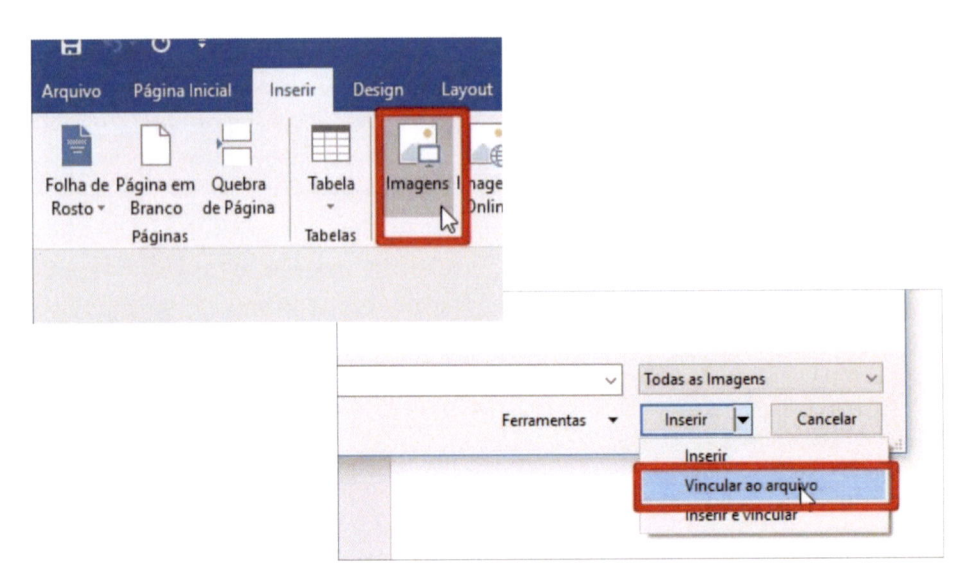

FIGURA 10.1 | Vinculando um arquivo de imagem no Word.

como baixar o arquivo. Na mensagem com o link, peça para editor confirmar que fez o download dos arquivos e conseguiu abri-los.

FTP. Em terceiro lugar, muitas editoras têm servidores de FTP (File Transfer Protocol) para envio e recebimento de arquivos. Pergunte ao seu editor se eles dispõem de um serviço assim. Nesse caso, você precisará de um software cliente de FTP. Há inúmeras opções na Internet de softwares freeware (de uso livre e gratuito) e shareware (versão concisa ou de avaliação), sendo um dos mais comuns o FileZilla, que tem versões para todas as plataformas. A editora deve informar ao autor seu endereço de FTP junto com informações de login (nome de usuário e senha) e, eventualmente, uma porta de conexão (em geral, é a 80).

CD ou DVD. Em último caso, envie os arquivos fisicamente na forma de um CD ou DVD. Nesta opção, como há custos e tempo de remessa envolvidos, considere enviar à editora duas cópias idênticas, mas com mídias de marcas diferentes, para se garantir contra problemas de leitura e gravação. Não há nada mais irritante do que receber um telefonema do editor, depois de uma semana do envio e no meio de uma viagem, dizendo que não consegue ler a mídia ou que faltam arquivos. E considere também fazer uma cópia idêntica para você próprio para controle de versão. Teste todas as mídias e as rotule apropriadamente, incluindo dados como o nome do livro, o nome do autor, informações de contato (telefone e e-mail), a data de gravação e, se possível, o conteúdo, o formato e o tamanho dos arquivos. Por fim, peça no correio que o envio seja com AR (aviso de recebimento), e depois de três dias, tendo ou não recebido o AR, ligue para o editor e confirme que ele recebeu o material e conseguiu abrir os arquivos.

Compressão e compactação de arquivos

Qualquer que seja o método de envio, sempre comprima e compacte os arquivos. Comprimir um arquivo significa reduzir o espaço ocupado por dados em um dispositivo, o que é feito por meio de diversos algoritmos de compressão que diminuem a quantidade de bytes para representar os dados. Por exemplo, a sequência "AAAAAA" que ocupa 6 bytes, pode ser representada pela sequência "6A", que ocupa 2 bytes, e economiza 67% do espaço. Além de economizar espaço em dispositivos, a compressão permite diminuir o tempo das transmissões de dados. Embora possam parecer sinônimos, compressão e compactação de dados são processos distintos. A compressão, como dito acima, reduz a quantidade de bytes para representar os dados, enquanto a compactação serve para unir dados separados, como ocorre na desfragmentação de discos, ou ao juntar arquivos em um repositório de arquivos como .zip ou .rar.

No caso do e-mail, essa medida pode parecer inócua uma vez que tanto o programa cliente como o servidor já se encarregam de comprimir os arquivos antes de enviar anexos, mas é útil para você saber o tamanho efetivo do arquivo. Um arquivo de texto puro pode ser comprimido em até 90% ou mais, mas se contiver imagens, essa taxa pode cair significativamente, pois alguns formatos de imagem como JPEG já são comprimidos. Para muitas pessoas, e principalmente no ramo editorial onde há uma intensa troca de arquivos, enviar anexos não comprimidos e compactados sugere que o remetente é inábil ou inexperiente em informática, ou pior ainda, preguiçoso. Não passe essa má impressão.

Todas as principais plataformas (Windows, Mac e Linux) oferecem comandos nativos para comprimir e compactar arquivos. No Windows, para criar um arquivo.zip, clique com o botão direito e selecione *Enviar para* e então *Pasta compactada*. No Mac, para criar um arquivo.zip, com a tecla Ctrl pressionada, clique no(s) arquivo(s) e selecione *Comprimir*. No Linux, clique com o botão direito, selecione *Comprimir* e escolha o formato desejado (.zip, .tar etc.). Mas um formato muito popular é o RAR (Roshal ARchive), devido à sua alta taxa de compactação e recursos adicionais como verificação da integridade dos dados. Por sua compatibilidade com múltiplos formatos, o WinRar é software mais comum em todas as plataformas.

Uma exceção a essa regra poderia ser no caso de envio dos arquivos em CD ou DVD, uma vez que o espaço é pródigo e não há transmissão de dados on-line envolvida. Além de autor e editor não perderem tempo comprimindo e descomprimindo arquivos, há um benefício marginal: isso diminui as chances de problemas de gravação que impedem a leitura de arquivos pois estes costumam ocorrer mais com arquivos grandes, e menos com arquivos abertos (isto é, não compactados em um único e grande arquivo).

Organização e nomeação

Aqui são fornecidas algumas orientações e procedimentos que facilitam a localização e manipulação de recursos digitais. Embora cada editora tenha seu próprio conjunto de práticas, as regras abaixo são geralmente aceitas por todas.

Divida o material. Salve cada capítulo em um arquivo separado. Evite salvar seu livro inteiro em um único arquivo. O computador fica mais rápido quando lida com blocos menores de dados. O corretor ortográfico e gramatical do Word, por exemplo, frequentemente para de funcionar em um arquivo muito extenso. Isso também minimiza as chances de corrupção de arquivo, que tende a ocorrer com arquivos grandes.

Crie uma convenção para atribuição de nomes. Identifique seus arquivos de texto pelo número do capítulo – por exemplo, cap01. doc, cap02. doc e assim por diante. Use um zero antes dos números de capítulo com um único digito para manter os nomes de arquivo em ordem e facilitar sua busca no diretório de arquivos. Salve todas as matérias introdutórias (página de título, sumário, prefácio etc.) em um único arquivo, na ordem em que devem entrar no livro. Nomeie o arquivo como cap00.doc. Se o livro contiver aberturas de partes, você pode prefixar um número de ordem ao nome do arquivo; por exemplo, 00aber, 01pt01, 02ch01, 03ch02, 04pt02, 05ch03... 19glos, 20indx. Note o uso de um número constante de caracteres. Isso facilita a visualização e manipulação dos arquivos.

Identifique e numere os elementos gráficos. Tabelas, quadros e figuras (incluindo ilustrações, diagramas, gráficos, fotografias etc.) devem ser nomeados e numerados sequencialmente e, preferencialmente, incluir o número do capítulo; por exemplo: Figura 1-1, Figura 1-2, Figura 1-3, etc., usando um separador, que pode ser um traço, um hífen, um ponto ou outro sinal, desde que seja usado consistentemente.

Separe texto e imagens. Salve todas as figuras (incluindo ilustrações, diagramas, fotografias, etc.) como arquivos de imagem separados, usando o software apropriado para cada formato. Veja a seção "Vinculação e incorporação de objetos", anteriormente neste capítulo, para mais detalhes sobre esse assunto. Siga uma convenção de nomes semelhante à utilizada para os arquivos de texto. Por exemplo: fg01-01, fg01-02, fg01-03 etc. Indique de forma igualmente consistente o local exato onde entram as imagens no texto. Por exemplo: Inserir aqui fg01-01, Inserir aqui fg01-02 etc.

Faça backups/cópias de reserva. Mantenha sempre mais de uma cópia completa e atualizada de seus arquivos, preferencialmente em locais diferentes, como sua casa e seu escritório ou na nuvem. Você pode usar CDs/DVDs, pen-drives e cartões de memória. Se tiver outro PC ou notebook, faça um backup nele. Use serviços de armazenamento de arquivos na nuvem como o DropBox ou o GoogleDrive para garantia adicional. Considere usar o servidor de FTP da editora para a mesma função. Faça backups ou cópias de reserva de maneira sistemática e frequente. Com que frequência? Bem, pense assim: quanto de trabalho você resignadamente aceitaria perder no caso de um problema com os arquivos: uma semana, um dia, uma hora? Então, proceda de acordo com sua tolerância.

Formatação

É importante saber o que formatar e o que não formatar em um documento que será transformado em livro por uma editora. A maior parte da formatação está associada ao projeto gráfico do livro, de modo que é perda de tempo tentar embelezar o texto com fontes, cores, elementos gráficos etc. se essa formatação não tiver nenhuma relação com o conteúdo. De maneira geral, as editoras pedem para os autores se preocuparem apenas em identificar títulos com negrito e destacar palavras com itálico, nada mais.

Eis algumas sugestões que o ajudarão a se concentrar no conteúdo, que você domina bem, em vez de na forma, que outros profissionais serão pagos para fazer.

Crie uma hierarquia de títulos. Uma estrutura de tópicos consistente é fundamental para organizar as ideias e fazer uma proposta de livro. É a base de organização de qualquer material escrito e pode ser pensada como o sumário de um livro. De fato, os sumários são construídos precisamente a partir dessa hierarquia de títulos.

Uma estrutura de tópicos pode ser criada a partir um sistema de numeração digitado diretamente antes dos títulos como 1.1.1, 1.1.2, 1.1.3, etc. Esse sistema é comumente utilizado em teses/monografias e documentos técnicos e legais (ver "Elementos estruturais" na página 238.)

Algumas editoras optam pelo uso de uma hierarquia de títulos baseada marcas de formatação, ou tags, como também são conhecidas. Assim, elas orientam os autores a incluir antes do título uma marcação como [H1], [H2], [H3], etc.

Essa estruturação pode muito bem ser feita usando estilos de parágrafo nativos do Word como Título 1, Título 2 etc. O Word oferece até 9 níveis hierárquicos, mas usar mais de 6 é um exagero e acaba derrotando a ideia de estrutura pois dificulta a identificação do nível em que se está. A vantagem de usar estilos do Word é que o sistema pode ser automaticamente modificado e atualizado. O programa renumera automaticamente todos os títulos quando um título é acrescentado ou eliminado, ou muda de posição na hierarquia. E o Word pode mudar o esquema, para incluir números romanos ou letras, com apenas um comando. Além disso, é possível navegar facilmente pelo documento usando um painel semelhante aos Bookmarks do Acrobat que o Word oferece via o comando Exibir>Estrutura do Documento. A desvantagem desse sistema do Word é que ele é muito propenso a corrupção de arquivo.

Evite formatação local. Formatação local é quando você seleciona um ou mais caracteres, palavras ou parágrafos e modifica uma característica do texto diretamente, como fonte, cor ou recuo, por exemplo. O oposto é a formatação global, isto é, aplicar um estilo de caractere ou um estilo de parágrafo. Há várias vantagens em se usar estilos, sendo a principal a possibilidade de mudar toda e qualquer característica do texto com um só comando por todo o documento. De fato, usando modelos de documento, também é possível mudar essas mesmas características em vários arquivos ao mesmo tempo sem tocar neles. Outra vantagem é que isso diminui consideravelmente o tamanho do arquivo já que em vez de armazenar informações de formatação para centenas ou milhares de locais no documento, o processador de texto as armazena em um só local. Quando o pessoal da diagramação recebe os originais para produção, a primeira coisa que eles fazem é jogar fora toda e qualquer formatação local, preservando apenas os estilos. Logo, é perda de tempo aplicar qualquer formatação local.

Use fontes padrão. Seu documento será lido e editado por várias pessoas em diferentes máquinas e sistemas, por isso é bom garantir uma visualização comum a todos. Prefira fontes padrão do sistema a qualquer fonte mais elegante que você encontrou por aí. Fique com Times New Roman, Arial e Courier New, pois são fontes instaladas por padrão em todos os sistemas. Ligeiras variações no nome das fontes em sistemas Mac e Linux (por exemplo, no Mac, a fonte é Times, não Times New Roman) são automaticamente corrigidas. É possível criar um documento elegante e consistentemente formatado usando apenas cinco ou seis estilos nativos do Word, como Título 1-3, Corpo do texto, Com marcadores e Numerada. O Word aplica, por padrão, a fonte Arial aos títulos e Times New Roman ao resto. Isso confere uma aparência profissional ao documento e não é tão difícil de gerenciar. E essa formatação pode ser muito bem aproveitada na etapa de composição. Algumas editoras preferem reduzir tudo à fonte Courier New. Isso confere ao documento uma aparência de manuscrito e elimina a distração com aspectos de formatação (exceto pelo itálico e negrito), favorecendo uma leitura mais atenta ao conteúdo.

Use espaço duplo. Além de facilitar a leitura, serve para editores e revisores fazerem marcações nas entrelinhas quando usam uma cópia impressa.

Crie margens amplas. Para facilitar anotações marginais na cópia impressa, dê um bom espaço entre a borda do papel e a mancha da página, como 3 cm ou 4 cm, por exemplo. O espaço em branco também serve para arejar a leitura.

Não force as quebras de linha. Deixe o texto recorrer sozinho sem se preocupar onde as linhas quebram. Reserve a tecla Enter apenas para o final de um parágrafo ou após um título.

Não hifenize. E não alinhe o texto à direita, nem use o recurso de hifenização automática, para que a editora possa detectar mais facilmente problemas de ortografia relacionados com o uso do hífen. Ou seja, só use hífen quando a ortografia exigir, não para separação silábica.

Não crie recuos usando espaços. Use a tecla de tabulação para uma única linha ou um estilo de parágrafo predefinido como Lista para um bloco de texto.

Numere as páginas. Use o recurso de numeração automática de páginas do processador de texto. Inicie o capítulo 1 em 1 e os demais a partir de onde anterior parou. Se isso for impraticável, adicione o número do capítulo ao lado da numeração automática. O Word, a partir da versão 2007, tem um recurso que permite juntar todos os arquivos em uma pasta em um único documento. Isso é útil para paginar e imprimir o documento.

Não utilize linhas extras de espaço entre os parágrafos. Prefira controlar o espaço antes e depois de um parágrafo com estilos de parágrafo.

CÓPIAS IMPRESSAS

Mesmo que seus arquivos estejam perfeitamente formatados e as imagens corretamente vinculadas, algumas editoras ainda solicitam cópias impressas do material para usar como referência ao longo do processo editorial. Mas a maioria se encarrega de imprimir os arquivos eletrônicos.

Em geral, nesse fluxo não digital, são usadas duas cópias: uma segue a rota do texto, com o copidesque ou revisor técnico fazendo correções nas entrelinhas ou nas margens do papel à lápis ou caneta. A outra segue a rota da arte, com o marcador fazendo anotações marginais de formatação para a composição. Depois, um digitador transcreve as correções do revisor/copidesque; e o diagramador aplica os comandos de formatação de acordo com as instruções do marcador.

Algumas dessas editoras alegam que essa é a única maneira de manter um efetivo controle de versão do texto. Mas muitas editoras já utilizam os recursos de controle de alterações de programas como o Word e o StarOffice, para revisão dos manuscritos, e do InDesign e do Adobe Acrobat Professional, para revisão de provas.

Use papel A4. Ao imprimir, use papel de boa qualidade e imprima em apenas um lado do papel. Prefira papel com 90 g/m² de gramatura.

> **Adaptação de trabalhos acadêmicos**
>
> Teses, dissertações e monografias são retrabalhadas e adaptadas à forma de livro, levando em consideração o público específico ao qual se destina. Tais adaptações se fazem indispensáveis, sobretudo no que se refere às páginas iniciais e à apresentação e/ou introdução. Sugere-se, por exemplo: retirar as páginas referentes à aprovação da dissertação/tese, não se estender muito nos agradecimentos, retirar o excesso de negritos e sublinhados, enxugar notas explicativas e bibliográficas, mudar o "tom" do texto (sobretudo o da apresentação e/ou introdução), considerando-se que se trata agora de obra já aprovada, submetida não a uma banca examinadora, mas ao público leitor em geral.
>
> Em resumo, um livro já não é uma dissertação ou tese; recomenda-se, então, mencionar rapidamente na apresentação e/ou introdução que a obra foi originalmente uma dissertação/tese e diluir ao longo do texto aquelas etapas características de um trabalho acadêmico dessa natureza (questão de pesquisa, problema, hipótese, metodologia etc.). Além disso, ao longo do livro poderão ser necessárias outras alterações, tendo em mente, sempre, a adequação do texto e respectiva forma ao novo público a que se destina.
>
> *Fonte:* Guia do autor (3. ed. revista, Florianópolis: Editora da UFSC, 2010. 29p.). http://www.editora.ufsc.br/public/downloads/guia_autor.pdf, acessado em 15/03/2015.

PARTES DO LIVRO

Classicamente, os livros são divididos em três partes: pré-textuais, textuais e extratextuais. Alguns profissionais seguem a nomenclatura inglesa, denominando as páginas como preliminares (*front matter*), texto (*body matter*) e finais (*end matter*) Cada um dos elementos contidos nessas três partes é descrito no Quadro 10.1. Muitos desses elementos são opcionais.

Grande parte desses elementos é padronizada pela Associação Brasileira de Normas Técnicas (ABNT). É recomendável ter esses documentos sempre à mão para fácil referência. O Quadro 10.2 corresponde alguns elementos relacionados com a edição de livros ao número da norma.

Elementos pré-textuais

Também chamados de páginas preliminares ou introdutórias, são os elementos que antecedem o texto, apresentando informações que ajudam a identificar e utilizar o trabalho. Tradicionalmente, as páginas pré-textuais são numeradas com algarismos romanos e não com algarismos arábicos como o restante do livro, pois isso facilita o acréscimo de páginas nesta seção sem que seja necessário re-

QUADRO 10.1 | Partes do livro

Pré-textuais	Textuais	Pós-Textuais	Extratextuais
Capa	Elementos estruturais (títulos)	Apêndices	Cores e tintas
Orelhas	Corpo do texto (introdução, desenvolvimento e conclusão)	Anexos	Formato
Falsa folha de rosto		Notas do capítulo	Papel
Folha de rosto	Arte e elementos de apoio:	Glossário	Encadernação
Página de copyright	Tabelas	Referências	Encartes e inserções
Dedicatória	Quadros	Bibliografia	
Epígrafe	Figuras	Índices	Páginas desdobráveis
Sumário	Citações	Colofão	
Listas (tabelas, quadros, figuras, abreviaturas e siglas)	Notas explicativas	Errata	Corte e vinco
	Fórmulas e equações	Posfácio	Abas e guias
Colaboradores	Listagens		Caixas
Prefácio	Elementos de localização:		
Ao aluno/leitor	Fólios (números de página)		
Agradecimentos	Páginas de abertura de partes e capítulos		
Como utilizar este livro	Títulos correntes		
	Referências cruzadas		

QUADRO 10.2 | Normas da ABNT relacionadas com a edição de livros

Elemento	Norma
Citações	NBR 10520 – 2002
Lombada	NBR 12225 – 2004
Referências	NBR 6023 – 2002
Numeração progressiva das seções de um documento	NBR 6024 – 2003
Sumário	NBR 6027 – 2003
Resumo	NBR 6028 – 2003
Livros e folhetos	NBR 6029 – 2006
Abreviação de títulos de periódicos e publicações seriadas	NBR 6032 – 1989
Índice	NBR 6034 – 2004

paginar todo o livro. Hoje em dia, porém, com as facilidades dos programas de editoração eletrônica, isso já não é uma norma.

Capas

As capas são responsabilidade da editora. O autor pode sugerir alguma imagem interessante, a partir do corpo do texto, que sintetiza o conteúdo do livro, a qual editora levará em conta na hora de produzir a capa. Em geral, a editora contrata um capista, passando-lhe um *briefing* com as especificações técnicas da capa e uma prova do livro. O capista, então, produz três conceitos diferentes, que são avaliados conjuntamente pelo autor e o editor, com a ajuda do pessoal de marketing e comunicações. Se nenhum for aprovado, o que é raro, contrata-se um novo capista e uma nova rodada de avaliações tem início. Por fim, um conceito é escolhido e, se necessário, são criadas duas ou três variações do tema. As iterações prosseguem até que autor e editora estejam satisfeitos com o resultado (ver também "Encadernação" na página 246).

Orelhas

São as partes da capa e da contracapa que são dobradas para dentro. Costumam conter um resumo da obra, escrito por um especialista da área ou pela própria editora, acompanhado de dados biográficos do autor. Quando é uma reedição, pode conter depoimentos de leitores ou extratos da repercussão do livro na mídia.

Falsa folha de rosto

A falsa folha de rosto, também chamada anterrosto ou falso rosto (*half title*, em inglês), é apenas uma tradição e não tem nenhuma função. Ela remonta aos incunábulos, os primeiros livros impressos, que eram vendidos em cadernos separados que o comprador se encarregava de encadernar. Como não havia capa, usava-se uma folha para proteger o material. Em geral, contém apenas o título (sem subtítulos) no alto e em corpo pequeno. Normalmente, é a página I. O verso costuma ser uma página em branco.

Folha de rosto

Também chamada de frontispício ou página de título, é a capa de dentro do livro. Contém os elementos essenciais que identificam um livro: título (e subtítulo), autor ou organizador e imprenta (cidade, editora e ano da publicação) e, conforme o caso, tradutor, revisor, compilador, prefaciador, ilustrador ou outro importante responsável por criação de material artístico ou intelectual da obra. Somente se coloca o número da edição a partir da segunda edição. Em geral, é a página III, e o verso é a página de copyright.

Página de copyright

A página de copyright é preparada pela editora e contém:

- Avisos legais (informações sobre os direitos autorais e notas de isenção de responsabilidades)
- A equipe editorial que trabalhou na obra
- Informações de contato com a editora (endereço, telefone, endereço de e-mail e site da editora)
- ISBN
- Ficha catalográfica
- Imprenta (cidade, editora e ano da publicação)

O que é e como obter o ISBN. O International Standard Book Number (Número Padrão Internacional de Livro) é um sistema de identificação numérico para livros e publicações não periódicas, que cataloga o título, o autor, o país (ou código de idioma) e a editora da obra. Esse sistema facilita a troca e recuperação de dados entre sistemas de computador e, por essa razão, é universalmente adotado. Não é obrigatório, mas é altamente recomendável para promover o comércio e divulgação do livro. No Brasil, a emissão de ISBNs está a cargo da Agência Brasileira do ISBN, ligada à Fundação Biblioteca Nacional do Ministério da Cultura. É preciso se cadastrar como editor, mas pessoas físicas também podem fazê-lo. Para cada livro, é necessário preencher um formulário e gerar um código de barras. O site da agência explica tudo detalhadamente: www.isbn.bn.br.

Para que serve e como criar a ficha catalográfica. A ficha catalográfica – ou CIP (Cataloging-in-publishing) – registra e classifica as principais características de uma obra de acordo com as regras e normas estabelecidas pelo Código de Catalogação Anglo-Americano (AACR2). No Brasil, pela lei do livro (Lei nº 10.753/2003), toda obra publicada no país deve trazer a ficha catalográfica. Seu objetivo é facilitar o controle bibliográfico e contribuir para a uniformização dos catálogos, bem como ajudar as editoras e livrarias na divulgação da obra junto aos leitores. Há vários serviços on-line que emitem a ficha catalográfica por uma taxa, como a CBL (Câmera Brasileira do Livro) e o SNEL (Sindicato Nacional dos Editores de Livros). Deve ser elaborada por um bibliotecário e impressa no verso da folha de rosto da obra. Para tanto, é necessário fornecer ao bibliotecário ou serviço, a página de rosto, a página de créditos, o sumário e o ISBN da obra. Embora não seja recomendável, é possível criar a ficha por conta própria; diversas páginas na web ensinam como fazer.

Dedicatória

Breve texto que homenageia, em geral, uma pessoa, mas também pode fazer deferência a algo, uma empresa ou uma comunidade. Demonstra admiração profissional ou pessoal, afeto ou gratidão por dívida intelectual, ou simples cortesia para com um amigo ou familiar. Normalmente, é escrito em uma das páginas de abertura de um livro, na página de rosto ou uma página própria. Horácio foi dos primeiros a escrever dedicatórias literárias, homenageando Mecenas por ter patrocinado suas *Odes*.[1] A dedicatória pode ser tão espartana

ISBN 13 dígitos

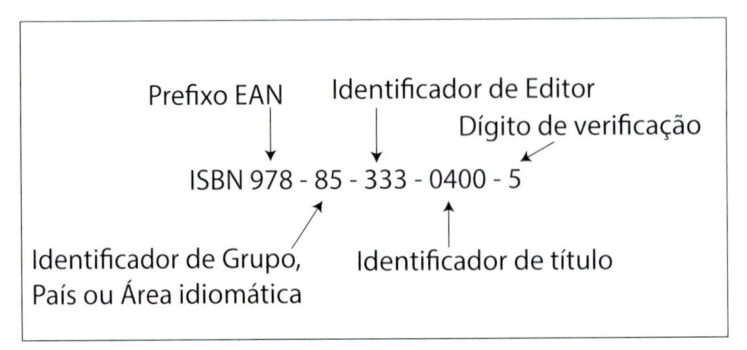

Prefixo EAN — Identificador de Editor — Dígito de verificação

ISBN 978 - 85 - 333 - 0400 - 5

Identificador de Grupo, País ou Área idiomática — Identificador de título

FIGURA 10.2 | Anatomia do ISBN. O prefixo EAN indica o livro como produto.

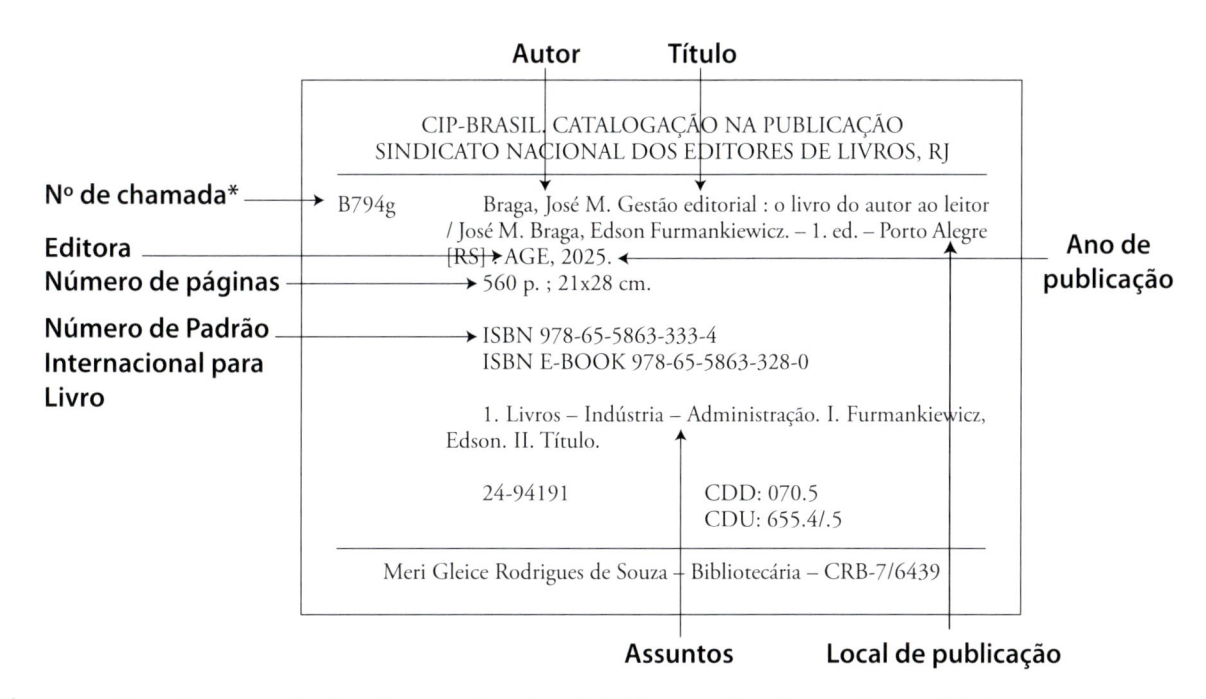

```
                    Autor        Título
        ┌─────────────────────────────────────────────┐
        │   CIP-BRASIL. CATALOGAÇÃO NA PUBLICAÇÃO     │
        │   SINDICATO NACIONAL DOS EDITORES DE LIVROS, RJ │
        │                                             │
Nº de chamada*  →  B794g    Braga, José M. Gestão editorial : o livro do autor ao leitor
                            / José M. Braga, Edson Furmankiewicz. – 1. ed. – Porto Alegre
Editora                     [RS] → AGE, 2025. ←                              Ano de publicação
Número de páginas      →    560 p. ; 21x28 cm.
Número de Padrão
Internacional para       →  ISBN 978-65-5863-333-4
Livro                       ISBN E-BOOK 978-65-5863-328-0

                            1. Livros – Indústria – Administração. I. Furmankiewicz,
                            Edson. II. Título.

                            24-94191           CDD: 070.5
                                               CDU: 655.4/.5

                    Meri Gleice Rodrigues de Souza – Bibliotecária – CRB-7/6439

                              Assuntos      Local de publicação
```

* É constituído pelo sistema de classificação adotado pela biblioteca (Classificação Decimal de Dewey ou Classificação Decimal Universal, por exemplo) e pelo número para o último sobrenome do autor na Tabela de Cutter.

FIGURA 10.3 | Elementos da ficha catalográfica.

quanto um simples "A minha família" ou criativa como um poema incluindo desenhos. Muitos autores criam dedicatórias humorísticas e sarcásticas; e alguns até vingativas. O site WikiHow tem um interessante post sobre como fazer uma dedicatória (http://pt.wikihow.com/Dedicar-um-Livro), incluindo um passo a passo e exemplos inspiradores.

Epígrafe

Folha opcional, começando em página ímpar, em que o autor apresenta uma citação, junto com sua autoria, relacionada com a matéria tratada no corpo do livro. Alguns autores também inserem epígrafes nas aberturas de capítulo.

Listas

Listas de ilustrações, tabelas, etc. são elementos pré-textuais opcionais, mas recomendáveis quando a obra apresenta um número considerável de cada um dos seguintes esses itens.

Figuras. Recomenda-se a elaboração de uma lista própria para cada tipo de ilustração. Dependendo do número de itens, pode-se elaborar uma única lista, indicando o tipo de ilustração antes do número da página. No texto, exceto por tabelas e quadros, todas as demais ilustrações podem ser referidas como figura, ou especificamente identificadas como gráfico, mapa, planta etc. Essas listas devem conter o número sequencial do elemento, seu título ou legenda, e a respectiva página onde cada elemento aparece (ver também "Figuras" na página 240).

Tabelas e quadros. Devem ser numerados consecutivamente, em algarismos arábicos e identificadas por um título. No texto, as referências às tabelas e quadros devem constar as palavras Tabela ou Quadro e o respectivo número. Essas listas devem conter o número sequencial, o título e a respectiva página onde cada elemento aparece (ver também "Tabelas" na página 240).

Abreviaturas e siglas. Esta é uma lista alfabética das abreviaturas e siglas referidas no texto acompanhadas de seu respectivo significado. Para entradas provenientes de outros idiomas, é recomendável apresentar a tradução entre parênteses ao lado do significado no idioma original.

Prefácio ou apresentação

Este é um texto opcional escrito pelo próprio autor ou por um convidado de reconhecida competência no assunto do livro e que serve para apresentar a obra ao público leitor. Como autoridade no tema, o apresentador convidado pode comentar com propriedade a dimensão e o alcance da obra. Muitas vezes, ele conhece bem o autor e o histórico da obra, e, assim, está em melhor posição para tecer elogios sem a modéstia imposta ao autor. Quando escrita pelo autor, essa seção frequentemente também apresenta um resumo da metodologia empregada no trabalho de pesquisa. Quando a apresentação é escrita por um convidado, o livro também pode conter um prefácio escrito pelo próprio autor.

Um prefácio ou apresentação de uma autoridade no assunto pode servir como um endosso ao livro. É um instrumento importante de marketing e vendas, já que informa os possíveis compradores sobre o histórico, as características e os benefícios do livro, além de como ele pode ser utilizado.

Orientações para escrever um bom prefácio

As orientações a seguir servem para ajudar o autor a escrever um prefácio que apresente uma visão geral do conteúdo do livro para aqueles irão utilizar e vender a obra. O prefácio deve definir para quem o livro é escrito, o que o motivou o autor a escrevê-lo e como a obra foi desenvolvida. Além disso, é imprescindível dizer como o livro se distingue da concorrência e por que ele é melhor. O prefácio também é um dos mais importantes instrumentos disponíveis para vendas. A maioria dos professores lê o prefácio do livro antes de decidir adotá-lo. O pessoal de vendas e marketing da editora sempre lê o prefácio para poder vender o livro para o público certo. Assim, eles ficam informados sobre seu conteúdo e sobre o que o torna especial e diferente.

Elementos do prefácio

1. Introdução (de preferência uma seção sem título).
   - Qual é o mercado alvo? (Considere os mercados primários e secundários).
   - Quais são as últimas tendências nesse mercado?
   - Qual é o status atual da disciplina? (isto é, alterações, evolução dos novos procedimentos, processos)
2. Por que esse texto foi escrito e a história do desenvolvimento do autor (necessário título e, eventualmente, subtítulos).
   - Abordagem conceitual do desenvolvimento do texto.
   - Como esse texto atende às necessidades do mercado e às tendências emergentes?
   - Métodos de pesquisa (grupos de foco, pesquisa, testes de turmas de alunos).
   - Pré-requisitos/suposições básicas sobre o conhecimento necessário antes de utilizar esse texto.
3. Organização do texto (é necessário título)
   - Considerações gerais sobre a organização do texto desde uma visão geral ampla até detalhes das unidades/capítulos.
   - Descreva o esquema geral e a linha de raciocínio por detrás do texto. (Esse esquema é comum à disciplina?)
4. Características (é necessário título e, eventualmente, subtítulos).
   - Descreva as novas características (exigido se se tratar de uma nova edição).
   - Descreva as "características especiais" encontradas constantemente em todos os capítulos (isto é, ícones e outros).
   - Descreva as características pedagógicas (auxiliares didáticos).
5. Novo nessa edição (para revisões) (é necessário título).
   - Descreva e explique o conteúdo novo ou consideravelmente revisado (por capítulo, se julgar importante).
   - Dados específicos sobre as tendências amplas mencionadas na introdução.

Como o novo material reflete as alterações exigidas pela nova legislação ou pelos novos regulamentos, se aplicável.

6. Pacote complementar/material auxiliar (se aplicável)
   - O pacote de aprendizado para o aluno: liste cada complemento com uma breve descrição.
   - Pacote de ensino para o professor: liste cada complemento com uma breve descrição.
   - Explique como o texto se correlaciona com o material complementar para criar um pacote de aprendizado completo.
7. Agradecimentos
   - Agradeça a qualquer pessoa que tenha lhe dado experiência técnica, qualquer tipo de colaboração ou que tenha ajudado de alguma maneira a produzir o texto ou a arte. Inclua todos os revisores com os quais trabalhou diretamente para ter *feedback* sobre alguns ou em todos os capítulos. Seu editor acrescentará os consultores e revisores que foram contatados pela editora. (Alguns textos podem ter uma seção separada para consultores.)
8. Meios para obter *feedback*
   - Explique como o usuário pode contatar o autor ou o editor com perguntas, sugestões ou comentários sobre o texto ou seus complementos. Inclua o endereço eletrônico ou outras informações pertinentes.

Agradecimentos

Essa seção costuma incluir agradecimentos a consultores, revisores, colaboradores, contribuidores e qualquer outra pessoa a quem o autor queira prestar gratidão. O autor também pode reconhecer aqui quaisquer favores ou facilidades recebidas, como bolsas de estudo; arquivos disponibilizados por pessoas, empresas ou entidades; acesso a áreas restritas etc.

Se for curta, essa seção pode ser incluída como parte do prefácio. Se tiver mais de duas páginas, pode ganhar uma seção própria. O ideal é que seja breve, mas o autor tem aqui certa "licença poética".

Lista de colaboradores

Alguns livros incluem uma lista de colaboradores e/ou revisores da obra. Além dos merecidos créditos a quem de direito, isso ajuda a mostrar ao leitor tudo o que esteve envolvido na produção e a expor melhor a dimensão do projeto, o que costuma ser efetivamente valorizado pelo mercado.

Autor e editora devem dedicar especial atenção à grafia correta dos nomes, ao gênero (professor ou professora, por exemplo), e à atualidade dos cargos e títulos. Para evitar qualquer esquecimento ou erro, é recomendável atualizar a lista sempre que um novo nome surgir e, ao fim da pré-produção, enviar um e-mail a cada colaborador pedindo para confirmar os créditos.

Ao aluno/leitor

É nessa seção que muitas pessoas descobrem se é o livro certo para elas. É onde o autor pode dizer a quem se destina o livro; se o livro é básico, intermediário ou avançado etc. Aqui, o autor também pode relatar sua experiência de ensino com o material contido no livro e fornecer depoimentos e testemunhos de seus alunos.

Alguns autores também identificam perfis e se dirigem individualmente a cada um: "você, que quer seguir carreira acadêmica…", "o leitor que deseja aplicar imediatamente os procedimentos explicados…"; ou "o aluno que deseja prestar o concurso…". É importante aqui que o texto demonstre conhecimento das necessidades do leitor para ganhar sua atenção. O pessoal de marketing e comunicação da editora pode ajudar o autor nessa tarefa.

Como usar este livro

Essa seção mostra especificamente aos professores e alunos as características e elementos especiais do texto e como podem aprender, estudar ou ensinar com esses elementos. Em muitos casos, é útil incluir visualizações reduzidas das páginas indicando onde, como e por que certos recursos gráficos e/ou didáticos são utilizados. Quando um livro usa algum tipo de iconografia para identificar certos elementos como dicas, aplicações práticas, jargão técnico etc., é nessa seção que os ícones são explicados.

É importante aqui explicar as interdependências das unidades. O leitor vai querer saber se um capítulo depende ou não de outro para ser entendido completamente. Nesse sentido, alguns autores criam diferentes "mapas" para diferentes usos do livro. Quer dizer, em vez de uma leitura direta e sequencial, o autor pode sugerir, por exemplo, uma leitura rápida que pule alguns capítulos ou seções de fundamentação, ou uma leitura aplicada que siga um caminho para uso na prática. Isso torna o livro mais usável.

Sumário

Segundo a Associação Brasileira de Normas Técnicas (ABNT),[2] sumário é "uma enumeração das divisões, seções e outras partes de uma publicação, na mesma ordem e grafia em que a matéria nele se sucede". Não deve ser confundido com índice, como muitos autores o fazem. O sumário mostra uma estrutura dos tópicos principais e é ordenado pela numeração de páginas, enquanto o índice indica todos os assuntos abordados em ordem alfabética (ver "Índices" na página 244). O sumário é o último elemento pré-textual e, quando a obra se divide em vários volumes ou partes, cada um destes deve conter seu próprio sumário na mesma posição relativa.

A estrutura de tópicos (ver o título "Crie uma hierarquia de títulos", na página 230) deve ser indicada pelo projeto gráfico do livro, usando recuos, formatação de fonte (tamanho, cor, negrito ou itálico) ou outra indicação tipográfica. Embora seja fundamental o autor criar seu próprio sumário para estruturação das ideias, em geral a editora joga fora tudo e cria um sumário automático usando os recursos de automação do software de editoração eletrônica a fim de garantir consistência dos títulos e da numeração de páginas. Mas a editora ainda usa o sumário do autor para referência na formatação de títulos e subtítulos, o que em última instância será usado para criar o sumário automático.

Um sumário pode conter qualquer número entre 1 e 6 níveis de título (por exemplo, título da parte, título do capítulo, título de tópico 1 e título de tópico 2), bem como o título dos elementos pós-textuais. Os elementos pré-textuais não devem entrar no sumário, embora muitas editoras o façam.

Dependendo da extensão e profundidade da obra, em alguns casos, são feitos dois sumários, um com um ou dois níveis, chamado simplesmente Sumário (ou, pleonasticamente, Sumário resumido), e outro com dois a seis níveis, chamado Sumário detalhado ou completo.

Em livros, o sumário costuma ter uma aparência bem austera, mas nada impede que a editora libere sua criatividade para proporcionar um conteúdo mais atraente, mais fácil de entender e mais intuitivo. As revistas são especialmente inovadoras nesse quesito. Mas o autor de um livro deve se empenhar em exigir ou negociar o melhor projeto gráfico para seu livro, o que inclui uma bela apresentação do sumário. Um sumário diferente destaca o livro da concorrência, pois costuma ser um dos primeiros elementos que o leitor usa para avaliar um livro. O site bestdesignoptions (http://bestdesignoptions.com/?p=17321) tem uma página com uma bela seleção de TOCs (*tables of contents*, sumário em inglês), que servem como inspiração.

Elementos textuais

Esse é o corpo do livro, que pode ser dividido em elementos estruturais, arte/elementos de apoio e elementos de localização.

Elementos estruturais

Quanto à estrutura do texto, um livro se divide em capítulos, numerados com algarismos arábicos. Os capítulos podem ser agrupados em partes (numeradas em algarismos romanos) e divididos em seções e subseções.

As seções e subseções podem se dividir em alíneas, indicadas por letras minúsculas seguidas de um fecha-parêntese; as alíneas podem se dividir em subalíneas, indicadas por travessão ou outro marcador. Assim, temos o seguinte esquema:

Parte I
  Capítulo 1
    1.1 Seção
      1.1.1 Subseção
        a) Alínea
          – Subalínea

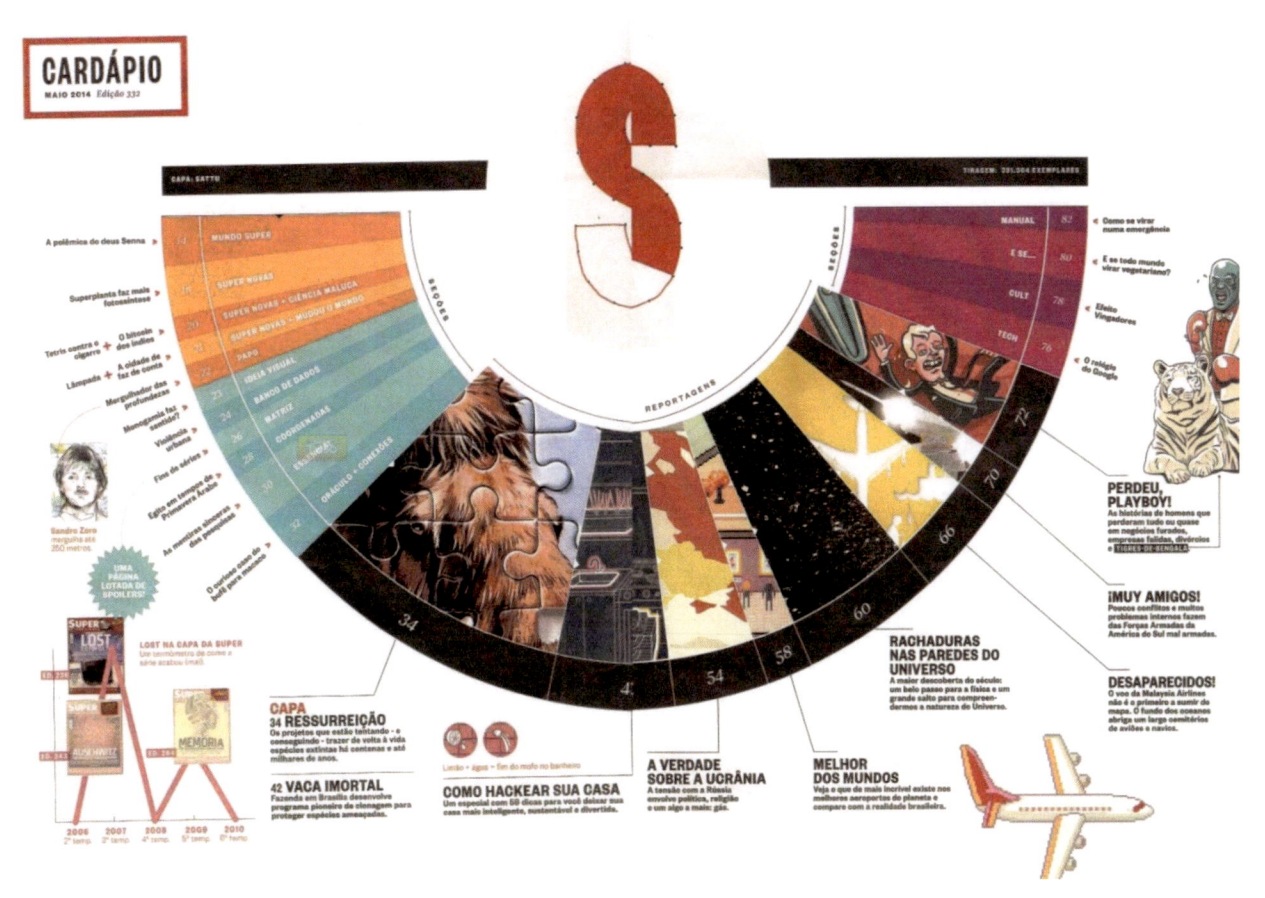

FIGURA 10.4 | Exemplo de sumário criativo usado em revistas. Note o uso de cores para identificar as seções e de fatias e figuras para indicar o conteúdo e o tamanho relativo de cada reportagem.
Fonte: Revista Superinteressante. São Paulo, Editora Abril, maio de 2014, nº 332, pp. 8-9.)

A NBR 6024 da ABNT, que normatiza a numeração das seções de um documento escrito, admite até cinco níveis de seções e subseções (1.1, 1.1.1, ..., 1.1.1.1.1). Não deve haver ponto, hífen, travessão ou qualquer sinal entre o indicativo de seção (isto é, a numeração da seção) e seu título. Os títulos das seções podem ser destacados com base em uma escala visual de importância, utilizando os recursos de negrito, itálico, caixa alta ou versal, ou outro recurso tipográfico que indique claramente uma hierarquia (ver "Crie uma hierarquia de títulos", na página 230). Em geral, quando uma tese ou monografia que usa esse esquema de numeração de títulos entra em produção em uma editora, o pessoal da editoração substitui os números por uma hierarquia de títulos baseada no tamanho ou corpo da fonte de acordo com o projeto gráfico criado para o livro.

Arte e elementos de apoio

As editoras trabalham com três padrões de arte e elementos editoriais: figuras, tabelas e quadros.[3] A categoria Figuras engloba tudo que é imagem, incluindo desenhos, esquemas, fluxogramas, fotografias, fórmulas, gráficos, mapas, organogramas, plantas, retratos e qualquer outra forma de ilustração do conteúdo do livro. A categoria Tabelas envolve dados tabulados na forma de linhas e colunas, enquanto a categoria Quadros representa qualquer informação dentro de uma caixa. A rigor, não há diferença entre estas duas últimas, pois quadros frequentemente também têm linhas e colunas. A ABNT não define conteúdo ou forma para uma ou outra. Mas, de maneira geral, tabelas armazenam informações numéricas e têm as bordas laterais externas abertas, enquanto quadros armazenam informações textuais e apresentam todas as bordas fechadas.

Todos esses elementos editoriais devem ser identificados pelo número do capítulo e o número sequencial do elemento, separados por ponto: Tabela 2.1, Figura 2.1, Quadro 2.1. Cada elemento tem sua própria numeração. Entre o indicativo e o título, deve-se colocar um travessão, sem ponto final (Tabela 1.1 – Estatísticas). No corpo do texto, a referência deve usar o identificador (por exemplo, "como mostra a Tabela 14.3"); isto é, não use "como se segue", "na tabela abaixo" ou "na figura acima".

É importante que o autor indique a fonte de dados de todos esses elementos – a menos que o material apresentado seja produto de sua própria pesquisa. Se o autor estiver usando um material já publicado, deve se certificar de que possui a permissão necessária para reproduzi-lo e incluir "Reproduzido com permissão" na nota de fonte.

Tabelas

Com relação à formatação, tabelas apresentam os seguintes elementos: título, cabeçalho (o título das colunas), conteúdo, fonte dos dados e, se necessário, nota(s) explicativa(s). As bordas laterais externas devem ser abertas, o que as distingue dos quadros. É opcional o emprego de traços verticais para a separação das colunas no corpo da tabela. A fonte dos dados deve vir em corpo menor logo abaixo da tabela.

Notas de tabela são indicadas por letras minúsculas sobrescritas, mas também pode-se optar pelo uso de símbolos, como asterisco ou uma adaga. As letras ou símbolos ajudam a distinguir as notas de tabela das notas de texto, que são indicadas por números.

Quadros

As mesmas indicações para tabelas também se aplicam a quadros, exceto que as bordas laterais externas devem ser fechadas e o título ou legenda deve vir abaixo do quadro. Fonte e notas vêm abaixo do título.

Figuras

As mesmas indicações para quadros também se aplicam a figuras, com a legenda sendo posicionado abaixo do elemento. Se a ilustração for um gráfico gerado pelo Excel, por exemplo, forneça o arquivo do Excel com os dados originais que permitiram gerar o gráfico. A equipe de produção pode precisar mudar elementos do gráfico, como fonte e cores, por exemplo, para adaptá-lo ao projeto gráfico. Gráficos coloridos que parecem claros e nítidos em cores podem perder a distinção de cores quando impressos em preto-e-branco. De maneira geral, forneça os arquivos-fonte que geraram a imagem. Se imagem foi criada no Adobe Illustrator e salva como um JPEG, por exemplo, forneça o arquivo do Illustrator original (ver "Formatos de arquivo" na página 225).

Arte original em meios físicos. Evite fornecer à editora material ilustrativo em papel, fotografias históricas, fotografias únicas sem negativos originais, os próprios negativos, slides, obras de arte em geral ou qualquer material cuja perda ou dano será irreparável. Hoje dia, qualquer scanner de mesa barato é capaz de produzir imagens digitais de alta resolução para impressão de qualidade gráfica, de modo que não vale a pena correr esse risco. Caso isso não seja possível, como no caso de materiais de grande formato que não cabem nos scanners de mesa convencionais ou no caso de slides que exigem um adaptador de slide para serem digitalizados, ou você simplesmente não quer fazer esse trabalho nem pagar para uma empresa especializada fazer, o autor deve tomar o seguintes cuidados. Identifique cada material em uma folha de papel separada, coloque a legenda, indique a posição onde entra no texto, se for o caso marque a parte da imagem desejada como uma folha de seda por cima, e envelope ou proteja cada material individualmente. Além disso, faça uma lista de todo o material entregue, confira o material na entrega e na devolução, negocie um prazo o mais curto possível para a digitalização do material e cobre o cumprimento desse prazo. Dependendo do valor do arte, considere fazer um seguro para esse trânsito. O meio editorial é repleto de histórias desconcertantes de perdas de material original. A rotatividade de pessoal, mudanças de sede, fusões e aquisições, reformas etc., tudo conspira para problemas dessa natureza.

Citações

Citações de uma fonte escrita ou oral podem ser diretas ou indiretas. No primeiro caso, são uma transcrição e, no último, uma paráfrase. Também há a citação de citação, que é o caso de uma fonte intermediária. A NBR 10520 da ABNT define as normas para citações. Todo livro apresenta a questão de se escolher um sistema de chamada e se ater a ele. No sistema autor-data, a fonte é indicada entre parênteses pelo sobrenome do autor, pelo nome da instituição responsável ou pelo título da obra, seguido da data de publicação do documento, separados por vírgula. No sistema numérico, emprega-se simplesmente um algarismo arábico (entre parênteses ou sobrescrito) que remete para uma nota no rodapé, no fim do capítulo, da parte ou do livro. Mas quando há notas explicativas de rodapé, não convém usar o sistema numérico. A ABNT recomenda utilizar o sistema autor-data para as citações no texto e o numérico para notas explicativas. A numeração das notas de rodapé não deve reiniciar a cada página, mas a cada capítulo. Alternativamente, pode-se utilizar um conjunto de símbolos no lugar de números para as notas de rodapé, reiniciando a cada página (*, †, ‡, § etc.) (ver também "Referências" na página 243).

Citações diretas curtas (até três linhas) devem aparecer no corpo do texto entre aspas e em fonte igual à do texto, quando na mesma língua; e entre aspas e em itálico, quando em língua estrangeira. Transcrições extensas (mais de três linhas), chamadas 'extratos', ou citações de poemas (em que a disposição gráfica é importante) devem ser destacadas do corpo do texto. Nesse caso, as aspas são removidas e emprega-se um recuo em relação à margem esquerda; a fonte deve ser a mesma, mas em corpo e entrelinha menores; se for outro idioma, mantém-se o itálico. Mas, a critério do editor, mesmo citações extensas podem permanecer no corpo do texto, identificadas por aspas somente.

As citações diretas devem seguir o original *ipsis litteris*, mas a editora normalmente atualiza a ortografia antiga. Se houver um erro no original, deve-se decidir entre a simples correção ou manter o erro seguido da expressão [sic] ou uma nota explicativa. Supressões devem ser indicadas por reticências entre colchetes [...] para evitar confusão com reticências normais do texto. Intervenções do autor no texto citado devem aparecer entre colchetes. Itálicos acrescentados devem ser indicados com [grifo nosso] e itálicos do original com [grifado no original], se isso for importante.

Referências cruzadas

São relações que se estabelecem entre duas ou mais informações dentro de um livro. São importantes para estruturar uma rede de conceitos e significados inter-relacionados. As referências cruzadas tornam o livro mais navegável e conceitualmente amarrado.

É importante que sejam padronizadas. Deve-se adotar um padrão de remissiva (Veja/Consulte) e tempo verbal (Ver/Veja) e se fixar a ele. Quando se referir ao título de uma parte ou capítulo, escreva Parte/Capítulo com a inicial maiúscula, seguido de vírgula e o título entre aspas. Por exemplo: ver Capítulo 1, "Nome do capítulo". Para referências a seções, coloque o título entre aspas, seguido do número da página. Por exemplo: ver "Referências cruzadas" na p. 243. Para um intervalo de páginas, escreva pp. XXX-XXX. A editora se encarregará de trocar os XXX pelos números de página reais.

Para figuras, tabelas e quadros, coloque a inicial do elemento em maiúscula e indique o número do elemento. Por exemplo: ver Figura 1.1. Não diga "acima", "abaixo", "ao lado" ou equivalentes; na editoração do livro, o elemento pode acabar em uma posição diferente. Para referenciar um elemento "acima", diga "anteriormente"; para referenciar um elemento "abaixo", diga "posteriormente", "a seguir" ou "mais adiante".

Notas explicativas

As notas explicativas são informações que o autor quer passar ao leitor sem interromper o fluxo da leitura ou a linha de pensamento. Usa-se como remissão um algarismo arábico sobrescrito e a nota é redigida no rodapé da página, no final do capítulo ou no final do livro. É recomendável inserir as notas usando os recursos do processador de texto, que cuida de numerar automaticamente as notas e alocar o espaço apropriado.

Fórmulas e equações

De maneira geral, fórmulas e equações são tratadas como figuras. Quando curtas e simples, podem ser incorporadas no meio de uma linha de texto; caso contrário, devem ser destacadas com recuo e centradas na página. Todas as fórmulas referenciadas no texto devem ser numeradas, seguindo-se a mesma convenção usada para tabelas, quadros e figuras; isto é, o número do capítulo, um ponto e o número sequencial. O indicativo de fórmulas e equações deve aparecer entre parênteses e alinhado na margem direita da página. Recomenda-se usar um software apropriado para a criação de fórmulas e equações. Um dos mais usados é o MathType da DesignScience (https://www.dessci.com), que funciona com os principais processadores de texto e programas de editoração.

Listagens

Listagens como as de código de programação são tratadas como quadros e têm numeração própria. Recomenda-se usar o mínimo de listagens e disponibilizar o código completo em formato eletrônico para download. Idealmente, o código deve ser fornecido com sintaxe colorida que permite identificar facilmente funções, constantes, variáveis e comentários. Todo código deve ser fornecido como texto, não como imagem. Quando uma linha de código não couber no espaço alocado, deve-se inserir uma marca indicando claramente que o código deve continuar na mesma linha com uma nota explicando o sinal.

Elementos de localização

Esses elementos são partes do projeto gráfico do livro e não interessam ao autor enquanto na fase de redação do conteúdo. Quando o autor for convidado a opinar sobre o projeto gráfico do livro, é importante conhecer as regras de uso desses elementos (e quando se pode quebrá-las!) de modo a poder negociar com os editores o melhor design para seu livro.

Fólios (números de página)

A maioria das editoras adota a paginação em algarismos romanos para as páginas preliminares, com a numeração começando na falsa página de rosto. Isso facilita a inserção de elementos pré-textuais sem que seja necessário repaginar o livro inteiro ou trocar todos os números do índice. Mas com as facilidades dos programas de editoração modernos, muitas editoras passaram adotar a paginação contínua dos livros. Em geral, os fólios não aparecem nas páginas de abertura da maioria das seções do livro, como folha de rosto, sumário, aberturas de capítulos e partes etc. Mas, às vezes, aparecem centrados na parte inferior das páginas de abertura de capítulo. No restante do texto, geralmente aparecem junto com os cabeçalhos e rodapés, no canto superior ou inferior esquerdo da mancha para as páginas pares, e no canto superior ou inferior direito para as páginas ímpares.

Páginas de abertura de capítulos e partes

Estas são frontispícios locais que, em geral, não são numeradas e, às vezes, nem contadas. Normalmente, começam em página ímpar como as demais aberturas, mas também podem começar em página par, formando uma página dupla, ou *spread*. Assim como a capa do livro, é um lugar apropriado para dar mais liberdade ao projeto gráfico do livro. Em algumas obras, são sangradas (ver "Abas sangradas" na página 247), o que facilita a identificação das divisões do livro, observando a borda oposta à lombada (o corte lateral ou frontal). Comumente apresentam uma introdução e um resumo do capítulo ou da parte. Dependendo da extensão da obra, essas aberturas podem conter índices locais da parte ou capítulo.

Títulos correntes

Os títulos correntes (do inglês *running heads*), também chamados de cabeços e rodapés, são úteis para identificar a seção, capítulo ou parte do livro em que se está. Quando os livros não têm divisões, costuma-se colocar o nome do autor nas páginas pares e o título da obra nas ímpares. Quando tem divisões, usa-se o número e o título da parte na página esquerda e do capítulo na página direita. Ou o número e o título do capítulo nas pares e o título seção nas ímpares. Em geral, são acompanhados dos fólios. Estes costumam ficar alinhados com as margens externas (à esquerda nas páginas pares e à direita nas páginas ímpares). Embora essas regras sobre o conteúdo e posicionamento de cabeços e rodapés sejam bem estabelecidas, projetos gráficos mais sofisticados costumam quebrá-las.

Elementos pós-textuais

São elementos que complementam o corpo do texto.

Posfácio

Texto explicativo ou comentário inserido no fim de um livro, depois de pronto.

Referências

A NBR 10520 da ABNT normatiza as referências. Recomenda-se a todo autor que siga as normas da ABNT, mantendo sempre esse documento à mão para referência. Segue-se aqui um resumo para a correta referenciação bibliográfica.

Regra geral de autoria. Há três formas de entrada de autoria: pessoal, institucional e por evento. Para documentos elaborados por até três autores, indicam-se os nomes de todos na mesma ordem em que aparecem na publicação, separados por ponto e vírgula. Em casos de mais de três autores, indica-se apenas o primeiro, seguido da expressão latina *et al.* (que significa "e outros"). Os documentos elaborados por vários autores, que possuam um responsável intelectual ou mais em destaque (organizador, coordenador etc.), são referenciados pelo nome desse(s) autor(es), seguido(s) da abreviatura pertinente, no singular. Quando se tratar de obras de cunho administrativo ou legal, a entrada deve ser diretamente pela entidade, em caixa alta. As obras que não possuam autoria definida têm a entrada pelo título da publicação. A primeira palavra deve ser grafada em maiúsculas. Para repetições de autoria, devem-se usar seis sublinhados e um ponto final a fim de substituir o nome completo de um autor citado imediatamente acima em uma bibliografia ou lista de referência.

- **Livros, teses e eventos**
  - AUTOR. *Título: subtítulo*. Edição. Local (cidade) de publicação: Editora, data. Número de páginas ou volumes. (nome e número da série).
- **Dissertações e teses**
  - AUTOR. *Título: subtítulo*. Ano de apresentação. Número de folhas ou volumes. Categoria (grau e área de concentração) – Instituição, local.
- **Congressos, conferências, encontros e outros eventos científicos**
  - NOME DO CONGRESSO, nº, ano, local de realização (cidade). *Título... subtítulo*. Local de publicação (cidade): Editora, data de publicação. Número de páginas ou volumes.
- **Capítulos de livros e trabalhos de eventos**
  - AUTOR DO CAPÍTULO. Título do capítulo. In: AUTOR DO LIVRO. *Título: subtítulo do livro*. Número de edição. Local de publicação (cidade): Editora, data. Indicação de volume, capítulo ou páginas inicial e final da parte.
  - AUTOR DO TRABALHO. Título: subtítulo. In: NOME DO EVENTO, nº, ano, local de realização. *Título da publicação: subtítulo*. Local da publicação: Editora, data. Páginas inicial e final do trabalho.
- **Coleções de revistas, fascículos e artigos de periódicos**
  - TÍTULO DA PUBLICAÇÃO. Local de publicação (cidade): Editora, ano do primeiro volume. Outras informações.
  - TÍTULO DO PERIÓDICO. Local de publicação (cidade): Editor, volume, número, mês, ano.
- **Artigos de publicações periódicas**
  - AUTOR. Título do artigo. *Título do periódico*, Local de publicação (cidade), nº do volume, nº do fascículo, páginas inicial-final, mês (abreviado), ano.
- **Artigo de jornal**
  - AUTOR. Título do artigo. *Título do Jornal*, Local, dia, mês, ano. Número ou título do

caderno, seção ou suplemento, páginas inicial-final.
- **Informações e documentação eletrônica**
  - Citações em mídia eletrônica, como CDs e DVDs seguem os padrões indicados anteriormente, seguidos, ao final da referência, pela descrição física da mídia ou suporte. Documentos/informações de acesso exclusivo por computador (on-line) são indicadas da seguinte maneira:
  - AUTOR. Denominação ou título e subtítulo (se houver) do serviço ou produto, indicação de responsabilidade, endereço eletrônico entre os sinais < > precedido da expressão – Disponível em: – e a data de acesso precedida da expressão – Acesso em:

Apêndices e anexos

São material de esclarecimento ou comprovação de argumentos do autor no corpo do texto. Chama-se "Apêndice" quando produzido pelo próprio autor, e "Anexo" quando de outras fontes.

Glossários

O glossário é uma listagem em ordem alfabética de palavras-chave, termos técnicos ou vocabulário de uso restrito ou pouco conhecido utilizados no texto e suas respectivas definições. Em geral, costuma-se usar uma convenção tipográfica para indicar que um determinado termo encontra-se no Glossário, como, por exemplo, itálico, negrito ou uma cor diferente. Essa convenção deve ser explicada em algum lugar nas páginas pré-textuais, como o prefácio ou a página "Como usar este livro".

Bibliografia

A bibliografia é uma lista de livros de interesse relacionados com os tópicos do livro. Comumente essa lista é chamada de "Sugestões de leitura" ou "Leituras sugeridas", já que pode incluir qualquer tipo de material escrito além de livros, como artigos de jornais, revistas, documentos eletrônicos, blogs etc. Não deve ser confundida com as Referências, que incluem apenas obras citadas no corpo do texto.

Índices

Referem-se principalmente ao índice remissivo, que é uma lista ordenada alfabeticamente de assuntos abordados e termos-chave citados no corpo do texto. Mas podem incluir índices de outros elementos citados como nomes de autores ou outras pessoas (índice onomástico), nomes geográficos (índice toponímico), livros, obras de arte etc. A ordem destes índices também pode não ser alfabética, e usar outros critérios como cronológico, numérico, temático ou misto.

O autor deve consultar a NBR 6034/2004 da ABNT, que padroniza a organização de índices com todos os detalhes necessários. Se o autor não fornecer um índice remissivo junto com seu livro, a editora contratará um profissional especializado nessa tarefa. É recomendável utilizar os recursos de indexação do processador de texto a fim de evitar retrabalho, como a substituição de todos os números de página do original pelos correspondentes do livro impresso.

Erratas

Essa é uma lista de erros encontrados no livro depois de sua impressão, indicando as páginas e as linhas em que ocorrem ao lado das respectivas correções. Costumam ser impressas em papel avulso e encartadas.

Colofão

Anotação feita na última página do livro com informações como compositor, impressor, endereço, local e data da impressão, papel da capa, papel do miolo, fonte e corpo do texto. O termo vem do grego *kolophon*, que significa "toque final".

Elementos extratextuais

Essa categoria inclui outros aspectos da construção de um livro sobre os quais o autor pode ser convidado a opinar na produção da sua obra. Alguns, como é caso de cores e formato, deveriam merecer consideração antes mesmo da redação do texto, pois implicam decidir se certas figuras e elementos editoriais poderão ou não ser efetivamente impressos. A editora tomará a maior parte das decisões sobre esses aspectos, às vezes sem nem mesmo consultar o autor. Mas, na maioria dos casos, a participação do autor só será limitada pelo seu conhecimento sobre o assunto. Então, é recomendável conhecer um pouco de cada um a fim de poder julgar as opções com algum embasamento.

Cores e tintas

A questão do uso de cores é crítica em todo livro. Idealmente, o autor deveria pensar na questão sempre que escolhesse usar uma imagem em seu livro. Meu livro será em cores ou preto-e-branco? Mas na prática não é isso o que acontece, e alguns autores se surpreendem quando a editora, por questões de custo, lhe sugere imprimir seu livro em preto-e-branco mesmo com todos aqueles gráficos e ilustrações coloridos em que ele investiu tanto tempo para criar. Vale lembrar que todas as decisões feitas aqui orientam as escolhas relacionadas com papel, tipo de impressão e encadernação.

Número de cores. Os editores usam um jargão próprio para falar de cores que talvez o autor não entenda. Eles dizem, por exemplo, que um livro colorido tem 4x4 cores, o que significa que as folhas passam pela máquina de impressão quatro vezes de cada lado para imprimir as cores básicas (ciano, amarelo, magenta e preto) que compõem todas as outras cores do espectro. Um livro P&B é 1x1 cor, isto é, só se imprime o preto dos dois lados. Uma capa 4x1 é uma folha impressa com quatro cores de um lado e uma do outro. Imprimir em cores pode aumentar em mais de 30% os custos de impressão. O autor deve discutir com o editor a necessidade de uso de cor total e a possibilidade de se recorrer a recursos de cor parcial, como cadernos coloridos, encartes, inserções, ou mesmo disponibilizar material colorido para download. Também são comuns soluções com duas cores, usando preto mais uma cor especial, o que não resolve o problema das imagens coloridas, mas enriquece um pouco o projeto gráfico.

Sistema de cores. O editores dizem ciano, não azul, e magenta, não vermelho. Isso se deve ao sistema de cores subtrativas utilizado para impressão, conhecido como quadricromia ou CMYK (*cyan, magenta, yellow* e *key* [para o preto]). Esse sistema de cores se opõe ao sistema de cores aditivas RGB (*red, green* e *blue*), usado em monitores e televisores. Em geral, a editora ou o fornecedor de serviços de editoração cuida de converter as imagens fornecidas por pelo autor para o espaço de cores CMKY apropriado. Mas o que interessa ao autor aqui é que determinadas cores visíveis pelo olho humano ou criadas em RGB podem não ser obtidas pelo processo de quadricromia. Para maioria das aplicações práticas, isso não tem muita importância, mas para uma reprodução fiel de cores como em uma marca corporativa ou uma ressonância magnética, talvez isso tenha implicações sérias.

Cores especiais. O avanço tecnológico recente tem popularizando o emprego das chamadas cores de processo, ou cores especiais, a fim de reduzir ou eliminar as limitações da quadricromia na reprodução de determinados tons. Uma cor de processo é uma tinta especial pré-misturada que é usada em substituição ou em acréscimo às tintas de escala (CMYK) e que exige sua própria chapa na impressão. Assim, têm surgido sistemas de impressão com seis ou mais cores, como o Pantone hexachrome, que acrescentam o verde e o laranja às quatro cores da quadricromia, ampliando o espectro cromático e a fidelidade das cores reproduzidas. O autor deve indicar claramente se há e quais são as imagens que necessitam de completa fidelidade de cores. Cores metálicas também são um tipo de cor especial que vem sendo cada vez mais explorado por designers gráficos criativos.

Verniz de reserva. É uma camada de verniz aplicada em áreas específicas da página, o que pode ser uma foto, um logotipo ou mesmo uma única letra. O verniz pode ser opaco ou acetinado (brilhante), ou uma combinação de ambos. O efeito é puramente estético, mas permite criar materiais gráficos muito atraentes e diferenciados, especialmente capas de livro.

Hot-stamping. É um sistema de impressão a quente em que películas de tinta são prensadas contra um suporte fazendo a tinta grudar no material.

Em geral, é usado para criar um efeito dourado ou metálico. As tintas metálicas vêm substituindo grande parte de suas aplicações.

Formato

O formato é outro aspecto crítico que deveria ser considerado desde a concepção da obra. Algumas figuras podem perder detalhes se reduzidas, e algumas tabelas podem não caber nem mesmo em duas páginas de um formato pequeno, por exemplo. A princípio, pode-se fazer um livro em qualquer formato, mas no final das contas, as escolhas se reduzem a duas ou três, principalmente em razão do aproveitamento do papel. A editora ou a gráfica compra papel em folhas padronizadas de grande formato que serão impressas, dobradas e refiladas (cortadas) para formar os cadernos do livro. Os cadernos são folhas de 8, 16, 32 ou 64 páginas. Se o formato não permitir uma multiplicação exata de páginas para caber nas folhas, ocorre a desperdício de papel e os custos aumentam. No Brasil, os formatos de livro mais comuns que permitem melhor aproveitamento do papel são 12 × 18; 14 × 21; 16 × 23; 17 × 24 e 21 × 28 (largura × altura em cm).

Uma questão que a editora comumente apresenta ao autor é escolher entre um formato médio como 17 × 24 e um formato grande como 21 × 28. Embora não se economize papel, a redução do número de páginas proporcionado pelo formato maior diminui os custos de impressão, pois as gráficas cobram com base no número de passagens de folha por máquina. Mas deve-se considerar que talvez o livro precise ser rediagramado em duas colunas por causa da maior largura das linhas. Os manuais de tipografia recomendam algo entre 45 e 75 caracteres (ou 12 palavras) por linha como mais confortável para leitura e essa mudança pode quase dobrar esse número.

Papel

Há uma miríade de tipos de papel e características que o indicam para uma aplicação ou outra. Os papéis são classificados de acordo com as seguintes características:

- **Peso.** É a espessura do papel ou, mais tecnicamente, o que se costuma chamar de gramatura, isto é o valor em gramas por metro quadrado, e varia de 50 a 120 g/m² na maioria dos livros. Como o papel é vendido por peso, esse é um fator importante na composição dos custos.
- **Formato.** É o que define o melhor aproveitamento do papel, evitando desperdício.
- **Cor.** A cor do papel, seu grau de alvura e opacidade, determina sua aplicação. A cor pode sofrer alteração de acordo com o papel utilizado, seja pela absorção da tinta, seja pela própria transparência da tinta. Recomendam-se papéis com bom grau de alvura para reprodução de quadricromia. Papéis levemente amarelados e com alto grau de opacidade são indicados para livros só de texto, pois reduzem o cansaço visual.
- **Textura.** A superfície do papel pode ser lisa, texturada, telada e acetinada. O substrato pode ser rígido ou flexível.

Os papéis mais usados para impressão de livros são:

- **Offset.** É um papel fabricado com características próprias para a impressão offset. Sua principal característica é a durabilidade e a resistência à umidade. É indicado para a maioria dos livros.
- **Cuchê.** É basicamente o papel offset que recebe uma camada de revestimento que o deixa com um aspecto brilhante, liso e uniforme. É indicado para livros de maior qualidade gráfica, especialmente com fotografias coloridas.

Sobre esse aspecto, sugere-se ao autor solicitar à editora uma amostra de outro livro impresso com o mesmo papel e capa. Com isso em mãos, o autor poderá avaliar aspectos como a rigidez do papel, a qualidade das imagens, transparência no verso das páginas, alvura, reflexo da luz, fidelidade de cores, resistência à deformação etc.

Encadernação

Há basicamente dois tipos de encadernação de livro: brochura (capa flexível) e capa dura. Em geral, todo autor quer seu livro em capa dura, mas precisará justificar isso à editora com argumentos de venda ou necessidade do produto. Às vezes, faz sentido criar duas versões do livro, cada uma com um tipo de encadernação para atender diferentes usos ou públicos.

Encartes e inserções

Nessa categoria inclui-se qualquer material impresso separadamente do miolo (exceto a capa) que é encartado, colado, inserido ou de outro modo anexado ao livro. Erratas costumam ser encartadas.

Pranchas coloridas. São páginas impressas em papel especial, como papel cuchê, que trazem mapas, fotografias em alta resolução e qualquer material gráfico em maior qualidade que o restante do livro. Em alguns casos, são uma opção a imprimir todo o livro em quatro cores e podem representar uma economia significativa de custos. Esse pode ser o caso quando as pranchas coloridas são impressas em um único caderno. Mas se for necessário encartar muitas folhas em locais diferentes, compositor e gráfica terão um trabalho mais complicado de imposição (disposição das páginas levando em conta a dobra e corte do papel para formar cadernos) e alceamento (ordenação e intercalação das folhas e cadernos), o que encarece a solução

Páginas desdobráveis. Como o nome já diz, são páginas que se desdobram para revelar conteúdo extenso que não caberia de outra maneira nas páginas normais do livro. Em geral, incluem materiais de grande formato ou alta resolução como mapas, tabelas estatísticas, gráficos, fotografias etc. Apresentam as mesmas questões técnicas das pranchas coloridas.

Mídia eletrônica. Aqui se incluem principalmente CDs/DVDs. Estes podem armazenar qualquer tipo de conteúdo digital, desde capítulos adicionais em PDF e HTML, até software de avaliação, passando por áudio e vídeo. Com o aumento da banda larga nas conexões com a Internet, vêm sendo cada vez mais substituídos pela disponibilização do material online.

Corte e vinco

Os recursos de corte-e-vinco são hoje especialmente desenvolvidos no setor de livros infantis e infanto-juvenis e encantam pela beleza e complexidade da elaboração. A natureza dinâmica e tridimensional do trabalho proporciona uma interatividade única em termos do produto livro e conquistam novos leitores em tenra idade.

Mas qualquer tipo de produto pode se beneficiar desses recursos. Com a tecnologia de corte-e-vinco é possível criar elementos vazados, recortes e dobraduras que, aliados a recursos como *hot stamping* e cores metálicas, proporciona infinitas possibilidades artísticas. Designers gráficos criativos exploram esses recursos para criar todo tipo de material gráfico, especialmente capas de livro e caixas de produto.

Abas ou guias

Esta é uma classe de elementos relacionados com o corte e acabamento do produto que permitem abrir o livro rapidamente no local desejado, sem precisar folhear as páginas. Poderiam também ser classificados como elementos de localização.

Abas de corte. São feitas mediante o corte escalonado da borda lateral das folhas do livro, como se costuma ver em catálogos telefônicos e cadernos universitários. As publicações mais associadas com esse recurso são manuais técnicos e livros didáticos seriados com encadernação em espiral comum ou do tipo *wire-o* (garras metálicas que permitem inserir e remover folhas).

Abas sangradas. Sangrado é um termo gráfico que designa o conteúdo impresso que ultrapassa a área em que o material será refilado. Geralmente usado com ilustrações e fotografias, esse recurso é adorado pelos designers que se livram de margens brancas indesejadas em seus projetos gráficos. Um efeito colateral disso é que as bordas refiladas do livro são pintadas pelo conteúdo gráfico da página e tornam-se visíveis nas bordas de corte do livro. Isso permite identificar facilmente as páginas sangradas. Muitos designers utilizam inteligentemente esse efeito, posicionando um quadro colorido sangrado nas margens das páginas com a intenção de criar um código de cores para identificar as divisões do livro. É possível fazer isso mesmo em livros P&B, modificando a posição dos quadros laterais em cada divisão. O resultado é muito prático e elegante, mas tem um custo: é necessário usar mais papel para garantir a margem de folga do refile.

Índices de dedo. Um tipo especial de aba de corte são os índices de dedo. São entalhes feitos no corte lateral (a borda externa oposta à lombada) de um livro que permitem, usando o polegar, abrir o livro rapidamente no capítulo, assunto ou letra desejado. Cada um dos entalhes é chamado de dedeira. Além da utilidade, confere uma aparência de nobreza e autoridade, e por isso é bastante usado em bíblias, enciclopédias, dicionários e obras de referência. Tem um custo relativamente baixo considerando-se o custo total de obras desse porte.

Caixas

Caixas de produto, formando coleções de livros diferentes ou de volumes de uma mesma obra são cada vez mais exploradas no mercado. O apelo para comprar vários livros em uma única caixa é uma ferramenta de marketing eficiente.

PERMISSÕES

Você precisará de uma permissão por escrito para reproduzir obras de outros autores. Caso você não tenha certeza de que precisa de uma permissão para a forma como planeja usar um material específico, consulte seu editor de aquisições antes de solicitar a permissão. Lembre-se: mesmo que não

FIGURA 10.5 | Abas coloridas feitas com margens sangradas.
Fonte: The SKA Teacher Resource.

precise solicitar uma permissão para reproduzir determinados materiais, você sempre deve identificar a fonte original de onde tirou as informações em suas notas.

Como solicitar uma permissão de reprodução. Escreva para o detentor dos direitos autorais, solicitando uma permissão de reprodução. Identifique o material que você deseja reproduzir e informe todos os fatos pertinentes sobre seu livro. Faça cópias de toda a correspondência relativa às permissões. Caso o detentor dos direitos autorais especifique a redação da menção, use essa redação. Caso contrário, certifique-se de fornecer informações completas sobre a fonte e inclua a frase "Reproduzido com permissão" ou "cortesia de…".

ESTILO EDITORIAL

Estilo editorial ou *estilo da casa* refere-se às regras ou diretrizes que uma editora estabelece para assegurar apresentações claras e consistentes de seus produtos impressos e eletrônicos.

É a forma como uma editora produz seu trabalho: ela abrange todos os aspectos de como a publicação é apresentada, incluindo sua ortografia, gramática, pontuação, tipografia, hifenização, referências e layout.

Em termos práticos, o objetivo do estilo da casa é estabelecer diretrizes para todos os envolvidos na criação de uma publicação a fim de garantir precisão e consistência.

Em geral os autores são notoriamente inconsistentes. Isso não é surpreendente: ao escrever estamos preocupados com a maior parte com o que estamos dizendo, não como estamos dizendo, ou o que parece depois. E um texto de qualquer tamanho provavelmente tenha variações no estilo que são inconsequentes para o escritor que está se concentrando apenas conteúdo.

Os editores em geral, têm seu próprio manual de estilo. Para grafia e hifenização, recomendamos a última edição dos dicionários *Houaiss da Língua Portuguesa, Dicionário Michaelis, Dicionário Aurélio* e outros livros sobre estilo e gramática incluímos na bibliografia.

Itálico

O itálico deve ser usado para:

- Livros: *Admirável mundo novo.*
- Jornais: *O Estado de S. Paulo.*
- Revistas: *Veja.*
- Estátuas: *Vênus.*
- Filmes: *Um dia de cão.*
- Discos: *Chico canta.*
- Quadros: *O menino olhando o mar.*
- Panfletos: *A classe média e a televisão.*
- Relatórios: *Os melhores do ano.*
- Roteiros: *Um paraíso chamado Pantanal.*
- Teses: *A importância da Internet.*
- Peças teatrais: *O homem elefante.*
- Programas de rádio e TV: *A voz do Brasil.*
- Nomenclatura científica: *Cannabis sativa.*
- Embarcações: *Titanic.*
- Aviões: *14-Bis.*
- Estrangeirismos: *fast-food.*

Não utilize itálico nem aspas em:

- Emissoras de rádio e televisão: Rede Manchete.
- Apelidos: Pelé.
- Tribos indígenas: os metotires.
- Vinhos: borgonha, champanha.

Aspas duplas

As aspas duplas devem ser usadas para:

- Músicas: "Minha história".
- Inscrições: "Abaixo a ditadura".
- Cartazes: "Vendem-se bolas".
- Capítulos de livros: "A emancipação".
- Manchetes de jornais e revistas: "Cai o IPTU".
- Artigos de jornais e revistas: "Aborto".
- Seções de revistas e jornais: "Forum".
- Contos: "O corvo".
- Poemas: "Alma atrevida".
- Conferências: "A mulher bóia-fria".
- Declarações, citações e transcrições: Ele disse: "Fui eu".
- Pensamentos: Ele pensou: "Foi ela".

Aspas simples

As aspas simples devem ser usadas para destacar palavras ou expressões: Ele visitou o **'clube'**.

Emprego de maiúsculas e minúsculas

Use maiúsculas para:

- Primeira palavra de título de livro: *O pequeno príncipe* (Exceção: livros em alemão).
- Entidades públicas: Ministério da Educação.
- Entidades culturais: Faculdade de Direito da USP.
- Forças Armadas: Exército.
- Partidos políticos: Partido Verde.
- Nas palavras Natureza, Fortuna, Providência, Beleza (se o texto exigir).
- Guerras: Guerra Civil Espanhola.
- Festividades: Dia das Mães, Carnaval, Natal.
- Nomes mitológicos: Afrodite.
- Nomes religiosos: Virgem Maria.
- Nas palavras que substituem nomes próprios: Fulano de Tal, Beltrano, Sicrano.
- Prêmios: Prêmio Nobel da Paz, Oscar.
- Leis e decretos: Lei Áurea, Decreto-Lei nº 2.
- Marcos histórico: Revolução Francesa.
- Épocas históricas: Idade Média.
- Competições: Copa do Mundo, Campeonato Brasileiro de Tênis.
- Astros: Lua, Sol (Mas: O sol batia no quintal.).
- Epítetos: Alexandre, o Grande.
- Movimentos artísticos e culturais: Impressionismo.
- Apelidos: Xuxa.
- Dr., Dra., Sr., Sra., Srta., Dom etc.
- E ainda: Senado, Parlamento, Câmara dos Vereadores, Poder Executivo, Forcas Armadas, Igreja.

Use minúsculas para:

- Disciplinas: Era professor de português.
- Edificações: palácio da Alvorada; igreja da Penha.
- são, santo, rei, papa, ministro etc.
- lord, lady, sir, miss, mr., mrs., mademoiselle etc.
- Logradouros: rua Pirapora; av. Paulista.
- Seções e departamentos de empresas e orgãos oficiais: departamento de recursos humanos, secretaria-geral do Ministério da Saúde.
- Bares: bar Bará.
- Hotéis: hotel Nacional.
- Tribos indígenas: os metotires.
- Acidentes geográficos: monte Everest, rio Tiete, baia de Guanabara.
- Exceções: Ilhas Malvinas, Ilha Solteira, Cabo Frio, Mar de Espanha.
- Regiões geográficas: Europa central; sul da Ásia (Mas: O Ocidente ficou mais triste hoje). A empresa essa sediada no Sudeste Asiático. Veio do Leste Europeu. Nasceu no Hemisfério Norte.
- Doutrinas e correntes de pensamento: protestantismo.
- A palavra *estado:* Morava no estado de Minas Gerais.

Datas

Para datas, siga essas diretrizes:

- No texto: 11 de outubro de 1991.
- Entre parênteses e nas notas: 11-10-1991 (com hífen).
- Século XX (romano).
- Década de 30 (para o século XX), década de 1830.
- Anos 80 (para o século XX), anos 1880.

Pronomes possessivos

Evite o uso de pronomes possessivos. Assim, em vez de "escovou seus dentes", use "escovou os dentes".

Artigo e pronome possessivo

Evite o uso de artigo antes de pronome possessivo. Assim, em vez de "foi uma vitória para nossa empresa", use "foi uma vitória para nossa empresa".

Notas de rodapé/bibliografia

- Nas notas de rodapé: Silva, João da. "Menino". *A casa.* v. 3, p. 10-15.

- Na bibliografia: SILVA, João da. "Menino". *A casa.* 2. ed. Paris, Ed. GBA,1995, 3 v.
- Quando possível, traduza nomes de cidades: Milão, Vietnã, Turim, São Francisco etc.

Siglas

- Puras: UNESCO (maiúsculas).
- Outras: Seplan (maiúsculas e minúsculas).
- As siglas devem ser mostradas por extenso na primeira ocorrência; daí em diante, use apenas a sigla.

Títulos e subtítulos

Os títulos e subtítulos devem ser escritos em letras maiúsculas e minúsculas. Exemplo:

- Quem É Quem na Economia: Algumas Observações.
- Não use maiúsculas nas preposições (para, de, com, até etc., nos artigos (o, a, um etc.) e nas conjunções coordenativas (e, pois, ou, nem).
- Use maiúsculas em substantivos, verbos (inclusive os curtos, como "É"), advérbios, adjetivos e pronomes.

Tribos indígenas

- Use no plural, sem destaque, em letra minúscula: tribo dos caiapós, os metotires.

Livros inéditos no Brasil

- Na primeira ocorrência, coloque entre parênteses a tradução literal. Siga com o nome original.

Nomes próprios

- Charles de Gaulle ou De Gaulle.
- Maus von Bullow ou Von Bullow.
- Sobrenomes devem ser empregados no singular: Os Arruda saíram.

Exceção: Comprou três Picassos, três Monets e três Matisses.

Números

- Converta pés, milhas, graus Fahrenheit etc. para o sistema internacional de medidas.
- Em números de mais de três dígitos, use ponto: 1.234 palitos.
- Deixe por extenso os números de um a dez e também cem e mil (exceto em tabelas, formulas, figuras e quadros): Comprou seis casas. Foi o primeiro da turma.

Exceções

- Porcentagem: Comprou 6 por cento das casas.
- Unidade de medida: Andou 6 quilômetros. Estava 6° C em Sorocaba.
- Horário: Chegou às 6 horas.
- Data: Fará aniversário dia 6 de outubro.
- Endereço: Vá até a rua 6, n. 6.
- Com as palavras mil, milhão etc.: Ele tem 6 mil cavalos.
- Moeda: Ela tem 6 reais.
- Papas: Pio XII.
- Dinastias: II dinastia.
- Reis: Henrique VIII.
- De 11 em diante, use algarismos: Comprou 16 casas. Foi o 16 da turma.

Nota: se seu livro for técnico ou repleto de dados estatísticos, você poderá expressar os valores em números em vez de por extenso.

Porcentagens

As porcentagens seguem esse critério:

- no texto: 20 por cento dos homens…
- nas tabelas, nos quadros e nas figuras: 20% dos homens…

Escrita não sexista

Evite usar modos de expressão que possam ser considerados sexistas. Muitas vezes é possível usar termos neutros, como "seres humanos" ou "pessoas" e "executivos" preferencialmente a "homem" e "homens de negócios".

No que diz respeito ao uso de pronomes, certifique-se de que quando for usado "ele" ou "ela" signifique um homem ou uma mulher específico. Não use "ele/ela" e "ele ou ela", pois isso torna a matéria confusa e deselegante; substitua pela forma plural "eles" sempre que possível.

Para finalizar:

- Evite o uso de mesóclise.
- Quando o **e** liga orações de sujeitos diferentes e se pode subentender uma pausa na leitura, admite-se a vírgula:
  - O filho foi reprovado, e os pais resolveram tirá-lo da escola.
- Evite o uso de gerúndio.
- No caso de enumerações, use os artigos:

  A imagem do Brasil, da Alemanha e do Japão.

- Enxugue o excesso de advérbios terminados em "mente".
- Evite iniciar as frases com "porém".
- Nos *bullets* e itens numerados por letras:
  - se o texto começar em maiúscula, use ponto final;
  - se o texto começar com minúscula, use ponto-e-vírgula (exceto no último item).
- Prefira o imperativo ao infinitivo. Assim, por exemplo, use "Resolva o Problema 1" em vez de "Resolver o Problema 1" e "Veja a Figura" em vez de "Ver a figura".
- Não use itálico e aspas em uma mesma palavra.
- As notas de rodapé devem ser numeradas por capítulo.

LISTA DE VERIFICAÇÃO DO AUTOR

É muito importante que seu original esteja totalmente completo quando enviar a editora.

Antes de apresentar seu original, verifique as seguintes recomendações[4]

1. O original está completo?
   - A página de título e a página de índice estão consistentes com os títulos dos capítulo?
   - Todas as tabelas, ilustrações e lista de legendas estão inclusas?
   - Todas as citações, tabelas e ilustrações têm fontes?
   - Todos os trabalhos estão citados nas referências ou bibliografia?
   - Estão faltando páginas?
   - Os subtítulos estão digitados em estilo consistente?
   - Todas as páginas foram numeradas sequencialmente?
2. Todas as correções, símbolos e caracteres escritos à mão estão claros?
   - São legíveis para pessoas não familiarizadas com sua caligrafia?
   - Se forem matemáticos ou estrangeiros, são inequívocos para não especialistas?
3. Os sistemas de referências são idênticos em livro com vários autores?
4. Você obteve permissão para citar todas as matérias com copyright?
   - Inclua toda a correspondência tida com os detentores do copyright.
   - Você fez os reconhecimentos corretos no texto?
5. Forneça duas cópias do original e certifique-se de que elas estejam corrigidas e numeradas identicamente. Guarde uma cópia para si mesmo para referência.
6. Lembre-se de fornecer o disco com detalhes relevantes.

NOTAS DO CAPÍTULO

1 CEIA, Carlos. *Dicionário de termos literários*. Disponível em: <http://www.edtl.com.pt/index.php?option=com_mtree&task=viewlink&link_id=708&Itemid=2>. Acesso em: 7 de março de 2015.

2 ASSOCIAÇÃO BRASILEIRA DE NORMAS TÉCNICAS. NBR 10719:1989. *Apresentação de relatórios técnico-científicos*. Rio de Janeiro: ABNT ago 1989. 9p.

3 Guia do autor (3ª edição, revista, Florianópolis: Editora da UFSC, 2010. 29p.). Disponível em: <http://www.editora.ufsc.br/public/downloads/guia_autor.pdf>. Acesso em: 15/03/2015.

4 JUDD, Karen. *Copyediting; A practical guide*. 3. ed. New York: Crisp Publishing, 2001.

Parte I: O mundo da publicação
Parte II: Diretrizes para autores
Parte III: A função editorial
Parte IV: A função de pré-impressão
Parte V: A função de marketing e vendas
Parte VI: Uma indústria em transformação

PARTE III

A função editorial

NESTA PARTE

Capítulo 11	Aquisições: organização e gerenciamento	257
Capítulo 12	A decisão de publicar	289
Capítulo 13	Avaliação e viabilidade de projetos editoriais	311
Capítulo 14	Lançando um livro em produção	329
Capítulo 15	Negociação de contratos	337
Capítulo 16	As relações com os autores: diretrizes para os editores	353

CAPÍTULO 11

Aquisições: organização e gerenciamento

NESTE CAPÍTULO

Introdução 257

Aquisições 259

Papéis e tarefas do editor
 de aquisição 262

Canais de aquisição 266

Habilidades e competências
 editoriais 274

Qualquer um pode adquirir
 novos livros? 275

Aquisição e desenvolvimento
 nos livros didáticos 276

Como avaliar a função de
 aquisição 278

Fatores considerados pelos
 autores ao selecionar
 uma editora 281

Por que os projetos fracassam
 ou são bem-sucedidos 283

Sugestões de aquisição
 de livros 283

Apêndice 286

INTRODUÇÃO

O foco deste capítulo é o "editor de aquisição" um termo usado para designar um tipo especial do trabalho editorial. Este é um rótulo popular usado na indústria editorial norte americana (*acquisition editor*) que tem a vantagem de descrever o que um editor faz nessa posição. No Reino Unido esses profissionais são denominados de *commissioning editor*.

O significado deste nome é parcialmente revelado por Parsons[1] em sua citação, onde ele fala da atividade de um editor em "uma lista dentro de uma grande lista." Este termo começa a ser mais frequentemente empregado no Brasil, como uma denominação capta melhor o que consideramos ser a mais elevada realização que qualquer editor possa aspirar, nomeadamente, o desenvolvimento de um grupo de livros que se relacionam uns com os outros de forma coerente de tal modo que forma um todo, uma lista maior do que a soma das partes individuais, ou títulos.

O vice-presidente da McGraw-Hill, Fred Perkins, preferia usar o termo "editor patrocinador" (Sponsor Editor), dizendo que tinha a vantagem de chamar a atenção para os papéis importantes de ligação e líder de torcida que um editor realiza. Ele acrescentou dizendo: o editor patrocinador tem a responsabilidade mais ampla e geral para cada livro, desde o momento em que é assinado o contrato até o momento em que é declarado esgotado.

Nos últimos 15 anos, tem havido muita ênfase na tecnologia da publicação de livros que às vezes é esquecido que os novos livros vêm de algum lugar. Esse lugar são as "aquisições" e a arte que envolve processo e, mais importante, os relacionamentos produtivos com autores, editores, designers, revisores – em suma, um exército de pessoas que não se reportam ao editor de aquisições, mas que devem trabalhar juntos para produzir um livro. Portanto, a aquisição de livros é um ofício baseado nas habilidades e competências do editor de aquisições de se relacionar com o autor e os muitos outros que apoiam o processo de publicação do livro.

O principal papel do editor de aquisições é adquirir novos livros para a editora. O editor de aquisições analisa as propostas de publicação, visita e recebe agentes literários, convence o diretor editorial do mérito de um projeto e negocia contratos. A autora Betsy Lerner[2] dá uma descrição exata do trabalho de um editor: "*Hoje o editor de aquisições deve caminhar no fio da navalha para tentar obter os melhores projetos para a editora, convencer seus colegas de seu mérito, acelerar a publicação tão eficaz quanto possível, trabalhar com os departamentos de produção, marketing e publicidade, convencer os compradores das livrarias para dar ao livro uma chance de lutar em um mercado competitivo, com milhares de títulos disputando o mesmo espaço*".

Esta é talvez a descrição mais verdadeira e pode resumir o dia-dia de um editor de aquisição. Depois de ter assinado um contrato esse editor vai trabalhar com autores em todo o processo de escrita para garantir que o livro permaneça no caminho certo e seja publicado na hora certa. O estilo editorial de um editor (assim como o cronograma) determinará o quão envolvido ele estará em cada um de seus projetos.

A beleza deste trabalho é que não há um dia típico. Nessa função, um dia pode ser gasto lendo propostas, outro dia em reuniões, outro dia com a porta do escritório fechada. Alguns dias sua cabeça vai girar porque você ainda não se sentou em sua mesa o tempo suficiente para responder um e-mail de ontem, muito menos beber uma xícara de café antes de seu chefe telefonar. A maioria dos dias é dispersos – uma reunião aqui, um telefonema lá, lendo uma proposta de um agente ou de um candidato a autor.

O papel do editor é considerado, pela maioria das pessoas do meio editorial, como a função e o cargo mais importante na indústria editorial. Hoje, o marketing é um elemento poderoso e essencial do processo de publicação e em muitas editoras os profissionais de marketing têm forte envolvimento na decisão de publicar um livro, podendo, em algumas casas, ter a palavra final nessa decisão. O departamento editorial ainda ocupa o maior espaço nas empresas, onde a maioria das ideias de publicação é recebida, criada e desenvolvida antes de, finalmente, receber a aprovação para publicação.

Editores, portanto, são muito influentes, pois são eles que escolhem quais projetos serão adquiridos, desenvolvidos e apresentados para a aprovação de outros colegas, e continuam a ser as pessoas privilegiadas no contato com os autores.

Embora o editor continue sendo a principal pessoa, são os autores que escrevem os livros, que na maioria das vezes criam as ideias, que estarão mais próximas do leitor. O autor não é apenas o verdadeiro criador do livro, é o depósito ambulante de informações sobre ele e seus leitores, é o maior entusiasta do livro mas, paradoxalmente, a pessoa que às vezes tem que ser cuidada ou intensamente apoiada.

O envolvimento do editor como defensor de um livro começa algum tempo antes da obra ser formalmente adquirida pela editora. A ideia do livro pode ser apresentada ao editor de várias maneiras, talvez na forma de uma carta de um autor, de uma proposta ou de uma conversa com um agente literário. Se o editor gostar da ideia, ele incentivará uma submissão. Isso pode consistir em um memorando ou carta, mas geralmente será uma descrição e dois ou três capítulos de amostra.

Os editores também fornecem ideias aos autores. Poucos editores são capazes de construir listas de sucesso com o que lhes "cai no colo". Os autores Geiser, Dolin e Topkis[3] escrevem: *geralmente, os editores precisam ajudar a criar os tipos de livros que eles sabem que sua casa precisa e podem vender com eficiência. Suas ideias podem surgir de suas vidas, seus interesses e suas atividades, não apenas no escritório, mas em seu chamado tempo de lazer. Mais difícil do que encontrar ideias é combinar a ideia certa com o autor certo na hora certa. Aí reside grande parte da arte – e do prazer- de ser um editor. Independentemente da origem da ideia, a proposta de qualquer novo livro terá que passar por uma série de obstáculos antes que um contrato seja oferecido. O processo de tomada de decisão varia de empresa para empresa, mas o primeiro obstáculo é sempre o editor. Se o editor gostar de uma proposta ou manuscrito e decidir tornar seu patrocinador, outras pessoas, provavelmente terão uma palavra a dizer na decisão final. Isso pode incluir outros editores, o gerente de vendas ou marketing e até o presidente.*

O *departamento editorial* (*aquisição*) é chefiado pelo diretor editorial que se reporta ao presidente. Um bom presidente tem a responsabilidade de equilibrar os resultados financeiros e estar atento ao lucro e frequentemente, também, é responsável por ter uma boa visão editorial, pelo menos em termos de reconhecimento de geradores de caixa, quando seu pessoal expõe em reuniões editoriais.

> Os editores são os cérebros que impulsionam as ideias em uma editora e o marketing são os músculos que movem essas ideias.
>
> – William Germano, autor de *Getting It Published*, 3ª ed

A responsabilidade pela aquisição de livros encontra-se no topo da editora, com o diretor editorial, sendo assistido por editores de aquisição, editores de desenvolvimento e assistentes editoriais. Referimo-nos a esse grupo genericamente como *editores de aquisição*. Além dessa equipe, quando surge uma questão mais significativa, o presidente é consultado.

Muitas vezes, o diretor editorial é o protagonista do jogo das aquisições. Para realizar seu trabalho de forma eficaz, esse diretor deve ter amplos e variados conhecimentos, que abrangem assuntos tão variados como cultura pop, ciência da computação e política. Se a casa publica ficção, o diretor e sua equipe deve ter um agudo senso de estilo e a habilidade de avaliar a boa escrita em algumas páginas de um original.

O diretor editorial também deve estar disposto a apostar em autores inéditos que mostrem potencial, mesmo que isso signifique pajear o autor durante todo o período de escrita. O trabalho, no entanto, não termina com a escrita. Muitas vezes, os editores estão integralmente envolvidos no marketing de livros que eles adquiriram para a publicação.

Além de tarefas de aquisição, o trabalho do editor muitas vezes inclui a edição de uma dúzia ou mais de livros em um ano. O tamanho da equipe de aquisição varia com o tamanho da casa e o número de novos livros que publica anualmente.

> *Aquisição* é o processo pelo qual um editor adquire um original mediante a assinatura de um contrato com um autor ou autores, a fim de obter os direitos de publicação. Ao longo dos anos, as aquisições são os alicerces de uma editora de livros de sucesso e um fluxo constante de novas aquisições permitirá o crescimento da empresa.[4]
>
> – Avery Cardoza, editor

Uma editora também deve ter competência para atingir os clientes em potencial em sua produção, marketing e distribuição de quaisquer novos livros adquiridos.

Por exemplo, se uma editora é especializada na venda de livros via mala direta, ela deve ser cuidadosa para não adquirir livros que vai vender apenas nos canais comerciais. Ou, por exemplo, se a editora é especializada em livros infantis e, ocasionalmente, publica um livro sobre medicina, provavelmente a não terá a experiência necessária para vender esse livro.

Para quem nunca trabalhou na indústria de publicação a maneira pela qual um original é transformado em livro pode parecer magia, mas, na realidade, o processo é bastante simples. No entanto, não há duas editoras (pequenas ou grandes) fazendo coisas muito semelhantes. A verdadeira magia vem da maneira que os diferentes departamentos trabalham em conjunto para dar a cada livro a melhor chance possível de sucesso.

AQUISIÇÕES

Esse departamento é essencialmente a divisão de *pesquisa e desenvolvimento* de uma empresa editora. Os editores de aquisição pesquisam novos autores e novos projetos, selecionam pessoal para escrever e revisar livros e negociam contratos para o desenvolvimento e publicação de originais tão logo a decisão de publicá-los é tomada. Idealmente, os editores dessa divisão trabalham estreitamente com a equipe de marketing e vendas, tomam decisões conjuntas a respeito de quais tipos de livros devem procurar e contratar. Os editores de aquisição frequentemente servem como "gerentes de catálogo", o que isso significa que são responsáveis pela supervisão administrativa dos livros de sua disciplina ou área. Os editores de aquisição sempre conversam a respeito de suas "listas" – ou seja, o grupo de autores e livros que publicaram ou que estão desenvolvendo.

Na publicação de livros educacionais o editor de aquisição é o veículo que impulsiona o programa de publicações. Segundo Dan Poynter:[5]

> Um bom editor de aquisição é o coração e alma de uma lista de publicação e o motivo principal dos autores voltarem após a publicação de seu primeiro livro. Um autor pode estar satisfeito com o tratamento de editoração de seu livro, com a eficiência da equipe de marketing, mas a principal razão dele permanecer na editora são as boas relações com o editor. Notamos que frequentemente os autores referem-se ao editor como "meu editor". Eles raramente tem esse mesmo relacionamento com outros membros da editora. Autores às vezes deixam uma editora para seguir com o editor para outra casa.

O próximo cargo após o diretor editorial é o editor executivo ou gerente editorial; abaixo desses estão os editores de aquisição, os de desenvolvimento e os assistentes editoriais. A aquisição de um novo livro requer normalmente a conformidade do diretor editorial bem como de toda a direção, que inclui o diretor de marketing, pré-impressão, financeiro e também o presidente que pode atuar como o principal representante do conselho.

Os editores preocupam-se com a maneira como as editoras enfatizam cada vez mais o lucro. No futuro, a garantia do emprego de um editor estará vinculada à vendagem dos livros que ele publica. Acumulando alguns fracassos, o editor provavelmente perderá sua credibilidade. Essa pressão por resultados influencia a avaliação e o julgamento da função do editor

Assim como a função de adquirir e editar livros, o departamento editorial é frequentemente responsável pela coordenação de outras atividades na editora. Isso é normalmente responsabilidade do gerente editorial, que supervisiona o progresso de um original quando ele passa através dos vários estágios necessários para tornar-se um livro publicado.

John McHugh[6] escreve:

> Desenvolver e ampliar um modelo de estratégia de aquisição e em seguida traduzi-lo regularmente em um fluxo uniforme de novos e bons originais para a função de pré-impressão é um processo complexo pelo qual a função de aquisição busca maximizar sua contribuição com novos títulos para as vendas – seu papel essencial na editora. Isso significa que os editores devem sempre simultaneamente buscar e monitorar o trabalho de aquisição de vários novos títulos. A principal função da aquisição deve ser acrescentar novos projetos a seu modelo de planejamento, aproximadamente 3 a 5 anos antes da data de publicação. Depois de um período razoável para o aprimoramento da ideia ou o endosso da estratégia para cada ano ou semestre, deve-se então estar preparado para a discussão de projetos de longo prazo que apoia essa estratégia com autores em potencial e convidar autores pré-selecionados a se comprometerem com as ideias de projetos planejados pela editora até 2 anos antes da publicação. No período entre 2 anos e 1 ano antes, deve-se apresentar essas propostas para análise detalhada e realmente negociar os contratos com os autores. De 1 ano a 6 meses, deve-se cobrar exaustivamente dos autores anteriormente contratados, via insistentes consultas, os originais completos e brutos – para que o processo de pré-impressão possa ser iniciado. A principal responsabilidade de planejar todo esse trabalho – e certificar-se de que está sendo realizado com rigorosa e contínua atenção a cada período, antecipado para os próximos 3 anos – é apropriadamente delegada ao diretor editorial, nome tradicionalmente atribuído ao chefe da função de aquisição.

O escopo das responsabilidades dessa função de aquisição, sugerido pelos editores Gill Davies[7] e John Huenefeld[8] está ilustrado no Quadro 11.1.

O tamanho da equipe que o diretor editorial precisará, a fim de cumprir essas responsabilidades, varia de acordo com o número de novos livros que a editora pode publicar para adicionar à sua linha de produtos em qualquer época. A antiga regra geral de que um editor de aquisição competente deve ser capaz de acrescentar um manuscrito concluído por mês ao fluxo de trabalho de pré-impressão é geralmente um indicador razoável de necessidade de pessoal.

> **QUADRO 11.1** | Descrição de cargo: diretor editorial
>
> Título: **Diretor editorial**
> Reporta-se ao: Presidente
> Supervisiona diretamente: editores; assistentes administrativos
> Responsabilidades gerais
> Planejar e organizar a aquisição de conteúdo de manuscritos e projetos para publicação para que se cumpram os objetivos e a missão da empresa.
>
> **Responsabilidades operacionais específicas**
> 1. Manter um modelo de planejamento estratégico indicando a distribuição mais eficiente do capital de desenvolvimento de produto disponível entre as várias categorias de produto para os três próximos anos;
> 2. Recrutar, treinar e supervisionar editores para adquirir direitos de publicação desejados para manuscritos selecionados ou para projetos futuros;
> 3. Administrar qualquer pessoal que recebeu a função de aquisição;
> 4. Administrar a manutenção de um banco de dados de endereços acumulativos de possíveis autores;
> 5. Obter permissão formal do presidente antes de contratar (ou permitir que algum editor contrate) qualquer autor para publicação futura de um trabalho designado;
> 6. Manter um arquivo seguro de todos os contratos entre a editora e seus autores – passado e presente;
> 7. Manter o diretor de pré-impressão informado do status dos futuros projetos;
> 8. Administrar e proteger os direitos autorais da editora;
> 9. Representar os interesses da função de aquisição e o pessoal nas deliberações do *grupo de gerenciamento de núcleo*;
> 10. Decidir sobre preços em conjunto com o presidente, diretor de marketing e financeiro;
> 11. Garantir que as descrições de cargos para todas as funções editoriais estejam preenchidas e atualizadas;
> 12. Motivar a equipe e fornecer treinamento contínuo;
> 13. Avaliar a equipe em colaboração com presidente.
>
> **Tarefas de marketing**
> 1. Preparar material promocional, catálogos, releases, etc.;
> 2. Formular e apresentar planos editoriais ao presidente e diretores, uma vez por ano;
> 3. Cooperar com o diretor de marketing no treinamento da força de vendas;
> 4. Conduzir com o diretor de marketing, pesquisas de mercado;
> 5. Frequentar feiras, congressos e simpósios.

Se o modelo de planejamento de estratégia indica apenas 10-15 livros por ano, espera-se que o diretor editorial deva fazer praticamente todo o trabalho de aquisição sozinho; ou com a ajuda de um assistente editorial que fará a triagem das propostas obviamente não adequadas. Mas logo que o volume de projetos aumente, o diretor editorial deve ser autorizado a recrutar editores de aquisição adicionais – e atribuir-lhes responsabilidade para categorias de produto específicas a fim de focalizar o acúmulo de ideias, experiência e contatos úteis para máxima reutilização futura. As descrições do trabalho desses incluirão algumas ou todas as responsabilidades sugeridas no Quadro 11.2.

Basicamente, a editora precisará de outro editor para cada 20-25 livros adicionais. Mas para evitar o

> **QUADRO 11.2** | Descrição de cargo: editor
>
> Título: **Editor**
> Reporta-se ao: diretor editorial
> Coordenando com: gerente de pré-impressão e editores
>
> **Responsabilidades gerais:**
> Promover propostas relevantes dos autores, selecionar, adquirir e aprimorar manuscritos dessas propostas para atender os objetivos, conforme estabelecido pelo modelo de planejamento de aquisição, ao maximizar nova contribuição de título para a organização.
>
> **Responsabilidades operacionais específicas:**
> 1. Auxiliar o diretor editorial na atualização periódica do modelo estratégico editorial;
> 2. Organizar um banco de dados de endereço de autores apropriados;
> 3. Organizar propostas/manuscritos recebidos na área de interesse da editora;
> 4. Propor rejeição ou desenvolvimento de cada proposta;
> 5. Abordar consultas iniciais para autores selecionados;
> 6. Verificar a competência literária de autores selecionados;
> 7. Completar a avaliação da concorrência de cada projeto proposto;
> 8. Obter avaliações apropriadas de revisão de consultores;
> 9. Negociar revisões de proposta com autores selecionados;
> 10. Enviar propostas aceitáveis de projeto para o diretor editorial para decisão;
> 11. Apoiar propostas antes do comitê de publicações;
> 12. Negociar e arquivar contratos autorizados;
> 13. Monitorar agendas de prazos de entrega dos autores;
> 14. Realizar edição substantiva (alterações de conteúdo);
> 15. Negociar revisões com os autores;
> 16. Verificar as permissões dos autores;
> 17. Monitorar pagamentos de direitos autorais.

efeito de distorção causado por livros muito grandes ou muito pequenos, alguns diretores editoriais expressam de modo inteligente cargas de trabalho de aquisição em termos de *páginas concluídas de livro,* com base na estimativa da composição, em vez de novos títulos.

Se o programa de publicação for suficientemente grande ou crescer muito, o diretor editorial pode se sobrecarregar com o excesso de controle. Não se deve esperar que nenhum diretor editorial supervisione o trabalho de mais de quatro editores – além do editor assistente (para correspondência, arquivamento etc.) que inevitavelmente será necessário antes de você alcançar esse ponto. Então, à medida que a empresa cresce, o diretor editorial pode ter de dividir a supervisão da função com um ou mais assistentes de primeiro nível (o título mais popular para eles é o de "editor assistente").

PAPÉIS E TAREFAS DO EDITOR DE AQUISIÇÃO

O papel do editor, que cresceu rapidamente em importância, é crucial e essa posição é a mais respeitada e às vezes admirada na linha de publicação. Editores começam cedo a cuidar de um manuscrito para colocar em seu catálogo e vendê-lo.

O que constitui o trabalho de um editor de livros? O que realmente faz um editor em um dia normal? Aqui está uma descrição do autor Jeremy Lewis[9] do passado não muito distante da rotina diária de um editor:

> Eu me ocupo, agradavelmente, com várias rotinas do dia da publicação – analisando propostas, preparando relatórios, revisando provas, escrevendo uma sinopse, tentando dar sentido a uma estimativa de vendas, cobrando prazos de tradutores, de autores e de colaboradores.

Essa descrição desatualizada da vida diária do trabalho de um editor ainda pode ser relevante para uma editora de pequeno ou médio porte, mas é estranho ao mundo corporativo de hoje, onde os editores devem atingir metas de receita.

Os editores de aquisição são os olhos e ouvidos de uma editora, principalmente no mercado de livros educacionais. Eles estão sempre atentos no que os estudiosos estão fazendo nas áreas de publicação de sua editora – lendo artigos, livros, assistindo conferências, ouvindo atentamente o que os estudiosos dizem sobre seus campos e procurando estar na vanguarda do mercado em que sua editora publica.

Quando os editores de aquisição contratam um livro, este deve se "encaixar" na lista da editora e eles esperam fazer uma contribuição significativa para a cultura. O livro deve cobrir seus custos de vendas. Esses editores leem o manuscrito, de maneira preliminar e, em seguida, o entregam a especialistas para preparar avaliações do projeto.

Se essas avaliações forem positivas e consistentes, o editor de aquisição apresentará ao comitê editorial (grupo de gerenciamento de núcleo) os relatórios dos consultores, acompanhado das respostas do autor e o próprio relatório pessoal do editor, para a aprovação final que leva (assumindo que não haja obstáculos financeiros insuperáveis) e oferece um contrato ao autor.

O trabalho do editor de aquisição não termina com a assinatura de um contrato, mas o editor deve assumir a responsabilidade primária por verificar se o autor fez todas as revisões finais no manuscrito de maneira satisfatória, entregou-o em um formato que atende aos requisitos da editora e obteve todas as autorizações necessárias para a utilização de materiais com direitos autorais de outras fontes.

Depois de o manuscrito ter passado das mãos do editor de aquisição para o diretor editorial, o livro fará seu caminho pelas diversas fases de produção e, em seguida, para o mundo exterior, onde precisa ser efetivamente promovido para ter seu impacto total. Essas dimensões da responsabilidade de um editor de aquisição são melhor capturadas na descrição do editor como um *patrocinador,* e é muitas vezes usado como sinônimo para editor de aquisição. O editor patrocinador tem uma ampla responsabilidade por cada livro, desde a assinatura de um contrato até o momento em que o livro é declarado esgotado ou fora de catálogo.

O valor agregado da aquisição

Essa visão geral do papel do editor de aquisição sugere a importância da função que essa pessoa pode desempenhar para facilitar a comunicação entre os autores e a editora. Sem entrar em grandes detalhes, os aspectos desse papel são especialmente importantes pelo valor que agregam ao processo de publicação. Editores de livros educacionais sempre falam com eloquência sobre o valor que agregam aos manuscritos que publicam. Mas como quantificar esse valor? Como guardiões da revisão por pares (a atividade que distingue os editores de livros didáticos), esses editores fazem uma contribuição inestimável ao processo de publicação em editoração, design, produção, marketing, distribuição e finanças.

O ex-diretor editorial da Princeton University Press, Sanford Tatcher[10] classifica o editor, no cumprimento dessas funções como: **caçador, selecionador, modelador, conector, promotor, aliado, construtor de rede** e **construtor de lista**. A breve descrição a seguir de cada uma dessas funções será suficiente para o entendimento.

Caçador

Os editores mais bem-sucedidos não ficam passivamente esperando os manuscritos chegarem a sua mesa, mas vão ativamente em busca deles. Na busca por novos livros, os editores às vezes acabam proporcionando o estímulo para sua criação – por exemplo, sugerindo que documentos entregues em um congresso sejam reunidos em um volume, desenvolvidos, editorados e transformados em um livro.

A caça para novos manuscritos é a atividade principal de qualquer editor e este termo capta bem os elementos de agressividade, risco, suspense, competitividade e sobrevivência que estão envolvidos na construção de uma lista. Está muito longe os dias em que os editores se davam ao luxo de ficar em seus escritórios apenas lidando com manuscritos que chegam a sua mesa ou responder a oferta de manuscritos. A concorrência entre as editoras se intensificou muito a partir da década de 1980 e tornou-se necessário que os editores se envolvessem em um comportamento agressivo de aquisição, incluindo viagens frequentes, participação em congressos, convenções visita as instituições de ensino, para prospectar autores a fim de garantir a sobrevivência e prosperidade de suas casas.

Selecionador

Selecionando os melhores manuscritos, os editores desempenham uma função indispensável e árdua. Os editores como "porteiro de ideias", têm o poder e o privilégio de ser o ponto de entrada para os autores que levarão a marca de sua editora. E no exercício dessa autoridade podem influenciar significativamente novas abordagens, ideias, metodologias e até ideologias.

Dos nove papéis mencionados por Thatcher, "selecionador", é, sem dúvida, um dos mais importantes para a um editor. Embora este papel seja um componente relevante para um editor de aquisição, esse profissional não deve esperar passivamente a chegada de manuscritos ou propostas em sua mesa. O editor de maior sucesso, muitas vezes funciona como um "caçador", de forma agressiva procurando autores e originais de primeira qualidade.

A tarefa do editor pode ser definida de maneira muito simples: selecionar e preparar textos para publicação, mas o treinamento editorial é outra questão. Diferentemente da maioria dos outros especialistas em publicação de livro, o editor não passa por algum treinamento formal para o seu trabalho. Ele é invariavelmente treinado no trabalho informal. Uma das tarefas mais comuns realizada pelo editor iniciante é peneirar a massa de manuscritos que chegam a uma editora a cada dia.

Modelador

Em vários estágios de avaliação, um editor tem a oportunidade de ajudar a moldar um manuscrito, envolvendo-se no que é chamado de "desenvolvimento". A edição de desenvolvimento (veja Capítulo 9) auxilia um autor a lidar com problemas como a sequência de capítulos, a adequação do conteúdo, introdução, uso ou abuso de notas etc.

A edição de desenvolvimento pode abranger um amplo espectro de conselhos, desde a instrução básica para transformar uma dissertação em um livro de sucesso, até oferecer sugestões para afinar um argumento ou um elemento de estilo.

Conector

Os editores raramente se especializam em um assunto. Na verdade, "generalista" é uma palavra adequada para caracterizar um editor, em contraste com o "expert" acadêmico. O que falta em profundidade para os editores de aquisição, eles compensam tendo uma visão mais ampla da cultura e educação em geral, o que lhe permite transitar entre as diferentes áreas acadêmicas. Os editores têm suas antenas sempre estendidas para captar os sinais, processar novas ideias e cultivar suas extensas redes de contatos individuais. Com isso, estabelecem conexões entre diferentes vertentes da produção cultura e intelectual do país.

Ocasionalmente, o editor precisa juntar os esforços de vários autores no mesmo campo e trabalhar com eles de forma independente para que possam colaborar em um livro. Mas a capacidade de um editor para criar laços não se limita à atividade dentro de uma única disciplina. Devido à sua ampla visão do horizonte acadêmico, os editores muitas vezes têm um predileção especial pela escrita interdisciplinar, e não é por acaso que as editoras universitárias publicam uma grande parte desses conteúdos. Esse papel de ligação é responsável pela constante descoberta de novos talentos.

Um velho ditado editorial é que um editor "representa o autor para a casa e a casa para o autor", e isso é verdade, mas incompleto. O editor também representa o leitor para o autor, e vice-versa. Para publicar um livro de forma eficaz, o editor deve se colocar na pele de alguém que está pegando o livro sem nenhum conhecimento prévio do autor ou da história do projeto. Ao mesmo tempo, deve compreender o que o escritor está tentando realizar no livro; às vezes isso será mais evidente para o editor do que para o autor. E para publicar um bom livro, é importante combinar essa compreensão da visão do autor com o seu conhecimento do mercado – do que os leitores estão desejando e procurando. O editor, então, é um conector – um canal do escritor para o leitor – mas também um tradutor, melhorando a comunicação de um para o outro.

Promotor

O trabalho do editor de aquisição não termina com a publicação de um livro. Por mais bem produzido que seja um livro, não importa o quanto o editor tenha feito para garantir sua qualidade acadêmica, nenhum livro pode ter sucesso no cumprimento de sua finalidade sem atingir o público a que se destina. Embora o departamento de marketing tenha a principal responsabilidade pela promoção, um bom editor funcionará também como líder do autor, estimulando o entusiasmo pelo livro entre outros funcionários e, mais tarde, ajudando ativamente a realizar os planos do departamento de marketing.

Aliado

A lealdade de um autor a uma editora é um valor que um bom editor de aquisição não deve subestimar. A reputação de algumas editoras importantes, como José Olympio, Globo (RS), Scribner e Knopf, foram construídas, em grande medida sobre essa lealdade, nutrido por lendários editores de aquisição como Maxwell Perkins, editor de Hemingway, Faulkner e Fitzgerald; Henrique Bertaso, editor de Érico Veríssimo; e José Olympio editor de Guimarães Rosa. Embora desaparecendo um pouco, essa tradição na publicação comercial, devido ao predomínio de interesses comerciais, a lealdade do autor ainda permanece viva em países como a Grã-Bretanha.

Lealdade não significa necessariamente que o editor deva compartilhar a agenda intelectual ou ideológica do autor. Significa apenas que o editor acredita que o autor tem algo importante a dizer e que vale a pena divulgá-lo para o público mais amplo que o editor pode alcançar.

O contato próximo que um editor mantém durante o processo de publicação muitas vezes faz do editor um "aliado" próximo do autor. As relações estabelecidas entre editor e autor às vezes também funcionam como um importante ativo de capital social para o editor, ao manter autores promissores dentro do grupo estável do editor. Os autores também podem trazer outros autores promissores para a editora, ampliando e enriquecendo ainda mais o patrimônio intangível da editora

Construtor de redes

Uma importante atividade dos editores de aquisição é a formação de redes – redes de consultores, sejam eles autores ou não, que podem manter um editor informado dos novos desenvolvimentos em um campo.

Uma rede é, em certo sentido, uma aliança expandida: esses aliados são os autores com os quais um editor mantém estreitas relações de trabalho durante um longo período. Os membros de uma rede incluem muitos outros estudiosos com quem um editor tem contato suficiente para manter o canal de informação aberto e até mesmo pessoas de fora da academia, como contatos de mídia que podem ajudar a difundir notícias. Embora as redes sejam um meio fundamental para a comunicação entre os estudiosos, e tem sido mais eficaz do que nunca, o advento da Internet, provavelmente muitas pessoas não estão cientes de como editores de aquisição têm contribuído, se não para a formação de tais redes, pelo menos, para sua maior articulação.

Construtor de lista

A construção de uma lista é a parte da decisão editorial que orienta a seleção e avaliação de manuscritos, bem como o marketing do livro. Em geral, as organizações editoriais, principalmente as que publicam livros educacionais, seguem linhas especializadas, pois é importante que os editores estejam bem informados sobre o que está acontecendo nas várias disciplinas que cobrem.

Os editores são responsáveis por construir uma lista que tenha prestígio e boa reputação, e refletem o alcance e a identidade da empresa. A identificação, a aquisição de conteúdo e a construção de lista é a principal função do editor de aquisição.

Se for dado o tempo e apoio, o editor de aquisição pode criar uma lista de livros intelectualmente coerente, formando um conjunto que é maior do que a soma de suas partes.

Com a cooperação de uns com os outros, sob a orientação do diretor editorial, os editores podem criar uma lista global para a editora que lhe dá um perfil editorial diferenciado, o que pode se traduzir em prestígio, melhor imagem pública, marketing eficaz, valor financeiro e um forte apelo para contatar novos autores.

Além do valor para a editora, o editor construtor de lista também pode ter valor para os autores, já que seus livros se beneficiarão de sua participação nessa lista, aumentando assim sua estatura e contribuindo para influenciar todo o empreendimento.

Editores de aquisição compram ou selecionam livros para a casa. Um editor orienta e dá diretrizes ao longo de todas as etapas do desenvolvimento, editoração e produção, e participa de um plano para promover e vender um livro publicado. Em uma tendência iniciada quando os conglomerados começaram a falar sobre grandes áreas da publicação, os editores passaram de "guiadores do livro" a negociadores.

O editor e autor Richard Guthrie[11] resume as principais responsabilidades de um editor:

- adquirir ou encomendar material publicável;
- rejeitar as propostas que não atenda aos requisitos da lista;
- contratar autores;
- preparar orçamentos, elaborar lucros e perdas;
- acompanhar o progresso da escrita dos autores, tradutores e revisores;
- planejar tiragens e decidir sobre reedições das publicações existentes;
- informar e conferir com a produção e design o status dos projetos;
- planejar as datas de lançamento, releases, folhetos;
- elaborar planos de pré-publicação, publicidade e marketing;
- preparar apresentações para conferências de vendas.

Os editores devem encontrar materiais publicáveis e autores para a casa e querem que suas escolhas sejam bem-sucedidas. Eles assumem poucos riscos na escolha dos escritores, especialmente em mercados competitivos e períodos de crise econômica.

Editores geralmente escolhem escritores por recomendações de seus representantes, indicações de autores e não suposições. Em geral, os editores fazer julgamentos sobre livros com base em sua compreensão dos mercados, isto é, quais livros venderão. Depois de selecionar seus escritores, os editores precisam desenvolver e manter um bom relacionamento com eles.

> **Editor de aquisição: responsabilidades além do contrato**
>
> O trabalho do editor de aquisição não termina com a assinatura do contrato, pois o editor deve assumir a responsabilidade primária de garantir que o autor fez as revisões finais do manuscrito de forma satisfatória, entregou em um formato que atende aos requisitos da editora, garantiu todas as permissões necessárias para usar materiais protegidos por direitos autorais e forneceu informações necessárias para registro de direitos autorais, design e marketing.
>
> – Lelando Raymond, *Cypress Publishers*

Por que ser um editor?

É um trabalho difícil de fazer e fazê-lo bem requer aplicação e coragem – duas coisas que não necessariamente andam juntos. No passado, pensava-se que as habilidades de um bom editor não poderiam ser ensinadas e o trabalho permaneceu envolto em um véu com pouco *glamour* e mistério. Hoje, os editores podem ser treinados como outras profissões e consequentemente podem adquirir um conjunto de habilidades e competências. Essas habilidades são muitas vezes sobre finanças e marketing, investimento e tecnologia digital e são todos necessários. Elas ajudam o editor a ver o quadro mais amplo, incluindo a compreensão de como alcançar as metas e objetivos da editora.

Nos últimos anos, tem havido muita ênfase na tecnologia de publicação e alguns editores esquecem que novos livros vêm de algum lugar. Esse lugar é o terreno das "aquisições" uma arte que envolve processos e relações produtivas com autores, designers, revisores, em suma, um exército de pessoas que devem trabalhar em conjunto para produzir um livro. Portanto, a aquisição de livros é um ofício que exige a capacidade do editor de aquisição para se relacionar com o autor e outros indivíduos que apoiam o processo de publicação de livros.

CANAIS DE AQUISIÇÃO

O trabalho da função de aquisição é melhor organizado em torno de um "canal" claramente definido de etapas/processos pelo qual um manuscrito alcança a função de pré-impressão. Ao todo, há 15 etapas desse canal nos departamentos mais eficientes de aquisição, conforme recomenda John Huenefeld.[12]

1. **Construção de um banco de dados de autor.** Acumular uma lista de nomes com credibilidade que poderiam submeter futuras propostas de manuscrito.
2. **Promoção de propostas de autor.** Comunicar-se com esses nomes a fim de encorajar as propostas.
3. **Triagem inicial das propostas.** Eliminar aquelas que serão claramente impróprias ou inadequadas para a missão da editora.
4. **Consultar os futuros autores.** Analisar as propostas que sobreviveram a essa primeira triagem – para ampliar ou esclarecer as intenções do autor, e verificar a receptividade a sugestões adicionais.
5. **Verificação da competência textual.** Examinar outro trabalho do possível autor.
6. **Verificação da credibilidade do autor.** Apresentar as propostas de destaque para especialistas do assunto a menos que as credenciais do escritor sejam inquestionáveis.
7. **Verificação da originalidade.** Averiguar se as informações do autor ou do tratamento dado por ele ao assunto irão atrair leitores que já têm bibliotecas sobre o assunto a comprar mais esse livro.
8. **Verificação da conveniência estratégica.** Analisar o projeto, identificando o lugar preciso no modelo de planejamento de aquisição que o livro pode preencher.
9. **Vulnerabilidades jurídicas.** Se for necessária a editora pode querer uma posição do departamento jurídico antes da contratação.
10. **Estudo da viabilidade financeira.** O projeto, deve sujeitar-se à análise interdepartamental (dos departamentos de marketing, pré-impressão, finanças etc.).

11. **Adaptação da proposta.** Para negociar com o autor as alterações que melhorariam o resultado final.
12. **Obtenção da permissão de contratação.** Apresentação completa da proposta para qualquer que seja o mecanismo de "decisões de publicação" que o diretor editorial prescreveu e apresentar ao grupo de gerenciamento de núcleo.
13. **Negociação de um contrato.** O autor deve garantir à editora não apenas o direito de reproduzir e vender a edição projetada, mas de controlar apropriadamente o – e compartilhar rendas do –licenciamento de direitos subsidiários de outras edições ou adaptações a outras mídias ou idiomas.
14. **Obtenção da entrega de manuscrito.** Assegurar, monitorar e disciplinar o progresso de autor.
15. **Negociação de alterações no conteúdo.** No primeiro manuscrito, as alterações que o editor de aquisição acredita que melhorarão o livro – antes que ele seja transmitido à função de pré-impressão para produção.

> **Pescando no aquário**
>
> Procure pessoas com entusiasmo por desenvolvimentos recentes no campo, preocupadas com o aprendizado dos alunos, e que estão ansiosas por compartilhar sua visão de como ensinar melhor. Convenções, congressos, simpósios regionais ou nacionais muitas vezes oferecem uma oportunidade às editoras de identificar e contatar professores particularmente bem-sucedidos no ofício do ensino.

O que faz um editor de aquisição? O que eles deveriam fazer?

Aquisições bem-sucedidas de livros se resumem a fortes relacionamentos com os autores. Afirmamos que a chave para gerar conteúdo de livro digno de publicação é o editor de aquisições. O sucesso nesse campo depende em grande parte do editor de aquisições desenvolver fortes relacionamentos com os autores, uma conexão consistentemente baseada no respeito mútuo e na confiança. Por que isso é tão importante? Simplificando: a principal janela do autor para qualquer editora é o editor de aquisições, certamente até que o livro entre em produção. Na verdade, o autor e o editor de aquisições são parceiros de "nascimento" na complexa tarefa de escrever e publicar um livro. O tempo todo, o advogado interno do autor é o editor de aquisições e durante todo o processo de publicação, o autor procura o editor de aquisições para obter atualizações sobre o status do livro e orientação sobre questões pequenas e grandes. Conselhos sobre aquisições que vale a pena seguir, perguntamos: "Como você garante que seus autores tenham uma experiência positiva?" A resposta é aquela que todos os editores de aquisições devem prestar atenção: "Os autores McHugh e Beacom[13] respondem: *o processo de publicação é um empreendimento colaborativo em que o autor, o editor de aquisições e o editor de texto refinam uma ideia e moldam o esboço e o conteúdo final de um livro. É importante considerar o ponto de vista do autor em todas as etapas, especialmente quando você está analisando comentários e sugestões de revisores sobre um manuscrito. Cada ideia de livro e cada manuscrito podem se beneficiar da modelagem e do polimento. Se você olhar para o processo de publicação como um projeto de construção com diferentes especialistas em artesanato aplicando seus talentos, verá que o resultado geralmente é positivo.*

Editores aquisição são tipos diferentes de pessoas com muitos tipos de função de trabalho: para cada prioridade sugerida aqui, alguém irá reformular ou priorizar; portanto, esta não é uma lista do que fazer e do que não fazer, mas uma olhada no que está no cerne da maioria – se não de todas – as funções de aquisição na publicação educacional. Vamos concordar em uma coisa: o editor de aquisição deve se concentrar em criar valor por meio do desenvolvimento de produtos com foco e entrega adequados.

Esta é a lente através da qual podemos ver todas as atividades do editor de aquisição, portanto, vamos começar com as principais habilidades e áreas de foco que você precisará para ser eficaz na sua atividade.

Visão de mercado

O editor de aquisição deve ser os olhos e ouvidos da editora no mercado; sim, existem outros aspectos de mercado importantes – da equipes de vendas a respostas de marketing; ao feedback do cliente – mas a função de aquisição deve ter a função de transformar essa percepção do mercado em desenvolvimento de produtos futuro.

Você deve estar no topo de seus dados de mercado: aqui e agora, e as tendências futuras. Você deve usar esses dados para identificar oportunidades futuras e construir relacionamentos importantes.

Observe a concorrência, mas não fique obcecado com o que eles estão fazendo: há valor em conhecê-los, mas todo mercado é muito mais do que a atividade do concorrente, e suas próprias análises de mercado sempre lhe darão mais do que simplesmente acompanhar a concorrência.

Bons editores estão envolvidos em todas as fases do processo de publicação de um livro, incluindo design, produção e marketing, bem como a aquisição e editoração real do livro. Além disso, os esforços do editor continuam por muito tempo após a publicação, estendendo-se por toda a vida útil do livro. Dessa forma, os editores constroem suas próprias listas, assim como as empresas. Finalmente, o senso crítico do editor deve ser equilibrado com um bom senso comercial – um conhecimento do que é lucrativo e do que não é –, pois nenhum editor e nenhuma editora podem ficar no vermelho por muito tempo e ainda sobreviver.

O processo

Quando os editores falam do "processo de aquisição"; eles geralmente se referem aos procedimentos específicos dentro de uma editora para fazer uma oferta de contrato sobre uma determinada obra. Na verdade, o processo de aquisição de livros começa muito antes de um editor trazer um projeto para uma reunião editorial. Mas, falando de maneira geral, a maioria dos editores de aquisição fazem coisas semelhantes, começando com a busca por livros interessantes e por autores que desejam escrevê-los.

Além do entusiasmo pessoal do editor, há questões mais amplas a serem consideradas. Como esse título se encaixa na missão e na estratégia da casa?

O que torna a publicação excepcionalmente desafiadora como negócio é que cada novo título é um produto único. Um livro não é igual ao outro, mesmo dentro de sua área.

Uma vez elaborado um modelo de estratégia de aquisição e definidas as etapas do canal – é importante que o diretor editorial estabeleça um procedimento regular (uma breve reunião entre departamentos é em geral a melhor abordagem) para monitorar o status de cada proposta de aquisição atualmente na editora e para confirmar se há tais propostas *suficientes* para atender às iminentes demandas do modelo de estratégia. Quando o número de projetos plausíveis no canal atrasa – é hora de o diretor editorial entrar em cena, corrigindo o curso dos eventos. Caso contrário, a vitalidade de todo o programa de publicação provavelmente se enfraquecerá em um futuro não muito distante.

> **A casa de máquinas da editora**
>
> Editores que têm a combinação certa de criatividade intelectual, talento social e conhecimentos financeiros são ativos altamente valorizados. Os melhores editores são pró-ativos e geradores de ideias: sugerem temas, abordam autores e moldam ideias e livros. Editores tendem a formar a "casa de máquinas" de uma editora – são responsáveis por selecionar os livros que publicarão e garantir a excelência e qualidade de forma consistente.'
>
> – Thompson, *Books in the Digital Age*

Pesquisa e desenvolvimento (P & D)

Em uma editora, o "P" e o "D" são coisas muito diferentes. O editor de aquisição deve se concentrar em ambos. A pesquisa vem em primeiro lugar, mas o editor deve planejar o desenvolvimento após a fase de pesquisa.

Planeje cuidadosamente e considere os limites de tempo e limites de sua pesquisa ao longo desse tempo.

O editor deve se envolver em pesquisa qualitativa e quantitativa; em pesquisas de mercado e projetos de pesquisa. Todos devem ser direcionados para um projeto de desenvolvimento comercial. Você pode não saber a natureza do seu projeto no início, mas quando você mapeia os resultados da pesquisa e identifica como eles se relacionam e se sobrepõe, isso deverá produzir um "mapa de mercado": uma visão dos resultados da pesquisa e das necessidades do mercado que se conectam e se sobrepõe para tornar clara a oportunidade do desenvolvimento do produto.

O objetivo principal da pesquisa é dar uma imagem melhor dos clientes e do que eles necessitam ou desejam.

Uma definição chave de um editor de aquisição é aquele que pode transformar sua pesquisa de campo em um projeto de publicação comercialmente viável e testado.

Está tudo nos números

A pesquisa fornece dados, e esses dados fornecem uma visão do seu mercado, o que você precisa publicar e por quê. A publicação educacional moderna é um negócio orientado por dados. Obtenha dados e esteja imerso em informações de mercado. Isso não apenas ajudará você a criar produtos melhores, mas também fornecerá informações para você como editor de aquisição.

Converse com seus colegas sobre suas descobertas enquanto trabalha; é muito fácil se perder no volume de dados de pesquisa que podem ser gerados e achar difícil chegar a conclusões. Use seus colegas como caixa de ressonância e informações valiosas em sua pesquisa para ajudar a esclarecer seus próprios pensamentos.

A figura maior

Construa um plano... e cumpra-o. Sua pesquisa deve apoiar não apenas no desenvolvimento de títulos individuais, mas também para a lista como um todo. Esse plano deve incluir o que você não vai encomendar, bem como o que você encomendará. Nos primeiros dias de uma função de aquisição é tentador adquirir muitos projetos de pequena escala. Cuidado. Cada um desses pequenos projetos requer custos e atenção da administração, vendas e marketing, e esses esforços podem superar o ganho comercial.

Como editor de aquisição, suas responsabilidades geralmente começam com uma lista ou parte de uma lista: trabalhe para dar a esses títulos uma direção focada em um plano de três a cinco anos bem direcionado e orientado para a pesquisa. Existem muitas prioridades conflitantes – continue lendo – mas esteja focado no longo prazo, pois gerenciar o dia a dia, é absolutamente fundamental.

Desenvolvimento de autores e relacionamentos

Como editor de aquisição, diz o editor Paul Cherry:[14] você herdará autores do catálogo e desenvolverá novos autores. Trate todos eles como seus autores. Conheça seus autores para que você possa combinar suas habilidades com a tarefa em mãos; algumas disciplinas e projetos requerem habilidades narrativas mais fortes (por exemplo, em livros didáticos de humanidades), outros exigem uma escrita próxima a um briefing curto (por exemplo, um manual do professor de ciências). Acima de tudo, os editores aquisição devem reconhecer que a escrita pode ser uma ocupação solo e/ou de meio período para especialistas educacionais com outros empregos diurnos; manter uma comunicação próxima, regular e informal. Não espere que os prazos se aproximem. Sempre peça material de amostra: mesmo dos escritores mais conhecidos, certifique-se de que ambos concordam exatamente com o que é necessário desde o início para que não apareça surpresas no meio do projeto. No tumulto do desenvolvimento do projeto, é possível perder o apreço pelo autor e sua tarefa. Reserve um tempo para lembrar disso e mantenha o melhor relacionamento profissional possível. Procure manter o relacionamento pessoal, mas profissional, e mantenha as comunicações rápidas; não leve para o lado pessoal se um autor argumentar por mais dinheiro ou quiser limitar os direitos que você está adquirindo. Seja direto, claro e honesto: você está representando sua empresa. Certifique-se sempre de ter uma compreensão precisa e funcional do seu contrato com os autores antes de discutir com eles: não se pode esperar que eles assinem um documento sobre o qual você não tem certeza.

Gerenciando e revitalizando o catálogo

Os melhores editores de aquisição adotam e gerenciam o catálogo com a mesma energia e compromisso que colocam para as futuras publicações. Sua lista provavelmente representa 70-80% de suas receitas. Isso certamente compensa a maior parte do lucro de uma editora (uma vez que haverá só custos de reimpressão).

Estude cuidadosamente as vendas de seu catálogo. O que é importante e por quê? Você pode gerar novas edições? Você é o responsável por pedir as reimpressões? (Gerencie suas reimpressões com cuidado, pois as tendências futuras irão impactar nos padrões de vendas estabelecidos).

Existem autores subutilizados em sua lista que poderiam criar novas receitas para sua empresa? Existe conteúdo no *backlist* que pode encontrar um novo propósito, talvez digital? Existe conteúdo no *backlist* que pode ser licenciado para terceiros?

É importante diferenciar entre o *backlist* antigo e o *backlist* recente: talvez a nova publicação do ano passado ainda tenha potencial de crescimento, então você precisa inspirar vendas e marketing para continuar apoiando essa publicação. O mercado não está ciente de que um título passou de um ano financeiro para outro! Resista à tentação de se concentrar apenas no "novo".

Se você é um editor de sucesso, ao longo dos anos provavelmente publicou cinco ou mais títulos que se tornaram bestsellers de seu catálogo. Esses foram os títulos que mais venderam para a editora ao longo do tempo, ano após ano. Esses são os títulos que mantêm seu fluxo de receita, protegem seu fluxo de caixa e ajudam a garantir sua lucratividade e sobrevivência contínuas.

E enquanto uma boa lista pode continuar vendendo indefinidamente – especialmente ficção e livros infantis – mesmo a melhor lista inevitavelmente diminui suas vendas.

Por meio da estratégia simples e eficaz de gerenciamento e revitalização do catálogo, a autor Woll[15] diz que você pode:

- gerar novos títulos de primeira linha;
- aumentar as receitas;
- fortalecer e prolongar a vida útil do catálogo;
- manter seus autores satisfeitos;
- atender aos seus orçamentos e metas editoriais.

Quando você cria seus orçamentos editoriais anuais, o objetivo principal de todo editora deve ser a revitalização de livros e vendas do catálogo.

Já ouvimos um editor dizer: fiz meu trabalho, agora cabe aos vendedores fazer o deles. Publiquei um ótimo livro para vocês e me certifiquei de que foi lançado no prazo, agora é a vez de vendê-lo. E não me venha com desculpas!" Soa familiar?

A questão é: o que um editor e um gerente de vendas têm em comum? Sim, ambos provavelmente trabalham para a mesma empresa e sim, ambos trabalham duro. Mas o que mais?

A resposta é: se eles são bons em seus trabalhos, tanto o editor quanto o gerente de vendas vasculham os relatórios e números de vendas em busca de informações sobre quais títulos vendem melhor, onde estão vendendo e por que estão vendendo. Eles praticam o que chamamos de "pensamento estratégico".

Como editor, é fácil se afastar dos resultados diários das vendas de seus livros. Bons editores estão sempre ocupados conversando com autores, livreiros, distribuidores e agentes, tentando encontrar e adquirir novos livros, publicando livros, gastando tempo em reuniões, etc. Eles raramente têm tempo para sentar e revisar os resultados. E, em grande parte, eles pretendem definir a qualidade de uma maneira – conteúdo – sem perguntar se alguém mais está interessado nesse conteúdo.

Os melhores editores, no entanto, invertem esse processo. Eles percebem que o conhecimento adquirido pela revisão de seus números de vendas pode informar seus futuros esforços de aquisição e ajudar a concentrar seus esforços mais plenamente em assuntos e categorias que estão vendendo - que as pessoas querem ler e evitar as áreas em que as vendas são fracas.

Como gerente de sua editora, ou como editor ansioso para fazer o melhor trabalho possível, você deve estar focado no seu negócio e conversar com a força de vendas; revisar relatórios de vendas regularmente; e determinar os pontos fortes e fracos de sua lista. Algumas áreas e títulos estão quentes ou esquentando? Em caso afirmativo, há livros do catálogo que você pode reempacotar e relançar rapidamente como frontlist? Você pode encontrar novos títulos sobre os assuntos apropriados que estão a caminho da conclusão que você pode adquirir? Lembre-se, o processo de publicação leva tempo, portanto, a menos que o manuscrito ou trabalho que você adquiriu esteja próximo da conclusão, o que é bom hoje pode não ser amanhã!

Existem outras áreas da sua lista que estão esfriando e que você pode optar por não prosseguir por um tempo? Reconheça que toda decisão de publicação é uma troca de recursos. Você só tem um orçamento finito para trabalhar e, se usá-lo para publicar nas áreas que estão com pouca demanda ou nas áreas em que as vendas são pequenas, você está sacrificando sua própria oportunidade de construir uma lista promissora.

O processo de publicação é dinâmico: as tendências vêm e vão; novos autores e manuscritos estão por toda parte. Os padrões de vendas mudam em resposta a assuntos e mudanças na venda de livros. Por exemplo, qual editora não foi dramaticamente afetada pela ascensão dos grandes varejistas eletrônicos na Internet, pelo domínio das superlojas e pela implementação de demandas de estoque just-in-time? Os editores devem estar cientes e responder a essas forças de mercado ou seus programas editoriais sofrerão.

Isso significa que um editor deve abandonar seu papel tradicional de guardião da chama da qualidade? Absolutamente não. Qualquer manuscrito ou trabalho trazido e publicado deve ser o melhor possível. Mas, dado isso, também deve contribuir para a sobrevivência da organização para que ela possa continuar publicando outros livros. E em termos de negócios, isso significa que a maioria dos livros deve ser lucrativa o suficiente para compensar aqueles que inevitavelmente alcançarão resultados abaixo do esperado.

Já ouvimos um editor dizer: fiz meu trabalho, agora cabe aos vendedores fazer o deles. Publiquei um ótimo livro para vocês e me certifiquei de que foi lançado no prazo, agora é a vez de vendê-lo. E não me venha com desculpas!" Soa familiar?

A questão é: o que um editor e um gerente de vendas têm em comum? Sim, ambos provavelmente trabalham para a mesma empresa e sim, ambos trabalham duro. Mas o que mais?

A resposta é: se eles são bons em seus trabalhos, tanto o editor quanto o gerente de vendas vasculham os relatórios e números de vendas em busca de informações sobre quais títulos vendem melhor, onde estão vendendo e por que estão vendendo. Eles praticam o que chamamos de "pensamento estratégico".

Gerenciando a equipe e o projeto editorial

Dependendo de como a editora opera, isso pode ou não fazer parte das responsabilidades do editor de aquisição. A maioria das empresas estrutura as equipes editoriais de duas maneiras: 1) uma equipe editorial de uma lista especifica, subordinada ao editor responsável; 2) uma equipe editorial gerenciada centralmente que inclui algumas especificidades da lista, por exemplo, para matemática, ciências ou línguas.

Na estrutura anterior, é mais fácil envolver sua equipe editorial com o mercado e sua publicação por meio de conversas regulares dentro dessa equipe. Neste último caso, a equipe editorial ainda precisa ser lembrada das realidades do mercado, para entregar o melhor produto, mas não há uma "linha de gestão", então suas habilidades de influência e persuasão serão necessárias.

Você pode não estar envolvido no gerenciamento detalhado do cronograma de seus projetos, mas ainda assim deve conhecer as principais etapas e datas e verificar se sua nova publicação está no caminho certo. É claro que muitos editores vêm de um histórico editorial e podem arriscar um envolvimento excessivo no gerenciamento de projetos; mas tenha o cuidado de respeitar o funcionamento do fluxo de trabalho e apoiar os processos de sua empresa.

Desenvolvimento de manuscritos

Onde termina a aquisição e começa o desenvolvimento do manuscrito? Mantenha um contato regular com seu autor entre a assinatura do contrato e o dia da entrega. Dê um tempo entre essas datas para as discussões necessárias sobre desenvolvimento do manuscrito e você economizará tempo mais adiante.

Você, como editor de aquisição, lê cada palavra do material final? Isso vai variar muito, mas poderíamos errar se dissemos sim, particularmente com autores mais novos, projetos particularmente complexos ou controversos, ou onde os riscos financeiros são maiores. Você é o leitor que está pensando em "cliente" antes que o projeto avance no processo editorial. O material que agora recebe ainda se adéqua ao fim para o qual o definiu e encomendou? Mas a resposta mais provável é "não" – na maioria das empresas – quando se trata de verificar se cada legenda, resumo da arte, permissão de foto ou reconhecimento está presente e correto. Se esses detalhes não forem de sua responsabilidade, você deve saber de quem são e deixar clara essa responsabilidade.

Trabalhando com seus pares: vendas e marketing

A publicação bem sucedida e moderna não é um negócio "top down" e não foi assim por muitos anos. As melhores "reuniões de aquisição" são aquelas em que o editor de aquisição, o pessoal de vendas e marketing apresentam um novo projeto para a empresa. O editor bem sucedido fica no centro da publicação, derivando o projeto da pesquisa de mercado, vendendo o projeto aos colegas e coordenando as funções de publicação em torno desse projeto.

Embora o editor bem sucedido esteja próximo do mercado, ele não cria estratégias de marketing e vendas, ele fornece aos colegas o que eles precisam para realizar o projeto como foi concebido pela primeira vez. No seu papel com os olhos e ouvidos da empresa no mercado, você fornece informações e exerce sua influência editorial para levar sua publicação com sucesso ao mercado.

Se a sua empresa possui uma equipe de vendas de campo, certifique-se de fazer visitas regulares da escola ou da faculdade a elas: você experimentará a realidade essencial da boa e má visita do mercado.

Sua equipe mais ampla

Você também estará lidando com a produção e o design. Qualquer editor de aquisição deve sentir-se apaixonadamente sobre a aparência de seus produtos, seu layout, sua acessibilidade, sua capa e sua presença na web.

Algumas dessas funções podem estar fora da casa, mas o freelancer ainda é uma parte fundamental da equipe de publicação, seja pesquisa, gerenciamento de projetos ou poder de aquisição adicional. Gerencie seus freelances como você faria com seus membros internos da equipe, com comunicação clara, agradável e regular.

A aquisição é diferente para o digital?

Em grande parte, não. É importante identificar as necessidades do mercado e propor uma solução apropriada e comercialmente viável. Dependendo das plataformas digitais existentes a editora, precisa se adequar aos requisitos de arquiteturas maiores (web) para entregar seu conteúdo aos seus clientes.

Mas seja qual for a plataforma, o papel da empresa deve estar focado em conhecer as necessidades do mercado e atender essas necessidades com conteúdo ou serviços comercialmente viáveis. As diferenças significativas estão na forma como o produto ou serviço é projetado e construído e na necessidade de atender produtos digitais ao longo de alguns anos, muitas vezes por assinatura. O autor Paul Cherry[16] nos apresenta abaixo algumas sugestões:

- Considere seu modelo de vendas desde o início – acesso único ou download ou assinatura?
- Foco nas necessidades do cliente em detrimento da tecnologia.
- Alinhe-se com a estratégia digital da sua empresa: construir plataformas é caro. Uma plataforma pode servir muitos produtos?
- Considere a reutilização de conteúdo de outras partes da sua lista e do novo serviço digital.
- Qual a melhor forma de testar seu pensamento ao longo de toda a jornada do usuário? Você deve usar um protótipo?

- Planeje iterar a partir de um produto mínimo viável usando feedback interno e de clientes e análise de dados.
- Permitir a encomenda de atualizações de conteúdo e funcionalidade nos seus próprios planos de trabalho: a "lista inicial" é mais ampla do que um novo ISBN (impresso).
- Talvez o mais importante de tudo é que os projetos digitais podem ser complexos e demorados. Se possível, tenha um gerente de projeto dedicado para o seu projeto digital.

Desenvolvimento de novos produtos

Desenvolvimento de novos produtos é a força vital de uma editora; é parte do processo de planejamento de uma editora bem-sucedida e deve ser abordado de forma sistemática.

"Novas aquisições são a força vital de qualquer negócio de livros de sucesso." Foi assim que João Martins diretor geral da McGraw-Hill do Brasil caracterizou a força motriz em todos os programas de publicação de livros. Ele deixou claro que o processo de publicação do livro não pode começar até que o editor de aquisições tenha identificado autores prováveis e adquirindo os livros com potencial mercadológico. Então, qual é o trabalho de um editor de aquisições? João Martins resumiu: "estudar o mercado, pesquisar e identificar autores qualificados, vender a esses autores os benefícios de publicar um livro com a nossa editora e, em seguida, executar os contratos apropriados".

Na publicação, como em qualquer negócio, o desenvolvimento de produtos deve ter como principal objetivo atingir o mercado. Editores inteligentes entendem que deve haver uma ligação com os clientes existentes quando eles planejam novos produtos.

O desenvolvimento de produto é uma extensão natural das forças tradicionais de um editor. Para estabelecer forças significativas, o consultor John McHugh[17] sugere que você examine sua empresa tendo em vista:

- Foco editorial e especialização;
- Capacidade de produção;
- Público-alvo;
- Base atual de clientes;
- Canais de marketing.

Quando desenvolver novos produtos faça um *brainstorming* com essas perguntas:

1. Qual é nossa missão editorial?
2. Quais os mercados que vamos servir?
3. Que novos mercados estão surgindo?
4. Quais são as tendências de mudança em nosso nicho?
5. A reputação de nossa empresa é compatível com essas novas oportunidades?
6. Temos recursos financeiros para prosseguir com êxito uma nova oportunidade?
7. Existem alguns fatores ambientais que devemos considerar?
8. Quais são os produtos concorrentes? Quem os publica?
9. Quais são os pontos fortes e fracos dos produtos concorrentes?
10. Como nosso produto pode ser diferente, a fim de ser competitivo?
11. Temos um processo de desenvolvimento de novos produtos?
12. Qual é o tempo do ciclo de aprovação do conceito até a entrega do produto?
13. Temos condições de publicar esse livro antes de perder a janela de oportunidade do mercado?

> **Editor: tudo sob controle**
>
> Disciplinar os autores para entregar os originais nos prazos estabelecidos, retornar as provas a tempo, resistir às mudanças de última hora, esses são alguns dos desafios do editor de aquisição. Em algumas editoras, esse editor também realiza a edição de conteúdo e organização, o que o coloca em posição para monitorar o progresso e disciplinar o autor que está envolvido no projeto.

Para ser bem-sucedido no desenvolvimento de novos produtos, autor e consultor editorial Kelvin Smith[18] sugere:

- Escreva uma declaração de missão editorial.
- Desenvolva um plano anual de aquisição de livros.

- Identifique os canais mais acessíveis por meio do qual o novo produto pode ser efetivamente comercializado.
- Verifique se o novo produto pode obter um lucro após os custos de desenvolvimento e dentro de um período razoável de tempo.
- Medir o tempo de aprovação do conceito até a introdução de novos produtos.
- Quantificar a percentagem das vendas anuais geradas, como uma meta, a partir de novos produtos introduzidos naquele ano.

Essas dicas e sugestões devem ser entendidas como uma forma rápida de estimular seu pensamento e rever o compromisso de sua empresa com o desenvolvimento de novos produtos.

HABILIDADES E COMPETÊNCIAS EDITORIAIS

Nenhum editor pode simplesmente reclinar-se na cadeira e esperar que boas ideias e autores apareçam. Construir contatos e oportunidades requer iniciativa e um atento trabalho de investigação para identificar as fontes de livros, autores e ideias. Editores precisam ser criativos para encorajar ou desenvolver ideias recebidas ou iniciar ideias, eles próprios, e descobrir autores que as desenvolvam. Inevitavelmente, essas iniciativas conduzirão a pistas falsas; portanto, os editores precisam ser ágeis o bastante para "caçar" quem está à frente.

Uma publicação lucrativa depende da percepção das tendências nos mercados e da oportunidade (bons editores adquirem o direito de compra antes dos concorrentes) – na publicação de livros educacionais o tempo de espera pode chegar facilmente a três anos. Vigilância constante, curiosidade e receptividade a novas ideias, e saber reagir a necessidades mutáveis são requisitos para estar à frente dos concorrentes. Em áreas especializadas, isso envolve fazer as perguntas certas a especialistas e ter consciência de seus preconceitos pessoais, ciúmes profissionais e posições ideológicas. A habilidade repousa em escolher os consultores/leitores certos – e avaliar os assessores. Os editores de livros de consumo popular, que enfrentam grande dificuldade para descobrir quais são as necessidades do mercado, baseiam seus julgamentos em uma combinação de experiência daquilo que vende, percepção de tendências e intuição. Basear-se nas próprias suposições requer uma dose considerável de ousadia e confiança. Fundamental para a escolha do livro e do autor é a capacidade do editor para avaliar a qualidade da proposta. Essa faculdade crítica (marcada pela habilidade de ler um original por amostragem) se desenvolve com a experiência e discernimento intuitivo.

Os autores, que fornecem a matéria-prima sobre a qual se alicerça o sucesso da empreitada, entram em longos períodos de isolamento quando escrevem, sem poderem recorrer a muitas outras coisas a não ser sua experiência, conhecimento e imaginação. Em seus livros repousam seus sonhos e esperanças. Aos seus olhos, o editor dedica-se exclusivamente a eles; para o editor, o autor é somente mais um dentre muitos. Os autores esperam que os editores representem seus interesses dentro da organização e os julgam de acordo com suas posições na empresa. Inversamente, os editores devem representar os melhores interesses da editora para os autores – às vezes, é necessário um bom "jogo de cintura". A maioria dos autores é extremamente sensível em relação a suas obras e à maneira como ela é publicada. Bons editores convencem os autores a escrever, cultivam a fidelidade do autor para com a editora e os conduzem e os encorajam em certas direções.

As maiores habilidades residem em decidir quando um autor apreciará uma intervenção e transmitir opiniões construtivas honestamente, sem prejudicar a autoconfiança do autor. Os autores precisam de encorajamento, reafirmação e louvor. Aqueles que confiam em seus livros para obter uma renda (diferentemente dos professores e acadêmicos) centralizam sua vida inteira em torno do que escreveram. Para alguns autores, um editor torna-se uma figura inseparável da sua vida acadêmica e profissional.

Por tudo isso, é imprescindível que os editores tenham conhecimentos dos métodos de produção (limitações e custos) e de realização de contratos. Para tanto, ele deve ter habilidades para negociar com autores, agentes e outros profissionais envolvidos. O editor deve saber avaliar as inter-relações entre custos e receitas, e os fatores de risco envolvidos; e demonstrar habilidades políticas e gerenciais (especialmente durante a etapa de proposta da publicação), bem como um entusiasmo contagiante, para vender e convencer.

O editor por meio de seu julgamento, gosto, visão, integridade e perspicácia comercial modela não só a indústria como também, em grau significativo, a literatura e a cultura geral que fomentam. Certos traços de personalidade são observáveis em editores que deixaram sua marca na profissão. O verdadeiro editor move-se com a mesma facilidade tanto no mundo intelectual, como no mundo comercial. O autor John Dessauer[19] diz que todos editores são, ou devem ser, mestres da diplomacia, porque frequentemente devem trabalhar e negociar com a espécie humana mais temperamental, o *homo scrivens*.

O valor das ideias

A editora Davies[20] considera que "o editorial ainda ocupa o território chave na publicação onde a maioria das ideias são recebidas, criadas e depois desenvolvidas antes de eventualmente receberem aprovação para publicação".

As ideias são o valor agregado mais importante dos editores, juntamente com o conhecimento da área. Ter ideias melhores do que os concorrentes é o que impulsiona a publicação de sucesso. O sucessos no trabalho com autores vêm da orientação sobre o conceito e das ideias gerais e da compreensão do que será ou não melhor do que a concorrência.

A contribuição inicial dos editores centra-se em apresentar proativamente uma ideia para um novo livro e, em seguida, encontrar o melhor autor para escrevê-lo ou trabalhar com um autor para desenvolver uma ideia em torno de sua experiência e pesquisa que seria capaz de encontrar um mercado. Eles têm que equilibrar cuidadosamente os novos projetos, pois esses exigem muito trabalho.

Apesar desta descrição aparentemente simples, a aquisição é talvez uma das áreas mais importante da publicação, combinando aptidão pessoal, imaginação, experiência, preparação para percorrer os corredores universitários, conferências e congressos em busca das mais recentes pesquisas e ideias.

Os editores utilizam uma variedade de abordagens para garantir a qualidade de uma proposta ou manuscrito para melhorar sua legibilidade e alcance. A primeira coisa que um editor usa para avaliar uma nova proposta é seu amplo conhecimento da área e profundo conhecimento dos acadêmicos, combinado com conhecimento do mercado. A verdadeira habilidade envolve uma mistura de criatividade intelectual e inteligência de marketing, e isto é o que distingue editores eficazes.

QUALQUER UM PODE ADQUIRIR NOVOS LIVROS?

Enquanto muitas funções da publicação de livros podem ser terceirizadas, incluindo a editoração, design, marketing, publicidade e distribuição, uma função que não pode ser terceirizada é a aquisição. A aquisição prepara o palco para tudo o que acontece posteriormente em uma editora de livros e são a alma da empresa. É importante entender que as habilidades e atributos fazem uma editora e um editor de aquisições serem bem-sucedidos. Aquisição de livros é uma paixão especial e há uma alta taxa de desgaste em aquisições, muito maior do que em vendas, marketing e promoção.

A rotatividade de profissionais nessa função é danosa à editora. Editores de aquisição possuem conhecimento histórico dos livros sob contrato e em desenvolvimento, as perspectivas dos futuros autores e autores publicados. Editores de aquisição constroem fortes relações com autores publicados e os frutos dessas relações são perdidos quando o editor deixa a casa.

Editores de aquisição bem-sucedidos tem visão de longo prazo. Se alguém está procurando por uma gratificação profissional imediata, certamente essa função não é um bom caminho. Minimamente pode demorar dois anos para publicar esse primeiro livro. O resultado final é que o editor de aquisições deve aguardar os resultados de seus esforços. O desenvolvimento de uma série líder de livros, da assinatura de contratos até a publicação, pode levar quatro anos ou mais.

Quatorze atributos do editor de aquisição bem-sucedido

É importante saber e entender quais habilidades e atributos são necessários para um editor de aquisições bem-sucedido.

No Quadro 11.3 apresentamos as 14 habilidades e atributos necessários para editores de aquisição, sugeridos por Huenefeld.

Um editor de aquisições deve possuir conhecimento do catálogo da editora? Idealmente, sim. Se você encontrar uma pessoa que tenha conhecimento dos negócios da editora – e possui os 14 atributos listados acima – você encontrou um excelente candidato.

Especialistas no assunto

O editor de texto e o editor de aquisição são diferentes? Sim, são funções totalmente diferentes. A única semelhança é que ambos os títulos têm a palavra "editor". Os editores de aquisições são proativos e focados no mercado e devem ser agressivos e voltados para o futuro. O pacote de habilidades profissionais necessário para o editor de texto e para o editor de aquisições é totalmente diferente. O editor de texto trabalha diretamente com o autor na reescrita e editando o manuscrito com o objetivo de melhorar a clareza e o foco da obra. Claramente, esses dois tipos diferentes de editores de livros devem trabalhar juntos como uma equipe, mas as funções devem ser separadas. Uma editora pode ter editores de texto que tenha os atributos necessários para passar para aquisições; muitos editores de texto fazem uma transição bem-sucedida.

Gerenciando a si mesmo e os outros

Um editor planeja uma lista, mantendo um equilíbrio entre os compromissos assumidos e os recursos disponíveis. Em certo sentido, o que os editores fazem, especialmente em um ambiente cada vez mais competitivo é a gestão de carteiras. Um editor de uma editora universitária ou comercial pensa em quanto tempo publicará um determinado projeto. E não é só o tempo do editor, mas o de seus assistentes também: se for uma pessoa sensata e organizada, o editor também levará em conta o tempo que um livro exigirá de outros departamentos da casa.

Mesmo sem ler cada palavra do manuscrito, um editor experiente pode fazer sugestões úteis. Ele pode saber que os capítulos são muito longos, ou que estão fora da ordem lógica, ou que a concorrência para esse livro tem características que parecem estar faltando no texto em questão.

Existem habilidades editoriais básicas que podem ser exercidas em qualquer manuscrito. Na verdade, alguns especialistas afirmam que um grande editor pode editar qualquer disciplina.

> **Saiba como lidar com autores**
>
> Seu sucesso depende de suas habilidades em negociação e de sua diplomacia. Incentivar alguém a escrever e assessorar o autor quando o material apresentado é inadequado exige qualidades pessoais de tato, tolerância e compreensão.

AQUISIÇÃO E DESENVOLVIMENTO NOS LIVROS DIDÁTICOS

No ramo da publicação de livros didáticos, geralmente o editor de aquisição (EA) e o editor de desenvolvimento (ED) colaboram para moldar um plano de desenvolvimento para (e com) o autor do livro didático. A editora e escritora Mary Lepionka[21] resume o ofício do editor de aquisição assim:

> O editor de aquisição é o representante do livro e o "guerrilheiro" ao longo das várias etapas do processo de publicação. Em consequência, a perspectiva do EA pode ser moldada pela colaboração do pessoal de marketing ou de vendas, pelas conversas a respeito de outros livros e do catálogo geral da empresa, por resenhas de uma ampla variedade de livros ao longo do tempo e por sua própria intuição e *insight* a respeito das tendências na área acadêmica servida pelo livro didático.

Em uma divisão de livros didáticos, o EA provavelmente também monitoraria os requisitos para adoção, recomendações sobre a abrangência do livro e seguimento de grupos profissionais e quaisquer questões importantes que tenham ameaçado a adoção de outros livros.

QUADRO 11.3 | Habilidades necessárias aos editores de aquisição

- **Atitude empreendedora.** Cada livro é um novo negócio e editores de aquisição sempre decidem correndo riscos. As editoras devem assegurar que todos os riscos podem ser minimizados antes de o editor assinar um contrato. Se um editor de aquisição é avesso ao risco esse indivíduo não deve fazer parte do negócio da publicação.
- **Ter iniciativa.** Editores de aquisição devem constantemente prospectar e assinar novos contratos. Editores de aquisição são superativos e estão sempre fazendo as coisas acontecerem e perseguindo novas oportunidades. Eles tomam a iniciativa de localizar novos autores e "vendê-los" à editora com competência.
- **Persuasivo.** Editores precisam convencer os autores a assinar contratos para um novo livro, demonstrando que sua editora pode oferecer um bom serviço de desenvolvimento, marketing e vendas.
- **Orientado para vendas.** Editores precisam "vender" seus autores e construir relacionamentos por um longo tempo.
- **Amigável/entusiástico.** O sucesso da publicação também é construído na credibilidade que o editor inspira em seus autores e na amizade cultivada.
- **Empático.** Empatia é vital. O editor deve ouvir as queixas, mágoas e frustrações do autor com referência à falta de livros nas livrarias, publicidade inadequada e tomar ações para resolvê-las.
- **Grande capacidade para ouvir.** Editores de aquisição devem ouvir atentamente autores em perspectiva, para determinar o que o levará a selecionar uma editora.
- **Advogado do autor.** Ser um defensor do autor é uma grande responsabilidade de um editor de aquisições. Raramente um autor tem assento na mesa de decisão após a assinatura do contrato. Os editores de aquisições devem caminhar na linha tênue entre representar o interesse do autor e os interesses do editora. Esta pode ser uma tarefa difícil, mas pode ser feita como já fizemos muitas vezes. Como corolário disso, os autores muitas vezes têm excelentes ideias sobre o marketing de seu livro ou design e é responsabilidade do editor de aquisições trazê-las à atenção da editora.
- **Competitivo.** As editoras estão sempre em competição com outras empresas para assinar novos contratos e os editores de aquisição estão sempre competindo para conseguir autores que tragam boas vendas para sua lista.
- **Persistente.** Assinar novos contratos é difícil e, às vezes, um trabalho estressante e cansativo. Como advogado do autor, o editor precisa ser obstinado e assegurar que dispõe de recursos para o sucesso do livro quando esse for publicado.
- **Organizado.** A publicação de livros exige, sobretudo, atenção aos detalhes. Editores de aquisição gerenciam muitos projetos simultaneamente e por isso precisa determinar suas prioridades e onde localizar os documentos importantes.
- **Perspicácia financeira.** O editor de aquisições não precisa ter um MBA em finanças, mas deve entender todos os custos associados a cada livro. Da mesma forma, o editor deve entender o processo de tomada de decisão de sua empresa e as regras para determinar um retorno aceitável sobre o investimento. No centro das considerações financeiras está o fato de que cada livro é um novo empreendimento comercial exigindo os recursos finitos do editor. Adiantamentos, royalties e custos de produção, impressão, promoção e publicidade variam para cada livro. O editor de aquisições deve realizar a análise inicial de viabilidade respondendo a estas perguntas: "Este livro se encaixa em nosso nicho editorial?" "A publicação deste livro é uma decisão de investimento sólido para a empresa?"
- **Analítico.** Cada livro é um novo produto, uma nova aventura. Adiantamentos, direitos, produção, marketing, variam para cada obra. Editores devem analisar a viabilidade de cada projeto e responder: a publicação desse livro é um sólido investimento para minha editora?
- **Orientado a decisões.** Muitas decisões devem ser tomadas em curto período, como projeto gráfico, revisões, desenho da capa, promoção. Editores precisam ser saber tomar decisões rápidas e oportunas; a procrastinação compromete o trabalho editorial..

Por outro lado, o ED provavelmente trabalha mais estreitamente com o autor e o texto em base diária, orquestrando a comunicação entre a editora e o autor, monitorando o programa de produção do autor capítulo a capítulo, anotando capítulos para revisão, organizando questões de avaliação crítica para possíveis adotantes, analisando livros concorrentes e assim por diante. Dependendo da editora e do projeto, o ED pode realizar um substancial trabalho prático com o texto ou pode funcionar essencialmente como o gerente de um grande projeto, certificando-se de que todos os colaboradores e todos os componentes obedeçam à programação e obtenham a qualidade desejada.

Quando um autor ultrapassa a fase de elaboração dos capítulos e passa a revisá-los, o EA e o ED tentam orientar a revisão baseando-se no foco original proposto para o livro, as sugestões e críticas dos consultores, nas normas de abordagem de livros concorrentes, nas expectativas comuns para o curso e para o nível do estudante e quaisquer outras questões que possam surgir. O EA e o ED também podem orientar o autor a ampliar determinada característica ou método de apresentação de forma que ele se apresente coerentemente ao longo do livro. O autor também pode apresentar uma ideia desse tipo enquanto trabalha um capítulo em particular; se a ideia parecer sólida (e, idealmente, também comercializável), os editores e o autor estabeleceriam um acordo sobre um plano de revisão para incorporá-la mais amplamente e fariam quaisquer outras alterações necessárias. O ED trabalharia então com o autor para implementar os planos.

Os autores orientam os editores à medida que um livro é desenvolvido, assim como os editores orientam os autores. O autor é a pessoa mais imediatamente envolvida no propósito e intenção globais do livro, bem como em suas nuanças. Mas autor também é a pessoa que tem mais probabilidade de não conseguir ver a floresta devido às árvores ou julgar erroneamente a quantidade de tempo necessária para realizar o aprimoramento desejado e necessário a um livro. O editor pode inspirar o autor a trabalhar mais arduamente ou a retornar de boa vontade a pontos fracos do manuscrito. Por outro lado, o autor pode educar seus editores a apreciar um ponto vantajoso em particular de um livro e seus benefícios em sala de aula, assim como o editor pode educar o autor a respeito de onde e como cultivar as potencialidades do livro. Essa ação de balanceamento (muitas vezes, um ato de malabarismo) é o misterioso e criativo processo de desenvolvimento de um livro. E é o que mantém muitos de nós envolvidos no ramo editorial.

Contrariamente ao editor de desenvolvimento, que define o *como* de um trabalho, o editor de aquisição define *o que* conforme descrito pela editora e autora Judith Tarutz:[22]

- analisar o mercado identificado estudando os dados de marketing, eventos atuais, tendências e produtos impressos e eletrônicos de editoras concorrentes;
- encontrar materiais publicáveis para um dado mercado;
- encontrar e indicar autores;
- manifestar os objetivos de marketing do projeto para a equipe editorial e de marketing.

COMO AVALIAR A FUNÇÃO DE AQUISIÇÃO

É de vital importância estratégica avaliar a função de aquisição de uma editora, por isso deve-se avaliar o desempenho dessa função. Aquisições incompetentes podem ser diagnosticadas como um problema de marketing ou vendas, porém, a causa principal pode ser que a empresa está adquirindo os livros errados. Uma consultoria de gestão avaliou a função de aquisição de uma editora e descobriu rapidamente que ela estava condenada a falhar. As principais razões eram que os livros adquiridos serviriam apenas a um nicho minúsculo e que as questões de marketing não haviam sido respondidas antes da aquisição desses livros.

Uma revisão da função de aquisição pode revelar rapidamente a causa de encalhe de livros; ou seja, que os livros em questão nunca deveriam ter sido publicados.

Avaliar os editores para ver se eles estão fazendo seu trabalho e com bom desempenho é extremamente importante. Sem editores competentes que tragam novos livros, que sejam editorados no prazo e cheguem à produção no prazo e, de fato, que sejam publicados no prazo, todo o programa de publicação pode estar em risco. O executivo da área deve, então, criar sistemas para monitorar seus editores e avaliar seu desempenho.

O melhor sistema de avaliação que temos conhecimento em relação aos editores foi implementado pelo diretor da divisão universitária da McGraw-Hill, Rob Swettler. A diferença entre grandes editoras e pequenas é uma diferença de grau, não de tipo. Então, quando você encontra um sistema que funciona para a casa grande, provavelmente ele pode ser adaptado para uma casa menor.

Este sistema simples e eficaz garante o monitoramento contínuo de quatro funções editoriais básicas:

- vendas provenientes da lista de um editor;
- número de manuscritos adquiridos a cada trimestre e a cada ano, com ênfase no número anual;
- número de manuscritos transmitidos de forma completa e correta para produção;

- número de manuscritos publicados no ano.

Cada um desses elementos se torna um número-alvo, que é acordado entre a alta administração, chefe da divisão e o editor. As metas do editor devem estar vinculadas às metas da divisão, que são criadas pela administração da editora.

Isso também vale para a relação entre o editor e o departamento de produção. Se a produção não recebe o material no prazo, o editor sofre. Se esse material não sai da produção no prazo, tanto o editor quanto a equipe do departamento de produção sofrem, porque a produção também é avaliada para que o material saia no prazo. Novamente, a cooperação é engendrada e a comunicação entre as duas áreas é necessária para cada uma.

O sistema da McGraw-Hill também é excelente porque se baseia em critérios objetivos. Cada um dos elementos (manuscritos adquiridos, manuscritos para produção, manuscritos publicados, meta de vendas) é determinado no início do ano fiscal. Se o editor cumprir suas metas, ele ganha um bônus que também é determinado no início do ano fiscal. Assim, ao longo do ano, cada editor sabe exatamente quanto pode ganhar. Se o editor não atingir sua meta, ele recebe um bônus proporcionalmente menor. Se ele errar o alvo por uma soma substancial, ele não recebe nenhum bônus e quiçá pode ser demitido. Por outro lado, se ele ultrapassar suas metas, poderá ganhar proporcionalmente mais bônus.

John McHugh[23] indica as principais razões para os executivos avaliar as aquisições:

- detectar a deterioração do desempenho de vendas;
- avaliar a eficácia da equipe de aquisição;
- reexaminar sua estratégia editorial.

Perguntas para serem respondidas

O centro de uma avaliação das aquisições deve desenvolver um conjunto de perguntas rigorosas contra um conjunto de premissas de publicação, declarações estratégicas de publicação, missão editorial, declarações e medidas de desempenho. As questões listadas abaixo pelo consultor de publicações, McHugh[24] podem ser utilizados para auditar as aquisições de uma editora.

Tomada de decisão

1. Quais são seus critérios editoriais para a publicação de um livro? (por exemplo público, áreas, tamanho do mercado, etc)
2. Como editores de aquisição avaliam as credenciais dos autores que apresentam originais para avaliação? Será que eles solicitam aos candidatos a autores resumos e curriculum vitae?
3. Qual é o processo de avaliação? Quantas avaliações são necessárias para você oferecer um contrato?
4. Quais são suas prioridades na assinatura do contrato? Quem determina essas prioridades?
5. Você usa os serviços de consultoria externa no processo de aquisição do livro?
6. Você descreve o processo de tomada de decisão antes de assinar um novo livro? Quem assina a nova aquisição?
7. Sua empresa utiliza de uma comitê para aprovar as aquisições de livros? Descreva esse procedimento.

Documentação

1. Você tem uma declaração de missão editorial? Quando foi sua última revisão?
2. Você mantém uma lista atualizada para assinatura de novos contratos?
3. Você mantém um plano de três anos de futuras aquisições? Quantas vezes esse plano é revisto/avaliado?

Considerações de mercado

1. Como editores de aquisição avaliam a concorrência?
2. Os editores de aquisição projetam as vendas para todos os livros adquiridos?
3. Quem cria o plano de marketing para cada novo livro adquirido?
4. Que pesquisa de marketing você tem que apresentar em suas novas aquisições?

Medidas

1. Qual a percentagem de propostas de livros não solicitadas?
2. Qual percentagem foram prospectados por editores aquisições?
3. Como você mede a satisfação de seu cliente com seus serviços como editor de seus autores?

Desenvolvimento de novos produtos

1. Quem conceitua as ideias para novos livros?
2. Descreva quem é responsável por aquisições de novos livros para sua editora.

Desempenho

1. Como você avalia o desempenho dos editores de aquisição e essa função em sua organização? Quais os padrões e critérios que você utiliza?
2. Você estabelece metas para seus editores no que diz respeito ao número de originais para assinar anualmente, o número de originais colocados em produção, e as vendas de livros que já foram publicados?

Processo

1. Você faz reuniões de transmissão para lançamento dos livros em produção?
2. Que informações são necessárias antes de um livro ser lançado em produção?
3. Como as informações são compartilhadas em sua empresa para ajudar os editores de aquisição?

Recrutamento de autores

1. Qual é sua fonte principal para encontrar novos autores?
2. Como você faz prospecção para encontrar novos autores ou projetos?
3. Quais as informações que você compartilha com autores em potencial?
4. Você usa o site de sua editora como uma ferramenta de aquisição? Como?
5. Por que um candidato a autor deve publicar com sua empresa? Você pode fornecer três ou quatro respostas para essa pergunta?

Documentos para avaliação

Os procedimentos editoriais são a pedra angular de um programa de aquisição eficaz. Esses procedimentos (documentos) devem ser periodicamente reexaminadas e revistos, no que diz respeito às mudanças em seus procedimentos de publicação, tais como a lei de direitos autorais, tecnologia de publicação e a estratégia organizacional.

Eis uma lista desses procedimentos:

- contrato do livro;
- declaração de lucros e perdas para cada livro;
- relatório mensal dos editores;
- processo de avaliação;
- os planos estratégicos para os próximos três anos;
- informação enviada aos autores em perspectiva (história da empresa, os canais de vendas, histórias de sucesso, planos de marketing);
- guia do autor (normas editoriais, manual de estilo, procedimentos de produção etc.) formulário para autor ajudar nos planos de marketing;
- lista de verificação do autor na conclusão do manuscrito;
- lançamento do livro em produção.

Benefícios da avaliação das aquisições

As aquisições de livros é uma das funções que exige profissionais altamente qualificados em uma editora. Essa posição coloca com frequência os profissionais na condição de ascender à posição de executivo principal na organização. As editoras experimentam uma elevada quantidade de volume de negócios em aquisições. Na função de aquisição, você deve detectar deficiências precocemente e corrigi-las. Os líderes não devem ter todas as respostas, mas os líderes bem-sucedidos devem estar constantemente fazendo perguntas para avaliação de desempenho individual e em grupo. Em sua avaliação das aquisições, você não tem o mesmo tipo de métrica que você pode usar para avaliar o marketing.

Com as aquisições, a avaliação é diferente, pois os livros contratados hoje serão publicados nos dois ou três anos seguintes. Aquisições estão preocupadas com o longo prazo, enquanto o marketing está devidamente focalizado mais em resultados a curto prazo, ou seja, o ano fiscal em curso.

Mesmo em editoras que não são comerciais, os editores são avaliados por suas aquisições. As editoras pequenas precisam de novos títulos tanto quanto as grandes casas comerciais. Em muitas casas, os editores terão "objetivos de assinatura" explícitos, às vezes um número específico de títulos para adquirir por ano, mais frequentemente um valor mínimo em reais de vendas projetadas para os títulos contratados. Em outras, o objetivo é deixado vago, mas podemos ter a certeza de que alguém da administração está acompanhando.

A aquisição é importante porque determina o sucesso da lista de um editor. Não importa qual a mágica que seus editores possam fazer nos manuscritos, eles devem primeiro encontrar livros para publicar e que cumpram a missão da casa e agradem ao público. Infelizmente, nenhuma quantidade de publicação brilhante pode transformar um livro invendável em um vencedor.

As aquisições também determinam a identidade da lista de uma editora ou, em termos de mercado, sua marca.

Respostas às perguntas

Quais são as normas para avaliar a função de aquisição? Para muitos, essas normas são não perfeitamente codificadas em um lugar. A publicação de livro é um negócio altamente individualista e idiossincrático e, por conseguinte, muitas editoras compõem seu padrão de forma amadorística.

FATORES CONSIDERADOS PELOS AUTORES AO SELECIONAR UMA EDITORA

Adquirir novos produtos é uma função vital de uma editora de livros bem-sucedida. O desenvolvimento de um novo produto gira em torno de assinar contratos para a publicação de novos livros. Aquisições bem-sucedidas exigem a venda da imagem da empresa para o autor como sendo a editora um bom potencial para sua obra. Em qualquer situação de venda, o primeiro passo é olhar para a transação com os olhos do cliente que, nesse caso, é o autor do livro. Ao avaliar seus esforços de aquisição, pergunte-se: "Quais são os fatores mais importantes a influenciarem a escolha de determinada editora por um autor?" Alguns responderiam: "Dinheiro... adiantamentos e taxas de royalties."

As considerações financeiras são importantes para o autor. É fácil quantificar o aspecto monetário da oferta de uma editora. Mas, na maioria dos casos, esse não é o fator mais importante para um autor. Você criará um panorama favorável para que o autor assine um contrato com sua empresa se afirmar os pontos fortes de sua empresa durante o processo de aquisição.

O autor Eric Kampmann,[25] enumera 12 fatores:

1. Reputação editorial e visibilidade da editora no setor. Responda a essas perguntas: Sua empresa publica uma lista de títulos que ocupam uma posição de liderança na área de atuação do autor? Seus autores são especialmente renomados? Faça com que os possíveis autores saibam que estariam publicando com uma empresa líder em sua área.

2. Capacidade de promover o livro aos leitores/públicos-alvo. Diga ao autor quais potencialidades de marketing você possui. Pode ser qualquer combinação de promoção por mala direta, propaganda, site da Web, uma equipe de vendas ou uma distribuição comercial forte. Às vezes, marketing internacional é importante. Algumas editoras também publicam revistas e jornais que ajudam a vender seus livros.

3. Tempo do ciclo de produção documentado. Diga aos autores quanto tempo é necessário para que sua empresa produza livros. Talvez você cuide bem de seu processo de produção e o de tempo necessário para produção seja uma vantagem.

4. Equipe do departamento de produção pertencente à própria empresa. Responda a essas perguntas: você emprega sua própria equipe de produção em tempo integral? Haverá um relacionamento individual entre o autor e o gerente de produção? Os autores têm acesso à equipe de produção.

5. Experiência, visão e plano de desenvolvimento do Editor de Aquisição (EA). Responda a essas perguntas: o editor de desenvolvimento entende onde esse livro se enquadra no mercado? Como o editor de desenvolvimento trabalha com o autor a fim de levar o livro ao seu mais pleno potencial editorial? Quantas avaliações? Quem fará as avaliações de conteúdo?
6. Tempo de trabalho e experiência do editor. Responda a essas perguntas: quantos anos de experiência o EA tem? Qual é o histórico do EA em termos de lançar livros bem-sucedidos? O EA está familiarizado com a área ou disciplina do autor.
7. Equipe do departamento de promoção e publicidade do livro. Responda a essas perguntas: A editora possui uma equipe experiente de promoção e publicidade do livro? A empresa terceiriza essas funções vitais? Como a mídia e os consultores-chave serão alcançados? Qual é à força do site da Web da editora? A editora envia cópias de resenha para jornais e revistas?
8. Registro de vendas de livros similares documentado. A editora já vendeu títulos similares? A editora é capaz de atingir o nicho de mercado desse livro? Até que ponto foi boa a venda de títulos relacionados?
9. Projeção de vendas para esse livro. Qual é o plano de vendas para esse livro? Haverá vendas diretas ao cliente ou por meio de distribuidores? (Faz uma grande diferença com respeito a *royalties* em um contrato de receita líquido.) Haverá telemarketing? Como serão tratadas as vendas internacionais? Qual é o número de cópias que a editora prevê vender?
10. Plano de promoção do livro. Qual é o plano de propaganda por meio de mala direta? Catálogo? Brochuras? Propaganda espacial? Exposições em convenções?
11. Termos financeiros, taxas de royalties/adiantamentos/direitos subsidiários.
12. Termos contratuais. A quem pertence o copyright? As fotos são pagas? Permissões de uso de textos citados? O material pode ser customizado a partir do banco de dados da editora?

Nem todos esses fatores precisam ser encaminhados durante o processo de aquisição e contrato com o autor. Você estará um passo adiante de seus concorrentes se for capaz de dar a essas perguntas uma resposta firme. Se puder fazer isso, suas chances de assinar contratos com autores serão melhoradas.

A principal função do editor de aquisição é encontrar e assinar contratos de livros que se encaixam nos objetivos da editora.

Eles também são responsáveis por:

- trabalhar em estreita colaboração com os autores para produzir livros de qualidade que atenda as necessidades dos professores e estudantes;
- fornecer orientações e sugestões aos autores para o desenvolvimento de conteúdos e materiais auxiliares;
- definir programações e monitorar/coordenar o progresso ao longo de todas as etapas de desenvolvimento, produção, vendas e marketing;
- analisar e fornecer indicações aos autores na avaliação de manuscritos;
- monitorar o desenvolvimento da escrita do autor;
- controlar a obtenção das permissões quando necessário.

Pontos importantes para o sucesso do editor:

- Ser extremamente bem organizado e trabalhar com base em prioridades;
- ser orientado a resultados;
- ter habilidade para lidar com os autores, observar e acompanhar detalhadamente os projetos editoriais;
- pensar estrategicamente a longo prazo;
- ter habilidade para realizar múltiplas tarefas simultaneamente com visão de longo prazo;
- ter habilidade para superar todos os obstáculos;
- ser ambicioso e ter confiança fazem a diferença.

Um bom editor:

- é um excelente e persuasivo negociador (incluindo negociações internas);
- é intuitivo;

- é criativo, mas não se impõe ao autor;
- é bom ouvinte;
- é paciente;
- é otimista sobre cada novo trabalho;
- tem discernimento e julgamento crítico;
- sabe o que é "quente" e o que não é (o que venderá);
- sabe o que é bom e o que não é;
- pode se colocar no lugar do leitor;
- pode visualizar o produto final;
- sabe quanto trabalho é necessário e o que pode ser feito;
- faz sugestões específicas e compreensíveis para melhorias;
- sabe quando parar e quando prosseguir.

Editores como estrelas

É melhor que os outros pensem que você é uma "estrela" do que você pensar de si mesmo. Se fizer isso, você corre o risco de se tornar mais famoso por seu status de celebridade do que pelos excelentes livros que publica e, no longo prazo, a vaidade levará ao excesso de confiança. Existem estrelas na indústria editorial, mas elas foram reconhecidas ao longo de muitos anos e conquistaram um merecido status.

– Gill Davies, *Book Comissioning and Aquisition*

POR QUE OS PROJETOS FRACASSAM OU SÃO BEM-SUCEDIDOS

As 10 principais causas do fracasso de um projeto:

1. planejamento pobre;
2. execução pobre;
3. manuscrito pobre;
4. não há diferencial do produto no mercado;
5. uso deficiente dos recursos;
6. desatenção aos detalhes;
7. previsão deficiente;
8. tempos de produção deficientes;
9. fracasso do marketing/vendas;
10. falhas do marketing/vendas ao atender às necessidades dos clientes com o produto.

As 10 principais causas do sucesso de um projeto.

1. informação atual e completa do mercado;
2. planejamento completo e criativo;
3. desenvolvimento do mercado completo e apropriado;
4. tempos apropriados;
5. diferenciação do produto clara e positiva;
6. previsão precisa;
7. o pessoal de vendas/marketing realiza as vendas.
8. vendas inteligentes;
9. atenção aos detalhes;
10. autores bons e que estão sempre disponíveis para orientar o trabalho.

SUGESTÕES DE AQUISIÇÃO DE LIVROS

A maneira como os livros são adquiridos pelas editoras é um ponto crucial para a continuação e sucesso de suas operações. Sem um fluxo contínuo de originais novos (e revisados) fluindo para a produção, uma editora não permaneceria competitiva, não cresceria e, possivelmente, seria alijada do mercado.

O trabalho do departamento de aquisição é um elo vital entre o leitor/cliente e o autor. Para auxiliar os editores de aquisição, compilamos uma coletânea de 12 dicas sugeridas por McHugh[26].

1. Nove responsabilidades do editor de aquisição:
    1. pesquisa e desenvolvimento;
    2. procurar e localizar autores;
    3. avaliar as chances de sucesso dos autores;
    4. pesquisar o mercado;
    5. analisar e avaliar dados;
    6. vender a imagem da empresa;
    7. negociar contratos;
    8. assinar contratos;
    9. realizar o desenvolvimento do livro.
2. Cinco razões pelas quais o autor escolhe uma editora:
    1. a editora enquanto instituição;
    2. pela especialidade da editora – foco no mercado;
    3. por sua capacidade de comercialização;
    4. por seus contratos;
    5. por termos financeiros.

3. Oito etapas para contratar um autor:
   1. identifique seus candidatos-chave;
   2. prepare uma proposta de publicação;
   3. prepare o pacote financeiro;
   4. prepare a história de sua empresa;
   5. forneça referências;
   6. defina um limite de tempo;
   7. negocie com o autor;
   8. assine contratos;
4. Seis dicas para promover sua empresa para um autor:
   1. pergunte: por que escolher minha empresa como sua editora?
   2. destaque: os benefícios. responda: o que é que eu ganho com isso?
   3. destaque: o valor agregado de sua empresa;
   4. destaque: o sucesso e o serviço;
   5. pense: no autor como um cliente;
   6. evite: citar o dinheiro como um "ímã".
5. Sete itens de um kit de assinatura de contrato:
   1. catálogos/brochuras;
   2. anúncios espaçosos em periódicos;
   3. publicidade favorável de sua empresa;
   4. resenhas favoráveis de seus livros;
   5. nomes de autores satisfeitos, como referências;
   6. planos de marketing para o livro do autor;
   7. históricos de vendas significativos de títulos similares.
6. Seis razões pelas quais os autores escrevem livros:
   1. contribuição para a área;
   2. melhoria da estatura profissional/reputação;
   3. compartilhar conhecimento;
   4. para obter satisfação pessoal;
   5. para criar um protótipo;
   6. para ganhar dinheiro.
7. Quatro dicas para lidar com originais não solicitados:
   1. estabeleça um processo de triagem;
   2. seja decisivo;
   3. utilize uma carta de rejeição formal;
   4. registre todas as rejeições.
8. Sete itens de uma proposta de publicação:
   1. credenciais do autor;
   2. assunto/título;
   3. fundamento lógico/descrição;
   4. marketing/promoção/concorrência;
   5. programação;
   6. aspectos financeiros;
   7. desenvolvimento editorial.
9. Três medidas editoriais fundamentais para os editores:
   1. número de contratos assinados e estimativas de vendas;
   2. número de originais para produção e estimativas de vendas;
   3. número de livros publicados e estimativas de vendas.
10. Dez medidas financeiras para avaliar o desempenho das aquisições:
    1. adiantamentos a receber;
    2. adiantamentos não recuperados e em baixa contábil;
    3. subvenções para livros não publicados;
    4. média da taxa de royalties por livro;
    5. média da receita de vendas por livro;
    6. média de preço líquido por livro;
    7. média da margem de lucro por livro – porcentagem;
    8. média da margem de lucro por livro – em reais;
    9. margem de lucro para séries inteiras;
    10. índice de satisfação do leitor.
11. Oito categorias de informações necessárias para lançar um livro
    1. descrição do livro – resumo, sumário, número do ISBN;
    2. mercado/público alvo – estabeleça o cenário para a equipe de marketing;
    3. especificações, tamanho, arte-final, número de partes, cores da capa, encadernação;
    4. previsão de vendas – geralmente, para os três primeiros anos; preço proposto;
    5. quantidades impressas – discutir em relação à previsão de vendas;

6. programação – recomendada pela equipe de produção;
7. informações sobre o autor – números de telefone, e-mail e endereço para correspondência. Qualquer outra informação pertinente sobre o autor;
8. informação de marketing – esses documentos de aquisição para a equipe de marketing: formulário de sugestões do autor, avaliações do original prefácio/apresentação/sumário.

12. Regra dos dez itens para a quantidade de trabalho previsto para as aquisições

1. dez originais com contratos a serem assinados;
2. dez originais em produção;
3. dez originais com contratos assinados e em desenvolvimento;
4. dez originais com contratos não assinados sob consideração.

O sangue da vida de qualquer editora é a aquisição de manuscritos de qualidade, o desenvolvimento oportuno desses manuscritos e a transmissão para produção nos prazos estabelecidos.

QUADRO 11.4 | Entrevista: o editor de livros educacionais

Em uma entrevista, Brenda Stones, editora, autora e conferencista, descreve o papel do editor de livros educacionais.

O que é especial na publicação de livros educacionais?
O editor deve ter conhecimento do conteúdo e do tamanho do mercado. No Brasil, Estados Unidos, Reino Unido e numerosos países esse segmento é extremamente competitivo e a concorrência muitas vezes é mais acirrada em serviços ao cliente do que em produtos. Os conteúdos programáticos são prescritos pelo governo com pouca oportunidade para interpretações diferentes. O tamanho do mercado é fixado em termos de número de alunos matriculados em determinada disciplina.

Quais são as principais tarefas do editor de livros educacionais?
O editor pesquisa seus mercados completamente, a fim de ganhar familiaridade com o currículo e antecipar futuras mudanças. Eles têm que estudar seus concorrentes – as fatias de mercado e como seus produtos concorrem. Cada editor tem que fazer uma previsão de livros e produtos multimídia que serão publicados em uma série de assuntos e níveis, para atender as metas de receita projetadas pela empresa. Autores apropriados ou equipes de autores são contratados para escrever materiais especificados pelo editor e o editor tem que manter a comunicação com os autores ao longo do desenvolvimento do projeto.

Outras tarefas incluem a informação do projeto de modo que eles facilitem a aprendizagem a partir, de uma leitura atraente para professores e alunos. Para cobrir os requisitos curriculares o livro deve ter precisão e estar numa linguagem adequado para os alunos. Por fim, o editor monitora as vendas de sua lista, comparando com os alvos de rentabilidade, receitas e fatia de mercado.

Fonte: Leonard Mogel. *Making it Book Publishing*. Nova York: Macmillan, 1996.

APÊNDICE
Max Perkins: o editor de gênios

Nascido em 1884, William Maxwell Evarts Perkins diplomou-se em 1907 pela Harvard University. Ele trabalhou como repórter do New York Times por vários anos, mas um desejo de maior estabilidade levou a um emprego na editora Scribner, em 1910. Ele começou como gerente de publicidade, mas em 1914 Perkins foi promovido para o departamento editorial. Lá, tornou-se conhecido por sua capacidade de reconhecer o potencial dos autores e em 1932 ocupou o cargo de vice-presidente.

Apesar de não ser um escritor, Maxwell Perkins ocupa um lugar destacado na história da literatura americana. Perkins trabalhou com vários autores celebres, entre eles F. Scott Fitzgerald, Ernest Hemingway, Thomas Wolfe, Ezra Pound e outros. Através de sua defesa desses escritores modernistas, ele desempenhou um papel importante no sucesso desse movimento. Suas relações com estes autores são dignas de nota. Ele foi, em tempos diferentes, o editor, amigo e conselheiro e fazia a ligação entre eles.

Maxwell Perkins, tinha a habilidade de inspirar um autor para produzir o melhor livro. Scott Berg,[27] biógrafo de Perkins, escreveu: Grande amigo e conselheiro de seus autores ele ajudou-os em todos os sentidos. Ele ajudava a estruturar seus livros, se ajuda fosse necessária; pensava em títulos, criando tópicos; atuou como psicanalista, conselheiro apaixonado, conselheiro matrimonial, gerente de carreira. Poucos editores antes dele tinham feito tanto trabalho com manuscritos, mas ele sempre foi fiel a seu credo: "O livro pertence ao autor."

Hoje os editores passam muito pouco tempo com seus autores, em relação aos seus outros deveres e responsabilidades. De 1910 até sua morte, em 1947, o lendário editor serviu de inspiração a autores notáveis.

Perkins sabia como fazer amizade com escritores, demonstrando uma habilidade inata para identificar o que era bom e ruim em um texto. O autor Powel[28] escreveu: ele sabia a parte mais difícil de ser um editor e disse: "Você pode aprender todos os procedimentos e técnicas em seis meses, o resto leva uma vida".

O historiador de publicação John Tebbel[29] aponta que nos últimos tempos, as relações de amizade entre autor e editor são raras. Há muito poucos editores como Maxwell Perkins.

Uma tarefa importante do editor – dizia Perkins – é a apresentação do projeto para publicação dentro da casa, um papel em grande parte invisível. Os editores precisam convencer os colegas de que uma proposta ou livro vale a pena o esforço e o investimento da empresa. Ao descobrir F. Scott Fitzgerald, Maxwell Perkins teve que montar uma forte campanha na Scribner para convencer os colegas que a sua convicção no escritor era uma tarefa justificada. Isto é particularmente difícil para o editor e escritor em início de carreira. Há casos famosos de empatia editorial, como o de Perkins, que se tornou o mentor literário de Thomaz Wolf – sem o trabalho deste editor os romances de Wolf jamais teriam sido possíveis.

Em 1924, o autor de O Grande Gatzby, Fitzgerald, indicou a Perkins um autor jovem e promissor, Ernest Hemingway. Alguns meses depois, Hemingway assinou um contrato com Scribner e Hemingway tornou-se famoso com os livros Adeus as Armas, O Sol Também se Levanta, Por Quem os Sinos Dobram e outras obras.

Quando Perkins, morreu em junho de 1947, ele foi considerado o editor mais importante dos Estados Unidos da América. O autor Hemingway, em sua obra, O Velho e o Mar dedicou a Max Perkins, já falecido. No Brasil tivemos editores que deixaram um legado extraordinário e fizeram papel semelhante a Max Perkins, entre eles, José Olympio e Henrique Bertaso.

É impossível imaginar a figura Max Perkins no mudo editorial de hoje trabalhando feliz, com sua lealdade, cultivando valores, honestidade e gosto.

NOTAS DO CAPÍTULO

1. PARSONS, Paul. *Getting Published: The Acquisitions Process at University Presses*. Knoxville: University of Tennessee Press, 1989.
2. LERNER, Betsy. *The forest for the trees: An editor's advice to writers*. Riverhead Books: New York, 2010.
3. GEISER, Elizabeth; DOLIN, Arnold; TOPKIS Gladys. *The Business of Book Publishing*. Routledge: Londres, 2011.
4. CARDOZA, Avery. *Complete Guide to Successful Publishing*. Cardoza Publishing: New York, 2009.
5. POYNTER, Dan. *Book publishing encyclopedia*. California: Para Publishing, 2006.
6. McHUGH, John. *Managing Book Acquisitions: An Introduction*. Milwaukee: McHugh Publishing Consultant, 1995.
7. DAVIES, Gill; BALKWILL, R. *The Professional's Guide to Publishing*. Londres: Kogan Page, 2011.
8. HUENEFELD, John. *The Huenefeld Guide to Book Publishing*. 6. ed. Bedford: Mills & Sanderson Publishers, 2004.
9. LEWIS, Jeremy. *Kindred Spirits: A drift in Literary*. Londres: HarperCollins, 1995.
10. THATCHER, Sanford. The "Value Added" in Editorial Acquisitions. *Journal of Scholarly Publishing*. 31:59-74.
11. GUTHRIE, Richard. *Publishing: Principles & Practice*. Los Angeles: Sage, 2011.
12. HUENFELD, John. *The Huenefeld Guide to Book Publishing*. 5. ed. Bedford: Mills & Sanderson Publishers, 2004.
13. CHERRY, Paul. *Comissioning and List Management for Educational Publishers*. Londres: PTC, 2022.
14. WOLL, Thomas. *Publishing for profit*. 5. ed. Chicago: Chicago Review Press, 2014.
15. CHERRY, Paul. *Comissioning and List Management for Educational Publishers*. Londres: PTC, 2022.
16. MCHUGH, John; BEACOM. *Book Acquisitions Tips*. Milwaukee: McHugh Publishing Consultant, 2020.
17. DESSAUER, John. *Tudo sobre publicação de livros*. São Paulo: Mosaico, 1979.
18. SMITH, Kelvin. *The publishing business: from p-books to e-books*. Lausanne: Ava Academia, 2013.
19. DESSAUER, John. *Tudo sobre publicação de livros*. São Paulo: Mosaico, 1979.
20. DAVIES, Gill. *Book Comissioning and aquisition*, 2. ed. Londres: Routledge, 2004.
21. LEPIONKA, Mary. *Writing and Development your College Textbook*. 2. ed. Gloucester: Atlantic Path Publishing, 2008.
22. TARUTZ, Judith. *Technical Editing*. Massachusetts: Perseus Book, 1992.
23. McHUGH, John. *Attributes of Successful of Acquisitions Editors*. Milwaukee: McHugh Publishing Consultant, 2006.
24. McHUGH, John. *How to Think About New Product and Acquisitions: A Checklist*. Milwaukee: McHugh Publishing Consultant, 2009.
25. KAMPMANN, Eric. *The Book Publisher's Handbook*, Nova York: Beaufourt Books, 2007.
26. MCHUGH, John; BEACOM, *Book Acquisitions Tips*. Milwaukee: McHugh Publishing Consultant, 2020.
27. BERG, A. Scott. *Max Perkins: editor of genius*. New York: Dutton, 1978.
28. POWEL, W. A. *Getting into print*. Chicago: University of Chicago Press, 1985.
29. TEBBEL. A. *History of book publishing in USA*. New York: Bowker, 1962.

CAPÍTULO 12

A decisão de publicar

NESTE CAPÍTULO

Introdução 289

Fatores que influenciam
a decisão de publicar 290

Construindo um programa
de publicação 292

Desenvolvendo e mantendo
listas 295

Selecionando e preparando
propostas de livros 297

Desenvolvendo propostas
de publicação 303

Desenvolvendo e mantendo
um plano de publicação 308

INTRODUÇÃO

Publicar é o processo de produzir e disseminar informação, cultura e entretenimento. Esse processo é dividido em etapas ou funções, incluindo aquisição, desenvolvimento e produção, bem como divulgação e vendas. Nas últimas poucas décadas, a tecnologia dos computadores não só transformou radicalmente o processo de produção de todos os tipos de comunicação impressa como também criou mídias de publicação inteiramente novas, como o CD-ROM e a web. Como resultado, multiplicaram-se as oportunidades na indústria de publicações. Mas ao mesmo tempo que surgem novos modelos de negócio, negócios tradicionais como o de publicação de livros têm sido constantemente questionados e colocados à prova pela concorrências das novas mídias. Portanto, aumentaram correspondentemente os desafios para editores e casas editorias que procuram manter padrões de qualidade e sobreviver nesse novo ambiente de mercado.

Qualquer que seja o tipo ou a abrangência de um projeto, o princípio orientador do trabalho editorial é verificar se cada etapa foi executada com precisão antes de começar a etapa seguinte. As recentes mudanças na tecnologia de publicação, no entanto, podem afetar significativamente as técnicas com que essa verificação é feita e as etapas em que ocorre.

Depois de ter conseguido – seja por networking, prospecção, avaliações ou sorte – atrair uma submissão, a parte mais complicada do processo começa: tomar a decisão de publicação. Isso começa com a resposta do editor: a faísca ou ideia. O editor deve perguntar: devo investir meu tempo e energia neste projeto? Como muitos dos colaboradores deste livro apontam, a menos que você seja apaixonado por um livro, publicá-lo é um erro. Defender um livro de forma eficaz entre os colegas exige um alto nível de entusiasmo e comprometimento. É facilmente perceptível em uma reunião editorial ou reunião de vendas quando um editor está apresentando um título sem convicção. Além disso, um autor deseja, e merece, ter um parceiro editorial entusiasmado em levar seu trabalho aos leitores. E, finalmente, publicar qualquer livro é um processo intensivo, às vezes exaustivo. Empreender em nome de um livro pelo qual o editor não é apaixonado é uma receita para o esgotamento. O publisher Peter Nale, da McGrraw-Hill, lista como regra nº 1 simplesmente: "ame-o".

Para ser justo, "amar" pode ser pedir demais a alguém em uma casa de livros educacionais ou em uma editora universitária, pesando, digamos, uma monografia sobre fisiologia do exercício. No entanto, mesmo nesses campos especializados, existem alguns projetos que despertam o interesse – livros que são intelectualmente empolgantes, que são escritos com entusiasmo especial ou que oferecem algo de valor particular a seus leitores. Além do entusiasmo pessoal do editor, há questões mais amplas a serem consideradas. Como esse título se encaixa na missão e na estratégia da editora? Na publicação universitária espera-se que atenda aos padrões de sua disciplina e tem algo novo a oferecer. Mas mesmo os títulos aprovados academicamente podem ou não se encaixar bem na área em que a editora deseja se concentrar.

A decisão de publicar um livro é empolgante. Além dos conhecimentos, técnicas e procedimentos necessários, você precisa ser criativo e ter boa intuição para iluminar essa decisão. Aqui delineamos sete passos para ser bem-sucedido em seu empreendimento editorial seguindo as recomendações dos consultores editoriais Giles Clark e Angus Phillips:[1]

- **Saiba por que você está publicando.** Você está publicando memórias, um livro de receitas, um livro de interesse geral ou um livro didático? Todos esses objetivos são válidos, mas cada um tem implicações diferentes para seu plano de negócio. Saber *por que* está publicando e *o que* publicará deve ser seu objetivo.
- **Trate a publicação como um negócio.** O mundo editorial vai muito além do prazer artístico ou intelectual que costuma advir do trabalho com um produto cultural. Você é um editor que quer vender um livro, e pretende obter lucros para sua organização.
- **Escreva um plano de negócio.** Esteja ciente de que seu negócio editorial não é um fim em si mesmo – você precisa escrever formalmente seu plano. Este não precisa ser um documento de 10 páginas com todas as despesas registradas, mas deve descrever todos os custos incorridos nos projetos e como obter os recursos necessários. O plano de negócio deve alocar capital para todas as despesas do processo editorial, incluindo aquisição, produção, divulgação e vendas.
- **Você deve planejar a publicidade e o marketing.** Você pode ter o melhor livro do mundo, mas se ninguém souber, ninguém irá comprá-lo. Você não quer imprimir livros que ficarão encalhados no estoque. Você quer imprimir livros que vão vender muito!
- **Publique nas áreas que você conhece.** Assim, a publicidade será mais fácil e você será a "estrela". Não publique algo fora de sua linha editorial, a menos que queira concorrer em outros segmentos.
- **Saiba quem vai comprar seu livro.** Muitos editores pensam que "todos" necessitam e devem comprar seus livros. Não é assim. Nem "todos" vão querer comprar. Pesquise e saiba quem realmente pode comprar seu livro.
- **Livrarias são um mercado muito importante.** Mas estão longe de ser o único lugar para vender livros. Há muitos mercados não tradicionais que compram livros. Faça acordos com distribuidores para todo o país.

Conhecer as diversas etapas de publicação tornará sua jornada mais interessante e rentável.

FATORES QUE INFLUENCIAM A DECISÃO DE PUBLICAR

O consultor editorial John McHugh[2] enumera alguns fatores que influenciam a decisão de um editor em adquirir, desenvolver e publicar um novo projeto:

- **Adequação à lista de produtos.** Um título precisa enquadrar-se no estilo e nas metas da lista de produtos em relação à qual é conhecido a fim de ser compatível com os sistemas de marketing específicos da editora. Além disso, os editores que avaliam novos títulos em comparação com outros títulos estão preocupados com

o equilíbrio, a orientação e o grau de inovação globais da lista.
- **Avaliação do autor.** As qualificações, motivação e tempo disponível do autor para escrever o livro, sua posição frente ao público, confiabilidade par entregar no prazo e receptividade a sugestões.
- **Proposta de venda especial.** Em que esse livro é diferente dos outros, ou o que o torna especial – a qualidade do autor, uma nova abordagem do assunto, ou alguma diferenciação por preço ou formato? Quais são as oportunidades especiais de marketing da qual o livro poderia ser promovidos? Poderia ser uma série para lançamento em um congresso, aproveitando um evento especial?
- **Mercado.** O público principal para o qual o livro se destina, o possível interesse do mercado interno e no exterior. (Os registros de vendas dos livros anteriores do autor ou os registros de vendas similares podem ser usados como guia). Às vezes, é avaliado o potencial de vendas de direitos para outros idiomas, bem como as oportunidades especiais de marketing em que o livro poderia ser promovido.
- **Competição.** Os principais pontos de venda e vantagens do título em comparação com os livros da própria editora e dos concorrentes (por exemplo, especialmente livros educacionais e livros de referência). Características e benefícios do título em comparação com os títulos concorrentes devem ser avaliados. Isso é importante para livros didáticos e títulos de referência e para uma variedade de não ficção. Os pontos fortes dos títulos concorrentes devem ser reconhecidos, não apenas seus pontos fracos.
- **Potencial para catálogo.** O livro terá uma vida curta no catálogo ou tem potencial para permanecer na lista durante um longo período?
- **Investimento e retorno.** Quanto tempo e dinheiro precisa ser gasto na aquisição do livro, incluindo valor do adiantamento e custo de desenvolvimento, em relação aos seus lucros esperados e rentabilidade? Será que o livro venderá o suficiente para justificar sua publicação?
- **Risco e inovação.** Que fatores externos, como o momento ideal para publicar, afetam o risco do investimento? A articulação de algumas estratégias será percebida, pelos concorrentes? Qual é a desvantagem se as expectativas não se realizarem? Sem correr riscos e inovar, a editora será ultrapassada pelos concorrentes.
- **Conteúdo.** O julgamento do editor sobre a qualidade e adequação do conteúdo é auxiliado por outras pessoas. Os editores de livros de ficção podem contar com editores assistentes, ou leitores externos, para obter sinopses da trama ou uma primeira ou segunda opinião. Os editores de livros de não ficção podem pedir que leitores externos especialistas comentem livros especializados. Outros editores recorrem muito a especialistas (por exemplo, professores, acadêmicos e profissionais), às vezes, internacionalmente, para comentarem o material antes, durante ou depois que o livro foi escrito. (Todos esses leitores externos recebem um pequeno pagamento e permanecem, na maioria das vezes, anônimos para o autor.)
- **Aparência física e preço do livro.** O editor tem em mente uma forma física desejável para o título proposto (por exemplo, a quantidade de páginas, conteúdo, ilustração, tamanho, estilo de encadernação e qualidade de produção), o provável custo e a faixa de preço dentro da qual ele poderia ser vendido.

> A literatura concorda que a função editorial é a mais importante de uma editora. É também a que causa maior entusiasmo intelectual. Selecionar o que deve ser publicado e melhorar o conteúdo antes que seja publicado são responsabilidades fascinantes.
>
> – John McHugh, consultor editorial

O processo de aprovação

Algumas ideias podem ser rejeitadas, especialmente quando há avaliações desfavoráveis; o autor é solicitado a reformular e submeter novamente o original à apreciação considerando as sugestões dos editores; outras ideias são seguidas. Não é possível oferecer um contrato sem a aprovação do grupo de gerenciamento de núcleo. Os editores pedem sugestões à equipe de vendas sobre os possíveis preços e previsões de vendas, e ao gerente de produção, sobre os custos de produção. Um formulário é preparado para análise da viabilidade de publicação, o qual aborda o escopo do livro, sua forma, seu mercado, concorrentes, avaliações dos consultores, data de publicação, razões para a publicação etc. Adicionalmente, um demonstrativo financeiro define a receita de vendas esperada em comparação com os custos de produção do livro e os custos de royalties do autor para apresentar a margem de lucro esperada – desde que o livro tenha boas vendas. Diferentes combinações de preços e previsões de vendas, e os custos de produção da rodada de impressão e dos royalties, podem ser experimentados. Muitas editoras realizam reuniões formais, nas quais os principais diretores de departamento ouvem as propostas dos editores – a maioria dessas propostas é aprovada, mas algumas são remetidas a nova consulta ou rejeitadas.

Pode haver uma ótima data de publicação que maximize as vendas (por exemplo, um livro de ficção para o mercado de Natal; ou livros didáticos, dos quais são necessárias cópias de amostra para serem avaliadas por professores, idealmente, por volta do final de cada semestre letivo, para garantir adoções no semestre seguinte. Alguns autores submetem capítulos para serem comentados; outros entregam o original completo no prazo ou mais tarde (ou nunca). O original é conferido quanto ao tamanho, abrangência e qualidade (pode ser mais uma vez avaliado externamente), pode ser devolvido ou aceito, e então é entregue ao departamento de pré-impressão. O livro é novamente avaliado quanto ao custo.

Os editores dão informações pertinentes e estabelecem ligação com editores de texto, designers, equipes de produção, promoção e vendas. Embora os editores não tenham nenhum controle gerencial sobre outros departamentos, eles se empenham em garantir que seus livros recebam a atenção devida. Os livros são apresentados à equipe de vendas da editora nas reuniões que acontecem regularmente.

Alguns editores, especialmente aqueles envolvidos com livros complexos e altamente ilustrados, ou grandes projetos de livros educacionais, envolvem-se muito nas etapas de produção. O preço de venda do livro pode ser fixado na etapa de prova de página quando o número de cópias, ou tiragem, já deve estar definido. O número de cópias impressas pode ser menor ou maior do que a quantidade imaginada a princípio. O envolvimento dos editores nas decisões de redefinição de preços, reimpressão, ou liquidação do estoque varia de editora para editora. Em algumas, o diretor de marketing é a força predominante.

CONSTRUINDO UM PROGRAMA DE PUBLICAÇÃO

A publicação como outras indústrias criativas baseia-se em descobrir, incentivar e aprimorar os talentos de pessoas criativas e, então, expô-las ao mercado de uma forma que assegure tanto ao autor como ao editor a obtenção de um retorno adequado sobre o tempo e o dinheiro investido.

Quando os editores procuram autores e livros para publicar, eles precisam de um plano. Nenhuma editora sobreviverá por muito tempo, publicando muitos tipos diferentes de livro dentro de uma lista. É por isso que as grande editoras têm várias listas (com selos diferentes) para publicar livros para diferentes mercados, e até mesmo preservar a identidade da marca de listas que elas adquirem.

Uma marca ou selo editorial teria dificuldade em lidar simultaneamente com um livro de culinária, um tratado de energia nuclear e uma história infantil ilustrada. Embora cada livro possa ser excelente, a editora não tem as habilidades e recursos para desenvolver, produzir, promover e distribuir títulos tão variados para diversos públicos de uma forma que faria sentido econômico. Planejar um programa de publicação é uma das tarefas mais importantes da gestão editorial e envolve a organização de títulos de tal forma que todas as listas sejam equilibradas e com uma previsão de mercado. É fundamental que os editores trabalhem dentro da filosofia da editora e com um programa específico. A editora tem de estar ciente dos objetivos, do tipo de produto que está programando e das restrições financeiras da empresa. Considerando todos esses parâmetros, o editor pode executar uma das funções de planejamento mais importantes: a construção da lista. A construção de uma lista é uma tarefa que envolve o pessoal de marketing e o pessoal editorial na seleção de uma série de livros. Há três tipos de trabalho envolvidos na construção de listas:

1. Desenvolvimento de uma lista estabelecida, em que uma lista atual de livros é avaliada e depois adaptada ou ampliada.
2. Desenvolvimento de uma nova lista, em que o editor vê uma oportunidade no mercado e, depois de cuidadosa investigação e deliberação junto com o pessoal de marketing, lança uma nova série de livros.

    Uma nova lista são aqueles livros que ainda não foram publicados (e para algumas empresas também inclui os títulos publicados dentro do ano em curso). Esses são os livros planejadas para gerar receitas no futuro: eles vão exigir um investimento no presente.

    O editor deve assegurar que os autores entregarão os originais nas datas estabelecidas e que o material entregue atende aos requisitos contratados, como tamanho e número de ilustrações.

    A empresa terá uma estratégia de publicação global que deverá identificar as áreas a serem cobertas, seus mercados e o tipo de produto que a empresa vai publicar para atender as necessidades identificadas. No contexto da estratégia de um editor de aquisição será necessário desenvolver ideias com os autores, conhecendo os recursos que estão disponíveis para alcançar os objetivos financeiros que devem ser estabelecidos.

    A professora e diretora editorial Gill Davies[3] recomenda que o editor se prepare para aplicar algum processo de filtragem, "rejeite as ideias que não cumprem o plano estratégico e, para aqueles que possam ter potencial de vendas, incentive e oriente o autor a produzir o que é necessário. E, claro, os autores existentes serão incentivados a ter seu próximo livro publicado pela empresa. Tudo isso significa que o editor deve desenvolver habilidades em negociação e diplomacia. Incentivar alguém a escrever e aconselhar um autor que o material apresentado não é adequado exige muito tato e compreensão."
3. A gestão do catálogo, que abrange livros que continuam a ser vendidos após o primeiro ano da publicação.

A gestão do catálogo envolve o monitoramento do desempenho dos títulos publicados e tomar decisões sobre reimpressão, revisão e reimpressão, preparando novas edições ou colocar os títulos fora de catálogo.

Reimpressão é exatamente isso: um livro terá uma tiragem inicial e se vender bem novas cópias serão reimpressas para atender a demanda. Muitos editores conseguem boas receitas a partir de sua lista vigente. Revisão e reimpressão oferecem a oportunidade de atualizar um livro sem necessariamente mudar tudo. Esse é um exercício útil para livros de referência, em que, por exemplo, parte do conteúdo pode mudar e o novo material pode ser facilmente incorporado.

E, por fim, a decisão mais difícil para muitos editores: colocar um livro fora de catálogo. Se um título não está vendendo bem, chega o momento em que o custo de mantê-lo disponível, em um armazém, tem um impacto significativo sobre a receita desse livro. Se há pouca esperança de melhorar o desempenho das vendas a decisão é declarar o livro como esgotado.

Colocar um título fora de catálogo pode ser um momento crítico para a relação entre o autor e o editor. O autor deve ser informado da decisão (e geralmente é oferecido ao autor a oportunidade de adquirir cópias restantes com um bom desconto).

Quer seu plano seja publicar 3 livros ou 300, os mesmos processos e procedimentos se aplicam. Sempre vale a pena planejar com antecedência e saber onde você está indo. Quando você cria um processo de planejamento, uma rotina de planejamento e, finalmente, um plano de publicação, diz o consultor editorial John Huenefeld[4], você estará no bom caminho para alcançar seus objetivos, seguindo estes passos:

1. *Crie um processo de planejamento*
    É importante estabelecer um processo que deixará o plano consistente com antecedência suficiente para cumprir suas metas de vendas. Por exemplo, digamos que sua empresa leva

12 meses em média para publicar um livro, a partir do momento que você assina com um autor. Você precisará pensar com pelo menos 18 a 12 meses de antecedência, supondo que irá demorar cerca de seis meses para encontrar o autor desejado e negociar contrato (ver Quadro 12.1).

Então, o que você precisa para criar seu processo de planejamento? Algumas atividades de planejamento devem ser realizadas o ano todo, enquanto outras exigem que você concentre nelas durante um, dois ou seis meses.

Por exemplo, em sua programação, registre seus pensamentos e observações em relação

QUADRO 12.1 | Processo de planejamento

Atividade	Jan	Fev	Mar	Abr	Mai	Jun	Jul	Ago	Set	Out	Nov	Dez
Prospecção	X	X	X	X	X	X	X	X	X	X	X	X
Identificar autores		X	X									
Selecionar autores		X	X									
Assinar contratos	X											
Do manuscrito ao livro publicado					X	X	X	X	X	X	X	X

aos projetos de novos livros, sejam eles baseados em conversas, artigos de jornais e revistas ou qualquer outra fonte.

Para acessar esse material organize-os em pastas de arquivo, com os títulos:
– *Artigos de jornais, revistas, congressos.*
– *Propostas de autor.*
– *Tendências e estatísticas.*

2. *Crie uma rotina de planejamento*
Estabeleça um procedimento que funcione para você. Isso provavelmente facilitará rever as propostas de publicação, ideias, e planos formalmente em períodos, semanal, mensal, trimestral ou anual.

Além disso, é uma boa ideia ter sessões de discussão com toda a equipe uma vez por ano e gerar novas listas de ideias para futuras publicações. É recomendável prestar atenção e analisar as ideias e os relatórios que vêm dos representantes ou divulgadores das obras.

3. *Crie um plano de publicação*
Depois que você tem um processo e uma rotina de planejamento, é o momento de focar o plano de publicação. O consultor editorial Kevin Smith[5] resume esse plano assim:

– **Visão e missão.** Você tem uma declaração de missão para sua empresa? Você tem uma declaração de missão para seu programa de publicação? Você precisa dos dois e eles devem ser consistentes.
– **Público.** Você tem um público claramente definido para seus livros e séries? Você já sabe qual é o consumidor alvo?
– **Metas.** Quantos livros você pretende publicar anualmente? Quantos em cada semestre? Quantos livros você pretende publicar nos próximos três a cinco anos?
– **Produto.** Qual é o "mix" de títulos que você está planejando publicar? São únicos, uma série, ou ambos? Qual é o formato, capa dura ou brochura?
– **Preço.** Qual é a faixa de preço? O número médio de páginas?
– **Tempo.** Existem oportunidades de promoção específicas, ocasiões especiais ou épocas do ano que você pode aproveitar o lançamento de livros? Existe uma programação para novas edições?

Depois de considerar esses aspectos, você pode criar um plano de publicação usando um planilha, conforme sugere o Quadro 12.2.

De fato, é uma boa ideia analisar e rever seu plano editorial quantas vezes forem necessárias, tão logo se tenha um feedback, como as mudanças no mercado e suas próprias mudanças de pensamento.

QUADRO 12.2 | Plano de publicação

Título	Autor	Data publicação	Número de páginas	Formato	Preço	Prioridade A, B, C	Status	Obs.

> **Editor: perguntas que devem ser respondidas**
>
> Faça perguntas sobre cada projeto:
> - Esse original fará uma contribuição à educação e ao conhecimento?
> - O autor demonstra habilidades e conhecimentos específicos dessa área?
> - Existe um mercado razoavelmente grande para esse projeto?
> - Como ele se compara aos concorrentes?
> - Se não houver concorrentes, o que faz você acreditar nesse livro?

DESENVOLVENDO E MANTENDO LISTAS

Desenvolver uma lista não é simplesmente um processo contínuo de acumular centenas de títulos sob uma ampla variedade de áreas e dizer: "Agora temos uma lista de livros sobre culinária, ficção, história, biologia e outros temas". Tudo o que se comprova é que o editor, de fato, tem um monte de livros, mas em conjunto a lista mostra muito pouco senso de propósito ou foco.

Desenvolver uma lista é um processo muito mais ponderado. O editor está procurando por uma série de livros que são fortemente definidos no olho e na mente, da equipe editorial e marketing. Os leitores são os alvos; por isso, é imperativo saber o formato, os preços que estão dispostos a pagar, a maneira como eles usam seus livros, se compram livros em livrarias ou por mala direta.

Para o consultor editorial Thomas Woll,[6] "a publicação é um processo bastante retrospectivo. É uma prática padrão que nos obriga continuamente olhar sobre nossos ombros, analisar o que foi feito antes, para ver se funcionou, e para julgar os livros que são oferecidos sob esse prisma. Isso pode não soar muito audacioso mas produz um julgamento razoável o suficiente para nos permitir prosseguir. O risco comercial estará sempre presente e muito depende da forma inteligente que for interpretada a evidência que temos do passado recente. Se o processo em desenvolvimento da lista é produzir uma 'família' de livros, a apoteose do desenvolvimento da lista é a criação de um catálogo." Então, em termos práticos, você começou a fazer tudo isso?

Vamos começar com a situação de uma lista já está existente.

Desenvolvendo uma lista estabelecida

Para a grande maioria dos editores a principal tarefa será focar no desenvolvimento de uma lista existente: refinar, melhorar e ampliar. Com o objetivo de desenvolver uma lista, a autora Gill Davies[7] sugere o que precisamos trabalhar:

- Quantos títulos por ano, à lista atual está produzindo? É muito pouco para estabelecer uma presença forte ou tem excesso de produção disseminando uma qualidade dispersa?
- O nível em que os títulos são lançados corresponde ao número de leitores-alvo?

A lista produz monografias e textos complementares, acreditando que os leitores irão comprá-los? Ou são manuais demasiado técnicos para as necessidades do mercado?

Como estão às vendas? Você precisa encontrar algumas respostas. Tente analisar as características daqueles livros que podem ter influenciado o desempenho das vendas. Em vez de examinar todos os livros da lista, escolha exemplos de boas vendas, de vendas medíocres e de vendas razoáveis e, então, procure as pistas. Procure nos arquivos do livro (todo livro tem seu histórico). Os arquivos revelam a correspondência entre o autor e o editor ou o consultor e o editor? Os arquivos podem mostrar uma compreensão bem afinada por parte de todos de como o livro foi projetado ou poderia revelar que havia dúvidas ou enganos ao longo do caminho com os quais você pode aprender.

Leia os comentários nos arquivos de promoção. Estes irão fornecer evidências a partir da primeira fase de aprovação do projeto. Se sua editora tem formulários para as amostras de cortesia, você pode encontrar aí valiosas opiniões das pessoas que pretendiam ler e recomendar um texto. Outras possibilidades são:

- Peça ao gerente de marketing, se ele lembra de relatórios de vendas de representantes que podem lançar alguma luz sobre o desempenho das vendas.
- Converse com os divulgadores (representantes editoriais) para obter feedback sobre a reação dos professores.
- Se sua casa usa um forte marketing direto, descubra a proporção das vendas que vem desse canal e o que é vendido por meio de livrarias e distribuidores. Se as proporções não forem o que você espera, então há questões a serem colocadas sobre a ênfase do esforço de marketing.
- Descubra a proporção das vendas que vêm do mercado externo.
- Visite livrarias, universidades, faculdades, escolas e conferências, dependendo de seu setor de publicação. Peça às pessoas para lhe dar sua opinião honesta sobre a lista. Como você sabe com quem falar. Livreiros, autores, consultores, colaboradores e agentes podem prestar informações valiosas.
- Converse com colegas de vendas e marketing e peça suas impressões sobre a lista. Muitos terão opiniões bem formadas da lista de publicação e ficarão felizes por ter a oportunidade de discutir abertamente. É uma boa oportunidade de falar abertamente com seus colegas e todos terão a chance de se concentrar sobre o assunto de uma maneira mais livre e descompromissada.

Identificar e avaliar o mercado

Tendo em mente a definição de um bom livro é "aquele que se esgota", é fundamental para um editor de aquisição saber onde os livros provavelmente serão vendidos: mercados atuais para títulos existentes e como esses mercados reagirão a novos mercados para novos livros.

Tendências em desenvolvimento, nacionais e internacionais, devem ser identificadas. Por exemplo, há uma demanda crescente em publicações de consumo para um determinado assunto ou gênero? Existem novos desenvolvimentos na ciência, tecnologia ou medicina que precisam ser abordados – e assim por diante. Com os mercados de livros educacionais e profissional é indispensável para o editor de aquisição ter conhecimento especializado e relevante do assuntos em pauta.

Contribuir para as atividades de marketing

Um editor precisa saber sobre os mercados para os quais os livros se destinam e deverá ter conhecimento especializado das necessidades e tendências do mercado. Essa expertise será usada pelos departamentos de promoção e vendas em seus esforços para divulgar e vender os títulos.

Típico das atividades em que um editor pode estar envolvido serão recepções à imprensa, lançamentos de produtos, conferências, congressos, feiras e assim por diante. Além disso, o editor deve apresentar os novos títulos à força de vendas, particularmente onde os livros devem ser disponibilizados através de livrarias, distribuidores e escolas varejo. Os representantes de vendas, cujo trabalho é visitar bibliotecas, escolas e livrarias deve saber o que distingue o novo livro de seus concorrentes: não é tão difícil, se for um livro didático em um mercado bastante competitivo.

Até agora muita informação valiosa terá sido recolhida. Isso deve ser trabalhado assídua e sistematicamente para produzir uma análise do que é bom ou ruim sobre a lista.

Você terá agora uma análise dos pontos fortes e dos pontos fracos sobre os quais a lista foi construída. Isso lhe oferecerá bases para decidir o que você deve continuar a fazer, para reproduzir sucessos passados e atuais, ou o que deve evitar para não repetir erros anteriores. Agora que você sabe com o que está trabalhando, precisará de ideias para de avançar a partir daí e decolar.

SELECIONANDO E PREPARANDO PROPOSTAS DE LIVROS

Quando o departamento de aquisição funciona adequadamente, cada editor acumula um fluxo constante de propostas de autores, agentes, outros editores que queiram vender direitos e até de propostas pessoais. A primeira tarefa do editor é fazer uma triagem para eliminar os projetos obviamente inadequados. Com relativamente pouca experiência, um editor que entende as definições da estratégia de aquisição estabelecidas pela empresa (ou mesmo o "nicho de publicação" geral da editora como estabelecido na declaração de missão da empresa) deve ser capaz de identificar propostas inadequadas ou claramente inconsistentes a partir de uma breve leitura por amostragem. De fato, em geral esse é o tipo de trabalho atribuído ao assistente editorial (sob a orientação do diretor editorial), fazendo triagem antes mesmo que esse fluxo chegue aos editores.

No processo de rejeição, uma carta personalizada, simplesmente explicando que no momento a proposta não atende às necessidades da editora – com uma cópia anexa dos originais – é realmente o apropriado na maioria dos casos. Se o editor considerar o projeto plausível para *outra editora*, e conhecer um ou dois nomes que talvez sejam úteis, sugerir esses contatos alternativos para o autor é uma gentileza conveniente.

Caso uma proposta que sobreviveu a essa rápida leitura inicial chegue de uma forma difícil de trabalhar, o editor deve tomar a iniciativa de entrar em contato com o potencial autor e solicitar que ela seja apropriadamente remodelada. No início do processo, o que o editor deve ter é, essencialmente, dois ou três capítulos de amostra indicando claramente o conteúdo básico e a organização do livro proposto, e uma carta de apresentação que explica a razão pela qual o autor considera que ele tem potencial de vendas.

Se, em vez disso, o editor receber um manuscrito completo – ou uma proposta em qualquer outro formato que *não* inclua a estrutura de tópicos deste capítulo e uma visão geral – ele deve utilizar um formulário padronizado e personalizado como o apresentado no Quadro 12.3 para explicar que, antes que uma decisão possa ser tomada, a proposta deve ser avaliada por um número de pessoas – a maioria das quais não terá tempo de ler todo o manuscrito. O autor deve ser lembrado de que a pessoa mais qualificada para preparar um resumo que faça justiça ao projeto é *o próprio autor*. Em geral, eles aceitam essa incumbência com entusiasmo.

Enquanto isso, ofereça garantias de que o manuscrito ou outro material que eles enviarem estará realmente seguro até ser usado – ou devolvido.

Currículo. O autor deve enviar um currículo atualizado resumindo suas credenciais acadêmicas e sua experiência em ensino e pesquisa, bem como suas publicações anteriores e quaisquer prêmios de reconhecimento profissional que tenha recebido. Duas ferramentas indispensáveis nesse sentido são a plataforma Lattes para currículos acadêmicos e o site de rede de relacionamentos profissionais LinkedIn.

Originais claros e legíveis. É do maior interesse do autor submeter claros e legíveis originais de amostra e materiais de apoio, uma vez que esses itens serão fotocopiados e distribuídos a um número de pessoas durante o processo de avaliação do projeto. Uma vez que sua proposta é o primeiro esforço do autor para convencer o editor e a comunidade acadêmica sobre suas capacidades, o autor também deve verificar cuidadosamente a ortografia, a gramática e a pontuação de todos os itens que submeter. Se o livro proposto for uma colaboração de vários autores cada um deles deve completar um questionário separado.

QUADRO 12.3 | Proposta editorial

Título provisório: _____

Descrição: Descreva em (100-200) palavras o projeto, seus motivos para escrevê-lo e a abordagem utilizada.
_____
_____
_____

I – O mercado

Para qual é o mercado seu projeto se destina?
_____
_____
_____

Quais cursos seriam os alvos mais prováveis e por quê?
_____
_____
_____

Quais disciplinas se aplicaria esse projeto?
_____
_____
_____

II – A concorrência

Indique os três maiores concorrentes para seu livro e de forma breve descreva quais são os pontos fortes e pontos fracos de cada um.

Autor 1: _____
Título: _____
Editora _____ Nº Páginas _____ Data de publicação _____

Fragilidades:
_____
_____
_____

Potencialidades:
_____
_____
_____

Autor 2: _____
Título: _____
Editora _____ Nº Páginas _____ Data de publicação _____

Fragilidades:
_____
_____
_____

Potencialidades:
_____
_____

Autor 3: _____
Título: _____
Editora _____ Nº Páginas _____ Data de publicação _____

Fragilidades:
_____
_____
_____

Potencialidades:
_____
_____
_____

Você acha que há um mercado para seu projeto além do mercado universitário? Se houver, por favor explique:
_____
_____
_____

Como você pretende posicionar-se com respeito a esses concorrentes?
_____
_____
_____

Existem forças competitivas significativas, que são tão fortes que você não tentará competir com elas nesses pontos particulares?
_____
_____
_____

Se existem, quais são elas?
_____
_____
_____

III – Pedagogia

Você planeja usar uma estratégia de ensino ou abordagem/estrutura pedagógica específica?
_____
_____
_____

Quais recursos – quadros, casos, leituras, ensaios, guias de estudo você planeja usar?
_____
_____
_____

Quais vantagens competitivas são oferecidas pelos itens acima?
_____
_____
_____

IV – Complementos

Quais materiais auxiliares os professores que ministram esse curso valorizam?
_____
_____
_____

Que papel imagina que a tecnologia desempenha nesse curso e em seu projeto?
_____
_____
_____

Quais utilizações da WEB e da tecnologia de CD/DVD você vê como eficientes na comercialização de seu produto?
_____
_____
_____

V – Planificação

Quando você concluirá um capítulo "modelo" (completo, com todos os componentes)?
_____
_____
_____

Qual é a previsão de entrega do primeiro rascunho completo do livro?
_____
_____
_____

VI – Capítulos de Amostra

Capítulos de amostra são a peça principal de uma proposta completa. Embora a proposta e o sumário revelem o pensamento que há por trás de seu projeto, são as amostras de capítulos que demonstram a qualidade do trabalho. Recursos pedagógicos, ilustrações, gráficos e outros deverão estar incluídos nessas amostras. Tudo isso fundamentará a decisão de publicar ou não o livro.

Envie sua proposta, se possível com dois ou três capítulos de amostra, não necessariamente na sequência, juntamente com o sumário detalhado. Não coloque seu nome ou o da escola, nesse material, pois ele pode ser remetido para consultores.

Anexe ao seu currículo os dados abaixo:

Nome completo: _____
Instituição: _____ Departamento: _____
Endereço: _____ Cidade: _____ UF: ____
CEP.: _____ Fone: (___) _____ E-mail: _____
Endereço residencial: _____
CEP.: _____ Cidade: _____ Estado: _____
Tel. res.: (___) _____ Tel. com.: (___) _____

As próximas ações que o editor precisará depois desse formulário serão as respostas para as perguntas iniciais que surgem durante a primeira leitura (como a boa vontade do autor de mudar um título ruim, ou uma descrição mais explícita de apêndices ou ilustrações previstos), e o tópico/projeto. O autor pode combinar solicitações para esses itens com a solicitação acima citada para o remodelamento de uma proposta (para a carta de apresentação e a estrutura de tópicos) caso esse remodelamento seja necessário.

Se um projeto conseguiu passar na primeira leitura (como "plausível"), mas realmente não despertou o interesse do editor como um candidato para um lugar *específico* no modelo de planejamento, o diretor editorial deve ser convidado a expressar uma opinião antes de o editor decidir entre a rejeição imediata ou uma segunda rodada de consultas para informações adicionais.

> **Editor**
>
> Uma proposta é uma ferramenta inestimável que tem um propósito duplo: ela lhe dá a chance de "comprar" o livro para a editora e esclarece o livro para seus consultores. Uma proposta tem igual importância, esteja o livro na fase de ideia ou na fase em que capítulos de amostra são submetidos para avaliação.

O editor deve enfatizar ao autor que uma conclusão cuidadosa e imediata é essencial para o processo de decisão. Ele também deve se certificar de que a proposta fornece ao autor um bom resumo geral do assunto e escopo do trabalho proposto e uma declaração explícita dos aspectos atraentes e únicos que irão convencer as pessoas da área em questão a querer comprar esse livro. O editor deve mostrar ao autor que o resumo e a descrição dos aspectos atraentes e únicos que são incluídos no questionário podem também se tornar o texto promocional básico para o futuro. Junto com o questionário em branco, o editor deve enviar uma carta encorajando o candidato a ser diligente em relação todas às perguntas – depois da consulta com o diretor editorial – levantar quaisquer outras questões que exigem esclarecimento e/ou uma indicação da disposição do autor de utilizar boas sugestões do editor e de seus colegas.

Só depois que o editor tiver montado esses primeiros componentes da apresentação (carta de apresentação/visão geral, estrutura de tópicos de capítulo, questionário do autor, respostas para as consultas iniciais do editor) é que o projeto realmente garante qualquer investimento significativo de tempo editorial.

Comprometimento editorial

Até aqui tratamos apenas da leitura e da montagem de projetos potenciais que um editor deve realizar *antes* de sério compromisso de prazo. Mas com esses componentes básicos de apresentação em mãos (e qualquer manuscrito pré-submetido seguramente guardado para possível utilização futura), é hora de o editor fazer o que é necessário a fim de se certificar de que o projeto merece algum compromisso de outros membros da equipe de publicação. O autor Huenefeld[8] indica seis ações das quais o editor deve por fim se certificar antes que outros se dediquem ao novo projeto.

- **Conveniência estratégica.** A maneira fácil e talvez a única adequada para o editor se certificar de que o projeto é compatível com os propósitos e estratégia da editora é seguir as políticas de publicações da empresa.
- **Originalidade competitiva.** O mínimo que um editor deve oferecer como forma de garantia de que o livro proposto não seria uma concorrência direta do tipo "colisão de frente" é uma análise de títulos semelhantes a partir de exame dos catálogos de editoras concorrentes, visitas a livrarias importantes, e consulta com boas bibliografias da área. Se livros semelhantes já estão no mercado, o editor deve estar inteiramente preocupado com uma explicação convincente da razão por que esse material, apesar disso, será bem recebido por leitores.
- **Competência literária.** Se você já publicou alguma obra desse autor – e ficou satisfeito – esse é um bom argumento. Caso contrário, o editor deve ler pessoalmente uma amostra razoável da redação do autor (de livros anteriores publicados por outras editoras, artigos de revistas, ou um ou dois capítulos de exemplo do atual manuscrito), e se certificar de que está satisfeito e ciente de que o autor escreve suficientemente bem para fornecer uma obra atraente, que não exigirá novo e excessivo retrabalho de estilo. (Não simplesmente circule as amostras para outros – o pessoal de marketing, consultores, revisores para avaliação de estilo; um editor que não pode diferenciar um bom texto de um texto ruim, é um mau profissional!).
- **Credibilidade do autor.** O editor deve fornecer a todos os interessados na editora garantia de que o autor conhece o assunto da obra – e que ele é de confiança por não orientar erroneamente o leitor ou envolver a editora em dificuldades legais por causa de ignorância, erros ou plágios. O editor que não se sente qualificado para certificar a competência de um autor (pelo conhecimento especializado sobre o as-

sunto) deve recorrer a um conselho de especialistas dispostos a dar uma rápida opinião depois de examinar a carta de apresentação, a estrutura de tópicos e o questionário do autor.

- Se uma área for absolutamente misteriosa ou técnica, ou altamente especializada para um editor, este deve trocar ideias com outros profissionais (o diretor editorial, autores anteriores etc.) para colher nomes e endereços de especialistas que poderiam estar dispostos a oferecer opiniões rápidas sobre a credibilidade de potenciais autores e suas abordagens por meio de uma estrutura de tópicos e questionários.
- Em geral, é considerado adequado pedir opiniões de consultores quando o editor precisa de ajuda para avaliar um projeto. A menos que esse editor pretenda ligar para cada consultor por telefone, é uma boa ideia incluir um questionário de resposta rápida que simplesmente ofereça ampla oportunidade de o revisor/crítico o advertir se algo parecer errado. De qualquer modo isso é o máximo que se pode obter de um revisor distante.

- **Invulnerabilidade jurídica.** Obviamente, não se pode esperar que editores sejam especialistas em questões jurídicas. Mas à medida que cada proposta se desdobra, é obrigação do editor estar alerta a possíveis plágios (ou mesmo dependência excessiva de trabalhos de outros escritores), calúnia ou difamação (acusações insustentáveis contra outros), ou responsabilidade do produto (declarações enganosas que podem causar prejuízo aos leitores). Se o editor tiver alguma suspeita sobre algum desses fatos – essa preocupação deve ser claramente declarada como parte da proposta.
- **Compromisso do editor.** Por fim, depois que todas as evidências foram levantadas, o editor deve se certificar de que realmente acredita que o projeto deve ser contratado para preencher o espaço alocado no modelo de planejamento – antes que outros membros da equipe sejam solicitados a investir tempo em sua avaliação. Os editores devem evitar que propostas incertas circulem entre os outros profissionais da empresa – na esperança de que alguém os encoraje ou encampe proposta. Esses outros colaboradores têm seu próprio trabalho – e não devem incomodados. Quando o editor fornece o "pacote" original (carta de apresentação, estrutura de tópicos de capítulo, questionário do autor, resposta de autor para consultas iniciais), a proposta está pronta para ser apresentada aos outros membros da equipe de publicação para (1) avaliação interfuncional e sugestões, e (2) uma decisão de contratação ou rejeição. O caráter excessivamente intuitivo de muitas decisões de publicação é responsável por uma taxa realmente alta de fracassos comerciais no mercado editorial.

Portanto, a rotina de trabalho de um editor consiste principalmente em (1) buscar um fluxo constante de propostas adequadas, (2) fazer leituras rápidas para rejeitar as apresentações obviamente inadequadas ou inaceitáveis, e (3) cuidar dos detalhes da formatação das propostas potencialmente viáveis seguindo os passos citados anteriormente, a fim de desenvolver um "pacote de proposta" completo para submetê-las com o devido comprometimento pessoal ao diretor editorial.

Didáticos

As editoras dedicadas à publicação de livros didáticos são um caso exemplar do processo de publicação como um todo funcional. Cada membro de uma equipe editorial tem uma função nesse processo: os editores de aquisição verificam a pulsação do mercado para identificar novas tendências e avanços no setor do ensino, e as possibilidades de adoção de novas ferramentas didáticas. Os editores de desenvolvimento ajudam os autores a ampliar a visão que eles têm de seus projetos por meio de revisões e avaliações, os editores de produção ajudam a projetar e a transmitir a informação mais eficientemente por meio de desenho visual, e os profissionais de marketing e a equipe de vendas ajudam esse mercado muito amplo e diverso a tomar conhecimento de novos produtos colocados no mercado.

DESENVOLVENDO PROPOSTAS DE PUBLICAÇÃO

Este tópico trata da procura e identificação de ideias de publicação e seu desenvolvimento até propostas de publicação.

Como identificar e avaliar ideias de publicação potencialmente comerciais

O que o editor deve ser capaz de fazer:

- Identificar e usar recursos de ideias de publicação.
- Identificar e usar fontes de informações e recomendações sobre o potencial comercial das ideias de publicação.
- Identificar e avaliar ideias que correspondem às necessidades e gostos de seu mercado.
- Identificar e avaliar ideias em linha com as metas e recursos de publicação de sua organização.
- Discutir ideias com colegas.
- Rejeitar ideias que não seriam adequadas para o desenvolvimento, explicando seus motivos.

O que o editor precisa saber:

- Quais são as fontes de ideias para publicação e quais são apropriadas para utilização.
- Como identificar e acessar fontes apropriadas e abalizadas de informações sobre as necessidades e tendências do mercado e o potencial comercial.
- Como fazer contato com e identificar conselheiros confiáveis.
- Como estabelecer e desenvolver relacionamentos de trabalho produtivos com autores, colaboradores e provedores de material para publicação.
- O tamanho e o poder de compra do mercado.
- Quais são as necessidades atuais e os gostos de seu mercado.
- Quais são as metas e prioridades de publicação de sua organização.
- De que maneira os recursos e sistemas de sua organização limitam e influenciam o que vai adiante da publicação.

Como desenvolver, pesquisar e propor ideias de publicação

O que editor deve ser capaz de fazer:

- Desenvolver ideias viáveis de publicação em propostas elaboradas de forma inteligível aos demais colaboradores da empresa.
- Selecionar um formato apropriado no qual cada ideia seria publicada.
- Determinar o custo de cada proposta.
- Propor a data da publicação em linha tanto com as necessidades de mercado como com o tempo necessário para a produção.
- Fazer pesquisa de mercado de cada proposta.
- Avaliar cada proposta e sua possível lucratividade.
- Fazer adaptações das propostas, à luz do aconselhamento recebido.
- Preparar e apresentar as propostas finais de publicação no formato e incluindo todos os detalhes exigidos por sua organização para que seja tomada uma decisão.
- Fornecer informações sobre seus projetos de publicação aos seus colegas, conforme necessário, de maneira a inspirar confiança e permitir que eles entendam sua área de publicação e devolvam informações úteis para você.
- Fornecer informações sobre seus projetos de publicação em tempo amplo e formato útil para permitir aos colegas de marketing produzir material de publicidade.
- Fornecer informações e material, conforme exigido por seus colegas de vendas.
- Identificar e comunicar claramente os pontos de venda de cada um de seus projetos de publicação.
- Identificar ideias apropriadas de marketing e vendas apresentadas por seus contatos e passá-las para seus colegas de maneira útil.
- Informar a todas as pessoas apropriadas sobre as decisões tomadas sobre cada proposta.
- Em qualquer estágio do processo, reconhecer quando seria impróprio qualquer outro desenvolvimento de uma ideia e informar a todas as pessoas envolvidas se ela está em desenvolvimento e por que.

O que o editor precisa saber:

- A forma como uma proposta deve ser apresentada para discussão em sua organização.
- Os sistemas de sua organização para considerar e decidir sobre as propostas.
- Quais informações são necessárias para os colegas (por exemplo, na produção, marketing e vendas) para que eles possam contribuir para a proposta.
- A série de formatos (por exemplo, tamanho, forma, comprimento, acabamento, marca, etc.) em que o material pode ser publicado; a significância no mercado de diferentes formatos; o efeito de formatos diferentes sobre custos e preços.
- Os custos atuais de todos os aspectos da criação e produção de uma publicação.
- Fatores que afetam o poder de compra do mercado, especialmente quando ligados ao timing da publicação.
- Quanto tempo é necessário para todos os envolvidos na criação e produção de publicações.
- Como usar uma série de técnicas de pesquisa de mercado.
- Como interpretar os resultados da pesquisa de mercado.
- Como calcular o custo unitário.
- Como decidir sobre a formação de preço.
- O tamanho de seu mercado e como prever as vendas.
- Como calcular a renda das vendas e as margens de lucro.
- As cotações de mercado para preço de compra de publicações.
- O relacionamento entre custo unitário e preço de compra.
- Os tipos de material de publicidade que podem ser produzidos, o propósito e os méritos de cada tipo, os custos gerais relativos, os métodos usados para produzir diferentes tipos de publicidade.
- Quais métodos de marketing e vendas são usados para atingir o seu mercado e quais são considerados como os mais eficazes.
- Quais são os métodos de marketing e vendas usados por seus competidores.
- Onde procurar ideias e aconselhamento sobre marketing e vendas em sua área de publicação.
- Como os esforços de marketing e vendas de sua organização são afetados por seus recursos e sistemas.
- Quando e em que contextos será necessário que o editora faça apresentações de seus projetos.

Como desenvolver e aperfeiçoar um plano editorial

A amostra do modelo de planejamento dos futuros títulos para uma editora de livros talvez represente o mais importante documento individual de planejamento que pode ser criado pela maioria dos editores. Ao fornecer um exemplo concreto do que a empresa espera publicar, muito antes de a maior parte dos membros da direção ou dos departamentos precisarem fazer seus próprios planos e realizações, esse modelo permite que todos os segmentos da empresa sincronizem seus esforços para agir em um só sentido e no mesmo ritmo. E, o que é mais importante, afirma que a própria empresa, mais do que seus autores, acha-se subordinada a essa orientação. A manutenção dessa subordinação é absolutamente vital se uma editora quiser ser fiel à missão que seus proprietários ou acionistas adotaram (seja ela lucro financeiro ou divulgação de uma causa).

Esse modelo de planejamento para o desenvolvimento editorial contribui melhor para a eficácia de um programa editorial quando é amplamente divulgado e interage constantemente com modelos de planejamento financeiro e de marketing correspondentes. Mas lembre-se de que grande parte de seu impacto será perdido se o modelo de planejamento não puder ser facilmente revisto e debatido. Portanto, é imprescindível mantê-lo simples, claro, objetivo e sucinto. O componente essencial para um bom modelo de planejamento editorial ("novo produto") é a área editorial, representada na amostra pelas categorias horizontais de livros. Esses breves títulos à esquerda indicam a natureza de todos os livros em cada uma das áreas. Os títulos relacionados na coluna "protótipo" são livros bem-sucedidos editados anteriormente que melhor exemplificam o tipo de material que os editores imaginam para cada série. Os números entre parênteses após cada título de protótipo são as vendas unitárias reais do primeiro ano do livro, para auxiliar todos os interessados na avaliação do potencial de vendas de futuros livros semelhantes. Os títulos de livros reais ou supostos para cada ano futuro estão divididos, pelo espaço de uma linha em branco, entre as duas fases editoriais (primeiro e segundo semestre) nas quais essa editora fictícia divide seu trabalho de desenvolvimento e a introdução de novos títulos.

Cada "série" editorial representa um tipo de livro que supostamente exerce forte e permanente atração sobre os leitores que compraram cada um daqueles livros que estão na coluna protótipo. Se o setor de marketing tiver uma oportunidade de trabalhar com sua eficiência máxima, cada livro futuro, em cada série, deverá ter uma chance razoável de venda a um grande número de antigos leitores, e a editora será capaz de tirar proveito dos canais de marketing testados anteriormente, estabelecidos para os livros anteriores. Entretanto, essa série de planejamento editorial não implica necessariamente grupos de livros formalmente relacionados.

Os livros em qualquer série podem parecer diferentes, estar em desacordo com os anteriores ou diferirem totalmente, desde que se forneça marketing com novos produtos para antigos clientes.

Antes de deixar seus editores livres para imaginar todos os hipotéticos livros que queiram editar nos próximos anos, a direção deve estabelecer uma "quota de novos títulos" específica para o número de livros que será realístico incluir. Essa quota deve ser baseada em uma análise cuidadosa do potencial de investimento e estoque, de sua provável rotatividade de estoque, das necessidades de previsão, e do próprio potencial do pessoal para eleger autores e deslocar os livros por meio dos canais editoriais de modo eficiente. Além disso, deve especificar as relações de volume entre as várias séries e os semestres de cada ano editorial e deve indicar a expansão prevista ou a consolidação, por mudanças graduais (ano por ano) na quota de novos títulos. Por fim, deve incorporar outros formatos para entrega do produto (filmes, e-book, CD-ROM, seminários, fitas de vídeo.), bem como livros, se a editora planeja trabalhar em mais de uma área.

QUADRO 12.4 | Modelo de planejamento para futuros títulos

Área	Protótipo	2020	2021	2022
Administração	Teorias da administração (7.000 cópias)	Administração financeira*	**(Pesquisa de marketing)** _____	Matemática financeira
				Estatística aplicada
	Administração da produção (2.500)	_____	Sistemas de informação gerencial	
		Marketing*		_____
	Gestão de pessoas (2.200)		_____	Técnicas de pesquisa
		_____		
		Logística*	Comportamento organizacional	
Economia	Introdução à Economia (8.000)	Microeconomia	Economia brasileira	História do pensamento econômico
			Finanças públicas	
	Macroeconomia (2.500)	Econometria		_____
			_____	
	Economia internacional (2.000)	_____		Economia do trabalho
		Estatística econômica		
Contabilidade	Contabilidade geral (3.000)	Custos	Teoria da contabilidade	Análise de balanço
			_____	_____
	Matemática financeira (2.200)	Auditoria	Orçamento empresarial	Contabilidade gerencial
	_____			_____
	Métodos de pesquisa			Contabilidade avançada

Estabelecer uma quota numérica simples para cada categoria principal dos novos produtos futuros, e insistir no planejamento editorial com relação a essa quota é a mais fácil e a mais exata maneira para a gerência manter o processo criativo dentro de limites suportáveis. É preciso lembrar que não é apenas o orçamento editorial que é afetado pelas mudanças no ritmo do desenvolvimento do novo produto, é a finalidade total da atividade em todas as partes da empresa – principalmente na mais dispendiosa de todas as funções, a produção. Assim, uma quota de controle simples e facilmente ajustável é necessária para controlar o ritmo global do programa editorial.

Uma nova coluna vertical deve ser acrescentada ao modelo de planejamento editorial em futuro próximo, para indicar os títulos reais ou hipotéticos de livros cujo lançamento os editores gostariam de antecipar para o próximo semestre; os mesmos seriam acrescentados logo que se concluísse o desenvolvimento editorial dos livros do período letivo (com o envio do último dos manuscritos para a produção). A administração deve estabelecer essa etapa inicial no planejamento editorial *com três anos de antecipação* a fim de dar tempo suficiente para realizar todas as outras etapas. Caso contrário, a direção estará criando margem para desculpas por falhas no cumprimento das tarefas.

Anote a posição de desenvolvimento de cada título no modelo. Mantenha essas notações de status atualizadas, de modo que todos os departamentos possam adaptar seus programas de forma adequada. Atrase os livros de pouca saída durante uma temporada e substitua-os por outros que estão adiantados em relação ao programa, em lugar de exigir uma produção heroica ou esforços de marketing para compensar as falhas editoriais ou do autor.

Ao acrescentar novos títulos com três anos de antecipação, não aceite adiamentos por parte dos editores sob a desculpa da necessidade de maior desenvolvimento. Exija que eles executem os melhores dos títulos contratados, sempre que o modelo esteja menos de três anos adiantado. Eles darão prioridade àqueles títulos com maior potencial.

Treine os editores para manterem "listas de boas ideias", ou projetos experimentais plausíveis para testar a viabilidade de uma nova série inteira, em acréscimo aos títulos relacionados no modelo. É importante levar essas ideias a toda reunião de revisão de planejamento e orçamento (que nós sugerimos seja programada a cada três meses pela gerência), de modo a que, sempre que se disponha de uma verba extra, possam mostrar exatamente o que gostariam de acrescentar ao futuro conjunto de produtos, se houver uma participação daquela verba.

Desde que tenha um modelo de planejamento editorial já formado, deve-se, obviamente, tomar precauções para não deixá-lo cair em mãos de concorrentes que poderiam se apossar de suas melhores ideias ou derrotá-lo em novas estratégias. Mas, não é preciso ser obsessivo com a segurança, a ponto de deixar passar uma oportunidade de exibir seu modelo a autores de confiança, conselheiros, e até mesmo agentes literários que possam sugerir aperfeiçoamentos adequados ou emendas, que se disponham a criticar projetos específicos ou que recomendem outros autores. Mas, acima de tudo, a direção deve se certificar de que o modelo está sendo visto pelas pessoas-chave dentro da empresa, de modo a manter todos agindo com o mesmo propósito.

Como fazer os autores escreverem o que a editora quer

Os mais prováveis clientes dos seus futuros livros são aqueles que adquiriram publicações anteriores da editora. A rede intrincada de interesses e canais de comunicação e de credibilidade que produz as vendas de livros (quer estejamos editando livros didáticos ou obras de referência) já foi criada. A chave para o sucesso será dirigir o futuro desenvolvimento editorial para atender as necessidades desse mercado arduamente conquistado. A realização dessa conquista exigirá fazer uma análise cuidadosa de quem realmente são seus clientes (após os livros terem passado pelos intermediários) e quais serão seus prováveis interesses futuros. Isso nos leva a discutir os principais interesses do mercado, o apoio de um campo educacional ou de uma determinada disciplina universitária, ou interesses profissionais ou pessoais claramente definidos. Devemos não só imaginar livros específicos (ainda não escritos) que poderiam atender a essas necessidades, como também encontrar autores que estejam dispostos a orientar suas aspirações nessa direção.

O modelo editorial que define os tipos de livros que desejamos publicar, e que identifica as possibilidades específicas para os próximos semestres, já deve ter sido elaborado. A partir do modelo editorial inicia-se a prospecção de autores para escrever os livros específicos previstos por esse modelo editorial.

Em primeiro lugar, é preciso controlar o processo pelos quais os manuscritos são apresentados. É recomendável concentrar o tempo editorial nos livros que se quer publicar e deixar de lado aquela quantidade aleatória de autores que querem escrever. Para isso é necessário estabelecer uma prática bem definida para recebimento de propostas (de duas a quatro páginas) baseada em resumos executivos, antes de examinar quaisquer originais ou agendar quaisquer entrevistas com autores ou agentes. Pode-se usar uma carta breve e padronizada para informar aos que enviaram originais não solicitados que eles não serão lidos enquanto um resumo executivo não for enviado e avaliado. Então, pode-se usar o resumo do autor para determinar se um livro se encaixa na linha editorial, antes de gastar tempo avaliando o próprio original. Se a obra não se encaixar nos padrões da empresa, recomenda-se devolvê-lo com uma breve explicação de que o texto simplesmente não se enquadra no programa editorial (sem entrar no mérito de ser bom ou não).

Ao solicitar resumos, e antes de avaliar as propostas ou originais, a editora deve pedir para o autor em potencial completar um questionário biográfico. Esse questionário deve incluir contatos pessoais que serão úteis na promoção do livro e indicar sucintamente as qualidades do livro. Esse material não somente o ajudará a avaliar as possibilidades da obra mas, dará um impulso inicial no planejamento dos direitos complementares e promocionais (em um momento em que a maioria dos autores está mais disposta a cooperar do que após a assinatura do contrato).

Pode-se aumentar a percentagem de propostas adequadas para as necessidades da editora fazendo-se uma declaração exata e resumida dos tipos de livro que se pretende publicar e usando essa declaração de modo consistente no site da empresa e em toda comunicação corporativa em que isso for apropriado e conveniente.

O método mais produtivo de gerar propostas de livros compatíveis com o modelo editorial será talvez o debate franco das necessidades com os autores atuais ou recentes, com os agentes do autor, ou com quaisquer consultores que venham a ser contratados. Os autores consagrados se orgulham por servir como mentores informais para os pretensos autores mais jovens e ficam satisfeitos de poder sugerir bons contatos editoriais para esses protegidos

Alguns editores se preocupam com o fato de que falar sobre ideias editoriais específicas com terceiros (até mesmo autores que eles publicaram antes) é o mesmo que convidar alguém para "roubar" suas ideias e levá-las aos concorrentes.

Mas, se estamos seguindo a execução de um modelo editorial com uma disciplina razoável, é muito improvável que alguém mais possa vencer esse esforço inicial no desenvolvimento de qualquer ideia especifica e, portanto, quaisquer imitadores estarão fazendo um jogo perigoso.

Certifique-se também de que as intenções gerais sejam bem conhecidas dos sócios, executivos, editores e outros que estão continuamente em contato com a comunidade ou disciplina especializada de onde se espera que futuros autores se originem. Esse esforço pode, muitas vezes, ser combinado com o programa rotineiro de publicidade, uma vez que essas são as mesmas pessoas que se quer atrair para o livro. Quer se disponham ou não a promovê-lo, em geral eles terão interesse em prestar favores aos potenciais autores.

Criando esse tipo de comunicação com pessoas-chave na comunidade que a editora focaliza, os editores podem manter-se atualizados sobre o tema com o qual irão trabalhar depois de assinar os contratos. Assim, muitas vezes é uma boa ideia sair do caminho costumeiro, por exemplo publicando outras linhas editorias, para certificar-se de que a editora é conhecida e apreciada entre os especialistas, nos maiores campos de interesse.

O contato com essa comunidade de interesses especiais deve fazê-lo conhecer um conjunto crescente de potenciais autores. Uma mala direta descrevendo a natureza geral de seu programa editorial pode estimular algumas relações interessantes e úteis. As respostas serão especialmente boas quando o artigo ou o discurso de um candidato achar-se diretamente relacionado com alguma ideia de livro que se encaixa em seu modelo.

No contato com essas pessoas, é conveniente salientar o interesse da editora em ajudar a desenvolver a carreira de um autor, em lugar de se empenhar apenas por um determinado livro. Se for possível destacar que as necessidades editoriais são bem definidas, será fácil sugerir que o "prêmio" não é a oportunidade de publicar um livro, mas sim um começo de uma série inteira (admitindo que o primeiro livro tenha êxito).

Uma boa técnica para aumentar um grupo de potenciais autores é organizar um simpósio de profissionais destacadas que tenham algum interesse pessoal ou profissional pelo programa da editora. A editora pode usar seus autores estabelecidos como um núcleo, pedindo-lhes que sugiram outros, e também apoiar-se em empresas cujos interesses combinem com os dela. Os tópicos do simpósio não precisam ser tirados diretamente de seu modelo editorial, mas devem ser suficientemente amplos para que as pessoas atraídas por ele possam de alguma forma abranger toda a gama de seus interesses editoriais. Isso dará ao editor uma oportunidade de conhecê-los antes fazer abordagens especificas com relação ao seu interesse em escrever determinados livros.

Naturalmente, todos os potenciais autores, identificados por qualquer uma dessas abordagens, devem ser acrescentados a uma lista de contatos que (por alguns anos, pelo menos) receberá exemplares de seus catálogos, anúncios de novos títulos e lembretes do interesse da editora pelas suas aspirações literárias.

A menos que o departamento editorial tenha alguma espécie de estratégia promocional (executada com razoável disciplina) para os autores ativamente recrutados que irão escrever o que você precisa, é muito provável que você se encontre às voltas com sobras que os outros editores não aceitaram. O segredo para uma publicação eficiente está em estimular novas ideias para livros – e não apenas aproveitar as obras.

Critérios para seleção de autores

Não há uma formula para selecionar autores, mas alguns critérios sempre se aplicam. É pouco provável que um autor cumpra todos, mas a combinação da maioria dos requisitos a seguir pode sugerir um bom candidato a desenvolver um projeto:

- Amplo conhecimento dos assuntos para o mercado alvo. O nível de conhecimento deve ser consistente com o conteúdo da proposta.
- Conhecimento das realidades do ensino e experiência como professor.
- Capacidade para escrever bem, claramente e de forma persuasiva.
- Boa formação acadêmica. É recomendável buscar um candidato que tenha mestrado ou doutorado, na área desejada.
- Experiência como autor. É aconselhável conseguir autores que conheçam os procedimentos editoriais e que saibam da importância de cumprir datas estabelecidas.
- Conhecimento do mercado (textos mais usados, número de matrículas e qual tipo de livro pode ser mais vendido).
- Conhecimento detalhado da disciplina para a qual será escrito o livro.
- Capacidade de apresentar seu trabalho na presença de outros colegas.

DESENVOLVENDO E MANTENDO UM PLANO DE PUBLICAÇÃO

Esta seção trata da criação de um plano executável para publicação futura, a execução e a revisão desse plano, e a construção de uma identidade para a área de publicação pela qual você é responsável.

Como estabelecer e manter a estrutura do plano de publicação

O que editor deve ser capaz de fazer:

- Planejar metas, como o número de títulos e a margem de lucro prevista.

- Planejar seu orçamento para alcançar essas metas.
- Fazer e manter contato com fontes de aconselhamento e ideias para publicação.
- Desenvolver um programa de publicação futura, em linha com suas metas e orçamento, tendências e necessidades do mercado e as metas, prioridades e recursos de sua organização.
- Assegurar-se de apresentar propostas de publicação suficientes, em tempo suficiente, para pôr em prática seu plano.
- Definir e trabalhar dentro das limitações de seu plano de publicação.
- Usar o conhecimento adquirido sobre tendências e necessidades do mercado para contribuir com a estratégia de publicação de sua organização.

O que o editor precisa saber:

- Como e com quem as metas e orçamentos são planejados.
- Como pedir informações a colegas e outros e como se comunicar, colaborar e negociar com eles.
- Os custos de todos os aspectos do trabalho criativo e da produção e/ou os custos de todos os aspectos da aquisição de material.
- Como fazer a previsão das margens de lucro.
- O tamanho dos mercados e como fazer estimativas das vendas.
- Como delinear os programas de publicação.
- Como fazer contato, identificar e usar conselheiros confiáveis.
- As necessidades e gostos de seus mercados (por exemplo, em termos de conteúdo, *timing* das publicações, formatos, preços).
- As metas, prioridades, recursos e sistemas de sua organização para aprovar novas publicações.
- O tempo necessário para todos os aspectos do trabalho criativo e produção.
- Quais são os recursos de sua organização.
- Que outros fatores (por exemplo, fatores de mercado, como exigências para direitos estrangeiros) poderiam limitar sua publicação.
- Como retornar informações que poderiam ser úteis para o desenvolvimento da estratégia de sua organização.

Como preparar e ater-se a um plano contínuo de publicações

O que editor deve ser capaz de fazer:

- Identificar a data ideal para a publicação de cada projeto a ser incluído em seu plano.
- Identificar o tempo necessário para cada etapa na criação, produção e lançamento de cada projeto.
- Antecipar a compra de insumos e serviços a tempo de cumprir as datas de publicação planejadas.
- Programar cada etapa da criação, produção e lançamento de todos os projetos incluídos no planejamento da editora.
- Garantir que não haja conflitos entre as programações de projetos individuais.
- Monitorar o andamento de cada projeto e do plano geral de publicações.
- Identificar problemas a tempo de agir para corrigi-los e evitar o não cumprimento das datas programadas para publicação.
- Manter todas as pessoas relevantes informadas sobre ajustes feitos na programação, quer seja de um único projeto ou de seu plano inteiro.
- Preparar e entregar apresentações dos projetos de publicação aos colegas de marketing e vendas para, além de informar, inspirar confiança e entusiasmo.

O que o editor precisa saber:

- As necessidades e padrões de compra de seus mercados.
- Quais são as etapas de criação, produção e lançamento do produto.
- Como essas etapas interagem e são interdependentes.

- O tempo e pessoal necessário para cada etapa do trabalho.
- Que atitudes podem ser tomadas para resolver problemas e evitar perder as datas de publicação programadas.
- O significado da perda das datas de publicação programadas.
- Quem precisa ser informado de mudanças nas programações e quais são as linhas de comunicação.
- Técnicas apropriadas para esquematizar, comunicar e revisar programações de projeto.

Como avaliar o plano de publicações

O que editor deve ser capaz de fazer:

- Avaliar o custo do desenvolvimento e publicação de cada projeto.
- Avaliar o processo pelo qual cada projeto foi desenvolvido a partir da ideia à publicação.
- Monitorar as vendas de cada publicação.
- Monitorar as análises e críticas de cada publicação.

O que o editor precisa saber:

- Quais são os estágios de criação, produção e publicação de um projeto.
- Como são registrados os custos.
- De quais especialistas se deve procurar opinião.
- Como sua organização mede o sucesso das publicações.
- A relação entre custo e preço de venda.
- Como calcular margens de lucro.
- Como monitorar e julgar os números de vendas.
- Onde encontrar e obter análises e críticas valiosas.
- Como aproveitar o sucesso das publicações.
- Como minimizar e lidar com os efeitos das publicações que não têm sucesso.
- Como revisar as decisões de publicação atuais.

No próximo capítulo, veremos como o diretor editorial envolve os demais membros da editora na decisão de encaminhar um projeto para análise e possível publicação.

NOTAS DO CAPÍTULO

1 CLARK, Giles; PHILLIPS, Angus. *Inside Book Publishing*, 5. ed., Londres: Routledge, 2014.
2 McHUGH, John. *Managing Book Acquisitions: An Introduction*. Milwaukee: McHugh Publishing Consultant.
3 DAVIES, Gill. *Book Commissioning and Acquisition*. 2. ed. Londres: Routledge, 2004.
4 HUENFELD, John. *The Huenefeld Guide to Book Publishing*. 5. ed. Bedford: Mills & Sanderson Publishers, 2004.
5 SMITH, Kelvin. *The publishing business*. Lausanne: Ava Academia, 2013.
6 WOLL, Thomas. *Publishing for Profit*. Chicago: Chicago Review Press, 2010.
7 DAVIES, Gill. *Book Commissioning and Acquisition*. 2. ed. Londres: Routledge, 2004.
8 HUENFELD, John. *The Huenefeld Guide to Book Publishing*. 5. ed. Bedford: Mills & Sanderson Publishers, 2004.

CAPÍTULO 13

Avaliação e viabilidade de projetos editoriais

NESTE CAPÍTULO

Introdução 311

Criação de um livro didático:
    um processo elaborado 312

Olhando para o futuro 315

Autorização de projetos
    editoriais 315

O papel do conselho editorial 323

Os segredos das reuniões
    editoriais 323

Momentos de expectativa 325

Dez medidas para avaliar a
    eficácia de um plano editorial.... 325

Identificação e avaliação
    de mercados 325

Formulário de solicitação
    de custos 326

INTRODUÇÃO

Os livros didáticos passaram por vários processos de mudança visual e aprimoramento de conteúdo até chegar ao que temos atualmente. Hoje, os estudantes adquirem mais do que simplesmente um livro didático; eles adquirem um programa inteiro de ensino e aprendizagem. Os materiais oferecidos pelas editoras são feitos sob medida para atender precisamente as necessidades dos clientes.

O livro didático é apenas um entre os muitos apoios fundamentais à aprendizagem, complementado por agregados ricos e vigorosos em vários formatos, incluindo impressão em quatro cores, materiais eletrônicos e baseados na web. Autores e editores devem acomodar essas crescentes necessidades e, simultaneamente, atender às demandas por um rigoroso conteúdo acadêmico, desenvolvendo e incorporando ferramentas e formatos novos e inovadores, sem comprometimento da qualidade do conteúdo acadêmico.

A publicação de livros é uma atividade complexa, demandando vários procedimentos em todos os estágios, flexibilidade e muita atenção aos detalhes. É indispensável um trabalho de equipe, desde a aquisição do conteúdo até a distribuição.

Na publicação, o processo artesanal de um texto inicia com o autor ou autores que têm uma ideia particular de como uma disciplina deve ser ensinada. Ao longo do caminho, o livro é modelado por uma dedicada equipe de editores, revisores, consultores, designers que preparam para a diagramação. Um livro bem produzido reflete os esforços combinados de bons profissionais com boas ideias. A produção de um livro didático demanda alta qualidade, pois são usados de uma maneira muito diferente de outros tipos de livros; a consulta a ele é diária. Valores de produção mais elevados relacionados a pesquisa, desenvolvimento, elementos gráficos, cor, fotos, arte e papel são necessários, e isso se traduz em custos mais elevados.

CRIAÇÃO DE UM LIVRO DIDÁTICO: UM PROCESSO ELABORADO

A produção de um livro é um processo editorial de muitos procedimentos pelos quais um original se desenvolve do autor até o livro acabado. Uma grande editora terá diversos tipos de funções editoriais. Uma pequena editora deverá contratar um editor externo para trabalhar um original em particular. Cada função editorial, seja uma pequena ou grande editora, representa o trabalho que todo livro exigirá.

Atualmente, o papel do editor está se modificando com o surgimento da tecnologia digital. O editor de livros universitários tem desempenhado um papel vigoroso como desenvolvedor de materiais educacionais. Além de modelar um texto para ser útil ao amplo espectro do mercado-alvo, o editor de livros didáticos desenvolve um vasto conjunto de materiais suplementares (impressos e digitais) para complementar o livro-texto.

Na publicação de livros didáticos, ao contrário de livros de ficção, as editoras raramente trabalham com os agentes e a maioria dos autores/originais são identificados pelos editores, divulgadores ou recomendações de outros autores. Os autores são recrutados e selecionados com base na disciplina que ensinam, afiliação universitária, reputação e sua capacidade de trazer adoções importantes ao livro. Editoras buscam constantemente novos autores de livros didáticos e novos projetos para ampliar e manter uma lista competitiva. Ter um autor de um livro introdutório de matemática, biologia, administração, contabilidade, psicologia e outras disciplinas básicas, adotado em instituições de alto nível é uma estratégica competitiva no mercado editorial.

Uma vez localizado um projeto de livro didático, o editor de aquisição trabalha com sua equipe editorial para determinar o valor e o potencial do projeto. Se o projeto estiver adequado à lista da editora, o editor formula uma proposta convencendo o comitê editorial da sua viabilidade. Todas as grandes editoras têm seus procedimentos e fórmulas para projetar o valor de livros didáticos, e as receitas totais devem ser mais do que seis vezes o custo do projeto.

Depois que um contrato é assinado, o verdadeiro trabalho começa. Isso significa criar um orçamento formal e um plano de publicação para o produto, começando o ciclo de avaliação formal. Em outras palavras, a assinatura do contrato de um projeto de livro é apenas o começo.

Os projetos devem sobreviver às avaliações pelos pares, testes de mercado, reuniões semestrais ao longo do desenvolvimento do produto. Isso faz sentido do ponto de vista da editora para uma variedade de razões:

- Primeiro, a assinatura com um autor muitas vezes o impede de assinar com outra editora, pelo menos na mesma disciplina ou área. Dessa forma, a assinatura de um contrato é também uma estratégia de defesa.
- Em segundo lugar, a composição, e orçamento de marketing não será gasto até o ano final do processo, por isso é de interesse da editora avaliar um projeto que transcorrerá em dois ou três anos.
- Finalmente, durante o período da escrita, os autores estão essencialmente, trabalhando de graça. Eles receberão pagamentos de royalties, somente quando o livro for publicado e vendido, mas alguns autores recebem adiantamentos.

Durante o processo de publicação, a equipe editorial e marketing trabalham juntos para recrutar avaliadores, teste de campo e apresentações em conferências com o objetivo de adoção em instituições-chave que poderão influenciar outras. Se você tomar esse ciclo e multiplicá-lo por várias dezenas de projetos você terá o que equivale a um fluxo de novos produtos para uma grande editora de livros didáticos em um determinado ano.

Podem ser necessários muitos anos e dezenas de profissionais tanto de dentro como de fora de uma editora para produzir um livro didático. Os custos de desenvolvimento podem ultrapassar a centenas de milhares de reais para a elaboração de uma coleção. Normalmente, um autor desenvolve uma proposta de livro didático baseando-se em sua experiência em ensino e pesquisa. Editores revisam a proposta e/ou original de amostra, analisam o mercado e estabelecem um acordo para publicar o livro se o material de amostra for aceitável.

Durante o ano seguinte, o autor escreve o original e colabora com o editor e um grupo seleto de *consultores* para testar continuamente sua precisão, atualidade e utilidade como ferramenta de ensino. Somente quando esse extenso processo de desenvolvimento se completa é que a produção pode começar e os esforços de divulgação e vendas se iniciarem. Cada uma das etapas principais para desenvolver um livro didático é explicada em ordem cronológica a seguir:

1. Análise de mercado e planejamento

Os editores devem dedicar considerável tempo analisando e entendendo a disciplina para a qual publicam. Eles leem publicações acadêmicas, participam de conferências, exibem seus produtos em convenções, discutem tendências em pesquisa e ensino, com orientadores e professores e monitoram desenvolvimentos no setor do ensino e publicações acadêmicas para identificar e compreender melhor as necessidades dos clientes. Os editores buscam constantemente novas e melhores maneiras de apresentar a matéria em seus livros, com o propósito de aumentar a experiência didática e melhorar o domínio e assimilação da matéria pelo estudante. O profundo conhecimento que têm da disciplina os ajuda a encontrar os melhores candidatos para escrever para áreas específicas de um curso e a agir como parceiros fortes de autores que estejam atualizando ou revisando títulos já bem-sucedidos.

Editor: saiba o quê e quando publicar

Uma das mais importantes tarefas para qualquer editora é saber exatamente o que e quando será publicado. Surpreendentemente muitas editoras não têm uma maneira sistemática de organizar essa função. Muitos editores vivem em um mundo de curta duração, onde um manuscrito chega literalmente em um mês e pode ser publicado no próximo.

2. Parceria com autores

Assim que um editor determina os cursos apropriados para objetivar os lançamentos dos livros, ele deve identificar autores que possuam habilidades acadêmicas e didáticas necessárias para redigir o gênero didático. Os melhores candidatos são professores com fortes habilidades para redação, uma visão clara de como melhorar as atuais práticas de ensino, e flexibilidade para incorporar *feedback* do editor e dos consultores, ao mesmo tempo em que permanecem fiéis sua visão. Os editores frequentemente descobrem autores em função de suas pesquisas em uma disciplina (publicações acadêmicas, resenhas, artigos etc.), durante visitas frequentes ao campus, participando de convenções acadêmicas, e por meio de *networking* com colegas acadêmicos.

3. Desenvolvimento de um livro baseado no mercado

A indústria editorial voltada à educação estabeleceu um processo de desenvolvimento de livros didáticos estruturado baseado no mercado e focalizado no cliente, que promove tanto a qualidade acadêmica como a integridade pedagógica desses materiais educacionais. Um dos princípios impulsionadores da parceria autor e editora é a meta de criar um livro e o pacote de agregados associado que corresponda apropriadamente às necessidades dos professores e estudantes, ao mesmo tempo em que representa o estado atual do curso ou disciplina abordados. O autor e o editor compartilham a obrigação de recorrerem a uma ampla variedade de *input* dos clientes, pesquisa primária e secundária, exemplos persuasivos e práticas de ensino bem estabelecidas para criarem uma obra que reflita o melhor conhecimento e as estratégias de ensino e aprendizagem mais eficazes disponíveis. O tempo necessário para redigir e aprimorar um original completo e final varia de disciplina para disciplina. Em alguns casos, o processo pode tomar alguns anos.

Um dos principais benefícios que os editores devem oferecer aos autores é o acesso a uma rede avaliadores (consultores) que o editor pagará para ajudar a avaliar os originais em andamento. Os editores solicitam extenso *feedback* acadêmico e pedagógico sobre uma ampla variedade de questões, incluindo atualidade, precisão, estilo de redação, nível de rigorosidade, cobertura e sequência apropriadas dos tópicos, apoios à aprendizagem contidos no texto impresso, pedagogia, integração de tecnologia etc. Além disso, o editor gasta muito tempo e disponibilidades financeiras desenvolvendo e providenciando as artes gráficas e ilustrações que tornam ideias complexas mais fáceis de serem compreendidas e assegurando permissões para usar fotografias, arte e outras imagens que melhoram o texto.

> **Editor: afie sua intuição**
>
> Muitos editores confiam na intuição para descobrir o que o público quer e para decidir o que publicar. A intuição é um talento refinado com o tempo e sempre deve ser fundamentada com números e pesquisas de mercado.

4. Revisões

Editores de livros didáticos têm a obrigação de oferecer materiais que atendam às necessidades dos estudantes. Portanto, é vital que os materiais do curso estejam atualizados. Para garantir que os estudantes recebam o maior valor possível, os editores desenvolvem novas edições para acompanhar o ritmo da explosão de nova informação em certas disciplinas. Textos desatualizados têm pouco valor na educação moderna. Quando ocorrem descobertas excitantes, invenções e outros avanços, os especialistas precisam repensar as teorias antigas, causando assim repentinas mudanças de direção numa área de estudo. Para garantir que os estudantes permaneçam atualizados com os últimos desenvolvimentos em determinada área, os professores devem adotar somente edições atualizadas para seus cursos. Para manter a relevância de um livro didático e seu lugar na mente de professores e estudantes, os editores devem estar preparados para fazer as mudanças necessárias de conteúdo.

Em disciplinas em que a informação central talvez não se modifique radicalmente ou tão rapidamente, a aplicação da informação ou sua relevância para os estudantes pode evoluir-se significativamente, exigindo um novo tratamento tanto nos livros didáticos como no ensino. Além disso, novas edições podem ser geradas para captar a convergência de tecnologia e educação, proporcionando novos e aprimorados auxílios didáticos e mais modernas técnicas instrucionais.

5. Desenvolvimento de agregados

Além do livro didático em si, muitos professores e estudantes esperam que títulos-chave sejam sustentados por dispendiosos agregados. Editores que desejam liderar a indústria precisam fornecer ferramentas instrucionais robustas e flexíveis tanto na forma impressa como na forma eletrônica para ajudar os estudantes a dominar a matéria do curso e auxiliar os professores a gerenciar seus cursos. O desenvolvimento de materiais complementares pode consumir tempo e mão de obra intensivamente, exigindo frequentemente o talento de numerosos colaboradores, especialistas na matéria e professores/autores. O resultado final é um sistema pedagógico cuidadosamente integrado, que culmina em um conjunto flexível de texto impresso e opções da tecnologia de multimídia que recorre a uma variedade de estilos de aprendizagem e necessidades de ensino.

6. Produção e manufatura

A produção do livro se desenvolve quando a versão final de um original é aceita para publicação pelo editor, baseando-se numa avaliação positiva de seu potencial mercadológico. Durante a fase de produção, uma equipe de especialistas edita o texto e a diagramação tipográfica do original em preparação para a impressão e acabamento. O autor e a equipe editorial, de mídia e de tecnologia e marketing trabalham estreitamente com a equipe de produção para garantir a precisão, qualidade e disponibilidade de mercado para o produto. Durante as etapas finais de produção, o original é diagramado e ilustrado com imagens, tabelas, gráficos e mapas para se criar uma aproximação do livro final, conhecida como "provas de página". As provas de página são submetidas então a leitura de prova por diversos especialistas, revisadas e corrigidas, quando necessário.

Assim que todas as páginas são consideradas finais, elas são convertidas em arquivos eletrônicos para a impressão e depois encaminhadas para o acabamento para serem unidas à capa. Uma verificação final da qualidade é executada nessa etapa, e se o livro for aprovado na inspeção, cópias antecipadas são remetidas à equipe de publicação e ao autor, enquanto a maioria dos livros é encaminhada ao depósito para ser colocada em estoque algumas horas após a publicação.

> **Editor: identifique as oportunidades**
>
> Quando uma boa oportunidade de marketing é identificada, comece a considerar possíveis autores e crie um esboço de projeto dando atenção às necessidades de currículo e níveis das séries. Quando o processo se torna exequível e é aprovado, selecione um autor ou autores.

7. Marketing

Um marketing competente e cuidadoso faz parte integrante do sucesso de qualquer livro, e os melhores esforços de marketing se iniciam logo depois que o contrato de um livro é assinado e prossegue ao longo de todas as etapas de desenvolvimento do original e produção e manufatura. Pesquisa de mercado formal e informal, *feedback* sobre o original, desenvolvimento de complementos e preparação e cultivo do mercado antes da publicação, são papéis fundamentais desempenhados pela equipe de marketing.

O custo de marketing de um livro didático pode elevar-se rapidamente, dadas as muitas atividades envolvidas. Essas, incluem preparar e enviar múltiplas mensagens ao público-alvo, desenvolver e programar estratégias de promoção do livro (convenções, amostras aos professores, propaganda, mala direta, brochuras online) e preparar materiais de vendas eficazes (folhetos de vendas, catálogos e manuais) e informação competitiva.

8. Promoção e vendas

A equipe de vendas é o pessoal de campo responsável por contatar professores, supervisores e diretores das instituições de ensino. Eles são conhecidos como divulgadores ou representantes editoriais e pesquisam as atribuições de ensino e acompanham as responsabilidades didáticas dos professores a fim de fornecerem cópias de avaliação a professores qualificados a fim de que elas sejam consideradas para adoção. Uma equipe de vendas é um investimento dispendioso, mas o trabalho árduo e a diligência que são as marcas características desse grupo o tornam indispensável ao sucesso de um livro. Representantes editoriais podem fazer visitas regulares ao campus para contatar professores, visando conseguir a adoção dos livros e produtos agregados da editora, e visitam as livrarias e distribuidores para assegurar encomendas e vendas no tempo certo. Além dessas visitas, os representantes de vendas participam de encontros de vendas periódicos e expõem catálogos da editora em convenções acadêmicas, congressos e simpósios.

9. Atendimento ao cliente

O departamento de atendimento ao cliente presta assistência a todos os clientes estudantes, professores e livrarias. Ele utiliza tecnologia de ponta para acessar informações sobre o produto, colocar pedidos, rastrear remessas e auxilia no gerenciamento de contas, desempenhando assim um papel crucial em manter a satisfação do cliente.

OLHANDO PARA O FUTURO

O processo envolvido em desenvolver e publicar um livro didático é complexo, requer mão de obra intensiva e grandes investimentos. Apesar dos significativos investimentos financeiros, humanos e intelectuais que as editoras são obrigadas a fazer para se manter competitivas no mercado, suas metas primordiais são inovação com qualidade contínua e o sucesso da educação. As editoras estão focalizadas em garantir que os estudantes e professores tenham acesso oportuno e disponível aos livros didáticos e materiais de ensino da mais elevada qualidade possível. As editoras líderes estão comprometidas em oferecer a estudantes e professores uma ampla variedade de opções de materiais impressos a digitais para suas necessidades de aprendizagem e instrução. É essa amplitude de escolhas que pode fazer a diferença entre um estilo de ensino prosaico e uma educação de classe mundial.

AUTORIZAÇÃO DE PROJETOS EDITORIAIS

Assim que o editor tiver um número razoável de propostas de projeto bem analisadas e avaliadas positivamente, deve ser da responsabilidade do diretor editorial envolver os demais membros da editora em sua consideração adicional e aceitação final; um presidente inteligente não dará permissão para o contrato até que isso seja feito. O diretor editorial determinará o quanto dessas funções delegará aos editores.

O primeiro passo para alcançar o envolvimento interdepartamental é fazer quatro cópias do pacote completo da proposta, chamada de formulário de autorização de projetos (FAP) para o marketing, pré-impressão, financeiro e o presidente. Então o diretor editorial ou editor deve entregar essas cópias em formato de planilha eletrônica (Excel), junto com um formulário financeiro de avaliação de viabilidade semelhante ao Quadro 13.1 (com a seção de aquisição concluída pelo editor), para cada um desses diretores. Deve-se simplesmente pedir ao diretor de marketing, para registrar no formulário quantas unidades (cópias) do livro proposto ele *realmente acredita* que sua equipe será capaz de vender nos primeiros 12 meses depois da publicação (talvez 18-24 meses para livros cuja adoção em sala de aula é lenta) assumindo um preço razoável (mas até agora não especificado). Embora o pessoal de marketing frequentemente seja relutante em admitir, o determinante dessa quantidade é a *capacidade acumulada da equipe de marketing* para apresentar esse tipo de livro ao mercado alvo (como sugerido por suas vendas de primeiro-ano de livros concorrentes semelhantes) – não nuances de preço ou qualidade literária. Entretanto, sua estimativa de qualquer livro também será seriamente influenciada por sua avaliação (marketing) dos "aspectos únicos/originais atraentes" escritos no questionário do autor, e o apelo do "título" indicado na proposta.

Esse ponto de intercâmbio específico entre a aquisição e o marketing é um dos momentos mais críticos na carreira de qualquer proposta – e talvez também na do livro resultante. Aqui é a oportunidade de o marketing fazer a voz do "mundo real" (seus clientes) ser ouvida.

É fundamental para qualquer editora que todos os projetos editoriais devam submeter-se em forma de proposta para autorização. A preparação desse documento que denominamos de formulário de autorização de projetos (FAP) é de responsabilidade do departamento editorial. Antes de preparar essa proposta, o editor deve solicitar informações ao departamento de marketing e pré-impressão, assim como informação financeira. As propostas editoriais devem ser aprovadas, pelo diretor editorial, seguindo-se o departamento de produção, marketing, financeiro e o presidente (o grupo de gerenciamento de núcleo)

O editor deve esboçar minuciosamente o que irá publicar, porque acha que o projeto terá sucesso, e qual é o resultado financeiro que a empresa poderá obter de seu investimento. Obviamente, os grandes investimentos precisam de maiores detalhes. As seguintes etapas servem como esboço ou guia para preparar todas as propostas editoriais.

1. Justificação do projeto preparado pelo editor

É uma descrição introdutória que esboça o projeto em geral. Funciona como um sumário executivo. O editor anota as estatísticas importantes que se aplicam ao projeto e ao mercado para o qual é dirigido o produto. O editor deve escrever em estilo claro, já que a "justificativa do projeto" realmente abre a proposta inteira. O editor deve anotar o total de investimento requerido, o lucro almejado, o tempo necessário para o desenvolvimento do projeto, custos de publicação e marketing/promoção, e uma projeção de vendas para quatro ou cinco anos, dependendo da vida útil do texto.

Editor: afie sua intuição 2
O caráter intuitivo de muitas decisões editoriais é o responsável por muitos fracassos. Por mais eficaz que seja o marketing é difícil transformar um óbvio fracasso em sucesso editorial.

2. O projeto

Nessa seção, o editor deve listar as partes do projeto, incluindo uma descrição detalhada e as seguintes especificações: formato do livro, número de páginas e imagens (por tipo e cor), e nível de compreensão de leitura, se for texto básico.

3. Pesquisa de mercado

Se quisermos investigar o mercado rigorosamente, a fim de entendermos melhor o ambiente e a concorrência, será necessário incluir essas informações em uma seção à parte na proposta editorial. Um sumário ao final dessa seção deve resumir as conclusões da pesquisa e esclarecer como essas conclusões vão influenciar o desenvolvimento do produto, junto com as estratégias de marketing planejadas.

4. Currículo

Essa seção, em forma narrativa, deve descrever o ambiente do mercado e, geralmente, responder as perguntas: onde estávamos? Onde estamos agora? E para onde vamos? O editor deve escrever os detalhes de sua pesquisa quanto ao currículo. Estudos e questionários que o editor usou em sua pesquisa também devem constar. É importante que o currículo se explique em termos claros e compreensíveis. Nos casos em que é necessário explicar com mais detalhes, o editor deve incluí-los.

5. Metas e conteúdo

Essa seção trata do conteúdo e das metas do projeto editorial, ponto por ponto, e como este se relaciona com o currículo para o qual ele é dirigido. Aqui também, é importante incluir um sumário das pesquisas do mercado, e como o editor planeja utilizar as conclusões dessas pesquisas no desenvolvimento do projeto. O editor deve listar o custo e a justificativa para despesas de pesquisa.

> **Editor: foco comercial**
>
> Não selecione originais simplesmente porque satisfazem seu gosto ou interesses. As decisões precisam refletir o foco da editora e ter razoável potencial de vendas.

6. Autores/avaliadores

O editor deve prover uma breve biografia profissional de todos os autores do projeto proposto, e também os motivos pelos quais foram selecionados pelo projeto. Se o editor quer utilizar avaliadores, deve descrever os motivos que serviram de base para a seleção deles. Se vários autores vão escrever um projeto juntos, o editor deve esboçar como planejar estabelecer a participação de cada um.

7. Contratos

O editor deve esboçar as cláusulas do contrato para o projeto. Essas cláusulas devem ser discutidas com os autores potenciais, a fim de confirmar que sejam aceitáveis. Obviamente, é necessário ter essa confirmação antes de receber aprovação do grupo de gerenciamento de núcleo, de maneira que no momento de aprovação, os autores verdadeiramente estejam de acordo.

8. Características e benefícios

O editor deve anotar e explicar as principais características e benefícios do projeto. É importante identificar aquelas características que sejam *sui generis*, isto é, que nenhum outro produto concorrente tem.

9. Mudanças propostas (no caso de nova edição)

Essa seção aplica-se as revisões de edições que já foram publicadas. O editor deve prover justificativa para todas as mudanças na nova edição que relacionam-se com as mudanças no currículo, ou com novas exigências do mercado.

10. Agendamento para a preparação do original

O editor deve prover todos os detalhes para a preparação do original, as avaliações, as provas de campo, revisões etc., desde a fase do original até a data de publicação. Ele deve lembrar-se de incluir as atividades dos indivíduos fora da empresa que vão participar no projeto, e anotar todas as prováveis datas importantes.

11. Informação financeira

O editor deve anotar as estimativas de vendas para cada um dos quatro ou cinco anos após a publicação do livro, assim como anotar as vendas projetadas para toda a vida do projeto. Custos de pré-impressão para o livro também devem estar na lista. Os custos de marketing devem ser expressos como uma porção das rendas para cada ano. As análises das vendas líquidas também são necessárias.

12. Justificação do departamento de marketing

Essa seção é preparada pelo departamento de marketing/vendas. Deve fornecer dados estimativas de vendas de um a quatro ou cinco anos, bem como uma análise da concorrência. O pessoal de vendas e marketing deve oferecer "sua" análise sobre a capacidade de deslocar os concorrentes do mercado, e também de alcançar as metas declaradas de vendas. Além disso, estratégias de marketing importantes devem ser acompanhadas por um orçamento de custos aproximados para cada atividade. E aconselhável que o gerente de marketing envie informações detalhadas sobre o produto e solicite aos representantes as possíveis vendas em seus territórios.

13. Folha financeira

O editor deve completar a folha financeira. Esse documento proverá os pontos importantes para todos os aspectos críticos do projeto, nas etapas-chave do desenvolvimento do programa, isto é, autorização, transmissão e publicação. Quando se comparam esses dados, os orçamentos de vendas, as quantidades etc. ao analisar o projeto, o editor poderá determinar com facilidade qualquer desvio das previsões que serviram de base para a aprovação.

Formulário de autorização de projetos (FAP)

Passadas as fases anteriores, como as estimativas de custos de produção, vendas e resultados, o editor deve elaborar o FAP e fazê-lo circular entre os departamentos que participam de todo o processo. O Quadro 13.1 ilustra os procedimentos recomendados.

QUADRO 13.1 | Formulário de autorização de projeto (FAP)

Título: _____
Autor(es) e filiação: _____
Edição: _____ Nº de páginas: _____ Formato: _____ ISBN: _____
Editor responsável: _____ Data de publicação: _____

Para traduções informar:
Autor(es): _____
Título: _____
Editora: _____ ISBN: _____ Data de publicação: _____

Grupo de gerenciamento de núcleo

Responsáveis	Data de aprovação	Assinatura
Editor	_____	_____
Diretor de produção	_____	_____
Diretor editorial	_____	_____
Diretor de marketing	_____	_____
Diretor financeiro	_____	_____
Presidente	_____	_____

I – Projeto

1. Descrição do projeto:
_____
_____
_____
_____

2. Cursos em que poderão adotá-lo: _____

3. Nome da disciplina: _____

4. Ano em que é ministrada: _____

5. Número de estudantes matriculados: _____

1. Títulos similares do catálogo

Autor	Título	Preço	Data de publ.	Vendas 2021	Vendas 2022

2. Concorrentes

Autor	Título	Editora	Nº de pp.	Edição	Preço

3. Vendas estimadas

	1 ano	3 anos	5 anos
Norte/Nordeste			
Sul			
Sudeste			
Centro-oeste			
Exportação			
Total			

II – Declaração de lucros e perdas

Preço de varejo: R$ _____ Desc. médio: _____

% Preço unitário: R$ _____ Ponto de equilíbrio: _____

Exemplares de amostra: _____

	1ª Impressão	Reimpressões	Total
Venda Líquida			
Custos de Produção			
PIA (papel, impressão e acabamento)			
Royalties			
Custos de Vendas	(%)		
Margem Bruta	(%)		
Despesas Operacionais	(%)		
Renda Líquida	(%)		

III – Custos editoriais e de produção

1. Direitos autorais

Especificar percentagens se for preço de varejo, preço líquido, tempo de validade e adiantamento, se houver.
_____
_____
_____

2. Especificações do produto

Número de laudas: _____ Tipo de papel: _____
Número de páginas do original: _____ Formato: _____
Número de páginas final: _____ Encadernação: _____
Cores capa: _____ Site do produto: _____
Cores miolo: _____ CD-ROM: _____
Arquivo eletrônico original: _____ Outros: _____

3. Custos de desenvolvimento

	R$ Unidade	R$ Total
Tradução		
Revisão Técnica		
Correções de estilo		
Digitação		
Consultoria técnica		
Permissões		
Desenvolvimento de software		
Tradução		
Total		

4. Custos de pré-impressão

	R$ Unidade	R$ Total
Copidesque		
Composição		
Primeira revisão		
Segunda revisão		
Terceira revisão		
Índices		
Design de capa		
Filmes internos		
Filmes de capa		
Fotografias		
Ilustrações		
Web Site		
Total		

5. Papel, impressão e acabamento

	Unitário (R$)	Total (R$)
Papel (capa e miolo)		
Impressão e acabamento		
CD/DVD		

6. Estratégias de marketing

Comentários do departamento de marketing: _____
_____
_____

Comentários do presidente: _____
_____
_____

O diretor de marketing deve, naturalmente, consultar membros de todos os departamentos que detêm ou podem produzir as informações necessárias. Se algum deles tiver dúvidas ou sugestões que poderiam influenciar significativamente a estimativa de vendas, o diretor de marketing deve comunicar-se com o editor para pedir mais informações e/ou propor melhoras antes de concluir a estimativa.

Lembre-se de que a estimativa de quantidade do marketing é um número *hipotético* – não uma quantidade de compra de impressão que deve ser automaticamente seguida. Essa estimativa não deve restringir o departamento de compras em sua decisão definitiva em relação a quanto capital de estoque e espaço de depósito devem ser alocados pelo projeto.

Em seguida, deve-se pedir ao diretor de pré-impressão para estimar quanto dinheiro em serviços de pré-impressão (preparação/copidesque, design, diagramação) será necessário para obter o livro pronto para a impressão – e (baseado em dados recentes de faturas de impressão, ou em uma consulta com o comprador de serviços gráfico no departamento compras e/ou financeiro) quanto mais custará para colocar a quantidade estimada pelo marketing para o primeiro ano (mais excedente razoável para cópias promocionais complementares) no depósito. Dividir esses custos combinados pela quantidade estimada de vendas para o primeiro ano produzirá um custo unitário estimado para acrescentar o novo título ao estoque.

Não perca tempo tentando fazer esse custo unitário corresponder exatamente ao custo final e real do departamento comercial. Este é um negócio à parte que o financeiro deve estar livre para manipular mais tarde, para a maior vantagem da editora no cálculo dos impostos.

Agora deve-se pedir ao departamento financeiro informações sobre *o preço de capa que o livro deve oferecer* a fim de suportar o modelo de estratégia financeira aprovado da editora. O diretor financeiro converte essa estratégia em um *multiplicador* ou *fator de preço* que pode ser aplicado ao custo unitário estimado, para indicar um preço mínimo realizável.

Uma vez que essas estimativas são todas registradas no formulário, o mesmo deve ser redirecionado ao editor para certificação (e assinatura) de que ele não faz objeção a esse preço – e então para o gerente de marketing para sua aceitação do preço como "razoável". Se alguma dessas partes reprovar a proposta nesse ponto da análise de viabilidade, a proposta deve ser rejeitada ou apropriadamente revisada.

Quando esse processo sugerir um preço que o marketing (ou mesmo o editor) não aceitará como "razoável", a interação subsequente das várias funções pode fazer contribuições ainda mais importantes para a modelagem do livro proposto. Embora seja muito importante que nenhuma função altere sua estimativa simplesmente para fazer o editor feliz, certamente é legítimo que esse editor peça mais explicações, solicite sugestões de marketing ou de design para tornar o livro mais vendável ou mais econômico, e tente convencer essas outras funções a alterar suas estimativas de maneira correspondente.

Cada departamento deve fazer cópias, e guardar para referência futura, das partes relevantes de cada pacote de proposta para o qual o departamento contribuiu com uma estimativa. Isso é especialmente importante em três casos:

1. **Na verificação das estimativas de custos antes da impressão.** O departamento financeiro e/ou de compras deve utilizar cópias de cada formulário de avaliação como uma base para conferir as estimativas antes de o livro ser encaminhado para a impressão. Se forem constatados aumentos de custos de última hora, uma reunião imediata do grupo de gerenciamento de núcleo deve confirmar essa recomendação financeira. Nessa revisão final, o responsável do departamento financeiro deve avaliar a situação do caixa atual e do estoque da empresa, e por fim informar a quantidade de compra de impressão real e inicial a todos aqueles envolvidos.

2. **Na preparação de materiais promocionais.** A função de marketing (especificamente, seu gerente de promoção) deve guardar cópias de todos os questionários de autor – já que eles contêm a maior parte do material bruto que por fim será necessário para preparar a capa, o catálogo e outros textos promocionais.

3. **Na avaliação das previsões um ano depois do lançamento.** O presidente deve manter um arquivo de todas as planilhas de avaliação terminadas e deve sistematicamente revisar as estimativas de cada livro publicado um ano depois que ele foi lançado no mercado, para ver exatamente como as várias funções tinham projetado as vendas e os custos. Isso é particularmente necessário para prevenir-se contra a excessiva timidez na função de marketing, cuja persistente tendência a subestimar as vendas para "trabalhar com uma margem se-

gurança" pode ser desastrosa ao "matar" livros potencialmente bons.

Quando se conclui a avaliação interdepartamental da viabilidade, chega o momento da "decisão de publicação" – talvez o fenômeno recorrente mais crítico na vida de uma editora. Nesse ponto, a responsabilidade muda para o presidente, que então recomenda que um contrato seja oferecido ao autor. O presidente não deve completar a seção de "permissão para contratação" do formulário de autorização até que todos os procedimentos de tomada de decisão prescritos tenha sido concluídos – e a função de aquisição deve ser constante e estar claramente ciente de que nenhum compromisso pode ser feito com um autor até que a permissão seja formalmente concedida.

> **Editor: encontre o caminho do sucesso na estabilidade gerencial**
>
> As editoras que prosperam em bons e maus momentos econômicos são aquelas que desenvolveram e mantiveram a mesma equipe do grupo de gerenciamento de núcleo por um longo período.

A aquisição, desenvolvimento e construção de um catálogo está na base da publicação. A decisão de publicar exige tempo e recursos a um programa editorial e deve ser feito com base no melhor conhecimento e aconselhamento disponíveis. Nenhum projeto editorial e, principalmente, o desenvolvimento de toda uma gama de títulos para um determinado público, é livre de riscos. Para gerenciar esse elemento de "assumir de riscos" as aquisições devem ser realizadas com o Grupo de Gerenciamento de Núcleo, habilidade, confiança e atenção impecável aos detalhes. Aqui termina a função de aquisição e as próximas etapas ficarão sob a responsabilidade do departamento de pré-impressão, o qual convocará uma reunião do comitê na véspera de enviar a obra à gráfica.

O PAPEL DO CONSELHO EDITORIAL

A principal função do conselho editorial (grupo de gerenciamento de núcleo) de uma editora é analisar as propostas e os projetos que são apresentadas pelos editores de aquisição para aprovar a publicação de livros. Como vimos no Capítulo 4 esse grupo consiste dos diretores dos departamentos editorial, marketing, pré-impressão e financeiro. Existe uma certa tensão nessa fase final do processo editorial entre os editores de aquisição e o conselho editorial.

Em geral, essa tensão tem efeitos positivos. Como Bartlett Giamatti, membro do comitê de publicações da Yale University Press escreveu:

> É saudável quando há um espírito de "antagonismo construtivo" entre o comitê e os editores da casa, afinal de contas, é necessário controlar o processo de uma maneira fundamentada, pois será decidido o que vai ou não vai entrar no programa editorial. Parte dessa tensão vem do papel crítico que o conselho editorial às vezes desempenha.

O papel do comitê é identificar a ausência de qualidade – *arrancar as ervas daninhas restantes no jardim* que os editores trazem para cada reunião. Um conselho editorial também pode desempenhar um papel construtivo, fazendo sugestões sobre como um bom manuscrito pode ser ainda melhor, com uma nova revisão ou uma consulta com outros especialistas, e como ele pode atingir vários públicos alterando, por exemplo, o título etc.

Os editores de aquisição costumam preferir obras que desafiam o *status quo*, porque esses serão os livros com o maior potencial para influenciar correntes intelectuais e permanecer na vanguarda. Eles estão voltados para a inovação e interdisciplinaridade, enquanto o conselho editorial costuma estar voltado para a tradição e a manutenção dos padrões de qualidade. A chave para o sucesso dessa relação entre o conselho editorial e os editores de aquisição, portanto, é chegar a uma síntese dos pontos de vista para alcançar um equilíbrio entre tradição e inovação.

OS SEGREDOS DAS REUNIÕES EDITORIAIS

Em geral, nas reuniões editorias discute-se *o que* e *quando publicar*. O comitê de publicação (grupo de gerenciamento de núcleo) quer saber como as propostas se enquadram na linha editorial e quais são as possibilidades de superar a concorrência. Os participantes das reuniões editoriais querem saber por que um título proposto é necessário agora, porque é melhor do que um título existente de outra casa, quais são os prováveis leitores e o nível de vendas que pode alcançar.

Um lamento comum dos editores nas reuniões editoriais é a solicitação de muitos relatórios e estimativas que consomem muito tempo e com isso desperdiçam oportunidades de lançamento de novos títulos. Nas grandes empresas, muitos projetos competem pelos recursos e pelo tempo das equipes. Para os consultores editoriais Giles Clark e Angus Phillips,[1] uma editora tem duas necessidades conflitantes que devem ser continuamente resolvidas:

- A primeira é o desejo editorial de publicar um projeto de mérito literário e com potencial mercadológico. Para o departamento editorial que está considerando uma publicação, a questão é: esse livro dever ser publicado?
- A segunda demanda conflitante é definida pelo diretor de marketing para quem a questão é: quantas cópias podemos vender?

Se não se interessar por um livro, ou simplesmente não gostar dele, o marketing pode vetar o processo de aquisição ou inviabilizá-lo deixando claro que existe uma estimativa de vendas muito pequena.

Idealmente, a equipe de marketing e o departamento editorial devem cooperar. Às vezes a relação se torna antagônica e o editor se queixa: "Se vocês fizessem melhor o marketing de meus livros, eles venderiam mais!". E o marketing retruca: "Se publicassem livros melhores, poderíamos comercializá-los mais eficazmente: chega de publicar tantos títulos esotéricos de alto nível!" As editoras, especialmente as de livros didáticos, frequentemente têm um "viés editorial" (os gerentes vêm de departamentos editoriais, não de marketing), e a equipe de marketing tem de se virar para promover seja o que for o que o editor publica. Mas, em uma organização saudável, os editores sabem que precisam da ajuda e orientação da equipe de marketing se quiserem ser bem-sucedidos.

Considere os conselhos do consultor John Huenefeld[2]: nada é mais perigoso para o trabalho de uma equipe do que o departamentalismo. Isso não se refere ao orgulho justificável em sua esfera particular, mas sim a uma identificação forte com sua parte no processo que leva a linhas rígidas de divisão e de responsabilidade e que frequentemente se transforma em franco antagonismo e hostilidade. A desconfiança mútua e generalizada se manifesta na falta de confiança em outros departamentos para fazer seu trabalho corretamente. Com todos a culpar todo mundo, ninguém quer assumir a responsabilidade. As pessoas em editoras que funcionam assim trabalham sob estresse e podem ficar viciadas no antagonismo. Mas será a qualidade do trabalho editorial que mais sofrerá.

Um dos principais paradoxos das publicações contemporâneas é que todos editores desejam publicar um livro que estabeleça uma nova tendência, mas ninguém deseja estar tão à frente de uma tendência que o público comprador de livros precise correr para alcançá-la.

Na indústria de publicação, seja jornal, revista ou livro, sempre houve um delicado equilíbrio entre arte e comércio, e mesmo com o avanço da legislação dos direitos autorais, a contribuição do departamento de marketing é cada vez mais crucial para a aquisição de um título.

Hoje em dia, tudo se resume a alcançar números, esgotar o estoque e ter a certeza de que não haverá devolução de livros. Esse é o trabalho de vendas e marketing. Coordenando publicidade e campanhas promocionais, o departamento de marketing explora caminhos diferentes e inovadores para vender livros e encontrar maneiras de fazer o público leitor prestar atenção a um novo título ou autor.

Em alguns casos, os diretores de compras das principais cadeias de livrarias sugerem ao representante de vendas das editoras os tipos de livros que eles desejam vender. O representante de vendas retorna para o chefe de vendas e marketing, e este, por sua vez, informa ao comitê editorial o tipo de livros que as livrarias gostariam de comprar.

Os editores devem dispor de tempo para ouvir e falar com os compradores e vendedores. Mas o equilíbrio parece estar pendendo cada vez mais para vendas e marketing e se distanciando do editorial (para longe da arte, da criatividade e da inovação, por exemplo). Faltando a vontade e a coragem para assumir o risco de criar produtos inovadores, as empresas perdem a capacidade de descobrir e explorar novos talentos e colher as recompensas consideráveis que podem advir.

A mais importante decisão de vendas e marketing é tomada quando um original é adquirido. Com frequência, a proposta aprovada desse original será usada como base para a campanha de vendas e marketing, que é colocada em prática mesmo antes do lançamento do livro. Se a proposta for confusa ou não muito clara, a campanha de marketing pode refletir isso e fracassar.

Para vender livros um editor deve reconhecer que seus livros existem em um ambiente de vendas incrivelmente competitivo com exigências próprias. Quanto mais o editor entende esse mercado e suas exigências, mais pode saber quais livros venderão mais nesse ambiente. E em negócios editoriais, a maioria dos livros deve ser lucrativa o suficiente para compensar aqueles que, inevitavelmente não alcançarão as vendas projetadas.

MOMENTOS DE EXPECTATIVA

Há dois grandes marcos no processo de publicação de um livro. O primeiro é quando o projeto é concebido e, o segundo, quando o autor tem o livro impresso em suas mãos. São momentos distintos separados por um longo tempo, aparentemente interminável, de inspiração e transpiração. No início o trabalho é quase que inteiramente do autor. Depois, o editor entra em cena.

Mas o trabalho se inicia com o autor – o *criador*. Os editores, coordenadores de produção, diagramadores, designers, pessoal de marketing, equipe de vendas e outros que coletivamente constituem a editora – são a *mecânica*. O editor ajudará o autor a moldar o livro em suas etapas iniciais, e pode ajudá-lo a ampliar seu público, mas o conhecimento, o talento e a habilidade são apanágios do autor.

O livro terá uma chance de sucesso se houver uma parceria, mas ambos os parceiros terão de dedicar uma parcela significativa do seu tempo para alcançar êxito. A aventura não é isenta de riscos, mas as recompensas podem ser substanciais.

DEZ MEDIDAS PARA AVALIAR A EFICÁCIA DE UM PLANO EDITORIAL

A eficácia da administração de uma editora não significa apenas conseguir bons resultados financeiros, mas também obter outros números não financeiros que farão a diferença na saúde dos negócios. Por essa razão você deve estar ciente de algumas medidas que afetarão as operações da editora: "se você não pode medir um problema, você não pode resolvê-lo". Com esse espírito, o consultor John McHugh[3] identificou dez medidas chave para avaliar um programa de publicação, listadas no Quadro 13.2.

QUADRO 13.2 | Dez medidas para avaliar a eficácia de um plano editorial

1. O número de livros publicados anualmente.
2. O número de originais recebidos *versus* rejeitados.
3. Número de originais adquiridos e estimativas de vendas.
4. Números de originais colocados em produção e estimativas de vendas.
5. Número de contratos assinados e estimativas de vendas.
6. O tempo do ciclo de desenvolvimento do produto.
7. Produtos em desenvolvimento e estimativas de vendas.
8. O tempo do ciclo de produção.
9. Margem líquida dos livros.
10. O valor do estoque.

IDENTIFICAÇÃO E AVALIAÇÃO DE MERCADOS

Esta seção trata das informações que o editor precisa coletar, entender e manter atualizadas para que suas propostas de publicação atendam as necessidades de seus mercados, estejam alinhadas com os objetivos e as prioridades de sua organização, e seja realizável com os recursos disponíveis4.

Como identificar e avaliar os mercados das propostas de publicação

O que o editor deve ser capaz de fazer:

- Identificar os mercados para o qual está criando propostas de publicação.

- Avaliar o tamanho e o valor financeiro desses mercados.
- Avaliar a participação de sua organização editorial nesses mercados.
- Identificar e analisar os competidores de sua organização nesses mercados.
- Pesquisar e identificar a operação e as necessidades dos seus mercados.
- Identificar e analisar as tendências de mercado e áreas de crescimento e declínio.
- Identificar as cotações atuais do mercado para o preço de compra.
- Identificar e avaliar métodos para chegar aos seus mercados.

O que editor precisa saber:

- Onde e como obter informações qualitativas e quantitativas do mercado – sobre as publicações de sua própria organização e de outras.
- Onde e como obter informações sobre o tamanho e valor dos mercados e as cotações de mercado para o preço de compra.
- O que influencia o poder de compra do mercado.
- Como interpretar informações quantitativas e qualitativas do mercado.
- Os requisitos gerais atuais para diferentes mercados (por exemplo, mercados de direitos estrangeiros).
- Onde e como procurar informações e aconselhamento sobre o mercado em geral e seu nicho específico, as tendências de mercado e as áreas em crescimento e declínio.
- Quais são os vários canais de oferta de produtos ao consumidor final; como eles funcionam; quais são seus efeitos sobre os preços; e quais canais são usados por sua organização.
- Como funcionam métodos diferentes de marketing e vendas e quais métodos são apropriados em contextos diferentes.
- As metas de publicação de sua organização e os recursos de produção, marketing e vendas.

Como identificar e avaliar as prioridades, objetivos e recursos da editora

O que editor deve ser capaz de fazer:

- Identificar as realizações, prioridades e objetivos de publicação da organização.
- Identificar e avaliar os objetivos de mercado e metas financeiras da organização.
- Identificar os recursos editoriais e de produção e os sistemas da organização.
- Identificar e avaliar os recursos de marketing e vendas e os sistemas da organização.
- Avaliar as oportunidades e limitações que as prioridades, metas e recursos da organização representam para suas contratações ou aquisições.

O que editor precisa saber:

- Onde e como obter informações sobre sua organização, incluindo suas prioridades de publicação, desempenho de publicações passadas e existentes, áreas de crescimento planejado, movimento de vendas e metas de lucro.
- Onde e como obter informações qualitativas e quantitativas de mercado.
- Como os recursos da produção afetam o que é publicado; e quais recursos de produção estão disponíveis, e estarão disponíveis, para a organização.
- Como funcionam os métodos de marketing e vendas; quais métodos a organização usa e por quê, e como isso afeta o que a organização publica.
- Como a organização mede o sucesso de uma publicação.
- Como a organização determina metas de contratação e examina o desempenho.
- As linhas de comunicação da organização para procurar informações e sugerir novas possibilidades.

FORMULÁRIO DE SOLICITAÇÃO DE CUSTOS

Esta seção traz um formulário de solicitação de custos de produção para facilitar a rotina do processo editorial, fornecendo instrumentos de controle para todos os envolvidos na aprovação de todos os projetos.

Solicitação de custos de produção

Para: Depto. de Produção

De: _____ _____/_____/_____
                                  (Editor responsável)   (Data)

Editor: antes de submeter essa solicitação complete as questões abaixo.

1. Autor: _____

Título: _____

Edição: _____

2. Esse projeto é: Tradução: ( ) Original: ( ) Formato: ( )

Número de páginas no original ou edição USA: _____

3. Formato do livro: ( ) 16 x 23 ( ) 18 x 25 ( ) 21 x 28

4. Papel desejado: Tipo: _____ Gramatura: _____ Tamanho: _____

5. Nº de Cores: _____ Capa: _____ Miolo: _____

6. Acabamento: _____ Capa Dura: _____ Brochura: _____ Flexível: _____

7. Primeira impressão: _____ Quantidade: _____

8. Reimpressões: _____ × _____ exemplares

Custos estimados de desenvolvimento

10. Tradução: _____

11. Revisão técnica: _____

12. Adaptação: _____

13. Copidesque: _____

14. Leitura final: _____

15. Outros: _____

Comentários: _____

Editor responsável: _____

Recebido por: _____ Data: _____/_____/_____
                            (Depto. de Produção)

Custos estimados de produção

Para: _____ Data: _____/_____/_____
                          (Editor Responsável)

De: Depto. de Produção

Em resposta a sua solicitação de custos de produção datada de _____/_____/_____ informamos os custos de desenvolvimento e papel, impressão e acabamento para o seguinte projeto:

Autor: _____

Título: _____

1ª Tiragem: _____

Custos estimados de desenvolvimento

(Preencher conforme Solicitação de Custos de Produção)

1. Tradução: _____

2. Revisão técnica: _____

3. Adaptação: _____

4. Copidesque: _____

5. Leitura Final: _____

6. Outros: _____

Total de custos estimados de desenvolvimento

Custos estimados de desenvolvimento

6. Composição: _____	7. Ilustrações: _____
8. Revisões: _____	9. Filmes de miolo: _____
10. Criação e arte da capa: _____	11. Filmes da capa: _____
12. Outros: _____	

TOTAL: _____

PIA – Papel, impressão e acabamento

1. Formato: _____	Nº de páginas: _____
2. Papel de miolo: Tipo: _____	Gramatura: _____
3. Papel de capa: Tipo: _____	Gramatura: _____
4. Impressão e acabamento: _____	

TOTAL: _____

Custo total de desenvolvimento e PIA

Custo unitário de desenvolvimento: _____

Custo unitário de PPB: _____

Custo unitário de manufatura: _____

Gerente de produção: _____ Data: ____/____/____

Diretor geral: _____ Data: ____/____/____

NOTAS DO CAPÍTULO

1 CLARK, Giles ; PHILLIPS, Angus. *Inside book publishing*. 5. ed. London: Routledge 2014.

2 HUENEFELD, John. *The Huenefeld guide to book publishing*. 6. ed. Bedford: Sanderson & Mills Publishers, 2004.

3 McHUGH, John. *10 key measures to evaluate book publishing effectiveness*. Milwaukee: McHugh Publishing Consultant, 2010.

4 www.publishingtrainingcentre.co.uk/images/BookJournalPublishingNationalStandards.pdf

CAPÍTULO 14

Lançando um livro em produção

NESTE CAPÍTULO

O que significa lançar um livro
em produção?...................................329

A reunião de transmissão...............330

O relatório de lançamento
em produção....................................332

O lançamento em produção
e dinâmica de grupo.....................333

O QUE SIGNIFICA LANÇAR UM LIVRO EM PRODUÇÃO?

O lançamento de um livro em produção ocorre naquela reunião em que o desenvolvimento editorial é concluído e a etapa de pré-impressão pode ser iniciada. O conteúdo e a abrangência são fixados e a tarefa do autor é trabalhar com o departamento de pré-impressão, sem revisar ou reescrever o texto original. A empresa agora está preparada para investir seu dinheiro tanto em marketing como na produção desse título.

Quando novos livros se deslocam de forma aleatória dentro do processo de pré-impressão, tempo e dinheiro são gastos e importantes oportunidades são desperdiçadas. É importante haver um ponto específico em que um novo produto deixa de ser propriedade do autor e do editor e passa para o controle definitivo do gerente de pré-impressão. Para realizar essa transferência sem mutilar o livro, é preciso garantir que algumas outras ações aconteçam simultaneamente. Em outros capítulos, fizemos referência várias vezes à etapa de trocas de informações e opiniões que deve ocorrer durante a discussão inicial para decidir se um contrato com o autor para publicar um determinado livro deve ou não ser fechado. Essa nova etapa, em que os originais são entregues ao departamento de pré-impressão, pode ser quase tão importante na determinação do êxito ou fracasso de um livro quanto aquela etapa inicial.

A palavra mais comum para esse ponto em que a função editorial passa para a pré-impressão é a reunião de transmissão. Em quase todos os casos, é um fato muito comum em que um editor simplesmente entrega a designer ou produtor gráfico um texto mais ou menos completo e revisado e se afasta, voltando de vez em quando com perguntas, sugestões ou emendas. A linha tênue que existe entre tais transferências é responsável por uma grande parte do caos que parece dominar muitos programas editoriais.

A REUNIÃO DE TRANSMISSÃO

A reunião de transmissão deve ser uma ocasião muito explícita e um tanto formal. Deve ficar entendido que a função editorial está entregando um original completo ou um percentual significativo do original, que foi todo revisado e verificado pelo autor (ou revisor técnico, quando for tradução). Todos os materiais complementares. (figuras, texto da última capa) devem estar juntos. Para essas ocasiões, deve-se preparar algum tipo de lista de verificação expedidora, na qual o editor registra qualquer informação básica que os outros irão precisar, e se certifica de que o original está perfeitamente correto e pronto para seguir para as próximas etapas. Os únicos acréscimos posteriores que devem normalmente ser aceitos são os índices e o sumário.

As reuniões de transmissão devem incluir certas pessoas e devem ser tratadas como sessões de coordenação e planejamento importantes.

Quem deve participar do lançamento de um livro em produção?

As pessoas que participam do lançamento de um livro variam de empresa a empresa. A lista deve ser inclusiva o bastante para que "todos aqueles que precisam tomar conhecimento" estejam presentes. A participação deve ser obrigatória. É importante que nessa a reunião os participantes estejam preparados.

O consultor John McHugh[1] sugere que devem participar da reunião de lançamento do livro:

- **Editor de aquisição.** O profissional que está entregando a responsabilidade pelo original finalizado.
- **Diretor editorial.** Presença indispensável, pois sobre ele recai a maior responsabilidade de cada projeto.
- **Diretor de pré-impressão.** É quem assume a responsabilidade por transformar um original em um livro acabado.
- **Diretor de marketing.** Embora negligenciado com frequência em algumas editoras, é importante que o marketing tenha um representante em todas essas reuniões (tanto para dar sugestões, como para aprender o que a equipe de vendas precisa saber sobre o próximo título).
- **Diretor financeiro.** Informando a disponibilidade de caixa e alocando esses recursos adequadamente.
- **Presidente.** Para um livro muito importante.

Também é recomendável a presença do editor de texto. A menos que esteja sendo usado um modelo padrão (seguindo padrões e especificações que já foram usado antes), a produção deve ter presente um designer que irá preparar as instruções de diagramação.

O editor patrocinador da obra encontra-se presente para se certificar de que o original está completo e correto, pronto para seguir para a produção. Esse editor responde pelo autor, bem como pelo editor de texto, e deve estar autorizado a fazer pequenos ajustes no plano da empresa, sobre qualquer livro específico, no próprio local. O editor de textos é um especialista na natureza e peculiaridades do original. O diretor de pré-impressão assume a maior responsabilidade pela saída desse original dessa reunião e por sua transformação em um livro pronto a custos razoáveis, e dentro de um prazo também razoável.

O designer transforma as necessidades e características específicas dadas pelos editores em soluções gráficas eficientes, dentro das possibilidades do grupo de fornecedores da produção. O representante de marketing deve usar a reunião para dar opiniões a respeito do título do livro, índices, qualquer cópia de capa existente, ou sobre outros assuntos que ainda possam ser modificados para melhor. Existem também bons motivos para dar ao representante de marketing a responsabilidade pelo desenho da capa (talvez a ser executado pelo desenhista da publicidade ou por um *freelance),* uma vez que a psicologia exigida nesse caso (comunicação promocional) é muito diferente daquela própria para o interior do livro (organização visual de conteúdo, mais economia de produção). Mas se a responsabilidade do desenho for dividida dessa maneira, o marketing deve aceitar os estritos requisitos de prazo, de modo a não complicar a tarefa já em si difícil da produção básica de um livro.

O representante financeiro deve, além de verificar a lista de preços proposta, proporcionar ao supervisor de produção uma certa orientação referente à quantidade inicial impressa. Dependendo da posição de caixa atual e prevista da empresa, pode ser importante manter o capital de giro imprimindo em pequenas tiragens (e temporariamente não lucrativas) – ou pode ser possível aumentar a rentabilidade, investindo em um estoque maior do que o normal de um determinado título (talvez não arriscado).

A primeira coisa que deve acontecer em uma reunião de transmissão é um inventário completo dos materiais que estão sendo entregues do departamento editorial para a pré-impressão. Essas reuniões devem ser normalmente convocadas pelo departamento editorial, mas conduzidas pelo departamento de pré-impressão, de modo a que este possa verificar o que está sendo entregue, comparando com una lista de verificação completa de todos os componentes usuais dos livros (texto básico completo, página de rosto, página de título, página de créditos, índices, apêndices, figuras, bibliografia etc.). Se algum elemento ainda estiver faltando a essa altura, deve-se estabelecer quem o fará e o prazo de entrega. Se tiver que ser preparado um índice após a paginação, devem ser tomadas providências para a obtenção e a apresentação clara desse índice, na reunião de transmissão.

Muitos aborrecimentos podem ser evitados se for estabelecida uma política na empresa para que nenhuma data de publicação formal seja anunciada até que um livro tenha passado por essa reunião de transmissão, e que todas essas transferências, providências e afirmativas tenham sido realizadas. Isso é algo que nenhum departamento pode conseguir sozinho e, portanto, exige um pronunciamento administrativo do editor.

Na transmissão, o editor deve descrever o livro completamente ao editor de arte (ou o supervisor de pré-impressão, se um formato padrão tiver dispensado a necessidade de um editor de arte). Um bom editor de arte usará essa oportunidade para fazer alguns testes (e assim descobrir quais abordagens básicas têm mais chances de despertar entusiasmo ou oposição). O editor de arte e o supervisor de produção também devem antecipar as limitações de vários fornecedores a fim de não despertar argumentos desnecessários de seus colegas.

Uma vez estabelecidos os critérios do projeto gráfico, todos os participantes da reunião estarão bastante familiarizados com o original (com base nas discussões anteriores) a fim de fazer as considerações finais sobre alterações de última hora que qualquer um deles deseje propor. Nesse momento, o supervisor de produção, do qual se espera uma arbitragem, deve estar munido de uma lista de verificação para chegar a um acordo entre todos os departamentos representados (editorial, pré-impressão, marketing, finanças) sobre cada aspecto (título, preço etc.) do projeto. Se houver um impasse, a direção deve rever a situação e dar seu voto decisivo.

De fato, como a reunião de transmissão proporciona um campo tão frutífero para o tipo de interação criadora que produz livros notáveis, muitos editores insistem em que o diretor-executivo presida todas essas reuniões. Entre outras coisas, a reunião de transmissão proporciona uma excelente oportunidade para o estudo e a avaliação dos principais subordinados do editor.

Estabelecido um acordo, o departamento de pré-impressão deve pedir requisições de todos os interessados quanto aos subprodutos desse processo (rascunho de provas para o autor verificar, provas encadernadas para pedidos de direitos complementares, provas da capa para apresentações prévias de vendas etc.) que cada um necessita. O supervisor de pré-impressão também deve ser capaz de fornecer ao grupo um cronograma geral das etapas posteriores de produção (quando esperar provas, livros encadernados etc.). Mas, a fixação de uma data formal de publicação (formalidade que é melhor deixar para o marketing) deve, se possível, esperar a apresentação do cronograma real pré-impressão, depois de os fornecedores terem sido indicados. Seguindo esse procedimento (com todos os compromissos necessários para fins de apresentação de catálogos e de vendas), é possível minimizar os eventuais problemas e maximizar a interação criadora dentro do planejamento editorial.

O RELATÓRIO DE LANÇAMENTO EM PRODUÇÃO

Antes da reunião de lançamento em produção, o editor de desenvolvimento deve preparar e distribuir um relatório. As informações contidas no relatório de lançamento em produção variam de uma editora para outra, mas, no mínimo, devem conter:

- Uma breve descrição do livro, o ISBN, o título final e o nome do autor conforme aparecem no livro.
- O mercado e o público visados: defina o cenário para a equipe de marketing.
- As especificações: tamanho, formato, arte-final, numeração, cores da capa, encadernação e quaisquer outros requisitos especiais de produção.
- Lista de componentes: instruções, manual, CD etc.
- Situação das permissões: quaisquer permissões pendentes.
- Previsões de vendas atualizadas, preço proposto, tamanho do mercado, fatia de mercado, orçamento.
- Cronograma: data de publicação solicitada.
- Informações sobre o autor: telefone, fax, e-mail e endereço de correspondência, além de outras informações pertinentes sobre o autor.
- Concorrentes: breve resumo e comparação do livro com os concorrentes.
- Informações de marketing:
    a) formulário de sugestões do autor;
    b) resenhas do original;
    c) prefácio;
    d) apresentação (se houver);
    e) sumário; e
    f) original impresso e em CD.
- Data limite para quaisquer elementos faltantes.

As editoras precisam de um sistema para lançar um livro em produção. O propósito desse sistema é registrar, informar e monitorar todos os eventos relacionados com o projeto para todas as pessoas que estarão envolvidas nele. O editor de desenvolvimento deve dirigir o lançamento em produção, e preparar e distribuir um relatório. As informações contidas nesse relatório variam de acordo com as empresas, mas, no mínimo, devem conter as especificações indicadas no Quadro 14.1

QUADRO 14.1 | Transmissão de projeto a produção

Data: _____ Transmissão nº: _____
1. Título do original: _____
2. Título em português: _____
3. Subtítulo: _____
4. Autor(es): _____
5. Tradutor: _____ Fone: (___)_____ E-mail: _____
   Afiliações: _____
6. Revisor técnico: _____ Fone: (___)_____ E-mail: _____
   Afiliação: _____
7. ISBN: _____ Copyright _____
8. Questionário do Autor disponível: ( ) Sim ( ) Não
9. Acompanha: ( ) Site ( ) CD ( ) Suplementos
10. Todas as figuras incluídas estão em arquivo eletrônico? ( ) Sim ( ) Não
11. Permissões são necessárias? ( ) Sim ( ) Não Quais?_____

12. Data de publicação: _____

13. Preço estimado: _____

14. Preço estimado na aprovação do projeto: _____

15. Tiragem da primeira impressão: _____

16. Formato do livro: ( ) 14x21   ( ) 16x23   ( ) 17x24   ( ) 21x28   ( ) Outro: _____

17. Capa: ( ) Brochura   ( ) Capa dura   ( ) Capa flexível

18. Orelhas especiais?   ( ) Sim   ( ) Não

19. Número de cores: _____

Participantes:

Editor de Desenvolvimento: _____   Editor de texto: _____

Diretor de Marketing: _____   Diretor de Pré-impressão: _____

Diretor Editorial: _____   Presidente: _____

Comentários: _____
_____
_____
_____
_____
_____
_____
_____

O LANÇAMENTO EM PRODUÇÃO E DINÂMICA DE GRUPO

As informações compartilhadas no lançamento de um livro em produção são importantes porque, pela primeira vez desde que o projeto foi aprovado, a equipe editorial inteira se reúne. Para que o livro atinja seu pleno potencial, é fundamental fazer com que todos os membros da equipe de publicação trabalhem juntos nesse ponto. Esse é o objetivo da reunião de lançamento do livro em produção.

Outros procedimentos

A atividade editorial requer uma série de procedimentos sincronizados para facilitar o desenvolvimento de todos os processos nela envolvidos e assim obter controles eficazes. No registro de produção do Quadro 14.2, o editor de texto deve indicar que o projeto foi transmitido pelo departamento editorial e assim controlar o tempo e a evolução do projeto.

No Quadro 14.3 (Pagamentos) o editor de texto registrará todas as despesas que incorreram sob sua responsabilidade.

QUADRO 14.2 | Registro de produção

Registro de Produção
Tempos e Movimentos

Autor:
Título:
Subtítulo:
Tradutor:
Ver. Técnico:

Data de início: / /
Data do Fotolito:
Data de Publicação:
ISBN:

Produtora de texto:

Preparador:
Componedor:
1ª prova:
2ª prova:
3ª prova:
Final/Índice:
Fechamento:
Fotolito:
Gráfica:

Tiragem:
Formato:
Nº de págs.:
Cores do miolo:
Transmissão de capa:
Cores da capa:
Papel do miolo:
Papel da capa:
Acabamento:

# págs.	Trans/Edit.	Diagramação		Preparação/Copy		1ª Prova		Correção 1ª Prova		2ª Prova		Correção 2ª Prova		Final	Fotolitos		Heliogr.	Impressão/Acabam.		Observações
		Início	Fim	Início	Fim	Início	Fim	Início	Fim	Início	Fim	Início	Fim	Índice	Início	Fim		Início	Fim	
Prefácio																				
Sumário																				
Pré-textuais																				
Cap. 1																				
Cap. 2																				
Cap. 3																				
Cap. 4																				
Cap. 5																				
Cap. 6																				
Cap. 7																				
Cap. 8																				
Cap. 9																				
Cap. 10																				
Cap. 11																				
Cap. 12																				
Cap. 13																				
Cap. 14																				
Cap. 15																				
Cap. 16																				
Cap. 17																				
Cap. 18																				
Cap. 19																				
Cap. 20																				
Cap. 21																				
Cap. 22																				
Cap. 23																				
Cap. 24																				
Cap.																				
Cap.																				
Glossário																				
Apêndices																				
Índices																				
Mala-direta																				
Ficha Catal.																				
Outros																				

Notas:

QUADRO 14.3 | Registro de pagamentos

Pagamentos							
Título:							
Autor:							
ISBN:							
Tradutor:							
Ver. Técnico:							
Componedor:							
Nº de laudas:							
Nº de páginas:							
	Capítulo	Nº de laudas	Preço/lauda	Revisor	Total	IR	Observações
Copy							
Copy							
Copy							
Copy							
Copy							
Copy							
Copy							
1ª prova							
1ª prova							
1ª prova							
1ª prova							
1ª prova							
1ª prova							
2ª prova							
2ª prova							
2ª prova							
2ª prova							
3ª prova							
3ª prova							
3ª prova							
3ª prova							
Índice - paginar							
Índice - revisar							
Bater emendas							
Outros							

NOTA DO CAPÍTULO

1 McHUGH, John. *How to lunch a new book into production.* Milwaukee: McHugh Publishing Consultant, 2009.

CAPÍTULO 15

Negociação de contratos

NESTE CAPÍTULO

Introdução 337

Contrato de publicação 338

Adiantamentos de
   direitos autorais: seis dicas 339

Modelo de contrato 340

Original satisfatório 343

Quanto se deve gastar para
   conseguir autores? 346

Dicas importantes – preparação
   e revisão de contratos 349

INTRODUÇÃO

Não obstante a iniciativa de escrever um livro didático poder parecer um processo solitário, não há nada de solitário acerca da transformação das ideias em um livro acabado. Uma editora trabalha com equipes de publicação que recorrem a diferentes indivíduos e suas competências em diferentes pontos do processo de criação de um produto.

O trabalho que conduz a um contrato de publicação é de grande importância para o definitivo sucesso da empreitada de publicação, porque define as metas comuns do projeto (inclusive as expectativas de mercado e de orçamento) em relação às quais o editor medirá seu progresso e sucesso. Na fase de pré-assinatura, os editores trabalham de mãos dadas com o autor para modelar sua visão do produto e a elaboração dos planos para o processo global de publicação. Autor e editor se reunirão e trabalharão diretamente com outros profissionais da área de publicações, incluindo um editor de desenvolvimento, um gerente de marketing e um produtor de mídia e *software*.

Há muitas ideias conflitantes sobre como os autores e editores trabalham em conjunto. Alguns autores consideram um contrato com uma editora em termos estritamente financeiros, outros como relacionamento tingido com romântica troca de palavras amistosas. Um contrato é, afinal, um documento legal que liga duas partes. Deve ser justo para ambos. No entanto, um contrato de publicação não é como um contrato para comprar uma casa. Na maioria dos casos, o editor não está "comprando" você ou seu trabalho, tanto quanto alugando.

Uma via de mão dupla

Um contrato é um acordo escrito e assinado por ambas as partes, em que o autor concorda em entregar um original sobre um assunto, com tamanho estimado em data pré-determinada, possibilitando a editora alocar seus recursos e todos os esforços da publicação; contratos, às vezes, tão prolixos que assustam os autores e, apesar de sua verborragia, os contratos de publicação são garantias para ambas as partes. Um contrato, segundo Stock,[1] é uma parceria entre autor e editora como resume:

O autor fornece à editora:

- Um original (ou uma promessa de um original).
- Os direitos para publicar o original.
- Um conjunto de garantias.

A editora fornece ao autor:

- A promessa de publicar.
- Uma parte das receitas e, por vezes, um adiantamento que será descontado de futuros *royalties*.
- Proteção da editora dos direitos do autor, através de registro de Direitos Autorais, em nome de qualquer autor ou a editora.

CONTRATO DE PUBLICAÇÃO

Uma vez convencidos de que se deve publicar um original existente ou proposto, é necessário obter o direito de fazê-lo, negociando um contrato (muitas vezes chamado "Carta de Acordo" ou "Memorando de Acordo") com o autor ou seu agente. Esse acordo irá salvaguardar o direito da editora de aplicar o investimento no livro (sob as condições combinadas), por todo o tempo que ele se mantiver. O trabalho sobre um novo título não deve ter início antes de um contrato bem elaborado e assinado

Em geral o contrato deve ser negociado pelo editor que trabalhará com aquele autor. Sendo claramente identificado como a parte que retém ou abre mão, a generosidade de quem publica dará ao editor renovado tato nas transações muitas vezes delicadas que se seguirão, quando ficam abertas ao debate as palavras do autor. Além disso, um bom editor trabalha com seriedade como modelador da carreira literária em potencial de cada autor — e deve estar intimamente familiarizado com todas as nuances das relações entre ele e o autor.

As pequenas editoras têm uma pequena margem, em tais negociações, que deveria ser levada em conta, quando se preparam para negociar. O fato é que qualquer autor, que realmente possa exigir condições melhores do que as normais, irá, primeiro, dirigir-se a algumas das grandes editoras que produzem os *best-sellers* e livros didáticos básicos. Quer seja apoiado por um bom agente ou não, o autor que leva sua proposta ou original para uma editora pequena já terá aceito certas limitações (de credibilidade do autor, da obra em si, ou seja lá o que for). Os bons editores nas pequenas editoras encontram as boas obras desprezadas pelas grandes editoras (ou talvez não as reconheçam devido a sua natureza especializada). Isso não significa que um pequeno editor, deva tentar tirar partido de autores desesperados para que seus livros sejam publicados, mas sim que não devem temer gente com exigências fora da realidade. Ele deve insistir em publicar dentro das próprias condições da editora.

Essa verdade deve, às vezes, se aplicar para os editores em negociação. A sua simpatia natural flui em geral para o autor (como deve ser). Mas, nesse papel de negociador, é preciso ser firme também, pois, abrir mão dessa pequena porcentagem extra em um *royalty*, ou nos direitos autorais suplementares, pode muito bem representar a diferença entre o lucro e a perda em um livro.

A melhor maneira de manter as coisas sob controle é formar um contrato padrão e uma política básica em relação a todas as opções nesse contrato; abrir as negociações, oferecendo ao autor esse acordo padrão, com suas condições preferidas em todos os pontos opcionais. O autor pode, simplesmente, sugerir algumas modificações, ou pode retrucar propondo um contrato totalmente diverso (baseado na experiência com editor anterior). O processo de negociar se concretizará então desfazendo as dúvidas, de modo que ambas as partes se sintam satisfeitas. Ninguém sai ganhando, se quiser "enganar" a outra parte em tais negociações; embora o contrato afaste as ambiguidades para o livro em questão, o verdadeiro objetivo é a relação de longo prazo mutuamente benéfica que poderia facilmente ser prejudicada por tentativas míopes de tirar vantagem da outra.

Se for desejável ter algumas amostras como base para redigir um contrato padrão (ou revisar um que já está sendo usando), deve-se pesquisar alguns modelos de outras editoras.

Royalties

Os *royalties* a serem pagos para um livro são muito importantes para o êxito financeiro de uma editora, embora estejam além das normas e ainda assim podendo ganhar dinheiro com o livro. Autores ainda não famosos recebem, em geral, 7,5% do preço de varejo até 5.000 exemplares vendidos. Os *royalties* sobre livros didáticos devem basear-se nas receitas líquidas (não no preço de capa), sendo 12% o *royalty* mais comum. Um autor célebre ou já tradicional pode obter uma porcentagem adicional de 2 a 3% (em cada tipo de transação) sobre todas as vendas, além de um ponto de equilíbrio já estabelecido (em geral por volta de 10 mil exemplares).

Acreditamos que tanto os editores como os autores estariam bem servidos por uma mudança para *royalties* de receita líquida para todos os tipos de livros (inclusive profissionais). Se forem seguidas as diretrizes de preços e orçamento será possível, pagar de 16 a 18% de receitas líquidas.

ADIANTAMENTOS DE DIREITOS AUTORAIS: SEIS DICAS

Adiantamento de direitos autorais é o valor em dinheiro pago a um autor por percentagem de futuras vendas de um livro. Adiantamento de direitos é fato na publicação de livros e poucas regras estão disponíveis para orientar os editores. Se possível, evite este pagamento aos autores.

Os riscos para os adiantamentos de pagamento são muitos. Por exemplo: o autor poderá não completar o livro ou não terminar o livro na data prevista; o autor pode morrer ou ficar incapacitado, ou o livro alcançar vendas suficientes para cobrir o adiantamento. Esses cenários ocorrem todos os dias no negócio da publicação.

Você deve evitar em pagar adiantamentos aos autores. Os autores raramente devolvem verbas adiantadas pela editora. O melhor é ser cauteloso ao pagamento de adiantamentos. Aqui estão seis sugestões que o consultor John Mchugh[2] pondera sobre os adiantamentos ao autor:

1. O ponto de partida para qualquer discussão sobre o pagamento de adiantamentos ao autor é a compreensão das projeções de vendas de um determinado livro. Elabore uma declaração de lucros e perdas (LP) para o livro e seja claro sobre as vendas projetadas.
2. O pagamento de um adiantamento é sempre dependente da situação competitiva de um original em particular. Se um autor tem três ou quatro editoras disputando seu projeto, então você está em uma posição ameaçadora. No entanto, se sua empresa é a única editora interessada, você está em posição mais confortável para pagar nenhum ou um modesto adiantamento.
3. Pague antecipadamente o mínimo possível, o capital de giro é precioso e não pode ficar amarrado em adiantamentos. No entanto, se os adiantamentos são inevitáveis veja a próxima sugestão.
4. Não pague mais do que você pode esperar ganhar a partir da metade dos *royalties* pagos sobre as vendas projetadas no primeiro ano. Por exemplo, se você espera vender 200 mil reais de um livro em seu primeiro ano e a taxa de *royalty* é de 10% das vendas líquidas, o total de *royalties* auferidos deve ser de 20 mil reais. Neste caso, a regra poderia sugerir pagar o adiantamento não mais de 10 mil reais, ou seja, metade da participação no primeiro ano.
5. O pagamento de adiantamentos por um editor de aquisições deve estar sujeito à revisão do diretor de marketing e aprovação do presidente. O editor deve sempre justificar a necessidade do pagamento de um adiantamento. Se o editor não pode justificar o pagamento, então o presidente não o aprovará. Um editor eficaz, raramente, terá a necessidade de pagar adiantamentos para assinar contratos com os autores
6. Adiantamentos para autores são custos para fazer negócios. Uma abordagem indisciplinada para o pagamento de adiantamentos pode levar rapidamente ao desastre financeiro. Se você seguir essas diretrizes, as chances de um cenário negativo serão diminuídas.

Além da taxa de *royalty* e do adiantamento, o contrato deve especificar quais as condições que ficaram combinadas quanto a certo número de outros pontos. Identificaremos, apenas, os pontos principais que devem ser esclarecidos por seu contrato padrão, e indicar as condições que serão vantajosas obter sobre cada ponto:

- **Direitos territoriais:** peça, direitos mundiais, para publicar ou licenciar em inglês ou espanhol.
- **Direitos suplementares:** insista em obter direitos exclusivos para clube de livro, mercado de mala direta e usos em série de material, além de artigos em revistas e inclusões parciais em antologias – com lucros que poderão ser divididos 50/50 para cada parte. Ofereça também promoção rotineira de adaptações a outros meios (filmes e direitos teatrais etc.) para 10% dos lucros, se o autor não tiver um agente.
- **Prazos:** especifique um prazo pelo qual o autor é obrigado a completar o original ou (à sua escolha) devolver o adiantamento e cancelar o negócio; esteja preparado para prorrogá-lo uma ou duas vezes, porém tenha a cláusula de contrato que dá ao editor algum poder disciplinar.
- **Obrigação de editar:** esteja preparado para concordar que os direitos revertam para o autor (sem restituição do adiantamento) se você não o publicar dentro de prazo razoável – digamos 18 meses após o original estar completado; nunca se obrigue a editar o original final, mesmo que qualquer imprevisto o torne obsoleto.
- **Obrigações de revisar:** declare claramente que o autor é obrigado a fazer uma revisão razoável em resposta à crítica editorial; esse aspecto dependerá mais da diplomacia editorial.
- **Controle do editor:** nunca concorde em contratar especificações como o livro será projetado, encadernado e colocado no mercado etc. O editor deve ter completo controle do processo editorial. Alguns contratos chegam a especificar que os editores podem modificar os títulos dos livros.
- **Garantia legal:** os autores devem ser responsáveis por quaisquer difamações, acusações e plágio que possam cometer. Os editores acham que isso não é uma defesa bastante segura ou proteção para eles; porém, ainda lhes é vantajoso insistir nessa cláusula, apenas para evitar que os autores assumam as responsabilidades de uma forma ligeira.
- **Materiais auxiliares:** concorde e mostre que é responsável (autor ou editor) pelas figuras, índices e outros materiais complementares. Se o editor for responsável, lembre-se de que você terá de adaptar os royalties ou os preços, para evitar que essas coisas extras prejudiquem os lucros.
- **Alterações feitas pelo autor:** proponha o acordo tradicional – que os custos de composição para quaisquer mudanças depois da composição pronta, que excedam 10% do valor da composição original, serão deduzidos dos futuros royalties do autor; você irá precisar de alguns recursos para ajudar a disciplinar os autores durante o esforço para concluir seus pensamentos.

MODELO DE CONTRATO

Os contratos também reservam de forma rotineira um pequeno número (mais ou menos 10) de exemplares gratuitos de cada edição diferente para o autor; é importante especificar as datas (em geral duas vezes por ano) quando serão calculados os *royalties* e pagos – com alguma reserva para cobrir lucros em potencial, e providenciar para que os direitos revertam para o autor, se o editor deixar de manter o livro no mercado.

Muitos contratos contêm outra cláusula padrão que dá ao editor os direitos de primeira opção para publicar o próximo livro do autor. Entretanto, tais cláusulas são muito difíceis de fazer-se cumprir e qualquer apelo a elas indicaria que a relação anteriormente sadia entre o editor e o autor se enfraqueceu gravemente. Acreditamos que os editores fariam melhor em abandonar tais cláusulas e focalizarem a sua atenção em manter aquele tipo de confiança e cooperação que os tornara cumpridores da palavra. Tal ambiente pode ser mais bem estimulado pelo reconhecimento do editor de seu papel como um buscador de talentos e estimulador de carreiras – por um esforço sincero em estar pronto a contratar um próximo livro de um autor (e até mesmo sugerir o seu conteúdo, se for conveniente) assim que fique completo cada original.

O modelo de contrato que apresentamos no Quadro 15.1 é praticado por muitas editoras locais e multinacionais.

QUADRO 15.1 | Contrato de direitos autorais

Contrato de direitos autorais

As partes a seguir qualificadas e ao final assinadas, de um lado,

Editora XYX, pessoa jurídica de direito privado, constituída sob a forma de sociedade civil, inscrita no CNPJ/MF sob nº 000000000000, com sede na Av. Rui Barbosa, 1435, na Cidade de São Paulo, Estado de São Paulo, nesse ato representada na forma de seus atos sociais, doravante simplesmente designada **EDITORA**, e de outro lado _____
_____ (qualificação), portador da Cédula de Identidade RG nº _____
_____, inscrito no CPF/MF sob nº _____, domiciliado e residente na _____
_____ e
_____ (qualificação), portador da Cédula de Identidade RG nº _____, inscrito no CPF/MF sob nº _____
_____, domiciliado e residente na _____
_____, doravante, em conjunto simplesmente designados **AUTORES**, têm entre si, justo e acordado, o presente **CONTRATO DE DIREITOS AUTORAIS (Contrato)**, que se regerá de acordo com as seguintes cláusulas e condições.

Cláusula Primeira – Objeto

Constitui objeto do presente **Contrato** a cessão, pelos **AUTORES** em favor da **EDITORA**, de todos os direitos de cunho patrimonial dos AUTORES, dentre os quais, os direitos de publicação, compreendendo a reprodução, por qualquer processo técnico hoje existente ou que venha a ser criado no futuro (tipografia, fotocópia, xerox, off-set, eletrônico, dentre outros), impressão, publicação, distribuição, divulgação, e comercialização, assim como os direitos de modificação, compilação, adaptação e tradução da obra intelectual, artística ou científica intitulada _____, a qual nunca foi editada (ou a qual se encontra-se em sua _____ edição), doravante nesse instrumento designado apenas como **OBRA**.

Parágrafo 1º – Titularidade

Os **AUTORES**, por esse instrumento e na melhor forma de direito, declaram serem os únicos e legítimos titulares, livres, desembaraçados e sem quaisquer ônus ou gravames, dos direitos de autor da **OBRA** mencionada no caput dessa cláusula, declarando ainda que não possuem nem mantêm contratos de edição ou de cessão de direitos autorais dessa **OBRA** com quaisquer outras editoras, no Brasil e no Exterior, não havendo portanto impedimento de qualquer natureza para a celebração desse instrumento.

Parágrafo 2º – Edição da Obra

Todos os direitos cedidos por esse **Contrato**, compreendendo a edição, impressão, reprodução, publicação, distribuição, divulgação e comercialização, assim como os direitos de modificação, compilação, adaptação e tradução da **OBRA**, suas atualizações e revisões, poderão ser realizados pela **EDITORA**, por seus próprios meios ou por meio de terceiros por ela subcontratados, respeitados em quaisquer casos os limites descritos nesse Contrato.

Parágrafo 3º – Exclusividade

A cessão dos direitos, objeto desse Contrato, é feita em caráter exclusivo, não podendo os **AUTORES** ceder iguais direitos a qualquer outra editora ou terceiro, durante a vigência desse Contrato.

Parágrafo 4º

O presente **Contrato** versa sobre uma ou mais edições da **OBRA**, a critério da **EDITORA**, a ser estabelecido em razão das necessidades técnicas e de mercado.

Cláusula Segunda – Idioma e Território

A **EDITORA** tem o direito de editar a **OBRA**, objeto desse **Contrato**, na **Língua Portuguesa**, em todo o mundo. A **EDITORA** tem ainda o direito de traduzir e/ou autorizar a tradução da **OBRA** em outros idiomas, bem como de negociar com terceiros ou com outra editora a edição da **OBRA** em outros idiomas, como um intermediário entre o autor e o editor estrangeiro, observando-se o disposto no parágrafo 1º da cláusula Décima Terceira abaixo.

Parágrafo Primeiro – Tradução e edição em outro idioma

A edição da **OBRA** em outro idioma que não o da Língua Portuguesa deverá ser objeto de acordo, em separado, entre terceiros ou outra editora e a **EDITORA**, garantindo-se aos **AUTORES** o direito à participação proporcional nas receitas provenientes da venda ou exploração dessa **OBRA** em outro idioma, conforme previsto no parágrafo 1º da Cláusula 12 desse Contrato..

Parágrafo Segundo

Fica a **EDITORA** desde já autorizada a traduzir ou a autorizar a tradução, bem como a iniciar negociação com terceiros ou outra editora para edição da **OBRA** em outros idiomas.

Cláusula Terceira – Vigência

Esse **Contrato** terá prazo de vigência de 6 (seis) anos, contados da data de sua assinatura, podendo ser prorrogado por prazo igual ou superior, mediante termo por escrito a ser firmado pelas partes.

Parágrafo 1º

Após o término dos prazos de vigência, previstos no *caput* dessa cláusula, no caso de existência de exemplares da **OBRA** em poder da **EDITORA**, essa poderá continuar a distribuí-los até o final dos estoques, comunicando por escrito os **AUTORES** sobre o número de exemplares remanescentes na ocasião.

Parágrafo 2º – Direito de Preferência – Novas edições

Após o término de vigência desse **Contrato**, os **Autores** comprometem-se e se obrigam a dar, por escrito, à **EDITORA**, o direito de preferência para reeditar a **OBRA**, nas mesmas condições estabelecidas nesse **Contrato** ou mediante novas condições a serem fixadas em instrumento à parte. Nesse caso, a **EDITORA** deverá, no prazo de 90 (noventa) dias contados do recebimento da notificação dos **AUTORES**, se manifestar sobre seu interesse em reeditar a OBRA.

Parágrafo 3º – Direito de preferência – Obras futuras

Os **AUTORES** comprometem-se e se obrigam a dar à **EDITORA**, por escrito, o direito de preferência para edição de toda e qualquer nova obra que venham a produzir no período de vigência desse contrato. Nesse caso a EDITORA terá um prazo de 90 (noventa) dias contados do recebimento da notificação dos **AUTORES**, a qual deverá incluir uma primeira prova da nova obra que os **AUTORES** pretendem seja editada, para manifestar-se sobre seu interesse de vir a editá-la.

Cláusula Quarta – Publicação da Obra

A **EDITORA** compromete-se a publicar a **OBRA** no prazo de 12 (doze) meses, contados a partir da data de entrega do material definitivo pelos **AUTORES**. É considerado material definitivo aquele no qual os **AUTORES** não mais poderão fazer alterações, inclusões ou adaptações e considerado pela **EDITORA** apto a ser editado e reproduzido.

Parágrafo Primeiro: Exceção – Obras Ilícitas /Imorais

A **EDITORA** exime-se do dever de publicar a **OBRA** caso a **OBRA** seja considerada imoral ou com conteúdo ilegal e os **AUTORES** recusem-se a fazer alterações na versão entregue à **EDITORA**.

Parágrafo Segundo: Aspectos Externos

A **EDITORA** reserva-se o direito de fixar os aspectos externos da **OBRA**, tais como formato, escolha do papel, estilo, forma de impressão, paginação, qualidade da capa e sobrecapa.

Parágrafo Terceiro: Não Retirada da OBRA de Circulação

Após a publicação da **OBRA** pela **EDITORA** é vedado aos **AUTORES** exercerem o direito de retirada da **OBRA** de circulação do mercado.

Parágrafo Quarto: Concordância expressa dos AUTORES

A publicação da **OBRA** pressupõe a concordância dos **AUTORES** com a versão final, da qual fazem parte as fotografias, ilustrações, características gráficas, tipográficas, os textos adicionais, se aplicáveis. A concordância dos **AUTORES** de que trata essa cláusula deve ser expressa.

Cláusula Quinta – Entrega do Material Principal

Os **AUTORES** se comprometem a entregar à **EDITORA**, no prazo acordado, ou seja (inserir prazo), os originais e/ou originais e duas cópias em CD contendo os originais digitados no processador de texto WORD, em versão a ser definida pela **EDITORA**, juntamente com as ilustrações e fotografias correspondentes, devidamente formatados de acordo com os padrões de estilo e características gráficas exigidos pela **EDITORA**, devendo o material entregue respeitar o que foi acordado com a **EDITORA** quando das negociações que ocorreram prévia e posteriormente à assinatura desse Contrato.

Parágrafo 1º – Material Ilustrativo

Todos os elementos a serem incluídos na **OBRA**, compreendendo fotografias, ilustrações, características gráficas, tipográficas, textos adicionais assim como o formato e a disposição do material que constituem o estilo geral da **OBRA**, passam a integrar a **OBRA**, observado o disposto no parágrafo quarto da cláusula 4ª desse Contrato.

> **Parágrafo 2º – Informações sobre o Material Ilustrativo**
>
> Os **AUTORES** se comprometem a fornecer todas as informações referentes às fotografias e ilustrações utilizadas, citadas ou mencionadas na **OBRA**, bem como seus autores, titulares de direitos autorais e fontes onde foram obtidas, para que a **EDITORA** possa obter os respectivos direitos de reprodução, se necessário.
>
> **Parágrafo 3º**
>
> No caso de terceiros titulares de direitos autorais sobre as fotografias e ilustrações a serem mencionadas na **OBRA** não permitirem sua reprodução ou citação, essas serão retiradas do material, ficando os **AUTORES** obrigados a fazerem as adaptações necessárias.
>
> **Parágrafo 4º – Material de Apoio**
>
> Os **AUTORES** se comprometem a entregar à **EDITORA**, quando necessário e exigido pela **EDITORA**, material de apoio indispensável à divulgação da **OBRA**, tal como sumários, currículos e outras informações adicionais e necessárias para prestar esclarecimentos ao público-alvo para o qual a **OBRA** for destinada.
>
> **Parágrafo 5º – Recusa do Material Principal, Ilustrativo e/ou de Apoio**
>
> A **EDITORA** se reserva o direito de recusar, tantas vezes quantas forem necessárias, no prazo de até 30 (trinta) dias do recebimento, todo o material destinado à edição da **OBRA**, enquanto não for entregue pelos **AUTORES** nas condições acordadas entre a **EDITORA** e os **AUTORES** quando da assinatura desse Contrato.

ORIGINAL SATISFATÓRIO

Muitos contratos de publicação contêm uma cláusula de escape para a editora (os autores se referem como "manuscrito satisfatório"). Afirma que o manuscrito deve ser aceitável pelo editor, em forma, estilo e conteúdo. Não existem diretrizes no contrato para avaliar se um manuscrito é satisfatório nesses aspectos. Consequentemente, uma editora pode declarar qualquer manuscrito insatisfatório e se recusar a publicá-lo.

Um editor pode reclamar que o manuscrito é insatisfatório mesmo se ele realmente não é. Por exemplo, outro livro pode ter sido publicado durante o período entre a assinatura do contrato e a entrega do manuscrito e que preencheu um nicho. Consequentemente, a editora já não considera o livro importante e usa a cláusula para escapar das suas obrigações contratuais. Outra possibilidade é que a editora comprou outra editora e esta tem um livro na área com muito sucesso.

> **Cláusula Sexta – Revisão**
>
> A **EDITORA** se reserva o direito de submeter a **OBRA** às revisões técnicas e de estilo que, a seu exclusivo critério, entender necessárias.
>
> **Parágrafo Primeiro – Solicitação de modificações/complementações**
>
> Caso a **EDITORA** entenda necessário que os **AUTORES** procedam a modificações e/ou complementações na **OBRA** deverá notificá-los indicando o que sugere que seja modificado e/ou complementado. Em concordando, os **AUTORES** modificarão e/ou complementarão a **OBRA** ou autorizarão à **EDITORA** para que o faça no prazo de 10 (dez) dias contados do recebimento da notificação.
>
> **Parágrafo Segundo – Adaptações**
>
> As adaptações que se impõem em razão na natureza da utilização da **OBRA**, de modo a permitir que a **EDITORA** exerça os direitos que lhe foram cedidos, deverão ser realizadas pelos **AUTORES** e/ou pela **EDITORA** se autorizada por escrito pelos **AUTORES**.
>
> **Parágrafo Terceiro – Novas edições de obras técnicas**
>
> As **OBRAS** de cunho técnico deverão ser atualizadas sempre quando forem criados fatos novos que tornem necessária a atualização. Nesse caso, os **AUTORES** deverão proceder à renovação técnica da **OBRA** e, em se recusando, a **EDITORA** poderá atualizá-la através de terceiros, devendo assinalar e distinguir na nova edição o trabalho do atualizador.

Cláusula Sétima – Correções

Os **AUTORES** poderão fazer correções e alterações, se considerarem necessárias, em uma das provas diagramadas da **OBRA**, desde que não alterem significativamente a estrutura da **OBRA,** assim entendido quando houver alteração de mais de 30% (trinta por cento) do conteúdo da **OBRA**.

Parágrafo Primeiro

Caso os **AUTORES** alterem significativamente a estrutura da **OBRA** nos termos previstos no caput dessa cláusula, os **AUTORES** deverão arcar com os custos adicionais incorridos pela **EDITORA** para publicação da **OBRA**.

Parágrafo Segundo

Os **AUTORES** terão ___ dias da data do recebimento da **OBRA** para realizarem as alterações e correções que entendam necessárias, sob pena de serem responsabilizados pelas perdas e danos e lucros cessantes advindos do atraso.

Cláusula Oitava – Falecimento e Impedimento dos Autores

No caso de falecimento e/ou impedimento de um dos **AUTORES**, os demais se comprometem a terminar a **OBRA**, nos termos e condições previstos nesse **Contrato**.

Parágrafo Único

Ocorrendo o falecimento e/ou impedimento de todos os **AUTORES**, fica a critério da **EDITORA** dar esse **Contrato** por rescindido ou determinar que outro(s) termine(m) a **OBRA**, desde que com o consentimento dos herdeiros e sucessores dos **AUTORES**.

Cláusula Décima – Preço dos Exemplares

Fica a critério da **EDITORA** a fixação do preço de venda dos exemplares da **OBRA**, podendo ser estabelecidos preços diferenciados em razão de países, regiões, estados, distâncias e outros fatores determinantes nos custos de distribuição e divulgação da **OBRA**.

Cláusula Décima Primeira – Custos de Edição

Ficam ao encargo e sob a responsabilidade da **EDITORA** todos os custos com a edição da **OBRA**, bem como todos os gastos necessários para sua adequada impressão, publicação, distribuição e divulgação, assim como para a venda dos exemplares.

Cláusula Décima Segunda – Remuneração

Pela cessão de todos os direitos autorais de cunho patrimonial previstos nesse **Contrato**, a **EDITORA** pagará aos **AUTORES** a remuneração correspondente a ___ **% sobre o preço líquido** de cada exemplar efetivamente vendido da **OBRA** editada em Língua Portuguesa.

Parágrafo 1º

Em havendo acordo com outra editora para a edição da **OBRA** em qualquer outro idioma que não a Língua Portuguesa, nos termos do disposto no § 1º da Cláusula 2ª desse Contrato, a remuneração dos **AUTORES** corresponderá a ___% _____) do valor líquido dos direitos autorais acordados para a edição da **OBRA** editada nesse outro idioma.

Parágrafo 2º – Pagamento da Remuneração

Para efeito de pagamento das remunerações, a **EDITORA** entregará a cada um dos **AUTORES**, semestralmente, no 5º dia útil do mês subsequente ao do fechamento de cada semestre, um relatório indicando a quantidade de exemplares vendidos, os preços praticados, as devoluções, as bonificações e descontos concedidos a terceiros e o resultados das vendas líquidas apuradas.

Parágrafo 3º

O pagamento da remuneração aos **AUTORES** será feito no prazo de até 30 (trinta) dias após a data de entrega dos relatórios. Caso haja atraso no pagamento superior a ___ dias, os valores devidos serão reajustados de acordo com o IGPM/FGV, além de serem devidos juros de mora de 0,5 % (zero vírgula cinco por cento) ao mês. Fica desde já pactuado que o mero atraso no pagamento por parte da **EDITORA**, caso não seja superior a ___ dias, não constitui justa causa para a rescisão desse contrato, nos termos do que prevê a Cláusula 16ª infra.

Parágrafo 4º

Os **AUTORES** poderão, pessoalmente ou por terceiros por eles indicados, no período compreendido entre a entrega dos relatórios e o pagamento da remuneração, previsto no parágrafo terceiro dessa cláusula, verificar a veracidade das informações contidas nos relatórios, comprometendo-se a **EDITORA** a facilitar o acesso dos **AUTORES** ou das pessoas por eles indicadas aos seus registros e documentos contábeis.

Parágrafo 5º

No caso de falecimento ou incapacidade declarada judicialmente dos **AUTORES**, a remuneração devida será paga aos seus herdeiros ou sucessores legais ou tutores nomeados.

Cláusula Décima Terceira – Exemplares de Promoção

As partes contratantes concordam que uma porcentagem dos exemplares da **OBRA** não serão postos à venda, sendo destinados à promoção da **OBRA** nos mercados nacionais e internacionais, a doações, a entidades educacionais, filantrópicas ou beneficentes, à reposição de exemplares com defeito e aos **AUTORES**.

Parágrafo 1º – Exemplares dos Autores

Por ocasião da primeira impressão da obra, a **EDITORA** entregará a cada um dos **AUTORES** 10 (dez) exemplares da **OBRA**. Fica desde já facultado ao autor a possibilidade de adquirir as quantidades de exemplares que desejar, gozando um desconto de _____.

Parágrafo 2º

Os **AUTORES** não farão jus a nenhuma remuneração, reembolso ou ressarcimento por conta dos exemplares mencionados no *caput* e parágrafo primeiro dessa cláusula.

Cláusula Décima Quarta – Estoques Excessivos

Se durante a vigência desse **Contrato** a **EDITORA** considerar que há estoque excessivo de exemplares da **OBRA**, poderá efetuar vendas de todo o estoque por preços promocionais que permitam recuperar os custos, gastos e despesas despendidos com a edição da **OBRA**.

Cláusula Décima Quinta – Responsabilidade Perante Terceiros

Ficam os **AUTORES** responsáveis, civil e criminalmente, por qualquer queixa ou reclamação de plágio ou cópia apresentadas por terceiros contra a **EDITORA**, em relação à **OBRA** ou textos, ilustrações ou fotografias contidos ou citados na **OBRA**, respondendo ainda por todos os danos, materiais ou morais, reclamados por terceiros prejudicados, assim considerados aqueles declarados judicialmente titulares dos direitos autorais violados. Na hipótese de a **EDITORA** vir a ser acionada judicialmente por terceiros, em razão da publicação do total ou de parte da **OBRA** objeto desse **Contrato**, os **AUTORES** se comprometem a ingressar na lide, na condição de litisconsortes necessários, respondendo, em conjunto e solidariamente entre si, por eventuais condenações, despesas processuais, sucumbências, honorários de advogado e demais encargos judiciais.

Cláusula Décima Sexta – Rescisão

O presente Contrato poderá ser rescindido automaticamente, por qualquer das partes, sem necessidade de aviso prévio, comunicação, notificação judicial ou extrajudicial, no caso de descumprimento de qualquer das cláusulas e/ou obrigações contidos nesse Contrato.

Parágrafo 1º

Em caso de descumprimento de qualquer cláusula ou obrigação desse Contrato, a parte infratora deverá ser notificada, tendo 10 (dez) dias úteis, contados do recebimento da notificação, para regularizar a situação e evitar a rescisão automática do Contrato.

Parágrafo 2º

Não constituem causa de rescisão contratual o não cumprimento de quaisquer das obrigações assumidas em decorrência de fatos que independem da vontade das partes, tais como os que configuram o caso fortuito e força maior, previstos no artigo 1.058 do Código Civil.

Parágrafo 3º

A **EDITORA** poderá ainda rescindir o presente **Contrato** no caso de considerar que, devido à demanda da **OBRA**, não há motivos para sua manutenção no mercado ou porque não oferece os retornos esperados. Nessa hipótese, a **EDITORA** deverá notificar os **AUTORES**, apresentando provas concretas das razões que a levaram a rescindir antecipadamente esse **Contrato**.

Parágrafo 4º

As Partes poderão ainda rescindir o presente Contrato caso não logrem um acordo quanto à versão final da **OBRA** a ser editada em razão dos **AUTORES**, ao elaborarem a **OBRA**, não terem observado as condições iniciais acordadas com a **EDITORA**, conforme previsto na cláusula quinta desse contrato e em seu Anexo A.

Parágrafo 5º

A **EDITORA** poderá rescindir o presente Contrato caso a versão final da **OBRA** que lhe venha a ser entregue não esteja de acordo com o que foi previamente negociado entre as partes.

Cláusula Décima Sétima – Direitos Perante Terceiros

A **EDITORA** terá o direito de se opor a eventuais contra fatores da **OBRA**, de modo a defender a plenitude do exercício dos direitos que lhe foram conferidos e impedir a propagação de atos ilícitos.

Cláusula Décima Oitava – Alterações e Aditamentos

Esse **Contrato** somente poderá ser aditado, alterado ou de qualquer forma modificado por documento escrito e assinado pelas partes contratantes.

Cláusula Décima Nona – Comunicações

As comunicações entre as partes deverão ser feitas por escrito, por cartas simples, fax, telex ou e-mail (Internet). As notificações deverão ser feitas mediante carta postada com AR ou por qualquer meio judicial ou extrajudicial, nos endereços das partes indicados nesse **Contrato**.

Cláusula Vigésima – Tolerâncias

Quaisquer tolerâncias, concessões ou omissões de parte a parte, quando não manifestadas por escrito e com expressa anuência da outra parte, não importarão em alterações ou novações desse **Contrato**, nem constituirão precedentes invocáveis.

Cláusula Vigésima Primeira – Consolidação

Esse **Contrato** consubstancia todos os entendimentos e tratativas mantidos até essa data pelas partes, substituindo quaisquer outros entendimentos ou acordos anteriores. A nulidade ou inaplicabilidade de qualquer disposição ou cláusula não afeta nem invalida as demais, devendo a cláusula declarada nula ou inaplicável ser substituída por outra que conduza as partes ao mesmo resultado econômico e jurídico almejado.

Cláusula Vigésima Segunda – Foro

Fica eleito o Foro da Comarca de _____ para dirimir quaisquer questões oriundas do presente contrato, com renúncia de qualquer outro, por mais privilegiado que seja.

E, por estarem justos e acertados, assinam o presente instrumento em 2 (duas) vias de igual teor e forma, na presença de duas testemunhas, para que produza seus devidos e legais efeitos.

_____, _____ de _____ de _____.

_____

Editora

_____

_____

Autores

TESTEMUNHAS:

Nome:_____ RG: _____

Nome:_____ RG: _____

QUANTO SE DEVE GASTAR PARA CONSEGUIR AUTORES?

O que devemos dizer quando um autor ou agente apresenta um livro que realmente desejaríamos publicar, mas que a seguir ele nos pressiona para ganhar um *royalty* que vai além da porcentagem normal, ou uma cláusula de parcelamento que nos tirará a maior parte da vantagem de criar um *bestseller*, ou um adiantamento que afundará nosso capital de giro? É possível suportar a violação das diretrizes básicas do orçamento e limites de contrato, a fim de conseguir um determinado livro? É provável que um livro, ou autor, faça tanta diferença em futuro conceito perante as livrarias e outros autores que a rentabilidade seja de importância secundária?

Achamos que não. Segundo o autor Levine[3], um editor deve tomar providências para garantir que todo livro que irá publicar se conforme com uma estrutura de custo e preço em geral rentável; não é possível manter uma estratégia econômica isolada para cada título e as probabilidades de poder predizer, com certa precisão, quais os livros e autores serão bons investimentos em longo prazo, são muito pequenas para permitir que assumamos compromissos durante a etapa de negociar um contrato.

Na realidade, os pequenos editores têm margem ao evitar prazos não lucrativos quando estão negociando contratos. A verdade é que muitos autores (especialmente se forem representados por um agente) terão feito alguma tentativa de conseguir a aceitação de um original por um dos gigantes da indústria editorial, antes de se dirigir a canais mais modestos. Quando eles se dirigem ao pequeno editor será porque não puderam despertar muito interesse entre os grandes, ou então descobriram que o pequeno tem uma forte posição em sua área específica de interesse editorial, que se torna mais importante para eles, como editor, do que qualquer grande corporação. Seja qual for o caso, a maioria dos pequenos editores está em melhores condições para cumprir prazos razoáveis de contrato.

A fim de se salvaguardar de tais manobras comerciais é importante a elaboração detalhada, antes de entrar em negociações, dos termos básicos do contrato que farão com que qualquer livro tenha uma boa vendagem tanto para a editora como para o autor. A seguir, precisamos ter a disciplina necessária para cumprir esses termos básicos.

Os *royalties* são geralmente o segundo maior custo incluído na publicação de qualquer livro (excedido apenas pelos custos de produção). Os adiantamentos são, em geral, os investimentos de prazo mais longo das publicações. Para adequá-los a uma estratégia econômica praticável para gerar um lucro no processo de publicação, devemos começar percebendo que a função editorial inteira (inclusive o trabalho do escritor) deve custar apenas 20% da receita de vendas que os livros produzem. Usualmente, três quartas partes dessa receita vai para os autores, e um quarto para os salários internos e despesas relativas para seus editores (além das despesas gerais da empresa). Isso significa que somente 15% dos lucros acham-se disponíveis para remunerar os autores, visando a um o processo lucrativo.

Se essas diretrizes de orçamento forem comprometidas dando porcentagem maior para os autores, alguma função interna terá que sofrer por isso. As funções mais flexíveis, e, portanto, as mais prováveis de serem prejudicadas, são os esforços de marketing e editoriais. Se for dado ao autor uma cota da cota desejável, o apoio de vendas e promocional reservado àquele livro (ou a outros livros) será prejudicado, ou a qualidade do departamento editorial e do pessoal será reduzida.

Ao estabelecer diretrizes para as condições dos *royalties*, deve-se dar alguma atenção a maneira de evitar os *royalties* do "preço de capa", que têm sido tradicionais, e basear os *royalties* no lucro líquido real que será recebido de um determinado livro (como tem sido amplamente praticado pelos editores de livros didáticos). Isso dá ao autor uma ideia muito mais clara do que realmente está acontecendo na divisão da renda entre o ele e o editor, elimina possíveis contratempos e dúvidas sobre os tipos de negócios que se poderá fazer para vender os livros e deixa o editor em uma posição menos ambígua quando se trata de encerrar as vendas a favor tanto do autor como do editor.

Com base na renda líquida das vendas, pode-se dar aos autores dos livros destinados a venda comercial, e através de canais educativos, 16 a 18% da receita líquida das vendas.

Se os autores ou agentes insistirem em fazer o contrato com base no preço de capa (pelo qual se pode pagar um *royalty* estabelecido sobre cada exemplar vendido, seja qual for o desconto que daremos a um intermediário ou a outro comprador), a percentagem oferecida dependerá, em geral, dos descontos médios criados pela estratégia de marketing e prazos comerciais. Se o desconto médio for de 40%, pode-se muito bem pagar um *royalty* de até 10% sobre o preço de catálogo.

Alguns autores, principalmente os mais experientes, costumam pedir cláusulas de escalonamento que aumentam os *royalties*, uma vez que seus livros ultrapassem certos níveis de quantidade de vendas. O nosso argumento é que, desde que um livro tenha se firmado com êxito, o editor pode reimprimi-lo em edições posteriores por custos bastante reduzidos, porque não há necessidade de rediagramação de texto. o que esse argumento não considera é o fato de que o risco na maioria das primeiras impressões de novos livros é tão alto que esses custos de diagramação raramente são recuperados. Portanto, essas vantagens subsequentes de impressão são necessárias para equilibrar essas perdas inevitáveis da primeira impressão e manter a operação global sem prejuízo. De modo geral, achamos que é uma boa ideia para os pequenos editores resistirem às demandas de cláusulas de escalonamento; o editor assume o risco quanto aos custos de produção e deve ter direito a possíveis lucros futuros. Porém, se um autor insistir em uma cláusula de escalonamento, o editor deve insistir que ela seja equilibrada – de forma que ela não somente pague um *royalty* menor no começo.

Condições razoáveis devem estabelecer a primeira com aprovação até 5.000 exemplares vendidos de um novo livro texto e 5.001 exemplares até as demais cópias a serem comercializadas. Outra cláusula pode ser estabelecida, quando ultrapassar a venda de 10.000 cópias. Assim, uma cláusula razoável pagaria ao autor 1% ou 1,5% a menos do que o *royalty* normal para os primeiros 5.000 e 10.000.

Uma terceira exigência do autor que pode prejudicar a economia de um programa editorial é a que diz respeito aos adiantamentos pagos pelos *royalties* futuros, para fechar um contrato. Quando tradicionalmente os autores interrompiam outros trabalhos para escrever, em tempo integral, um livro sob contrato, tais adiantamentos eram essenciais para sua sobrevivência. Poucos autores escrevem nessa base, atualmente. Entretanto, o volume do adiantamento que cada um pode tirar de seu editor não é apenas uma questão pessoal, mas é vista frequentemente pelo autor como um possível pagamento global que o livro não chegará a ganhar. Infelizmente, do ponto de vista do editor, isso estimula uma mentalidade de fracasso; os livros são escritos sem muita consideração pela sua possibilidade de vendas de longo prazo, uma vez que após um grande adiantamento, isso se torna o principal problema do editor.

Nunca se deve concordar em pagar a um autor mais dinheiro, na forma de adiantamento, do que se espera que esse seu livro possa ganhar (em *royalties*) durante o seu primeiro ano de publicação. Considera-se, em geral, que um ano tem a duração que a maioria dos editores pode suportar em aplicar verbas na produção e estoque de um dado livro. Pela mesma lógica, segue-se que um ano é tão longo quanto podemos suportar em aplicar dinheiro em adiantamentos ao autor – principalmente se tais adiantamentos forem muito arriscados. Assim, deve-se calcular um *royalty* que o autor ganharia sobre o número de exemplares que o departamento de marketing tem certeza de vender durante o primeiro ano, e estabelecer os limites de adiantamento. (Muitas vezes não será necessário pagar nenhum adiantamento, se o editor resistir à tentação de fazê-lo; lembre-se de que se o autor pudesse obter condições utópicas de uma das grandes editoras, não teria chegado a oferecer o original a uma editora de pequeno porte.)

Para apoiar nossa insistência em tais condições realistas para a remuneração do autor, é preciso estar preparado para mostrar-lhe como o lucro total, em longo prazo que terá de sua obra, depende de a editora ser capaz de manter uma operação editorial viável. Deve-se fazer uma conta para provar que um *royalty* razoável (sua porcentagem padrão) sobre 10.000 exemplares é muito melhor do que um *royalty* de bonificação que corta as vendas para 5.000, porque não haverá dinheiro suficiente, após cada venda, para apoiar uma promoção futura. Com o passar do tempo, o autor e o editor ficam nas mesmas condições; ambos são bem servidos por uma base econômica sadia que torna possível uma atividade editorial agressiva e aplicações em longo prazo em livros futuros.

Protegendo seus ativos

No cerne da indústria editorial encontra-se a capacidade de um editor em adquirir, selecionar e vender conteúdo que o público leitor deseja comprar, e que vai satisfazer seus interesses e desejos em uma variedade de áreas temáticas. As editoras de livros produzem conteúdo em versão impressa e/ou em outros formatos (versões eletrônicas de livros, periódicos, sites, blogs, etc.) utilizando sua força de vendas e marketing para vender este conteúdo. As editoras criam, adquirem, guardam, e gerenciam a propriedade intelectual.

As editoras possuem certos direitos sobre os livros que elas produzem e vendem, e possuem outros direitos em nome de terceiros. Seu negócio envolve explorar os direitos dos outros, assim como defender e proteger seus direitos e o que a elas foram confiadas. Editoras, portanto, têm um interesse profissional na exploração destes direitos para o melhor proveito dos seus autores como bem como de seus próprios direitos. Assim, são obrigados a tratar os direitos dos outros com respeito. Esta é uma obrigação moral, o que é equivalente às suas responsabilidades legais. Também há uma responsabilidade com a sociedade, por direitos de propriedade intelectual que são fundamentais para a promoção do avanço cultural e o fluxo de conhecimento e informação. Para qualquer empresa no negócio de criar ou utilizar os produtos da mente, uma ineficiente gestão do portfólio de propriedade intelectual pode ser prejudicial para o sucesso dos seus negócios. Por esta razão, é essencial a editora proteger a sua empresa de ativos de propriedade intelectual, pois ele é um ativo valioso no negócio da publicação de livros.

DICAS IMPORTANTES – PREPARAÇÃO E REVISÃO DE CONTRATOS

Esta unidade trata da preparação de contratos nos formulários próprios de sua empresa, o delineamento de contratos na própria organização e a revisão de contratos apresentados por terceiros e acordos para alterações feitas neles[4].

Elemento 1 – Preparar e revisar os contratos para aquisição de direitos por sua empresa

O que você deve ser capaz de fazer:

- Preparar contratos para execução que incluam todas as cláusulas contratuais relevantes e especifique todos os direitos e deveres relevantes das partes contratantes.
- Preparar a versão final de contratos que incorporem os termos e condições combinados com exatidão e sem ambiguidade e que estejam de acordo com os requisitos de sua empresa.
- Preparar contratos que estejam em conformidade com todos os requisitos legais e de acordo com as práticas comerciais relevantes.
- Negociar alterações em contratos com outras partes ou seus agentes.
- Incorporar corretamente aos contratos as emendas combinadas e aprovadas.
- Assegurar que todas as assinaturas necessárias sejam apostas nos contratos.

O que você precisa saber:

- As características e os componentes de contratos legalmente efetivos.
- As cláusulas atuais relevantes da lei de contratos, legislação brasileira de *copyright*, legislação internacional de convenções de *copyright*, convenções e acordos de comércio e códigos de prática.
- Alterações e mudanças vindouras na legislação relevante, convenções, acordos e códigos de práticas e suas implicações para os contratos de sua empresa.
- Os termos e condições a serem incluídos no contrato em questão.
- A política de sua empresa no que diz respeito à base sobre a qual os direitos devem ser adquiridos.
- A política de sua empresa a respeito de direitos morais.
- A política de sua empresa a respeito da exclusividade territorial.

- A política de sua empresa a respeito de garantias e indenizações.
- Os critérios aceitáveis por sua empresa para definir uma publicação como não obtenível pelo editor e outras causas de reversão de direitos.
- A política de sua empresa em relação à provisão de ilustrações, índice e obtenção de permissões.
- Como obter e rever informações precedentes relevantes ao contrato em questão.
- Cláusulas contratuais específicas sobre os direitos que estão sendo adquiridos.
- Terminologia comercial relevante quando aplicada a cláusulas contratuais.
- Recursos que forneçam informações adequadas e atuais, orientação a ajuda relevante ao contrato em questão e qualquer autorização que você precise para usar esses recursos.
- A política de sua empresa a respeito de contratos a serem elaborados na empresa e contratos elaborados por terceiros, e os procedimentos para lidar com eles.
- Signatários autorizados de contratos de sua empresa.
- Os limites de sua autoridade e responsabilidade pessoais.
- Como negociar com eficácia.

Elemento 2 – Revisar e preparar contratos para o sublicenciamento de direitos da sua empresa

O que você deve ser capaz de fazer:

- Preparar contratos para execução que incluam todas as cláusulas contratuais relevantes e especifiquem todos os direitos e obrigações relevantes das partes contratantes.
- Preparar a versão final de contratos que incorporem os termos e condições combinados com exatidão e sem ambiguidade e que estejam de acordo com os requisitos de sua empresa.
- Preparar contratos que estejam em conformidade com todos os requisitos legais e de acordo com as práticas comerciais relevantes.
- Negociar alterações em contratos com outras partes ou seus agentes.
- Incorporar corretamente aos contratos as emendas acertadas e aprovadas.
- Assegurar que todas as assinaturas necessárias sejam apostas nos contratos.

A cooperação com autores, colaboradores e fornecedores

Este tópico trata de suas relações com autores e outros colaboradores que contratar, ou com as fontes das quais adquire matérias para publicação.

Elemento 1 – Negociar contratos

O que você deve ser capaz de fazer:

- Assegurar que, para todos os projetos de seu plano de publicações, sejam feitos contratos satisfatórios entre sua organização editorial e (conforme for apropriado) os autores, outros colaboradores e editores ou outros geradores de matérias adquiridas.
- Para cada contrato, negociar termos dentro de seu próprio orçamento e dos sistemas e recursos de sua organização.
- Certificar-se de que cada contrato inclua prazos viáveis, que permitam a publicação na ocasião exigida.
- Certificar-se de que cada contrato especifique com exatidão todas as informações necessárias para permitir ao autor, colaborador ou provedor de matérias fornecerem a matéria exigida no formato requerido.
- Certificar-se de que o contrato previna contra *copyright* e outros problemas legais com a matéria que você está contratando ou adquirindo para publicação por sua organização.
- Certificar-se de que os autores, colaboradores e provedores de matérias entendam todos os aspectos do contrato.

O que você precisa saber:

- Qual é o contrato padrão de sua organização e como usá-lo.
- O significado e propósito de todas as cláusulas do contrato padrão.
- Como o contrato se compara com outros.

- De que maneira os sistemas e recursos de sua organização limitam os termos que podem ser oferecidos a um autor, colaborador ou outro provedor.
- Como são calculados os pagamentos a um autor, colaborador ou provedor de matérias e como são feitos.
- Os "preços atuais" para todos os trabalhos.
- O tempo necessário para autores e colaboradores apresentarem o trabalho.
- O tempo necessário entre a entrega do trabalho e sua publicação.
- Que informações precisam ser especificadas em contratos e por quê?
- As regras do *copyright*.
- Quando e como devem ser solicitadas permissões.
- Que problemas legais podem surgir e como lidar com eles.

NOTAS DO CAPÍTULO

1 STOCK, Rachel. *Getting your book published.* 2. ed. London: Trotman Publishing, 2011.
2 McHUGH, John. *How to think about author advances: six tips.* Milwaukee: McHugh Publishing Consultant, 2009.
3 LEVINE M. L. *Negotiating a book contract: a guide for authors, agents, and lawyers.* New York: Mover Bell, 2009.
4 www.publishingtrainingcentre.co.uk/images/BookJournalPublishingNationalStandards.pdf

CAPÍTULO 16

As relações com os autores: diretrizes para os editores

NESTE CAPÍTULO

Introdução 353

O recebimento e o manuseio dos originais 354

Rejeições 354

Negociações do contrato 355

O livro no prelo 357

Data da publicação 358

Troca de editores 359

Por que não dizer aos autores? 361

Reclamações dos autores 361

INTRODUÇÃO

Os autores são o elemento mais importante em todo o empreendimento editorial; são homens e mulheres de muita inteligência, capacidade e reputação. Quando eles confiam a publicação de sua obra, o editor deve assumir uma responsabilidade premente de fazer o máximo que puder para atender a seus interesses. A falta de atenção ou mal-entendidos que ofendem os autores e os levam a perder sua boa vontade prejudicam gravemente a empresa, não somente por perder a oportunidade de publicar uma boa obra, mas também pela situação de influência que os autores exercem sobre os agentes, outros autores, educadores, eruditos etc.

É preciso observar que os autores incluem não apenas as pessoas que escrevem livros, mas também os produtores que criam material audiovisual. Esses produtores, geralmente, trabalham de forma independente e estão sujeitos à venda de seu produto para obter um lucro do trabalho que executam para a empresa. Eles são sensíveis a programas, planos de promoção, esforços de marketing, e exigem a mesma consideração que a de um autor convencional.

Algumas dificuldades com autores são reais, ou seja, elas surgem de diferenças reais de julgamento sobre o projeto de um livro ou sua promoção e marketing, ou coisa parecida. Mas, com muita frequência, os autores se irritam devido à falta de comunicação. Suas cartas, *e-mails*, telefonemas ficam sem respostas ou são respondidas com demora pode parecer que a editora nunca chega a uma decisão. Sem comunicação, os autores ficam sem saber do esforço que está sendo feito para promover e vender seus livros. Por outro lado, eles podem se desiludir pelas consequências de um excesso de entusiasmo por seus originais ou uma declaração muito otimista sobre o que será feito em termos de publicidade e promoção. Deve-se dar especial atenção à comunicação, para eliminar a maior parte das queixas dos autores. Daí, a ênfase constante sobre a comunicação.

> **Editor**
>
> O autor representa sua área de interesse. O editor representa o leitor. O editor é responsável pela satisfação do público do autor. Assim, o editor sempre coloca o sentimento do leitor em primeiro lugar.

O RECEBIMENTO E O MANUSEIO DOS ORIGINAIS

Originais não solicitados chegam às editoras em grande número, anualmente. Seu registro, aviso de recebimento e devolução representam mais uma tarefa do departamento editorial. Em todas as divisões da editora, deve-se acusar o recebimento de todo original recebido, fazendo uma análise dele. Entre os autores não é esperado que seu original tenha sido rejeitado mecanicamente, ou que a obra que levou meses, até anos para escrever fora dispensada sem que fosse, sequer, analisada e lida.

Se houver grande número de originais não solicitados deve ser um hábito devolvê-los, sem abri-los, com uma carta sugerindo que o autor entre em contato com outras editoras.

O autor Jonh Huenefeld[1] recomenda que, ao se lidar com todos os originais recebidos, quer ou não solicitados, mencionados por um agente, devem ser seguidos os seguintes procedimentos:

- Cada original recebido deve ser imediatamente registrado. O registro pode ser central, para a divisão ou um em cada unidade ou patrocinador. De preferência, esse registro será digital, organizado em colunas para indicar a data de recebimento, autor, título, qualquer material anexo e o editor ou leitor a quem foi entregue. As outras colunas devem registrar quaisquer mudanças de atribuição ou ação final e disposição. O editor, a quem o original é destinado, é responsável por ele até sua devolução ou até que a transferência de responsabilidade para outra pessoa seja registrada.
- Cada original deve ser respondido dentro de três dias de seu recebimento. Uma breve carta formal ou *e-mail* podem ser usados no caso de um original não solicitado. Se já foi acusado o recebimento pela unidade central que trata dos originais não solicitados, não será preciso um segundo aviso. Se o original foi mencionado por um membro da empresa, aquela pessoa deve receber uma cópia do comunicado que acusa o recebimento. Todas as correspondências devem dar ao destinatário alguma ideia de quando receberá uma decisão, por exemplo: "Vamos ler o original e vossa senhoria terá notícias nossas em (data)". Se o tempo de leitura for muito longo (por exemplo, para possibilitar leituras externas), a mensagem acusando o recebimento deverá mencionar isso e explicar.
- Se o original for imediatamente reconhecido como fora da linha de publicação (por exemplo, poesia, estórias curtas, palavras cruzadas, livros em quadrinhos), ele poderá ser rejeitado de imediato, com base na política declarada, sem acusar o recebimento. As políticas da empresa não precisam ser mencionadas na rejeição. Ela deve dizer, por exemplo: "Só publicamos poesia em casos muito especiais" em vez de "Não publicamos poesias".

> **Editor**
>
> Os autores são os ativos mais importantes em uma editora.

Podem existir autores sem editora; não pode existir editora sem autores.

- De maneira idêntica, se o original for claramente inadequado à primeira vista, ele poderá ser rejeitado de uma vez, e a comunicação de rejeição substituirá a mensagem acusando o recebimento.

REJEIÇÕES

As mensagens de rejeição são problemáticas. Entre o que se deve evitar de dizer, temos:

1. A menos que se preveja um relacionamento permanente com o autor, que pode ser reforçado pela crítica construtiva do original, não diga, nem dê a entender que a obra do autor

é fraca. Por exemplo, não diga: "Seu original, embora interessante em parte, deixa de tratar com êxito de certo número de pontos que achamos serem os principais nessa matéria, e grande parte dele tende a ser prolixo e insípido".

2. Por outro lado, não elogie em excesso, sem sinceridade, um original fraco, de modo a confundir o autor. Em geral, uma decisão pode ser explicada com relação ao seu mercado em potencial sem grandes comentários sobre o original propriamente dito.

3. Nunca atribua uma rejeição ao tamanho da empresa, ou aos custos gerais.
Deve-se tirar partido do trabalho da empresa, e não se deve incorrer em despesas gerais, exceto para serviços ou recursos que são relativamente valiosos para a empresa.

4. Não envie um autor, a outro determinado editor, a menos que, exista algum motivo para crer que o editor esteja interessado. É frustrante para um autor e penoso para o outro editor estimular a apresentação de um original inadequado. Embora seja conveniente sugerir que outros editores possam chegar a uma decisão diferente com relação ao original que parece ter algum mérito, devemos evitar o encorajamento de um autor para apresentar a terceiros um original francamente sem valor.

5. Nunca seja duro demais com um autor. O mais fraco deles trabalhou muito tempo em uma obra de grande importância pessoal e seus esforços merecem respeito e cortesia.

6. Embora as cartas impressas sejam úteis, é melhor digitar e assinar separadamente esse tipo de correspondência, a menos que o volume de trabalho torne isso impraticável. Trata-se de um investimento em relações humanas para a empresa, e as circunstâncias variam tanto de um original para outro, que o uso de formulário impresso produz uma economia menor do que se supõe.

As mensagens de rejeição devem dar ao autor uma decisão negativa, bem clara e concisa, que seja cortês, porém não ambígua. Ela deve exprimir gratidão por dar oportunidade de examinar a obra. Se o autor tem futuro e se for importante manter contato com ele, ou se uma leitura, tornar o original aceitável, a carta de rejeição poderá dar sugestões adequadas. Outras relações com autor ou com seu agente poderão também aconselhar uma resposta mais completa.

Recebimento e manuseio de propostas

Muitas vezes, o que se recebe, principalmente dos agentes ou de autores mais experientes, é uma proposta ou ideia de publicação, em lugar de um original completo. Assim como se procede com um original, nesse caso também devemos responder prontamente, negando o interesse, solicitando mais informações ou material de amostra como base para uma decisão, ou uma abertura de negociação. As mesmas considerações de presteza e cortesia são válidas, como no caso dos originais.

NEGOCIAÇÕES DO CONTRATO

As circunstâncias das negociações de contrato variam tanto de um projeto para outro, que torna-se difícil generalizar. A primeira responsabilidade do editor é a de representar o interesse da empresa; assim sendo, é importante ser receptivo e amável com os autores e nunca tentar enganá-los. O esforço deve ser feito no sentido de conseguir um contrato justo para ambas as partes e satisfatório para o autor. É preciso estar preparado para dar, aos autores, explicações completas e claras, de quaisquer cláusulas do contrato que lhes suscitem dúvidas. Se um autor pedir modificação de alguma cláusula, ceda até onde for possível para concordar, principalmente se as disposições não forem materiais. É sempre aconselhável verificar as palavras das modificações de um contrato com o departamento competente.

Do contrato ao original

Se um contrato foi assinado antes da conclusão do original, é de responsabilidade explícita do editor que o patrocina, a menos que ele esteja trabalhando regularmente com o autor, corresponder-se ou visitá-lo a intervalos regulares, não mais do que dois meses, para indagar sobre o andamento e oferecer assistência. O tom das mensagens deve ser sempre de ajuda e interesse, e não "exigente" ou insistente, principalmente se a data de conclusão do original ainda não chegou. Se o trabalho do autor não estiver progredindo satisfatoriamente ou se ele estiver em dificuldades, sendo possível, o editor deve marcar uma reunião para tentar resolver as dificuldades de composição do original.

Recebimento do original completo sob contrato

Em muitos livros, principalmente nos livros-textos, o editor e o autor estarão trabalhando juntos durante toda a preparação do original, e parte dele estará digitada enquanto outras partes não tenham sido ainda completadas. Por isso, o original completo representa a conclusão global de que a tarefa está terminada.

Em algumas editoras, o primeiro contato real do editor com o original, será quando o autor o apresentar concluído; um momento incômodo e excitante, mesmo para um autor experiente. Ele aguarda com ansiedade a primeira reação do editor ao original, ávido por receber aceitação e elogio. Os editores tratam com dezenas de originais por ano; para o autor essa é a única ocasião em que o autor enfrenta essa experiência.

O recebimento de original deve ser respondido de imediato pelo editor que patrocinará o livro; isso não deve ser encarado como simples rotina. O autor deve ser felicitado e devemos demonstrar nossa satisfação ao receber o fruto de seu trabalho. O mais importante é explicar claramente o que virá a seguir, como o original foi aceito e quando estará pronto para a produção.

Não convém informar ao autor que o original foi aceito, antes de lido e sua aceitação ter sido determinada; não deve ser pago nenhum adiantamento sobre *royalties* na aceitação, até que o autor tenha completado todas as revisões e devolvido todos os materiais complementares (bibliografia, figuras etc.) e até que o original tenha sido aceito e esteja pronto para a produção.

Quando, na opinião do editor, for necessária uma boa revisão para tornar o original aceitável, ou para melhorá-lo, é desejável tratar do assunto pessoalmente com o autor, se for possível, em vez de por simples correspondência. Alguns problemas põem à prova o tato e a habilidade de um editor mais do que um grande desacordo com o autor em relação ao conteúdo do original. O livro levará o nome do autor e esse será elogiado ou criticado por seu conteúdo. Por outro lado, o conteúdo é importante para o editor porque ele determina a aceitação do livro e seu êxito financeiro.

Se o editor estiver convicto de que o autor está certo, então deverá entrar em negociações, utilizando todos seus poderes de persuasão e todos os fatos relativos e essa edição. O resultado será, às vezes, um acordo, pois uma solução parcial é melhor do que nenhuma.

Pode acontecer de o autor estar inflexível e de o editor ter convicção de que a abordagem dele está muito falha; nesse caso, a única solução para o editor será exercer o direito de rejeitar o original como inaceitável e deixar que o autor leve a outro editor.

É mais provável que ocorram diferenças irreconciliáveis na publicação de livros profissionais do que na edição de livros educacionais, na qual o editor tem grande atuação na elaboração do conteúdo e o contrato do autor geralmente admite a autoridade final do editor sobre o conteúdo do livro.

Esses problemas podem não existir no trabalho com produtores de material audiovisual, ou quando se trata de um "trabalho contratado". Nesses casos, o editor toma a decisão final sobre o que deve ser incluído.

Entretanto, nas obras em que constará o nome do autor, é importante que o editor tenha pelo menos a aceitação dele, e até sua aprovação, quanto às mudanças de conteúdo, uma vez que a reputação profissional do autor poderá ser realçada ou diminuída pelo que for publicado.

Muitos problemas com autores surgem durante esse período entre o recebimento do original e o tempo que ele leva para chegar à gráfica. Mas, os problemas raramente surgem pelo fato do editor ter pedido revisões que o autor não desejaria fazer. A maioria dos problemas provém do atraso no trabalho com o original e da passagem de longos intervalos em que o autor não recebe notícias da editora. É muito importante manter-se em contato com o autor durante esse período e explicar qualquer demora no andamento.

Após a aceitação do original para publicação, o editor deve descrever o processo de produção para o autor, explicando cada etapa com todos os detalhes necessários e calculando o tempo exigido para concluir o processo. É muito importante que o autor esteja a par do que se espera que ele faça: quando chegarão as provas, por exemplo, e quanto tempo ele terá para lê-las? Com essa informação à mão, o autor poderá planejar um programa adequado.

O LIVRO NO PRELO

Enquanto o livro estiver no prelo, será ocasião para completar os planos de promoção e marketing e informar ao autor o que esperar antes da publicação do livro.

A maioria dos autores acredita que seus livros terão uma venda maior do que realmente é provável que aconteça. Os autores, em geral, não veem o trabalho da editora na venda do livro, com exceção da publicidade nos jornais, revistas e jornais locais, sua aparição na TV e no rádio, e a existência do livro nas livrarias que eles frequentam. Para muitas obras essas promoções não têm importância, e mesmo quando são importantes, o editor muitas vezes não será capaz de fazê-las de acordo com a expectativa do autor. Muitos problemas no relacionamento com o autor surgem nesse particular mais do que em qualquer outro ponto, e muitos autores ficam contrariados por entenderem que o editor não fez uma propaganda tão intensa e entusiástica de seus livros.

Tais problemas nunca podem ser totalmente eliminados. É comum a impossibilidade do editor atender à expectativa do autor, com relação ao trabalho de divulgação de seu livro, e nenhuma explicação afastará as divergências. Mas, a maior parte dos problemas pode ser eliminada ou reduzida, se as expectativas em torno da venda do livro não forem exageradas e se o autor tiver algum conhecimento do programa de marketing e for mantido informado à medida que ele é realizado.

Para cada livro deve ser elaborado um plano específico de marketing, bem antes da publicação. A responsabilidade pelo desenvolvimento do plano de marketing recai sobre o gerente de produtos e o diretor de marketing, trocando ideias com o editor. É importante que todos os detalhes do plano de marketing sejam expostos com antecipação. Quando for conveniente, os autores deverão ser consultados sobre o desenvolvimento do plano, pois muitas vezes suas ideias sobre revisão, mídia e possibilidades de propaganda serão úteis, e eles terão uma sensação de participar no trabalho de marketing.

Na maioria dos casos, é vantajoso debater o plano de marketing com os autores, antes da data de publicação. Muitos editores evitam esse debate, temendo que o plano não corresponda às expectativas do autor, receando que informá-lo com antecedência irá apenas causar desacordo. Porém, em todo caso, os autores terão notícia do que está sendo feito, ou não, na principal mídia nacional e em outros jornais. Ao debater o plano de marketing com antecedência, podemos informá-los do trabalho de divulgação com maior exatidão ainda. O que mais irrita os autores é a sensação de estarem sendo enganados sobre o plano de trabalho preparado para seus livros ou de que simplesmente não haja nenhuma campanha planejada de marketing. Um debate antecipado pode cooperar para evitar essas duas causas de irritação.

A maioria dos autores desconhece o grande trabalho feito nas cópias enviadas para a divulgação na mídia. Um autor deve ser informado sobre o número de cópias que estão sendo enviadas, com uma relação delas e uma indicação do padrão da distribuição complementar de cópias.

Os autores talvez observem apenas os anúncios nos principais jornais. É importante informá-los sobre os anúncios planejados pela imprensa especializada, inclusive relacionar os anúncios publicados em revistas e outras publicações semelhantes. Naturalmente, eles devem ser informados sobre os planos de programas de rádio e para correspondência, sobre os planos de equipe de vendas utilizadas e sobre as expectativas de exportação, se for o caso.

No caso de haver qualquer possibilidade de direitos suplementares, e usarmos esses direitos, eles devem ter uma descrição realista.

Até mesmo um livro com modestas expectativas, para o qual apenas foi concedido um orçamento limitado, o esforço total da empresa é impressionante. Se o autor tiver uma informação de todo o âmbito do esforço de marketing, ele será capaz de avaliar qualquer parte desse esforço que não estiver incluída em suas expectativas pessoais.

Embora seja importante que os autores conheçam todo o plano de promoção e venda de seus livros, é igualmente importante que eles não recebam expectativas irreais. Eles devem ter uma relação das publicações para as quais serão enviadas cópias da obra, mas devem entender que a maioria delas terá condições de escrever apenas uma parte dos livros que lhes foram enviados, e descrições de suas obras podem não aparecer em muitas publicações, mas serem publicadas mais tarde em outras.

Um dos maiores desapontamentos de um autor é não encontrar exemplares de seu livro em uma livraria local, ou saber disso por intermédio de amigos. Por isso, convém avisar os autores de que dezenas de milhares de livros novos são publicados anualmente; mesmo a maior livraria não pode estocar mais do que parte desses livros de cada vez. Os editores não devem medir esforços para colocar o livro em cada livraria adequada, mas a decisão em todos os casos é do livreiro e não da editora; é inevitável haver livrarias nas quais o livro não constará do estoque, quando for procurado.

DATA DA PUBLICAÇÃO

O dia da publicação pode, muitas vezes, parecer apenas um detalhe técnico para o editor. Para um autor, principalmente o principiante, é um fato importante, e ele estará desejando receber algum reconhecimento nessa ocasião, além de receber um exemplar do livro no menor prazo possível. As recepções e festas em homenagem ao autor ou em data próxima da publicação raramente se justificam; somente quando o autor ajuda de modo significativo na promoção do livro. As exceções podem ser uma recepção para o autor em encontro profissional ou em biblioteca, ou recepção à imprensa para um autor cuja mensagem ou a própria personalidade atraia a atenção dos jornalistas. Porém, um almoço com o editor do livro e alguns outros, se o autor estiver na cidade; uma carta ou um gesto semelhante, se o autor estiver longe, serão bem recebidos. Se o autor estiver em outra cidade, um chefe de equipe de vendas ou gerente regional poderá, talvez, providenciar-lhe um modesto almoço, ou outra reunião, talvez com a imprensa local, na data da publicação do livro ou em da data próxima.

Entretanto, o mais importante do que o dia da publicação é o prosseguimento com a informação. Para todo autor, as semanas que se seguem à publicação são um período de ansiedade e excitação. Ele está bastante ansioso por saber a opinião dos críticos especializados e se a obra está sendo bem vendida. O editor que patrocina o livro deve estar em contato com o autor durante esse período, não somente por telefone ou correspondência, conforme o caso. O editor desejará chamá-lo e elogiá-lo por alguma crítica muito boa que acabaram de publicar. Pode ser mesmo mais importante chamá-lo e dar-lhe apoio, no caso de surgir alguma crítica muito desfavorável. O editor desejará dar ao autor informação sobre o volume das vendas e sobre vendas especialmente interessantes. Tais como compra volumosa feita por uma entidade de ensino ou por um grande distribuidor. Naturalmente, quaisquer direitos complementares devem ser comunicados imediatamente.

Os autores de livros educacionais compreenderão que em seu caso a ação é mais lenta. É ainda mais lenta no caso de autores ou produtores de mídia, uma vez que, em geral, os primeiros seis ou doze meses seguintes à publicação de um filme ou uma série de filmes são tomadas com pré-estreias e as vendas são insignificantes durante esse período. Mas, os mesmos princípios são válidos: o editor que patrocina o livro deve tentar manter os autores informados sobre as reações a seus livros, onde eles tenham sido apresentados para aceitação, e sobre as vendas, à medida que forem sendo feitas.

O ponto principal não é tanto a informação específica dada ao autor, mas sim a evidência de que o editor que patrocina o livro tem o mesmo interesse que o autor por seu êxito, e está seguindo atentamente seu andamento para fazer melhor promoção. Realmente essa é a parte principal do trabalho do editor: não somente providenciar para que a composição, o desenho e a impressão do livro sejam bem-feitos, como também acompanhar sua promoção e marketing.

Manutenção do contato

É muito importante para o editor manter-se em contato com o autor durante meses e anos após a publicação do livro. Para assegurar esse contato permanente, um bom plano é o de rever a situação a cada seis meses e ver o que há para escrever ao autor. Pode ser um comentário geral sobre as vendas, se elas prosseguem; pode ser um anúncio sobre planos para um novo livro; pode ser o início de debates para uma revisão. Mas além da parte comercial a ser debatida com o autor, tal carta serve como um lembrete de que ele tem um amigo na empresa que se interessa por seu trabalho.

Quando uma edição se esgota

Quando se decide tirar um livro de catálogo esgotando seu estoque, o autor deve ser notificado, e alguns exemplares devem ser reservados para seu uso. Deve-se, também, enviar correspondência ao autor liberando-o de compromissos contratuais. Recomenda-se que a editora ofereça gratuitamente os arquivos eletrônicos, facilitando ao autor reproduzir cópias para seu uso.

Se um livro tiver de ser vendido como saldo, é muito importante que o autor saiba, com antecedência, e tenha oportunidade de comprar exemplares pelo preço de saldo, pois é desagradável permitir que os autores descubram essa situação por terceiros, sendo obrigados a procurar exemplares de seus livros em uma livraria de saldos. Se for necessário conservar um estoque da venda de saldos, tendo em vista uma futura reimpressão do livro, após a venda de todo estoque, também é muito importante manter o autor informado.

TROCA DE EDITORES

Para muitos autores é aborrecido ter de mudar de editor. Isso pode ser um problema específico de uma empresa grande, na qual as mudanças são relativamente frequentes e o autor pode sentir necessidade especial de contato pessoal permanente.

Quando é necessária uma mudança de editor, é importante, principalmente para o ex-editor, examinar com cuidado, com seu substituto, as relações com cada autor. Convém ao editor demissionário escrever-lhe e anunciar-lhe a mudança, com suas desculpas, e apresentar o novo editor, que deverá corresponder-se com os autores, assim que possível. Se houver quaisquer problemas com relação ao livro de um autor ou quaisquer assuntos a serem resolvidos ou atualizados, essa será uma boa ocasião para debatê-los. Se puder ser marcada uma reunião com o antigo e o novo editor e o autor, será conveniente fazê-la.

Alguns problemas especiais

Como deve proceder o editor quando um autor não cumpre o programa de um livro, podendo, inclusive, não vir a completá-lo, ou se, simplesmente, nunca chegar a fechar contrato com um livro?

Se o editor tem estado em contato regular com o autor, é improvável que surjam crises inesperadas, mas, mesmo assim, pode acontecer de ter de enfrentar a possibilidade de simplesmente não existir nenhum original aceitável feito sob contrato, ou produzido em tempo para ser útil. Quando isso acorrer, não se devem adiar as providências.

Se for prático, será conveniente nessa etapa, uma reunião com o autor, caso contrário, a situação poderá ser tratada em seguida, por meio de correspondência. A falha do autor em cumprir os termos do contrato ou deixar de fazer um progresso razoável para cumpri-lo deve ser salientada, com cortesia, mas também firmeza, e ele deve ser solicitado a propor um plano para tratar da situação. Se o autor se propuser a terminar o livro contratado, deve-se insistir em um programa definido e saber se houve mudanças reais na situação do autor ou se precisam ser feitas, para permitir que ele cumpra o novo programa. Peça para ler qualquer obra que tenha sido escrita e para dar uma olhada em escritos futuros. Verifique se há algum modo da editora poder ajudar, e veja se não existe uma possibilidade razoável de conclusão dos originais.

Se o autor não for capaz de apresentar nenhum programa concreto para cumprimento do contrato, ele deve ser eximido dessa obrigação, e se não pedir para ser desobrigado, mas falhar na data de entrega, o contrato deve ser cancelado.

Seja como for, o problema está em que fazer com qualquer adiantamento que tenha sido dado na assinatura do contrato, e não existe nenhuma solução única para todos os casos. Alguns adiantamentos feitos na assinatura do contrato ou na conclusão parcial, a finalidade apenas é de manter o autor, enquanto trabalha no original. Outros adiantamentos podem vir muito depois e podem ter sido oferecidos a um autor bem sucedido numa situação de oferta competitiva. Nesse último caso, eles são, às vezes, muito grande. Se o adiantamento for pequeno, e se o autor tiver trabalhado com boa-fé para produzir um original aceitável, o pagamento deve ser feito por escrito. Nesse caso, o autor arriscou seu tempo e a editora seu dinheiro em um empreendimento que ambos julgavam promissor. Se, apesar de grandes esforços, ele não se concretizou, o prejuízo foi para ambos.

Entretanto, se o adiantamento foi do tipo "comercial" competitivo ou se o autor não fez grande esforço para cumprir o contrato, deve-se insistir para que haja um perfeito acordo sobre esse adiantamento. Isso é válido especialmente quando o autor apresenta o mesmo livro ou outro, semelhante, para outro editor. Naturalmente, deve-se levar em conta as circunstâncias e não se deve pressionar um autor de recursos limitados, que tenha deixado de cumprir um contrato por motivo de doença.

Mas, não é preciso temer más relações, com um autor, devido à política de firmeza no cumprimento dos contratos, desde que ela seja aplicada de modo justo e compreensivo quanto aos problemas reais do autor. Os autores e agentes responsáveis que são escrupulosos quanto ao cumprimento de seus contratos respeitarão o editor, ainda mais se insistirem para que os outros também o sejam.

O que deve fazer um editor quando um autor tem problemas financeiros e pede um adiantamento ainda não devido?

Se o autor tem tido um comportamento responsável, tente atender ao pedido desde que não se arrisque muito os recursos da empresa. Por exemplo, uma parte (porém nem todo e raramente a maior) do adiantamento final devido pela aceitação pode ser paga se o original é claramente aceitável, mas ainda não está concluído ou está sendo revisto. Se o livro tiver sido publicado e rendido mais do que o adiantamento pedido, pode ser paga uma parte daquilo que certamente será devido na próxima declaração de *royalties*. Porém, o adiantamento total não deve ser aumentado, nem deve ser paga quantia que não se tenha certeza que será ganha.

O que for possível fazer será feito de imediato, de bom grado e sem constrangimento. Os pedidos que não puderem ser atendidos deverão ser negados de imediato e de forma cortês, mas de modo definido, sem explicações minuciosas nem justificativas. Naturalmente, a devida aprovação administrativa deve ser obtida para qualquer pagamento ainda não devido.

Registros

É muito comum surgirem problemas com os autores devido à confusão nos registros. É importante que os arquivos de contratos sejam completos e em boa ordem e que contenham todas as cartas e acordo, que interpretam e modificam um contrato. Algumas editoras mantêm um arquivo central de contratos; para outras, o arquivo central é mantido pelo Departamento de Licenças e Direitos Autorais. Nada deve ser retirado do arquivo de um dia para outro. Se for preciso algo por um tempo prolongado, convém fotocopiar. Deve haver um arquivo também para todo título patrocinado pela editora ou a ela apresentado onde toda a documentação relacionada a cada um deles, além do contrato, seja conservada... Para os autores, com mais de um título, deve haver um arquivo particular que reúna toda a correspondência e memorando de conversação com eles, não relacionadas com determinado título. Todos os negócios com os autores devem ser feitos por escrito, tanto na forma de carta como na de uma nota para o arquivo. E essencial ter esses arquivos atualizados, completos e em boa ordem, principalmente no caso de mudanças de editores e no trato com problemas que surjam pela ausência de um editor que patrocine. Nada é mais frustrante para um autor do que ter que tornar a explicar um problema desde o início, porque ninguém no escritório da editora parece estar a par da correspondência e dos debates anteriores.

Relações com a equipe de um autor

O trabalho com um grupo de autores, às vezes, apresenta problemas especiais. Em geral, muitos dos problemas podem ser evitados, levando um elemento do grupo a agir como autor sênior ou coordenador. Às vezes, é mais viável para o editor agir como coordenador, especialmente quando os autores se encontram em localidades diferentes no país, ou quando cada autor é responsável por uma parte diferente ou isolada do livro. Mesmo nessas circunstâncias, entretanto, um membro da equipe deve agir como autor sênior e ter autoridade para tomar decisões em nome do grupo.

POR QUE NÃO DIZER AOS AUTORES?

Um bom relacionamento entre autores e editores depende da cooperação de ambos os lados. No Quadro 16.1, Judith Tarutz[2] (está mais adequado aos editores de texto) sugere algumas coisas que você pode dizer aos autores para ajudá-los a entender como funciona o trabalho do editor.

QUADRO 16.1 | Diga aos autores

Coisas que o autor deve fazer

- Os autores são os ativos mais importantes em uma editora.
- Reconhecer que os editores são importantes peças na publicação de livros. Eles têm *backgrounds* e estilos diferentes.
- Fazer perguntas antes de iniciar sua escrita.
- Se não concordar com algo, não se aborrecer; pedir mais informações e esclarecimentos.
- Mostrar ao seu editor o rascunho preliminar e solicitar *feedback* logo no início.
- Não assumir que os comentários do editor sejam estúpidos, mesmo que ele esteja errado. Ele pode indicar um problema no original.

O que o autor deve saber

- O objetivo do editor é o mesmo do autor: publicar um livro tão bom quanto possível.
- O editor é um recurso, não um obstáculo.
- Não se preocupar se seu original está cheio de marcações em vermelho, mas sim se ele voltar sem nenhum comentário.
- Não fazer comentários pessoais; os editores não editam autores, eles editam originais.
- Os editores não fazem mudanças arbitrárias, mas recomendam mudanças para atender às necessidades do leitor.

RECLAMAÇÕES DOS AUTORES

Encare sempre com seriedade as reclamações dos autores e de modo cortês e prestativo. Se uma carta de reclamação não puder ser respondida de imediato, acuse logo seu recebimento e apresse-se em solucionar o problema o mais rápido possível. Se a editora for a culpada, reconheça isso sem tentar jogar a culpa na empresa. (O autor não se interessa em saber quem é o culpado dentro da empresa.) Mesmo que não estejamos em falta, faça todo o possível para afastar esse descontentamento. Se não puder atender a um autor, dê-lhe uma explicação clara e gentil dos motivos e mostre o que está sendo realizado.

Os quatro tipos de autor

Reproduzimos na Tabela 16.1 os quatros tipos de autor, esboçados por Rachel Stock[3], e com os quais concordamos plenamente.

1. Alto impacto, alta manutenção
   Esses são os autores que você só tem que viver como editor. Você pode não gostar deles, eles podem ser irritantes, arrogantes e infantis, mudando suas atitudes sem parar, por estar eternamente insatisfeitos. Um autor disse: *Fui a uma livraria em Porto Velho e fiquei horrorizado ao descobrir que só tinha uma cópia de meu livro. Espero que isso seja resolvido imediatamente.* Eles são bons autores e seus livros vendem, então você deve aturá-los.
2. Alto impacto, baixa manutenção
   Esses autores são o sonho de todos editores. Eles vêm com grandes ideias, escrevem livros maravilhosos, desempenham um papel ativo na promoção e venda de seu livro. Além disso, eles são pessoas adoráveis, sem expectativas irracionais. Esse é o ar que todo editor gostaria de respirar por todos os poros.
3. Baixo impacto, baixa manutenção
   Esse tipo de autor não excita um editor. Você publicou, a editora investiu, o marketing fez muitos esforços e os resultados foram pífios. O autor reclama de distribuição, marketing, atendimento etc.
4. Baixo impacto, alta manutenção
   Se houver uma vaga percepção de que o autor terá um baixo impacto e uma alta manutenção, ele não terá seu livro publicado. Esses autores são um pesadelo para o editor. O livro não veio como o editor esperava, não está vendendo e o autor tendo crises; está constantemente ao telefone e já escreveu para seu chefe um par de vezes.

> **Editor**
>
> Os autores devem ser a máxima prioridade de sua empresa e suas obras são vitais para a sobrevivência da editora. Todos os profissionais da editora, do editorial à produção, às vendas, ao marketing e ao serviço ao cliente devem dedicar todos os esforços para a maximização do potencial de cada projeto.

Por fim, os procedimentos como os sugeridos ajudarão nas relações com o autor. Mas, o que realmente importa é um interesse ativo e franco por sua obra, um respeito sincero pelo autor como pessoa, e um sentimento permanente da responsabilidade da editora como depositária da obra. Cada editor é responsável pelo fornecimento desses importantes elementos de êxito e boa vontade do editor. Conhecemos em New York um diretor editorial que tinha dois quadros de dois pintores famosos em sua sala, para ilustrar divertidamente o relacionamento autor/editor.

Um, era de Leonardo da Vinci, *Madonna Litta*; outro, era de Francisco Goya, *Saturn Devouring His Son*. No primeiro quadro esse diretor legendou: *A visão do editor*. No segundo, *A visão do autor*. Veja na Figura 16.1 uma ilustração desse relacionamento.

Os autores são a alma de uma editora – você não pode publicar sem eles. No entanto, as relações entre editor e autor, às vezes, são carregadas de conflitos. Diferentes metas e objetivos, incompreensões e comunicações truncadas geram custos extras e conflitos desnecessários.

TABELA 16.1 | Os quatro tipos de autor

	Alto impacto	Baixo impacto
Alta manutenção	Grandes livros, grandes vendas, trabalho difícil com o autor.	Livros médios, vendas médias, difícil trabalhar com o autor.
Baixa manutenção	Grandes livros, grandes vendas, prazer em trabalhar com o autor.	Vendas médias, mas não causam muito estresse.

Madonna Litta
(de Leonardo da Vinci)

Saturn Devouring His Son
(de Francisco Goya)

A visão do editor

A visão do autor

FIGURA 16.1. | O relacionamento autor/editor.

NOTAS DO CAPÍTULO

1 HUENEFELD, John. *The Huenefeld guide to book publishing*. 6. ed. Bedford: Mills & Sanderson, 2003.

2 TARUTZ, Judith. *Technical editing*. Massachusetts: Perseus Book, 1992.

3 STOCK, Rachel. *Getting your book published*. 2. ed. London: Trotman Publishing, 2011.

Parte I: O mundo da publicação
Parte II: Diretrizes para autores
Parte III: A função editorial
Parte IV: A função de pré-impressão
Parte V: A função de marketing e vendas
Parte VI: Uma indústria em transformação

PARTE IV
A função de pré-impressão

NESTA PARTE

Capítulo 17	Pré-impressão: organização e gerenciamento	367
Capítulo 18	O processo de produção editorial	373
Capítulo 19	O editor de texto como gerente de projeto	389
Capítulo 20	O processo de edição	409

CAPÍTULO 17

Pré-impressão: organização e gerenciamento

NESTE CAPÍTULO

Introdução 367
Treinamento 369
Controle de projetos 369
Elaboração e controle da programação de produção 370

INTRODUÇÃO

A organização e o gerenciamento das fases de pré-impressão são funções geralmente delegadas ao diretor de pré-impressão – um dos membros do grupo de gerenciamento de núcleo (presidente, diretor editorial, diretor de marketing, diretor financeiro), que dirige a editora. Em editoras bem estruturadas, as responsabilidades desse indivíduo são semelhantes à descrição sugerida por Huenefeld[1] e mostrada no Quadro 17.1. Em editoras menos estruturadas, esse profissional frequentemente precisa agir, grande parte do tempo, como editor de texto e gerente de projeto, além de desempenhar o gerenciamento geral.

As principais tarefas do diretor de pré-impressão, seguindo as sugestões de Davies e Balkwill[2], são:

- elaborar e monitorar o cronograma de desenvolvimento de novos títulos para cada livro;
- preparar as especificações de impressão e pesquisar preços de impressão, antes de contratar a gráfica;
- designar e supervisionar editores de texto (gerentes de projeto) e diagramadores na execução das diversas etapas da pré-impressão;
- recrutar e treinar novos editores de texto e diagramadores, se necessário.

O processo de pré-impressão exige um trabalho de gerenciamento minucioso e constante, desde o recebimento dos originais até a liberação do produto acabado. As pessoas envolvidas nessa fase do trabalho são responsáveis pela avaliação dos orçamentos, pela contratação dos serviços de terceiros necessários e pela distribuição do trabalho de execução ou acompanhamento aos membros da equipe. Esses profissionais devem assegurar a qualidade dos documentos.

O número de editores de texto e diagramadores que o departamento irá necessitar depende da quantidade de projetos de livros previstos. Se o diretor de pré-impressão insistir em desenvolver uma sequência de pré-impressão tranquila, um bom editor de texto (e gerente de projeto) pode trabalhar junto com dois editores de aquisições – e isso significa apresentar para a gráfica cerca de 5.000 páginas acabadas por ano, ou seja, cerca de dois livros por mês com uma média de 200 páginas cada um. Um bom diagramador pode provavelmente trabalhar com os dois editores de texto até 10.000 páginas por ano.

QUADRO 17.1 | Descrição de cargo: diretor de pré-impressão

Título: diretor de pré-impressão

Reporta-se ao: presidente

Supervisiona diretamente: editores de texto; diagramadores

Coordena-se com: diretor editorial

Responsabilidades gerais

Providenciar e supervisionar a transformação oportuna e eficiente em termos de custos de todos os originais em livros acabados

Responsabilidades operacionais específicas

a) fornecer estimativas de custos precisas para edição de texto e produção de página de pré-impressão dos livros propostos;

b) iniciar, monitorar e executar a programação para cada produto futuro;

c) recrutar e treinar editores de texto;

d) manter uma equipe adequada de editores de texto, revisores, ilustradores, elaboradores de índices e contatos semelhantes;

e) definir uma seleção de fontes tipográficas para diagramação dos livros futuros;

f) fornecer especificações de impressão para fazer uma seleção adequada de fornecedores, e solicitar orçamentos;

g) frequentar e incentivar a participação do *staff* em uma agenda adequada de seminários da área e outros fóruns para ampliar o conhecimento profissional, as qualificações e a produtividade;

h) familiarizar-se com os procedimentos da empresa, para desempenhar sua função com eficácia; e

i) representar a função de desenvolvimento da pré-impressão nas reuniões editoriais.

O departamento deve contratar pessoal suficiente para o trabalho em período integral. Isso sugere que, se o diretor de pré-impressão está fazendo menos de 10 livros por ano, deve contar com a ajuda ocasional de *freelances* e lidar sozinho com praticamente todo o trabalho de desenvolvimento de pré-impressão. Se o volume engloba até 20 livros por ano, o diretor de pré-impressão provavelmente tem trabalho de pré-impressão em período integral para ele e o editor de texto. São necessários 30 livros por ano para justificar um diagramador de período integral e, nesse contexto, a empresa provavelmente vai precisar de um outro editor de texto. Os editores podem contratar *freelances* de meio período para fornecer capacidade interna na medida do necessário. Pelo fato de dois tipos básicos de geradores de páginas de pré-impressão (editores de texto e diagramadores) estarem em demanda constante em todos os tipos de birôs – e como esses não são papéis estratégicos mais importantes nas editoras – há uma rotatividade considerável nesses cargos. Por esse motivo, o diretor deve estar preparado para colocar em prática programas de recrutamento com o devido planejamento. E, ainda, precisa ser capaz de fazer as pessoas recrutadas produzir o mais rapidamente possível.

Editores dispostos a fazer algum treinamento básico têm mais sorte (e gastam menos dinheiro) recrutando pessoas inexperientes que querem entrar para o setor de publicação de livros e têm bons conhecimentos gramaticais/linguísticos (editores de texto) ou senso gráfico (diagramadores).

Alguns editores insistem que seus editores de texto tenham um considerável conhecimento da área editorial da casa, para corrigir termos técnicos e a grafia de alguns mais específicos, prescindindo-os da contratação de um revisor técnico *freelance*. Mas isso pode se tornar uma proposta muito cara. Geralmente faz mais sentido para uma editora altamente técnica transferir esse ônus para o editor de aquisição ou editor de desenvolvimento, solicitando um nível mais alto de refinamento do original "consideravelmente editado" e deixando, assim, o diretor de pré-impressão livre para recrutar seus geradores de páginas.

Para fazer os editores de texto e diagramadores realizarem trabalhos produtivos o mais rápido possível, o diretor de pré-impressão precisa também desenvolver procedimentos simples de orientação e treinamento que requeiram o mínimo de tempo do supervisor.

TREINAMENTO

O melhor treinamento é, aparentemente, o trabalho de familiarização na prática com alguns dos aspectos mais simples do programa. Pode-se solicitar a um editor de texto novato que passe alguns dias examinando originais no sistema e depois mais alguns dias passando pelas primeiras "edições rápidas" em alguns projetos juntamente com um editor de textos veterano que possa orientá-lo e julgar seu desempenho. Um diagramador iniciante pode ser simplesmente designado a lidar com a importação dos arquivos do processador de texto para a editoração ou monitorar a impressão a laser das páginas de rascunho para a segunda revisão – até que fiquem suficientemente familiarizados com o sistema para começar a converter códigos genéricos em opções gráficas.

Supervisionar o desempenho deve ser concomitante com a responsabilidade contínua do diretor de pré-impressão de monitorar o cronograma de desenvolvimento de novos títulos e negociar os ajustes necessários com os outros membros do grupo de gerenciamento de núcleo. Quando (e somente quando) o diretor de pré-impressão receber um original completo, (quer tenha sido ou não editado), ele dará ao livro um lugar no cronograma de desenvolvimento. Em uma editora bem disciplinada, ninguém está autorizado a assumir qualquer compromisso quanto a datas em que o livro estará pronto, preços, etc. enquanto o livro não estiver no cronograma.

CONTROLE DE PROJETOS

Semanalmente, o diretor de pré-impressão verifica o *status* de todos os projetos antes de se reunir com o grupo de gerenciamento (chefes de departamento ou comitê executivo). Todos os outros diretores devem estar a par do *status* das tarefas designadas aos seus departamentos referentes aos livros em andamento. A menos que uma revisão rotineira de um cronograma integrado de prazos finais já tenha identificado problemas, o diretor desse departamento deve utilizar uma planilha durante a reunião, com o intuito de ajustar qualquer data que tenha escapado. Isso significa que os diretores devem, naquele momento, chegar a um acordo sobre como o tempo perdido será recuperado – ou mudar a data para o livro encadernado. O departamento de marketing, então, pode considerar ou não necessário alterar a data de publicação formal, a fim de dar o tempo adequado para trabalhar com cópias antecipadas.

Para solicitar orçamentos de publicação para cada livro, o diretor de pré-impressão deve manter um banco de dados de gráficas aprovadas, cada uma delas sendo razoavelmente compatível com a estratégia de produção básica da casa. Para começar a elaboração desse tipo de banco de dados, você deve enviar uma carta modelo para 5 a 10 gráficas de livros. Novas gráficas irão buscar um lugar em seu banco de dados quando o descobrirem e isso pode criar novos horizontes para a escolha de onde imprimir. O processo para cada um desses acréscimos subsequentes é o mesmo. Assim, é importante eliminar desse banco de dados toda gráfica sobre a qual receber um relatório ruim, ou com a qual teve uma experiência ruim ou, ainda, que forneceu cotações fora de alcance para vários projetos seguidos.

Para solicitar os orçamentos, acrescente ao seu arquivo de formulários feito no computador um que recapitule suas especificações usuais de impressão informando à gráfica tudo o que esta precisa saber para fornecer uma cotação. Isso significa, basicamente: quantidades, formatos, quantidade de cores e tipo de papel; estilo de encadernação; tipo de embalagem para entrega; além de informações precisas sobre como e quando a gráfica receberá os arquivos eletrônicos para impressão e acabamento.

O Quadro 17.2 é um exemplo de solicitação de cotação de impressão que pode ser adaptado às necessidades do editor de pré-impressão.

Observe que a solicitação de cotação pede à gráfica três opções de tiragem para, com base no preço unitário, poder decidir onde é melhor imprimir. É interessante também incluir vários livros em uma única solicitação (principalmente no caso de reimpressões), o que torna o trabalho mais atraente para os fornecedores e conseguir um preço melhor em função do volume.

QUADRO 17.2 | Exemplo de solicitação de cotação de impressão

Local e data	São Paulo, 2 de janeiro de 2023
Para	Nome do responsável/Nome da gráfica
Ref.	Orçamento de impressão
Autor	Nome do autor do livro
Título	Título do livro
Número de páginas	480 pp.
Tiragem	Opções para 2.000, 3.000 e 5.000 cópias
Material fornecido	Arquivos eletrônicos em PDF
Data de entrega do material	15/02/15
Formato	17x24 cm
Cores	Miolo 2x2, capa 4x4
Papel do miolo	Top print 75 g/m^2 (favor anexar amostra à cotação)
Papel de capa	Papel Supremo 250
Tratamento de capa	Laminação fosca, verniz de reserva
Encadernação	*Perfect binding* (encadernação sem costura) com capa mole (favor anexar amostra à cotação)
Provas necessárias	Uma prova do miolo, mais cinco provas coloridas da capa
Embalagem	Em caixotes marcados
Observações	Junto com sua cotação de preços, favor fornecer: (1) a quantidade aproximada de dias de trabalho necessárias para a gráfica realizar o trabalho; e (2) um orçamento do custo de frete para entrega em nosso depósito em Barueri, SP.
Data limite para apresentação da proposta	20/01/2023

Mas muito antes disso, o diretor de pré-impressão – com o cronograma elaborado – precisa delegar o desenvolvimento pré-impressão de cada livro futuro a um editor de texto, produtor gráfico ou analista editorial.

ELABORAÇÃO E CONTROLE DA PROGRAMAÇÃO DE PRODUÇÃO

Esta seção trata da programação de títulos na produção: como o editor pode usar seu conhecimento e experiência para planejar uma programação de produção e como, depois de acordado com seus colegas, pode programá-la de maneira flexível e exequível.

Como elaborar a programação de produção

O que editor de pré-impressão deve ser capaz de fazer:

- Criar uma programação de produção completa e realista, fazendo concessões razoáveis de tempo para os processos necessários.
- Coordenar fornecedores e colegas para assegurar que as atividades programadas sejam exequíveis.

O que editor de pré-impressão precisa saber:

- A especificação completa de produção e a maneira como essa deve ser implementada.

- Os tempos de espera típicos exigidos pelos fornecedores para concluir os processos necessários.
- O tempo que seus colegas precisam para verificar e aprovar as provas e realizar outras funções editoriais.
- A data final para o processo de produção, isso é, quanto tempo é necessário para se obter cópias acabadas antes da publicação.
- O tempo necessário entre o término da produção e a entrega de volumes impressos ao depósito.
- Os processos técnicos dos quais depende a programação.
- As áreas em que podem ocorrer atrasos e em que pode ser economizado tempo, se necessário.

Como controlar a programação da produção

O que editor de pré-impressão deve ser capaz de fazer:

- Assegurar que a programação da produção seja aceita por fornecedores e por colegas da empresa.
- Comunicar variações da programação aos colegas e fornecedores relevantes.
- Negociar com os fornecedores para conseguir economia de tempo, se necessário.
- Assegurar que todas as ações necessárias sejam executadas e os processos realizados, a fim de facilitar o cumprimento das datas programadas.

O que editor de pré-impressão precisa saber:

- Os processos técnicos dos quais depende a programação.
- As necessidades de materiais dos colegas de sua empresa geradas pelo processo de produção.
- O tempo de espera necessário para que os fornecedores realizem os processos exigidos.
- Os processos individuais da programação para seguir, quando necessário ou adequado ao andamento da produção.

QUADRO 17.3 | Entrevista com um supervisor de produção

Em uma entrevista, Stephani Hughes, supervisora de produção da Wiley, fala de sua função.

"Como supervisora de produção, eu gerenciava várias etapas do processo de produção do livro, todas as etapas do original até a entrega dos arquivos eletrônicos na gráfica. O ritmo é rápido. Você tem que ser muito organizado e detalhista para ter sucesso nesse negócio. Para cada livro, a primeira coisa que faço é atribuir o trabalho de design a um artista freelance. Quando o projeto for aprovado, original é enviado para um diagramador. Nós trabalhamos com pelo menos cinco empresas que fornecem serviços de composição. As capas e sobrecapas são tratadas por quatro ou cinco outros fornecedores. Quando o livro vai para a gráfica, eu tenho que estar lá para aprovar. A grande satisfação é ver o produto acabado. Você tem um livro que você pode segurar nas mãos."

Fonte: Leonard Mogel. *Making it Book Publishing*. Nova York: Macmillan, 1996

NOTAS DO CAPÍTULO

1. HUENEFELD, John. *The Huenefeld guide to book publishing*. 6. ed. Bedford: Mills & Sanderson, 2004.
2. DAVIES, Gill; BALKWILL, Richard. *The professional's guide to publishing*. Londres: Kogan Page, 2011.

CAPÍTULO 18

O processo de produção editorial

NESTE CAPÍTULO

Introdução 373

Fornecimento de originais 373

A equipe de produção editorial ... 374

Edição de texto 375

Edição de arte 378

Revisão de provas diagramadas .. 380

Custos, cronograma e qualidade 384

INTRODUÇÃO

Departamentos de produção e impressão eficientes asseguram a rentabilidade do negócio controlando os custos de editoração, impressão e acabamento. Neste capítulo, veremos exclusivamente o processo de produção. A impressão será nosso foco na Parte IV: "A produção impressa". Os títulos para produção digital têm etapas análogas, mas dentro de uma estrutura mais complexa. Falaremos sobre a produção digital no final do capítulo.

Após receber o original do autor, o processo de produção editorial de cada livro começa com uma reunião formal de transmissão na qual o departamento editorial e o departamento de arte finalizam seu plano de produção. O grupo verifica as características físicas do livro (formato, quantidade de páginas, qualidade do papel, encadernação etc.) e define um cronograma detalhado de produção. O pessoal-chave da reunião – além dos editores patrocinadores e de desenvolvimento e o gerente de marketing – são as pessoas da equipe de produção designadas para o livro: o gerente editorial, o editor de texto, o produtor gráfico e o gerente de produção.

As várias etapas de produção editorial muitas vezes se sobrepõem. Enquanto o autor revê seus originais copidescados, também pode, por exemplo, escolher fotos selecionadas por um pesquisador iconográfico ou ver a arte a traço das ilustrações produzidas por um estúdio a partir das especificações (ou rascunhos) fornecidos com os originais. Ou quando verificar os últimos capítulos do original copidescado, o autor pode receber o primeiro lote de rafes (opções a lápis) e opções fotográficas para seleção de imagens e redação da legenda. O gerente de projeto orienta o autor sobre quais são as prioridades e em que ordem deve fazer cada trabalho para cumprir o cronograma.

FORNECIMENTO DE ORIGINAIS

Hoje em dia, a composição é feita diretamente a partir dos originais do autor em formato eletrônico, não mais digitados como antigamente. Isso é vantajoso por motivos de economia de tempo e custos da produção, bem como pela garantia de fidelidade ao original.

Ao apresentar seu original final para ser produzido, o autor deve enviar ao editor uma cópia impressa idêntica ao conteúdo dos arquivos eletrônicos. Nesse momento, são designados um produtor gráfico e um editor de texto para o projeto. O editor de texto continua se comunicando com o autor, apresentando-lhe os ajustes e elucidando dúvidas que surjam durante sua leitura, até o processo de edição ser concluído.

Fornecendo um arquivo de amostra

Quando o autor ainda não está em condições de apresentar seu original pronto para ser editado e produzido, é importante que pelo menos forneça à editora – o mais cedo possível após a assinatura do contrato – um arquivo de amostra com partes do livro, o que não precisa ser nada mais do que um esboço geral do texto do livro, acompanhando do sumário, mas deve ser representativo, incluindo os elementos mais usados como figuras, tabelas e quadros, ou que for aplicável em cada caso.

O arquivo de amostra deve ser acompanhado de uma cópia impressa em espaço duplo (correspondendo exatamente ao que aparece no disco) e o formulário de informações eletrônicas sobre o original preenchido fornecendo detalhes sobre os programas que usou para elaborar os originais, caso não tenha usado apenas o Word. É importante identificar a mídia com o nome do autor, o título do livro, o nome do programa e a palavra "amostra".

Para detalhes sobre a apresentação dos originais, consulte o Capítulo 10, "Preparação de originais".

A EQUIPE DE PRODUÇÃO EDITORIAL

Embora cada profissional da equipe de produção editorial desempenhe um papel claramente distinto, juntas, elas realizam um trabalho coordenado e eficaz. Dependendo da editora e do porte do negócio, o responsável pelo departamento de produção pode ser um diretor de arte, um gerente de produção, um editor de arte ou um produtor gráfico. Algumas editoras terceirizam completamente esse setor, de modo que o próprio editor de texto acaba desempenhando esse papel com o ajuda do fornecedor de serviços de editoração, que pode ser um grande birô ou um simples diagramador trabalhando a partir de seu escritório doméstico.

O editor de arte costuma ser um profissional com uma sólida formação artística, como um curso superior em design gráfico ou, menos comumente, uma formação genérica, como uma faculdade de editoração. Ele é responsável pelo projeto gráfico do miolo e da capa do livro, considerando as informações sobre a publicação fornecidas pelo pessoal do editorial e do marketing, como o assunto, o público-alvo e o uso pretendido. Durante esse processo criativo, o editor de arte trabalha para alcançar os seguintes objetivos:

- apresentação lógica e útil do material;
- legibilidade;
- atração estética;
- eficiência econômica.

O editor de arte acompanha o projeto durante todo o processo de pré-impressão, desde a entrada do original até a finalização do produto acabado. São suas funções:

- elaborar um cronograma de produção com os colaboradores internos ou externos que cuidam das várias etapas da editoração, incluindo projeto gráfico, diagramação, produção de imagens em geral (gráficos, tabelas, ilustrações, fotografias etc.), revisão de provas, emendas e fechamento de arquivos (geração dos arquivos PDF);
- trabalhar dentro do orçamento e do cronograma, supervisionando o custo, a qualidade e os ciclos de produção;
- criar uma identidade visual para os produtos da empresa, incluindo publicações individuais, séries, coleções e selos editoriais;
- suprir o departamento editorial com material apropriado para a divulgação dos produtos como amostras de página, ilustrações e capas; e

- criar e/ou desenvolver materiais promocionais com a ajuda dos departamentos de marketing e vendas.

O gerente de produção define os cronogramas de manufatura e decide quem ficará a cargo da impressão, e que papel e material de capa será utilizado. Ele trabalha com o gerente editorial para assegurar um produto acabado de alta qualidade que será concluído e enviado ao depósito dentro do prazo estabelecido.

Depois que o original foi totalmente desenvolvido, avaliado e revisado pelo autor, ele é formalmente aceito para publicação pelo editor de aquisições e desenvolvimento e inicia-se oficialmente sua produção. O original é designado para um gerente editorial que reúne a equipe para produzir o livro. O gerente editorial, ou um editor executivo, continua como o contato com o autor, mas também trabalha com uma equipe de produção, encabeçada por um editor executivo interno, ou com birô contratado que produz livros para a editora.

O gerente editorial é responsável pela programação das tarefas de produção e coordenação dos membros da equipe. Entre os membros da equipe estão *freelances* especializados: editor de texto, revisor, ilustrador, diagramador. A Figura 18.1 é um diagrama das etapas do processo de produção e manufatura.

EDIÇÃO DE TEXTO

A edição de texto é a primeira etapa da produção. O editor de produção envia o original para o editor de texto com informações sobre organização, formato, público e estilo, com instruções detalhadas sobre o tipo de editoração a ser feito. A edição de texto visa esclarecer qualquer ponto que ainda esteja obscuro e dar um polimento final ao original. O editor de texto pode examinar a organização acrescentando títulos para tornar a estrutura do capítulo mais clara, assim como nível de leitura (um texto introdutório é escrito de uma maneira diferente de um texto avançado).

Cada publicação tem requisitos de edição diferentes, mas de modo geral o editor de texto tem tarefas bem definidas. Estas consistem principalmente em verificar a ortografia e gramática do texto, mas frequentemente se estendem para incluir aspectos como coerência do estilo e clareza das ideias. Uma parte significativa do tempo do editor de texto, porém, é gasto com tarefas repetitivas como verificar sequências numéricas, validar referências cruzadas, uniformizar figuras, quadros e tabelas, e normatizar notas e bibliografia.

O editor de texto costuma apresentar ao autor um relatório de dúvidas ou questões relacionadas com frases ou expressões que ele não entendeu, informações que estejam faltando ou dados incoerentes. Esse relatório pode também incluir sugestões para acrescentar ou excluir material. As editoras costumam enviar ao autor o original editado para sua aprovação, o que inclui responder às consultas e sugestões do editor. O editor de produção também revisará as edições do autor e o consultará sobre questões que podem variar desde a exatidão de uma referência cruzada até a explicação de um conceito. Os editores de texto geralmente identificam e marcam as notas e referências cruzadas dentro do texto, bem como as remissões a tabelas, quadros e figuras. Essas marcas são necessárias para o posicionamento preciso dos itens na prova diagramada.

Avaliação da edição de texto pelo autor

A avaliação do original editado é uma das etapas mais importantes no processo de produção editorial. Essa é a última chance de o autor lapidar o original para expressar exatamente o que pretende. Enquanto o texto ainda é um original alterações podem ser feitas com certa facilidade se comparado com provas, nas quais as alterações são muito caras. Embora esse obviamente não seja o momento para reescrever o livro (ou até um capítulo). O autor deve:

- ler e avaliar, minuciosamente, a edição de texto, a fim de certificar-se que as alterações são aceitáveis e que o significado não foi alterado;
- verificar as consultas do editor de texto e fornecer todas as informações que estejam faltando ou tornar claros os trechos ainda obscuros;

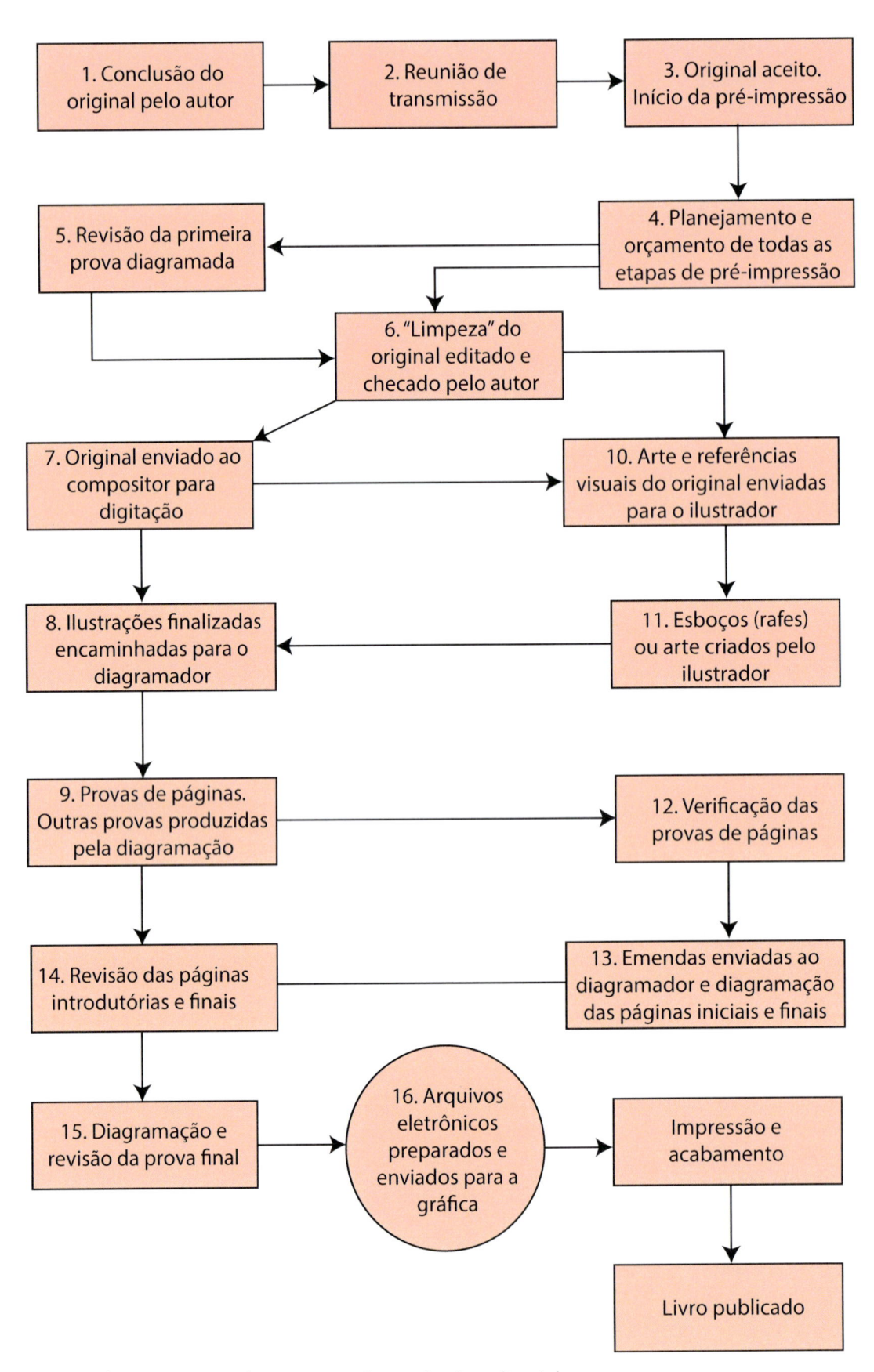

```
1. Conclusão do original pelo autor → 2. Reunião de transmissão → 3. Original aceito. Início da pré-impressão
                                                                            ↓
5. Revisão da primeira prova diagramada ← 4. Planejamento e orçamento de todas as etapas de pré-impressão
         ↓                                      ↓
         → 6. "Limpeza" do original editado e checado pelo autor
              ↓                                      ↓
7. Original enviado ao compositor para digitação    10. Arte e referências visuais do original enviadas para o ilustrador
              ↓                                      ↓
8. Ilustrações finalizadas encaminhadas para o diagramador ← 11. Esboços (rafes) ou arte criados pelo ilustrador
              ↓
9. Provas de páginas. Outras provas produzidas pela diagramação → 12. Verificação das provas de páginas
              ↓                                                           ↓
14. Revisão das páginas introdutórias e finais ← 13. Emendas enviadas ao diagramador e diagramação das páginas iniciais e finais
              ↓
15. Diagramação e revisão da prova final → 16. Arquivos eletrônicos preparados e enviados para a gráfica → Impressão e acabamento → Livro publicado
```

FIGURA 18.1 | Fluxograma do processo de produção editorial.

- examinar minuciosamente cada sugestão do editor de texto e mudar a redação do original para evitar mal entendido ou incompreensão (se o editor não entendeu determinado trecho, é provável que os leitores também não entendam).

O autor responde às consultas do editor de texto inserindo seus comentários em caixas de comentários ao lado do texto, em caso de arquivo digital, ou anotando no impresso. Em caso de trabalhar no original impresso o autor não deve usar as margens do original, mas escrever no próprio original com lápis de cor que possa ser apagado e não à caneta e numa cor diferente daquela utilizada pelo editor de texto. Os acréscimos de mais de uma linha ou duas devem ser digitadas em espaço duplo ou escritos em um papel separado. É importante que o autor não apague nada da edição. Se desejar que uma frase volte como estava no original, deverá colocar uma linha pontilhada debaixo da parte alterada e escrever "permanece" na margem. O editor de produção deve ver o que o editor de texto fez e como o autor alterou, mas deixando todas as caixas de comentários anexas ou anotações feitas ao original para que as alterações ou os acréscimos possam ser editados com base nas respostas do autor às consultas do editor de texto.

As marcações do editor de texto consistem em codificar os vários elementos do original, tais como títulos, listas, trechos, legendas e tabelas, com instruções claras sobre como deve ser feito. Por exemplo, usar o código típico < > com letras no meio e indicar <1> ao lado de um título principal, <2> para um título secundário e <3> para um título de terceiro nível, com marcações de títulos de acordo com a organização que o autor planejou. Tipos fora do comum, como os de um livro de Linguística, podem precisar de códigos especiais: esses provavelmente seriam criados livro a livro. O grau de codificação varia de original para original; porém, em quase todos os casos, é um processo simples e direto e o autor deve ser informado exatamente o que precisa ser feito.

O original editado é enviado ao autor em lotes e esse deverá devolvê-lo ao editor de produção nas datas marcadas. Geralmente o editor dá uma ou duas semanas para o autor avaliar cada lote, dependendo da urgência do trabalho, mas os lotes podem coincidir. Depois da devolução do autor, o editor de produção verifica as respostas do autor e envia o original novamente ao editor de texto.

O editor, por sua vez, incorpora e edita essas correções de forma que elas fiquem coerentes com o estilo do livro e as caixas de comentários ou anotações feitas anteriormente. Essa etapa é chamada de *limpeza* ou *reconciliação do original*. Hoje em dia, os editores, para fazer esse trabalho, frequentemente recorrem aos recursos de controle de alterações dos processadores de texto.

Índice

O autor prepara o índice do livro ou a editora contrata um profissional para compilá-lo. Dependendo dos termos do contrato, os custos pelo preparo do índice podem ser descontados de *royalties* futuros.

Se a editora ficar responsável pelo índice, o autor deve informar ao editor de produção suas preferências sobre o número de níveis hierárquicos das entradas antes de começar a elaborar o índice. O autor terá a chance de revisar as páginas de índice e o revisor fará uma comparação detalhada com o original do índice.

Páginas iniciais e páginas finais

Durante a fase de prova de página, o editor de produção reúne as páginas iniciais, incluindo folha de rosto, página de copyright e ISBN, nome e endereço da editora, agradecimentos, prefácio, índice e dedicatória.

O editor de desenvolvimento finaliza o prefácio, acrescentando o nome dos consultores e depois pede ao editor de aquisição que o revise. O prefácio é então editado e enviado ao autor para uma revisão final antes de ser digitado. Então todas as páginas iniciais são enviadas ao editor de composição para serem transformadas diretamente em provas de páginas. O último lote de provas que o autor recebe, geralmente, é composto das *páginas iniciais* (tudo o que aparece no livro antes da página 1 em algarismo arábico) e das *páginas finais* (tudo o que aparece depois da página final do texto principal).

Um revisor de texto faz a leitura dessas páginas, mas quanto mais pessoas as revisarem melhor. Portanto, é importante que o autor verifique todas as páginas introdutórias e finais atentamente e cheque a ortografia dos nomes dos colaboradores a quem se agradece no prefácio.

EDIÇÃO DE ARTE

Projeto gráfico

O objetivo de um projeto gráfico para um livro é comunicar visualmente o conteúdo da obra. O processo envolve criar um design adequado, preparar amostras de layouts e obter aprovação. Isso inclui definir especificações detalhadas que orientam o diagramador, como margens, mancha, fontes, uso de cores etc. Como esse processo pode ser demorado, alguns editores de arte optam por começar o processo de criação de projeto gráfico antes de receber os originais finais. Para tanto se valem das amostras mencionadas anteriormente; por isso é importante fornecer uma amostra representativa.

> **Editor: a arte da invisibilidade**
>
> Edição cuidadosa e bom design são virtudes invisíveis do editor de arte. As pessoas provavelmente não compram um livro porque ele foi bem editado e bem projetado, mas perceberão isso quando o lerem. Um bom projeto facilita a leitura e a compreensão dos temas mais árduos.

Ilustrações

O editor de arte define o estilo e o tamanho da arte e sua descrição é enviada para o ilustrador para realizá-la. Se o livro contiver muitas ilustrações, o editor de produção pode enviar ao autor uma cópia das figuras (ainda não realizadas) para que esse avalie minuciosamente essas ilustrações marque suas correções na própria cópia. Porém, em geral ele costuma avaliar a diagramação, com aplicação das imagens (ilustrações e fotografias), e o texto simultaneamente, na fase de revisão de prova.

Capa

Depois de concluída a edição de texto, a editora tem um objeto. Um livro geralmente tem certos padrões pré-determinados em conteúdo e design. Existem mensagens e valores de um livro para o leitor. A capa em particular, pode ajudar a vender livros. Isso é especialmente verdadeiro no setor de livros de interesse geral, e menos no de livros educacionais, onde o nome do autor é muitas vezes o principal fator de sucesso. O produto final é o resultado de um complexo conjunto de fatores, mas o design desempenha um papel enorme, dando uma face para o conteúdo e melhorando sua comercialização. Veja também a seção "Capas", no Capítulo 10, "Preparação de originais".

A capa do livro apresenta aquela primeira impressão fundamental para o mercado e tem que continuar atraente e adequada durante todas as edições da obra. No início do processo de produção os editores podem receber sugestões e qualquer informação referente a necessidades específicas dos alunos ou do mercado da disciplina a qual se destina o livro. As capas geralmente são criadas vários meses antes da publicação para que o departamento de marketing possa utilizar a imagem da capa em anúncios publicitários, vendas a livrarias e distribuidores, e promoção junto às escolas. Para criar a capa, o capista utiliza esboços e ideias resumidas de desenhos, analisando minuciosamente ideias para encontrar o visual certo para o livro. Depois de discutir com a equipe do livro, o designer refina uma ou duas ideias para uma segunda etapa — a capa abrangente. O editor de aquisições, o editor de desenvolvimento ou o designer preparam um arquivo eletrônico da capa para aprovação pelo núcleo de gerenciamento (editorial, marketing, presidente etc.).

O editor Avery Cardoza[1] tem uma frase lapidar sobre o assunto: *uma boa capa vende livros e uma capa excelente vende muitos livros*. Uma boa capa pode alavancar as vendas de um livro ruim, enquanto uma capa ruim pode matar um bom livro. Nunca subestime a importância de ter uma boa capa. Um consumidor de livros de ficção que tem uma impressão favorável nos primeiros segundos ao olhar para um livro será mais propenso a comprar esse livro. As primeiras impressões são extremamente importantes.

Você já ouviu a expressão: "não julgue um livro pela capa". Bem, em uma livraria, onde o comprador não tem tempo de ler o livro e poderá dar-lhe apenas alguns segundos de seu tempo, a capa é a flor que atrai a abelha. A capa ajuda a definir um livro, dá-lhe uma "sensação" e uma personalidade e permite que o leitor saiba exatamente do que o livro trata.

No final, um livro é julgado muitas vezes pela capa. A capa e a lombada são dois elementos importantes para vender um livro e devem ser apoiadas pelo próprio livro. Depois de examinar a capa, o leitor percorrerá rapidamente o livro para ter uma ideia da sua aparência (qualidade gráfica), talvez ler algumas linhas aleatórias ou parágrafos (a qualidade de escrita), e examinará a introdução e um sumário para ver se o livro aborda seus interesses particulares. Por fim, também provavelmente também verá o número de páginas e o preço do livro.

Provas diagramadas

Depois que as alterações sugeridas na edição foram aprovadas pelo autor, o editor de texto "limpa" o material e grava um arquivo da versão final editada do original. Esse arquivo será liberado para o departamento de produção que o utilizará para gerar as provas diagramadas.

É bom ressaltar que o original do livro deve estar totalmente finalizado, com a edição de texto aprovada pelo autor, e só depois disso ser liberado para a diagramação. Para evitar maiores custos, as alterações na etapa de revisão de prova devem se limitar a erros efetivos. Todas as verificações de citações e referências de última hora devem ser feitas antes da conclusão da edição, durante o período de avaliação do autor.

Utilizando um software de paginação eletrônica, a maioria dos livros é diagramada diretamente em páginas. Nas provas diagramadas, as tabelas e as ilustrações são incorporadas e posicionadas próximas da sua remissão. Legendas, cabeçalhos e os números de páginas são posicionados exatamente como vão aparecer no texto impresso.

Alterações nas provas diagramadas custam caro e, consequentemente, devem ser limitadas a correções de precisão e ao acréscimo de referências de páginas que estejam faltando. Também é preciso considerar que a qualidade das provas não garante a qualidade final do livro.

A evolução do processo de produção

É bom contar um pouco de história porque os processos de produção atuais foram derivados dos mais antigos, e alguns termos e etapas de produção continuam em uso.

Os originais costumavam ser feitos em tipos de metal à mão (letra a letra) ou à máquina (caractere por caractere ou uma linha por vez). O tipógrafo então fazia uma impressão de tinta no papel, ou *prova*, de cada página. O editor e o autor liam essa prova para se certificar que o tipógrafo não havia introduzido erros no texto. Além de erros tipográficos, o revisor procurava outros problemas peculiares ao sistema mecânico, como caracteres de cabeça para baixo, tipos quebrados, linhas tortas.

A partir da década de 1980, os sistemas de digitação tornaram-se computadorizados, eliminando o processo mecânico de posicionar o tipo de metal. O elemento humano passou a fazer a entrada do texto em um teclado de computador. Nessa fase, os digitadores agora são chamados de *compositores de textos*. O computador imprimia o texto em tiras de papel em rolo, que eram montadas junto com as ilustrações em uma base de cartolina, em um processo de trabalho conhecido como *paste-up*. Por fim essa páginas montadas eram fotografadas para compor o fotolito que serviria para criar as chapas de impressão no sistema offset.

A tecnologia evoluiu tão rapidamente que, hoje em dia, o autor compõe original em seu computador por meio de um software de processamento de texto; o arquivo é trabalhado no computador do editor de texto; o original final digital é convertido importado pelo software de paginação, que, por sua vez, é utilizado para compor o livro.

Apesar de parecer um processo infalível, erros ainda são cometidos; portanto, é preciso que o autor continue a avaliar e, o revisor de texto, a ler as provas – embora não vá encontrar tipos quebrados ou caracteres de cabeça para baixo. Obviamente, muitos originais ainda são editados a partir da cópia impressa dos arquivos eletrônicos; nesse caso, as alterações do editor são feitas no computador por outra pessoa, com mais probabilidade de que sejam cometidos erros.

O que é uma prova?

Prova significa o material que o diagramador cria a partir do original. Geralmente, o material passa por três provas diagramadas.

As *provas diagramadas* são quase versões finais do livro. Geralmente, todas as fotografias e as ilustrações já aparecem; as tabelas e os quadros estão posicionados corretamente; os cabeçalhos (ou rodapés) e números de páginas estão no lugar certo; e as quebras de páginas fazem sentido tanto do ponto de vista de conteúdo quanto do estético.

REVISÃO DE PROVAS DIAGRAMADAS

Após a diagramação do original editado, a editora envia a primeira prova diagramada com uma cópia em papel do original editado para um revisor ou uma dupla de revisores. Esses farão uma revisão comparada, e um deles depois fará uma leitura apenas da prova. Em alguns casos, o revisor verifica também se a prova foi diagramada de acordo com as especificações do projeto gráfico. Na maioria dos casos, os erros observados pelo revisor também poderão estar indicados na prova lida e avaliada pelo autor. O editor de texto faz uma triagem das emendas pedidas pelo revisor e uma avaliação das emendas pedidas pelo autor, as quais incorpora (ou não) na prova lida pelo revisor.

A revisão das provas diagramadas dos livros costuma ser dividida em lotes: eventualmente de um único capítulo, mas com frequência de dois, três ou mais capítulos. O primeiro lote de provas deve ser encaminhado com um memorando (com as diretrizes para a revisão de texto) e um cronograma.

O revisor de textos verifica se há erros tipográficos, gramaticais, de pontuação, se o estilo está coerente, se a tipografia está correta; em outras palavras, se o diagramador seguiu as especificações tipográficas indicadas no original editado. Muitos revisores têm um amplo conhecimento geral e, às vezes, podem encontrar incorreções de outras áreas, mas não se pode esperar isso deles. O autor ainda é a melhor pessoa para checar a precisão dos fatos e principalmente do conteúdo técnico da obra. Se o livro for muito técnico, talvez seja necessário contratar um segundo especialista, denominado de revisor técnico, para avaliar o conteúdo, pois a familiaridade do autor com o assunto pode fazer com que passe algum trecho incompreensível ou muito difícil para o leitor.

Como se lê a prova?

Se você for um revisor de texto e tiver uma cópia do original editado, coloque-a perto das provas e sempre leia o original primeiro (uma sentença ou duas por vez) e depois a prova diagramada. Se você estiver sem o original, leia a prova cuidadosamente, palavra por palavra, verificando o sentido. Marque as correções na margem, indicando claramente onde na linha de texto deve ser feita a correção.

Caso tenha alguma dúvida, escreva a pergunta na margem, a lápis, e marque-a com um círculo para diferenciá-la das correções. Utilize os símbolos de revisão padrão quando marcar as provas. O conjunto de provas será verificado pelo editor de texto e depois enviado novamente ao diagramador para correções.

Embora muitas vezes se contrate um revisor *freelance*, é imprescindível que o pessoal da editora também faça uma revisão detalhada e completa do livro.

O revisor deve conhecer os símbolos usados para correção. Veja alguns exemplos:

- Para acrescentar algo à linha, o revisor de texto coloca um sinal (√) no ponto de inserção e escrever à margem o que deve ser acrescentado.
- Para retirar algo sem colocar nada no lugar, ele risca os caracteres indesejados e coloca um sinal de apagar (X) na margem. (Também é aceitável usar o símbolo de suprimir, que tem a aparência da letra *d* estilizada, como abreviação da palavra latina *delere*. Mas deve-se optar por único sinal em cada obra revisada.)

- Para substituir algo, o revisor não utiliza o sinal de apagar, mas simplesmente risca o que é indesejado e escreve as novas palavras na margem.
- Para indicar o que não deve ser composto, o revisor pode fazer um círculo ao redor das perguntas ao editor ou ao diagramador.
- Coloque todas as marcas à margem esquerda ou direita (a que estiver mais próxima) na mesma linha do erro.
- Se for necessário fazer várias correções na mesma linha, disponha-as de tal maneira que elas sejam lidas consecutivamente da esquerda para a direita e separe-as com uma barra vertical: |.
- Se quiser fazer a mesma correção em dois ou mais lugares na linha, sem nenhuma outra correção no meio, escreva a correção na margem uma vez e coloque o número correspondente de barras.
- Quando houver várias correções em uma mesma linha, comece na margem esquerda e continue para a direita.
- Se não houver espaço suficiente na margem para escrever suas correções, utilize a parte de cima ou a parte de baixo da prova, fazendo uma linha no ponto correto da inserção na prova.
- Se você mudar de ideia sobre alguma coisa que riscou, faça uma linha pontilhada embaixo do texto riscado, retire o sinal de apagar da margem. Para reforçar, pode escrever "permanece" ou "vale".

Símbolos da correção de provas

A NBR 625, Informação e documentação – Revisão de originais e provas ABNT, estabelece as normas para as marcações do revisor editorial. As Figuras 18.2 e 18.3 resumem os sinais mais usados.

É importante que o autor responda a todas as perguntas dirigidas a ele na prova. Mas ele pode ignorar as perguntas ou comentários dirigidos ao editor e ao editor de arte ou produtor gráfico.

Nas provas diagramadas, o autor precisa checar mais do que ilustrações e texto. Uma verifi-

Símbolo	Significado
⌐	abrir parágrafo
⊥	acrescentar palavra ou trecho
=	alinhar horizontalmente
[ ]	centrar
	colocar no ponto indicado
	correr para direita
	correr para esquerda
⊓	descer letras, palavras ou trecho
- - - -	desfazer a emenda
	diminuir os espaços, uniformizando-os com os demais
☐	evitar que duas linhas seguidas comecem ou terminem com as mesmas palavras
∧	inserir ou acrescentar
∿	juntar as letras ou suprimir espaços
⌐	novo parágrafo
⊓	passar para a página seguinte
	recorrer
∩	transpor letras
2 1	transpor palavras ou trecho
✕	trecho suprimido
⊔	suspender
∀	uniformizar os espaços

FIGURA 18.2 | Símbolos de correção para usar diretamente no texto da prova.

Símbolo	Significado	Símbolo	Significado
" "	abrir aspas	″2	número abaixado
#	abrir espaço	2″	número elevado
▯	abrir parágrafo com um quadratim	(/)	parênteses
‖	alinhar verticalmente	! /	ponto de exclamação
ʼ	apóstrofo	? /	ponto de interrogação
c.a.	caixa alta	. /	ponto final
c.b.	caixa baixa	; /	ponto-e-vírgula
c.Ab.	caixa alta e baixa	[	quebrar versos
: /	dois pontos	∫	suprimir
" "	fechar aspas	∫( )	suprimir e juntar
⌐	fechar	∫#	suprimir e separar
✕	final, pé	gr.	tipo grifo
- /	hífen	red.	tipo redondo
∽	juntar	V	tipo versal
″e	letra abaixada	VV	versal versalete
e	letra com defeito	/ – /	travessão
e″	letra elevada	V. orig.	remeter ao original

FIGURA 18.3 | Símbolos de correção para utilizar somente na margem da prova.

cação importante é se as tabelas e as figuras foram posicionadas corretamente. Nem sempre o diagramador consegue colocá-las imediatamente após a remissiva no texto (por exemplo, um parágrafo pode incluir remissivas a três figuras e duas tabelas, que certamente não cabem na mesma página). Os diagramadores também tentam criar páginas balanceadas e agradáveis, seguindo as diretrizes do produtor gráfico ou designer do livro para compor uma boa página. Se o autor precisar deslocar uma figura ou tabela, deve pensar nas consequências desse deslocamento; por exemplo, repaginar um capítulo inteiro para aproximar uma figura de sua remissiva no texto é bastante trabalhoso e pode implicar em custos adicionais à editora. Além disso, dependendo do estágio da prova, isso também pode exibir a revisão de todo o índice.

Também é obrigação do o revisor de texto ler todas as legendas e créditos de fotografias e ilustrações atentamente e conferir todas as remissivas a quadros, tabelas e figuras feitas no texto, para certificar-se de que essas estão corretas e que as informações no texto são as mesmas apresentadas nas tabelas e ilustrações. Além disso, o revisor de prova deve fornecer números de página para todas as referências cruzadas e verificar os cabeçalhos (ou rodapés) e o número de cada página.

Segunda prova diagramada

Na maioria dos títulos, o autor só vê um conjunto de provas de texto com o gerente de pré-impressão checando as páginas revisadas. Mas podem ocorrer situações em que a segunda prova precise ser encaminhada ao autor. Quando o revisor de texto ler o segundo conjunto de provas de texto, é recomendável verificar cuidadosamente se todas as correções indicadas na primeira prova foram feitas corretamente, bem como olhar sempre as linhas acima e abaixo do local onde as correções foram feitas. Se o texto correr, recomenda-se que ele releia o trecho com a emenda corrigida. Embora o diagramador só modifique as palavras que realmente foram solicitadas nas revisões, e não a linha inteira ou várias linhas, há sempre a possibilidade de ele apagar uma palavra por engano, fazer a alteração no local errado, ou fonte da correção estar errada. Quando o revisor de texto estiver examinado a segunda prova diagramada, deve verificar se o posicionamento do texto e das imagens continuou o mesmo (a menos que tenha sido solicitada alteração).

Revisão de ilustrações nas provas

Uma ilustração muito técnica ou mais complexa pode passar por mais de uma etapa de criação e de avaliação. Se o livro exigir uma grande quantidade desse tipo de ilustração ou de fotografias que utilizam chamadas, pode-se enviar ao autor provas de imagens separadas.

É fundamental que o autor analise minuciosamente as ilustrações, a fim de fazer uma verificação geral para ter certeza de que cada imagem está indicando corretamente o conceito que ele está querendo mostrar. Desse modo, é importante que o autor verifique a precisão e a integridade do conteúdo de cada imagem e não o estilo da arte. Para evitar isso, o gerente de pré-impressão pode enviar amostras de estilo separadamente, em outro momento.

Ao fazer a leitura das ilustrações, o revisor de textos deve marcar da maneira mais semelhante possível às marcações no texto. Uma boa abordagem é revisar cada chamada separadamente para certificar-se de que as palavras foram grafadas corretamente; depois, examinar cada figura novamente para se certificar que os elementos estão posicionados corretamente (por exemplo, se as flechas da figura estão apontando para a direção certa).

Alterações do autor

As alterações do autor são quaisquer modificações que o autor venha a fazer na prova diagramada, tanto referentes às ilustrações quanto ao texto. O espaço para tais alterações deve estar coberto no contrato com a editora. A quantidade geralmente é especificada como uma porcentagem do custo total da composição e da arte. Isso significa que o autor vai pagar por uma quantidade de alterações especificadas que fizer na prova. Os custos além dessas serão cobrados de sua conta de direitos autorais.

O autor, em geral, tem de uma a duas semanas para revisar um lote de provas, mas em algum momento os vários lotes em que o material é dividido provavelmente coincidirão. Antes de o autor ler as provas, um revisor as terá lido, palavra por palavra, comparando com o original final editado e fazendo as marcações na margem para correção.

Para marcar as provas, o autor deve usar uma caneta de cor diferente de qualquer outra que já tenha sido utilizada nas provas. Isso permite que o gerente de pré-impressão localize, de modo mais rápido, as marcas e notas. O autor deve indicar claramente na prova onde o novo trecho deve ser incluído e escrever de forma legível; se sua caligrafia for difícil, recomenda-se que digite as pequenas alterações diretamente nas provas ou em arquivo à parte se a prova estiver em papel.

Geralmente, não são permitidas as seguintes alterações, com frequência solicitadas por autores:

- alteração para lapidar ou inserir texto no original;
- alteração da estética da página ou do projeto gráfico, incluindo tamanho do tipo e/ou fonte, cor e aparência dos elementos ou das páginas;
- alteração do tamanho das fotos ou das ilustrações.

Em suma, são as alterações referentes a inserir, substituir ou deletar algo das ilustrações e do texto após a entrega do original. Assim, é importante que o editor certifique-se de que as notas de rodapé e as referências de citações estejam completas na etapa de original. Informações que estejam faltando inseridas na etapa da prova são consideradas uma alteração de autor.

Se houver uma grande quantidade de alterações do autor, por motivo de custo/tempo a editora pode desautorizar aquelas que não forem consideradas erros de conteúdo. Para manter as alterações dentro do limite do razoável e evitar descontos dos *royalties*, o autor deve ter as seguintes diretrizes em mente:

- É mais barato e produtivo fazer alterações no original. O autor deve fazer seu original o mais completo possível, considerar todos os detalhes e não adiar alterações ou atualizações. Se ele precisar incluir informações de última hora, precisa informar ao gerente de projeto com antecedência.
- Se o autor não tiver como evitar uma alteração na etapa de prova, o editor de texto deve efetuá-la na primeira prova.

Quando um capítulo está paginado em sua formatação final, alterações podem causar complicações e atrasos. Será necessário deslocar linhas para manter as páginas no tamanho adequado e, até mesmo, repaginar o capítulo ou até mesmo o livro todo se houver acréscimos ou eliminações de texto significativos. A repaginação também afeta a numeração de páginas utilizadas em outras partes do livro, como o índice ou qualquer referência cruzada interna a páginas. Corrigir essa numeração de páginas é caro, consome tempo e pode introduzir erros no produto final. Desse modo, o gerente de projeto trabalha com o autor para minimizar as cobranças de alterações. As provas diagramadas serão vistas pelo autor uma única vez. Depois das revisões do revisor de texto e do autor, o material é devolvido para o diagramador inserir as correções no arquivo, um revisor faz a checagem das emendas na prova final e, finalmente, os arquivos são enviados à gráfica.

CUSTOS, CRONOGRAMA E QUALIDADE

Embora o processo de produção editorial se inicie com a entrega do original pelo autor, é recomendável que o planejamento de produção comece um ano antes ou mais. Todos os projetos (desde primeiras edições até reedições) passam por um processo detalhado de proposta de projeto com dados fornecidos pelos departamentos editorial, produção, vendas, marketing e financeiro. As necessidades de mercado são definidas e as especificações, planos de desenvolvimento e marketing, projeções de vendas e demonstrações financeiras são examinados e refinados. A proposta completa esboça os planos e os aspectos financeiros para toda uma família de produtos, ou seja, o livro e seus complementos vendáveis e não vendáveis, tanto impressos quanto eletrônicos.

> **Editor: o diabo mora nos detalhes**
>
> Desenvolvimento editorial hábil e atenção imaginativa à organização, gramática e ortografia são fundamentais para tornar um livro atraente e fácil de ler. Descuidos editoriais quase que automaticamente degradam a integridade e o valor de um esforço de publicação.

Quando uma proposta é concluída e aprovada, ela se torna um *plano de projeto*. Se as necessidades de mercado mudarem drasticamente após a aprovação – ou se as especificações do produto ou previsões de venda mudarem – o projeto é revisto novamente em um processo de nova proposta.

As datas de publicação são determinadas com base nas necessidades de mercado e do cliente. Consequentemente, para o potencial máximo de vendas, as atividades e datas são planejadas com um ano ou mais antes da entrega do original. Como o desenvolvimento do livro propicia o maior valor agregado e potencial de vendas, a editora pode despender a maior parte de seu tempo na atividade de desenvolvimento e menos na produção efetiva. Em consequência, por motivos estratégicos, o tempo de produção está se tornando cada vez mais condensado e a maior parte dos custos referentes ao produto é incorrida durante a produção. Portanto, para liberar fundos para a etapa com maior valor agregado – isto é, o desenvolvimento – o processo de produção é planejado para ter velocidade, eficiência e eficácia em termos de custos.

Para se obter um produto de qualidade com custo acessível e dentro do prazo, é preciso elaborar um cronograma com o processo de produção. O processo de produção editorial é linear, mas também concomitante. Algumas etapas ocorrem ao mesmo tempo; por exemplo, edição de texto, pesquisa iconográfica e elaboração de ilustrações; arte; elaboração de índice e revisão da prova diagramada. Algumas etapas têm de ocorrer sequencialmente; por exemplo, a diagramação das páginas não pode ocorrer enquanto as fotos não forem obtidas e não é recomendável digitar um original que não tenha sido editado.

Quando o original é entregue, deve-se elaborar um cronograma de produção detalhado passo a passo, retrocedendo da data definida para publicação do mercado e levando em consideração as várias etapas. É possível recuperar pequenas alterações e atrasos; no entanto, grandes alterações e atrasos podem resultar em problemas sérios, como aumento de custos ou perda de qualidade para manter a data de publicação estipulada inicialmente no cronograma.

Veja esse exemplo muito simples: o elaborador do índice (indexador) começa a trabalhar quando recebe a prova; ele elabora o índice ao mesmo tempo que o autor avalia a prova final. Se forem solicitadas muitas alterações na diagramação, as remissões de páginas no índice provavelmente ficarão incorretas. Como não há tempo para refazer o índice e cumprir a data de publicação, estimam-se quantas páginas são afetadas para fazer as correções com base nessas previsões. O resultado disso pode ser reclamações dos clientes sobre erros no índice, e, obviamente, quando um cliente encontra um erro, ele passa a desconfiar ou deduzir que o livro apresenta muitos outros.

Quanto ao custo, cria-se uma projeção de orçamento para cada projeto no momento da proposta de projeto, determinando-se as especificações de produção com base no *feedback* do mercado e na estratégia competitiva. E, dadas as especificações e o custo da produção, o projeto precisa atingir certas metas de lucratividade.

Como as propostas de projeto podem ser feitas com antecedência de um a três anos antes da produção, todos os orçamentos de projeto são revistos em detalhes antes do início efetivo de produção para uma determinada lista de direitos autorais. Nessa etapa, os orçamentos e as especificações de produção são analisados pela última vez e finalizados para cada projeto e família de projetos. Entre as especificações de produção, estão a quantidade de páginas do original, a quantidade estimada de páginas do livro, a quantidade de cores (1, 2, 4 ou 5 cores), a quantidade de imagens etc. No caso das fotografias e das ilustrações, essas são desmembradas mais ainda por quantidade de peças que serão reutilizadas sem alteração.

Uma vez concluído o orçamento, este se torna a meta do pessoal editorial e da produção. O orçamento é revisado novamente e atualizado em dois marcos do processo de produção: primeiro, quando se recebe o original e é feita uma reunião de transmissão e, segundo, quando se finaliza a produção. Essas duas atualizações ajudam o departamento editorial e o de produção a gerenciar os custos durante a produção editorial.

Esses departamentos devem dedicar grande parte de seus esforços para se manter dentro do orçamento de um projeto: se os gastos aumentarem demais – isto é, se exceder o orçamento em uma quantia razoável – haverá menos verba para gastar no desenvolvimento, um fator que pode afetar a rentabilidade do produto.

Se os custos de produção aumentarem acentuadamente, poderá comprometer o orçamento e também todo o projeto. O maior fator de aumento de custos é o acréscimo de páginas, ou seja, se for excedido o número de páginas projetada, os custos aumentarão drasticamente. No caso de livros didáticos, muitos professores que adotam uma obra reclamam que os livros são muito volumosos, portanto livros menores também atendem a uma necessidade de mercado. Um outro fator que aumenta os custos é o acréscimo da quantidade de ilustrações. Isso explica a pressão para que se administre o tamanho do livro, bem como a quantidade de imagens.

A apresentação interrompida e não sequencial do original também pode aumentar os custos e afetar a qualidade. Não há problema em apresentar o original em um fluxo constante de lotes; no entanto, se o autor apresentar capítulos incompletos, faltando fotos, desenhos, vinhetas etc., esses elementos terão de ser editados individualmente, aumentando o tempo de edição e a chance de erro ou colocação incorreta. Na verdade, a apresentação de capítulos incompletos não poupa o tempo efetivo de produção; pois o recebimento dos últimos capítulos determina a data de publicação e não a apresentação dos primeiros capítulos. O excesso de alterações, discutido anteriormente, é um outro grande problema.

A produção de um livro se assemelha ao planejamento e à construção de uma nova casa. A qualidade e o custo são seriamente comprometidos se um comprador mudar os planos enquanto a casa ainda estiver em construção – e ainda não será entregue no prazo. Por esse motivo, é necessário dedicar muito tempo ao planejamento dos produtos para que sejam produzidos de uma maneira rápida e eficiente em termos de custo e sem erros.

Reimpressões

O livro será reimpresso quando o gerente de controle de estoque informar que o estoque logo será insuficiente para atender aos pedidos. Os erros factuais podem ser corrigidos quando o livro for reimpresso, desde que se tenham as informações com bastante antecedência.

Como não se pode prever quando serão feitas reimpressões, o autor deve enviar suas correções para reimpressão a seu editor ou coordenador da equipe de desenvolvimento assim que as localizar. Uma reimpressão não é uma revisão, e as alterações são caras; portanto, o autor deve se ater somente a corrigir as imprecisões e os erros graves.

Mídias alternativas de apoio ao produto principal

Até o final da década 1990 as principais mídias eram as publicações impressas, a televisão, o cinema e o rádio. Atualmente, esse cenário mudou e continuará mudando com a evolução das novas mídias, principalmente Internet e tecnologias móveis.

Nessa era de transformação das comunicações e da educação, um projeto pode não terminar com a conclusão do produto impresso e nem mesmo começar como um produto impresso. O autor pode participar da elaboração de materiais para a internet e de recursos digitais. Seu envolvimento vai depender de alguns fatores: necessidade do mercado, natureza do material multimídia, bem como de seu interesse e sua perícia em ajudar no preparo de tal material. O autor e o editor de aquisições devem discutir essas possibilidades juntamente com editor de tecnologia de mídia no início da fase de proposta do projeto.

Também é possível pedir ao autor que participe da elaboração de material para um site na internet de apoio ao seu livro. Isso pode variar desde o fornecimento de material bibliográfico e uma foto, até ser responsável por um site altamente interativo com contato diário com os usuários de seu produto. Entre os materiais oferecidos, podem ser incluídos:

- links para recursos relacionados disponíveis na internet;
- amostras de capítulos e erratas;
- arquivos de imagem em alta resolução, áudio e vídeo;
- apresentações de slides;
- material biográfico e formulário de contato com o autor;
- fórum do autor com respostas personalizadas aos leitores;
- provas interativas, autoavaliação eletrônica etc.

Há muitas outras possibilidades e essas devem ser discutidas com o editor de aquisições ou de tecnologia de mídia na fase de proposta do projeto e durante toda sua execução para se ter certeza de que autor e editora estão fazendo um esforço integrado.

Como garantir prazos e programas de produção

O maior problema do editor costuma ser a coordenação do programa de produção e o cumprimento dos prazos – descobrir e contratar livros cujas datas de publicação já foram marcadas. A seguir, sugerimos treze atitudes eficientes para garantir os prazos e atender aos programas de produção.

1. Estabeleça *datas formais de publicação* somente quando um original finalizado estiver em poder do departamento de pré-impressão. Estabeleça regras claras considerando o tempo necessário para uma produção econômica e bem organizada, de modo que o editor e o pessoal de marketing possam projetar as datas prováveis de publicação para o livro. Pressione, com objetividade, o editor para que torne a data prevista viável, terminando seu trabalho no prazo e dando à produção o que ela precisa para agir. Oriente o editor, por sua vez, para que exerça pressão sobre o autor, informando-o que se não houver data para entrega do original, o livro será adiado, ou talvez simplesmente cancelado – é evidente que a aplicação dessa abordagem exige um forte apoio da gerência geral.
2. Use uma *lista de verificação* para situar o andamento, de modo que os envolvidos fiquem a par, com antecedência, de todos os prazos. A menos que os editores patrocinadores façam circular *relatórios de status* regulares sobre cada livro dentro dos canais de produção, o gerente de produção precisa conceber um formulário simples e circular cópias a todos os editores patrocinadores a cada semana, perguntando por atualizações na posição dos livros vindouros. Outra opção é o gerente de produção preparar um resumo semanal de todos os prazos futuros (atualizado para três ou quatro semanas seguintes) para entrega de todos os materiais à produção. Faça circular esse resumo a todos os interessados, a fim de eliminar eventuais desculpas posteriores quanto a atrasos.
3. Programe *reuniões de transmissão* para a transferência formal de originais da função editorial para a função de pré-impressão. Insistir para que os editores entreguem todos os elementos de um original (inclusive figuras, página iniciais etc.) exceto o índice, se possível, e que eles aceitem um prazo específico para o índice (e quaisquer outros materiais que não tenham sido entregues) antes que eles saiam da reunião. Obtenha por escrito esses compromissos de entrega de quaisquer elementos ou, pelo menos, pedir ao editor para dar início ao memorando posterior, estabelecendo os prazos, e usar cópias desses compromissos escritos para lembrar o editor quando se aproximar a data de vencimento de um prazo.
4. Priorize o *programa de produção global*, integrando todos os prazos para todos os livros em andamento, e depois classificá-los no começo de cada semana. Procure obter concordância com o prazo que (no caso de falha) poderia dar muito aborrecimento; quando for obtida tal concordância, passar para o segundo prazo em importância. Comece mais cedo as tarefas mais importantes, a fim de minimizar as eventuais dificuldades de precisar prosseguir com uma tarefa inacabada e manter a etapa seguinte na sequência necessária de fatos. Trabalhe pelas futuras tarefas (e não apenas se dedicar a uma que esteja mais perto de ser completada), seguindo vários projetos ao mesmo tempo. O gerente de produção deve examinar cada prazo, na sequência de prioridades, para fazer todos os ajustes necessários e garantir a conclusão em tempo.
5. Torne a *reimpressão rotineira* e integre-a de modo que um certo número de títulos isolados seja trabalhado como uma tarefa a ser realizada com o mínimo de orientação administrativa, a fim de poupar energia e tempo. Oriente todo o pessoal para os prazos, procedimentos e outros detalhes da reimpressão em "lotes", de modo que o processo exija o menos possível do departamento de produção. Lembre o editor da necessidade de um processo em separado que ajude os editores a prever as reimpressões vindouras.
6. Quando escrever as *especificações originais*, identificar outros tipos de papéis, fontes etc., estimulando os fornecedores a apresentarem substitutos, em vez de protelar o prazo para poder entregar exatamente o que foi especificado. Se possível, mantenha um arquivo de endereços das fontes disponíveis de tais materiais opcionais, no caso do fornecedor não saber onde encontrá-los. Deixe a procura dos materiais substitutos a cargo do fornecedor,

mas ofereça orientação, dizendo onde encontrá-los, a fim de não eximir o fornecedor de sua responsabilidade, obtendo para ele materiais que podem estar em falta, se o resultado final não estiver de acordo com os padrões aceitáveis.

7. Marque uma data para o *encerramento da concorrência* toda vez que convidar fornecedores para dar suas quotas na composição ou confecção de um livro. Envie suficientes "convites à concorrência" de que tenha certeza de receber pelo menos três cotações, e depois simplesmente despreze aqueles que não responderem em tempo. Após deixar de aceitar propostas atrasadas para um ou dois livros, os principais fornecedores saberão que a editora quer mesmo que as coisas caminhem dentro do programa. O fato de observar estritamente os prazos de ofertas torna óbvio que a editora está comparando um número selecionado de fornecedores em potencial, e pode obter preços mais convenientes dos que seriam cotados no caso dos representantes dos impressores terem sido negligentes a esse respeito.

8. Inclua *prazos para ambas as partes* nas cartas-contrato (em que são confirmadas especificações e requisitos de qualidade), ao conferir tarefas para os fornecedores de produção. Exija que confirmem tais cartas (ou pedidos de compra), a fim de se certificar que eles aceitaram o programa de prazos.

9. Elimine da *lista de fornecedores*, para futuros convites de concorrência, qualquer diagramador ou fabricante que tenha se atrasado muito para completar qualquer tarefa, a menos que existam motivos óbvios, totalmente fora do controle do fornecedor. Ao entrevistar novos fornecedores, certifique-se de que eles saibam que o não cumprimento de prazos os excluirá automaticamente de futuras considerações.

10. Procure, até certo ponto, fornecedores que possam lidar com a maioria dos elementos. Contrate fornecedores para dividir as tarefas, a fim de não ter de precisar posteriormente de fornecedores adicionais. Quando um trabalho passa de um fornecedor para outro, há mais chance de atrasos, e se reduz a responsabilidade pela entrega do produto final em tempo. As despesas para deslocar os elementos de um lado para outro, o tempo adicional exigido para negociar, instruir e supervisionar os fornecedores adicionais, em geral, esgotam as economias que poderiam ser feitas dividindo a tarefa em partes contratadas em separado.

11. Estabeleça um *programa persistente de contatos regulares* com cada fornecedor sobre qualquer tarefa que esteja em andamento fora do escritório. Com uma frequência de 3 em 3 dias, ligue para cada fornecedor e peça um relatório minucioso de posição. Confirme com o fornecer se ele está ainda dentro do prazo, caso qualquer elemento de qualquer tarefa não tenha progredido desde seu último contato. Explique antecipadamente para os novos fornecedores que você elabora relatórios rotineiros para sua empresa e, portanto, eles também devem fazê-lo.

12. Ao enviar matérias para seus fornecedores, use serviços de entrega prioritária e segurada; e sempre que possível guarde uma cópia, no caso de itens difíceis de substituir (como correções de provas).

13. Por último, limite ao menor número possível a *quantidade de pessoas que veem as provas* bem como o *tráfego de material*. Impeça que as fotocópias ou provas de gráfica saiam do departamento de produção sempre que for possível trabalhar com elas no local.

NOTA DO CAPÍTULO

1 CARDOZA, Avery. *Complete guide to successful publishing*. Cardoza Publishing: New York, 2009.

CAPÍTULO 19

O editor de texto como gerente de projeto

NESTE CAPÍTULO

O editor de texto e
  suas funções......................389

Profissão, carreira e mercado
  de trabalho.........................391

Habilidades do editor de texto.....392

Preparação de originais...................394

Revisão de provas tradicional........395

Revisão de provas eletrônica 397

Listas de verificação..........................402

Verificação de fatos..........................402

Gerenciamento de projetos............403

> "A diferença entre a palavra certa e a quase certa é a diferença entre o relâmpago e o pirilampo. Os editores ajudam os autores com as palavras certas."
> – Mark Twain

O EDITOR DE TEXTO E SUAS FUNÇÕES

O escritor e professor Lois Johnson Rew[1] define romanticamente o editor de texto assim: *"(...) supercrítico, meticuloso, incógnito e indispensável. Tudo o que pode explicar sua existência é um permanente amor pela linguagem escrita e sua devoção a autores e livros."*

Para além dessa visão romântica, o editor de texto passa a maior parte do seu tempo trabalhando arduamente na preparação de originais e revisão provas. Isso envolve principalmente cuidar da correção ortográfica e gramatical e adaptar ou melhorar os originais de acordo com as normas de estilo e uso (ou não uso) da editora. Mas se essas fossem suas únicas funções, ele seria apenas um copidesque ou um revisor de provas e, provavelmente não trabalharia internamente em uma editora, e sim prestaria serviços como um profissional terceirizado. De fato, a principal função de um editor de texto é atuar como um *gerente de projeto*, isto é, um elo na cadeia de produção editorial entre a função de aquisição/desenvolvimento e a função de impressão para um determinado projeto de publicação.

Nesse sentido, como gerente de projeto, o editor de texto tem responsabilidades muito mais críticas que envolvem colocar em prática as diretrizes estabelecidas por seus superiores (editor executivo ou o gerente editorial, gerente de produção gráfica e gerente de impressão). Se deixar escapar alguns erros de ortografia ou gramática em um livro, o editor de texto provavelmente só receberá uma reprimenda; mas deixar de cumprir alguma dessas diretrizes pode ser motivo para demissão sumária. Raramente, porém, o editor de texto participa da criação dessas diretrizes.

Entre essas responsabilidades destacam-se o cumprimento dos cronogramas estabelecidos pela gerência editorial e a gerência de impressão, a produção de relatórios periódicos sobre o andamento dos projetos, e o acompanhamento da produção e da qualidade dos serviços externos (como copidesque, composição e revisão de provas).

Seu trabalho inclui o seguinte:

- corrigir erros de grafia, gramática, pontuação e uso;
- indicar inconsistências nas argumentações bem como no tom e no estilo do autor, propondo sugestões;
- verificar a autoria das citações, datas, títulos, etc.;
- melhorar a clareza e a consistência do texto original, frase por frase, por meio de sugestões e consultas com o autor.

Além disso, frequentemente o editor de texto também é o responsável pela toda importante função de verificação de fatos. Um verificador de fatos é um profissional que verifica afirmações e alegações em textos não ficcionais, geralmente destinados à publicação, como livros e jornais, para determinar sua veracidade e correção. Esse cargo exige conhecimentos e habilidades para conduzir pesquisas com rapidez e precisão.

O editor de texto interage com o autor e com o editor de arte, tem autoridade para corrigir erros evidentes nos originais, mas deve ter a aprovação do autor para modificar o texto significativamente. A editoração do original requer uma extrema atenção a detalhes e uma capacidade para aplicar regras de forma criativa e sem rigidez. Um bom editor de texto também deve solucionar problemas com criatividade, porque diferentes originais apresentam diferentes desafios.

O editor de texto recebe do editor de desenvolvimento uma cópia limpa do original, preferivelmente com uma carta explicativa relatando problemas ou considerações especiais. Ele prossegue usando obras de referência, como manuais de estilo e dicionários, para fazer correções e sugerir alterações em uma cópia do material original. As consultas ao autor são escritas em comentários anexados às páginas impressas do original, ou compilados em uma lista separada ou, ainda, usando os recursos de comentários do programa processador de texto.

Então, editor de texto pede que o autor verifique e aprove todas as alterações, assim como responda às consultas. O editor de texto insere todas as mudanças no arquivo digital e o original está pronto para a diagramação.

Um departamento de pré-impressão bem organizado costuma adotar um dos vários manuais de redação e estilo, a fim de obter coerência nas decisões de padronização e de estrutura textual (principalmente quando se utiliza o serviço de *freelances*) e de poupar horas de supervisão instruindo novos editores.

Deve-se disponibilizar esse manual de estilo ao departamento de pré-impressão incluindo uma seção adicional de diretrizes específicas da editora (peculiaridades no uso de maiúsculas e minúsculas, vocabulários especiais, símbolos importantes em determinada área etc.).

O Quadro 19.1 descreve o cargo de um editor de texto.

QUADRO 19.1 | Descrição de cargo: editor de texto

Título: editor de texto
Reporta-se ao: diretor de pré-impressão
Coordena-se com: editor de desenvolvimento; editor de aquisição

Índices de responsabilidade: quantidade de páginas editadas por hora de trabalho.

Responsabilidades gerais
Atuar como gerente de projeto e preparar (corrigir e formatar logicamente) originais específicos que forem designadas pelo gerente editorial.

Responsabilidades operacionais específicas
a) coordenar com os editores de desenvolvimento e aquisição a transmissão de originais específicos de acordo com o que foi designado pelo gerente editorial;
b) atuar como gerente de projeto em relação aos originais;
c) corrigir ortografia, gramática e pontuação dos originais;
d) verificar fatos
e) perguntar aos editores adequados sobre passagens obscuras ou citações sem crédito nos originais;
f) fazer a marcação de texto ou definir a formatação lógica dos originais.
g) solicitar ao diretor de pré-impressão o desenvolvimento das especificações gráficas de publicação e, se for caso, os orçamentos de editoração;
h) definir prazos para as correções editoriais ou do autor;

i) avaliar todas as correções, alterações e dúvidas de originais propostos com o editor adequado;
j) fazer as devidas alterações no arquivo eletrônico;
k) fazer a revisão final dos projetos designados de acordo com a programação;
l) apresentar ao diretor de pré-impressão os materiais finais e concluídos dos projetos designados de acordo com a programação;
m) criar arquivos os arquivos finais consolidados de todos os livros designados.

PROFISSÃO, CARREIRA E MERCADO DE TRABALHO

O atual cargo de editor de texto nas editoras corresponde ao de revisor de texto no setor jornalístico e exige formação correspondente de jornalista. Esse cargo foi praticamente extinto na maioria das redações dos jornais e revistas principalmente em razão da automação dos sistemas de produção e impressão, forçando repórteres e colunistas a entregar o texto pronto para a composição, incluindo aspectos de formatação como a retranca da matéria. A maioria dos grandes jornais deslocou os revisores para um departamento de controle de erros que, *ex post facto*, cuida de fornecer um relatório periódico sobre a qualidade do texto dos jornalistas.

Paralelamente, porém, ocorreu um movimento inverso no setor editorial, alavancado pelo crescimento econômico geral do país – alçado à sétima economia do planeta – a formação de uma sociedade de massas e o rápido desenvolvimento da educação privada. Assim, assistimos nas últimas duas décadas um número espantoso de fusões e aquisições por grandes grupos corporativos editoriais, que resultou em uma forte profissionalização das editoras e a montagem de departamentos internos cada vez maiores. Tudo isso, por sua vez, impôs a necessidade de contratação de profissionais fixos e treinamento adequado.

O próprio termo "editor de texto" é uma adição recente ao vocabulário profissional da área. A profissionalização e multinacionalização das editoras trouxe a reboque toda uma terminologia de cargos inglesa. Então, nosso velho e conhecido revisor de texto virou "editor de texto" por influência do termo inglês *copy editor*.

Atualmente, há uma boa demanda por esse tipo de profissional e uma correspondente rotatividade de pessoal. Em geral, as editoras procuram pessoas formadas em jornalismo ou letras, com marcada preferência pelo idioma inglês, e, mais recentemente formados em cursos superiores de editoração. Mas raramente um recém-formado consegue uma vaga logo ao sair da faculdade. Em geral, ele começa como assistente editorial, auxiliar de produção editorial ou estagiário. Com frequência, as editoras recrutam editores de texto entre seus prestadores de serviços de preparação/copidesque e revisão de provas.

Cursos superiores de editoração no Brasil

- Escola de Comunicações e Artes da Universidade de São Paulo
- Escola Superior de Estudos Empresariais e Informática (Paraná)
- Produção Editorial da Universidade Federal do Rio de Janeiro
- Universidade Federal de Santa Maria (Rio Grande do Sul)
- Universidade Anhembi Morumbi (São Paulo)

Cursos livres

- Universidade do Livro (São Paulo)
- Escola do Livro da Câmara Brasileira do Livro (São Paulo)
- Estação das Letras (Rio de Janeiro)
- Casa Educação (São Paulo)

Mas a atividade do editor de texto em uma editora não é regulamentada como nos jornais e revistas. Isso significa que não é necessário diploma de letras ou jornalismo para exercer a profissão em uma editora. Muito contrário, as editoras de didáticos, por exemplo, são conhecidas por contratar formados em todas as áreas do ensino médio e fundamental – matemática, história, geografia, química, física etc. – como editores de suas obras, exatamente por sua formação específica. Além disso, editoras mais liberais e criativas sequer exigem diploma superior: o candidato deve apenas "interessar" o editor por um motivo qualquer, que pode variar desde uma sólida cultura geral ou uma paixão especial por livros até uma habilidade ou experiência de vida notáveis (como falar vários idiomas, ter viajado o mundo ou ter escrito um blog que bombou na Internet).

Atualmente, o salário básico gira em torno de cinco salários mínimos por mês, mas dependendo do currículo, das funções desempenhadas, do tempo de serviço, e da editora, pode chegar a dez salários mínimos. Com o crescimento e a profissionalização das editoras, o cargo de editor de texto é a melhor forma de alçar uma posição de editor pleno, gerente editorial ou diretor editorial, que seria o topo da carreira.

Há boas oportunidades em empresas que produzem livros encomendados pelo governo, como obras didáticas, ou indicados e adotados por escolas e faculdades, o que significa altas tiragens. A maioria das oportunidades de trabalho concentra-se na região sudeste, especialmente no eixo Rio-São Paulo, onde está instalada a maioria das empresas de comunicação e editoras do país. Mas as facilidades da internet hoje em dia permitem que muitos profissionais trabalhem remotamente de seu escritório doméstico e atendam mais de uma editora.

As novas tecnologias, além disso, especialmente as relacionadas com a Internet, abrem boas oportunidades para o profissional. Criação e desenvolvimento de e-books, conteúdo de sites, sistemas de gerenciamento de conteúdo (CMSs) na área de educação etc. para celulares, tablets e desktop são, todos, produtos que demandam serviços de editores de texto.

HABILIDADES DO EDITOR DE TEXTO

Editoração para publicação é uma ocupação pouco conhecida. A impressão comum é que consiste em corrigir gramática e pontuação, mas o trabalho tem muitos outros aspectos que tornam muito envolvente. Se você está habilitado, a editoração é a melhor diversão que você pode ter em uma mesa. Editores de texto compartilham uma característica definidora: eles adoram ideias, palavras e livros.

A atividade do editor de texto exige uma ampla variedade de habilidades, segundo Mackenzie[2]:

- **Habilidades de comunicação.** Editores em geral são articulados e se comunicam com clareza por escrito; eles podem escrever em vários estilos, e assumir a voz de um autor.
- **Habilidades sociais.** Os editores são discretos, pacientes, flexíveis, bons em negociação e têm respeito pelas opiniões dos outros. Sabem lidar com egos inflados e dever ter tato para apontar erros no trabalho dos outros.
- **Habilidades cognitivas.** Editores são intuitivos, tem pensamento crítico, pois identificam rapidamente a essência de uma escrita e compreendem os conceitos subjacentes.
- **Habilidades de leitura.** Editores têm um talento quase inato para varrer um texto em busca de suas qualidades, deficiências e potenciais problemas.
- **Imaginação e iniciativa.** Editores percebem como transformar o texto bruto em uma publicação eficaz imaginando as necessidades do leitor. Eles são engenhosos na resolução de problemas e na busca de informações.
- **Concentração, perseverança e atenção aos detalhes.** Editores se envolvem com complexo material durante dias ou semanas. Eles são metódicos e meticulosos, realizando tarefas tediosas e repetitivas sem se distrair.
- **Habilidades gerenciais e administrativas.** Editores são bons em organização, priorizam e cumprem prazos. Eles mantêm o controle de vários projetos simultaneamente durante longos períodos.

Alguns editores são tão modestos e afirmam que seu trabalho é invisível. Isso é verdade e os não especialistas podem não ver como o efeito é alcançado. O apelo de uma publicação bem editada é tão evidente quanto a de um jardim bem cuidado ou de uma refeição bem preparada.

Algumas pessoas não distinguem as funções entre o autor e o editor de texto.

O trabalho desses dois profissionais difere em um conjunto de habilidades desempenhadas diariamente, conforme sugerido pela autora Judith Tarutz[3] no Quadro 19.2.

Perspectiva do editor versus autor

Um editor e um autor verão o mesmo projeto de forma diferente. O autor vê o projeto de perto e o

QUADRO 19.2 | Diferenças entre autor e editor

O autor	O editor
• é um especialista na área de publicação de seu livro • tem conhecimento detalhado do livro • em geral é um especialista • escreve e cria • faz revisões de provas finais • trabalha em projetos de longo ciclo • tem longos períodos de concentração	• é um especialista no processo de publicação • tem visão geral de muitos projetos (concomitantes ou não) • quase sempre é um generalista • lê, decide, responde e algumas vezes reescreve trechos • sugere mudanças • trabalha em projetos de curto ciclo • tem muitas interrupções

editor o vê de alguns passos para trás. O resultado é que o editor traz uma objetividade à tarefa que o autor não pode. O editor tem uma visão mais ampla do que o autor. O editor enfrenta certas questões e problemas rotineiramente que podem ser itens únicos na carreira para o autor. O Quadro 19.3 esboçado pela autora Rew[4] ilustra esta descrição.

O conjunto de habilidades editoriais: o que um editor pode fazer

O conjunto de habilidades editoriais não é tudo o que um editor de texto precisa, mas certamente é algo que ele não pode prescindir. O conjunto de habilidades editoriais inclui certas habilidades básicas, conhecimento e competências – o que deve saber ou ser capaz de fazer após um ou dois anos como editor. Ele também deve ter nascido com um bom ouvido para a linguagem e, ao longo de muitos anos, deve ter adquirido domínio da gramática e da ortografia.

A autora Amy Einsohn[5], sugere um conjunto de habilidades para um bom editor, conforme apresentado no Quadro 19.4.

QUADRO 19.4 | Habilidades do editor de texto

Um editor deve ter
- Excelente habilidade de escrita
- Facilidade com a linguagem
- Bons olhos para os detalhes

Um editor deve saber
- Gramática, ortografia e pontuação
- Terminologia e processos de artes gráficas e impressão, tanto em publicações tradicionais quanto eletrônicas
- Técnicas de gerenciamento de projetos
- Estratégias de gerenciamento de tempo

Um editor deve ser capaz de
- Antecipar problemas realisticamente
- Reconhecer problemas rapidamente
- Resolver problemas de forma criativa
- Criticar diplomaticamente
- Organizar
- Reconhecer qualidade
- Aprender rapidamente
- Adaptar-se as mudanças
- Interpretar e aplicar diretrizes
- Prestar atenção aos detalhes sem perder de vista o panorama geral
- Trabalhar em vários projetos em diferentes estágios de desenvolvimento
- Ensinar

QUADRO 19.3 | O editor de texto: fato x ficção

O editor é	O editor não é
• um primeiro leitor • um defensor do público leitor • um consultor e conselheiro	• um segundo escritor • um ditador • raramente é um professor
O editor faz	**O editor não faz**
• sugestões para a melhoria do produto • indicações para manter o estilo do autor • reescritas apenas se necessário • mudanças específicas, argumentando suas razões	• mudanças para agradar o autor ou seu chefe • alterações no estilo do autor, sem um bom motivo • reescritas em grande escala • mudanças arbitrárias

Você vê esses requisitos nas descrições de cargos dos editores. Você precisa do conjunto completo de habilidades, embora alguns requisitos evoluam com o tempo. Por exemplo, você precisa se manter atualizado com a tecnologia de publicação predominante.

A mentalidade editorial: o que faz um bom editor

O quão bem o editor executa suas tarefas, depende tanto de sua atitude como de seu conhecimento. Muitos editores têm ótima experiência no papel mas são difíceis de trabalhar devido ao temperamento e a personalidade inadequada para o trabalho. É muito mais fácil construir credenciais adequadas e desenvolver a habilidade necessária para a editoração do que adotar a atitude certa. O autor Kenneth Henson[6] chama isso de *mentalidade editorial*. A mentalidade editorial se refere como um editor precisa pensar para ser eficaz, a atitude que pratica no trabalho.

Um bom editor tem estas características:

- Empatia
- Bom julgamento
- Adaptabilidade
- Flexibilidade
- Persuasão
- Determinação

Escritores e autores são adversários naturais

Muitas empresas estabelecem processos que colocam autores e editores em conflito. Elas contratam poucos editores para apoiar muitos autores, de modo que os editores não têm tempo para fazer o desenvolvimento ou editoração.

As empresas costumam justificar as deficiências da gestão de publicações com, "O que você espera? Escritores e editores são apenas "inimigos naturais".

Autores e editores têm objetivos mais em comum do que conflitos objetivos. Eles só precisam identificar seus objetivos e trabalhar para eles. Se ambos forem competentes, eles vão ser capazes de contornar conflitos de personalidade.

Editor e autor devem trabalham pelo mesmo objetivo: fazer o melhor livro possível.

Uma ótima maneira de ganhar o respeito de um autor é apoiar ele ou ela em alguma causa, como efetuar uma mudança no estilo da casa ou processo, se você concordar com ele, especialmente se for uma situação delicada. Você precisa ser honesto em seus negócios com o autor, não fingir que apoia uma ideia de que você discorda. Mantenha uma comunicação aberta.

PREPARAÇÃO DE ORIGINAIS

Idealmente, ao chegar às mãos do editor de texto, os originais já deveriam estar preparados pelo departamento de desenvolvimento. Na prática, porém, é comum o editor de texto se encarregar dessa função também. Portanto, aqui se aplica tudo que foi discutido no Capítulo 10, "Preparação de texto".

Caso contrário, se os originais já estiverem devidamente preparados, eventualmente resta ao editor de texto fazer a marcação de texto.

Marcação de texto

O editor de texto costuma ser responsável também pela marcação do texto, ou formatação lógica. Em geral, isso significa indicar de forma clara para a composição a estrutura de tópicos (hierarquia de títulos); listas numeradas e com marcadores; quadros, figuras e tabelas; notas e referências; bibliografia e apêndices; etc., com algum tipo de convenção interna ou pré-acordada com o fornecedor de serviços de composição. Por exemplo, algumas editoras adotam *tags*, semelhantes às marcações de HTML (HyperText Markup Language) das páginas Web: [H1], [H2]... [H6] funcionariam como uma hierarquia de títulos; [BL] seriam marcadores; [NL], listas numeradas; [FG], legendas de figura etc. A composição, então, cuida de converter essas tags nas especificações tipográficos correspondentes que foram estabelecidos pelo departamento de arte da editora.

REVISÃO DE PROVAS TRADICIONAL

> Tenha cuidado com a leitura de livros de saúde. Você pode morrer de um erro de impressão.
>
> – Mark Twain

Depois que o livro foi diagramado, cópias impressas denominadas *provas* são encaminhadas pelo gerente de projeto para o autor e o revisor de provas. Essa edição final é a mais minuciosa e delimitada de todas. Os revisores verificam se há erros de composição (como tipografia, numerações, espaçamentos e outros problemas de paginação), bem como erros na elaboração do texto (como gramática, pontuação e ortografia) que escaparam à preparação ou copidesque.

Número de provas

Depois que o revisor e o autor devolveram suas provas, o diagramador transcreve as correções da prova anotada para o arquivo de editoração eletrônica. Esse processo de impressão de provas, revisão e emenda é repetido n vezes até que a editoração seja considerada concluída e a prova livre de erros. Mas normalmente são feitas três provas para se chegar à prova final. Na primeira, é feita uma leitura completa e ainda se toleram alterações de última hora por parte do autor e do editor de texto, desde que isso não implique em repaginação do material (se isso acontecer, incorre-se em custos adicionais de composição). Na segunda, é feita outra leitura completa, mas os pedidos de correção se resumem a erros de composição e de transcrição das emendas da primeira prova; e ao que se costuma chamar de revisão "cata-piolho". O trabalho na terceira prova geralmente se limita a "bater emendas", isto é apenas verificar se os pedidos de correção da segunda prova foram feitos.

O número de provas pode variar consideravelmente de uma obra para outra e de uma editora para outra. Mas em geral, as três provas mencionadas acima são suficientes para garantir a qualidade do trabalho. Problemas ocorrem quando se tenta "queimar" etapas no processo editorial. O mais comum é tentar eliminar o trabalho do editor de desenvolvimento, mas também são frequentes tentativas malsucedidas de economizar na preparação e/ou copidesque transferindo essa etapa do trabalho para o fornecedor de serviços de composição. No final, essa editora acaba pagando dobrado, fazendo muito mais provas que o necessário e, de repique, incorrendo em custos adicionais de composição.

Aqui, mais do em qualquer outro lugar no processo editorial, é que se mede o real valor do editor de texto como gerente de projeto. Seu trabalho de avaliação do estado dos originais e da qualidade do trabalho do copidesque e do revisor de provas é crucial para a definição dos custos que a editora deve arcar. Muitos editores gerentes de projeto são pressionados para conter os custos e acabam assumindo parte do trabalho que deveria ser terceirizado ou internamente dividido. Com isso, acabam se sobrecarregando e comprometendo a qualidade do trabalho.

Métodos de revisão de provas

A base do trabalho de revisão de provas é o cotejo da prova com os originais. Antigamente, nos tempos da linotipia, em que todo o texto era digitado a partir de um original em papel, a revisão de provas costumava envolver dois profissionais, um lendo o original em voz alta e outro acompanhando a prova.

Nesse sistema de trabalho, chamado *revisão em dupla*, aquele que lia em voz alta também fazia marcações batendo o dedo ou uma caneta na mesa (um toque para vírgula, dois para ponto etc.) e usando abreviações para outros caracteres ("abre" e "fecha" para parênteses, "gancho" para ponto de interrogação etc.). Toda essa convenção era baseada em acordo prévio entre os revisores e variava de dupla para dupla. Embora ultrapassado, esse sistema ainda é o mais (ou talvez o único realmente) confiável para ser usado nos casos de provas compostas a partir de originais em papel.

Outro método é submeter a prova à leitura de dois revisores. Esse método, chamado de *dupla leitura*, ou *double checking* em inglês, é obviamente muito mais caro e demorado e, portanto, muito menos usado. O mais comum é o gerente de proje-

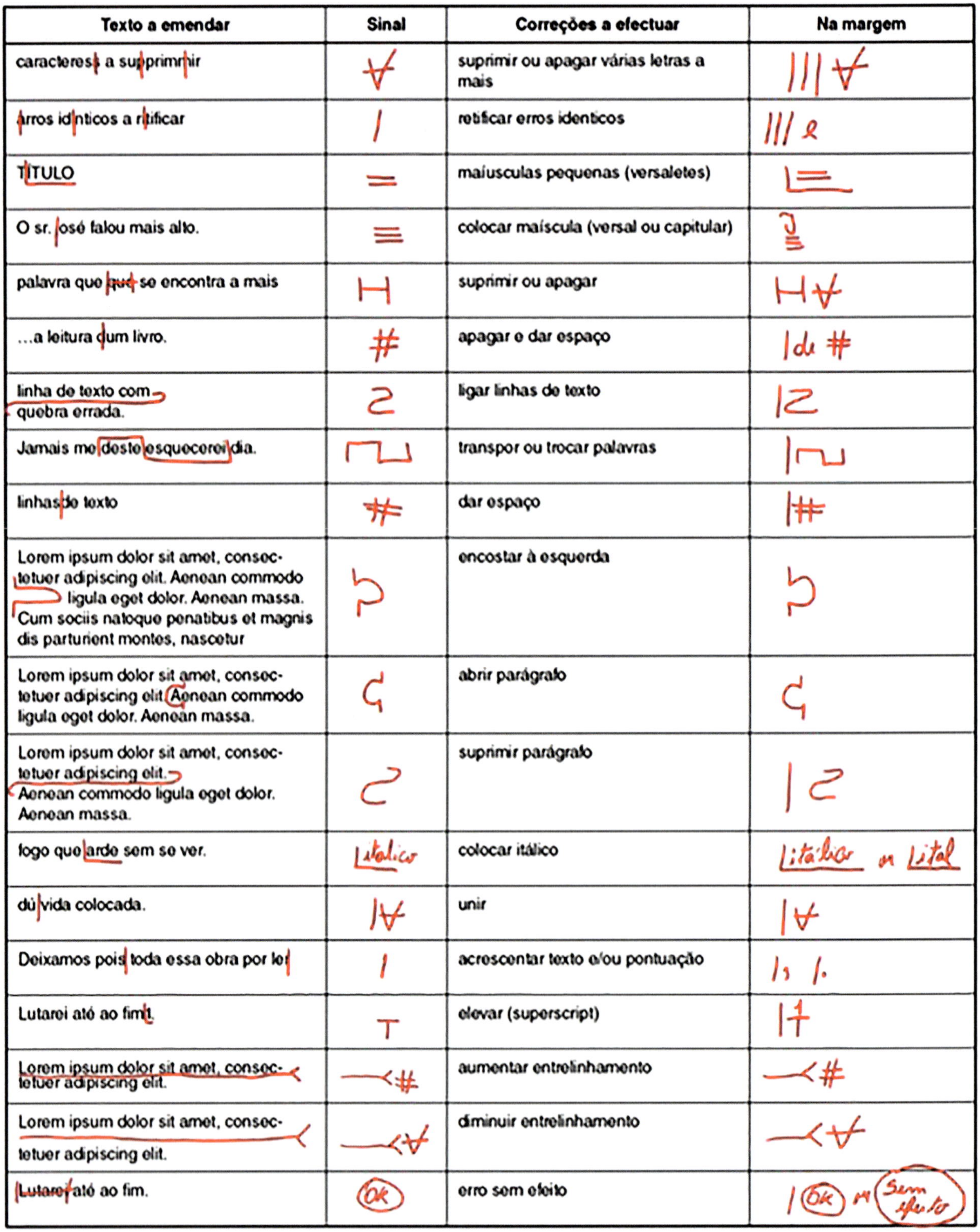

Texto a emendar	Sinal	Correções a efectuar	Na margem
caracteres a suprimir	∀	suprimir ou apagar várias letras a mais	‖‖ ∀
arros idênticos a ritificar	/	retificar erros identicos	‖‖ e
TÍTULO	=	maiúsculas pequenas (versaletes)	=
O sr. josé falou mais alto.	≡	colocar maiúscula (versal ou capitular)	≡
palavra que que se encontra a mais	H	suprimir ou apagar	H ∀
...a leitura dum livro.	#	apagar e dar espaço	| de #
linha de texto com quebra errada.	⌒	ligar linhas de texto	⌒
Jamais me deste esquecerei dia.	⊔⊓	transpor ou trocar palavras	⊔⊓
linhas de texto	⧣	dar espaço	⧣
Lorem ipsum dolor sit amet, consectetuer adipiscing elit. Aenean commodo ligula eget dolor. Aenean massa. Cum sociis natoque penatibus et magnis dis parturient montes, nascetur	⌐	encostar à esquerda	⌐
Lorem ipsum dolor sit amet, consectetuer adipiscing elit. Aenean commodo ligula eget dolor. Aenean massa.	⸿	abrir parágrafo	⸿
Lorem ipsum dolor sit amet, consectetuer adipiscing elit. Aenean commodo ligula eget dolor. Aenean massa.	⌒	suprimir parágrafo	⌒
fogo que arde sem se ver.	itálico	colocar itálico	itálico ou ital
dú vida colocada.	|∀	unir	|∀
Deixamos pois toda essa obra por ler	/	acrescentar texto e/ou pontuação	| , | .
Lutarei até ao fim.	T	elevar (superscript)	| T
Lorem ipsum dolor sit amet, consectetuer adipiscing elit.	⌐<#	aumentar entrelinhamento	⌐<#
Lorem ipsum dolor sit amet, consectetuer adipiscing elit.	⌐<∀	diminuir entrelinhamento	⌐<∀
Lutarei até ao fim.	(Ok)	erro sem efeito	|(Ok) ou (Sem efeito)

FIGURA 19.1 | Sinais usados em revisão de provas.
Fonte: http://manchagrafica.com/revisoes-de-provas-sinais-de-correcao.

to fazer uma avaliação da primeira prova e decidir, se a prova estiver muito "suja" (isto é, com muitas correções), fazer uma leitura completa também na terceira ou mesmo quarta prova.

O método mais comum, porém, é uma leitura individual cotejando com original ou a prova anterior. O revisor lê sentença por sentença em um e em outro. É um tipo de trabalho, portanto, que exige bastante silêncio e tranquilidade. A simples presença de um outro profissional ao lado da mesa de um revisor já pode causar distração, diminuindo a produção e comprometendo a qualidade do trabalho. Muitas editoras não podem garantir ou arcar com os custos de um espaço assim e isso se torna mais um motivo para terceirizar o trabalho de revisão de provas.

Sinais de revisão

Ainda hoje, a maioria dos trabalhos de revisão é feita em papel usando sinais de revisão convencionados, que remontam aos tempos da invenção da linotipia há mais de 130 anos. A Figura 19.1 mostra os sinais mais usados e a Figura 19.2 mostra um exemplo de uma prova revisada.

A maioria das editoras não exige que se conheçam esses sinais, mas simplesmente que a prova seja limpa e bem feita, usando qualquer que seja o tipo de convenção que o revisor quiser. No entanto, como a maioria dos revisores inicia sua carreira batendo emendas, normalmente eles acabam absorvendo esses sinais quase naturalmente.

REVISÃO DE PROVAS ELETRÔNICA

A revisão de provas eletrônica vem ganhando adeptos, mas seu uso geral ainda é relativamente pequeno. Quando se constatam os benefícios das provas eletrônicas, é difícil entender por que ainda não difundiram mais. Mas à medida que a tecnologia evolui e se superam as barreiras da falta de conhecimento dos seus benefícios, dos custos de aquisição do software e do próprio apego irracional aos métodos tradicionais, é de se prever a adoção amplamente disseminada de processos eletrônicos na revisão de provas nos próximos anos.

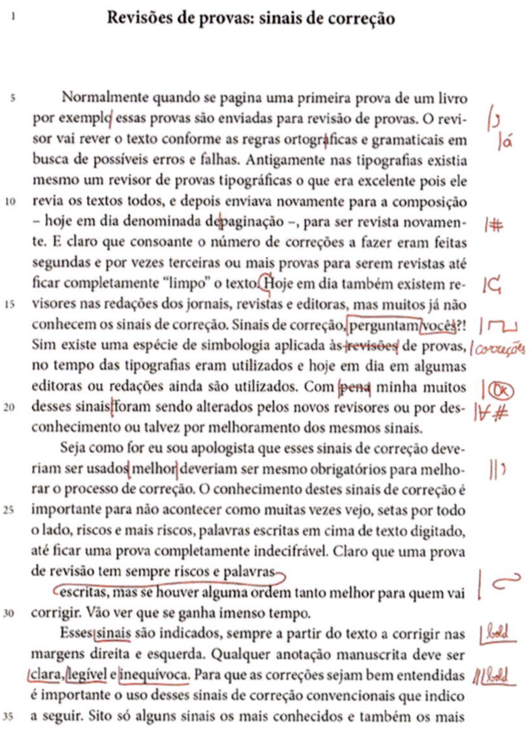
Revisões de provas: sinais de correção

Normalmente quando se pagina uma primeira prova de um livro por exemplo essas provas são enviadas para revisão de provas. O revisor vai rever o texto conforme as regras ortográficas e gramaticais em busca de possíveis erros e falhas. Antigamente nas tipografias existia mesmo um revisor de provas tipográficas o que era excelente pois ele revia os textos todos, e depois enviava novamente para a composição – hoje em dia denominada depaginação –, para ser revista novamente. E claro que consoante o número de correções a fazer eram feitas segundas e por vezes terceiras ou mais provas para serem revistas até ficar completamente "limpo" o texto. Hoje em dia também existem revisores nas redações dos jornais, revistas e editoras, mas muitos já não conhecem os sinais de correção. Sinais de correção, perguntam vocês?! Sim existe uma espécie de simbologia aplicada às revisões de provas, no tempo das tipografias eram utilizados e hoje em dia em algumas editoras ou redações ainda são utilizados. Com pena minha muitos desses sinais foram sendo alterados pelos novos revisores ou por desconhecimento ou talvez por melhoramento dos mesmos sinais.

Seja como for eu sou apologista que esses sinais de correção deveriam ser usados melhor deveriam ser mesmo obrigatórios para melhorar o processo de correção. O conhecimento destes sinais de correção é importante para não acontecer como muitas vezes vejo, setas por todo o lado, riscos e mais riscos, palavras escritas em cima de texto digitado, até ficar uma prova completamente indecifrável. Claro que uma prova de revisão tem sempre riscos e palavras

escritas, mas se houver alguma ordem tanto melhor para quem vai corrigir. Vão ver que se ganha imenso tempo.

Esses sinais são indicados, sempre a partir do texto a corrigir nas margens direita e esquerda. Qualquer anotação manuscrita deve ser clara, legível e inequívoca. Para que as correções sejam bem entendidas é importante o uso desses sinais de correção convencionais que indico a seguir. Sito só alguns sinais os mais conhecidos e também os mais

FIGURA 19.2 | Uma prova revisada usando sinais de revisão.

Fonte: http://manchagrafica.com/revisoes-de-provas-sinais-de-correcao.

Portanto, dedicamos as próximas páginas a uma análise do assunto.

No atual estágio da tecnologia, estas são algumas das vantagens da revisão de provas eletrônica:

- **Economia de custos.** O benefício mais óbvio da revisão eletrônica é a economia com papel e impressão de provas, além do concomitante apelo ecológico e do "escritório sem papel". O fato de poder enviar o material por e-mail, FTP ou nuvem também oferece uma economia significativa nos custos de envio e recebimento e no tempo de trânsito do material. Isso é especialmente verdadeiro para as editoras que trabalham com profissionais externos e prestadores de serviço.
- **Prova limpa.** Um dos maiores problemas da revisão de provas tradicional é a prova "suja" que dificulta o entendimento e a transcrição das emendas. A prova eletrônica permite ocultar e exibir emendas de acordo com o tipo de revisão, o nome do revisor, o tipo de anotação etc.

Anotações podem ser reduzidas ao tamanho de um minúsculo ícone na tela. Erros de inserção de pedido de emenda podem ser imediatamente apagados – e ninguém poderá reclamar de rasuras ou da letra feia do revisor!

- **Backup eletrônico.** O simples fato de a prova ser eletrônica já significa que ela pode ser copiada e duplicada sem custos. Muitas editoras gastam um bom dinheiro fazendo cópias de segurança dos materiais de revisão impressos que entram e saem da casa.
- **Correção ortográfica e gramatical.** Embora não nativos do Acrobat, esses recursos podem ser instalados como um *plug-in*. Naturalmente esses recursos não substituam o revisor humano, mas vêm se tornando progressivamente mais sofisticados com capacidades de verificação gramatical cada vez mais poderosas.
- **Dicionários eletrônicos.** Programas como o Babylon, e a Internet de maneira geral, permitem acessar quase qualquer dicionário e obra de referência com clique. Poder fazer isso sem precisar alternar entre o papel e o computador representa uma enorme facilidade para os revisores.
- **Copiar e colar.** Muitas vezes os revisores inserem material novo ou reescrevem trechos inteiros. Com os recursos de copiar e colar, não há transcrição de material e se minimizam os erros.
- **Ferramentas de pesquisa.** Na revisão de provas em papel, quando se precisa fazer algum tipo de padronização terminológica, não há outro jeito senão varrer todo o texto uma busca das ocorrências de um termo, o que, naturalmente, é um trabalho caro, demorado e propenso a erro. No formato eletrônico, isso é feito em um piscar de olhos com toda a precisão necessária.
- **Navegação.** Na revisão de provas em papel, encontrar uma determinada página em uma maço compacto de folhas é um suplício. A prova digital permite facilmente navegar para qualquer página e qualquer local do arquivo usando os hyperlinks e bookmarks (marcadores). Referências cruzadas são facilmente conferidas assim.
- **Controle de versão.** Toda e qualquer edição, marca ou comentário é associado como o nome do usuário e uma data/hora. A mesma prova pode armazenar várias revisões por diferentes revisores. Além disso, recursos de comparação de versão permitem identificar as diferenças entre dois documentos. O arquivo morto de provas de uma editora pode ser reduzido de uma sala inteira para um pequeno disco rígido.
- **Relatórios.** O programa de edição de PDF pode gerar relatórios (em PDF, naturalmente) por revisor, por tipo de correção, por tipo de anotação, por cor etc. Isso permite, por exemplo, encaminhar parte do material para a diagramação inserir as emendas de texto enquanto parte segue para o departamento de arte retocar as imagens.
- **Comentários.** É possível inserir comentários como dúvidas ou sugestões sem "sujar" a prova. Os comentários podem ser elegantemente organizados por revisor e o espaço adjacente pode ser usado para responder às questões colocadas pelo usuário, que pode ser o autor, o revisor, o editor de texto ou mesmo o diagramador.
- **Carimbos.** É possível inserir qualquer imagem de bitmap ou vetorial como sinais de revisão, símbolos de matemática e notas musicais, bem como carimbos de Revisado, Aprovado, Dúvida etc.
- **Ferramentas de medida.** Pode-se medir qualquer espaço, elemento gráfico, coluna de texto, marcas de registro etc. usando ferramentas de medida com precisão de até centésimos de milímetro e ampliação de até 6400%.
- **Caixas de verificação.** Toda alteração no PDF tem associada uma caixa de verificação que pode ser usada para indicar que a correção foi feita (ou mesmo explicar porque não foi feita usando um campo adjacente apropriado).
- **Nuvem.** Uma novidade da nova versão do Acrobat DC são suas capacidades de trabalho em nuvem. O revisor pode baixar o material, quando quiser, de onde quiser e como quiser, e editá-lo em um computador desktop, um notebook ou mesmo tablet ou celular!

Basicamente, a revisão de provas eletrônica envolve editar um arquivo PDF usando uma versão profissional de um programa de edição de PDF como o Adobe Acrobat Pro ou o Adobe Document Cloud. Atualmente, a versão desktop deste programa da Adobe (que é instalada localmente na máquina do usuário) custa 689 dólares e a versão na nuvem (que roda em qualquer máquina com navegador instalado e acesso à Internet) pode ser alugada por 14,99 reais por mês.

Considerando apenas um dos benefícios acima, a economia de custos de transporte, alguns livros com muitos autores e revisores podem envolver dezenas de trocas de provas impressas entre estes, a editora e a composição, e implicar custos de vários milhares de reais em serviços de correio e entrega expressa. Se até recentemente esses custos ainda não justificavam a aquisição da versão completa do programa para todos os profissionais envolvidos, hoje, com a possibilidade de alugar mensalmente o programa, qualquer editora pode custear o uso temporário de versões na nuvem do software sem dificuldade e ainda economizar um bom dinheiro!

Editando arquivos PDF

A edição de um arquivo PDF pode ser um trabalho extremamente simples ou altamente sofisticado. A Adobe soube criar um produto que pode ser facilmente usado por iniciantes sem nenhum conhecimento técnico e que, ao mesmo tempo, permite que usuários experientes se beneficiem de recursos avançados.

Assim, para começar simples, há apenas três tipos de edição/marcação: inserção, exclusão e substituição. Esta última marcação é só um caso especial em que um material é excluído e outro inserido em seu lugar. Então, a rigor, só há duas marcações. Uma exclusão aparece como um risco vermelho. Uma inserção aparece como um ponto de inserção na forma de um funil azul invertido. Uma substituição aparece como um risco azul e um ponto de inserção. No Acrobat 9, você começa usando os recursos de edição de texto clicando em Ferramentas > Comentários & Marcas > Edições de texto. Na primeira vez que você faz isso, aparece uma caixa de diálogo explicando isso:

Vale lembrar, antes de tudo, que o conceito de "editar" é diferente ao editar um arquivo PDF. Você não estará realmente editando um arquivo como um arquivo do Word, por exemplo, mas sim fazendo uma revisão de prova. Se você selecionar uma palavra e digitar por cima, a palavra excluída não é removida, mas riscada; e a palavra inserida não aparece no lugar da palavra riscada, mas sim em uma nota pop-up que permanece aberta até você terminar de editar. Nesse sentido, ele é mais parecido com o Word no modo de Controle de Alterações do programa. O que se entende por editar em processadores de texto ou programas de editoração eletrônica, é chamado de "retocar" no Acrobat, um dos recursos de edição avançada. Ou seja, é realmente possível editar um arquivo PDF diretamente, mas isso só é feito de maneira pontual e limitada. É só um retoque mesmo e você precisa ter todas as fontes usadas no arquivo instaladas no sistema para poder fazer isso, o que muitas vezes impede que o PDF seja retocado. Para um grande número de edições, deve-se editar o arquivo de editoração eletrônica e então gerar o PDF novamente.

Depois de fechar a caixa de diálogo inicial, você pode usar o menu de edições de texto que oferece as opções autoexplicativas (Figura 19.3).

Isso é tudo. E provavelmente é tudo que você precisará pelo resto de sua vida para fazer uma re-

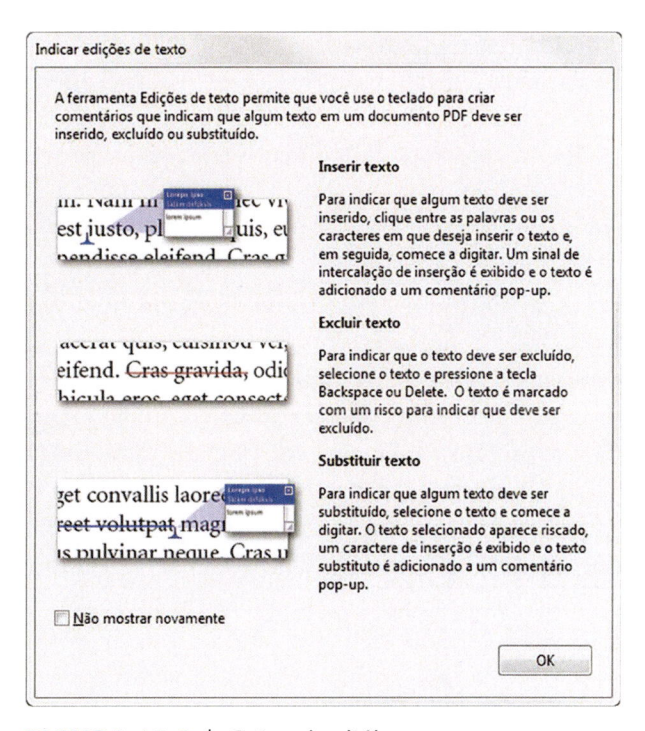

FIGURA 19.3 | Caixa de diálogo que aparece na primeira vez que se usa o recurso de edições de texto do Adobe Acrobat Pro.

visão de prova eletrônica com arquivos PDF. Além de inserir, substituir e excluir texto, você pode realçar como uma caneta marca texto, sublinhar texto e inserir um ícone de balão que abre uma nota pop-up para inserção de comentários. Tudo muito simples como deveria ser.

Se sentir falta de algum recurso, como uma seta ou balão indicador, você pode usar as ferramentas de Comentários & Marcas mostradas na Figura 19.4.

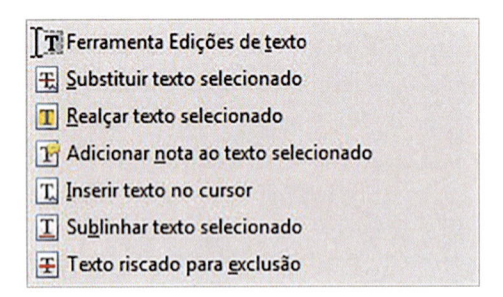

FIGURA 19.4 | Ferramentas de revisão de texto no Adobe Acrobat Pro.

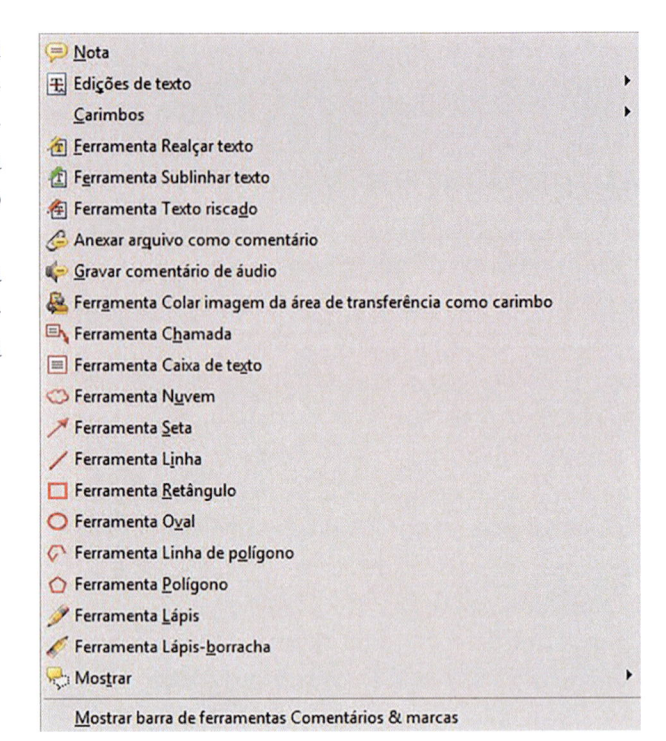

FIGURA 19.5 | Ferramentas de Comentários & Marcas do Adobe Acrobat Pro.

Essas ferramentas, especialmente a ferramenta Lápis, são melhor usadas com uma mesa digitalizadora (*tablets*) ou, em uma experiência de trabalho ainda mais radicalmente digital, com uma caneta para telas sensíveis ao toque (*touchscreen stylus*), de tal modo que você literalmente escreve na prova eletrônica como se estivesse escrevendo na prova em papel.

Inicialmente, na primeira vez que usa o programa, a maioria dos revisores de prova tradicionais tenta fazer marcações com os mesmos sinais de revisão que costumava usar na revisão em papel. Mas sem uma mesa digitalizadora ou uma caneta digital, isso se torna inviável, pois é muito desajeitado escrever com o mouse. Muitos revisores e empresas de revisão de provas, então, improvisam um recurso do programa que acaba se revelando perfeito para a função. Trata-se dos carimbos, uma capacidade do software que permite inserir qualquer tipo de imagem de bitmap ou vetorial simplesmente arrastando e soltando um ícone sobre o documento. A Figura 19.5 compara uma página revisada com e outra sem carimbos personalizados.

A comparação da Figura 19.6 é um pouco forçada pois justamente o revisor tenta usar os recursos do programa de edição de PDFs com a mente de um revisor de provas tradicional. No caso, se o revisor se ativesse aos dois recursos simples de edição de texto (exclusão e inserção) a página só conteria palavras riscadas e pontos de inserção e as notas pop-up estariam fechadas. Tudo muito simples, limpo e claro. Mas o que interessa aqui é a possibilidade de simular a revisão de provas em papel em uma prova digital usando carimbos para atender as necessidades até do mais obstinado adepto dos métodos tradicionais.

A Figura 19.7 mostra a paleta de carimbos usada para revisar a página ilustrada na Figura 19.6, simplesmente arrastando e soltando os sinais da paleta para o local desejado na página.

O resultado é realmente muito semelhante a uma prova em papel, só que digital. O melhor dos dois mundos, atendendo perfeitamente as necessidades de um revisor tradicional de provas em papel com todas as vantagens e benefícios de uma prova eletrônica.

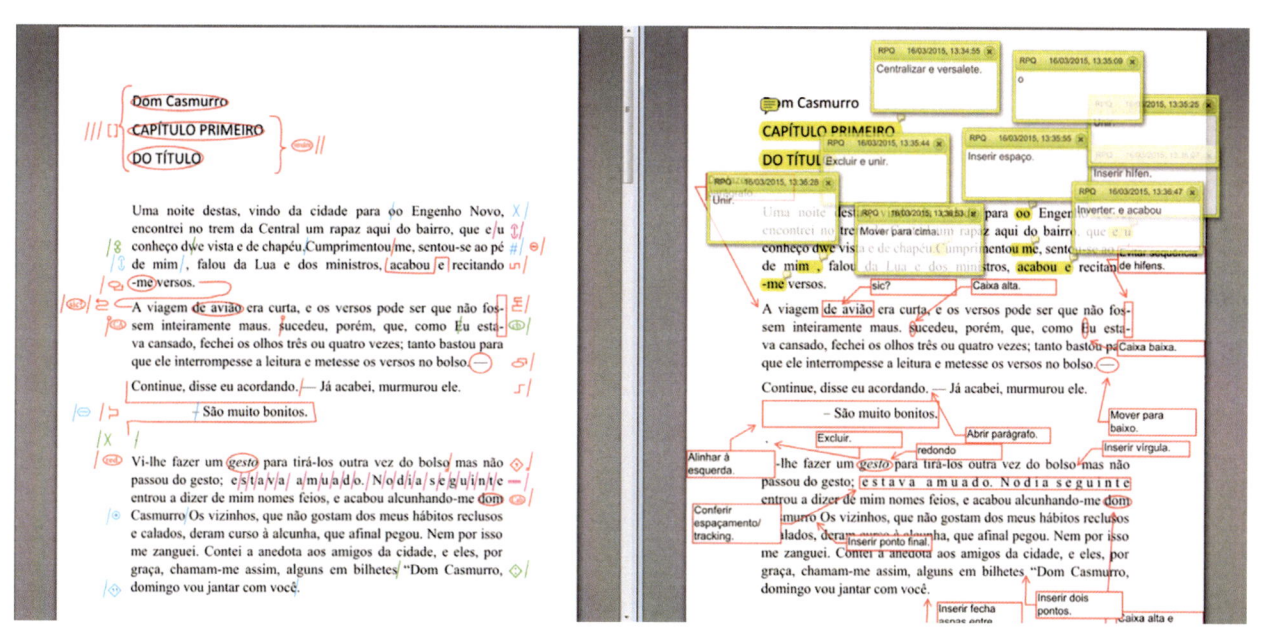

FIGURA 19.6 | Comparação de provas feitas com carimbos (à esquerda) e sem carimbos (à direita).
Fonte: http://revisaoparaque.com/blog/sinais-de-revisao-estao-ultrapassados.

Mais carimbos

- Revisão para quê? (http://revisaoparaque.com/blog/sinais-de-revisao-estao-ultrapassados/)
- The Proofreader's Parlour (blog de Louise Harnby (http://www.louiseharnbyproofreader.com/blog/roundup-pdf-proofreading-stamps-quick-access-links)
- Wiley's Acrobat Stamps (http://www.wiley.com/legacy/ptvendors/AcrobatStamps.zip)

Alternativas para edição de PDFs

Embora criado pela Adobe Systems, o PDF (*portable document format*) é um formato padrão aberto da indústria e qualquer pessoa ou empresa pode criar programas para ler e editar esse formato.

O melhor software depois do produto da Adobe é o Nitro Pro 9 e o Nitro Cloud, da empresa de mesmo nome, que têm grande parte dos mesmos recursos do Adobe Acrobat Pro e Adobe Document Cloud, incluindo carimbos, ferramentas de medida e comparação de documentos, mas a um custo significativamente menor: custam quase quatro vezes menos que os produtos correspondentes da Adobe.

Considerando as necessidades de revisão de provas de uma editora, não há nada mais interessante no mercado atualmente além dessas opções.

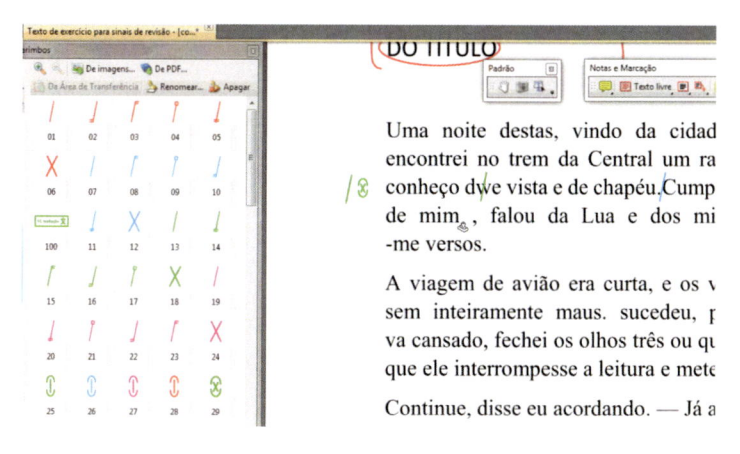

FIGURA 19.7 | Paleta de carimbos personalizada incorporada ao programa Adobe Acrobat para revisão de provas eletrônica com sinais de revisão tradicionais.
Fonte: http://revisaoparaque.com/blog/sinais-de--revisao-estao-ultrapassados.

LISTAS DE VERIFICAÇÃO

Os revisores costumam usar *check lists*, ou listas de verificação, para garantir a completude do trabalho e definir um fluxo de trabalho. A ideia é que se você dividir o trabalho em diferentes tarefas feitas separadamente, o resultado é melhor do que tentar fazer tudo ao mesmo tempo em uma única leitura. Em geral, essa lista é preparada pelo editor de texto com a ajuda do editor de desenvolvimento, o gerente de impressão e o gerente de arte. Uma lista de verificação contém os seguintes elementos:

- Certificar-se de que todos os elementos do texto original aparecem na prova (usando o manuscrito final, aprovado para comparação).
- Verificar todas as informações na página de título (título, data de publicação, autor, nome da editora, ano e edição).
- Verificar todas as informações na página de direitos autorais.
- Verificar os números das páginas pré-textuais: em algarismos romanos, contando a página de título como "i" (a numeração páginas pré-textuais muitas vezes não é usada se houver apenas algumas poucas páginas).
- Verificar os números das páginas textuais: em algarismos arábicos, contando a primeira página do texto principal como "1" (que normalmente é suprimido).
- Conferir se o texto dos títulos no sumário batem com os títulos correspondente no corpo do livro.
- Conferir se todos os números de página dos títulos no sumário batem com os números correspondentes no corpo do livro.
- Verificar todos os cabeçalhos e rodapés (geralmente suprimidos nas páginas preliminares e nas aberturas de capítulos).
- Verificar a consistência da posição hierárquica dos títulos no corpo do texto.
- Verificar a consistência do espaçamento entre parágrafos, seções, listas com marcadores etc.
- Garantir o uso consistente de fontes, capitulares, elementos gráficos etc.
- Verificar quaisquer referências cruzadas no texto.
- Certificar-se de que tabelas, quadros e figuras aparecem depois de sua menção no texto.
- Certificar-se de que todas as notas de rodapé aparecem na mesma página que o número de referência, ou remissiva.
- Eliminar problemas de composição: caminhos de rato, viúvas, órfãs, forcas, caixotes e problemas de hifenização.
- Ler todo o texto em busca de erros de digitação, ortografia e gramática.
- Verificar se o número de páginas "fecha cadernos".

VERIFICAÇÃO DE FATOS

Para certos livros de não ficção, em determinadas editoras, há editores de texto especializados na verificação de fatos. Esses incansáveis perseguidores da exatidão das informações documentam cada declaração de um fato citado no texto e chamam a atenção do autor para informações potencialmente não comprovadas.

Suas principais ferramentas são o telefone, uma pequena biblioteca de referência, bibliotecas públicas, sites de busca e outros recursos na internet (embora, em muitos casos, as informações encon-

---

Problemas de composição: viúvas, órfãs, forcas e ratos

Certos problemas de composição são famosos pelos nomes curiosos que ganharam ao longo do tempo. Esses termos não têm qualquer rigor técnico e há muita discordância entre diferentes diagramadores ou editores sobre essas definições, mas basicamente:

- **Caminho de rato:** linhas formadas por espaços no meio do texto.
- **Órfã:** linha ou palavra isoladas na última linha de uma página.
- **Viúva:** palavra solitária ou linha isolada no início de uma página ou coluna, "escapando" de outra página ou coluna. Em qualquer caso, ela foi abandonada!
- **Forca:** pedaços de palavras que foram hifenizadas e que ficaram no final de um parágrafo, sozinhos.
- **Caixote:** repetição da mesma palavra no início ou final de uma linha.
- **Hifenização pobre:** mais de dois ou três hifens em linhas consecutivas.

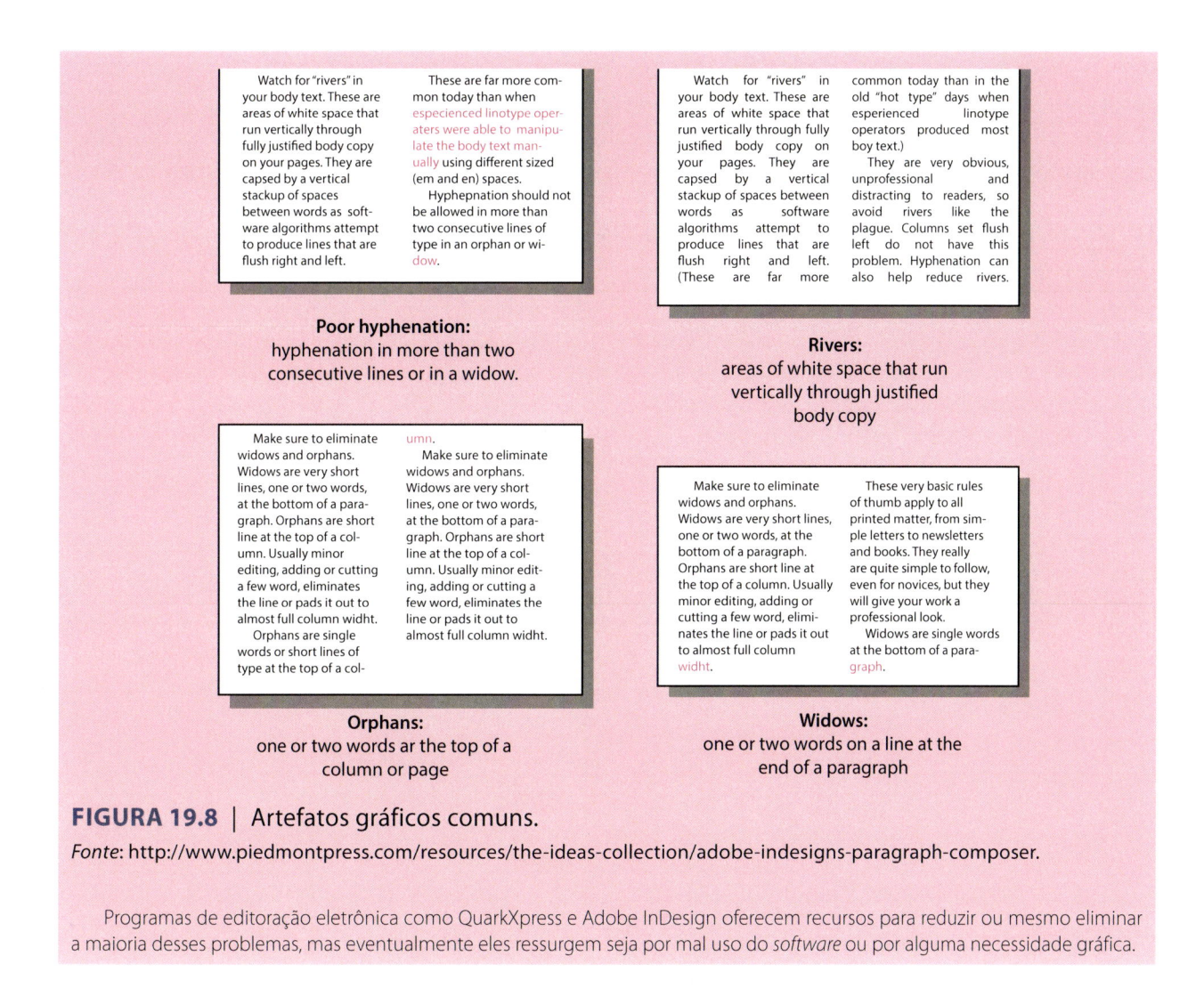

FIGURA 19.8 | Artefatos gráficos comuns.
Fonte: http://www.piedmontpress.com/resources/the-ideas-collection/adobe-indesigns-paragraph-composer.

Programas de editoração eletrônica como QuarkXpress e Adobe InDesign oferecem recursos para reduzir ou mesmo eliminar a maioria desses problemas, mas eventualmente eles ressurgem seja por mal uso do *software* ou por alguma necessidade gráfica.

tradas na web sejam consideradas suspeitas). Os verificadores de fatos são contratados não somente para assegurar a veracidade e a precisão do livro, mas também para reduzir a possibilidade de processos judiciais por calúnia, difamação e outras ações legais. Eles também procuram identificar potenciais problemas relacionados com o código de defesa do consumidor.

O trabalho exige mente disciplinada, grande persistência, além de certo talento para fazer perguntas triviais sem aborrecer o autor. Normalmente, os verificadores de fatos começam o mais cedo possível durante o processo para evitar atrasos na produção.

De fato, essa função costuma sobrecarregar tanto o editor de texto que as grandes editoras a deslocam para outro departamento, como o controle de qualidade, ou um departamento específico de verificação de fatos.

GERENCIAMENTO DE PROJETOS

Um projeto é um único conjunto de atividades com ponto inicial e final definidos.[7] Os projetos variam em tamanho e finalidade, do lançamento de um ônibus espacial da NASA a construção de uma rodovia. A administração do projeto e a tarefa de fazer com que as atividades sejam feitas em tempo, dentro do orçamento e de acordo com as especificações.

A administração do projeto existe há muito tempo nas industrias como a de construção, indústria metalúrgica e cinematográfica, mas agora se expandiu para quase todos os tipos de empresas. O que explica a popularidade crescente da administração do projeto? Ele se encaixa bem com um ambiente dinâmico e com a necessidade de flexibilidade e resposta rápida. *As organizações estão cada vez mais empreendendo projetos que são, de certa maneira, raros ou singulares, têm prazos de entrega específicos, contem tarefas complexas inter-relacionadas que requerem habilidades especificas, e soam, por natureza, temporários. Esses tipos de projeto não se dão bem com os procedimentos operacionais padronizados que guiam as atividades organizacionais rotineiras e continuas.*[8]

No projeto típico, os membros da equipe são designados temporariamente para (e respondem para) um gerente do projeto, que coordena as atividades desse com outros departamentos e se reportam diretamente a um executivo. O projeto é temporário: ele existe apenas o tempo suficiente para completar seus objetivos específicos. Em seguida, ele e concluído e encerrado; os membros vão para outros projetos.

Ferramentas para gerenciamento de projetos

Se você observasse um grupo de supervisores ou gerentes de departamentos durante alguns dias, iria vê-los regularmente detalhando quais atividades a serem feitas, a ordem em que elas serão feitas, quem fará cada uma delas e quando deverão estar completadas. Os gerentes estão fazendo o que chamamos de *programação*. A discussão a seguir revê alguns instrumentos uteis de programação. Como você usa um gráfico de Gantt? O gráfico de Gantt e uma ferramenta de planejamento desenvolvida pelo final do século XIX e início do XX, por Henry Gantt. A ideia por trás do gráfico de Gantt é relativamente simples: *trata-se, essencialmente de um gráfico de barras, com o tempo no eixo horizontal e as atividades a serem programadas no eixo vertical. As barras mostram a produção, planejada e real, durante um período de tempo.* No gráfico, se visualiza quando as tarefas devem ser feitas e compara a data atribuída com o progresso real de cada uma delas. Esse instrumento, simples, mas importante, permite aos gerentes detalhar facilmente o que ainda precisa ser feito para completar um trabalho ou projeto, e para avaliar se esse está adiantado, atrasado ou em dia. Na Figura 19.9 temos um gráfico de Gantt (adaptado) desenvolvido por Peter Nale diretor de produção da McGraw-Hill (EUA) para acompanhar os livros que estão no departamento de produção da divisão universitária. O tempo e expresso em meses no topo do gráfico. As principais, atividades estão listadas na lateral.

O planejamento é para decidir quais atividades precisam ser feitas para completar o livro, a ordem em que essas atividades devem ser executa-

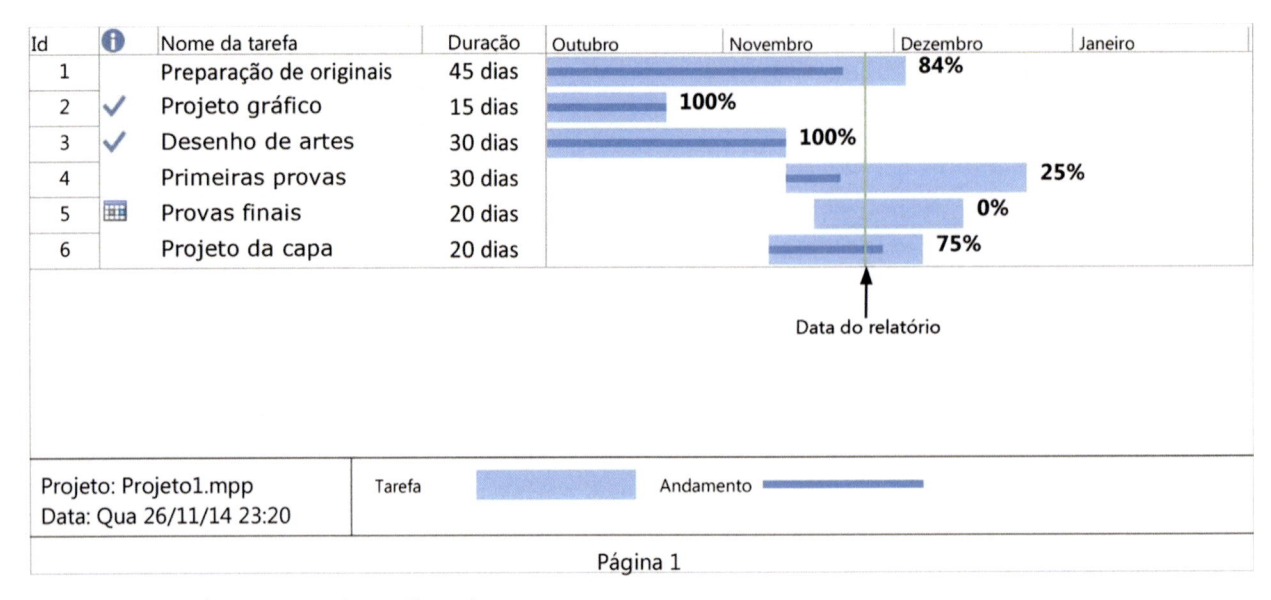

FIGURA 19.9 | Amostra do gráfico de Gantt.

das e o tempo que deve ser alocado em cada uma. As faixas mais claras representam o progresso real de cada atividade. Um gráfico de Gantt, então, se torna realmente um instrumento de controle administrativo quando o diretor procura os desvios do plano, nesse caso, a maioria das atividades foi completada em tempo.

Mas se olhamos na atividade "primeiras provas", veremos que, na realidade, ela levou duas semanas a mais do que o planejado. Com essa informação, o diretor talvez queira tomar algumas medidas corretivas, ou compensar as duas semanas perdidas ou, ainda, certificar-se de que não ocorrerão atrasos posteriores. Nesse ponto, o diretor sabe que o livro será publicado com duas semanas de atraso se não for tomada nenhuma medida corretiva. Uma versão modificada do gráfico de Gantt é o *gráfico de carregamento*.

Em vez de listar as atividades no eixo vertical, os gráficos de carregamento listam os departamentos inteiros ou os recursos específicos. Essas informações permitem aos gerentes planejar e controlar para utilização da capacidade. Em outras palavras, os gráficos de carregamento programam a capacidade por estações de trabalho. Por exemplo, a Figura 19.10 mostra um gráfico de carregamento para seis editores de texto na mesma editora. Cada editor supervisiona o projeto e a produção de vários livros.

Ao rever o gráfico de carregamento, o diretor de produção, que supervisiona os seis editores de texto, pode ver quem está livre para começar um novo livro. Se todos estiverem totalmente programados, o diretor poderá decidir não aceitar novos projetos do departamento editorial, aceitar alguns projetos novos atrasará outros ou pedirá aos editores de texto que façam horas extras, terceirizar, ou contratar mais editores de texto.

O consultor John McHugh[9] afirma que as ideias de gerenciamento de projeto são especialmente valiosas se você estiver iniciando o lançamento de um novo livro, revista ou periódico. Uma abordagem de gerenciamento de projeto lhe possibilitará controlar eficazmente o resultado do projeto através de uma abordagem disciplinada ao escopo do projeto, comunicações, programação, recursos necessários, risco, medições e data de entrega do projeto.

Produção de relatórios

Uma da principais responsabilidades do editor de texto como gerente de projetos é produzir relatórios de produção e cronogramas. É crucial a imediata comunicação de fatos que podem alterar os prazos de produção às partes interessadas, como o atraso na entrega de um trabalho por parte de um dos profissionais terceirizados.

Por mais óbvio que isso pareça à primeira vista, não são incomuns os casos de falha de comunicação por falta de clareza nos relatórios – mas

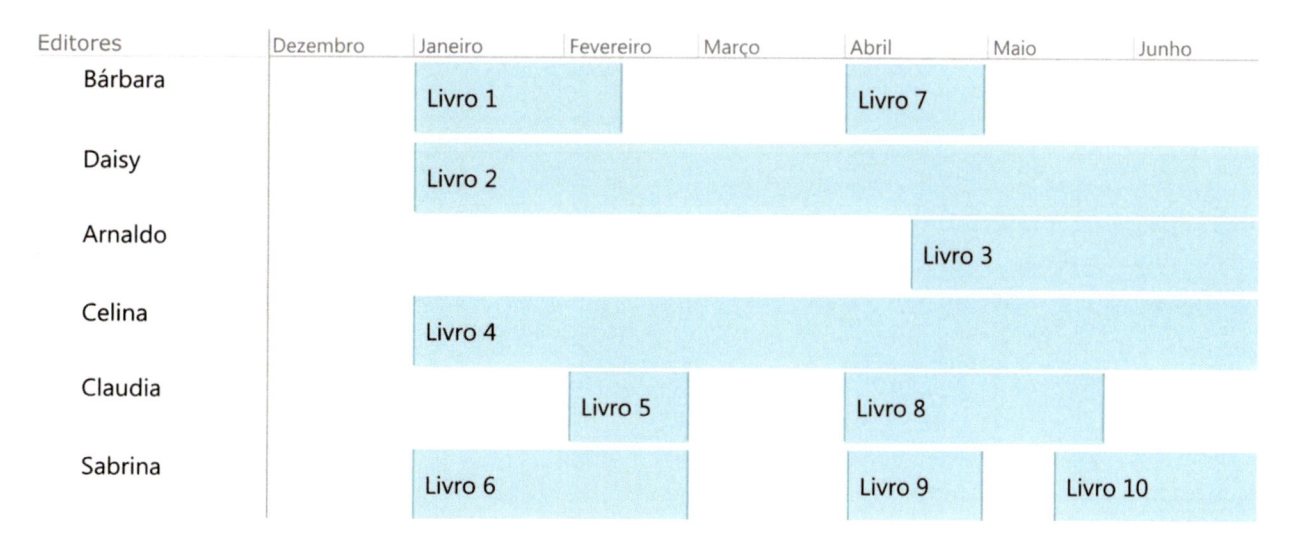

FIGURA 19.10 | Gráfico de carregamento.

isso não é exclusividade do setor editorial. Enviar um enorme relatório, repleto de número e datas, em que o atraso só é detectável para quem olhar a página 26, no campo 12 da linha 19, não é de nenhuma ajuda. Por isso, qualquer relatório deve ser acompanhado de um sumário executivo, indicando claramente os fatos de interesse. Está no prazo? Atrasou? Por quê? Como é possível recuperar o tempo perdido? Que medidas serão tomadas para evitar esse tipo de problema no futuro? E assim por diante.

Cada editor de texto terá, obviamente, uma cópia do *cronograma de desenvolvimento de novos títulos*, fornecida pelo diretor de pré-impressão. Três ferramentas adicionais serão fundamentais para uma edição de texto de qualidade e a uma velocidade razoável: um componente de verificação de ortografia automática no programa de processador de texto; um bom dicionário de referência, de preferência aquele no qual seu verificador de ortografia se baseia; e um livro de estilo.

Um departamento de pré-impressão bem organizado costuma adotar um dos vários manuais de redação e estilo como autoridade definitiva do editor de texto sobre nuanças na grafia e no uso de palavras e expressões, a fim de obter coerência nas decisões de padronização e de estrutura textual (principalmente quando se utiliza o serviço de *freelances*) e de poupar horas de supervisão instruindo novos editores.

Deve-se disponibilizar esse manual de estilo ao departamento de pré-impressão incluindo uma seção adicional de diretrizes específicas para a editora (peculiaridades de caixa alta, lista de símbolos importantes em determinada área, etc.).

Talvez o momento mais importante na fase de pré-impressão de cada projeto seja a *reunião de transmissão* (Capítulo 14) – quando o editor de aquisição finalmente admite que ele e o autor fizeram as alterações significativas nos originais e que novas alterações não serão feitas antes da edição de texto estar finalizada. Caso contrário, o editor de texto corre o risco de perder o controle de quais mudanças foram ou não editadas. Muitos dos erros de digitação que acabam saindo no livro são erros introduzidos nas últimas alterações de texto.

Um editor de texto previdente utiliza a reunião de transmissão para se certificar de que o editor de arte entre em acordo com o editor de desenvolvimento sobre o que é apropriado para a criação da capa do livro, bem como aceite o prazo do cronograma de desenvolvimento de novos títulos. Ele também revisa os elementos dos originais com o diretor de aquisições; instrui o responsável pela diagramação quanto ao *layout*; e, ainda, aconselha o gerente de produção quanto às especificações de impressão.

Após a reunião de transmissão, a edição rápida do arquivo original no processador de texto exige uma concentração ininterrupta. Como essa edição envolve formatação básica, ela costuma ser mais bem executada quando feita internamente e não por um *freelance*. A maioria dos editores de texto o faz diretamente na tela do computador, sem utilizar uma cópia impressa do original.

Importar o arquivo para o sistema de geração de páginas da editoração eletrônica e utilizar deixar espaços aproximados para ilustrações para as edições detalhadas do autor e do editor de texto é responsabilidade do encarregado da editoração eletrônica.

Nós não vamos desmerecer o caráter fundamental da edição do texto original feita pelo editor de texto, ao mesmo tempo que o autor e o editor de aquisições fazem sua última leitura do mesmo material. Como dissemos anteriormente, é provável que essa etapa por si só consuma metade das atividades profissionais de um editor de texto que esteja gerenciando um projeto. Essas edições detalhadas são quase sempre feitas no mesmo arquivo no qual trabalhou o editor de aquisições e o autor, já que isso permite ao editor de texto comparar anotações antes de fazer alterações definitivas.

Para converter cada original em páginas diagramadas, impressas e encadernadas, com boa reprodução de ilustrações e uma capa eficaz, muito dinheiro está em jogo. Conforme já dissemos, é necessária uma parceria afinada entre o editor de texto e o diretor de pré-impressão.

O último ponto no qual o editor de texto precisa dedicar um tempo significativo a cada projeto é a reconciliação das correções propostas (e outras alterações, se o autor insistir) com o original formatado eletronicamente no sistema de editoração. Consegue-se isso de maneira mais eficaz quando ele se senta com o editor de desenvolvimento e compara – página por página – as páginas impressas em que o editor de texto e o autor trabalharam.

Após esse procedimento, o editor de texto precisa comunicar essas alterações ao responsável pela editoração eletrônica para fazer as emendas e providenciar uma impressão das páginas dessa prova final. Depois, é importante voltar essa última prova impressa ao revisor de provas para comparar essas páginas finais com as páginas de rascunho marcadas que o responsável pela editoração eletrônica recebeu para fazer as correções finais. O editor de texto ainda precisa cobrar da parte designada (de preferência o setor de marketing) que entregue a arte da capa a tempo. A etapa seguinte é gerar materiais de reprodução (uma impressão a laser de alta resolução e um arquivo digital) para a gráfica – esse processo técnico é totalmente da responsabilidade do departamento de editoração eletrônica.

Por fim, o editor de texto (como gerente de projeto) precisa coletar esses materiais de reprodução básicos; a arte associada, incluindo a capa; bem como o diretor de pré-impressão deve coletar as cotações das gráficas e entregá-la ao gerente financeiro. Se for necessária a separação de cores, a clara responsabilidade por esse pedido deve ser definida a essa altura.

Então, o editor de texto finaliza o projeto, nessa etapa de pré-impressão, criando um arquivo permanente para o livro, embora o cronograma de desenvolvimento de novos títulos possa fornecer lembretes de algumas pequenas tarefas menos importantes, como a solicitação de direitos autorais, o pedido de ISBN, etc.

NOTAS DO CAPÍTULO

1 REW, Johnson. *Editing for writers*. New Jersey: Prentice Hall, 2009.
2 MACKENZIE, Janet. *The Editor's Companion*. 2. ed. Cambridge, Cambridge University Press, 2012
3 TARUTZ, Judith. *Technical editing*. Massachusetts: Perseus Book, 1992.
4 REW, Johnson. *Editing for writers*. New Jersey: Prentice Hall, 1999.
5 EINSHON, Amy. *The copyeditor's handbook*. 3. ed. California: University of California Press, 2011.
6 HENSON, Kenneth. *Writing for publication: road to academic advancement*. Massachusetts: Allyn & Bacon, 2004.
7 MAYLOR, Harvey. Beyond the Gantt chart: Project management on. *European Management Journal*. Fev., 2001, pg. 92-101.
8 ROBBINS, Stephen. *Fundamentos de administração*. São Paulo: Pearson, 2003.
9 MCHUGH, John. *Core concepts about the publishing business*. Milwaukee: McHugh Publishing Consultant, 2009.

CAPÍTULO 20

O processo de edição

NESTE CAPÍTULO

A edição como processo 409

Edição de texto 410

Tarefas principais 411

O que os editores de texto
   não fazem? 413

O processo editorial 416

Triagem editorial 418

Estimativas 419

A EDIÇÃO COMO PROCESSO

Os principais objetivos da edição são remover quaisquer obstáculos entre o leitor e o que o autor quer transmitir; encontrar e resolver quaisquer problemas antes do livro ir para a composição, de modo que a produção possa trabalhar sem interrupção e sem incorrer em gastos desnecessários. Não se pode pensar que há menos necessidade de edição agora que os autores podem usar um software de computador para verificar a ortografia e gramática. Embora um computador seja uma ferramenta útil, ele não pode verificar sentido, repetição ou ambiguidades, difamação, erros de fato ou enganosos ou informação perigosa. O editor de texto é o advogado do leitor e o embaixador do autor e nessa era eletrônica tem um papel mais crucial do que nunca antes de guiar o livro através das complexidades do processo de produção.

A maioria dos editores de texto são freelancers, que trabalham para uma variedade de clientes, e muitas vezes a um orçamento fixo e com uma rigorosa programação. As editoras esperam que esses profissionais tenham o bom senso e sejam capazes de encontrar um equilíbrio entre qualidade, custo e tempo. Diferentes editoras trabalham de diferentes maneiras, de acordo com os tipos de material que publicam. No entanto, comum a todos os tipos de publicação e métodos de produção o importante é adicionar valor a obra do autor, garantindo que, as restrições de tempo, e orçamento seja apresentado aos leitores, na melhor forma possível.

Em sua obra clássica as autoras Butcher, Drake e Leach[1] dizem que um bom editor de texto é uma criatura rara: ele é um leitor inteligente, um crítico discreto e sensível, alguém que se importa bastante com perfeição e gasta seu tempo verificando pequenos pontos de consistência com o trabalho de outra pessoa, mas tem o bom senso para não perder tempo ou antagonizar com o autor, fazendo mudanças desnecessárias.

Editores de texto não precisam ser especialistas no assunto do trabalho, mas devem ser capazes de se interessar a fim de tentar colocar-se na posição dos leitores. Os autores são tão familiarizados com seu assunto, e pode ter escrito um livro num período tão longo, que eles não podem vê-lo como ele vai aparecer para alguém, e o editor de texto vai ver muitas vezes que autor foi repetitivo ou ambíguo, omitiu algo importante um ou não conseguiu explicar um ponto com clareza.

EDIÇÃO DE TEXTO

Afinal, porque todos os originais precisam da edição de texto? Durante o processo de escrever um original de um livro, o autor passa por tantos estágios e rascunhos que, quando tiver terminado a versão final de seus originais poderá achar que todo o trabalho realmente difícil já foi feito. Inacreditavelmente ainda há muito mais a fazer.

Escrever e editar são dois processos muito diferentes que usam partes diferentes do cérebro. A *edição* (ou *editoração*) é a ponte que um texto deve atravessar antes de poder ser considerado como documento profissional para publicação, e envolve muito mais processos do que a maioria das pessoas conseguem compreender ou imaginar. Na publicação de livros, existem diversos editores e um deles trabalha extensivamente na melhoria do conteúdo. É o editor de texto.

O *editor de texto* percorre o original, página por página, linha por linha, para verificar se há uso apropriado das palavras, estilo e tom consistentes, gramática e pontuação corretas, e corrigir referências cruzadas corretas. O editor de texto cria uma estrutura paralela ao texto, muda a voz passiva para ativa, elimina o excesso de palavras, para eliminar a prolixidade; bem como reestrutura a passagem a passagem de um parágrafo para o outro, as transições de uma frase para outra, para melhorar a coerência textual. Enfim o editor de texto a última linha de defesa contra escrita desleixada.

O editor de texto busca atender às necessidades de três tipos de clientes:

1. **O autor** – que escreveu ou compilou o original.
2. **A editora** – a empresa que está pagando pelo custo da produção da matéria impressa.
3. **Os leitores** – o público para qual o material está sendo produzido.

Todos esses clientes compartilham um desejo básico: uma publicação sem erros. Assim, cabe ao editor de texto e à sua equipe indicar e corrigir erros de digitação e de gramática, bem como incoerências de conteúdo. Para a autora Amy Einsohn[2] as preocupações de um editor de texto pode ser concentradas em **4 Cs** – *clareza, coerência, consistência e correção* – a serviço de um **C** fundamental: a *comunicação*.

Certos projetos exigem uma intervenção mais direta do editor de texto; por exemplo, quando o autor não tem fluência no idioma nativo, quando ele é um profissional ou especialista técnico e vai se dirigir para um público leigo, ou, ainda quando não foi cuidadoso o bastante ao preparar o original.

Às vezes, o editor de texto encontram-se diante de necessidades conflitantes de seus clientes. Por exemplo, o autor pode achar que seu original, precisa tão somente de uma leitura rápida, para corrigir erros tipográficos, ao passo que o gerente editorial, acreditando que uma leitura crítica beneficiaria o produto final, instrui o editor de texto a aparar passagens com excesso de palavras. Ou pode acontecer de um gerente editorial consciente do orçamento pode pedir que o editor de texto se atenha apenas aos erros mais graves, enquanto o autor está esperando por um polimento consciencioso, frase por frase, do texto. O editor de texto que trabalha para editoras de livros, geralmente, recebe instruções gerais sobre se precisa ter a mão mais leve ou mais pesada para um determinado texto, porém ninguém olha por cima de seus ombros e faz recomendações detalhadas sobre o que deve ser feito. No meio editorial é usada a expressão *julgamento editorial* para indicar o bom senso desse profissional sobre quando ele deve interferir ou quando deve pedir ao autor para refazer uma frase ou parágrafo. Além disso, o editor de texto precisa desenvolver uma intuição bastante aguda e apurada de quanto tempo e esforço, precisa se dedicar a cada projeto que passa por sua mesa.

Antes do advento do computador, os editores de texto usavam lápis ou caneta e marcavam as alterações e as dúvidas relativas ao texto em um original datilografado. Alguns ainda trabalham em cópia em papel, mas a grande maioria faz seu trabalho diante de um computador – um processo muitas vezes chamado de *edição em tela*, *edição eletrônica de original*, *edição online* ou *edição em disco*. Independentemente do meio utilizado, o editor de texto precisa ler o documento com extremo cuidado e atenção: letra por letra, palavra por palavra. De certa maneira, ser um editor de texto é como ter seu conhecimento de ortografia, gramática e pontuação testado a todo instante.

Todo editor de texto está sujeito a cometer alguns deslizes; no entanto, é fundamental que ele respeite os quatro mandamentos da edição de texto sugeridos por Hacker e Sommers[3] como segue:

- Não perderá nem danificará parte de um original.
- Não introduzirá erro em texto que está correto (como acontece em outras áreas da vida, na edição de texto um ato de concessão é mais sério do que um ato de omissão).
- Não mudará inadvertidamente a intenção do autor.
- Não perderá um prazo final crítico.

Poucas pessoas escolhem a edição como profissão, frequentemente a profissão é quem as escolhe. Edição é uma profissão altamente especializada. Ela tem um propósito: melhorar a qualidade da comunicação. Muitos editores trabalham com as palavras, outros com produção, arte, design, desenvolvimento ou administração.

TAREFAS PRINCIPAIS

A edição de texto é um passo no processo pelo qual um original é transformado em produto final (livro, relatório anual corporativo, boletim). A seguir analisaremos rapidamente as cinco tarefas principais do editor de texto: *edição mecânica, correlação de partes, edição da linguagem, edição do conteúdo ou substantiva, permissões*.

1. Edição mecânica

O coração da edição de texto consiste em fazer um original estar de acordo com um estilo. Para o autor Rew[4] o *estilo editorial* inclui o seguinte:

- ortografia;
- hifenização;
- pontuação;
- tratamento de números e numerais;
- tratamento de citações;
- uso de abreviaturas e acrônimos;
- uso de caracteres em itálico ou negrito;
- tratamento de elementos especiais (títulos, listas, tabelas, diagramas e gráficos);
- formato de notas de rodapé ou notas finais e outras documentações.

A *edição mecânica* envolve a aplicação consistente de um estilo particular de uma obra, incluindo o texto escrito e todas as tabelas e ilustrações. O estilo é usado aqui para se referir a regras relativas à capitalização, ortografia hifenização, e abreviaturas; pontuação, incluindo reticências, parênteses e aspas, e como os números são tratados. A edição mecânica inclui também a atenção para a gramática e uso de sintaxe[5].

A edição mecânica, segundo Judd,[6] compreende todas as intervenções editoriais feitas para assegurar a conformidade com o estilo editorial. Apesar do nome, não há nada de mecânico nesse tipo de edição; pois esse trabalho exige olhar aguçado, sólido conhecimento de uma ampla gama de convenções e boa capacidade de julgamento. O erro mais frequente cometido por editores de texto novatos é, ao reescrever partes de um texto, ignorar detalhes importantes, como pontuação e hifenização.

O trabalho do editor de texto é assegurar que o original esteja de acordo com o estilo editorial da editora; se essa não tiver um estilo próprio, o editor de texto deve ter certeza de que o autor foi coerente ao escolher variações aceitáveis. Nas empresas que publicam livros, periódicos eruditos, jornais e revistas, o estilo editorial é determinado por meio da orientação de todos os editores de texto usarem o mesmo dicionário e o mesmo manual de estilo. Ao contrário, empresas que produzem documentos, relatórios, folhetos, catálogos ou boletins, mas não se consideram editoras *bona fide*, muitas vezes dependem de guias de estilo internos ou, ainda, do julgamento e das preferências de editores de texto e coordenadores editoriais.

2. Correlação de partes

A não ser que o original seja muito curto e simples, o editor de texto deve dedicar atenção especial para correlacionar suas partes. Essa tarefa inclui:

- verificar qualquer referência cruzada que apareça no texto;
- verificar a numeração de notas de rodapé, notas finais, tabelas e ilustrações;
- especificar a colocação de tabelas e ilustrações;
- conferir o conteúdo das ilustrações com a legenda e o texto geral;
- ler a lista de figuras confrontando com as figuras e o texto;
- ler o sumário e comparar com o original;
- ler as notas de rodapé e notas finais confrontando com a bibliografia.

Alguns tipos de texto exigem verificação cruzada especial. Por exemplo, em livros de receitas a lista de ingredientes que precede uma receita deve ser lida em relação à parte de preparo da receita: Todos os ingredientes da lista inicial são usados na receita? Todos os ingredientes da receita aparecem na lista? De modo semelhante, quando é feita a edição de outros textos instrucionais, é sempre aconselhável verificar se a lista de equipamentos ou peças combina com as instruções fornecidas.

3. Edição da linguagem

O editor de texto também corrige erros de gramática, sintaxe, uso e maneira de escrever, ou seja, faz a *edição da linguagem*. Em uma situação ideal, o editor de texto corrigiria o que quer que estivesse incorreto, confuso, ambíguo ou inadequado, mas sem tentar impor suas preferências estilísticas.

As regras para esse tipo de edição são muito mais subjetivas do que as da edição mecânica. A maioria dos editores confia em um pequeno conjunto de livros de uso ou de referência, além de contar com seu próprio julgamento, quando os livros não conseguem esclarecer uma determinada questão ou oferecem recomendações conflitantes. Na verdade, a escolha do uso correto pode variar de um original para outro, dependendo do estilo da editora, das especificidades da área de atuação do autor e das expectativas do público-alvo.

Um editor de texto deve conhecer tanto o uso antigo e obsoleto quanto o que está em vigor, pois nem todos os autores estão atualizados com as regras gramaticais atuais. Excesso de rigidez com a correção é perigoso. O autor Gerald Gross,[7] diz que a pior característica da edição de texto *é a arrogância para com os autores, a segunda pior é a rigidez*.

Em todas essas questões, o editor de texto deve lutar para obter um equilíbrio entre excesso de permissividade e excesso de rigidez. Espera-se que corrija expressões que possam confundir, distrair ou perturbar os leitores, mas ele não é contratado com o objetivo de impor ao autor seu gosto ou seu estilo. Ao ler um original, o editor de texto deve perguntar a si mesmo "Essa frase é aceitável da maneira como o autor a escreveu?", e não: "Se eu fosse o escritor, de que outra maneira eu a escreveria?"

4. Edição do conteúdo ou edição substantiva

Editores de texto também lidam com a organização e apresentação de conteúdo. Trata-se de reescrever para melhorar o estilo ou para eliminar ambiguidades, reorganizar, reformular tabelas, e outras atividades (não deve ser confundido com edição de desenvolvimento) um processo mais drástico. Em geral, deve ser realizada com o acordo entre o autor e editor[8]

O editor de texto deve chamar a atenção do autor para incoerências ou discrepâncias internas de conteúdo, mas também para qualquer problema de estrutura ou organização no texto. Em alguns projetos, ele reescreve diversas frases, mas com mais frequência é instruído a apontar os trechos com problema e pedir ao autor para resolvê-los.

Esse profissional não é responsável pela precisão factual de um original, mas espera-se dele uma observação educada sobre as declarações factuais que ele sabe que estão incorretas. Os autores Stovall e Mullins,[9] relacionam algumas observações, sobre tais declarações:

- *Original: Os documentos chegaram em 29 de fevereiro de 2005.*

- Observação do editor de texto: Por favor, verifique a data – 2005 não é ano bissexto.
- *Original: Ao longo da fronteira entre Paraná e Rio Grande do Sul...*
  - Observação do editor de texto: Por favor, corrija: Paraná e Rio Grande do Sul não são contíguos.
- *Original: Durante a Guerra do Vietnã, a mais desagregadora da história americana...*
  - Observação do editor de texto: É exato concluir que o Vietnã foi mais desagregador do que a Guerra Civil?

Se o editor de texto tem algum conhecimento do que é tratado no texto, pode encontrar um dado incorreto que passaria despercebido por um editor não familiarizado com o assunto. Esses "achados" são muito apreciados pelo autor, mas o editor deve tentar identificar os erros com objetividade e polidez.

O editor de texto também deve ter cuidado para não mudar inadvertidamente o significado dado pelo autor quando for corrigir um erro gramatical ou organizar uma passagem com excesso de palavras. E nunca é aceitável alterar o significado dado pelo autor simplesmente porque discorda dele ou porque pressupõe que ele não queria dizer o que disse. Se o texto estiver incerto ou confuso, um bom recurso é indicar onde isso ocorre e pedir ao autor para resolver. As editoras também esperam que seus editores de texto evitem o sexismo e outras formas de linguagem tendenciosa. Essa é uma convenção relativamente nova em publicações e, como demonstra o contínuo debate sobre correção política, os termos dessa convenção ainda estão em mudança. Além disso, os editores de texto chamam a atenção dos autores para qualquer matéria (texto ou ilustrações) que possa servir de base para um processo judicial, alegando libelo, invasão de privacidade, preconceito ou obscenidade.

5. Permissões

Se o original contiver citações longas de um trabalho publicado que ainda está sob *copyright*, espera-se que o editor de texto lembre o autor de obter permissão para reproduzi-las.

A permissão também é necessária para reproduzir tabelas, figuras, diagramas, gráficos e ilustrações que já apareceram em publicações. Regras especiais aplicam-se à reprodução de matérias não publicadas, como diários e cartas.

O QUE OS EDITORES DE TEXTO NÃO FAZEM?

Editores de texto não são leitores de provas. Embora muitos editores de texto sejam bons revisores e é esperado que encontrem erros discrepâncias, é importante enfatizar que edição de texto e revisão são duas funções diferentes. Por um lado, editores de texto trabalham com um original e estão preocupados em impor consistência no texto, corrigir impropriedades de gramática e pesquisar incoerências internas. Por outro lado, revisores são encarregados de corrigir erros introduzidos durante a diagramação, formatação ou conversão de arquivo no documento final e de identificar os erros graves que não foram notados durante a edição do texto.

Editores de texto não são ghost writers nem reescrevem o texto todo. Embora os editores de texto em geral façam uma intervenção simples para acertar passagens inoportunas, eles não têm licença para reescrever um texto linha por linha. Essas intervenções grandes no texto são chamadas de *edição substantiva* ou *edição do conteúdo*.

Editores de texto não são editores de desenvolvimento. Os editores de texto devem procurar problemas estruturais e organizacionais, mas não se espera que eles resolvam esses problemas. A reorganização ou reestruturação de um original é chamada de *edição de desenvolvimento*.

Editores de texto não são designers. Eles devem indicar qualquer item do original que possa causar dificuldade durante a produção, por exemplo, uma tabela muito grande para caber em uma página de composição. Podem dar sugestões para a diagramação, porém não são responsáveis pela definição do projeto gráfico e pelas resoluções na diagramação da publicação. Todas as especificações físicas – tipologia e corpo de letra, projeto gráfico, formatação de tabelas e gráficos, tratamento de títulos, cabeçalhos e seções, etc. – são determinadas por um outro profissional que não seja o editor de texto: o *designer* de publicação, o editor de arte ou o produtor gráfico.

> Os editores de texto frequentemente são a última defesa contra a má redação.
>
> – Bill Walsh, consultor editorial

Níveis de edição de texto

Se tempo e dinheiro não fossem problema, o editor de texto poderia se debruçar sobre cada frase de um original até que estivesse totalmente satisfeito quanto à clareza, coerência, consistência e correção e até mesmo quanto a beleza e elegância do texto. Mas como tempo e dinheiro sempre constituem um problema, muitos gerentes editoriais usam os termos *leve*, *médio* e *pesado* para permitir que os editores de texto saibam como focalizar e priorizar seus esforços. As decisões sobre o nível da edição de texto deveriam ser baseadas unicamente na avaliação da qualidade do trabalho escrito e das necessidades do público-alvo. No entanto, em muitos casos as considerações financeiras e as pressões dos prazos são vitoriosas. Não há definições universais para edição de texto leve, média ou pesada, mas o editor não estará muito longe da meta se seguir as orientações sugeridas por Einshon[10] na Tabela 20.1. Ele poderá até mostrar essas diretivas a seu coordenador editorial e perguntar quais declarações combinam melhor com as expectativas dele para seu trabalho.

> Um editor nunca deve se esquecer que o trabalho é do autor e que deve permanecer fiel à sua expressão. Ele precisa saber quando editar e quando deixar o conteúdo como está. "A regra principal da edição é primeiro não causar danos."
>
> – Thomas McCormack

TABELA 20.1 | Níveis de edição de texto

	Edição leve	Edição média	Edição pesada
Edição mecânica	Assegurar coerência em todas as matérias mecânicas como grafia, pontuação, hifenização, abreviações, formato de listas, etc. Orientação ótima: permitir o desvio do estilo editorial se o autor usar sistematicamente variações aceitáveis.		
Correlação de partes	Conferir a página de sumário com os capítulos; verificar a numeração das notas de rodapé, tabelas e figuras. Verificar a ordem alfabética da bibliografia ou referências; ler as notas de rodapé, notas finais ou citações no texto comparando com a bibliografia ou lista de referências.		
Edição da linguagem	Corrigir todos os erros de gramática, mas ignorar qualquer expressão que não seja um erro claro. Indicar parágrafos que pareçam intrincados, mas não revisar. Ignorar pequenos trechos de loquacidade, construções imprecisas e jargão. Pedir ao autor esclarecimento de termos que possam ser novos para os leitores.	Corrigir todos os erros de gramática. Indicar ou revisar quaisquer impropriedades. Indicar trechos que pareçam intrincados e sugerir alterações. Pedir ou fornecer definições de termos que provavelmente sejam novos para os leitores.	Corrigir todos os erros e impropriedades de gramática. Reescrever qualquer trecho intrincado. Pedir ou fornecer definições de termos que provavelmente sejam novos para os leitores.
Edição do conteúdo	Questionar incoerências factuais e qualquer declaração que pareça incorreta.	Questionar qualquer fato que pareça incorreto. Usar livros de referência para verificar o conteúdo. Questionar a organização falha e discrepâncias de lógica.	Verificar e revisar qualquer fato que seja incorreto. Questionar ou corrigir a organização falha e discrepâncias de lógica.
Permissões	Observar textos, tabelas ou ilustrações que possam necessitar de permissão para ser reproduzidos.		

Em todos os níveis da edição (ou edição) de texto – leve, média e pesada – o editor de texto corrige os erros, consulta o autor sobre declarações conflitantes, pede conselhos quando o meio de resolver um problema não está claro e prepara uma folha de estilos. Podem também incorporar as respostas que o autor deu às consultas; esse trabalho é conhecido como *edição de limpeza*.

Edição leve (básica)

- Corrigir grafia, gramática e pontuação incorretas.
- Verificar referências cruzadas específicas (por exemplo, "Como mostra a Tabela 14.6…").
- Assegurar a consistência de grafia, hifenização, numerais, fontes e capitalização.
- Verificar a sequência apropriada (como ordem alfabética) em listas e outras matérias exibidas.
- Registrar as primeiras referências a figuras, tabelas e outros elementos de apresentação.

A edição leve não envolve intervenções como suavizar transições ou mudar títulos ou texto para garantir a estrutura paralela.

Edição média

- Todas as tarefas de edição leve.
- Mudar o texto e os títulos para conseguir a estrutura paralela.
- Assinalar figuras de linguagem impróprias.
- Assegurar que os termos-chave sejam tratados com consistência e que as listas de vocabulário e o índice contenham todos os termos que satisfaçam os critérios especificados pela editora.
- Assegurar que os sumários e as perguntas de fim de capítulo reflitam o conteúdo.
- Em manuscritos de ficção, acompanhar a continuidade do enredo, ambientação e características dos personagens, e pôr em dúvida as discrepâncias.
- Em um manuscrito de vários autores, zelar pela consistência de estilo e tom.
- Trocar a voz passiva por voz ativa, se for solicitado.
- Assinalar declarações ambíguas ou incorretas.

Edição pesada

- Todas as tarefas da edição média.
- Eliminar o palavreado, banalidades e jargão impróprio.
- Suavizar as transições e reposicionar frases para melhorar a legibilidade.
- Designar novos níveis de títulos para conseguir estrutura lógica.
- Sugerir – e às vezes implementar – adições e exclusões, notando-as em nível de parágrafo e de frase.
- As diferenças principais entre edição pesada e média são os níveis de julgamento e reescrita envolvidos. Em uma edição pesada, o editor melhora o fluxo do texto em vez de simplesmente assegurar o uso e a gramática corretos; pode sugerir reformulações em vez de simplesmente assinalar problemas; e pode impor um nível uniforme, tom e foco conforme especificado pela editora ou o *editor de desenvolvimento*.

Antes de começar a edição de texto, o editor deve fazer as seguintes as perguntas:

Quanto ao público

- Qual é o público mais adequado para esse texto?
- Quanto se espera que os leitores saibam sobre o assunto?
- Como os leitores usarão a publicação?
- A maioria dos leitores, provavelmente, lerá a obra do começo ao fim ou apenas consultará algumas seções de vez em quando?

Quanto ao texto

- Qual é a extensão do texto?
- E qual é o formato físico do texto?

Para edição em cópia impressa: O texto tem espaço duplo? (Texto com espaço simples é difícil de editar, a não ser que só seja necessário colocar algumas vírgulas.) Quantas palavras tem uma página? Quão legível é a fonte? As quatro margens têm pelo menos 2,5 cm?

Para edição em tela: Que programa processador de texto o autor usou? A editora converteu os arquivos do autor para outro programa ou formato?

- Como o original editado será processado?
  - *Para edição em cópia impressa*: O documento será inteiramente digitado ou alguém digitará apenas as alterações? (No último caso, o editor de texto deve destacar com caneta do tipo marca texto, para que o digitador localize facilmente as mudanças.)
  - *Para edição em tela*: O editor de texto deve fornecer arquivos com marcas de revisão (que mostram inserções e exclusões) ou arquivos limpos (que contêm somente o texto editado, sem mostrar alterações no arquivo)? O editor deve codificar elementos ou caracteres especiais (por exemplo, letras que levam marcas diacríticas, alfabetos estrangeiros)?
- O original contém matérias que não sejam texto corrido (por exemplo, tabelas, notas de rodapé e finais, bibliografia, fotos, gráficos)? Quantos de cada tipo?

Quanto à edição e ao tipo de edição

- Que nível de edição de texto está sendo pedido: leve, médio ou pesado?
- Esse pedido é baseado na programação ou em limitações de orçamento?
- A pessoa que fez o pedido leu o original inteiro ou passou os olhos em partes dele?
- Quantas horas ou quanto dinheiro foi orçado para a edição de texto?
- O editor de texto precisa cortar o texto substancialmente?
- O editor de texto precisa checar os cálculos das tabelas? Deve conferir as citações bibliográficas?
- Existe alguma restrição ou preferência importante de *design*: limite da quantidade de arte, tamanho das tabelas, quantidade de títulos e subtítulos, emprego de caracteres especiais (alfabetos estrangeiros, símbolos matemáticos, notação musical), notas de rodapé e notas finais?

Quanto ao estilo editorial

- Qual é o manual de estilo e o dicionário preferidos?
- Existe um guia de estilo interno, folha de dicas ou lista de padrões e especificidades editoriais?
- Existem edições anteriores ou textos comparáveis que devem ser consultados?
- Essa obra é parte de uma série ou coleção?

Quanto ao autor

- Quem é o autor? Ele é um escritor novato ou veterano?
- O autor viu uma amostra da edição?
- Ao autor foi dito que tipo (ou nível) de edição deve esperar?

Quanto a detalhes administrativos

- A quem o editor de texto deve dirigir as perguntas levantadas durante a edição?
- Qual é o prazo final para o término da edição? Quão sólido é esse prazo?

> O autor representa sua área de interesse. O editor representa o leitor. O editor é responsável pela satisfação do público do autor. Assim, o editor sempre coloca o sentimento do leitor em primeiro lugar.

O PROCESSO EDITORIAL

Uma vez que o editor de texto tenha compreendido a tarefa, o próximo passo é inventariar os materiais que recebeu e assegurar que estejam completos. Faça uma lista dos itens que estão faltando e localize-os imediatamente.

Se estiver fazendo a *edição em cópia impressa*, siga as recomendações de Horn[11] e certifique-se de ter o seguinte:

- todas as páginas numeradas em sequência;
- cópias de tabelas, diagramas ou ilustrações;
- legendas das ilustrações;
- texto de notas de rodapé e notas finais;
- bibliografia ou lista de referências para um artigo ou livro que inclua referências;

- qualquer material suplementar por exemplo, apêndices ou glossários).

Se fizer edição em tela, faça cópias de todos os arquivos digitais recebidos e guarde os discos originais em lugar seguro. Abra cada um dos arquivos de trabalho e percorra seu conteúdo. Verifique se eles são compatíveis com seu equipamento e tenha certeza de ter todos os arquivos do documento. Cada tipo de elemento que não seja texto (por exemplo, tabela, legenda de ilustração, nota final) deve estar em seu próprio arquivo.

Muitas vezes, o editor de texto recebe uma cópia impressa do documento. Nesse caso, é importante que ele verifique se essa cópia está completa e se é idêntica aos arquivos digitais. Para fazer uma rápida conferência por amostragem em trabalhos grandes é recomendável:

- Abrir cada arquivo, examinar os parágrafos de abertura, ler a primeira linha de cada parágrafo e comparar com a cópia em papel (elas devem ser exatamente iguais).
- Repetir essa comparação com os últimos parágrafos de cada arquivo.

Se encontrar discrepâncias, o editor de texto deve relatá-las imediatamente ao editor de desenvolvimento, que tratará do assunto. Em uma situação ideal, a programação da editora deveria permitir uma olhada preliminar do texto inteiro e duas leituras editoriais completas do texto. Duas leituras parece ser o número universal: nenhum editor de texto é bom o bastante para pegar tudo em uma só leitura, e poucos orçamentos editoriais são generosos a ponto de permitir três leituras (a não ser que o texto tenha apenas algumas páginas).

A rápida leitura do original visa realizar um julgamento preliminar do conteúdo, da organização e da qualidade do escrito; identificar elementos que possam exigir atenção especial (por exemplo, notas de rodapé, tabelas, apêndices, glossário); bem como identificar seções inconsistentes ou discrepantes do original que exigirão mais tempo. A próxima etapa é pegar um lápis ou um *mouse* e mergulhar na primeira leitura. A primeira leitura deve ser bem devagar, porque é decisivo para o sucesso do editor de texto ler o original *muito* devagar, para que seja possível examinar cada vírgula ("Está bem, *vírgula*, o que você está fazendo aqui? Você deve realmente estar aqui? Por quê?"), interrogar cada pronome ("Ei, *pronome*, onde está seu antecedente? Vocês dois concordam em gênero e número?"), fazer um exame cruzado de cada homófono ("Você aí, *censo*, não deveria ser *senso*?") e ponderar cada adjetivo, verbo, advérbio e substantivo ("No dicionário, consta *analizar* ou *analisar*?"). Além disso, é preciso ler devagar o suficiente para pegar palavras escritas incorretamente, falta de pontuação, ambiguidades em sintaxe e, ainda, incoerências.

O original editado é sempre enviado ao autor para ser avaliado. Alguns autores fazem relativamente poucas mudanças durante essa avaliação; outros podem gastar tempo considerável reescrevendo e reorganizando. Essa é a última oportunidade de o autor fazer mudanças, já que em um estágio posterior as alterações seriam dispendiosas e consumiriam muito tempo.

O original editado é sempre enviado ao autor para ser avaliado. Alguns autores fazem relativamente poucas mudanças durante essa avaliação; outros podem gastar tempo considerável reescrevendo e reorganizando. Essa é a última oportunidade de o autor fazer mudanças, já que em um estágio posterior as alterações seriam dispendiosas e consumiriam muito tempo.

O autor devolve o original ao editor de texto ou coordenador editorial. Se o autor não respondeu a uma dúvida levantada na edição, ignorou alguma correção ou acrescentou um texto contendo erro, tais passagens problemáticas precisam ser resolvidas com consultas ao autor, antes que o original seja liberado para a produção. Nesse estágio, o editor de texto checa cada página procurando por alterações, respostas a dúvidas e outras indicações feitas pelo autor.

Ocasionalmente, a limpeza do original exige a sabedoria de Salomão e a diplomacia de Dag Hammarskjöld. As limpezas problemáticas surgem quando o editor de texto foi exageradamente zeloso ou falhou em explicar persuasivamente por que certas mudanças são preferíveis ou quando um autor está muito ligado a expressões não convencionais.

O editor de texto não pode passar por cima do autor, mas também não pode pedir a ele que torne a avaliar cada mudança rejeitada; em vez disso, ele precisa repensar cada questão e ponderar se vale a pena contatar novamente o autor: Algum dos 4 Cs (clareza, coerência, consistência e correção) está em jogo? Ou a questão é sobre preferências conflitantes a respeito de um algum pequeno ponto que não afetará os leitores de uma maneira ou de outra?

Em outras palavras, o editor de texto precisa selecionar suas "batalhas" com muito cuidado. Se ele estiver convencido de que o autor errou ao rejeitar uma determinada sugestão, a ação apropriada será reformular (em vez de simplesmente repetir) a questão levantada e, se possível, propor uma ou duas soluções como alternativa. Em "disputas" relacionadas a questões menos importantes, porém, ele deve respeitar as preferências do autor e não retomar a questão novamente. Afinal, é o nome do autor, e não o do editor, que aparece na capa.

TRIAGEM EDITORIAL

Às vezes, um editor de texto é solicitado a cumprir um prazo final irracional até mesmo para uma edição leve. Nesse caso, o primeiro passo do editor é pedir ao diretor de pré-impressão para ajudar a estabelecer prioridades: Quais tarefas editoriais são mais importantes para esse trabalho em particular? E quais detalhes poderiam ser, conscientemente, negligenciados?

A *lista de prioridades* depende do projeto, mas é possível traçar uma lista mínima de tarefas, que incluiria cuidar dos erros potencialmente embaraçosos para a editora e confusos para os leitores. Assim, o editor de texto poderia seguir as recomendações de Kasdorf[12] e fazer o seguinte:

- corrigir erros gramaticais ortográficos e de pontuação;
- pôr em dúvida incoerências factuais;
- assegurar que todas as abreviaturas e acrônimos sejam definidos;
- listar as páginas que contêm matéria para a qual é exigida permissão para reprodução;
- ler cuidadosamente as páginas de título, a de copyright e a de sumário;
- conferir a numeração das notas de rodapé, tabelas e figuras.

Em outras palavras, as inconsistências mecânicas ou discrepâncias que não interferem na comunicação (por exemplo, o uso de itálico) seriam ignoradas. No entanto, o editor deve manter-se a par das permissões necessárias (para evitar que a editora e o autor sejam processados), assim como verificar a página de sumário e a numeração dos elementos (para poupar os leitores da frustração de itens faltantes ou fora de sequência).

Se a programação permitir, os itens seguintes podem ser acrescentados à lista de tarefas:

- dividir frases e parágrafos muito longos;
- reduzir uso excessivo da forma passiva;
- acertar repetições e redundâncias.

Em uma programação apertada, o editor de texto muitas vezes tem de escolher entre duas leituras rápidas ou apenas uma lenta. A escolha entre uma ou duas leituras depende do tipo de material, da lista de prioridades e do próprio estilo de trabalho do editor de texto. Esse tipo de triagem é doloroso: é contra a natureza e o treinamento do editor de texto deixar frases e parágrafos mal pontuados e intrincados, cuja lógica está do avesso ou de cabeça para baixo. Mas quando o tempo é curto, é mais importante ter lido cada página do que ter trabalhado na primeira metade de um projeto e ter dado apenas uma olhada no resto.

Em *Technical editing: the practical guide for editors and writers*, Judith Tarutz aconselha os editores de textos técnicos a fazer os seguintes tipos de perguntas ao criar uma lista de prioridades para triagem: O que é importante para os leitores? Quais tipos de erro eles notarão e darão importância? Quão importante é o documento para os leitores? Quais tipos de erro são fáceis de corrigir dentro das restrições de tempo? Então, na prática, Tarutz diz:[13]

> Às vezes você corrige alguma coisa que não é muito importante, mas é tão fácil de corrigir que seria tolice não o fazer. E às vezes você precisa ignorar alguma coisa que o incomoda, mas está bem para os clientes, é dispendiosa para mudar e não é importante alterar. Só porque o incomoda, isso não a faz errada.

ESTIMATIVAS

Como são muitas as pessoas envolvidas na publicação de uma matéria impressa, cada membro da equipe deve ser capaz de fazer estimativas confiáveis das datas de conclusão de cada tarefa. Normalmente os editores de texto são solicitados a fazer duas estimativas: Quantas horas o projeto consumirá? Em que data a edição estará terminada?

As regras a seguir, sugeridas por Gross[14] vão ajudar o editor de texto a melhorar sua precisão para fazer estimativas, bem como a estabelecer prazos finais para si mesmo.

Regra 1. O editor de texto não deve, antes de ver o original, fazer suas estimativas (nem confirmar as de outros) em relação a quanto tempo levará um projeto de edição original.

Às vezes, o editor de texto é solicitado a fazer uma estimativa depois de fazer uma rápida análise do original. A não ser que ele tenha trabalhado com o escritor anteriormente e tenha grande confiança na própria habilidade de avaliar um original, a melhor resposta é dizer educadamente: "Desculpe, mas só posso dar uma estimativa viável após ver o original".

Uma vez com o original em mãos, o editor de texto pode verificar todo o material, escolher um trecho representativo, fazer uma amostra de edição (por exemplo, dez páginas) e determinar o tempo. No geral, quanto mais matéria amostrada, mais exata será a estimativa para a edição. É importante que a avaliação considere tempo suficiente para ao menos duas leituras do original, embora a segunda seja muito mais rápida do que a primeira.

Regra 2. O editor de texto deve ajustar sua estimativa básica a fim de permitir tempo extra para emendas ou cópia difícil.

Para edição em papel: a estimativa é baseada na razão de páginas por hora; desse modo, as páginas com cerca de 450 palavras por página levarão mais tempo para editar do que aquelas com 300 palavras por página. E se o original for impresso com fonte difícil de ler, a quantia de páginas por hora declinará ao longo do dia em virtude do cansaço. Qual é a diferença que esses fatores fazem? A Tabela 20.2 mostra estimativas de quantas páginas por hora um editor de texto experiente precisa para fazer duas leituras em um original impresso; no entanto, é recomendável que um editor novato trabalhe em ritmo mais lento.

Para edição em tela, é preciso conceder tempo adicional para cópia difícil (por exemplo, texto técnico, tabelas, notas de rodapé ou notas finais e bibliografias imprecisas) e para arquivos mal preparados.

Regra 3. O editor de texto precisa conceder tempo para tarefas que não são propriamente de edição, como fotocopiar o trabalho impresso, converter ou copiar discos e escrever memorandos.

Para alguns projetos, essas tarefas não ocupam mais de uma ou duas horas. Mas outros podem exigir cinco ou mais horas.

Regra 4. O editor de texto deve sempre acrescentar um fator de correção para sua melhor hipótese, a não ser que seja extremamente experiente em fazer estimativas.

Texto padrão: Cópia impressa cuidadosamente preparada, com 250 a 325 palavras por página. O texto não é técnico e apresenta poucas tabelas, figuras, notas de rodapé, notas finais ou citações de referência. O manuscrito não tem bibliografia.

Texto difícil: O original contém muitos erros tipográficos, a contagem excede 325 palavras por páginas. O texto é técnico ou apresenta muitas tabelas, figuras, notas de rodapé ou notas finais. As citações de referência foram preparadas descuidadamente, são inconsistentes ou incompletas.

TABELA 20.2 | Ritmo para editar cópia impressa com duas leituras

Níveis de edição	Texto padrão (páginas/hora)	Texto difícil (páginas/hora)
Edição leve	6-9	4-6
Edição média	4-7	2-4
Edição pesada	2-3	1-2

Suponha que a amostragem de um original de 150 páginas sugira que é possível concluir cinco páginas em uma hora. O editor de texto pode, então, utilizar 30 horas como base de sua estimativa e acrescentar um fator de correção, de 10% a 20%, dependendo de sua confiança na estimativa básica e da duração do projeto. Quanto menos confiante o editor de texto se sentir, maior será o fator de correção; quanto menor o projeto, maior o fator de correção. Para uma estimativa básica de 30 horas, um fator de correção de 10% teria três horas, enquanto um de 20% teria seis horas. Nesse caso, a estimativa para editar originais deveria ser um intervalo de 33 a 37 horas ou de 36 a 40 horas.

Regra 5. O editor de texto deve ser realista a respeito de quantas horas por dia poderá editar fazendo um bom trabalho.

A maioria dos editores acha que não pode editar originais durante mais de cinco ou seis horas por dia, exceto em ocasiões de extrema emergência. Tenha certeza de que a programação de seu trabalho inclua tempo para intervalos: pelo menos quinze a vinte minutos a cada duas horas.

Regra 6. O editor de texto pode "errar" por superestimar o tempo que precisa.

Como a edição de texto acontece logo no início do ciclo de produção, um prazo final perdido pode atrapalhar a programação inteira. O editor de texto não deve estabelecer uma programação muito apertada e, em consequência, prejudicar a si mesmo; é preferível que ele superestime o tempo.

Assim, o editor de texto não vai cortar ou alterar demais um original, a não ser que lhe peçam explicitamente para fazer edição pesada ou reescrever. Se as frases do autor estiverem claras, corretas e adequadas, elas deverão permanecer como estão. É importante que o editor de texto não reescreva a frase de um autor simplesmente porque não é o modo como ele a teria escrito. Um lembrete desse efeito está afixado em muitos quadros de avisos de editores pelo mundo todo:

"É **difícil** resistir à **tentação** de **melhorar** a escrita de outra pessoa."

Resistir a esse impulso facilita o trabalho do editor de texto de diversas maneiras. Primeiro, ele será capaz de dedicar mais atenção suas responsabilidades principais: ao resistir ao anseio de remodelar frases segundo a própria opinião, ele terá maior probabilidade de encontrar erros mecânicos, inconsistências internas e deslizes gramaticais. Segundo, as relações com os autores serão mais tranquilas, porque verão o editor de texto como um colaborador e não como um usurpador de seu texto. Terceiro, tanto a edição quanto a limpeza levarão menos tempo e serão mais proveitosas, pois o editor de texto evitará elegantemente um problema que muitas vezes atrapalha os novatos: "O que devo fazer para manter o estilo do autor?" Essa questão não surgirá se o editor de texto se concentrar em editar (não reescrever) e se ele explicar os problemas ao autor e pedir a esse para resolvê-los ou escolher entre as alternativas que está propondo.

A Lei de Murphy da publicação

A Lei de Murphy – que muitas pessoas aplicam frequentemente nos negócios – foi aplicada de modo inteligente, na indústria editorial, pela autora Judith Tarutz.[15] Resumimos no Quadro 20.1, tais ideias.

QUADRO 20.1 | A Lei de Murphy da publicação

- **Edição.** Quando tiver dúvida delete. Quando estiver desesperado consulte um manual de estilo.
- **Datas.** O tempo é sempre insuficiente. Todas as coisas são para ontem. As prioridades sempre são em múltiplos de dez.
- **Correções.** Qualquer linha enviada para a composição com um erro, retornará com três.
- **Consultores.** O último consultor que devolve os originais recomenda muitas mudanças. Três consultores apresentarão três conjuntos conflitantes de sugestões. Aquele consultor que garante ter a informação que você precisa essa fora do país e seu lap top foi roubado.
- **Pesquisa.** Os especialistas nunca concordam.
- **Figuras e tabelas.** Se um manual tem muitas figuras e tabelas, todos elas terão que ser renumerados. Elas terão que ser numeradas de novo. Você vai perder pelo menos uma referência de texto. Se decidir esperar até o último minuto você terá que numerar uma vez, uma nova tabela ou figura será inserida cinco minutos depois de ter terminado. Se uma figura é excluída de um manual, essa será a do primeiro capítulo, haverá pelo menos dez figuras no capítulo e o trabalho já estará em produção. Além disso, haverá referências de figuras e referências cruzadas ao longo do texto e você vai perder uma. (a tecnologia revogou essa lei.)

Uma profissão acidental

A edição de livros é um dos trabalhos mais românticos e incompreendidos no meio editorial. É contagiante ler sobre Maxwell Perkins (editor de ficção mais importante da América) se debruçado sobre um amontoado e desorganizado manuscrito de Wolfe. A genialidade de Perkins em organizar e editar "capítulos " proporcionou a Wolfe, Fitzgerald e Hemingway e de outros autores na editora Scribner, realizar o potencial desses autores. A edição é uma "profissão acidental". Ninguém nasce com habilidades editoriais inatas, elas devem ser obtidas e polidas vigorosamente e constantemente.

Edição deve ser abordada com seriedade e humor suficiente para manter alguma aparência de sanidade. Essa é a vida de um editor de texto. No entanto, há algo intrinsecamente errado com essa imagem, porque a carga de trabalho é muitas vezes insuportável, as restrições inaceitáveis, e as recompensas com frequência são pequenas. No entanto, um fato irrefutável existe. Ninguém deve subestimar o papel dos editores no desenvolvimento de um livro. Eles se certificam de que os pensamentos e as palavras do autor sejam eficazes, garantindo que o manuscrito final de um autor tenha a alma necessária para se tornar um livro.

NOTAS DO CAPÍTULO

1. BUTCHER, Judith; DRAKE, Caroline; LEACH, Mauren. *Butcher's copy-editing: the Cambridge handbook for editors, copy-editors and proofreaders*, 4. ed. Cambridge: Cambridge University Press, 2006.
2. EINSHON, Amy. *The copyeditor's handbook*. 3. ed. California: University of California Press, 2011.
3. HACKER, Diana; SOMMERS, Nancy. *Rules for writers*. 7. ed. New York: Bedford/St. Martin's, 2012.
4. REW, Johnson. *Editing for writers*. New Jersey: Prentice Hall, 1999.
5. *THE CHICAGO MANUAL OF STYLE*. 18. ed. Chicago: The University of Chicago, 2025.
6. JUDD, Karen. *Copyediting: a practical guide*. 3. ed. New York: Crisp Publishing, 2001.
7. GROS, Gerald. *Editors on editing: an inside view of what editors really do*. New York: Harper & Row, 1985.
8. *THE CHICAGO MANUAL OF STYLE*. 18. ed. Chicago: The University of Chicago, 2025.
9. STOVALL, James; MULLINS, Edward. *The complete editor*. 2. ed. Boston: Allyn & Bacon, 2006.
10. EINSHON, Amy. *The copyeditor's handbook*. 3. ed. California: University of California Press, 2011.
11. HORN, Barbara. *Editorial project management*. London: Horn Editorial, 2006.
12. KASDORF, William E. (Editor). *The Columbia guide to digital publishing*. New York: Columbia University Press, 2002.
13. TARUTZ, Judith. *Technical editing*. Massachusetts: Perseus Book, 1992.
14. GROSS, Gerald. *Editors on editing: what writers need to know about what editors do*. 3. ed. New York: Grove Press, 1993.
15. TARUTZ, Judith. *Technical editing*. Massachusetts: Perseus Book, 1992.

Parte I: O mundo da publicação
Parte II: Diretrizes para autores
Parte III: A função editorial
Parte IV: A função de pré-impressão
Parte V: A função de marketing e vendas
Parte VI: Uma indústria em transformação

PARTE V

A função de marketing e vendas

NESTA PARTE

Capítulo 21 Administração de marketing 425

Capítulo 22 Introdução ao marketing de livros 435

Capítulo 23 Planejamento e pesquisa de marketing editorial 465

CAPÍTULO 21

Administração de marketing

NESTE CAPÍTULO

Introdução 425

Organização do departamento
de marketing 426

Vendendo o livro 427

Alcançando o mercado 429

Funções e estratégias
de marketing 430

INTRODUÇÃO

O marketing editorial tem uma história recente; dizem as autoras Baverstock e Bowen[1] e acrescentam: nos últimos 40 anos, houve uma revolução, visto que, 40 anos atrás, a maioria das empresas tinha apenas departamentos de publicidade e nenhuma responsabilidade formal de marketing. Esta atividade era geralmente orientada para o produto e não para o mercado (adquiria produtos e depois pensava sobre a quem entregá-los, em vez de basear as decisões de aquisição no que os mercados desejavam e precisavam). Hoje reconhecemos como as atividades de marketing foram se disseminando entre outros departamentos das editoras e amplamente visto como um estágio final na aquisição, produção e processos aplicados ao produto acabado. Hoje, a função de marketing é onipresente e muito mais difundida. Há um comentário frequente de que a indústria editorial de hoje é impulsionada pelo marketing; as decisões sobre o que publicar, a qualidade e o conteúdo são preocupações prioritárias sobre o que vai vender ou não. Todas as partes interessadas no processo – autores, agentes, editores, varejistas e atacadistas – estão procurando mercados com necessidade de bom conteúdo que possam ser desenvolvidos, comercializados e vendidos. Mas a relação entre a indústria editorial e o marketing há muito tempo é ambivalente; a indústria deve procurar o melhor conteúdo disponível e tentar encontrar um mercado para ele – ou melhor, publicar conteúdo que sabe que encontrará compradores, independentemente de isso estimulá-los emocional ou intelectualmente.

O marketing é uma parte necessária e poderosa do processo de publicação, embora o editorial ainda ocupe a posição central onde a maioria das decisões são tomadas e as ideias de publicação são criadas. Essa afirmação não deve ser encarada como desmerecimento da importância da função de marketing. O marketing é um dos ingredientes mais importantes no processo de publicação, no qual se definem e antecipam as necessidades do mercado.

Marketing criativo e eficaz não deve ser uma decisão unilateral do departamento de marketing. Gerentes editoriais, editores de desenvolvimento, designers e gerentes de promoção são vitais componentes desse processo.

A principal responsabilidade do marketing é, em última instância, gerar pedidos dos clientes para os livros, produtos e/ou serviços relacionados. Seus destinatários são tanto os eventuais leitores como os intermediários que ajudam os leitores a conhecer e comprar esses livros – distribuidores, livrarias, bibliotecários, escolas, governo, indústria etc. O objetivo essencial da função de marketing é a maximização do volume de vendas líquidas total. A saudável interação entre os atores-chave em uma editora é essencial para se obter os melhores resultados.

Como o editor Avery Cardoza,[2] afirma, a aspiração de grande parte das editoras para vender mais livros é minada porque as funções de marketing (e seu orçamento) são desviadas e diluídas com o propósito de "manter os autores satisfeitos" (preocupação do diretor editorial) ou "deixar os acionistas orgulhosos" (tarefa do presidente) ou, ainda, "concentrar-se nos negócios mais lucrativos" (uma meta da gerência de negócios/finanças). Alguns diretores de marketing até gostam desses desvios porque estes constituem argumentos quando o volume de vendas cai. Mas essa é a também uma função na editora capaz de estimular suficiente fluxo de caixa para manter a organização saudável – e se for desviada, ela não poderá fazer isso!

ORGANIZAÇÃO DO DEPARTAMENTO DE MARKETING

A editora deve desenhar uma organização de marketing que possa realizar as estratégias e os planos de marketing. Quando a empresa é muito pequena, uma única pessoa pode fazer todo o trabalho – pesquisa, venda, propaganda, atendimento ao cliente e outras atividades. Contudo, à medida que a empresa se expande, surge um departamento de marketing para planejar e realizar as atividades de marketing. Em grandes empresas, esse departamento contém muitos especialistas – gerentes de produto e de mercado, gerentes de vendas e vendedores, pesquisadores de mercado e especialistas em propaganda, entre outros. Para comandar essas grandes organizações muitas empresas criaram a posição de diretor de marketing. Essa pessoa conduz toda a operação de marketing da empresa e representa a área na alta administração. Esta posição coloca o marketing em posição de igualdade com outros executivos, como o diretor de operações, diretor editorial, diretor de produção e o diretor de financeiro. Como membro da alta administração, o papel do diretor de marketing é defender os interesses do cliente.

Os departamentos de marketing modernos podem ser organizados de diversas maneiras. A forma mais comum de organização de marketing é a organização funcional, na qual diferentes atividades de marketing são lideradas por um especialista funcional – um gerente de vendas, um gerente de propaganda, um gerente de pesquisa de marketing, um gerente de atendimento ao cliente ou um gerente de novos produtos.

Conforme a descrição de cargo do Quadro 21.1, adaptado de Huenefeld[3] e Woll[4], cabe ao presidente certificar-se de que o diretor de marketing aceite como sua principal meta maximizar o volume de vendas independentemente da lucratividade. O presidente pode ser persuadido a refinar as regras fundamentais pelas quais essa meta é perseguida – por exemplo, impondo termos de vendas básicos que sejam mais lucrativos, ou exigindo algum compromisso efetivo com uma nova linha de produto que ainda não "pegou". Dentro dos limites dessas regras, a obsessão do próprio diretor de marketing deve ser sempre obter o maior lucro possível para cada real de marketing aplicado incluindo a folha de pagamento.

QUADRO 21.1 | Descrição de cargo: diretor de marketing

Título: **diretor de marketing**
Reporta-se ao: presidente

Supervisiona diretamente:
- Gerente de vendas
- Gerente de promoção

Responsabilidade na linha orçamentária:
- Receita das vendas líquidas de livros
- Todas as linhas das despesas de marketing

Responsabilidade na linha orçamentária:
- Receita das vendas líquidas de livros
- Todas as linhas das despesas de marketing

Índice de responsabilidade:
Crescimento mês a mês do volume de vendas anualizadas acrescentando uma porcentagem do ano anterior

Responsabilidades operacionais gerais:
Planejar e supervisionar todas as atividades relacionadas à geração de pedidos de livros, outros produtos, e/ou serviços oferecidos pela editora.

Responsabilidades operacionais específicas:
a) planejar, atualizar e comunicar um modelo explícito de todas as campanhas de marketing previstas, atualizadas continuamente para projetar os 12 meses seguintes;
b) recrutar, treinar e supervisionar todo o pessoal que se reporta diretamente ao diretor de marketing;
c) revisar periodicamente todos os contratos ou acordos similares com quaisquer agentes e/ou representantes externos mantidos para auxiliar na distribuição;
d) revisar todas as declarações referentes ao programa editorial e seus livros, para garantir com a declaração de missão;
e) propor e administrar termos comerciais coerentes (quando autorizada pelo presidente) compatíveis com os padrões da indústria e com as metas financeiras da editora;
f) obter e manter medições realistas da eficácia de todas as campanhas de marketing em andamento, bem como das promoções individuais e apresentações de vendas, e documentar a alocação apropriada de esforço e orçamento de marketing às abordagens mais eficazes;
g) preparar estimativas do potencial de vendas de produtos futuros propostos e da taxa de crescimento do volume de vendas para o ano seguinte, conforme a solicitação do grupo de gerenciamento de núcleo.

Na maioria das editoras, isso se realiza isso por meio de uma orquestração estratégica e profissionalmente executada de duas subfunções: promoção e vendas.

VENDENDO O LIVRO

De modo geral, há somente duas maneiras de se vender livros:

1. Selecionar potenciais clientes que sejam importantes o bastante para merecer um esforço especial de convencê-los por telefone ou por correspondência, de que os componentes selecionados da lista de produtos da empresa (mais frequentemente, novos títulos individuais) atendem as necessidades específicas dessa clientela.
2. Comunicar-se por meio da mídia de massa (mala direta, capas de livros, resenhas de livros publicidade em programas de entrevistas, inserções de anúncios, impressos periódicos, comerciais de rádio e televisão, *displays* em pontos de venda, pesquisas de opinião por telefone etc.) com categorias inteiras de prováveis clientes.

Em editora pequenas, o diretor de marketing também desempenha a função de coordenador de funções secundárias (vendas ou promoções). Mas o exemplo de descrição de cargo do Quadro 21.2 supõe que auxiliares estejam disponíveis para coordenar as funções subordinadas.

Até que as vendas anuais líquidas ultrapassem 10 milhões de reais, uma pequena editora funciona com uma única pessoa encarregada das promoções. Suas funções são:

- planejar todas as peças de correspondências, anúncios etc.;
- projetar e redigir (ou contratar *freelancers* com esse intuito) todo o material promocional, ou seja, capas de livros, catálogos, mala direta e folhetos, anúncios impressos, comercias de rádio e televisão, *scripts* de telemarketing, *displays* em pontos de circulação de pessoas etc.;
- e cuidar da distribuição de livros de cortesia a intermediários da publicidade (resenhistas de livros, produtores de programas de entrevistas etc.).

Com o tempo, as complexidades da lista de mala direta promocional da editora podem exigir alguma ajuda administrativa como um assistente de promoções; e o crescente fluxo de novos títulos podem justificar a contratação de um redator.

A função de vendas, entretanto, necessita de mão de obra intensiva, porque sua meta constante é fazer contato direto com clientes ou possíveis clientes selecionados, assim como interpretar de maneira personalizada a lista de livros/produtos para atender melhor a cada uma das necessidades ou interesses individuais desses clientes. O pessoal de vendas se reúne pessoalmente com esses clientes, ou no escritório ou no estande de exposição da editora e responde a consultas específicas desses clientes e a outros contatos de venda por meio de telefone (telemarketing ativo) e de correspondência personalizada utilizando frequentemente os dois de forma conjunta. Além disso, o pessoal de vendas solicita aos clientes que façam pedidos por telefone utilizando oferta de produtos complementares cuidadosamente elaborados, em que os encarregadas de receber os pedidos sugerem adições relacionadas ao pedido inicial. Junto com o pessoal de promoções, ocasionalmente comercializa materiais de ponto de compra (desde displays completos até pôsteres e folhetos) além de programas de publicidade cooperativa para intermediar compradores (especialmente livrarias) e para ajudar a entregar suas mensagens de vendas a compradores distantes.

QUADRO 21.2 | Descrição de cargo: gerente de promoção

Título: **gerente de promoção**
Reporta-se ao: diretor de marketing
Supervisiona diretamente: divulgadores

Responsabilidade na linha orçamentária:
a) mídia promocional
b) postagem promocional
c) produção promocional
d) distribuição de livros de cortesia

Índices de responsabilidade:
a) custos promocionais como porcentagem das vendas para o comércio
b) custos promocionais como porcentagem das vendas diretas
c) custo promocional médio por nova promoção adicional para a lista de clientes
d) custo promocional médio por solicitação válida de cópia para exame feita por professores

Responsabilidades gerais:
Realizar e/ou organizar a criação e distribuição de apresentações de mídia que gerem (1) contatos de vendas para livrarias ou para sala de aula e (2) encomendas diretas do leitor, ao mais baixo custo possível por unidade ou por reais.

Responsabilidades operacionais específicas:
a) criar e/ou atualizar cópia promocional de todos os livros atualmente em catálogo ou programados para serem adicionados a ele;
b) organizar e manter mailing list atualizados de todos os clientes recentes, possíveis clientes seletos e contatos de publicidade;
c) sugerir ideias ao diretor de marketing sobre aspectos promocionais de cada revisão, atualização ou extensão do modelo de estratégia de marketing;
d) redigir e providenciar ilustrações e produção apropriadas de materiais promocionais, displays etc. necessários para executar o plano de marketing;
e) aprimorar e executar um programa em andamento para a introdução sistemática e efetiva de novos títulos em grandes mercados publicitários, e outros contatos apropriados;
f) gerar possíveis contatos de vendas de grande volume para acompanhamento de vendas no desenvolvimento de novas contas de livrarias;
g) promover pedidos válidos e providenciar a distribuição apropriada de amostras a educadores que desejam considerá-las para adoção em sala de aula;
h) criar e executar um programa lucrativo e contínuo de vendas diretas a pessoas e bibliotecas que compartilhem dos interesses da editora sobre o assunto;
i) criar scripts de telemarketing apropriados de acordo com a solicitação do gerente de vendas;
j) criar materiais apropriados de exposição e de display em pontos de venda, de acordo com a solicitação do gerente de vendas;
k) criar inserções promocionais apropriadas para serem utilizadas por autores e outras partes interessadas.

O Quadro 21.3 a seguir apresenta uma descrição de cargo para o gerente de vendas de uma editora.

QUADRO 21.3 | Descrição de cargo: gerente de vendas

Título: **gerente de vendas**
Reporta-se ao: diretor de marketing
Supervisiona diretamente: supervisor de atendimento ao cliente e pracistas

Responsabilidade na linha orçamentária:
a) comissões de vendas,
b) viagens de vendas,
c) custos de exposição,
d) custos de telemarketing; materiais e suprimentos de apoio a vendas,
e) gastos gerais do departamento de vendas.

Índices de responsabilidade: tendência do volume de vendas mês a mês
a) contas manejadas diretamente pelo gerente de vendas,
b) contas de representantes de vendas comissionados,
c) atualizações do processamento de pedidos,
d) telemarketing ativo, e
e) exposições.

Responsabilidades gerais:
Planejar e providenciar vendas da editora por meio de viagens de vendas da equipe, representantes de vendas comissionados, venda na colocação de pedidos, telemarketing ativo e exposições.

Responsabilidades operacionais específicas:
a) atender pessoalmente as vinte contas mais importantes da editora;
b) providenciar e supervisionar um controle sistemático dos representantes de vendas que cobrem livrarias e atacadistas que vendem para bibliotecas;
c) integrar um eficaz processamento de pedidos à estratégia de marketing, além de táticas de venda durante o atendimento ao cliente;
d) planejar, organizar e supervisionar um telemarketing ativo sistemático para abrir novas contas de livrarias;
e) desenvolver um programa experimental de visitas da equipe de vendas a contas selecionadas como um meio de avaliar a possível substituição futura dos representantes de vendas comissionados por pessoal do staff;
f) planejar, programar, organizar e supervisionar a participação em exposições comerciais de uma maneira que sustente efetivamente os objetivos de marketing;
g) administrar resposta sistemática a todas as consultas sobre produtos e contatos de vendas de todas as fontes por meio de uma ou mais das atividades de vendas acima citadas;
h) coordenar com o gerente de promoção a preparação de todos os materiais de apoio a vendas que sejam essenciais ao sucesso de todas as atividades de vendas acima;
i) apresentar sugestões sobre a proposta orçamentária, capa do livro e estimativa de vendas, conforme a solicitação do diretor de marketing.

ALCANÇANDO O MERCADO

Há editoras que entregam a maior parte da distribuição de sua produção (especialmente no negócio de livrarias) aos *distribuidores*. Por esse serviço, os distribuidores recebem de 45 a 55 por cento do preço de catálogo de cada livro, com alguma combinação de descontos e comissões – grande parte dos quais são repassados a seus clientes. Em geral, as editoras também precisam pagar os custos de frete para levar seus livros até os distribuidores.

Algumas editoras cedem a maior parte de sua margem de lucro aos distribuidores ou às cadeia de livrarias quando vendem seus livros com descontos acima de 50 por cento. Também é muito pequena a atenção real que os distribuidores podem dedicar à venda de um livro específico de seu inventário exceto para pouquíssimos *top-sellers*, divididos entre uma série de editoras. Por isso, esse modelo de negócio normalmente não se mostra muito útil e lucrativo para as editoras. A existência de grande número de editoras que ainda adota esse modelo de negócio geralmente reflete sua relutância em aceitar a responsabilidade de enfrentar diretamente os desafios reais do negócio.

Outras editoras tentam chegar aos mercados das livrarias, bibliotecas e escolas mantendo *representantes de vendas* – distribuidores que cobrem territórios específicos representando várias editoras em nome de uma série de editoras. A cada contato de vendas com uma livraria ou outro cliente, o representante de vendas precisa oferecer um número tão grande de títulos novos que ele mal pode conhecer – e pode fazer ainda menos no que diz respeito à *backlist*.

A maioria das editoras independentes e lucrativas eventualmente opta por cuidar de suas próprias funções de vendas. Certas pessoas qualificadas (como representantes de vendas especializados integrantes da equipe) ou pessoas "de peso", (como o gerente de marketing, o gerente editorial e até mesmo o próprio editor) viajam periodicamente pelo território nacional afora para se encontrar com clientes; entram em contato direto com contas importantes em seus locais de negócios, geralmente para apresentar a lista de novos títulos do próximo semestre; e fazem interface com clientes de menor potencial em exposições de livros e, em associação, em encontros acadêmicos, profissionais ou comerciais.

A maioria das vendas individuais restantes nessas editoras independentes é realizada por meio de correspondência pessoal, e-mail ou contato telefônico (este, de forma mais efetiva).

Desse modo, um faturamento de 10 milhões anuais justifica a constituição de um departamento de marketing próprio em uma editora. Esse departamento planeja e representa a estratégia em deliberações da administração central e pode ter como estrutura básica os seguintes profissionais:

- Um gerente de vendas, que viaja para visitar contas-chave diversas vezes ao ano, programa a equipe de trabalho em estandes de exposições (às vezes, com colegas da função de aquisições) e negocia direitos subsidiários;
- Um gerente de promoções, que faz o papel do assistente de marketing;
- Um supervisor de atendimento ao cliente, que recebe pedidos telefônicos, insere no computador pedidos feitos por e-mail, fax, correspondência e até mesmo faz telemarketing ativo baseado em releases;
- Um assistente administrativo, que mantém as listas de mala direta e auxilia no trabalho de escritório, quando necessário.

O atendimento ao cliente fazia parte de uma função de processamento de pedidos reportando-se diretamente à área administrativa. Entretanto, o aperfeiçoamento do software de processamento de pedidos e o potencial de vendas do contato on-line com clientes – para intervenção telefônica ou para inserções promocionais automáticas de venda com pedidos pelo correio – estão convencendo paulatinamente, as editoras a deslocarem todos esses contatos para a subfunção de vendas do departamento de marketing.

FUNÇÕES E ESTRATÉGIAS DE MARKETING

Por maior que seja a equipe, a função de marketing de uma editora costuma ser uma cuidadosa ação conjunta das subfunções de vendas e promoções. Formular uma estratégia de marketing e planejar seu padrão geral são as atividades mais importantes do diretor de marketing. A melhor maneira de colocar todas as complexidades do marketing de livros em foco e sob controle é elaborar uma lista dos públicos que mais se quer atingir e, então, apresentar uma sequência de exposições apropriadas para cada um desses públicos. Uma planilha deve estender-se para os 15 meses seguintes de forma a resumir não somente o trimestre relativamente imutável à frente, mas também (para revisão e ajuste) um ciclo de vendas completo e sazonalmente variável de 12 meses. Segundo Forsyth,[5] os dois maiores erros que os diretores de marketing tendem a cometer ao lançar esses modelos de estratégia são:

1. Muitos deles tentam distribuir, de forma muito ampla, um orçamento limitado atingindo esporadicamente todos os públicos plausíveis no lugar se concentrar repetitivamente nos poucos públicos mais receptivos. Mas os estrategistas de marketing mais experientes (e bem-sucedidos) esgotam todas as possibilidades com seus melhores públicos antes de gastarem qualquer tempo ou dinheiro em públicos menos receptivos. Em consequência, em determinado momento suas equipes de marketing são responsáveis somente pela atualização e execução de um número razoavelmente limitado de campanhas em andamento. Como eles não se dirigem cegamente em muitas direções simultaneamente, têm o tempo e a tranquilidade necessários para pensar com qualidade real em como aprimorar a estratégia geral e o número limitado de apresentações individuais em que ela se baseia.
2. Estrategistas inseguros têm medo de fazer promoções voltadas a determinado público mais de três ou quatro vezes por ano. Não obstante, apenas cerca de 10 por cento de qualquer público está ao par da promoção a cada vez e um segmento diferente dará atenção (e comprará na mesma proporção) duas semanas mais tarde. Profissionais de marketing mais experientes comunicam-se com seus melhores públicos a cada 2 a 4 semanas, em vez de diluírem seu impacto na tentativa de atingir outro mercado com públicos marginais.

Há seis passos básicos que o especialista em marketing de livros John Kremer[6] recomenda que o diretor de marketing siga a fim de criar um modelo de estratégia de marketing sólida.

1. **Alvo.** Discutir, intensivamente, quais são seus públicos e os subcomponentes selecionáveis desses públicos. Depois, reorganizar por ordem de prioridade todos os que foram identificados, de acordo com sua receptividade documentada ou presumida à lista de livros/produtos.
2. **Resposta inicial.** Determinar qual resposta inicial espera estimular em cada um desses segmentos de público, com o propósito de qualificar possíveis clientes apropriados para realizar um acompanhamento de vendas intensificado (face a face, por telefone, ou por correspondência) ou, de outro modo, colocar em movimento uma sequência de interações que resultem em vendas.
3. **Oferta.** Idealizar alguma oferta adequadamente atraente que maximize essas respostas qualificadoras dentro dos termos de vendas estabelecidos da empresa (ou seja, sem violar os limites aprovados pela editora, após análise pelo departamento financeiro) a fim de garantir a lucratividade final.
4. **Sequência.** Determinar a sequência das apresentações promocionais (malas diretas, anúncios impressos, inserções em rádio e TV, pesquisas de opinião por telefone, inserções de venda, publicidade de resenhas e programas de entrevistas) e acompanhamento de vendas (por meio de visita em campo, exposições, telemarketing ativo, ou correspondência pessoal) que você acredita que maximizará tanto a porcentagem de cada segmento do público que responderá a essa oferta qualificadora inicial quanto a receita resultante do acompanhamento de vendas dessas respostas iniciais.
5. **Frequência.** Estimar a frequência máxima com que pode repetir cada oferta de pré-qualificação a cada segmento de público, a fim de manter um fluxo constante de vendas (ou contatos de vendas) sem enfrentar diminuição dos retornos (um declínio na relação entre as despesas de marketing e as receitas de vendas resultantes). Então, o diretor de marketing começa a organizar essas exposições a esses públicos, nesses intervalos em uma planilha.
6. **Extensão.** Determinar o quanto se estenderá o orçamento para sua lista de segmentos de público priorizados, dando máxima exposição efetiva a cada público em sequência de prioridades. Vale repetir: a primeira regra de uma estratégia de marketing sólida é não diluir o retorno dispersando o dinheiro com um público secundário, enquanto não tiver feito tudo o que efetivamente pode fazer com cada um de seus públicos de maior prioridade.

Esses seis passos, portanto, resultam em um *número predeterminado de campanhas de exposição*, que se concentrem repetitivamente nos públicos dos quais o diretor de marketing acredita que obterá o máximo retorno sobre o eventual volume de vendas para cada real do orçamento de marketing, como de pagamento e outros custos. Cada uma dessas campanhas, portanto, pode ser subdividida em uma ou mais *apresentações*: as exposições promocionais reais e individuais da oferta inicial e/ou os acompanhamentos de vendas que compõem o trabalho da campanha.

Uma campanha de marketing direto pode ter apenas uma apresentação – por exemplo, uma mala direta que é constantemente refinada e atualizada – a qual faz todo o trabalho básica antes de você entrar em contato com um cliente suscetível e não requer acompanhamento de vendas. Mas a maioria das campanhas voltadas a livrarias e à adoção em escolas inclui tanto uma apresentação da "oferta inicial" repetida continuamente – por exemplo, informes que oferecem às livrarias interessadas ou planejadores de currículos escolares cópias de cortesia antecipadas de um livro a ser lançado que devem ser modificados, livro a livro – como um script de telemarketing para acompanhamento de vendas ou uma carta que será dirigida a cada respondente individual a esse pedido inicial, depois que o livro de cortesia for entregue.

Na mesma linha, o editor e especialista em marketing de livros David Cole, em seu livro *The complete guide to book marketing*,[7] sugere quatro tarefas importantes no gerenciamento de um programa de marketing de livros eficaz:

1. Priorizar públicos;

2. Traçar estratégias permanentes para cada público;
3. Planejar e executar as apresentações individuais (exposições promocionais ou acompanhamentos de vendas) necessárias a cada campanha;
4. Aprimorar constantemente essas campanhas e apresentações considerando os resultados reais.

Uma vez iniciado, o desenvolvimento de um bom modelo de estratégia de marketing é um processo evolutivo. No fim de cada trimestre, o diretor de marketing deve estender o modelo para outros 3 meses posteriores, de forma a projetar novamente os 15 meses seguintes – um trimestre imediato que costuma ser fixo, e os quatro trimestres seguintes (um ciclo anual) que podem receber um ajuste contínuo.

O diretor de marketing trabalha, preferencialmente com o sistema computadorizado, com o diretor financeiro para analisar os resultados das vendas por categoria de público e por tática (mala direta *versus* exposições *versus* telemarketing etc.) além de deslocar continuamente o dinheiro futuro daquelas táticas que menos compensam (em vendas/índices de custo) para as que mais compensam. Com isso o diretor de marketing pode garantir um resultado de vendas gradualmente melhor para cada dólar do orçamento de marketing!

Uma responsabilidade importante (e frequentemente negligenciada) do diretor de marketing é descobrir maneiras de rastrear o impacto dos vários segmentos do programa de marketing com base nos códigos de fontes de venda (uma vez que eles aparecem nos formulários de pedidos ou são consultados e registrados pelo pessoal de atendimento ao cliente), nas tendências mês a mês em estados (ou regiões postais), nas vendas por categorias de clientes etc. Aqueles que se eximem dessa responsabilidade com álibis de que os sistemas computadorizados são inadequados ou os processadores dos pedidos são ineficientes, simplesmente refletem sua própria incompetência como gestores. Uma vez que o orçamento de marketing geralmente só fica atrás da conta de impressão na categoria de custos de uma editora, é importante que os editores exijam documentação comprovando que o dinheiro de marketing está sendo utilizado de maneira mais eficaz.

Embora o sistema computadorizado normalmente faça parte de uma instalação de escritório básica da função administrativa, o diretor de marketing tem o maior interesse no software de processamento de pedidos que é utilizado por esse sistema.

No mínimo, ele deve insistir para:

- Funcionar rápido o bastante, permitindo que recebedores localizem arquivos de clientes, abram novas contas e insiram pedidos on-line, enquanto o cliente está ao telefone.
- Registrar tanto os códigos de fonte de vendas (identificando formulários de pedido específicos, campanhas de promoção etc.) como os códigos de tipo de conta (distinguindo entre os vários segmentos priorizados de público visados no modelo de estratégia de marketing) a fim de possibilitar ao gerente de marketing que determine o que está ou não funcionando e ajuste a estratégia adequadamente.
- Manter dados históricos suficientes para permitir que a equipe de vendas analise contas individuais ao longo de vários anos.
- Construir automaticamente uma mala direta cumulativa, codificada por categorias de público.
- Acompanhar toda a distribuição de livros de cortesia, tratando os contatos de publicidade como clientes que recebem 100 por cento de desconto e mantendo automaticamente o contato por mala direta com esses clientes.

Conforme observamos anteriormente, cada apresentação e cada resposta prevista no programa de marketing em curso devem conformar-se aos termos de vendas aprovados previamente pelo diretor editorial, após consulta ao diretor financeiro, a fim de assegurar a lucratividade final. Na maioria das editoras a iniciativa de propor o estabelecimento ou emendas a esses termos de vendas cabe ao diretor de marketing o qual também tem a oportunidade de torná-los aceitáveis aos clientes, além de lucrativos para a empresa.

De modo geral, as condições de desconto das editoras se baseiam no tamanho do pedido. Considerando a faixa de remarcações de preço, índices orçamentários e expectativas de margens de lucro normais nas editoras, muito raramente é lucrativo a qualquer editora vender livros com descontos superiores a 50 por cento do preço de catálogo ou dar descontos em pedidos de menos de cinco livros (títulos únicos ou sortidos). No entanto, os distribuidores raramente conseguem ganhar dinheiro a não ser que recebam descontos de, no mínimo, 45 por cento.

Em relação aos títulos de interesse geral independentemente de quem os compra (atacadistas, distribuidores, livrarias, bibliotecas ou consumidores individuais é prudente não oferecer *nenhum* desconto na compra de menos de cinco livros, exceto para promoções ocasionais de pré-publicação diretamente ao leitor, limitadas a títulos específicos e em períodos de tempo específicos). Em pedidos de 1 a 4 livros, os custos de processamento geralmente devoram toda a margem de lucro da editora, mesmo sem descontos. Oferecer um desconto de 40 por cento em pedidos de 5 ou mais – ou às vezes 10 ou mais – livros encomendados em determinado período de tempo dá às livrarias e a outros intermediários a margem mínima de que necessitam para obter lucro. Portanto, descontos comerciais geralmente devem ser elevados (por unidades encomendadas) alguns pontos percentuais a cada passo, atingindo mais de 50 por cento para uma grande quantidade (algo em torno de 25 a 100 livros ou mais). Isso permite que a editora discrimine várias categorias de clientes – e fundamenta tudo no benefício real (por meio de economias de escala) da realização de pedidos em grandes quantidades.

Em relação a títulos didáticos, profissionais ou de referência, é igualmente imprudente oferecer qualquer desconto em menos de cinco livros. Em geral, as editoras de livros didáticos – principalmente do ensino fundamental e do ensino médio – oferecem o tradicional "desconto reduzido" de 30 a 35 por cento para cinco ou mais livros, porque as escolas e algumas bibliotecas esperam isso.

Apesar de essas diretrizes de descontos serem de praxe, há razões para se fazer exceções. Neste caso, porém, é preciso ficar bem atento às realidades financeiras. Racionalizações frívolas utilizadas para justificar a maioria dos descontos de mais de 50 por cento – como fingir que há poucos custos associados a vendas complementares de alto volume e com descontos de bonificação, ou que os prejuízos do presente serão recompensados por uma vaga reputação futura – geralmente são decepcionantes.

É razoável oferecer a intermediários que compram para revenda algumas *concessões*. Há claramente uma tendência, ao longo dos últimos cinco anos, no sentido de se tentar induzir mais vendas diretamente das livrarias: contornando o atacadista de altos descontos e o distribuidor de descontos mais elevados ainda, e oferecendo frete grátis, em que a editora paga os custos de remessa, a negociantes de livros que encomendam quantidades substanciais (ou fazem encomendas pré-publicação) para revenda.

Em geral, as editoras gastam, aproximadamente, 2% da receita líquida das encomendas de livros em custos de transporte. Provavelmente, não é lucrativo que a editora "engula" isso como uma política de balcão, mas isso pode ser usado como uma recompensa razoável para encomendas de quantidades elevadas, de pré-publicação ou feita pela primeira vez. Caso contrário, é prudente ater-se aos termos tradicionais: acrescentar valores reais de remessa e postagem a encomendas pagas à vista (ou com cartão de crédito) feitas diretamente pelo consumidor.

Qualquer editora que trate com seriedade a venda por meio de canais tradicionais – livrarias ou distribuidores – descobrirá que é obrigatório oferecer créditos (tendo em vista compras futuras) ou reembolsos pela devolução de mercadoria não vendida e não danificada. Mas o gerente de vendas tem todo o direito de insistir – e deve fazê-lo – que essas devoluções estejam realmente não danificadas e que possam ser revendidas, e que aquele que faz a devolução pague previamente os custos de remessa.

Algumas editoras oferecem *descontos de bonificação*: quando os compradores para revenda (atacadistas, lojas ou outras organizações) fazem pedidos em bases não restituíveis estabelecidas em contrato. Uma vez que editoras comerciais independentes, normalmente, enfrentam devoluções (por reembolso ou por crédito) de 7 a 8 por cento de seus volumes de vendas, a bonificação típica de 2 a 3 por cento pela não devolução é uma compensação razoável.

Por fim, há a questão dos *termos de crédito* e *consignações*. Uma vez que o financiamento (de capital de giro e de estoque) é um grande problema para a maioria das editoras, raramente faz sentido que elas financiem os negócios de outras pessoas – vendendo a alguém com prazos de pagamento estendidos ou despachando a distribuidores estoques em consignação, os quais não serão pagos até que eles recebam de seus eventuais clientes.

A função de marketing também deve ser convocada para estimar o potencial de vendas de livros futuros propostos, refletindo seu próprio desempenho passado na venda de livros similares à categoria de público pretendida, bem como aconselhar o editor sobre projeções da receita orçamentária. Embora alguns gerentes de marketing se apeguem a estimativas conservadoras para reduzir o risco de não atingir as metas, editores inteligentes sabem que essas estimativas são realmente a autoavaliação mais verdadeira que a função de marketing faz de sua própria capacidade, não uma genuína "crítica literária" das nuanças de livros específicos. Nessas editoras, diretores de marketing que consistentemente "pensam baixo" não duram muito tempo. Portanto, assim que uma boa estrutura de marketing (a combinação certa do pessoal de vendas e de promoções) tiver sido estabelecida, que seus públicos tiverem sido priorizados, que uma estratégia para orquestrar a ação recíproca entre promoções e vendas por meio de um conjunto limitado de campanhas em andamento tiver sido modelada, e que os termos sobre os quais a editora se preparou para vender livros tiverem sido definidos, é hora de começar a anunciar ao mundo qual é o verdadeiro propósito de seus livros.

QUADRO 21.4 | Entrevista: Gerente de marketing

Em uma entrevista, Richard Black, diretor de marketing, da Simon & Schuster informa algumas de suas tarefas no processo de publicação.

Em resumo ele diz: "ao trabalhar com os autores espero que eles entendam que precisam pensar no planejando do marketing de seus livros. Se eles fizeram um plano de marketing (ou pelo menos começarem um) sinto que eles estão levando a coisa a sério. Eles precisam entender o mercado para seu livro e saber que o leitor está procurando por uma boa leitura e com conteúdo. Eles precisam conhecer os concorrentes e o que faz seu livro diferente deles. Eles precisam conhecer a indústria editorial para saber o que está vendendo e como pretendem aproveitar essas tendências. Eles devem se perguntar se vão vender o livro por meio de seu próprio site ou por meio de canais tradicionais de livrarias, ou ambos. Eles precisam ter pensado sobre os comunicados de imprensa e se eles pretendem fazer aparições pessoais, fazer palestras, participar de congressos, entrevistas. Como eles vão conseguir notícias sobre seu livro aos leitores em potencial? Se eles sabem essas coisas antes do tempo, me ajudarão a elaborar planos, preparar releases, folhetos e utilizar comentários que serão úteis para editorar seus objetivos."

Fonte: Leonard Mogel. *Making it Book Publishing.*[8]

NOTAS DO CAPÍTULO

1   BAVERSTOCK, Alison; BOWEN, Suzannah. *How to market book*. 6. ed. Londres: Routledge, 2023.

2   CARDOZA, Avery. *Complete guide to successful publishing*. Cardoza Publishing: Nova York, 2002.

3   HUENEFELD, John. *The Huenefeld guide to book publishing*. 6. ed. Bedford: Mills & Sanderson, 2003.

4   WOLL, Thomas. *Publishing for profit*. Chicago: Chicago Review Press, 2010.

5   FORSYTH, Patrick. *Marketing in publishing*. Londres: Routledge, 1997.

6   KREMER, John. *1001 ways to market your books*. 5. ed. Iowa: Open Horizons, 2008.

7   COLE, David; SOREL; Edward; HILL, Craig. *The complete guide to book marketing*. 2. ed. Nova York: Allworth Press, 2010.

8   MOGEL, Leonard. *Making it book publishing*. Macmillan: Nova York, 2007.

CAPÍTULO 22

Introdução ao marketing de livros

NESTE CAPÍTULO

Marketing é tudo, tudo é marketing 435
A diferença entre marketing e vendas 436
Maximizando as receitas 439
Como tornar os esforços de marketing eficientes 439
Como calcular seus parâmetros financeiros 440
Como definir um modelo de análise da lucratividade 441
Quanto se deve gastar? 442
Como colocar seu plano de marketing no papel 442
Marketing na Era Digital 444
Iniciando o marketing 446
Realizando o marketing para vender o livro 447
Estratégias de marketing e plano de marketing 453
Ferramentas de vendas 454
Processo promocional e de vendas 455
Marketing de conteúdo 456
Mandamentos do marketing de conteúdo 457
Como funciona a adoção de um livro didático? 458
Treinamento dos representantes de vendas (divulgadores) 459
Como evitar erros no marketing de livros 460

MARKETING É TUDO, TUDO É MARKETING

Como ocorre em todo segmento de negócios, o marketing de livros tem seu próprio conjunto de convenções e seu jargão. Não é totalmente diferente do marketing de outros produtos ou serviços, mas também não é totalmente idêntico, pois certos princípios básicos se aplicam, embora com algumas variações.

Iniciamos este capítulo com alguns conceitos de marketing praticamente universais, porque muitas pessoas envolvidas no ramo de publicações não têm qualquer experiência prévia em marketing. Mas como o foco desse livro é o processo da publicação de livros, entramos rapidamente nos aspectos específicos dessa indústria.

Tão diversificada e imprevisível como o mundo em que vivemos, a indústria editorial nos últimos anos tem sido afetada por mudanças, pressões e muitos paradoxos. Apesar da contribuição da tecnologia para a redução de custos de produção, as margens diminuíram significativamente. Embora tenha aumentado o número de títulos nas prateleiras das livrarias, a concorrência pela atenção dos consumidores aumentou proporcionalmente. Novos mercados se abriram enquanto outros encolheram. Tanto por meio de fusões e aquisições, as demandas dos mercados internacionais cresceram e a indústria deu passos gigantescos em direção à "globalização". Enquanto essas mudanças continuam a ocorrer, a indústria editorial observa atentamente o crescimento do comércio eletrônico e troca informações para tentar ler o futuro do livro.

Megastores, best-sellers, fusões internacionais e a Internet não são apenas a ponta do iceberg mais visível que atrai as manchetes da mídia. Esses eventos refletem um mundo em rápida mudança, e necessariamente influenciam as decisões diárias de cada editora, seja ela pequena ou grande: quanto investir em um projeto, quais originais escolher, quantos imprimir, como e onde encontrar compradores para as obras.

Acreditamos que os princípios e sugestões concretas são sólidos, mas em um mundo que está mudando tanto como este em que vivemos atualmente, o que funciona nessa manhã pode não funcionar à tarde. Amanhã teremos desafios totalmente novos, e com exceção de nossa inteligência, provavelmente teremos um novo conjunto de ferramentas para lidar com esses problemas. A melhor estratégia é ser tão consciente quanto possível das mudanças que ocorrem e, para manter uma postura, devemos experimentar novos métodos e adaptar nosso pensamento. Além da flexibilidade, há um conselho que desejamos compartilhar com todos os envolvidos na árdua tarefa da publicação de livros. Provavelmente você está nesse negócio, porque tem algum entusiasmo por algo que pode ser encontrado em livros e genericamente nos livros que você está publicando. Nosso papel, nesse momento, como guia de marketing, é salientar que seu entusiasmo não é o suficiente. Você precisa de leitores e, mais especificamente, compradores, que compartilhem desse entusiasmo. Seu trabalho é encontrar essas pessoas. No mercado atual altamente competitivo e em rápida mudança, onde todo mundo é inundado com escolhas, você deve ter a habilidade de alcançar e tocar o público-alvo. Estamos tentando descrever o marketing do livro em termos palpáveis e físicos porque expressa um fato extremamente importante: o mundo em que vivemos é grande e impessoal e seus potenciais compradores têm uma infinidade de livros para escolher bem como de outras fontes de informação e meios de comunicação. O marketing de livros educacionais é extremamente especializado e, em muitos aspectos, diferente do marketing de livros de ficção.

> **Editor: crie desejos e atenda às necessidades**
>
> O primeiro passo no marketing de qualquer produto ou serviço é produzir algo valioso, alguma coisa que as pessoas desejem ou necessitem comprar. Livro envolve uma combinação de conteúdo, título, design e preço. Todos esses elementos devem funcionar para criar um livro de sucesso.

A DIFERENÇA ENTRE MARKETING E VENDAS

Considerando que, para muitas pessoas, a distinção entre os termos *marketing* e *vendas* não é clara – e que as atividades de vendas e marketing se sobrepõem de muitas maneiras –, enfatizamos a importância prática de se observar essa distinção. Certa vez, fomos abordados por um editor que colocou um livro à nossa frente e nos disse: "Preciso de sua ajuda para fazer o marketing desse livro". Respondemos corrigindo-o: "Você quer dizer, tendo ignorado a oportunidade de procurar orientação de marketing, você quer que eu o ajude a vender esse livro".

O marketing deve iniciar no momento em que for concebida a ideia central do livro pretendido e incluir uma percepção clara de quem são os destinatários do livro, como o marketing servirá o livro, e como o livro se posiciona em relação aos concorrentes. Dizer que o marketing é tudo talvez seja um exagero, mas achamos importante enfatizar que o marketing realmente atinge tudo o que você faz – desde o livro que se decide escrever e publicar até a escolha do *layout*, do título e do preço que o livro será vendido.

Muitas vezes, o marketing é deixado para a última hora, mas o marketing bem-sucedido é uma proposta de longo prazo. Ele começa no momento da aquisição e deve ser constantemente revisado e aperfeiçoado durante o processo de publicação.

Um plano de sucesso segundo Baverstock e Bowen[1] identifica primeiro o público-alvo seus dados demográficos e psicográficos. Onde ele obtém as informações para alimentar os seus interesses? O que os consumidores estão mais propensos a ler em jornais e revistas? Quais programas de rádio ou de televisão que eles estão mais propensos a assistir? Onde eles compram, quais formatos eles preferem, e quanto eles estão dispostos a gastar?

O marketing se inicia com o conhecimento de como e onde o livro será vendido, e envolve criar um plano e métodos para alcançar os leitores – exatamente aqueles elementos que a maioria das pessoas considera marketing. Entretanto, considerando que um plano de marketing convencional é criado cronologicamente em algum ponto ao longo do processo em função das decisões autorais, editoriais e de publicação, ele depende dessas decisões. Queremos enfatizar que não se pode corrigir um erro no livro vendendo-se mais cópias, e não se pode corrigir um erro de marketing no título, no preço ou no conceito vendendo-se com mais afinco.

Existe a possibilidade de que uma obra tenha uma ideia tão original e oportuna e que a execução dessa ideia seja tão boa que esse livro vença todos os obstáculos, que as pessoas o vejam, o adorem e falem a todos os amigos sobre ele, e que, apesar de sua falta de planejamento, alcance sucesso. Isso às vezes acontece. Entretanto, casos eventuais como esse de sucesso não planejado não são um argumento para não se fazer planejamento. É mais provável que você alcance o sucesso de forma intencional do que acidentalmente.

Quando termina o editorial e começa o marketing?

O autor Kampmann[2] diz que o marketing de um livro começa com o editorial, mas, na verdade, começa mais cedo, com a ideia para o livro em si e seu assunto. Cada livro, seja ficção ou não ficção, contém no cerne uma ideia para a estratégia de marketing do livro, a partir do qual um plano de marketing eficaz ou campanha pode ser projetado. Os editores devem ser sempre estimulados a trabalhar em estreita colaboração com seus colegas de marketing quando eles estão considerando um projeto. Trabalhando juntos, eles podem trazer o melhor livro para o mercado.

Idealmente, o marketing começa na aquisição. Muitas vezes, o marketing é deixado para a última hora, mas o marketing bem-sucedido é uma proposta de longo prazo. Ela começa no momento da aquisição e deve ser constantemente revistos e aperfeiçoados durante o processo de publicação.

No passado não muito distante as opiniões do departamento de marketing geralmente não eram levadas em consideração ao tomar a decisão de publicar. O projeto, conteúdo e a aparência do livro afetará sua venda. Portanto, o marketing deve começar antes mesmo do título ser contratado ou recebido pelo editor.

Mike Grace,[3] em sua análise de uma abordagem focada no mercado para a publicação, observou:

> Faz sentido que os editores se perguntem, não "o que posso produzir?" mas "o que os clientes querem comprar agora e o que eles vão querer comprar no futuro?" Marketing significa planejar com antecedência para um futuro lucrativo, observar o que os clientes desejam agora e provavelmente desejarão no futuro, fornecer um produto apropriado, promovê-lo e, finalmente, trocar o produto pelo lucro.

O sucesso no marketing depende da disposição dos editores em entender o ambiente em que operam, para realizar trabalho de base, aprendendo com experiências passadas e entendendo o comportamento do consumidor. Em outras palavras, uma gestão adequada das atividades de marketing deve lidar com dois grandes conjuntos de variáveis: aquelas relacionadas ao mix de marketing e aqueles que compõem o ambiente de marketing. Depois de adquirir, desenvolver, editorar um manuscrito e publicar o livro, o trabalho do editor é incompleto se a obra não for conhecido pelos leitores em potencial.

Quando chega a hora de considerar uma proposta do livro, você deve examinar as decisões de marketing que melhor possa atender seu público e projetar as vendas com o lucro máximo. Seu objetivo é criar um livro que venda, e para fazer isso, você deve publicar um livro atraente e competitivo no mercado.

Antes de tomar a decisão final – publicar um livro – você deve primeiro tomar decisões inteligentes em relação ao preço, formato e número de páginas do livro proposto. Você precisa ter uma noção de como este livro se moldará e se encaixará no mercado, e como você irá montá-lo. Por exemplo, o livro deve ter 400 páginas e preço de varejo de R$ 80,00, ou é melhor posicioná-lo com um número menor de páginas e um preço de varejo de R$ 60,00? Estas são decisões de marketing que você deve considerar agora, antes de publicar o livro.

Decisões de marketing

Comece seu pensamento olhando para frente. Você precisa entender como você vai comercializar o produto final. Dada à natureza do livro, qual o preço que você pode cobrar – ou você precisa cobrar – o que tem o livro para apoiar esse preço?

Para um livro ser bem-sucedido, você deve entender seu público e o que eles querem. Você também deve ser capaz de estimar o quanto eles vão pagar por isso. Mantendo sempre seu público em mente, e abordar esse público, você produzirá um livro que vai apelar para o público-alvo e alcançar suas estimativas de vendas.

Você também vai querer pensar sobre os tipos de livros que pretende publicar e o que será necessário para publicar livros de sucesso. Por exemplo, você vai precisar de promoção ou publicidade.

Você precisa ter uma boa ideia do tipo de livro com que você está se envolvendo e de o esforço e dinheiro para torná-lo bem-sucedido.

Nenhum livro pode ser considerado seriamente para publicação até que você tenha uma boa ideia de seu preço final, número de páginas e tamanho, e como essa combinação pode ser recebida nos mercados que deseja atingir.

As funções da equipe de marketing

Geralmente, o papel principal da equipe de marketing é ajudar a fazer a conexão dos leitores (clientes) com os livros. Os editores podem publicar livros maravilhosos e brilhantes, mas, se os leitores visados não souberem que esses livros existem, estes permanecerão guardados em algum depósito. Marketing não é vendas (uma distinção importante): a equipe de marketing trabalha em um nível mais amplo, nacional; a equipe de vendas tem uma relação mais direta, local com os compradores, sejam eles professores, bibliotecas, livrarias ou distribuidores. As editoras de livros didáticos têm seu pessoal de vendas, mesmo com um departamento de uma ou duas pessoas.

Enquanto o livro está em desenvolvimento, o pessoal de marketing pode oferecer orientação e contribuir com o título, o design da capa e o texto que aparece na última capa ("texto da quarta capa", como frequentemente é conhecido, ou simplesmente, texto da última capa). A equipe de marketing deve apresentar sugestões para o texto dessa capa, ajudar a tornar interessante e acessível o título do livro, assim como trabalhar com o autor para garantir endossos de nomes famosos para a última capa (quando não for obra didática). Essa equipe de marketing, geralmente, redige uma descrição do livro, a qual será usada em catálogos e folhetos (uma descrição do livro e seu conteúdo, composta de 120 a 180 palavras). Às vezes, os editores são incumbidos dessas funções também – a divisão do trabalho varia de empresa a empresa.

Antes e depois da publicação de um livro, a equipe de marketing trabalha no sentido de promovê-lo a seu público por meio de vários canais diferentes. A maioria das editoras de livros didáticos tem sua *equipe de divulgadores*. Esse primeiro canal trabalha fortemente com mala direta, projeta e envia folhetos, analisa as listas e toma decisões acerca de quantos *livros de amostra* deve enviar.

Um segundo canal importante são as *convenções e as exposições*. A equipe de marketing tende a viajar bastante – algo que pode ser bom ou ruim, dependendo do quanto se gosta de hotéis e aviões. A equipe de marketing geralmente é responsável pela montagem e pela contratação de pessoal para trabalhar nos estandes de exposição em congressos e feiras, além de ter a função de representar a empresa nesses encontros. Os editores frequentemente participam desses encontros, mas sua tarefa é reunir-se com autores possíveis ou existentes, ao passo que o pessoal de marketing comumente está mais ligado ao estande no hall de exposição, onde conversam com clientes, visitantes e mostram os novos livros, anotam nomes de autores potenciais, distribuem catálogos e divulgam a empresa e seus novos títulos.

Um terceiro canal que tem tido um crescimento explosivo ultimamente é o marketing feito pela internet e por e-mail. Muitas editoras de livros didáticos de menor porte recorrem, fortemente, a promoções feitas em sites da web e por e-mail, pois é um meio mais barato, mais rápido e, muitas vezes, mais preciso do que a correspondência direta. Em uma editora de menor porte, você pode ser o responsável por redigir textos para a internet e rastrear as vendas online, além de realizar as tarefas acima. As organizações maiores podem ter uma pessoa da equipe dedicada ao marketing na web.

A equipe de marketing dedica um tempo significativo acompanhando os resultados de seus esforços, a fim de saber o que funcionou ou não; quais livros venderam; quais provavelmente venderão ou não; e para qual público. Desse modo, eles criam processos para acompanhar as vendas e os índices de resposta aos folhetos e catálogos e campanhas de marketing de vários tipos. Portanto, equipes de marketing muito boas são compostas de pessoas muito analíticas que rastreiam os dados, mas também de redatores criativos e atentos ao layout (frequentemente, eles interagem diretamente com os designers e assistentes ao prepararem suas correspondências).

MAXIMIZANDO AS RECEITAS

Durante os mais de 30 anos em que estamos envolvidos na publicação de livros, ouvimos ainda a repetição de certas ideias e frases. Uma delas é: "Como pequeno editor, posso imprimir x milhares de cópias de um livro (o valor de x se elevou ao longo dos anos) e, ainda assim, ganhar dinheiro, ao passo que outra editora precisa vender três, quatro ou cinco vezes mais para equilibrar as contas".

Isso é apenas parcialmente verdadeiro. Neste capítulo, falaremos brevemente em como determinar os números necessários para atingir metas financeiras. Não obstante, continuamos a ouvir essa frase sendo repetida, o que colabora para que diversos pequenos editores suportem a carga de baixas vendas, margens de lucro estreitas e pesados índices de devolução. E nossa resposta – baseada em nossa experiência – tem sido: é preciso procurar maximizar as vendas de cada livro.

Quando somos convocado a prestar ajuda na área de marketing, costumamos utilizar algumas estratégias. Nosso primeiro passo é examinar o livro e tentar visualizar os compradores potenciais: quem são eles? Onde podem ser encontrados? O que eles querem? Dedicamos também algum tempo entrevistando o autor e/ou editor sobre o livro e seu público. Há uma anedota segundo a qual um consultor é alguém que toma seu relógio emprestado para dizer-lhe a hora; na verdade, isso descreve um aspecto de nosso trabalho. Porque, seja como consultor seja como integrante do staff, o trabalho do marketing é absorver a essência de um livro, entender seu apelo a um público em potencial e, somente então, reunir os dois.

Depois de nos informar o máximo possível a respeito de um livro, o segundo passo é examinar detalhadamente uma *checklist* que inclui algumas técnicas e mercados descritos para decidir quais poderiam ser aplicáveis. Os editores mais bem-sucedidos atualmente obtêm receitas de muitas fontes: vendas estrangeiras, direitos autorais, mercados especiais, venda direta aos consumidores e adoções em escolas, além do comércio com distribuidores e livrarias. Se ao final do ano a margem for de 5 a 10 por cento, então os 2 a 3 por cento das vendas que foram efetuadas a alguns desses mercados constituem a diferença entre lucro e prejuízo.

> Bons artistas copiam, grandes artistas roubam.
> – Pablo Picasso

Como estamos envolvidos no marketing de livros há muitos anos, naturalmente recorremos a certas técnicas e esperamos resultados em certos lugares. Entretanto, também tentamos pensar além dos horizontes – e é nisso que ajuda sermos bons ouvintes. Ao longo dos anos, descobrimos que algumas de nossas melhores ideias têm como ponto de partida as ideias de outras pessoas – especialmente daquelas com aptidão em outros assuntos e diferentes mercados. Gostaríamos de enfatizar, portanto, a importância de estar aberto a novas possibilidades, ouvir autores que conheçam seu público e explorar novos mercados.

COMO TORNAR OS ESFORÇOS DE MARKETING EFICIENTES

A maioria das pessoas de negócios percebe rapidamente que é mais fácil aumentar as vendas do que a lucratividade. Se a editora gasta mais dinheiro em marketing, suas vendas devem aumentar. O importante – especialmente quando se faz marketing de livros – é tornar o marketing eficiente em termos de custo, e isso pode ser uma verdadeira proeza. O diretor de marketing tem de lidar com várias questões inconvenientes como um item de preço relativamente baixo, descontos elevados, devoluções (algo com o qual a maioria dos negócios não precisa lidar) e, o pior de tudo, falta de compradores regulares.

Depois de passarmos nossa carreira trabalhando com editores de pequeno, médio e grandes portes (para os quais cada real é importante), somos totalmente a favor de investir em esforços de marketing na escala apropriada. Se o conceito de estratégia está relacionado a um direcionamento para a comercialização de livros, isso significa selecionar e encontrar métodos que resultem em um livro lucrativo e em uma empresa lucrativa. Evidentemente, essa é uma meta que não pode ser atingida somente por meio do marketing. Se a editora gasta dinheiro em produção ou se seus gastos gerais são excessivamente elevados, não pode esperar que um marketing habilidoso compense a diferença. Se você é um editor, seus esforços de marketing são uma peça de um sistema complexo chamado negócios. Se você é um autor, o processo inteiro torna-se mais simples; a menos que seu livro seja uma ferramenta promocional para outros serviços que você oferece, você simplesmente não pode gastar mais dinheiro por venda do que aquilo que será devolvido em royalties.

Então, como decidir quanto gastar? Em gastar em quê? Não temos uma resposta simples. Mas, à medida que ler esse livro, você descobrirá que algumas das estratégias e alguns dos mercados parecerão apropriados para seu livro ou para sua companhia, enquanto outros não se aplicarão. É importante fazer algumas projeções, cálculos e suposições – e experiência ajuda bastante. Se você experimentou algo e obteve certos resultados, pode fazer interpolações, extrapolações e projeções mais precisas do que poderia em relação a uma estratégia inteiramente nova.

Um conselho: tente manter alguns registros daquilo que experimentou e quais foram os resultados. Nunca deixamos de nos surpreender em relação a quão aleatórios editores aparentemente inteligentes e sagazes podem ser quando se trata de seus dispêndios de marketing. Instinto e bom-senso são ativos valiosos, especialmente quando estão envolvidas estratégias de marketing, mas a informação pode ser o elemento crítico para tornar seu marketing eficiente em termos de custo.

COMO CALCULAR SEUS PARÂMETROS FINANCEIROS

Alguns editores de livros entram no negócio de publicação por causa de seu amor pelos livros; no entanto, o lado comercial da publicação logo ocupa uma parte importante de seu tempo e energia, ou mesmo por uma oportunidade de emprego – isso é natural, se não inteiramente apropriado. Com exceção daqueles que têm recursos ilimitados, os números determinarão bastante: o que poderão publicar, quanto poderão publicar e como serão capazes de comercializar seus livros.

Para manter um negócio viável e para monitorar a saúde financeira de uma editora, é recomendável criar e manter uma série de mecanismos financeiros – projeções de fluxo de caixa, extratos de receita detalhados (rastreando a receita e as despesas por categoria e departamento) e folhas de balanço. Esses não somente o ajudarão a permanecer nos negócios, mas também lhe indicarão antecipadamente se algum aspecto de seu plano básico de publicação não estiver funcionando.

Embora a administração financeira de uma empresa editora esteja além do escopo de um livro, apresentaremos nas páginas seguintes uma ferramenta financeira simples: uma análise da lucratividade que deve ser usada para cada livro. Pular esse processo não somente é perigoso, mas também não permitirá que você aprenda com os erros ou sucessos. Discutiremos essa ferramenta em específico (e não as outras mencionadas acima) porque ela está intimamente envolvida nas expectativas quanto aos livros e à verba de marketing designada a cada título.

Às vezes, ouvimos editores dizendo que, desde que os números desse tipo de análise podem ser manipulados para dizer qualquer coisa, não querem se envolver na realização dessas projeções. Respondemos: não obstante ser verdadeiro que se pode fazer um livro questionável parecer lucrativo no papel antes de ele ser publicado, você terá o pedaço de papel para consultar para o próximo livro e para o seguinte, e para o seguinte. Quem quer que tenha dado seu aval ao projetar vendas de um livro que perdeu dinheiro será obrigado a reconhecer sua responsabilidade quando for convocado na próxima vez.

Naturalmente, projetar vendas com exatidão sempre será difícil, e é provável que você sempre errará em relação a alguns títulos. Entretanto, é melhor errar no lado conservador, para evitar, por exemplo, que uma grande quantidade de livros (que poderiam ter dado lucro) resulte em prejuízo porque a editora pagou muito alto ao autor antecipadamente e imprimiram demasiadas cópias. Por fim, é melhor que você saiba exatamente quanto precisa vender para atingir as metas financeiras, obtendo, assim, o maior *feedback* possível em relação a se pode ou não produzir realisticamente o número que está projetando.

COMO DEFINIR UM MODELO DE ANÁLISE DA LUCRATIVIDADE

Embora os números da análise em relação a cada livro e a cada editora (apresentada a seguir no Quadro 22.1), o método e o formato devem funcionar, na maioria dos casos. Há várias versões desse formulário: algumas mais legíveis do que outras; algumas mais detalhadas do que outras. Se sua operação contiver elementos não incluídos aqui, descubra uma maneira de incluí-los. Por exemplo: se você é um editor de livros profissionais e vende diretamente aos consumidores e realmente obtém lucro sobre os encargos de remessa, nesse caso recomenda-se acrescentar "outras fontes de renda".

Realmente, não interessa o formato utilizado, contanto que todos os fatores relevantes sejam contabilizados e que você possa consultá-los quando examinar o impacto das alterações de preço e tiragem. Tenha em mente também que quase todas as linhas do formulário a seguir serão afetadas pela natureza de sua operação individual, e exigem certa reflexão. A natureza de seu negócio e suas práticas comerciais terão um efeito direto e substancial sobre fatores que, em um primeiro olhar, pareceriam ser padrões. A seguir, enumeramos algumas diretrizes representativas a serem consideradas quando você desenvolver e trabalhar com sua análise da lucratividade.

- **Vendas comerciais e devoluções.** Você está perdendo dinheiro com livros devolvidos, ou eles serão remetidos novamente e finalmente vendidos? Qual porcentagem de devoluções é invendável? Você está realmente cobrando por cópias danificadas, ou assumirá o prejuízo pelos livros danificados? Você venderá como saldo de estoque os livros não vendidos e danificados? Se assim for, você deverá ter uma linha de renda referente ao valor que receberá das vendas do saldo de estoque. Se você imprime de maneira conservadora, cobra por livros danificados e continua a vender um livro até ele ficar fora de catálogo, então, mesmo tendo devoluções normais, sua linha de devoluções pode ser muito pequena. Mesmo assim, você pode ter custos significativos para processar as devoluções, e precisa de um método para designá-las.

- **Período de vendas projetado.** O formulário de amostra aqui reproduzido, embora útil para projetar seu retorno sobre os investimentos, não contém nenhuma provisão referente à extensão de tempo de que você precisará para vender a primeira impressão. Se você sempre tenta imprimir durante uma extensão de tempo em particular e é muito bom para fazer projeções, pode recorrer a uma fórmula. Se espera grandes variações, deve criar um método para calcular essa possibilidade.

- **Distribuidor.** Se você trabalha com um distribuidor, pode fazer algumas estimativas a respeito de como atribuir esses custos ou pode simplesmente incluí-los como uma soma total representando o custo das vendas comerciais.

QUADRO 22.1 | Análise de lucros e perdas

Título: Tudo sobre fusão e aquisição de bancos
Autor: Edwin Burke
Formato: 17x24
Número páginas: 400
ISBN: 00000000
Data de publicação: maio 2021
Preço de capa: 80,00
Primeira impressão: 4.000 cópias

Custos de desenvolvimento:

Editorial e produção	25.000
Papel, impressão e acabamento	17.000
Royalties: 10% sobre preço de capa	28.000
Custos de marketing e vendas	8.000
Custos operacionais totais	45.000
Despesas totais	**123.000**
Receita líquida	5.000

- **Despesas indiretas de marketing e editoriais.** Além dos custos contratados, cada livro que você publica toma tempo da equipe. Você deve ter uma maneira de rastrear esses custos e incluí-los.
- **Atribuindo custos à "frontlist" e à "backlist".** Uma vez que esse tipo de análise financeira usualmente é realizada somente para os títulos da *frontlist* (lista dos livros recém-publicados), você deve fazer algum tipo de ajuste para calcular quanto de suas despesas indiretas e custos administrativos são consumidos pela *backlist* (lista dos livros antigos que continuam a ser impressos); caso contrário, você vai fazer novos projetos de publicação parecerem mais dispendiosos do que são.
- **Custo do dinheiro.** Seu custo para tomar empréstimos presumivelmente esteja incluído nos custos gerais e administrativos. Se você estiver considerando que um livro será extremamente dispendioso e que venderá mais lentamente do que a maioria dos livros de sua linha, precisará calcular o custo do dinheiro como um item separado no lugar de recorrer à mesma fórmula que costuma usar.

QUANTO SE DEVE GASTAR?

Qual é o orçamento típico de marketing e vendas para um editor de livros de interesse geral ou profissionais? Em média, os números variam de 5% a 10% das vendas líquidas – esses valores incluem comissões de vendas de livros, bem como todos os outros dispêndios de marketing. A quantidade investida dependerá de muitos fatores, inclusive o tipo de publicação, o fluxo de caixa, os planos de expansão, e a porcentagem da renda que vem da *backlist* e da *frontlist*.

Há um exemplo interessante de um editor que investiu consistentemente em marketing de ponta, sacrificando os lucros em curto prazo para ajudar a construir a reputação da companhia. O resultado foram vendas consistentemente maiores do que se poderia esperar para certos títulos, e o sucesso desses livros ajudou, por sua vez, a atrair autores mais estabelecidos para a lista. A certa altura, foi necessário aumentar a margem da companhia, mas, como uma estratégia de crescimento, o investimento em mais marketing demonstrou-se bem-sucedido.

COMO COLOCAR SEU PLANO DE MARKETING NO PAPEL

A menos que você seja um editor iniciante, seus planos de marketing para títulos a serem lançados estarão, naturalmente, enraizados em suas atividades em andamento. Se uma editora publica livros profissionais e tem um programa ativo de mala direta, sabe que seus novos títulos encontrarão um lugar em seu catálogo de mala direta. Se ela participa regularmente de reuniões de associação profissional, sabe quais de seus novos livros serão exibidos e em quais reuniões. E se você recorre fortemente à publicidade para criar uma estratégia de atração por meio de livrarias, sabe que seus novos títulos comerciais serão suportados por campanhas de relações públicas.

Em cada caso, entretanto, permanecem as questões: quanto você gastará em um título em particular? E, se visar a múltiplos canais, como determinará a proporção de suas despesas? Dependendo do tamanho e da complexidade de sua companhia, a resposta a tais perguntas pode envolver algumas projeções simples ou fazer malabarismos com uma longa lista de demandas conflitantes para a alocação de recursos escassos. Qualquer que seja sua situação, aconselhamos os mesmos princípios básicos que recomendamos na preparação da análise de lucratividade de seu título: seja, cuidadoso e metódico. Crie um orçamento e um plano de marketing e coloque-os no papel.

Você inicia esse plano com duas peças básicas de informação: o *público-alvo* e as *expectativas de vendas*. Observe quais serão os diferentes métodos à sua disposição para atingir seu público e quanto lhe custarão esses métodos. Veja os exemplos, a seguir, que podem ajudar.

- **Por mala direta:** se você recorrer quase que exclusivamente à malas diretas, poderá examinar o custo e a disponibilidade de listas apropriadas, decidir se quer promover um título por conta própria, e projetar o tamanho e o custo dos malas diretas iniciais.

Você também pode criar um orçamento para malas diretas de seguimento que obtenham certa taxa de resposta. Se promover uma lista de livros em cada pacote de mala direta, então deverá designar uma porcentagem do custo de mala direta a cada livro baseando-se na porcentagem de espaço alocada a esse título no catálogo, brochura, carta, ou outro elemento do pacote de mala direta.

Os livros que você espera que se saiam melhor, naturalmente serão apresentados de forma mais proeminente e frequente. Desse modo, o orçamento e o plano de marketing dependem dessas informações: o quanto você aplicará não será uma questão casual, mas de planejamento.

- **Por livrarias:** se você vende quase que integralmente por meio das livrarias e recorre à publicidade para atrair compradores, precisará orçar uma porcentagem do tempo de seu publicitário ou os serviços de um publicitário *freelance*, o custo dos exemplares entregues para crítica, despesas de viagem para a realização de um *tour*, e assim por diante. Livros e autores no topo da lista, mais uma vez, serão agraciados com um orçamento maior e mais oportunidades.

Tudo isso é relativamente direto. Embora toda projeção de vendas esteja sujeita a erros, você pode fazer essas computações sem usar cálculo. Até mesmo as editoras que visam a diversos grandes mercados e utilizam uma variedade de veículos de marketing devem perguntar e responder questões que envolvam os custos relativos de diferentes programas e suas expectativas de sucesso.

A chave aqui, e a razão para ser tão importante criar um plano de marketing formal, é dedicar o tempo necessário para considerar suas opções e seu comprometimento quando tomar a decisão de publicar um livro. Afirmamos que, ao desenvolver seu plano de marketing, é importante ser conservador; entretanto, também é crucial ser entusiástico, otimista e criativo. Você, como editor, profissional de marketing, ou autor precisa visualizar as maneiras pelas quais pode chegar aos leitores. Esse é o momento de pensar além dos horizontes. Todos os clichês a respeito de mirar alto se aplicam aqui. É improvável que você ultrapasse suas metas e, na pressão do dia a dia para realizar as coisas, provavelmente você será menos inventivo. Além disso, mesmo que imagine uma maneira habilidosa de comercializar os livros mais tarde, você já comprometeu seus fundos de marketing.

Voltando ao livro hipotético para o qual fizemos um modelo de análise da lucratividade, nosso plano de marketing poderia se assemelhar a esse do Quadro 22.2.

QUADRO 22.2 | Exemplo de um plano de marketing para livro

Título: Fusão e aquisição de bancos

Descrição e público-alvo

Livro casual sobre negócios interessantes, não um manual técnico. O público-alvo seria leitores de negócios em geral (executivos e empreendedores), que seriam atraídos pelos relatos de casos de finanças e arbitragem e que querem entender o contexto no qual esses negócios são criados. *Nossa percepção* indica que esse livro terá sucesso no comércio, será tratado com naturalidade pela imprensa popular de negócios e que se sairá moderadamente bem por meio de nosso programa de mala direta de negócios.

A obra e o mercado parecem comparáveis a diversos livros anteriores que publicamos: *Banco tem cinco letras* (quatorze mil exemplares vendidos ao longo de três anos), e o livro publicado no ano passado, *Minha vida em bancos de investimentos* (sete mil e quinhentos exemplares vendidos em seis meses, mas não temos visto devoluções).

Vendemos, aproximadamente, mil cópias do primeiro por mala direta e duas mil e quinhentas cópias do último à nossa lista de executivos de bancos.

Devido à *natureza popular* desse livro, consideramos a comunidade bancária como um mercado secundário, e não primário. O autor está confiante que receberá citações de recomendação de alguns economistas famosos, bem como de um ex-ministro da fazenda. Se essas citações se concretizarem, provavelmente teremos mais sucesso com os mercados secundários.

> **Autor**
> Com sólidas credenciais acadêmicas e de consultoria, nosso autor tem uma modesta, mas boa reputação entre seus colegas profissionais e o meio acadêmico. Embora esse seja seu primeiro livro para um público popular, ele já escreveu diversos textos e artigos para algumas das mais destacadas revistas populares de negócios, bem com livros para editoras universitárias.
>
> **Relações públicas**
> Vamos nos concentrar principalmente em resenhas impressas, mas daremos ao autor um *tour* limitado a BH, RJ, Porto Alegre e Curitiba. Uma vez que o autor mora e leciona em SP, serão viagens relativamente curtas, e o autor concordou em custear suas próprias despesas de viagem. Além disso, o autor
> fará palestras em encontros profissionais em Vitória (em agosto) e em Salvador (em dezembro), de forma que tentaremos acionar alguma mídia adicional enquanto ele estiver nessas cidades. Orçamento: R$ 5.000.
>
> **Clubes do livro**
> Enviaremos exemplares a todos os clubes do livro orientados a negócios. Nosso gerente de promoção conversou com Márcio Peixoto da revista *Economia & Negócios*, que manifestou interesse.
>
> **Encontros profissionais e feiras**
> Esse livro estará na Bienal do Livro e teremos um *banner* de 60cm x 80 cm. Também faremos exibições nos encontros profissionais de que participamos regularmente. No encontro de São Paulo, ofereceremos um desconto especial para profissionais e o autor autografará livros em nosso estande. Orçamento: R$ 750.
>
> **Mala direta**
> Esse livro será nosso título de destaque na revista *Exame*, que entrará em nossa mala direta de endereços físicos e eletrônicos. Orçamento: R$ 4.000.
>
> **Promoções em livrarias**
> Incluiremos esse livro para uma promoção de contracapa para a cadeia de livrarias que apresentar todos os nossos livros dessa área. Oferecemos também um "co-op". Orçamento: R$ 4.000.
>
> **Publicidade**
> Juntamente com todos os outros livros do mesmo assunto, esse livro será apresentado em nosso anúncio anual de página inteira na edição de *Economia & Negócios*. Não planejamos nenhuma outra propaganda. Como é nossa política, se obtivermos uma resenha muito boa nas revistas *Veja*, *Exame* ou *Época*, apoiaremos as vendas para bibliotecas com um pequeno anúncio no periódico apropriado. Orçamento: R$ 250.

MARKETING NA ERA DIGITAL

O cenário do marketing hoje

No passado, os métodos tradicionais de marketing, como anúncios impressos, comerciais de televisão e mala direta, eram as principais estratégias para promover livros e autores. No entanto, estes métodos são muitas vezes dispendiosos e carecem de precisão na segmentação de públicos específicos. Por outro lado, as campanhas de marketing digital são normalmente mais econômicas e têm a capacidade de atingir públicos específicos, tornando-as mais eficientes para os editores.

A transformação digital permitiu que as empresas ampliassem seu alcance e aumentassem suas vendas. Com a mudança do marketing tradicional para o marketing digital, os editores podem agora explorar o vasto potencial do mundo online, alcançando milhões de leitores que talvez nunca tenham ouvido falar dos seus livros através de métodos tradicionais.

Houve um tempo em que o marketing de consumo e o marketing B2B eram coisas muito diferentes. O primeira dizia respeito à propaganda de massa, relações públicas, boca a boca; enquanto o segundo empregou métodos mais diretos, como mala direta, venda pessoal, recomendação de pares. E os dois nunca se encontraram.

Uma das principais coisas que a revolução digital trouxe para a publicação é a indefinição dessa distinção. Os editores agora vendem diretamente, comercializam diretamente e têm relacionamentos mais próximos com seus clientes finais do que nunca. Para o pessoal de marketing, isso é uma boa notícia.

Outra consequência é que há toda uma série de novas ferramentas e abordagens disponíveis para os editores; o ritmo da mudança é implacável, então temos que acompanhá-lo. E não para quando você é um gerente: o recrutamento agora está aberto com a necessidade de trazer novos conhecimentos, muitas vezes significando que precisamos olhar para fora dos canais tradicionais de publicação ou venda de livros para fortalecer a equipe. Então, quais são as habilidades-chave em demanda agora? Se você é um profissional de marketing que já trabalha na área editorial, pode se certificar de que está totalmente atualizado? Então vejamos as recomendações da autora e editora Julia Garvey[4]:

Análise

Big data, percepção do consumidor, análise, qualquer que seja o nome, este é o processo de medição quantificável e rastreamento do comportamento do consumidor. Em um nível básico, todo profissional de marketing precisa se sentir confortável com o Google Analytics. Você precisa estar apto a:

- Medir o tráfego na web;
- Identifique a origem dos visitantes;
- Acompanhe as respostas às campanhas;
- Procure taxas de rejeição, tempos de permanência, número de páginas visualizadas por visita;
- Entenda a jornada do cliente em seu site.

Você precisa ser capaz de monitorar, relatar e medir as mudanças regularmente. O quão regular isso pode ser depende do seu negócio e da sua atividade de marketing. Por exemplo, o tráfego mensal pode ser bom na maioria das vezes, mas quando você estiver executando uma grande iniciativa, convém medir as alterações com mais frequência, diariamente ou até mesmo de hora em hora.

Esse nível de compreensão pode ser aprendido ou adquirido no YouTube. A menos que você esteja começando do zero, é provável que grande parte do processo de medição já esteja pronto para você; você só precisa ser capaz de entender o que está vendo e saber interpretar os dados.

Mas isso é o básico, e muitas vezes isso não é suficiente. Além desse nível, você precisa ser capaz de entender seus clientes e públicos. Não é por acaso que algumas editoras comerciais agora têm departamentos de percepção do consumidor ou análise de dados. Os dados são literalmente a resposta para tudo. E quanto maior for sua capacidade de medir e entender os dados, maior será sua capacidade de tomar decisões informadas de marketing (e publicação). Mas lembre-se, como acontece com todos os dados que você registra e mede, se você não consegue entender e agir com base nos *insights*, não há sentido em se esforçar para registrar tudo.

Nem todos trabalhamos em grandes editoras. Se você não tem uma equipe de análise para ajudar, considere fazer um curso mais avançado no Google Analytics.

Produção de vídeo

Todo mundo é um YouTuber. Bem, não exatamente, mas o vídeo está desempenhando um papel cada vez mais significativo no marketing e continuará assim. Você precisa entender os canais do YouTube e como incorporar vídeos em seu site e mídia social. Você também precisa pensar "primeiro o vídeo", não o vídeo como um complemento.

De mãos dadas com o vídeo vem o podcasting. Pense no seu cliente em seu trajeto para o trabalho, preso por uma hora apenas com o celular como companhia. O que você pode dar a eles para entretê-los e tentá-los a comprar seus produtos? Que tal um download de áudio gratuito, uma entrevista com o autor do podcast ou um vídeo explicando um conceito-chave do seu título?

Mídias sociais

Todos os profissionais de marketing precisam ser ativos nas mídias sociais. Ponto final. A mídia social é agora o canal de marketing mais importante que você usará. Você precisa entender as diferenças entre cada rede de mídia social, qual é a rede certa a ser usada para atingir seus objetivos específicos, como usar publicidade paga e postagens impulsionadas e como medir a eficácia de sua mídia social. Mas a principal coisa a se perguntar toda vez é "onde estão meus clientes". Eles estão no Facebook? Estão no LinkedIn? Estão no Twitter?

Marketing de conteúdo

Você pode construir uma estratégia de marketing de conteúdo variada, oportuna e receptiva? Você pode encomendar conteúdo envolvente que os usuários desejam ler, assistir, ouvir ou consumir? Você entende o saldo de quanto dar de graça antes de pedir aos clientes pagarem? O marketing de conteúdo é uma grande notícia, e os editores, mais do que a maioria, estão em uma posição ideal para aproveitar essa onda – afinal, ganhamos a vida lidando com conteúdo. Um profissional de marketing que entende como obter o melhor valor dos ativos existentes ou criando novos materiais complementares é uma adição valiosa para qualquer equipe de marketing.

E-mail

Embora muitas das estratégias descritas acima se preocupem em construir uma público e criar demanda, o e-mail é o melhor dispositivo para converter essa demanda em vendas. E você nunca deve esquecer que o marketing está preocupado em fazer vendas.

Um e-mail bem elaborado tem sete vezes mais chances de gerar uma venda do que um Tweet sozinho. Certifique-se de entender a diferença entre um boletim eletrônico e um e-mail de vendas; como elaborar um programa de automação de e-mail; e como escrever uma linha de assunto relevante que resulta em taxas de abertura mais altas.

O marketing por e-mail é uma estratégia essencial para que os editores promovam seu trabalho e construam relacionamentos com seus leitores. Envolve fornecer incentivos, gerar conteúdo valioso e personalizar e-mails. Por meio do marketing por e-mail, os editores podem expandir suas listas de mala direta e aumentar as vendas de livros. Oferecer incentivos como descontos ou brindes pode motivar leitores em potencial a se inscreverem em listas de e-mail, enquanto a criação de conteúdo valioso, como postagens em blogs, vídeos ou podcasts, pode envolver o público e incentivar ainda mais as conversações.

Habilidades essenciais de marketing tradicional

Até agora, examinamos "novas" estratégias ou técnicas que fazem uso da tecnologia digital. Mas também é importante lembrar que, no fundo, devemos ser bons profissionais de marketing. Precisamos garantir que tenhamos uma compreensão sólida das habilidades de marketing tradicionais que sustentam tudo o que fazemos. Habilidades como:

- Redação
- Pensamento estratégico
- Planejamento de campanha
- Criatividade
- Foco no cliente
- Pesquisa de mercado
- Medição, análise e astúcia financeira

Se você tropeçou no marketing sem nenhum treinamento formal (como muitos de nós), então pode estar perdendo alguns dos blocos básicos de construção que permitirão que você progrida em sua carreira. Essas habilidades ajudam a fornecer uma estrutura dentro da qual planejar e analisar sua abordagem. Uma compreensão firme desses conceitos essenciais de marketing, sem dúvida, levará sua editora adiante. Assuma a responsabilidade por esse aprendizado.

INICIANDO O MARKETING

Embora enfatizando que a concepção mais ampla de marketing inclui tudo o que um editor fará, é importante saber quão esmagadora é a tarefa de tentar realizar tudo. Tão logo se decida publicar o livro e colocá-lo na programação, o relógio começa a andar – não apenas para o autor, que tenta concluir o manuscrito no tempo determinado, como também para a equipe de marketing, que pode iniciar seu trabalho no livro um ano inteiro antes da publicação programada.

A seguir apresentamos um exemplo de *checklist*, sugerido por Kelvin Smith, autor de *Publishing Business*,[5] que inclui a *linha de tempo* com muitas atividades de marketing convencionais perseguidas por editores de livros de negócios. Você pode usá-la como base para criar sua própria *checklist*.

Linha do tempo do marketing

Seis a 12 meses antes da publicação

- Oferecer a venda dos primeiros direitos (*serial rights*) a periódicos enviando capítulos selecionados, extratos ou originais com sumário e uma carta de apresentação.

7 meses antes da publicação

- Iniciar o *design* da capa.

4 a 6 meses antes da publicação

- Produzir *layout* da capa (capas impressas ou fotos coloridas de modelos em escala para apresentação em conferências de venda).
- Redigir textos para a contracapa e para o catálogo da editora.

4 meses antes da publicação

- Redigir comunicados de imprensa e criar kits de imprensa (foto, biografia do autor, histórico, questões de amostra, *clippings* etc.).
- Enviar provas com comunicados de imprensa a resenhistas de revistas.
- Começar a trabalhar na oferta de mala direta no estágio de pré-publicação.

3 meses antes da publicação

- Enviar provas de páginas com carta de apresentação e comunicados de imprensa a quaisquer mercados de vendas especiais.
- Enviar provas e comunicados de imprensa a periódicos para resenha.
- Realizar chamadas telefônicas de seguimento a todos os destinatários acima, o mais tardar até três semanas depois da mala direta.

2 meses antes da publicação

- Enviar ofertas pré-publicação por mala direta.
- Extrair listas da mídia e preparar kits de imprensa para a campanha de relações públicas.

1 mês antes da publicação

- Garantir que livros estejam em estoque.

3 semanas antes da publicação

- Enviar kits de imprensa para entrevistas com o autor.
- Enviar cópias da resenha com comunicados de imprensa.
- Realizar chamadas telefônicas de seguimento no intervalo de 10 a 14 dias depois da remessa dos livros.

Depois da publicação

- Prosseguir as atividades de marketing contanto que permaneça eficientes.

REALIZANDO O MARKETING PARA VENDER O LIVRO

Um marketing competente e cuidadoso é parte integrante do sucesso de qualquer livro. Os esforços de marketing, portanto, devem ser iniciados logo depois que o projeto é aprovado (ou assim que o contrato de um livro é assinado) e prosseguem ao longo de todas as etapas de desenvolvimento do original, de pré-impressão e de manufatura. Pesquisa de mercado formal e informal, *feedback* sobre o original, desenvolvimento de complementos, e preparação e cultivo do mercado antes da publicação são papéis fundamentais desempenhados por uma boa equipe de marketing.

> **Editor: tudo é marketing**
>
> Se você ainda não percebeu até agora, considere todas as funções de uma editora como parte integrante do marketing do livro.

O consultor John McHugh[6] escreve: *o marketing apresenta-se no âmago de muitas das decisões estratégicas e táticas e o processo de marketing está interligado a todo o processo de publicação. Uma* equipe de marketing deve trabalhar estreitamente com os editores a fim de assegurar que as potencialidades e os recursos distintivos do livro sejam prontamente evidenciados na obra publicada, uma vez que eles se constituem a base sobre a qual será construída toda a campanha promocional e de vendas. Na ação de percorrer o processo de publicação como uma equipe, os editores e a equipe de marketing já terão se transformado em íntimos aliados à época da publicação: ambos podem ser tanto o colega que conhece melhor o produto como o amigável representante do mercado-alvo que possui conhecimento direto dos critérios de adoção e das tendências do mercado e da disciplina, bem como experiência direta com a concorrência. A disposição para envolver-se ativamente com o gerente de marketing é o primeiro passo necessário no lançamento de campanhas promocionais e de vendas que ajudarão a conquistar um generalizado endosso e a adoção da obra.

Outro passo fundamental é o cuidadoso preenchimento do Questionário do Autor. O Questionário do Autor (QA) – apresentado no Quadro 22.3 – é o documento a partir do qual o gerente de marketing começará a construir o plano de marketing para um título. O QA contém informações básicas (incluindo a ordem dos nomes dos autores, afiliações escolares, o título completo do livro etc.), bem como é o meio principal por meio do qual o autor comunicará suas ideias para o marketing de seu livro.

Independentemente do quanto o autor e seu gerente de marketing tenham conversado, é importante o preenchimento cuidadoso do QA, uma vez que esse será o documento-base que servirá tanto ao canal de venda universitário quanto a outros canais de vendas. O gerente de marketing usará as informações fornecidas pelo autor com respeito a cada uma das categorias indicadas no formulário, a fim de modelar o melhor plano de marketing possível para o livro. Esse é o momento ideal para o autor identificar todos os mercados potenciais para seu título, além de seu mercado universitário principal. Se o autor acredita que há grandes mercados possíveis para seu livro em canais comerciais, internacio-

QUADRO 22.3 | Questionário do autor

Ajude-nos a vender seu livro!

Para promover e vender seu livro, precisamos de algumas informações básicas, porém cruciais, para planejar as estratégias de divulgação junto ao departamento de marketing.

Na medida do possível, responda a todas as perguntas desse formulário. Veja algumas observações para preenchê-lo:

- Se seu livro foi concebido para ser um **livro-texto**, responda a todas as perguntas, exceto a pergunta 10.
- Se tratar-se de um **livro profissional ou de referência**, responda às perguntas 1, 2, 3, 7 e 10.
- e ele se encaixa em **ambos os mercados**, preencha todo o formulário.

Depois de preenchido, envie esse formulário por e-mail ou, se preferir, imprima e envie por correio.

Título do livro: _____

Nome e cargo (exatamente como você quer que conste nos créditos e no material promocional do livro) _____

Coautores:
Se o livro foi escrito em parceria com outros autores, indique a seguir a ordem em que os nomes (incluindo seu) devem aparecer no livro e nos materiais promocionais.

1. _____
2. _____
3. _____
4. _____

Informe a seguir o endereço e o número de telefone para correspondência e futuros contatos.
Instituição em que leciona ou trabalha:
Endereço: _____
Telefone: _____
E-mail: _____
Data de nascimento: _____
Endereço residencial: _____
Telefone: _____
E-mail: _____

1. Histórico profissional

A. Escolaridade:

Bacharelado
    Faculdade/Universidade: _____
    Período: _____
    Área: _____

Mestrado
    Faculdade/Universidade: _____
    Período: _____
    Área: _____

Doutorado
    Faculdade/Universidade: _____
    Período: _____
    Área: _____
    Outros cursos: _____

B. Currículo do autor:

Escreva sucintamente sua biografia em *um parágrafo* (aproximadamente 50 palavras), a ser usada nos folhetos promocionais. Caso haja outros livros de sua autoria, não deixe de mencioná-los (título, editora, ano de publicação).

2. Resumo do livro

Se você tivesse apenas dois minutos (ou 250 palavras) para convencer um cliente propenso a usar seu livro, o que diria? Vamos considerar que você está escrevendo um anúncio para seu livro. Concentre-se nos principais recursos que os *professores* vão querer e em como esses recursos vão (1) ajudar os alunos a conhecer o material e (2) ajudar os professores ministrar a disciplina. No caso de livros profissionais, concentre-se nos principais recursos que as pessoas precisam conhecer para comprar seu livro.

3. Características

Relacione todas as características importantes que beneficiarão não só professores, mas também alunos. Seja abrangente e cite assuntos específicos, seções ou capítulos. Coloque as **características por ordem de importância**.
    Apresente os benefícios de cada recurso para o aluno e/ou para o professor e aponte os recursos iguais ou superiores aos de seus principais concorrentes.
    Relacione todas as características (se tiver mais do que cinco, acrescente à lista).

    1. Característica:
    Localização no texto: _____
    Benefício: _____

    2. Característica:
    Localização no texto: _____
    Benefício: _____

3. Característica:
Localização no texto: _____
Benefício: _____

4. Característica:
Localização no texto: _____
Benefício: _____

5. Característica:
Localização no texto: _____
Benefício: _____

4. Pedagogia

Existe algum recurso pedagógico para o aluno? E para o professor? Caso afirmativo, cite-os.

Objetivos de aprendizagem
Localização/Quantidade: _____
Benefício: _____

Introduções de capítulo
Localização/Quantidade: _____
Benefício: _____

Exercícios do capítulo
Localização/Quantidade: _____
Benefício: _____

Estudos de caso
Localização/Quantidade: _____
Benefício: _____

Casos completos
Localização/Quantidade: _____
Benefício: _____

Quadros
Localização/Quantidade: _____
Benefício: _____

Resumos de capítulo
Localização/Quantidade: _____
Benefício: _____

Gráficos
Localização/Quantidade: _____
Benefício: _____

Fotografias
Localização/Quantidade: _____
Benefício: _____

Problemas ao final de cada capítulo
Localização/Quantidade: _____
Benefício: _____

Questões para discussão
Localização/Quantidade: _____
Benefício: _____

Questões para estudo/teste
    Localização/Quantidade: _____
    Benefício: _____

Leituras correlacionadas
    Localização/Quantidade: _____
    Benefício: _____

Respostas/Soluções
    Localização/Quantidade: _____
    Benefício: _____

Lista dos principais termos
    Localização/Quantidade: _____
    Benefício: _____

Glossário
    Localização/Quantidade: _____
    Benefício: _____

Bibliografia
    Localização/Quantidade: _____
    Benefício: _____

Problemas resolvidos
    Localização/Quantidade: _____
    Benefício: _____

Resumos de capítulo
    Localização/Quantidade: _____
    Benefício: _____

Exercícios experimentais
    Localização/Quantidade: _____
    Benefício: _____

5. Mercado universitário

A. Cursos:

Em qual (is) curso(s) universitário(s) e disciplina(s) seu livro poderia ser adotado? Relacione primeiramente o curso principal ao qual seu livro se destina. Em seguida, relacione em ordem decrescente outros cursos nos quais seu livro poderia ser utilizado.

1. Curso:
Disciplina: _____
Semestre: _____
Tipo do texto (principal ou complemento): _____
Duração: _____
Pré-requisitos (se houver): _____

2. Curso:
Disciplina: _____
Semestre: _____
Tipo do texto (principal ou complemento): _____
Duração: _____
Pré-requisitos (se houver): _____

3. Curso:
Disciplina: _____

Semestre: _____
Tipo do texto (principal ou complemento): _____
Duração: _____
Pré-requisitos (se houver): _____

B. Abordagem do livro:

No caso de haver mais de uma abordagem para um curso, especifique as diferenças dessas abordagens e dê as características que seu texto deve possuir.

C. Principais perguntas:

Relacione as principais características que nossa força de vendas pode fazer para determinar se sua abordagem para o livro é compatível com um adotador em potencial.

D. Teste de classe:

Esse livro foi utilizado como teste em alguma classe em uma versão preliminar além de sua? Caso afirmativo, é possível especificar o local em que foi usado, o período, a duração, a quantidade e o nível dos alunos e o professor? Quais foram os resultados do teste de classe? (Ou seja, como os alunos e o professor responderam ao livro?)

6. Concorrência

Na tabela seguinte relacione os quatro livros que concorrem diretamente com seu livro, publicados nos últimos cinco anos.

Título do concorrente	Autor (es)	Editora	Ano da publicação e edição
1			
2			
3			
4			

Comparando seu livro com os dos concorrentes, quais são as vantagens e as desvantagens em relação às outras obras? (Seja o mais específico possível.)

1. _____
2. _____
3. _____
4. _____

7. Críticas em jornais e convenções

Relacione, por ordem de importância, jornais e periódicos que atingem com mais eficiência o mercado para seu livro. (Tenha em mente que, embora seja enviado para jornais e periódicos, não é possível garantir a publicação das críticas ou de publicidade).

Caso tenha interesse, você poderá receber uma cópia das críticas (desde que você inclua o endereço do jornal e o nome da pessoa a ser contatada).

	Jornal	Endereço (com telefone)	Contato
1			
2			
3			
4			

Relacione eventos, reuniões ou feiras que atrairiam bom público em sua área e que seriam frequentados por pessoas interessadas em adotar seu livro em classe. Assinale os eventos nos quais você pretende participar nos próximos 12 a 18 meses.

8. Nomes de potenciais adotantes

Relacione os nomes de professores que poderiam adotar seu livro, com os endereços completos das instituições em que lecionam. Não inclua nomes de pessoas que não sejam professores da área nem diretórios de membros de associações. Cada autor tem direito a cópias do texto para seu uso.

> **9. Outros mercados**
>
> Existem mercados não acadêmicos para seu livro? Inclua os distribuidores, as empresas, os programas de treinamento, as sociedades, os associações, entre outros. Por que os livreiros comprariam seu livro e o colocariam em suas prateleiras? Qual seria seu argumento (com base na tendência do mercado) para convencê-los de que há uma demanda para seu livro? Qual o diferencial que seu livro apresenta com relação ao que se encontra disponível no mercado?
>
> **10. Livros profissionais/de referência**
>
> Responda a essas perguntas se seu livro for profissional ou de referência
>
> A. Tendências atuais:
>
> De acordo com as tendências atuais na área à qual seu livro se refere, quais delas criam uma demanda para ele? Que outras tendências podem ser citadas de acordo com o mercado de seu livro?
>
> B. Pontos de venda:
>
> De modo geral, os livros profissionais e de referência costumam ser comprados por pessoas que têm um orçamento limitado e, portanto, escolhem bem onde vão aplicá-lo. O que você pode dizer a um cliente em potencial para convencê-lo de que ele deve comprar seu livro? (Não é o momento para ser modesto!)
>
> C. Colaboradores:
>
> Se seu trabalho contar com a colaboração de algumas pessoas, relacione o nome de cada colaborador. É sempre recomendável que ele seja um especialista reconhecido em sua área.
>
> D. Mercado primário:
>
> Em sua opinião, qual é o mercado primário de seu livro? Seja específico.
>
> E. Mercados secundários (se for o caso)
>
> F. Pontos fortes e características:
>
> Existem recursos adicionais ou pontos fortes de seu livro que devem ser destacados na divulgação? (Por exemplo, gráficos, quadros, bibliografia, entre outros.)

nais, profissionais ou outros, essa é uma excelente oportunidade para ele realçá-los no QA, como uma preparação para a construção do plano de marketing. Ao mesmo tempo, se o autor ainda não o tiver feito, é interessante que ele comece a preparar uma lista de possíveis clientes para seu livro. Essa lista pode envolver participantes de um painel de debates de que o autor participou, ex-alunos, pessoas conhecidas do setor profissional, representantes de empresas para os quais o autor prestou serviços de consultoria, e outros. Não importa o tamanho da lista, a editora trabalhará cada sugestão, levando o nome do cliente potencial até a equipe de vendas, para dar seguimento a essa oportunidade de vendas.

Periódicos acadêmicos proveem publicidade gratuita e têm o endosso de seus colegas de profissão. Ao usar o QA para identificar as publicações com maior probabilidade de ser lidas por possíveis clientes, o autor dará a informação necessária para fornecer cópias de pré-publicação do original a seus editores e para garantir a publicação oportuna de uma resenha em uma edição futura. A publicidade "boca a boca" poderá, então, ser difundida no momento em que o livro for publicado e estiver pronto para compra.

ESTRATÉGIAS DE MARKETING E PLANO DE MARKETING

Reuniões de planejamento de marketing devem ser realizadas no ano ou semestre que antecede a publicação de um livro ou lista de livros. Durante esse tempo, o gerente de marketing se reúne com representantes de vendas, com os editores e com os planejadores de convenções, para discutir estratégias de venda e promocionais específicas para a obra.

Ao longo dos meses subsequentes, o gerente de marketing trabalhará estreitamente com os autores e com outras pessoas para desenvolver um plano de marketing talhado individualmente que encaminhará as vendas potenciais do livro por meio de todos os canais de vendas viáveis. Em alguns casos, pode-se optar por criar planos de marketing por agrupamentos ou catálogos de disciplinas para atingir certos públicos mais eficientemente.

Um plano de marketing, sugerido pelos especialistas em marketing de livros Cole, Sorel e Hill[7] inclui as seguintes categorias:

- Informação básica (título, estimativa de vendas, preço, data de publicação do livro, suplementos)
- Declaração da missão
- Dinâmica de mercado
- Posição do produto/recursos de distintivos
- Diferença do livro
- Paisagem competitiva (que inclui uma breve análise das potencialidades e fragilidades dos principais concorrentes)
- Questões para discussão
- Conceito/mensagem da campanha
- Suporte de vendas planejado
- Linha de tempo de publicidade
- Convenções

FERRAMENTAS DE VENDAS

Uma das responsabilidades mais importantes do gerente de marketing é a criação das ferramentas de vendas que os representantes usarão quando apresentarem o livro a clientes potenciais. Esses materiais serão, por fim, customizados em *kits* de produto específicos à situação, seja para apresentações diante de uma grande comissão de adoção de livros seja para atrair tomadores de decisão de "escolha individual".

Marketing de banco de dados

O marketing de banco de dados tem a finalidade de elaborar um sistema automatizado por meio do qual os representantes de vendas direcionem as amostras de livros para serem enviadas a clientes potenciais. O sistema, denominado de Automação da Força de Vendas (AFV) capta informações sobre alvos potenciais e também traça perfis de áreas de interesse dos clientes. Essas informações permitirão criar uma mala direta para atingir mais eficazmente clientes potenciais.

Guias de localização

As guias de localização (*tabbing guides*) comumente são usadas para dirigir os possíveis adotantes a exemplos notáveis da abrangência e aparato pedagógico do livro. Elas são projetadas para estruturar um "passeio" pelo livro e seu conjunto associado de recursos auxiliares de ensino e aprendizagem. Esses guias têm uma variedade de formatos e são empregadas em quase toda situação de venda.

Informações competitivas

No cerne da estratégia bem-sucedida, está a especificidade. Do mesmo modo que necessidades específicas do cliente levam à criação de atributos de produto específicos e satisfatórios, também o processo de venda remete a um embate direto contra competidores específicos. Os autores são uma das melhores fontes desse tipo de informação competitiva.

Em geral, os professores avaliam muitos dos livros didáticos de maior destaque ao longo dos anos e passam pelo processo de selecionar um ou mais deles para adoção. Talvez os autores tenham até experiência direta em sala de aula com algum desses livros didáticos concorrentes. Por essa razão, deve-se encorajar os autores a permanecerem atualizados com respeito a outros livros didáticos no mercado e a desempenharem um papel ativo na criação de ferramentas de venda específicas à concorrência.

Informações sobre o produto

Todas as ferramentas de vendas são formatadas para armazenamento e recuperação. Essas ferramentas de vendas devem estar acessíveis por meio da intranet, de modo que os representantes de vendas possam baixar e customizar para uso específico à situação. Dependendo da situação, uma variedade de outras ferramentas de vendas podem ser criadas para dar apoio à promoção e à venda dos produtos da editora.

PROCESSO PROMOCIONAL E DE VENDAS

Reuniões de vendas

Os livros deverão ser apresentados às equipes de promoção e vendas em dois encontros de vendas, dependendo da data de sua publicação e das respectivas organizações de vendas que tiverem a maior responsabilidade pela venda do catálogo.

Encontro nacional de vendas – abril

O encontro nacional de vendas em abril é projetado para dar destaque àqueles títulos que tenham o maior potencial para adoções no segundo semestre. Em alguns casos, os autores são convidados a participar desse encontro com o intuito de ajudar a apresentar seus livros. As apresentações tipicamente incluem uma visão geral do mercado, uma identificação dos recursos distintivos do livro, um "passeio" pelo livro, quando apropriado, e informação competitiva.

Encontro nacional de vendas – setembro

O encontro nacional de vendas em setembro é mais estratégico e mais específico do que o encontro anterior. Espera-se que os representantes de vendas venham ao encontro depois de realizar numerosas pesquisas referentes tanto aos títulos recém-publicados da própria editora quanto aos dos concorrentes, promovidos para conseguir adoção no próximo ano com copyright do ano seguinte. Como eles já entendem os recursos do produto, o propósito é concentrar-se em ganhar a adoção, superar a concorrência e revisar os sucessos obtidos relacionados a adoções bem-sucedidas. Livros publicados depois do final do ano serão apresentados em abril do ano seguinte, pela primeira vez, num formato similar ao do encontro de setembro.

O componente mais eficaz do processo promocional e de vendas é o próprio livro. Assim, folhetos, releases, brochuras de propaganda, mala direta giram em torno primeiramente de identificar clientes-alvo e estimulá-los a solicitar uma cópia de avaliação do livro. O grande desafio é a otimização: como maximizar o número total de clientes que fazem a avaliação do livro para possível adoção e, ao mesmo tempo, sustentar o interesse no livro entre aqueles professores que têm maior probabilidade de adotá-lo para sua classe.

Com essas metas em mente, poderão ser estabelecidas campanhas promocionais no sentido de determinar os comportamentos dos clientes que mais se quer influenciar e depois elaborar a mensagem certa que acionará o comportamento desejado. As diversas peças de propaganda vêm em uma variedade de formas e formatos, incluindo catálogos, brochuras, cartas, folhetos e peças estampadas.

Convenções, congressos e feiras

Muitos editores vêm as convenções como uma oportunidade para colocarem em exposição seus títulos de determinada disciplina. Levam cartazes dos livros para exporem, confiando em que os tomadores de decisão certos entrem no hall de exposição, esperando que os membros do corpo docente visitem seus estandes, e rezando para que os tomadores de decisão dediquem alguns instantes para examinar suas obras e preencher um formulário de pedido de cópia para exame. Não acreditamos que se deve orar para se obter sucesso; em vez disso, deve-se planejar para ter sucesso! Desse modo, anualmente, deve-se revisar as metas para cada disciplina e tomar decisões referentes à programação das convenções, de acordo com os objetivos para aquele determinado ano. Deve-se refletir sobre o produto principal que tem a oferecer para esse ano, e sobre os clientes que pretenda a atingir. Essa informação deve se colocada em ação para atrair esses clientes. Essas estratégias para cada ano determinam o tipo e o tamanho do estande, a seleção e o número de cópias do livro, e o pessoal que trabalhará nos estandes.

Tecnologia

O papel da tecnologia no desenvolvimento de produtos, em sala de aula, e no marketing continua a se desenvolver de maneiras sempre novas e empolgantes. Algumas editoras estão aumentando rapidamente essa capacidade de comércio eletrônico, e damos boas-vindas a ideias criativas aos autores sobre o uso de tecnologia na realização de marketing e vendas de seus livros e suplementos.

O papel da tecnologia no desenvolvimento de produtos, em sala de aula, e no marketing continua a se desenvolver de maneiras sempre novas e excitantes. Algumas editoras estão aumentando rapidamente essa capacidade de comércio eletrônico. É importante valorizar as ideias criativas dos autores no que diz respeito ao uso da tecnologia para a realização de marketing e vendas de seus livros e suplementos.

World Wide Web

Uma editora bem-sucedida mantém atraentes sites na World Wide Web para cada disciplina para a qual publica. Esses sites podem incluir fotos da capa, sumário, descrições dos recursos pedagógicos, capítulos de amostra, PowerPoint detalhes do programa de suplementos, informações do autor e muito mais. No Capítulo 25 dedicaremos a esse tema. Alguns sites da web também incluem hyperlinks a outros sites, proveem informações sobre os serviços oferecidos (por exemplo, workshops), e oferecem oportunidades interativas específicas (por exemplo, projetos, atualizações e atividades) para estudantes e/ou professores.

Sessões de bate-papo ao vivo

Com os avanços tecnológicos alunos e professores desfrutam da oportunidade de interagir com autores de livros. Portanto, ocasionalmente, o gerente de promoção pode programar sessões de bate-papos ao vivo pela Internet a fim de que os autores possam estar disponíveis para interagir com seus vários clientes. A disposição de um autor para participar desses chats é crucial para seu sucesso.

Marketing adicional

Conforme mencionamos, cada título é único e, por essa razão, é preciso avaliar, de maneira individual, a oportunidade de mercado para cada título. Há algumas maneiras que os autores podem realmente fazer diferença, aumentando a venda de seus títulos.

Envolvimento do autor

Alguns autores consideram que seu papel se encerra tão logo o manuscrito é aceito para publicação. No entanto, há ainda muitas maneiras pelas quais o autor pode fazer parceria com a editora, aumentando a visibilidade e a probabilidade de sucesso de seu livro, tais como: participar dos encontros de vendas, enviar uma carta de apresentação e encorajamento à equipe de vendas, e participar dos sistemas de e-mail e correio de voz.

O autor deve ter também disposição para visitar as instituições de ensino onde seu livro é um provável candidato a adoção. Além disso, se ele tiver compromissos futuros para fazer palestras (em campus ou em organizações profissionais), a editora pode oferecer-lhe folhetos e material promocional para distribuir aos participantes que porventura optem por adquirir cópias de seu livro.

MARKETING DE CONTEÚDO

Marketing de conteúdo não é mais "é bom ter um". É, devo ter um. É imperativo que as editoras criem conteúdo em uma base contínua. Elas não podem criar apenas qualquer conteúdo antigo, é claro. Deve ser relevante e de alta qualidade. Também deve ser valioso e dirigir interações com os clientes para atender seus desejos e suas necessidades.

Marketing de conteúdo não é novo. Uma infinidade de ferramentas de baixo custo e com poucas barreiras de entrada coloca a criação de conteúdo em alcance de todos num momento em que os consumidores estão se tornando mais céticos sobre a publicidade. Se você tem um site, um blog, ou até mesmo uma presença no *Facebook* ou *Twitter*, você é um editor. Pense como um editor: construa uma estratégia de conteúdo digital que englobe palavras, imagens e multimídia para melhorar sistematicamente o envolvimento do consumidor com seus produtos e serviços.

A autora Lieb[8] diz: você precisa usar a sua estratégia de conteúdo digital para moldar o seu marketing, sua marca, relações com os clientes e com a mídia, o conteúdo do blog, as iniciativas de mídia social, e, claro, o seu site.

Você pode informar e entreter os clientes e reduzir ou mesmo eliminar os custos de publicidade.

Pense nisso: por que comprar mídia quando, hoje, você tem suas próprias ferramentas de comunicação?

As pequenas editoras e os conglomerados multinacionais estão criando e disseminando seus conteúdos através de canais digitais: sites, redes de mídia social, blogs, sites de compartilhamento de vídeo, boletins de notícias e muito mais.

Em vez de publicidade, a mudança é para publicação. Em vez de comprar a mídia, a editora pode lançar a sua própria e "estar lá" quando os clientes potenciais estão pesquisando para comprar ou obter informações sobre produtos e serviços. O desafio? Aprenda a pensar como um editor para o mercado de canais digitais. Marketing de conteúdo não é meramente uma tática, é uma estratégia. As empresas bem sucedidas satisfazem as necessidades do cliente endereçando perguntas com conteúdo e agregando valor às conversas *online*. Elas se posicionam não como "Compre de mim!" em um banner, mas como um assessor de confiança. O conteúdo pode moldar e criar uma voz e identidade. Acima de tudo, o conteúdo torna a empresa e seus produtos relevante, acessível e crível.

MANDAMENTOS DO MARKETING DE CONTEÚDO

Marketing on-line de sucesso é mais do que a criação de uma página no Facebook ou escrever um blog corporativo. As marcas precisam construir conexões duradouras com os clientes por meio de uma estratégia eficaz de marketing de conteúdo. Explorar maneiras de criar uma estratégia de marketing de conteúdo, identificar o conteúdo e distribuí-lo on-line, é fundamental.

A autora Suzan Gunelius[9] elaborou os 10 mandamentos do marketing de conteúdo:

1. **Seja acessível.** Não publique conteúdo e em seguida desapareça. Abandonando conteúdo você não vai entregar os resultados que quer e precisa.
2. **Seja humano.** Deixe a retórica corporativa e as vendas difíceis fora de seus esforços de marketing de conteúdo.
3. **Seja social.** Marketing de conteúdo não é uma via de mão única. Todas as três principais formas de marketing de conteúdo – longo prazo, curto prazo e conversação – permitem que você se envolva com seu público em discussões bilaterais. Use essas discussões para construir relacionamentos e aumentar seus esforços de marketing de mídia social.
4. **Seja original.** Encontre o seu nicho e tenha foco na construção de uma reputação nesse nicho por meio de seu conteúdo.
5. **Seja persistente.** O sucesso do marketing de conteúdo acontece quando você publica continuamente novos conteúdos.
6. **Seja paciente.** Marketing de conteúdo não acontece durante a noite. Você tem que planejar a comprometer-se a longo prazo.
7. **Seja útil.** Seu conteúdo deve agregar valor a vida de seus públicos-alvo e deve ser significativo para eles.
8. **Seja atencioso.** Ouça as conversa on-line e aprenda o que seu público-alvo quer e precisa. Em seguida, dar esse tipo de conteúdo para eles.
9. **Seja confiante.** Se você não está confiante em seu conteúdo, então ninguém mais vai confiar nele.
10. **Esteja presente.** Não esconda todo o seu grande conteúdo em seu próprio site. Publique seu conteúdo em vários sites, incluindo o seu blog, Facebook, LinkedIn, Instagram, YouTube, Twitter, e assim por diante, e deixe que ele se espalhe em toda a web para aumentar a exposição da marca e alcançar novos públicos.

A estratégia de conteúdo unificado

A publicação digital está rapidamente se tornando um requisito essencial para as editoras. Não é mais apenas um recurso desejável, é uma questão de sobrevivência. A maioria dos editores associaram a publicação digital apenas com a produção de e-books e ficam aquém desse processo. O ponto crucial para os editores hoje é preparar seu conteúdo para entrega multicanal, onde livros impressos e-books representam apenas dois possíveis canais de distribuição.

O mundo digital oferece muitas possibilidades de utilizar o conteúdo. Diferentes tipos de conteúdo podem agora ser conectados com uma variedade de leitores.

Livros de ficção podem ser lidos em páginas digitais de ebooks, guias de viagem podem se conectados a sua descrição das rotas para dispositivos GPS, e dicionários, que fornecem definições de palavras dentro do texto quando e onde eles são necessários, são incorporados em dispositivos de leitura eletrônica.

A indústria editorial já mudou drasticamente, mas isso é apenas o início. Ela continuará mudando e a velocidade da mudança aumentará exponencialmente. Processos artesanais tradicionais já não são processos sustentáveis e a automatização é um requisito essencial.

Para tirar proveito de novos mercados digitais, é necessário repensar a forma de criar, gerenciar, publicar e distribuir conteúdo. É importante fazer uma reengenharia de processos para criar um futuro mais flexível e sustentável. Os autores Rockley e Cooper[10] escrevem: devemos repensar um processo de produção que libera o conteúdo para ser facilmente transformado em quaisquer que sejam os novos formatos e dispositivos que os clientes desejam. Neste novo mundo, uma editora deve tornar-se um provedor de conteúdo e serviços, capaz de atender a constante mudança do mercado. É preciso determinar como desejamos criar, modular e estruturar conteúdo que pode ser reaproveitado para vários produtos e serviços de informação. O que é necessário é uma estratégia de conteúdo unificado. Conteúdo é uma palavra muito usada na indústria editorial.

Não podemos terminar esta seção sem um lembrete: ao adquirir o melhor conteúdo possível para atender à necessidade do mercado que você identificou; você também deve ficar de olho na reutilização futura. "Desenvolver uma vez; entregar várias vezes", o que significa que deve haver oportunidades futuras para reaproveitar esse produto original. Pode haver tensões ao fazer isso, entre o desejo de encomendar um trabalho completo e focado no mercado versus uma entrega mais "atomística" que pode parecer mais "mecânica". O editor deve aproveitar o equilíbrio dos dois tipos de produto em sua lista e a capacidade de criar novos produtos a partir do conteúdo existente.

COMO FUNCIONA A ADOÇÃO DE UM LIVRO DIDÁTICO?

A divulgação de qualquer produto – e, portanto, sua venda – depende se ele vai atender as necessidades e superar as objeções do cliente. Para isso, a editora busca entender as situações específicas do professor que o adotará e possibilita ao autor que tenha ciência delas a fim de que as metas do adotante possam ser incorporadas ao produto educacional. Há muitas técnicas padronizadas para atender as necessidades e metas educacionais do público, que são aplicadas durante o processo de desenvolvimento do livro didático. As avaliações do manuscrito, por exemplo, podem resultar em revisões baseadas em determinados problemas identificados pelos consultores. Analogamente, o processo de avaliação pode ser o impulso para a publicação de materiais auxiliares como, por exemplo, manuais de solução de problemas e manuais de laboratório, para incrementar ou tornar o uso do livro didático mais fácil ou útil.

O layout de página de um livro é elaborado para facilitar a leitura ou a consulta, e apêndices podem ser acrescentados ou fornecidos eletronicamente para serem pesquisados ou para reduzir a necessidade de digitação (por exemplo, os arquivos de código-fonte fornecidos com um livro de programação).

Finalmente, amostras de cortesia e canais de propaganda apropriados são escolhidos com o objetivo de superar a objeção mais forte de todas: a falta de conhecimento da existência do produto. Todas essas soluções cuidarão das várias necessidades do consumidor do livro – quase nenhuma delas é exigida pelo autor do livro: elas são acrescentadas para tornar o livro mais fácil de ler.

O consultor John McHugh[11] diz que os professores raramente acham um livro didático confuso ou complicados porque as editoras trabalharam arduamente para saber como tornar os livros adequados a seus mercados, utilizando os meios descritos acima. O livro impresso é um material de ensino com que os professores estão familiarizados e, portanto, eles frequentemente são capazes de avaliar se um livro é adequado a seu curso ao examinar o sumário e folhear as páginas de exercícios. No entanto, os professores usam o livro de modo ligeiramente diferente, e isso é o que os torna valiosos. Um bom professor, em geral, oferece ao aluno uma boa experiência de aprendizagem, recorrendo (com maior ou menor intensidade) ao livro como um recurso em sala de aula.. A autora Bondaryk[12] afirma: às vezes, um livro não é absolutamente necessário, mas é adotado pelo hábito. Provavelmente, isso ocorra porque os livros didáticos sejam considerados recursos comumente utilizados e, desde que as editoras já identificaram quais poderiam ser as objeções, eles não mais são vistos com suspeição ou tédio pela comunidade acadêmica.

TREINAMENTO DOS REPRESENTANTES DE VENDAS (DIVULGADORES)

A equipe de promoção é uma organização de campo formada por representantes de vendas; ela é responsável por contatar professores em instituições de ensino em todo o território nacional. Os *representantes de vendas* (denominados em algumas editoras como divulgadores ou promotores) devem pesquisar as atribuições de ensino, acompanhar as responsabilidades didáticas dos professores, assim como fornecer cópias dos livros a professores qualificados na disciplina, a fim de que elas sejam consideradas para adoção. Uma equipe de promoção é um investimento dispendioso, mas o trabalho árduo e a diligência – marcas características desse grupo – torna-o indispensável ao sucesso de um livro.

Promotores fazem visitas regulares ao campus para divulgar os livros e suplementos da editora, bem como visitam as livrarias para assegurar encomendas e vendas no tempo certo. Além dessas visitas ao campus, os promotores participam de encontros de reuniões de vendas periódicos para receber treinamento e conhecer os produtos atuais e futuros da editora.

É importante, portanto, que os representantes de vendas tenham algumas características que podem fazer diferença na atividade cotidiana de promoção, venda e prospecção de originais. A seguir, são apresentadas as principais delas.

- **Curiosidade intelectual.** Os melhores representantes de vendas costumam ter mentes curiosas com um desejo insaciável de aprender. Costumam perguntar quando se deparam com algo que não entendem e nunca se satisfazem com respostas superficiais ou óbvias. Têm a capacidade de adaptar-se a uma ampla variedade de tipos de pessoas e situações, comunicando-se de maneira igualmente eficaz com diversas pessoas, como professores, empregados de livrarias, colegas da mesma empresa onde trabalham etc.
- **Entusiasmo competitivo.** Além de querer jogar no melhor time, os melhores representantes de vendas sempre se dedicam bastante para se destacar em seus territórios. Não gostam de perder, embora saibam não ultrapassar a linha para um comportamento impróprio ao perseguirem suas metas.
- **Inteligência.** Para ser bem-sucedidos, os melhores representantes de vendas precisam ser capazes de assimilar, prontamente, novas ideias, bem como entender a importância dessas ideias (tanto no sentido acadêmico como comercial); de avaliar as necessidades dos professores e identificar rapidamente quais são os recursos mais importantes de seus livros; de conversar com possíveis autores a respeito do desenvolvimento de um livro. Além disso, costumam ser ágeis para reconhecer tendências e relatar informações valiosas aos editores para que esses as usem no desenvolvimento de manuscritos. E, ainda, têm a capacidade para analisar cuidadosamente e tomar decisões inteligentes baseadas em toda informação disponível.
- **Ética no trabalho.** Os representantes de vendas com alto desempenho não param até ultrapassar as expectativas de seus professores (e suas próprias metas para o dia, para o mês e para o ano). São bastante automotivados e necessitam de pouca supervisão administrativa ou de campo. Também cultivam a paciência e a perseverança como "ferramentas" para obter suas realizações de forma bem-sucedida.

- **Realização.** Os melhores representantes de vendas são definidores de metas e grandes realizadores. Em geral, não medem esforços para alcançar o topo da lista na classificação de vendas e para se juntar aos outros líderes da edito*ra*. Também definem metas elevadas para o próprio desenvolvimento profissional e procuram, a cada ano, adquirir mais conhecimentos.
- **Organização.** Os representantes de vendas com elevado desempenho são bem organizados, de forma que sempre fazem aquilo que dizem que farão. Fazem o acompanhamento de todas as promessas de prestação de informações ou entrega de material. Cobrem seus territórios sistematicamente por meio de um planejamento cuidadoso e desenvolvem suas metas diárias obedecendo a um plano estabelecido, o qual lhes permite cobrir cuidadosamente as vendas de cada escola e as oportunidades editoriais. Procuram manter disponíveis, em sua pasta, os materiais de marketing e as informações de que necessitam e idealizam maneiras criativas de multiplicar suas ações para obter uma cobertura eficiente de cada escola ou departamento. Utilizam eficientemente sua papelada, reservando um tempo e um lugar específicos a cada dia a fim de finalizar o trabalho necessário na menor quantidade de tempo possível, e com mínima interrupção.
- **Atitude.** Uma das características mais importantes dos melhores representantes de vendas é que eles gostam, realmente, de trabalhar com professores e de ajudá-los a resolver suas necessidades educacionais. Eles procuram ir muito além no que diz respeito ao atendimento ao cliente, inspirando confiança por seu conhecimento dos livros e da indústria editorial. Acreditam fortemente no valor do serviço que oferecem e sentem orgulho de pertencer a esse ramo de negócios.
- **Criatividade e desenvoltura.** Os melhores representantes de vendas têm a capacidade de identificar e tirar proveito de cada oportunidade, além de utilizar todos os recursos que sua editora oferece em seu potencial mais pleno. Sabem pensar de maneira inovadora para abordar criativamente objeções aparentemente questionáveis. Possuem uma mentalidade empreendedora a respeito de como fazer crescer os negócios dos quais faz parte.

A seguir estão alguns dos principais fatores que são importantes para o sucesso de um representante:

- **Autodisciplina.** Os representantes ficam em grande parte por sua própria conta no campo. Eles não têm relógio de ponto, mas espera-se deles boa disciplina de forma a estar trabalhando das 8:30 da manhã até as 18:00, muitas vezes com trabalhos até às 22 horas.
- **Planejando e organizando o trabalho.** Uma hora de planejamento cuidadoso na noite anterior irá ajudá-los a cristalizar seus pensamentos e capacitá-los a aproveitar cada minuto em suas visitas do dia seguinte. O uso eficiente do tempo cara a cara com seus possíveis clientes é a chave para efetuar vendas.
- **Imaginação.** Um representante precisa ser mais que um "labutador" para ser um vendedor de sucesso. Sua imaginação, se usada em seu trabalho de vendas, irá possibilitar que supere os representantes sem imaginação com quem pode estar competindo. Por exemplo, quando ver um curso para o qual sua editora não tem um livro e achar que deveria tê-lo, investigue as possibilidades do mercado e mostre-as ao seu gerente ou editor da área. Se encontrar um livro concorrente acima da média, descubra o que o torna tão bom e comunique ao seu chefe para que a editora possa publicar um livro que concorra com ele.
- **Iniciativa.** Um bom divulgador tem a capacidade para fazer com que as coisas sejam feitas. Isso inclui não só aquelas coisas que lhe dizem para fazer, mas também aquelas que seu bom senso e seu critério indicam que deva fazer.

COMO EVITAR ERROS NO MARKETING DE LIVROS

Há alguns grandes erros que muitas editoras cometem quando comercializam seus livros, e como diz o ditado, um homem prevenido vale por dois. Porque os maiores erros são feitos no início do processo de publicação, alguns podem ser difíceis de consertar. Ao evitar esses erros seus esforços de marketing serão mais exitosos.

Erro número 1: Não investir em design e editoração do livro

O livro em si é a ferramenta de marketing mais importante. Se o livro não é atraente, ninguém vai querer pegá-lo e ninguém vai comprá-lo. A capa, o papel, a edição, a composição, a revisão – todos esses componentes – são relevantes na comercialização do livro.

Como evitar erro número 1:

- Desenvolva cuidadosamente o livro (considere o conteúdo, aparência, preço).
- Refine o seu manuscrito e obtenha ajuda (editores de desenvolvimento, opinião imparcial).

Erro número 2: Limitar o seu mercado potencial

Outro grande erro que muitas editoras cometem é a falta de compreensão das normas e práticas da indústria editorial tradicional. Visar um nicho de mercado é a sua melhor aposta para as vendas de livros, você deve fazer o seu livro de fácil acesso a todos os mercados, incluindo livrarias e bibliotecas.

Como evitar erro número 2:

- Pratique descontos para as livrarias dentro dos padrões da indústria e outros compradores de livros convencendo-os que ganharão dinheiro. Isso só pode acontecer se eles tiverem um desconto razoável e poderão devolver as cópias não vendidas.
- Verifique se o livro tem o registro de ISBN, código de barras para que as livrarias e bibliotecas possam processá-los facilmente.
- Verifique se o seu livro está disponíveis através distribuidores, cadeias de livrarias, sites etc.

Erro número 3: Não preparar o terreno para seu livro

O terceiro erro crucial que muitos editores fazem é atrasar o desenvolvimento de sua plataforma de divulgação do marketing, mesmo depois do livro ser publicado. É preciso uma grande quantidade de tempo e esforço para estabelecer-se como uma presença de confiança para o público-alvo.

Como evitar o erro número 3:

- Comece a sua publicidade, vendas e pesquisa de marketing e *networking* o mais cedo possível. Use seus contatos existentes; comentando sobre blogs relevantes; participando de grupos pertinentes e participando de reuniões.
- Faça um esforço, estabeleça relacionamentos, faça conexões valiosas que ajudarão quando você estiver pronto para começar a comercialização.

O marketing do livro pode parecer um processo difícil, e certamente pode envolver algum tempo, dinheiro e trabalho duro. Mas, identificando o mercado principal você será capaz de concentrar seus esforços nas oportunidades de marketing com as melhores chances de sucesso.

Quando alguém lhe pergunta sobre o que aborda o livro, o que eles realmente querem saber é: "Por que eu deveria comprar e ler o seu livro?" Em outras palavras, eles querem ouvir um argumento convincente. Eles querem saber qual é a mensagem-chave de marketing do livro.

A fim de comercializar eficazmente seu livro para o seu público-alvo, você terá de identificar e articular a potenciais leitores quais os benefícios que eles terão ao comprar o livro.

Comece imaginando o leitor potencial do livro e por que eles podem procurar o seu livro em primeiro lugar. Por exemplo:

- O leitor potencial do meu livro está desesperado para perder peso, mas é frustrado por planos de dietas complicadas que levam uma eternidade para mostrar resultados.

Em seguida, destaque as características em seu livro que ajudarão o leitor. Por exemplo:

- Nosso livro oferece de modo fácil, passo a passo orientações para ajudar o leitor a perder 6 quilos em três semanas.

Por fim, descrever o benefício que o leitor terá como resultado de ler o seu livro:

- O leitor vai perder peso de uma maneira fácil e eficiente.

Potenciais leitores querem garantias de que seu livro pode entregar o valor prometido. Que provas você tem? Exemplos que demonstram valor incluir depoimentos e referências de seus pares, opiniões de especialistas ou outros indivíduos qualificados que tenham lido o livro antes da publicação, as credenciais que são aplicáveis ao assunto do livro, e até mesmo um resumo das experiências ou pesquisas que entrou na escrita de o livro.

Reunindo algumas credenciais, testemunho de especialistas, o livro criará uma declaração justificando as qualidades para publicá-lo e fornecerá provas para os editores potenciais de que o livro vai entregar valor ao leitor.

Identificando o mercado do livro

Sabendo quais as pessoas interessadas em seu livro você irá percorrer uma longa jornada para manter seu plano de marketing no caminho certo. Quem é o seu público-alvo e por quê? A fim de identificar quais características são compartilhadas por seus leitores e conhecendo o mercado-alvo, responda às seguintes perguntas. Faça alguma pesquisa se necessário. Ao responder às perguntas, considere se elas parecem relevantes para o livro. Se a questão não é relevante para o seu livro, simplesmente ignore:

Gênero

O público para esse livro é composto por mulheres, homens, ou ambos? Sexo é fator relevante ou não na compra desse livro? Por que sim ou por que não?

Idade

O grupo etário é adequado para esse livro? É a idade uma característica relevante para esse público? Se assim for, por que uma determinada faixa etária em particular achará livro interessante/informativo?

Etnia/laços culturais

Seus leitores compartilham questões étnicas ou tem quaisquer laços culturais em comum? Será que essas questões se relacionam com o interesse potencial do livro? Explique:

Filhos/netos/outros relacionamentos

Será que o seu leitor-alvo têm filhos ou netos? Se os leitores tiverem quaisquer outras relações específicas (mães, pais, irmãos, amigos) que influenciam de forma significativa ou não eles poderiam estar interessados em seu livro? Se afirmativo, como?

Localização

Será que o seu leitor ideal vive em uma região ou local específico? Eles moram em uma área urbana, numa área rural, ou nos subúrbios? Eles moram em um determinado tipo de comunidade (um condomínio fechado, quartéis, etc.)? Existe alguma coisa onde eles residem que iria fazê-los particularmente interessado em ler o livro?

Trabalho/carreira

Será que esse livro é ideal para uma determinada profissão? Será que essa profissão será beneficiada com esse livro? Se sim, por quê?

Renda/situação financeira

Será que os leitores desses livros compartilham uma faixa de renda em comum? Existe alguma coisa sobre o rendimento dos seus leitores ou situação financeira que iria fazê-los mais propensos a se beneficiar do seu livro? Se assim for, o que exatamente?

Interesses políticos, sociais e religiosos

Os leitores desse livro compartilham interesses comuns em determinadas causas ou organizações sociais, religiosas e/ou políticos? Eles teriam um interesse potencial e se beneficiariam do seu livro? Listar esses interesses políticos, religiosos e/ou sociais.

Livro didático

Se o livro publicado é destinado à educação formal faça as seguintes perguntas:

- Quais os cursos que poderão adotar o livro?
- Quais disciplinas se aplicaria esse livro?
- Ano ou semestre que é ministrada a disciplina?
- Qual departamento ministra essa disciplina?
- Quais são os principais concorrentes?

NOTAS DO CAPÍTULO

1. BAVERSTOCK, Alison; BOWEN, Suzannah. *How to market book*. 6. ed. Londres: Routledge, 2023.
2. KAMPMANN, Erc. *The Book Publisher's Handbook*: Nova York: Beaufort Books, 2018.
3. GRACE, M. Mike. *Publishing: a market-led approach*. Essex: Learned Publishing, 2011
4. GARVEY, Julia. *Marketing in the Digital Age*. Londres: PTC, 2022.
5. SMITH, Kelvin. *The Publishing business: From p-books to e-books*. Lausanne: Ava Academia, 2013.
6. McHUGH, John. *How to sell to the college market: Six Ways to Promote and Sell Your Books for Classroom Adoption*. Milwaukee: McHugh Publishing Consultant, 2009.
7. COLE, David; SOREL, Edward; HILL, Craig. *The Complete guide to book marketing*. New York: Allworth Press, 2010.
8. LIEB, Rebecca. *Content marketing – think like a publisher*. Indianapolis: QUE, 2012.
9. GUNELIUS, Suzan. *Content Marketing for Dummies*, Nova York: Wiley, 2011.
10. ROCKLEY, Ann; COOPER, Charles. *Managing enterprise content*. 2. ed. San Franciso: Peachipt Press, 2012.
11. McHUGH, John. *How to sell to the college market: Six Ways to Promote and Sell Your Books for Classroom Adoption*. Milwaukee: McHugh Publishing Consultant, 2009.
12. BONDARIK, Leslie. Publishing new media in higher education: Overcoming the adoption hurdle. *Journal of Interactive Media in Education*, 1998 (3).

CAPÍTULO 23

Planejamento e pesquisa de marketing editorial

NESTE CAPÍTULO

Planejamento e estratégia 465
Pesquisa de marketing 466
Plano de marketing 471
Análise SWOT da publicação
   de livros 476
Como usar a análise SWOT
   para a publicação de livros 478
Considerações sobre o produto ... 479
Ciclo de vida do produto 480
Definição do preço 484
Planejamento estratégico
   editorial 486
Por que os editores devem
   aprender sobre estratégia? 487
Modelo de planejamento
   estratégico 491
Plano de marketing para
   produtos editoriais 495

PLANEJAMENTO E ESTRATÉGIA

O marketing deve atuar de maneira direcional para os negócios, impulsionando-o na direção certa rumo aos objetivos escolhidos pela editora. Neste capítulo, examinamos uma série de tópicos – planejamento, pesquisa, estratégia, ciclos de vida do produto e *branding*, ou posicionamento de uma marca no mercado.

Uma editora para ser bem-sucedida precisa desenvolver uma estratégia de marketing que apresente uma mensagem clara, consistente e convincente e que envolva cada consumidor potencial. Certifique-se de que todos dentro da editora compreenda a sua estratégia. Incentive-os a comunicar esta mensagem em imagens e texto, apoiando todas as atividades de vendas e marketing da maneira mais eficiente em termos de custo. Todos precisam estar na mesma página. Os programas de marketing mais bem-sucedidos lançam livros no catálogo e continuam apoiando-os durante a vida útil do título.

A importância do planejamento

Planos são essenciais. Todo guru de administração tem sua própria versão de uma máxima que diz: "se você não sabe para onde vai, qualquer caminho serve" – sentimento expressado com singela clareza por Lewis Carroll[1] em *Alice no País das Maravilhas*:

> "Por favor, diga-me qual caminho devo seguir para sair daqui."
>
> "Isso depende de onde você quer chegar", disse o Gato.
>
> "Não me importo muito onde…", disse Alice.
>
> "Então não importa qual caminho você segue", disse o Gato.
>
> "Contanto que eu chegue em algum lugar", acrescentou Alice, como uma explicação.
>
> "Oh, com certeza você fará isso", disse o Gato. "Contanto que caminhe bastante."

> O planejamento não diz respeito às decisões futuras, mas às implicações futuras das decisões presentes.
>
> – Peter Drucker

Toda empresa precisa de metas e objetivos claros, e esses devem ser úteis do ponto de vista prático. Se essas metas e objetivos forem muito simples, se o planejamento associado a eles for muito acadêmico ou ainda muito volumoso, provavelmente não influenciarão o negócio e, menos ainda, o farão de maneira positiva. Planos devem ter, portanto, certo grau de formalidade e estar na forma escrita, mesmo na menor das empresas – mas não recomendamos um documento do tamanho de uma lista telefônica que exige uma eternidade para preparar e depois somente juntará poeira em uma prateleira. Planos devem dizer não apenas o que será feito e como será feito, mas também quem estará envolvido na ação e quando será realizado. Definir *o que*, *como*, *quando* e *quem* é a chave para garantir esses aspectos fundamentais:

- Todos os objetivos definidos por uma empresa devem se relacionar claramente com ações específicas; desse modo, outras ações, menos focadas em atividades-chave, não se desviarão da realização dos objetivos.
- As prioridades precisam ser claramente identificadas e o pessoal de toda a organização, devem saber quais são elas, de modo que as ações de cada nível sejam direcionadas com precisão para os objetivos concordados.
- Todas as atividades especificadas no plano devem estar vinculadas a medição, avaliação e controle, para possibilitar o aprimoramento à medida que o tempo e o plano avançam.

O objetivo chave do planejamento

O principal objetivo de qualquer atividade de planejamento é ajudar a garantir que o negócio se saia melhor do que se sairia sem planejar. Tudo o que é feito, portanto, deve ter um sentido prático. À primeira vista, alguns aspectos do planejamento podem parecer um tanto esotéricos. Grande parte do jargão de marketing se origina nos Estados Unidos, e corre-se o risco de escrevê-lo como algo que tem pouco a ver com a administração real dos negócios em um país como o nosso.

Uma das expressões do jargão de marketing é *declaração de missão*, que se refere a uma declaração clara do propósito do objetivo fundamental de uma organização. Esse tipo de declaração é útil para reflexão e para comunicação (e, em consequência, para as atitudes em toda a organização).

O propósito fundamental do planejamento de longo prazo é tornar a direção diária do negócio mais fácil, mais certeira e com maior probabilidade de produzir os resultados desejados. Para muitas organizações, a pesquisa é um aspecto primordial tanto do pensamento integrante do planejamento como da escolha da direção e das ações. Mas isso é menos comum no ramo editorial, apesar de haver algumas exceções, conforme veremos a seguir.

PESQUISA DE MARKETING

A pesquisa de marketing na publicação de livros deve ser de responsabilidade dos departamentos de marketing e editorial, analisando uma variedade de questões diferentes. Nos departamentos de marketing, a pesquisa analisa questões como atitudes dos clientes, vendas por distribuidores, livrarias preços e estratégias dos concorrentes. Os departamentos editoriais usam pesquisas para se concentrar em quais livros publicar, na direção ideal das listas e no desenvolvimento de novos produtos.

A pesquisa de marketing é a elaboração, a coleta, a análise e o registro sistemático de dados relevantes sobre uma situação de marketing específica com a qual uma organização se depara. As empresas utilizam a pesquisa de marketing em uma ampla variedade de situações. Por exemplo, a pesquisa de marketing oferece aos profissionais da área insights relacionados às motivações, ao comportamento de compra e à satisfação do cliente. Ela também pode ajudá-los a avaliar o potencial e a participação de mercado ou a mensurar a eficácia da determinação de preços, do produto, da distribuição e das atividades promocionais

Além de informações sobre os consumidores, os concorrentes e os acontecimentos no mercado em geral, os profissionais de marketing com frequência necessitam de estudos formais que forneçam insights de cliente e mercado para situações e decisões de marketing específicas.

As suposições e dúvidas do setor editorial

É provável que muitos do setor editorial se perguntem: "Pesquisa não é cara?" Certamente, sim – e, de fato, deve-se afirmar que o fracasso também é caro (até 50 por cento de uma lista de produtos poderem ser candidatos a sair de catálogo). Nossa preocupação, entretanto, é com uma abordagem orientada a uma pesquisa formal, já que um número muito grande de empresas talvez operem baseando-se fortemente na intuição. Isso não deveria ser criticado, em princípio, mas talvez tenha mais força quando utilizado em cooperação com alguma informação objetiva sólida. É muito fácil acreditar que se conhece o mercado; contudo, frequentemente essa visão pode tornar-se desatualizada ou imprecisa, ou, na pior das hipóteses, começar a desenvolver certo pensamento pretensioso. Pesquisa, mesmo em seu nível mais simples, é apenas uma visão genuinamente objetiva do mercado que pode ser obtida sem grandes custos e, até mesmo, por empresas de pequeno porte.

Por exemplo, uma editora voltada para área de negócios costuma ter um período considerável de pesquisa antes de qualquer projeto ser contratado e posto em desenvolvimento. Isso envolve sobretudo uma mesa-redonda de pessoas selecionadas em seu setor de mercado que se reúnem regularmente para dar opiniões e orientações sobre questões atuais ou projetos potenciais. Tal ação demanda pouco tempo, é realizada pelo próprio pessoal da editora e apresenta custos baixos; entretanto, é considerada uma preliminar importante para qualquer projeto, e o efeito geral é abastecer a editora com uma visão atualizada genuína da percepção do mercado.

Muito mais pode ser feito, e vale a pena dedicar algum espaço para explicar a pesquisa mais detalhadamente e ilustrar possibilidades e benefícios para o mundo editorial.

Os especialistas em marketing de livros Cole, Sorel e Hill[2] fazem um interessante paralelo entre as pesquisas no setor da publicação de livros e a história de Cristovão Colombo e o Novo Mundo.

Quando Colombo chegou a Cuba, imediatamente supôs que ela fazia parte do continente da Ásia; tão forte era sua suposição que ele determinou punição a qualquer um que afirmasse que não era. Colombo morreu convencido de que havia completado uma grande empreitada para mudar a história do mundo ao estabelecer a passagem para as Índias. Quando a pesquisa de mercado começou a ser adotada pelo setor editorial de livros, tornou-se claro que a administração da indústria muitas vezes se comportava como Colombo, pois tomava decisões relacionadas a alvo de vendas, desenvolvimento do produto e do planejamento promocional baseando-se unicamente em suposições. Agora, a situação está se modificando, pelo menos para algumas editoras.

O papel da pesquisa de marketing na indústria editorial

A pesquisa de marketing provê informação que ajuda os editores a definirem oportunidades para o desenvolvimento do produto. Avalia se as estratégias de marketing são bem visadas; identifica oportunidades de mercado ou mudanças exigidas pelos clientes; bem como tende a confirmar questões já bem conhecidas em um mercado. E ainda, se for planejada de forma efetiva, também identificará novas oportunidades, nichos de mercado ou maneiras para melhorar as atividades de vendas, marketing e comunicações.

O papel da pesquisa de marketing, portanto, é reduzir a incerteza na tomada de decisões, monitorar os efeitos das decisões tomadas e identificar o desempenho de uma empresa ou de um selo editorial no mercado. O autor Kelvin Smith[3] lista cinco usos primordiais da pesquisa de marketing:

- identificar o tamanho, a forma e a natureza de um mercado de modo a entender não apenas o mercado mas perceber as oportunidades de marketing;
- investigar as potencialidades e as fragilidades de títulos e selos competitivos e o nível de apoio comercial que uma editora desfruta;
- testar ideias estratégicas e de produto que ajudem a definir as estratégias mais eficazes voltadas ao cliente;

- monitorar a eficácia das estratégias;
- ajudar a definir quando os dispêndios de marketing, promoções e definição do alvo precisam ser ajustados ou melhorados.

A pesquisa de marketing não é simplesmente uma "primeira checagem". Evidentemente, ela é útil *antes de qualquer ação*, mas também constitui um meio de verificação e aprimoramento à medida que as operações progridem. As editoras – para quem os orçamentos sempre parecem apertados – que selecionaram um desses usos para a pesquisa de mercado têm se preocupado em transformar a pesquisa em um investimento válido. Os melhores resultados aparecem quando seu planejamento de marketing e vendas é influenciado pelos resultados.

Nossa observação (e trabalho com editoras) ao longo dos últimos dez anos mostra que as principais razões para as editoras usarem pesquisa de mercado são as seguintes:

- prover dados sobre o mercado ou um segmento de mercado e descobrir se o setor está aumentando, permanecendo o mesmo ou diminuindo de importância para os clientes;
- obter informações para ajudar a entender quem são os clientes e a maneira como eles compram e usam os produtos;
- avaliar o atendimento ao cliente e avaliar o que os clientes sentem a respeito do serviço que recebem;
- pesquisar atitudes e necessidades dos clientes, em base contínua, para saber quais tipos de produto são mais vendidos e onde há oportunidades para novas vendas;
- obter uma melhor definição do alvo, entender quais mídias e mensagens influenciam os clientes a comprar os produtos;
- identificar mudanças no mercado que afetam fatores tais como: venda a varejo, marketing direto, formato do produto, desenvolvimento de produtos relacionados a CD-ROMs ou acesso on-line, dependendo de como os consumidores pretendem comprar os produtos no futuro.

Pesquisa de marketing é a técnica de descobrir qual é a perspectiva de lançar um produto ou serviço antes de gastar o dinheiro para desenvolver. Ela também é usada para determinar melhorias específicas para produtos e serviços existentes. Se você puder identificar as necessidades do mercado antes de publicar algo, você terá uma melhor chance de vender mais. Há muitas tendências emergentes no mercado, e identificá-las com antecedência irá ajudá-lo a desenvolver uma estratégia editorial forte para o futuro.

As editoras descobriram que fazer pesquisa pode ser bastante útil: os resultados ajudam a diferenciar entre as mídias publicitárias; prover conteúdo para comunicados de imprensa e outras peças promocionais para a mídia; e projetar uma combinação de produtos para que os varejistas comercializem para o público, beneficiando-se também. Outros exemplos incluem pesquisa que resulta em economia em custos promocionais, em melhor definição do alvo e, em última análise, em vendas aumentadas.

Há outros benefícios para as editoras obtidos por meio da pesquisa de mercado, tais como: projetar novos produtos; focalizar as campanhas de marketing e vendas nas questões de maior preocupação para o usuário final; e proporcionar definições amplas de potencial do produto. Por isso, é cada vez mais recomendável, por exemplo, que os livros didáticos sejam testados em campo como parte do processo de publicação, para as editoras poderem afirmar se esses são eficientes.

O reconhecimento de marcas pelo consumidor (selos, séries etc.), monitorado ano após ano, provê um tipo de relatório para as editoras. A única maneira de descobrir se suas estratégias de marketing e vendas são eficazes é perguntar ao pretendido destinatário da campanha de marketing – o consumidor, o usuário e comprador, a livraria, a biblioteca, os acadêmicos, quem quer que seja.

Ainda se nota, porém, certa falta de interesse em pesquisa de mercado no setor editorial de livros; prova disso é que seu uso é menor do que em outros setores. Muitos profissionais de editoras não vieram de um background de marketing tradicional nem tiveram treinamento em negócios em sua carreira acadêmica. Portanto, é provável que estejam menos acostumados ou disciplinados em técnicas de pesquisa de mercado, e que não entendam como trabalhar com elas a fim de transformar a pesquisa em uma atividade valiosa. E alguns desprezam a pesquisa como algo pouco prático, acreditando que possuem "suficiente intuição", ou têm certeza que ela "não funcionará aqui".

A maioria das editoras preocupa-se com sua relação com os vários tipos de lojas que vendem seus produtos, e não pensam em outra coisa além de concordar em um arranjo de descontos satisfatório. Mas a realidade da situação para os gerentes de marketing é que a fonte de informação de marketing interna às quais recorrem podem não prover dados que informem, de fato, as editoras a respeito de como seus selos, títulos e novos produtos são percebidos no mercado, assim como não oferecem feedback sobre a eficácia da definição de alvos.

Tipos de pesquisa realizados no setor editorial

Alguns editores, entretanto, perceberam que há benefícios em se usar pesquisas de mercado e, por isso, têm feito isso de muitas maneiras, em especial planejando suas estratégias de marketing por meio de atividades como segmentação dos mercados e posicionamento competitivo. Há pesquisas que foram desenvolvidas especialmente para serem interativas com as atividades diárias de administração e planejamento dos editores, e cujo alvo são usuários e compradores de tipos específicos de produtos. A seguir, veremos alguns tipos de pesquisas que estão sendo feitos.

Segmentação dos mercados

A segmentação dos mercados implica definir *grupos de consumidores* com necessidades similares, analisados por classificações socioeconômicas e, se possível, fatores psicográficos, desde que o trabalho básico pertinente – por exemplo, pesquisa qualitativa – tenha sido realizado. Seria recomendável se as editoras começassem a usar essa segmentação dos mercados para entender os tipos de leitor ou comprador em relação a seus produtos. Esse tipo de análise possibilita uma comunicação mais precisa com segmentos fundamentalmente diferentes;

portanto, classificações como essas, sugeridas por Baverstock[4] podem ser úteis:

- *usuário forte, médio ou leve;*
- *leitor forte, médio ou leve;*
- *visitante a livrarias forte, médio ou leve;*
- *comprador de livraria forte, médio ou leve;*
- *usuário de biblioteca forte, médio ou leve.*

Posicionamento competitivo

O posicionamento competitivo permite entender por que um selo oferecido por determinada editora ao leitor de livro é melhor do que os oferecidos por toda uma gama de concorrentes. Grande parte desse tipo de pesquisa é levada a efeito pelo pessoal editorial, pelo departamento de vendas e marketing da editora, que deverá usar internamente *pesquisa qualitativa*, explorando como os consumidores se sentem em relação aos selos ou às editoras, se gostaram ou não de um livro ou se uma promoção foi vista e se foi eficaz.

Mas os benefícios integrais dos aspectos-chave da pesquisa de mercado ainda precisam ser apreciados pelas editoras. A pesquisa qualitativa é muito eficaz para se entender os critérios de escolha de livros, lojas, diferentes selos, preferências por editoras e assim por diante, e as razões subjacentes para se usar esses critérios. Já a pesquisa quantitativa mede o significado dos critérios em cada um dos segmentos de mercado identificados e confirma o interesse ou a probabilidade de compra de um livro, CD-ROM ou qualquer outro produto.

A pesquisa de mercado pode ser definida adicionalmente pelos tipos de dados que produz: desempenho, comportamentos, atitudes, motivações e assim por diante.

Dados de desempenho

Os dados de desempenho nos dizem o que está acontecendo no mercado. Por exemplo, observado o mercado universitário, poderíamos obter dados de desempenho para responder perguntas cada vez mais específicas:

- Quais estudantes estão comprando livros?

- Quantos títulos eles estão comprando?
- Como está o setor de livros universitários: cresce, permanece estável ou declina?

Dados comportamentais e motivacionais

Também podem ser usados para ampliar o quadro do mercado. Mesmo em um pequeno setor, esses dados ilustram a variedade e a utilidade da informação com a qual a pesquisa de mercado lida.

Vamos supor que isso seja para avaliar livros de medicina dentro do mercado universitário, e precisamos de dados para responder perguntas como:

- Qual é o perfil do usuário e do comprador?
- Quais tipos de produto são comprados por cada um dos diferentes mercados-alvo?
- Quais são as razões para a compra?
- Qual é a utilidade do produto depois de comprado?
- Quais são os critérios de seleção utilizados?
- Quais são outras influências sobre seus hábitos de compra?
- Quais são os benefícios percebidos que o usuário e o comprador têm do livro que compram?

Pesquisa por setor

Outra abordagem é a pesquisa por setor. Esse tipo de pesquisa monitora regularmente uma área específica do setor editorial e pode prover a um grupo cooperativo de editores, com mentalidades similares, informações valiosas de forma eficiente quanto ao custo (talvez algo impossível de se conseguir sozinho), e fazê-lo em base atualizada regularmente.

Pesquisa na indústria editorial no futuro

Em geral, as editoras tendem a ter orçamentos de marketing pequenos em comparação com o equivalente em outros setores industriais. Contudo, as editoras precisam adotar atividades de vendas e de marketing eficientes em termos de custo, as quais proporcionem um retorno sobre o investimento o mais rápido possível. A pesquisa pode desempenhar um papel importante simplesmente ao realizar isso. Há, de fato, suficiente experiência para que as editoras realizem pesquisas com certa regularidade, confiantes de que a informação provavelmente beneficiará a tomada de decisões e a atividade operacional subsequente.

A pesquisa quantitativa deve concentrar-se em abastecer o sistema de informação de marketing com informações sobre usuários e atitude a fim de que uma editora possa identificar seu desempenho no mercado. As pesquisas "sindicalizadas" – aquelas que envolvem um grupo de empresas cooperantes que compartilham custos – são uma maneira de garantir que alguma pesquisa real seja feita, mesmo quando os orçamentos são limitados. Essas abordagens, sem dúvida, se ampliarão à medida que mais pessoas se envolverem no processo.

A pesquisa de mercado funciona na indústria editorial, uma vez que pesquisar livros e clientes de livros não é fundamentalmente diferente de pesquisar produtos ou serviços em outro mercado qualquer. O que difere é que, desde o início, as editoras foram mais cuidadosas e diligentes em investigar qual tipo de pesquisa funcionaria para elas e poderia ser usada para ajudar a monitorar o negócio existente e a definir a rota de desenvolvimento para negócios futuros. Sem dúvida, uma boa pesquisa não precisa ser complexa ou cara, e mais editores farão uso de pesquisas, à medida que os mercados se tornarem mais competitivos e o desenvolvimento de novos produtos necessitarem de definição do alvo cada vez mais cuidadosa. O risco será reduzido, mas, em consequência, a indústria se tornará mais "dirigida pelo cliente".

A pesquisa de marketing é vital para o desenvolvimento de uma estratégia de publicação em novas mídias. A pesquisa revela como o conteúdo, e a entrega do mesmo estão evoluindo e se adaptando às necessidades de professores e estudantes. Como as tecnologias de informação mudarão a educação? Como as tecnologias de informação mudarão a publicação de livros destinados à educação? E, finalmente, como os editores gerenciarão a mudança no mercado educacional? Faltam respostas para essas e outras perguntas.

As tecnologias de informação estão mudando os papéis e responsabilidades de educadores e administradores, e criando redes complexas que ainda não são totalmente compreendidas. O novo cenário é uma rede de complexos dados, estatísticas e opiniões caracterizadas por evidências conflitantes e desacordos entre os "especialistas".

PLANO DE MARKETING

Aqueles que não planejam, o plano falha. É uma premissa válida.

Redigir um plano de marketing é apenas o primeiro passo para melhorar as vendas. Uma vez escrito, esse plano deve ser compartilhado com a organização para que todos entendam quais são as estratégias e por que os recursos estão sendo alocados dessa forma. Todos na empresa devem fornecer alguma informação para o plano e estar envolvidos em seu processo de mensuração e execução. Talvez a razão mais importante de ter um plano de marketing anual escrito é que ele se torna uma ferramenta importante para aprimorá-lo a cada ano. A essência do marketing é fazer mais o que funciona do que o que não funciona; no entanto, se não houver estratégias claramente definidas e mensuráveis, você jamais aprenderá com seus sucessos e fracassos.

Sabe-se que a criação do plano de marketing é um elemento importante para a introdução de um novo produto e mesmo para o sucesso de uma empresa. Mas o que exatamente é um plano de marketing, e quais elementos um plano abrangente deve incluir? No Quadro 23.1, apresentamos as linhas gerais de um plano de marketing básico para uma editora.

Toda boa campanha de marketing começa com um plano. Um plano de marketing é basicamente um resumo das etapas com que você vai se comprometer para vender seu livro. Ele fornece uma orientação de onde você está e aonde pretende chegar. Um plano de marketing é essencial para quem não se contenta em sentar e esperar o melhor. Um bom plano de marketing deve responder a uma série de perguntas, por exemplo: Qual é o público para o livro? Por que é importante que as pessoas leiam esse livro? O que torna o livro diferente dos outros do gênero?

Compilando o plano de marketing

Conforme foi dito no início deste capítulo, um plano tem – ou deveria ter – valor real para criar uma ação que gere sucesso para os negócios. Metas devem ser fixadas e, acima de tudo, planos devem ser postos em vigor para garantir que as coisas certas sejam feitas no tempo certo. Compilar o plano de marketing é uma tarefa que pode envolver um grande número de pessoas (do presidente ao departamento de vendas e marketing da empresa) e até envolver outras funções (por exemplo, os departamentos financeiro e editorial). Mas ele deve ser coordenado por uma pessoa que tenha responsabilidade global de marketing e receba colaboração de outros.

> A maneira como sua editora planeja e articula a estratégia de publicação fará a diferença na aquisição de futuros autores. O *planejamento estratégico* de uma editora deve refletir o que o editor divulga sobre sua empresa e quais recursos serão utilizados no desenvolvimento, na produção e no marketing do livro.

Se deixarmos de lado demasiados detalhes e a variedade de opções estratégicas e se considerarmos quem está (ou deveria estar) envolvido em sua editora, o autor Forsyth[5] identifica seis etapas principais envolvidas:

Etapa 1 – Formule a direção e a meta globais

Essa etapa deve responder à pergunta: "Em qual negócio estamos?". Se o negócio é considerado em termos de clientes – e não daquilo que é publicado (o produto) –, a orientação certa para a companhia pode ser desenvolvida. Necessidades e benefícios (e não funções ou características) devem ser o foco. Conforme a famosa afirmação do presidente da Revlon, "Na fábrica produzimos cosméticos, mas na loja vendemos esperança". Na indústria editorial, publicar esse tipo de clareza pode igualmente ser valioso e ajuda a focalizar o esforço.

É muito fácil ver somente aquilo que a editora vende ou quer publicar atualmente; nesse caso, corre-se o perigo de não reconhecer as mudanças no mercado, não reconhecer de modo pleno ou preciso, ou ter uma percepção delas aquém da realidade. As definições do negócio devem ser estreitas o suficiente para prover direção e, contudo, devem ser amplas o bastante para permitir crescimento e resposta às mutáveis necessidades de mercado.

QUADRO 23.1 | Linhas gerais de um plano de marketing

Seção I: Histórico
Discuta a história recente da empresa, os produtos e serviços, o pessoal etc. Com essa seção você terá uma visão histórica sobre sua posição e quais iniciativas foram estabelecidas durante os últimos anos. Alguns exemplos de eventos importantes incluiriam contratação da equipe de vendas, estabelecimento de um novo sistema de distribuição, aumento consistente no orçamento do marketing, lançamentos de novos produtos importantes, alianças estratégicas firmadas recentemente e criação de um site da editora.

Seção II: Histórico e previsões de receita
Desenvolva um gráfico que retrate a evolução da receita nos últimos cinco anos e projeções para os próximos dois anos. Segmentar por nicho de mercado, se possível. Acrescente gastos com marketing, gastos com um percentual das vendas brutas e o lucro da empresa antes dos impostos. Essa seção proporciona um bom entendimento do desempenho passado de sua companhia em relação aos investimentos de marketing. A seção deve ser o mais detalhada possível, porque, à medida que você trabalha com os números, várias estratégias serão sugeridas para o futuro. Um exemplo disso seria a percepção de que as vendas em um mercado em particular estão crescendo em um ritmo mais acelerado do que em outros mercados, embora tenha recebido um investimento de marketing ínfimo. Portanto, uma estratégia seria aumentar o investimento de marketing nesse segmento.

Seção III: Questões estratégicas
Descreva o ambiente corporativo atual, questões internas e externas que afetam ou podem afetar o negócio no próximo ano. Essa seção cobre fatores importantes que impõem limites ao plano de marketing ou detalha oportunidades que devem ser exploradas no próximo ano, tais como lançamento de um produto novo importante, surgimento de um novo concorrente, consolidação ou expansão da indústria, novo canal de distribuição, ou mudanças importantes na definição de preços na indústria.

Seção IV: Concorrência
Prepare uma análise detalhada dos competidores, incluindo pontos fortes e fracos. Essa seção deve incluir uma análise competitiva global: sua "posição", assim como um perfil completo de seus cinco principais concorrentes. Você deve tentar avaliar a fatia de mercado de sua empresa e também a dos concorrentes.

Seção V: Definição de preços
Discuta tendências passadas de preços e estratégias para o próximo ano. Essa seção deve estar relacionada sua análise da concorrência e da indústria como um todo. Você deve incluir também sua estratégia sobre como quer ser visto no mercado: "provedor de preços baixos" *versus* "provedor de preço/qualidade altos".

Seção VI: Declaração de posicionamento
Considerando todas as informações acima, descreva o posicionamento da editora para o próximo ano. Essa declaração de posicionamento deve ser de apenas uma sentença, ou seja, algo que possa ser usado como uma chamada em um anúncio ou promoção e que seu pessoal de vendas possa falar rápida e concisamente. Um exemplo seria "Editora XYZ: calendários e livros para entusiastas de esportes náuticos".

Seção VII: Objetivos de marketing
Defina três ou quatro objetivos gerais mensuráveis. Normalmente, é impossível cumprir mais do que três ou quatro em um ano. É importante manter o foco, e esses objetivos devem representar aspectos-chave para o crescimento de seu negócio; ser facilmente mensuráveis em uma base mensal; e apresentar mensuração para cada um em relatórios específicos. Um exemplo de objetivo seria aumentar a receita em 10%.

Seção VIII: Estratégias de marketing
Discuta as estratégias que você fará para alcançar os objetivos acima. A diferença entre um objetivo e uma estratégia é que o primeiro define o que você fará e o segundo como fará. Por exemplo, existem várias estratégias que permitem cumprir o objetivo de aumentar a receita em 10%: aumentar o número de clientes, o valor médio do pedido, aumentar os preços, ingressar em um novo mercado, contratar mais vendedores, aumentar o número de catálogos e fazer uma mala direta etc. Nessa seção, sua missão é escolher a estratégia mais adequada para a editora e os produtos.

Seção IX: Orçamento de marketing
Desenvolva um gráfico que mostre as despesas de marketing e vendas nos últimos três anos, assim como a previsão para o próximo ano. Essa seção deve ser subdividida por canal de marketing específico: catálogos, mala direta, publicidade, exposições/feiras, anúncios, força de vendas, materiais suplementares, site web etc. Você também deve analisar os resultados, para saber, por exemplo, que volume de negócios resultou de seu investimento em mala direta. Alguns canais serão mais fáceis de medir do que outros. Assim, tente avaliá-los o máximo possível para obter um quadro nítido de como a alocação de seus recursos de marketing afetam o resultado.

Seção X: Canais de marketing
Escreva um resumo de cada canal incluído na seção anterior. Defina objetivos e estratégias, e seja específico sobre como você alocará o orçamento em cada canal.

Seção XI: Calendário e despesas mensais
Desenvolva um gráfico que mostre todas as atividades e despesas em cada mês e o total do ano.

A abordagem mais produtiva é definir um negócio em termos das necessidades que ele pode satisfazer e os segmentos do mercado que ele pode atender. Dessa forma, para ser capaz de atender uma necessidade de mercado (e, ao fazê-lo, obter lucro), uma editora precisa olhar criticamente para si mesma.

A abordagem clássica a isso é a chamada *análise SWOT*. É a sigla de *strengths* (forças), *weaknesses* (fraquezas), *opportunities* (oportunidades) e *threats* (ameaças). Não há nada surpreendente em relação a ela: é simplesmente uma maneira conveniente e sistemática de se revisar a situação dentro da empresa (SW) e externamente a ela (OT). Ela sugere uma análise paulatina não tão maciça no lugar de uma revisão contínua "de roldão", uma revisão que um plano anual pode simplesmente atualizar e formalizar.

A primeira tarefa, portanto, é examinar a organização internamente e identificar:

- seus pontos fortes – o que a organização faz bem
- seus pontos fracos – o que a organização é ruim para fazer

Os planos subsequentes devem se concentrar em:

- explorar, perpetuar ou ampliar os pontos fortes;
- evitar, minimizar ou erradicar as fragilidades;
- converter os pontos fracos em pontos fortes (por exemplo, treinando).

Etapa 2 – Identifique as oportunidades externas

Nessa etapa, a meta é determinar o potencial de mercado das necessidades que não são plenamente satisfeitas. As necessidades de todos os segmentos devem ser consideradas. Essa etapa do processo envolve segmentação do mercado total e, frequentemente, indica para onde a pesquisa de mercado deve ser dirigida. No ramo editorial, a identificação das oportunidades externas está vinculada ao considerável detalhe de se planejar exatamente quais títulos serão publicados. Os números podem ser bastante consideráveis. Cada decisão individual é importante e deve refletir uma visão do mercado, e o sucesso ou o fracasso global está vinculado a cada uma dessas decisões e a seus efeitos cumulativos.

Etapa 3 – Identifique as ameaças externas

Além de identificar oportunidades e ameaças aos clientes, também é importante considerar as ameaças existentes à receita e ao lucro. Essas virão dos concorrentes, da demanda e de muitos outros fatores ambientais mencionados anteriormente. Essa etapa do processo envolve coletar dados, fazer suposições e a produção de previsões para o negócio.

Etapa 4 – Analise os pontos fortes e os pontos fracos internos

O processo de planejamento de marketing preocupa-se com a forma como os recursos disponíveis à companhia podem ser usados para explorar a oportunidade. As metas de marketing devem ser realistas; em outras palavras: tais metas são conseguidas analisando-se os pontos fortes e as fragilidades para produzir objetivos e estratégias de marketing. Desse modo, é importante perguntar: "Por que deveríamos ser capazes de explorar as oportunidades de mercado que identificamos? E como?" – esse planejamento é, em última análise, planejamento da ação; caso contrário, terá pouca utilidade.

Gerar estratégias é essencialmente uma tarefa criativa. Quanto mais alternativas geradas, melhor. Uma boa estratégia identificará as linhas principais da atividade empresarial que permanecerão constantes ao longo do período total de planejamento e constituirá o quadro geral para a tomada de decisões táticas. A estratégia visa a responder a pergunta: "Quais atividades básicas devemos executar?". As estratégias de marketing são exploradas, a seguir, no Quadro 23.2, adaptado de Guthrie.[6]

QUADRO 23.2 | Desenvolvendo estratégias de marketing

A terminologia aqui é importante e vamos esclarecer dizendo:
- o **objetivo** é o *resultado desejado* no mercado;
- a **estratégia** é um *curso de ação* projetado para se obter esse resultado.

A estratégia deve concentrar esforço, coordenar ação e explorar pontos fortes identificados da organização, evitando desperdício em atividades periféricas.

As estratégias não precisam ser mutuamente exclusivas – mais de uma podem funcionar bem juntas, mas há o perigo

> real de se tentar criar uma frente demasiadamente ampla e, em consequência, acarretar que pouco ou nada seja bem executado. As principais opções de objetivo/estratégia abertas de uma empresa são as indicadas a seguir:
>
> 1. *Aumentar a fatia de mercado existente* por meio das estratégias de segmentação do mercado, procurando novas aplicações, usando diferentes selos para diferentes segmentos.
> 2. *Expandir mercados existentes* aumentando a lista de produtos, vendendo por meio de novos mercados, aumentando a promoção.
> 3. *Desenvolver novos mercados* para títulos existentes expandindo a faixa de segmentos envolvidos, por exemplo, por meio de expansão para o exterior.
> 4. *Desenvolver novos produtos em novos mercados* (uma rota de alto risco) por meio de diversificação ou desenvolvimento tecnológico – como já está ocorrendo em algumas áreas com publicação eletrônica e livros customizados
>
> Os breves exemplos aqui apresentados ilustram as possibilidades e o elo entre objetivo e estratégia, que deve estar claro no plano. Além disso, o funcionamento tático desse plano deve refletir e aprimorar as intenções e fazer as coisas funcionarem diariamente no mercado, e em resposta ao mercado.

Etapa 5 – Programe o mix de marketing

Dentro do quadro geral definido pela estratégia, essa etapa procura determinar os programas e planos de ação detalhados que possibilitarão a realização das metas. A abordagem global envolve:

1. Dividir o mix de marketing:
   - nos elementos do produto;
   - nos elementos de fixação de preços (que precisa ser muito mais ponderado do que no passado);
   - nos elementos da promoção.
2. Programar as atividades de cada elemento, integrando os programas distintos de cada um em um plano de marketing.

Etapa 6 – Identifique o tipo de comunicação e o controle

Os vários elementos da promoção preocupam-se em identificar (e implementar) a atividade de comunicação mais apropriada entre a empresa e seus clientes potenciais. A promoção integra as atividades de vendas pessoais e não pessoais – propaganda, relações públicas (RP), promoção de vendas e merchandising – e preocupa-se com as decisões sobre os métodos e tipos de esforço de vendas necessários. Essa área deve acomodar aquilo que a companhia pode fazer independentemente e aquilo que ela precisa fazer com a aprovação ou colaboração de outros.

Logo que é aprovado, o plano pode ser comunicado. É fundamental o plano agir como uma importante influência para garantir que todos da editora conheçam e compartilhem de uma visão comum e vejam como suas próprias atividades se enquadram no todo. Isso constitui uma boa razão para o plano ser prático, bem escrito e sucinto. O formato final do plano deve ser tal que encoraje revisões antes que a alta administração confirme sua adoção.

Já controles, segundo Jenkins,[7] consistem em aproximar os resultados reais dos resultados desejados. Esse é um processo de quatro etapas:

- definição de padrões;
- coleta de informações;
- análise de variância;
- ação corretiva.

Evidentemente, mais pessoas do que simplesmente o diretor de marketing e seu pessoal imediato estarão envolvidas na criação de um plano de marketing.

As etapas 2 a 4, a seguir apresentadas, compõem sobretudo o processo SWOT discutido anteriormente. Essas considerações são específicas a qualquer organização individual. Os Quadros 23.3 e 23.4 exibem um exemplo de análise SWOT, resumindo o tipo de perguntas que precisariam ser feitas e quais seriam indicativas dos detalhes a ser considerados.

QUADRO 23.3 | Exemplo de análise SWOT: Pontos fortes e pontos fracos da empresa

Pontos fortes e pontos fracos da empresa
1   Base de clientes
1.1   Qual é nossa base atual de clientes por tamanho, por localização e por categoria?
1.2   Como nossa disposição de clientes (composto de clientes) se compara com o composto de mercado?
1.3   Nossos clientes estão em setores do mercado em crescimento?

1.4 Quão dependentes (como uma medida específica) somos de nossos maiores clientes?
2 Variedade de serviços
2.1 Nosso catálogo (variedade de produtos) reflete as necessidades do mercado?
2.2 Como nossa variedade de produtos se compara com a dos concorrentes?
2.3 A maioria de nossas áreas de publicação está em fase de crescimento ou de declínio?
2.4 A amplitude de nosso catálogo é muito estreita para satisfazer nossos mercados?
2.5 Nosso catálogo é demasiadamente amplo para possibilitar uma gestão satisfatória do desempenho em toda a variedade de produtos?
3 Estrutura de preço
3.1 Qual é a base de nossa política de preços?
3.2 Nossos concorrentes, diretos e indiretos, se estruturam da mesma maneira?
3.3 Nossos preços são competitivos?
3.4 Nossos clientes percebem que nossos preços oferecem "valor para o dinheiro"?
4 Atividades promocionais e de vendas
4.1 Com quais grupos de clientes estamos nos comunicando?
4.2 O que eles sabem e sentem a nosso respeito?
4.3 Estamos nos comunicando com suficientes pessoas certas (tanto grupos como indivíduos)?
4.4 Quais meios de comunicação estamos usando?
4.5 Quais atitudes existem internamente que influenciam abordagens à promoção e vendas?
4.6 Cada pessoa que está em contato com os clientes é capaz de vender a ampla variedade de nosso catálogo?
4.5 Essa pessoa é capaz de fazê-lo igualmente bem para cada item do catálogo?
4.7 Essa pessoa tem o conhecimento e a habilidade necessários para vender?
5 Planejamento da atividade de marketing
5.1 Temos planos elaborados para marketing e vendas?
5.2 Os planos estabelecem atividades específicas, bem como objetivos e orçamentos?
5.3 Todos os planos são mensuráveis e monitoráveis?
5.4 Temos planos individuais/departamentais, bem como corporativos?
6 Organização de marketing
6.1 Como a atividade de marketing da empresa é organizada e coordenada?
6.2 A autoridade e a responsabilidade para cada pessoa/atividade são claramente definidas?
6.3 Todo o pessoal está comprometido com contribuir para uma cultura de marketing que auxilie na realização do sucesso comercial?

QUADRO 23.4 | Exemplo de análise SWOT: oportunidades e ameaças de mercado

Oportunidades e ameaças de mercado
1 Como o mercado está estruturado quantitativamente?
1.1 Quantas pessoas/organizações (qual tipo) há em nosso mercado que precisam de nosso tipo de publicação?
1.2 Quais são os hábitos de compra atuais delas?
1.3 Quanto elas gastam nesses itens?
1.4 Com qual frequência elas compram (anualmente, mensalmente etc.)?
1.5 De quem elas compram atualmente?
1.6 O que elas não compram?
1.7 Como os compradores potenciais e existentes acessam nosso mercado e nossos tipos de produto?
2 Como o mercado está estruturado qualitativamente?
2.1 Por que os compradores existentes e potenciais compram/não compram?
2.2 O que eles acham daquilo que compram (tem um bom valor ou preço alto)?
2.3 O que eles acham daqueles que suprem suas necessidades atuais (muito grande/muito pequeno; útil/inútil etc.)?
3 Como o mercado é servido competitivamente?
3.1 Quem são nossos concorrentes diretos (outras empresas similares)?
3.2 Quem são nossos concorrentes indiretos (empresas "superpostas", algumas das quais podem ser facilmente desconsideradas como concorrentes)?
3.3 Quais são os pontos fortes e fracos deles (considerando catálogo, tamanho, pessoal, imagem, preços, habilidades de marketing, abrangência geográfica etc.)?
4 Quais são as tendências quantitativas e qualitativas?
4.1 Qual é o tamanho do segmento?
4.2 Quais são as necessidades do segmento?
4.3 Como pode ser definida a estrutura do segmento?
4.4 Onde está a localização do segmento?

Um caminho prático a ser seguido

As questões no exemplo de análise SWOT constituem um ponto de partida e, certamente, são indicativos de qual raciocínio deve ser feito e de qual informação precisa estar clara para permitir que uma operação eficaz se desenvolva. Toda empresa precisa moldar sua abordagem a esse tipo de pensamento, tanto em termos da natureza da organização como da natureza dos mercados em que ela opera. Por exemplo, os clientes, como vimos, podem ser definidos de maneiras muito diferentes – se você vende diretamente ou vende somente para universidades, então o poder das cadeias de varejo talvez não lhe preocupem. Mas todos os aspectos específicos de seu modo de operação em particular devem ser acomodados.

Há um antigo ditado: "Planeje o trabalho e trabalhe o plano". É um bom conselho. Um plano de marketing não é um exercício acadêmico nem deve criar uma camisa-de-força que sufoque a flexibilidade ou, pior ainda, a criatividade. Assemelha-se mais a um mapa da rota a ser seguida: define a intenção ampla, e o faz com suficientes detalhes para impelir à ação apropriada para se alcançar objetivos. Mas esse mapa também ajuda ao longo do caminho, pois torna possível uma sintonia fina não somente para se tomar medidas corretivas se os alvos não forem atingidos, mas também para permitir que se tire proveito de outras oportunidades encontradas durante o ano. Isso é importante em um mercado dinâmico no qual pode ser vital uma resposta rápida – por exemplo àquilo que os clientes ou concorrentes fazem.

Sob muitos aspectos, a base para o planejamento de marketing emerge essencialmente de se fazer, e responder, três perguntas-chave:

- Onde estamos agora?
- Para onde vamos?
- Como chegaremos lá?

Essas questões definem o cenário para uma quarta e última pergunta a ser respondida que diz respeito ao controle: como saberemos que chegamos lá?

Por fim, vamos resumir os elementos que devem ser, de maneira manejável, documentados em qualquer um desses planos de marketing. Esses incluem:

- Declaração das suposições feitas sobre os desenvolvimentos econômico, tecnológico, social e político – a curto e longo prazos.
- Revisão dos resultados de vendas/lucro da empresa – por produto ou categoria de produto, por mercado e por divisão geográfica – no período anterior.
- Análise das oportunidades e ameaças externas.
- Análise dos pontos fortes e das fragilidades internas – o que incluem declarações comparativas sobre os concorrentes.
- Declaração definindo os objetivos de longo prazo (específicos ao crescimento, retorno financeiro etc.) e como eles serão alcançados.
- Objetivos específicos para o próximo ano.
- Plano para a atividade de marketing – específico e que envolva todo o mix de marketing – mostrando o que será feito e em qual ordem, e coordenando os diferentes elementos para manter o foco no objetivo do plano.

- Elo com os planos (esboço) de prazos mais longos almejados – tipicamente, até três, quatro ou cinco anos à frente.
- Identificação das prioridades entre as oportunidades de ação; neste caso, pode ser tão importante dizer o que será feito quanto dizer o que não será feito (muitas organizações acabam tentando fazer demais e, em consequência, não fazem bem o suficiente tudo que é necessário para garantir o sucesso).

Depois de refletirmos um pouco sobre o processo de planejamento global que temos em mente, voltamo-nos a questões referentes ao produto e ao preço. O que exatamente é feito em relação a eles também precisa de planejamento. Primeiro, considere o produto – os títulos que serão publicados e os formatos em que eles aparecerão.

ANÁLISE SWOT DA PUBLICAÇÃO DE LIVROS

A análise SWOT é a sigla de *Strenghts* (forças), *Weaknesses* (fraquezas), *Opportunities* (oportunidades) e *Threats* (ameaças). O "s" final simplesmente reconhece que esses aspectos são plurais. Não há nada surpreendente em relação a essa análise: é simplesmente uma maneira conveniente e sistemática de se revisar a situação dentro da empresa (forças e fraquezas) e externamente a ela (ameaças e oportunidades).

Essa ferramenta serve para analisar um cenário (ou ambiente), e costuma ser empregada como base para gestão e planejamento estratégico de uma empresa, mas pode, pela sua simplicidade, ser utilizada para qualquer tipo de análise de cenário, desde a criação de um blog até a gestão de uma grande editora.

Existem claras *forças, fraquezas, oportunidades e ameaças* na indústria editorial, embora estas não tenham exatamente a mesma forma ou o impacto em cada setor, como livros, jornais e revistas.

Pontos fortes

- Livros são ferramentas essenciais para a educação e as crianças começam a manuseá-los logo

no início de suas vidas. Em muitos países, a utilização de livros é disponibilizada por meio de um sistema de bibliotecas públicas.
- A venda de livros permanece sólida, apesar da disponibilidade de uma ampla variedade de outros meios de comunicação.
- As editoras de livros são, em muitos casos, empresas financeiramente sólidas, bem geridas que podem sobreviver a um período de condições comerciais adversas.
- A indústria da publicação de livros é capaz de atrair pessoal de boa qualidade, uma vez que é considerada como um setor interessante e atraente para trabalhar. As pessoas tendem a permanecer dentro dessa indústria, e as redes pessoais são fortes.
- O fluxo de conteúdo disponível para publicação é muito forte e diversificado e, em geral não ha escassez de autores. Há processos bem desenvolvidos para aquisição, gestão e utilização de conteúdo.
- A Indústria editorial é diversificada e incorpora um grande numero de editoras especializadas, com boa compreensão de seus nichos de mercado.
- O baixo custo de entrada nesse mercado incentiva a criação de novas empresas (apesar das barreiras para ganhar um lugar no canal de distribuição).
- As editoras são experientes em negociar o custo de produção de livros com fornecedores. Não há escassez de serviços de impressão. As competências de gestão e processos de produção são bem desenvolvidas.
- Nos últimos anos, as editoras conseguiram reduzir seus custos, especialmente por meio da adoção de novas tecnologias e processos de pré-impressão. Elas também reduziram seus custos terceirizando vários serviços.
- A cadeia de distribuição do autor ao consumidor está bem desenvolvida e robusta, com uma cadeia de fornecimento eficiente e eficaz. A internet tornou-se um canal de distribuição de suma importância.
- O papel da publicação é reconhecido como importante para a educação e cultura, e o governo concede benefícios financeiros.

Pontos fracos

- A compra de livros não está enraizada em nossa cultura. No Brasil temos um baixo nível de leitura, com a maioria da população não educada o suficiente para ser capaz de ler uma grande variedade de livros.
- A indústria editorial já alcançou sua maturidade e não há nenhum indicador de mudança no horizonte. Não há nenhuma evidência na maioria dos mercados sugerindo que o aumentará número de pessoas que compram livros.
- Em resposta a isso, partes da indústria têm-se concentrada na redução de custos, em vez de produtos inovadores que possam aumentar o tamanho global do mercado.
- Há evidências que sugerem que os jovens estão lendo menos e estão fazendo uso de outras mídias, como televisão, jogos e internet.
- As estatísticas apontam que os brasileiros leem em média somente 2 livros por ano.
- A inovação é limitada, um grande número de novos produtos que são criados é muito semelhante aos produtos existentes.
- Os compradores de livros, muitas vezes, *não* são os usuários finais (escolas, universidades e bibliotecas públicas, por exemplo). As editoras nem sempre são capazes de influenciar os leitores diretamente.
- Poucos consumidores reconhecem a marca de uma editora, embora muitos leitores reconheçam os nomes dos autores ou até mesmo o título de um livro.
- Alguns mercados em que o canal de varejo é importante, editores, varejistas e distribuidores têm pouco ou nenhum conhecimento sobre quem são seus clientes finais, não têm nenhum relacionamento com esses clientes e não têm dados sobre esses eles.
- Há um grande número pequenas editoras: isso aumenta a escolha do consumidor e a variedade de livros publicados, mas essas pequenas empresas têm dificuldade em colocar seus produtos nos canais de vendas.
- Os editores têm uma dependência cada vez maior dos canais de varejo para colocar seus livros no mercado, com alguns canais impor-

tantes fazendo muitas exigências para expor e vender os livros.
- Muitos editores não conseguem determinar quais títulos terão êxito nas vendas, levando à superprodução de títulos para compensar o risco.
- Embora as grandes editoras, por vezes, invistam recursos consideráveis em marketing, não é menos verdade que, para a maioria dos editores, os orçamentos de marketing são geralmente baixos.
- A indústria tem sido lenta para responder algumas das ameaças e oportunidades criadas pela tecnologia digital e da internet em particular. Há uma falta de pessoal preparado tecnologicamente capaz de liderar a estratégia e a execução em algumas partes da indústria.
- Os investimentos muitas vezes não produzem os resultados previstos por causa de excesso de investimento em sistemas, em vez de soluções customizadas.

Oportunidades

- Mobilizar habilidades de criatividade e inovação na indústria editorial e inventar novas categorias de produtos.
- Desenvolver competências de inovação nas empresas editoras e uma cultura de inovação dentro da indústria como um todo.
- Crescer no mercado global por meio do marketing de novas categorias de livros destinados a pessoas que não estão atualmente comprando, talvez cobrindo tópicos mais práticos e/ou comercializados por meio de canais não tradicionais.
- Crescer no mercado por meio de diferentes abordagens ao *marketing* (por exemplo, *marketing direto*, *e-marketing* e *e-mail*).
- Construir novos relacionamentos com os varejistas para planejar e executar estratégias de marketing inovadoras.
- Usar a Internet para criar um canal diretamente para consumidores individuais e chegar a diferentes grupos de clientes.
- Desenvolver o mercado no longo prazo, incentivar as crianças a ler livros.
- Entregar livros em uma variedade de dispositivos móveis, incluindo telefones celulares, tocadores de música digitais, PDAs e leitores eletrônicos.
- Aumentar a variedade de livros entregues pela internet, especialmente em setores profissionais e educacionais.
- Criar novos materiais educacionais interativos fazendo vigoroso uso do autor, série ou marca da editora.
- Melhorar o retorno sobre os investimentos em TI para melhorar a rentabilidade.
- Usar a impressão sob demanda para publicar livros de baixa demanda com menor custo e maximizar o retorno do catálogo, e ampliar o leque de livros para as livrarias com menor investimento em estoque.

Ameaças

- O poder crescente das grandes cadeias de livrarias pressionando por aumento de descontos, consignações e devoluções.
- O poder de barganha das cadeias de livrarias e a consequente diminuição do número de pontos de venda de livros, ameaçando pequenas livrarias e reduzindo, assim, a diversidade de livros disponíveis para os compradores.
- Os consumidores têm gasto tempo e dinheiro em outros meios de comunicação em detrimento dos livros.
- As tecnologias digitais abrem o caminho para muitos mais concorrentes para entrar na "publicação", ameaçando as empresas existentes e diminuindo as margens de lucro em toda a indústria.

COMO USAR A ANÁLISE SWOT PARA A PUBLICAÇÃO DE LIVROS

Analisar os pontos fortes, fracos, oportunidades e ameaças (SWOT) do negócio da publicação de livros pode fornecer informações importantes e ajudá-lo a tomar decisões valiosas.

O quadro 23.5 ilustra como os editores de livros podem usar a análise *SWOT*:

- Usar os pontos **fortes** para criar um posicionamento de nicho no mercado.

QUADRO 23.5 | Análise SWOT para a publicação de livros

	Oportunidades	Ameaças
Forças	**Estratégias de oportunidades das forças** Usar os pontos fortes da editora para consolidar e expandir a posição no mercado.	**Estratégias de ameaças das forças** Os editores de livros podem usar duas abordagens: construir os pontos fortes atuais ou analisar a tendência e criar processos para uma abordagem de penetração de mercado em duas frentes.
Fraquezas	**Estratégias de oportunidades das fraquezas** Construir estratégias baseadas no desenvolvimento de produtos orientados para o consumidor e na abordagem de marketing.	**Estratégias de ameaças das fraquezas** As editoras devem apenas sair dessas área de negócios e se concentrar nos pontos fortes e ameaças, ou nas fraquezas e oportunidades.

- Fazer esforços para reduzir e remover pontos **fracos** para competir melhor com seus concorrentes.
- Procurar e aproveitar as **oportunidades** disponíveis pela estrutura da indústria, regulamentos e outros desenvolvimentos no ambiente externo.
- Finalmente, fazer provisões e desenvolver estratégias para mitigar as **ameaças** que podem prejudicar o modelo de negócios da editora.

A análise *SWOT* não é um exercício único. Revise e atualize regularmente sua análise à medida que os fatores internos e externos evoluem. Acompanhe as mudanças da indústria, monitore as atividades dos concorrentes e ajuste suas estratégias de acordo com as necessidade da editora.

CONSIDERAÇÕES SOBRE O PRODUTO

Livros ganham vida de diferentes maneiras. Se o editor pretende que sua participação no processo de tomada de decisões seja sólida, ele deve participar da cultura de marketing da empresa, entender as estratégias de marketing e assumir – ainda que em conjunto com outras considerações – uma visão comercial em relação a todos os títulos considerados e publicados. Em algumas editoras, o próprio tamanho de seus programas de publicações e o número de títulos produzidos a cada ano significam que isso se aplica muitas vezes (talvez centenas de vezes) durante cada ano.

A orientação de mercado não é uma opção. Estar perto do mercado é um pré-requisito para o sucesso. Os melhores editores fazem parte da equipe de marketing e vice-versa. Não admira que aqueles que trabalham em ambos os lados da indústria tendam a ser tão ocupados!

Publicação criativa

O processo de planejamento existe, em parte, para se certificar de que os elementos mais criativos do processo mantenham-se firmemente fixos em uma base racional, mesclando apropriadamente os elementos de arte e ciência de marketing. Mas ambos os lados são importantes.

De onde vêm as inovações na área de publicações? Se for um título, um formato, um estilo de capa ou uma maneira nova de comercializar e distribuir livros, toda inovação se inicia em algum lugar. Ideias podem vir da pesquisa de clientes; do estreito contato permanente com clientes de todos os tipos (lojas, universitários etc.); dos autores; de pura intuição; de *brainstorming* ativo com a empresa e em torno dela. Outras ideias são desenvolvidas por meio de um processo que se inicia com aquilo que é chamado de marketing do "eu também", ou seja, copiar as ideias de concorrentes, passando por sintonia fina, mudança e revisão. A moda pode desempenhar um papel; certamente, parece que ela o desempenha com a capa quando alguém produz uma capa com, por exemplo, cores metálicas, relevos e recortes, e vê imitações de seu estilo pipocarem aqui e ali.

O ponto crucial não é tentar listar novas ideias que devam ser implementadas imediatamente, mas comentar sobre como esse tipo de coisa ocorre. O que se segue pode parecer senso comum (e, de fato, é mesmo); mas não significa que todas essas coisas serão assumidas automaticamente ou, ainda, que sejam fáceis. Para o autor Forsyth.[8] Três aspectos são especialmente importantes:

1. **Foco de mercado.** Ninguém que esteja envolvido no processo pode se dar ao luxo de estar divorciado, sob nenhum aspecto, do mercado. Isso se liga a planejamento, pesquisa, a observação e envolvimento, e exige um processo permanente se você quiser ser capaz de dizer, e dizer genuinamente, a qualquer momento: "Estou em contato com o mercado". Isso nem sempre acontece. Uma pergunta que às vezes faço aos participantes dos cursos de vendas que realizo é: "Quão frequentemente os membros da equipe editorial os acompanham em campo para se reunir com clientes e observar a interface de vendas?" Há exceções, é claro, mas muitos dizem que isso ocorre raramente, e, às vezes, nunca. Certamente, não existe desculpa para isso; as inovações provavelmente serão mais difíceis se forem tentadas num vácuo.
2. **Tempo.** As pressões das atividades diárias usualmente tornam mais difícil de se encontrar algum tempo que possa ser rotulado como "tempo para pensar". Contudo, não se obterá progresso a menos que se reserve tempo, especificamente, para trabalhar as possibilidades, e isso, por sua vez, pode exigir que combinações especiais de pessoas se reúnam para esse propósito. O que estamos identificando aqui é uma prioridade, de acordo com qualquer medida razoável, mas uma prioridade que talvez seja difícil de garantir que ocorrerá, com certeza. É o tipo de coisa que é ameaçada pela tirania da dicotomia entre o que é urgente e o que é importante. O sucesso aqui não virá, ou virá muito prontamente, a menos que haja tempo suficiente colocado à disposição. A administração do tempo é uma habilidade central. Ela afeta muito o desempenho e é particularmente crucial quando a criatividade precisa entrar em cena. A administração do tempo pode ser direcionada simplesmente para a classificação da produtividade diária, mas ela é muito importante em termos de possibilitar concentração nas prioridades. Nesse sentido, ela é um fator diferenciador que influi realmente em quais organizações se saem melhor do que seus concorrentes menos bem organizados.
3. **Sistema.** Se for preciso encontrar tempo para esse tipo de processo, então, é claro, algum tipo de sistema é necessário. A maioria das editoras tem reuniões editoriais regularmente para considerar e aprovar – ou não – ideias e propostas sobre novos títulos. Encontrar tempo para isso pode ser um problema suficiente, mas é preciso mais. Se pretendermos que questões mais radicais e inovadoras progridam, então se deve encontrar tempo para isso também. Esse tempo talvez precise ser organizado separadamente das reuniões editoriais mais rotineiras; caso contrário, há o perigo de ele ser relegado a um plano secundário na agenda e ser deslocado por questões mais imediatamente prementes.

Nesse caso, é necessário mais do que boas intenções se quisermos que questões-chave importantes avancem paralelamente às questões diárias. Se isso for feito de maneira a possibilitar que a discussão se desenvolva com uma mente aberta, então há uma chance maior de que iniciativas realmente novas aconteçam e que o planejamento possa deixar de trabalhar dentro do *status quo*.

CICLO DE VIDA DO PRODUTO

O ciclo de vida do produto é um conceito clássico do processo de marketing. Antes de olhar para qualquer relevância que ele possa ter para o setor editorial, precisamos ter clareza em relação a exatamente o que implica.

Os editores pensam em termos de livros impressos e eletrônicos que são criados, publicados e vendidos com diferentes graus de sucesso. Um livro com conteúdo de interesse para um grande público, produzido com padrão de qualidade, preço razoável, promovido e distribuído adequadamente, terá maior chance de alcançar sucesso de vendas, conforme descrito a seguir por Cardoza[9].

- Esse processo não acontece por acaso. Ele começa com uma linha de produtos comercialmente viáveis, com base em planejamento estratégico e desenvolvimento.
- A estratégia de produto é um processo que culmina nas decisões sobre a inclusão de novos títulos, deixando fora de catálogo títulos que não vendem e fazendo os títulos existentes mais competitivos e lucrativos.
- O planejamento da linha de produto é o processo no qual se decide quantos títulos adquirir, quais formas os produtos terão e quantos títulos produzir.
- O desenvolvimento do produto é a implementação de seu plano e o cuidado de cada título ao longo de sua vida.
- Os títulos são como seres humanos. Eles entram no mundo e são incapazes de cuidar de si mesmos, mas, à medida que crescem, algo acontece e muito poucos alcançam o sucesso que seus pais esperavam.
- Os livros e as pessoas passam por uma série de fases previsíveis em sua vida, embora a longevidade de cada estágio seja diferente para cada um.

Produtos não permanecem para sempre. Alguns estão aqui hoje e se vão amanhã, como, por exemplo, produtos da moda, discos de música pop ou jornais. Evidentemente, outros perduram um longo tempo, e provavelmente todos nós podemos nos lembrar de marcas que vimos como lançamentos permanentes, de fato, que nossos pais viram da mesma maneira: há quanto tempo existem marcas como Bombril, Volkswagen ou IBM? Algumas desapareceram até mesmo de modo mais dramático – prova disso é a maneira como o fax virtualmente destruiu o mercado de aparelhos de telex em um prazo muito curto.

Gerenciamento do ciclo de vida de um título

O ciclo de vida de um título é composto de sete fases pré-determinadas: planejamento, desenvolvimento, introdução, crescimento, maturidade, declínio e retirada gradual. A Figura 23.1 ilustra essa sequência de *como um título se move ao longo de sua vida*.

Cada uma dessas fases merece um breve comentário:

1. **Planejamento:** Essa fase engloba planejar uma lista de produtos dentro da linha da editora com uma previsão de margem de lucro.
2. **Desenvolvimento:** Essa fase começa quando a empresa adquire, desenvolve e publica um novo produto.
3. **Introdução:** Essa fase pode envolver um início lento, ou investimento adiantado, ou ambos.

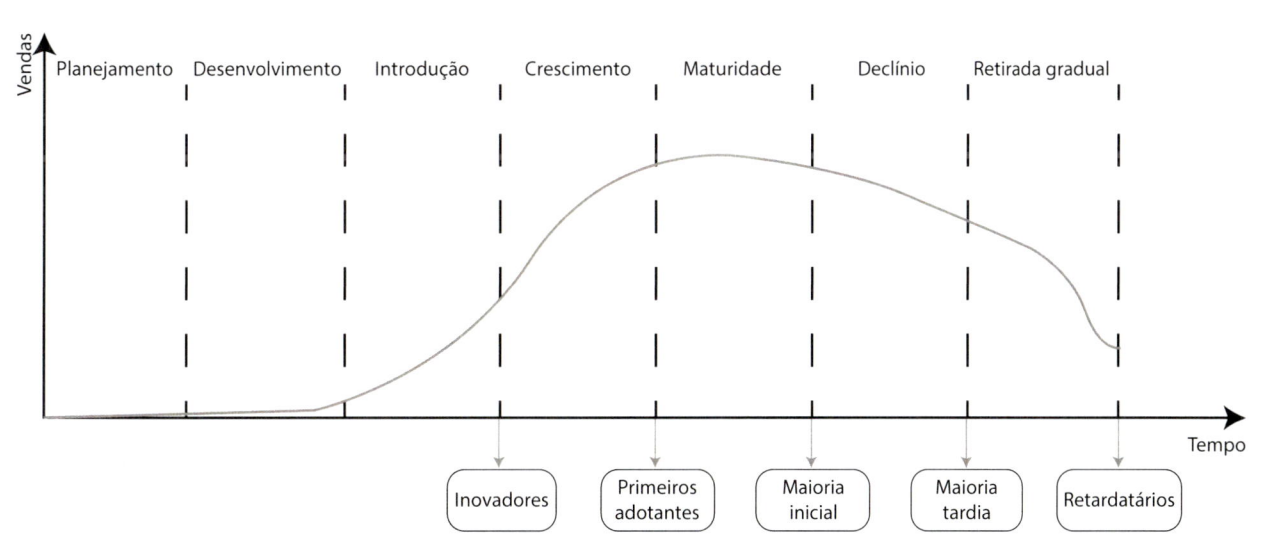

FIGURA 23.1 | Ciclo de vida do produto.

4. **Crescimento:** A aceitação do mercado e as compras aceleram-se, a lucratividade cresce e o cenário se estabelece garantindo um lugar para o produto em prazo mais longo.
5. **Maturidade:** O crescimento das vendas pode se desacelerar, não obstante pode ser o período de maior lucratividade. Para manter um produto nessa fase, exige trabalho e sempre existirá a ameaça de um declínio gradual.
6. **Declínio:** Eventualmente, isso é inevitável, embora a queda das receitas e do lucro possa se tornar gradual se forem tomadas as medidas certas.
7. **Retirada gradual:** O produto finalmente morre e deve ser retirado quando os esforços para manter as vendas se tornarem contraproducentes.

Tipos de comprador

A velocidade e o declive da curva clássica do ciclo de vida do produto (ilustrados na Figura 23.1) e também a indicação de como o público que adota as novidades varia significativamente, dependendo das circunstâncias e do produto.

As fases são definidas pela quantidade de receitas e lucratividade geradas pelo título ao longo do tempo. O trabalho dos departamentos de marketing e editorial é reconhecer quando o livro faz a transição de um estágio para o seguinte e tomar as medidas apropriadas para estimular ou manter seu crescimento. Isso é difícil de determinar porque, além de não existir uma indicação clara de quando cada fase começa ou termina, não há qualquer garantia de quanto tempo cada uma vai durar, pois alguns títulos se deslocarão da fase de introdução ao declínio com curtos períodos de crescimento e maturidade. Esse conceito é importante para as editoras porque um título não é rentável até alcançar sua fase de crescimento. Para ter êxito com essas medidas, é preciso aplicar os elementos básicos da estratégia de marketing, exigindo uma destreza digna de um malabarista de circo, porque cada título de sua linha de produto pode estar em um estágio do ciclo de vida diferente, em qualquer dado tempo.

A lucratividade de um título é maior durante sua fase de crescimento e maturidade. No momento em que essas fases começam, os elevados custos de desenvolvimento e de introdução terão sido cobertos. Os passos descritos a seguir indicam que as estratégias de marketing do livro podem ser implementadas para atingir o maior nível de rentabilidade e mantê-lo pelo maior tempo possível.

- É fundamental cultivar os ciclos de vida de seus títulos, individualmente e de modo sistemático, a fim de obter uma linha de produtos rentáveis que promoverá o sucesso da editora a longo prazo.
- Não há nada que indique o tamanho do ciclo ou de um determinado período.
- O objetivo é fazer todas as escolhas certas para que o título "ganhe vida própria".
- Há muitas coisas que influenciam o ciclo de vida de um título, incluindo a qualidade do livro (projeto, produção, escrita, assunto), data de seu lançamento, forte promoção, preços, distribuição, quantidade de concorrentes.
- Mesmo um livro que foi retirado de catálogo ainda pode vender (especialmente com o advento de impressão sob demanda) com algumas modificações.

E como tudo isso se aplica à área das publicações? Às vezes, o paralelo é muito direto, conforme, sem dúvida, poderia testemunhar qualquer editor que produz títulos ligados, digamos, à religião. É possível igualmente citar livros técnicos que se desatualizam entre as publicações mais sérias. Mas o ciclo de vida do produto também tem implicações para muitas outras áreas. Por exemplo:

- **Autores.** Experimentam exatamente esse tipo de desenvolvimento à medida que seu apelo crescer (ou for construído) ao longo de uma série de títulos.
- **Assuntos.** Experimentam essa forma de crescimento da maneira como o apelo da ciência popular cresceu desde o sucesso de *Uma breve história do tempo*.
- **Formatos.** Também podem ser considerados dessa maneira, como as brochuras de negócios tiveram sua popularidade aumentada recentemente à custa de outros tipos, por exemplo, os

livros de ficção de capa dura (considerados por alguns como algo à beira da extinção).

Uso ativo do ciclo de vida do produto

O marketing deve trabalhar ativamente o ciclo de vida do produto, ou seja, agilizar o crescimento, estender a maturidade e diminuir o declínio – com o objetivo de maximizar a receita e o lucro. Boas vendas contínuas de qualquer *backlist* certamente dependem se esse tipo de visão se refletirá em ação. Para exemplificar, imaginemos a descrição de um livro fictício, ao qual chamaremos de *A vida do produto*, que é publicado primeiro em capa dura, depois em uma edição de clube do livro e, por fim, em brochura. No devido tempo, é feita uma segunda edição e repete-se o ciclo de vida desse livro. Ele ainda é traduzido para duas outras línguas, estendendo-se ainda mais seu ciclo. Além da segunda edição, uma versão ampliada é produzida, possibilitada pela adição de uma série de estudos de casos ilustrados. E, como é uma obra de referência, é editado em formato de CD-ROM e em um pacote com um vídeo anexo.

Essa descrição de um livro fictício serve apenas para mostrar que todas essas ações podem demandar algum tempo. O plano de marketing original para um título deve explorar essas possibilidades desde o princípio, até porque podem alterar a viabilidade do projeto inteiro. Portanto, o pensamento de marketing pode ser aplicado de forma pragmática e eficaz a publicações, usando-se sistematicamente o conceito de ciclo de vida do produto, e explorando e estendendo as possibilidades a fim de se ter como resultado uma vida mais longa e um aumento das vendas.

O tipo de pensamento aplicado a um título também pode prestar-se ao processo de revisão de questões mais amplas (uma série, um formato ou um projeto gráfico). Em seu aspecto mais abrangente, a indústria precisa fazer perguntas adicionais. E como uma editora pode trabalhar para tirar proveito daquilo que ela será ou poderia ser? Esse é um processo que envolve aquilo que, em outras indústrias, é chamado de *desenvolvimento do produto* – esse, muito frequentemente, é um processo de evolução e não de revolução.

Uma série de mudanças, talvez pequenas ou significativas em si mesmas, às vezes leva a um desenvolvimento mais radical, e pode não ser fácil garantir um desenvolvimento desse modo: demanda tempo e às vezes precisa desafiar o *status quo*. Nós nos envolvemos em uma situação, há alguns anos, que ilustra bem a questão: trabalhávamos na editora McGraw-Hill e o autor queria que o livro fosse produzido num formato 21 x 28 cm – o que, simplesmente, era raro naquela época (se havia exceções, não tínhamos conhecimento delas), e demandou algum tempo e considerável esforço de persuasão da parte do autor para que a editora "autorizasse a largada". O formato funcionou bem, o livro teve boa vendagem, e dentro de um ou dois anos publicamos dezenas de livros no mesmo formato.

Evidentemente, nada se desenvolve como sucesso absoluto; a mudança inicial, nesse caso, foi difícil, e vale lembrar que ela quase não ocorreu *(e se acaso a ideia tivesse se originado fora da editora?)*.

Portanto, a atividade de publicação certamente está envolvida em desenvolvimento do produto, e há muito mais coisas do que simplesmente escolher títulos (embora não pretendemos menosprezar essa tarefa!). Mas um produto não existe até ter preço; e preço também é uma variável de marketing.

Monitorando produtos editoriais

Esse tópico é sobre como monitorar e avaliar o sucesso de produtos editoriais. Isso inclui análises de números de vendas, estatísticas dos usuários e assim por diante. Isso também inclui a programação de quando os produtos precisam ser revistos, atualizados ou retirados do catálogo.

O que o editor precisa saber

- O tipo de produto e os canais de marketing para o produto.
- Desempenho típico para os produtos nesse mercado.
- A data original de publicação, expectativa de vida percebida e metas financeiras para a publicação do produto.
- Como avaliar os fatores de impacto, incluindo o uso de relatórios e o desempenho nas listas de best-seller.

- Como interpretar números que mostram a margem bruta e o nível de receitas.
- As implicações das diferentes opções de publicação, incluindo a impressão sob demanda, reedição, revisão a criação de novas edições, a criação de diferentes formatos e retirada do mercado.

O que o editor deve ser capaz de fazer

- Estabelecer prazos que se adequem a editora para comunicar os produtos editoriais.
- Monitor as vendas e o estoque para fazer previsões e os valores das receitas.
- Analisar as razões das variações no desempenho e sua probabilidade de reincidência.
- Trabalhar efetivamente com outros departamentos para maximizar o sucesso dos produtos editoriais.
- Contatar os departamentos relevantes para reunir informações que irão informar suas recomendações para o futuro.
- Analisar os riscos, custos e benefícios das futuras diferentes opções de publicação.

DEFINIÇÃO DO PREÇO

É importante reconhecer que preço e imagem estão indissoluvelmente ligados. De fato, o produto, seu preço e sua imagem são vistos juntos pelo cliente final de qualquer produto.

Os autores Kotler & Armstrong[10] escrevem: preço é a quantia em dinheiro que se cobra por um produto ou um serviço. De maneira mais ampla, é a soma de todos os valores dos quais os consumidores abrem mão para obter os benefícios de se ter ou utilizar um produto ou serviço. Historicamente, o preço é o principal fator que afeta a escolha do comprador. Nas últimas décadas, entretanto, fatores não relativos ao preço têm conquistado uma importância cada vez maior. Mesmo assim, o preço ainda é um dos mais importantes elementos na determinação da participação de mercado e da lucratividade de uma editora. O preço é o único elemento do mix de marketing que gera receita; todos os outros representam custos. Ele é também um dos elementos mais flexíveis do mix de marketing. Diferentemente das características do produto e dos compromissos com os canais de distribuição, os preços podem ser alterados rapidamente. Ao mesmo tempo, a determinação de preços é o maior problema que muitos executivos de marketing enfrentam, e várias empresas não lidam muito bem com a precificação. Alguns gerentes consideram a determinação de preços uma grande dor de cabeça, preferindo concentrar-se nos outros elementos do mix de marketing. Entretanto, gestores inteligentes tratam a determinação de preços como uma ferramenta estratégica essencial para criar e capturar valor para o cliente. Certamente, há situações em que a percepção do preço não estimula confiança; a palavra *barato* para certos produtos pode ser facilmente associada a "ruim". Portanto, não é apenas o nome "Mercedes Benz" que fala de qualidade, mas também a etiqueta de preço; se ele custasse o mesmo preço que um carro popular, então é provável que haveria menos glória em possuir um.

Mas o que as pessoas pensam do preço é somente uma parte do quadro. Há quatro critérios básicos para qualquer decisão quando se vai fixar o preço de um produto. São eles:

1. **Preço baseado no custo.** Também chamado de "abordagem contábil", baseia-se em acrescentar uma margem de lucro sobre o custo de um produto (todos os custos, incluindo a alocação para despesas gerais), a fim de produzir o preço de venda.
2. **Preço baseado na demanda de mercado.** Considera o preço sob o ponto de vista da demanda. Classicamente, uma demanda elevada significa que um preço mais elevado pode ser obtido, e uma demanda mais baixa, o inverso. É a relação preço/demanda que faz surgir a descrição de elasticidade de preço – em outras palavras, a demanda varia dependendo de como o preço é fixado.
3. **Preço baseado na competição.** Relaciona o preço de um determinado produto com o preço de produtos similares no mercado. Assumir essa visão permite que o preço seja fixado intencionalmente mais alto, mais baixo, ou em paridade com os concorrentes. O ponto em que o nível é fixado vincula-se ao chamado "posicionamento do produto", ou seja, como

ele é fixado em relação aos outros em termos do preço e de outros fatores.
4. **Preço baseado no marketing.** Inclui a visão de marketing, a fim de garantir que o preço seja fixado de tal maneira a produzir satisfação pelo valor nos clientes. Esse tipo de percepção pode ser influenciado por:
   - todos os aspectos da empresa, seu produto e serviço;
   - *status*, por exemplo, endossos por líderes de opinião, exclusividade ou promoção;
   - barreiras de preço que podem operar em um segmento.

Esse tipo de fixação de preços envolve aquilo que talvez não seja de fácil julgamento. É fácil supervalorizar ou subvalorizar um produto. É importante observar que todas as quatro metodologias descritas anteriormente não são alternativas. Elementos de cada ponto de vista precisam ser incluídos no pensamento global, e, se um deles for subavaliado, em consequência disso o preço fixado poderá ficar fora da realidade e não funcionar bem no mercado ou perder lucro ou vendas.

Preços altos e baixos podem ser fixados estrategicamente. Por exemplo, pode-se estabelecer um preço elevado quando houver pouca competição, para maximizar as vendas iniciais.

A percepção do preço

Também é importante ressaltar que a percepção de preço no mercado não é uma coisa inteiramente racional; de fato, os consumidores até acham difícil lembrar-se do preço que pagaram pelo último livro que compraram. Por exemplo, barreiras de preço operam em torno de valores em particular e dão origem a grande parte dos preços vistos como 29,99 e 49,99. Esses, podem não parecer muito diferentes de 30 e 50, respectivamente; e não são! Mas as pessoas gostam deles, e todas as pesquisas feitas parecem mostrar que esses preços têm mais apelo e dizem mais do que o preço com valor redondo. A diferença entre o preço quebrado e o preço redondo é mínima, mas seu efeito causa no consumidor um impacto psicológico. Daí o nome "preço psicológico" (ou *price point* em inglês).

A nova realidade e seus efeitos

No ramo editorial, todos os tipos de fatores influenciam as considerações internas na fixação de preços. Livreiros e outros interessados estão livres para usar qualquer um dos critérios de fixação de preços que quiserem a fim de aumentar suas vendas e sua fatia do mercado. O *status quo* sempre existiu, assim como a ameaça de mudança (então, ninguém pode dizer que não sabe como reagir porque não teve tempo de pensar a respeito). Sem dúvida, a mudança tem uma série de efeitos sobre editoras, autores, livreiros de todos os tipos, atacadistas e muitos outros.

Esse não é momento para reiterarmos os argumentos a favor ou contra o controle de preços. Mas apesar daqueles que defendem uma ação passadista destinada a restaurar a antiga ordem (algo que nos parece condenado ao fracasso), as únicas perguntas que vale a pena fazermos dizem respeito ao futuro.

Nesse sentido, dois tópicos merecem investigação: o cliente e o negócio. As editoras, segundo o especialista em marketing editorial John Kremer,[11] precisam relacionar-se com um ou com outro, ou com ambos, no que se refere a preço:

- **Cliente.** Primeiro, ao fixar o preço à editora deve ter mais consciência da percepção de preço – como ela será no novo ambiente. Se livros são vendidos por meio do distribuidor, então o preço pode precisar refletir quaisquer prováveis descontos que um título possa atrair no comércio.
    - Segundo, uma quantidade surpreendente de contatos editoriais se dão diretamente com os clientes por meio de: mala direta (na qual as editoras de livros obtêm um percentual significativo de seus volumes de vendas), catálogos, exposições, venda direta em domicílio, site etc. A editora pode tomar a iniciativa de utilizar preços da maneira que achar apropriado para atrair clientes e para estimular vendas extras. Talvez a mudança aja no sentido de ajudar a identificar novas oportunidades nessa área.
- **Negócio.** O grau de funcionamento em conjunto ainda não foi estabelecido. É importante verificar: Os grandes varejistas desejam discu-

tir preço com as editoras antes da publicação e antes da fixação de preços? As editoras querem fazê-lo? E o que isso vai acarretar para os longos prazos de espera voltados a colocar um título novo no mercado? Alguns negócios já estão fazendo isso, é evidente, mas será interessante ver como essa prática se difunde.

A indústria editorial deve, sem dúvida, considerar preço como uma verdadeira variável de mercado.

Contando ao mundo

Embora as questões revistas neste e no capítulo anterior tenham um aspecto externo e devam receber um foco de mercado verdadeiro, pelo menos alguns fatores – da decisão sobre a estratégia à fixação de preços – são, até certo ponto, internos. Mas o curso de ação adotado internamente, qualquer que seja, não tem nenhuma relevância até que as pessoas de fora da organização tenham consciência dele.

PLANEJAMENTO ESTRATÉGICO EDITORIAL

Planejamento estratégico editorial refere-se ao processo de realizar uma avaliação sistemática das necessidades de aquisição e, em seguida, colocar essas necessidades em um plano.

As premissas subjacentes do planejamento estratégico editorial são listadas abaixo pelo consultor John McHugh.[12]

- O planejamento das aquisições deve ter de dois a três anos de antecedência, pois leva minimamente três a cinco anos para assinar contratos e desenvolver e publicar um novo livro.
- As aquisições são o futuro de uma editora, portanto, elas devem ser planejadas. Marketing e vendas, necessitam de um semestre de antecedência; entretanto, para a aquisição o horizonte é mais distante.

O planejamento estratégico editorial não precisa ser excessivamente complexo. Mas as seguintes questões devem ser respondidas quando se inicia tal processo:

1. Quais são os novos produtos que a empresa precisa desenvolver?
2. Quais são as principais tendências que afetam as linhas de produtos, como clientes, leitores, canais de distribuição e nichos de mercado?
3. Efetuar pesquisa de clientes, qualitativa e quantitativa, e apoiar suas conclusões sobre as tendências que poderão afetar as aquisições?
4. Qual é seu estoque dos livros assinados?
5. O que está atualmente no plano?
6. O que será publicado durante o próximo ano?
7. Quais livros devem ser revisados? E quando?
8. O que não será revisado?
9. Quais são as metas de aquisições para o próximo ano?
10. Quais são as previsões de vendas para esses títulos?

O objetivo do planejamento estratégico é desenvolver de forma colaborativa um plano de ação para trabalhar durante um ano inteiro. O diretor editorial deve ser avaliado na execução do plano. O plano, é claro, levará em conta a visão de longo prazo das aquisições; ou seja, um horizonte de três a cinco anos.

A aquisição de livros é orientada para o futuro, portanto, o planejamento é obrigatório e com revisões frequentes durante o ano. O melhor planejamento é o participativo envolvendo todos os departamentos. Por isso considere importante uma reunião anual de planejamento estratégico. O trabalho, produto da sessão de planejamento, irá mapear as lacunas no catálogo da editora e permitirá que você faça as aquisições necessárias.

> **Uma questão de posicionamento**
>
> A estratégia de marketing do editor deve ser direcionada por um pensamento: "Qual é seu público e como alcançá-lo?". Quando pensar em seu livro, é importante pensar em *posicionamento*.

Muito do sucesso na aquisição depende da paixão pelo sucesso. Um *editor de aquisição* deve ter mais do que os traços listados nas habilidades e nos atributos de editores de aquisições bem-sucedidos. O planejamento estratégico leva em conta onde você está hoje, onde você esteve e para onde você quer ir; o que é uma parte essencial do sucesso de publicação.

O planejamento estratégico editorial indica o rumo de uma organização e todos seus componentes. Direciona a missão da empresa em termos de sua principal atividade, incluindo diretrizes amplas e gerais para a seleção de áreas de atividade ou mercados nos quais planeja penetrar ou se retirar.

Mantenha a coluna ereta

O modo como uma editora planeja e articula sua estratégia de publicação é muitas vezes o que convencerá um autor a assinar um contrato. A estratégia de uma empresa deve ser refletida no que o editor diz para um autor sobre quais recursos estão comprometidos com a assinatura de um contrato, e quais os recursos serão alocados sobre o desenvolvimento e marketing do projeto. Do ponto de vista de marketing, a espinha dorsal do planejamento estratégico é o plano de marketing.

Qualquer planejamento editorial envolve um conjunto de decisões interdependentes. Ao serem definidas políticas sobre aquisição de conteúdo, desenvolvimento editorial, segmentação de mercados e linhas de produtos, devem ser levados em consideração sobretudo os efeitos de custos e de marketing. As decisões de produto devem, necessariamente, articular todos os departamentos da empresa, porque envolvem aspectos financeiros e contratação de profissionais com elevada competência técnica. O planejamento estratégico trata de decisões de longo prazo e de difícil modificação. Por exemplo, se sua editora optar por desenvolver uma linha de produtos sobre ficção, baseada em um programa de traduções, a reversão da decisão estratégica talvez não possa ser feita de maneira rápida devido a uma programação de aquisição de direitos de tradução, cujos cancelamentos implicariam em pesado ônus para a editora, tanto em termos de direitos autorais já adiantados como de serviços de consultoria, tradução etc.

O planejamento estratégico é amplo, visto envolver toda a organização. Desse modo, deve ser elaborado para definir os objetivos da editora, e sua consecução implica trabalho em equipe e coordenação segura do presidente com todas as responsabilidades explicitadas ao grupo de gerenciamento de núcleo.

POR QUE OS EDITORES DEVEM APRENDER SOBRE ESTRATÉGIA?

A publicação é uma indústria incomum com milhares de novos produtos desenvolvidos e lançados continuamente.

Isso significa que a maioria das empresas operam com uma ampla gama de clientes em diferentes segmentos, cada um dos quais provavelmente terá um conjunto diferente de necessidades e um ambiente competitivo. Uma estratégia não funcionará em todos os segmentos.

Isso também significa que um grande número de pessoas nos negócios são responsáveis por tomar decisões "título por título" e "lista por lista", bem como por uma unidade de negócios sobre quais produtos e serviços venderão aos seus clientes.

A melhor garantia de sucesso consistente é certificar-se de que todos os que são responsáveis pelo desenvolvendo de produtos em um ambiente competitivo estão bem treinados em como pensar estrategicamente e posicionar os produtos para vencer.

Uma empresa pode definir uma direção estratégica no topo, mas também existem alguns perigos reais em especificar uma estratégia de cima para baixo com muitos detalhes.

Ela pode:

- ser insensível às necessidades específicas do cliente;
- desconhecer questões competitivas críticas em mercados individuais;
- não responder a mudanças inesperadas no ambiente externo;
- expulsar a criatividade do processo de concepção;
- levar a um "pensamento de grupo" onde as pessoas em uma empresa trabalham em um conjunto inquestionável de suposições que podem não ser mais verdadeiros ou não se aplicar em cada segmento.

A melhor defesa contra esses perigos é para todos que estão criando novos produtos para poder para pensar estrategicamente. A autora e consultora Kay Symons[13] escreve: para que uma editora seja bem-sucedida de forma sustentável, ela precisa que todos que estão criando novos produtos sejam o mais íntimo possível com as necessidades dos clientes e capaz de pensar criativamente sobre como essas necessidades podem ser atendidas, para que possam criar produtos que sejam as melhores alternativas. Com o rápido aumento da oferta de produtos alternativos, com o surgimento da revolução digital, isso se torna ainda mais importante.

Portanto, o papel da alta administração é definir uma direção e facilitar o desenvolvimento de plataformas e infraestrutura com a qual os produtos podem ser construídos; mas também devem capacitar todos na organização que são responsáveis por novos produtos e pensar estrategicamente para obter sucesso em todos os segmentos de clientes.

Alinhamento estratégico

Para ter sucesso, uma estratégia deve estar alinhada com o objetivo geral do negócio e ter um conjunto coerente de ações para entregá-lo: visão, missão, objetivos, estratégia e táticas

Uma visão deve ser uma descrição ampla de um estado futuro atrativo e crível. Deveria ser capaz de permanecer consistente por muitos anos e conduzir o que a empresa faz e o que não faz.

A missão é o que a empresa atualmente existe para fazer. É provável que isso dure por muitos anos, mas pode mudar em resposta as mudanças externas, a fim de avançar para a visão.

Os objetivos são atuais e devem ser inteligentes:

- Específico
- Mensurável
- Atingível
- Relevante
- Temporário

Equipes desenvolvendo estratégias para mercados e grupos de clientes precisam saber quais os objetivos, especialmente quais objetivos financeiros, sua estratégia precisa ser capaz de entregar e por quando. Elas podem então desenvolver uma estratégia ou a direção que identificará onde jogar e como ganhar e um plano de ação ou conjunto de táticas para implementá-lo. Algumas empresas tornam sua visão, missão e objetivos públicos.

Marketing de Guerra

Al Ries e Jack Trout[14] usam os princípios do pensamento estratégico na guerra convencional para sugerir como as empresas devem posicionar seus produtos. Segundo eles, existem quatro estratégias principais, dependendo da força competitiva no segmento.

1. **Defensivo**
   - Apenas o líder de mercado joga na defesa;
   - A melhor defesa é atacar a si mesmo – se houver um produto que pode atacar sua participação de mercado, você não deve esperar até que um concorrente publique, publique você mesmo. A editora Atlas usou esta estratégia durante muitas décadas e publicava em média cinco títulos nas disciplinas dos primeiros e segundos anos;
   - Bloqueie todos os movimentos competitivos fortes.

2. **Ofensivo**
   - Concentre-se nos pontos fortes do líder;
   - Encontre a fraqueza na força e ataque lá;
   - Ataque em uma frente estreita.

Tentar derrubar um líder de mercado por copiá-lo é uma receita certa para o fracasso. Se você puder identificar algo que os clientes desejam e que seu concorrente não faria ou não poderia fazer por causa de sua posição forte, você encontrará um ataque que eles não podem bloquear facilmente. Uma empresa que atende o amplo mercado pode relutar em personalizar produtos para segmentos menores, por exemplo.

3. **Flanqueamento**
   - Mover-se para uma área incontestada;
   - A surpresa é fundamental;
   - Concentre seus recursos no ponto de diferença.

Se você não é forte o suficiente para ter sucesso com um estratégia ofensiva, você precisa fazer algo bem diferente. Isso pode significar a criação de um novo tipo de produto, como um serviço digital, mas pode ser apenas sobre competir com um produto mais barato ou uma oferta *premium* cara, uma abordagem muito condensada ou uma abordagem incomum abrangente, por exemplo.

4. **Guerrilha**
   - Encontre um segmento pequeno o suficiente para defender;
   - Nunca aja como um líder;
   - Esteja preparado para sair em cima da hora.

Este modelo é especialmente útil se os editores de aquisição tiverem o hábito de pensar que soluções semelhantes funcionarão em diferentes segmentos, seja qual for o ambiente competitivo. Isso ajuda a tirar o foco das influências internas e certifique-se de que eles estão olhando para fora, para o que o rivais também estão fazendo. Só assim serão capazes de identificar a zona vencedora – se eles podem fazer o que o cliente quer melhor do que o concorrentes podem.

A diferenciação em um ambiente competitivo

A indústria editorial voltada à educação é muito competitiva. Portanto, é necessário que as editoras de livros didáticos estudem os produtos e as táticas comerciais dos concorrentes e façam uma análise comparativa das potencialidades e fragilidades de cada um deles. Uma editora de didáticos deve procurar qualquer informação sobre a maneira como a indústria avança e como esse avanço afetará suas próprias estratégias editoriais.

O planejamento estratégico envolve ações tanto defensivas quanto ofensivas. Defensivamente, ele mantém a posição de mercado e neutraliza a vantagem competitiva dos concorrentes ao oferecer produtos comparáveis com um investimento financeiro razoável. Ofensivamente, abrange pesquisa e desenvolvimento, bem como a criação de novos produtos. Ambas as ações devem basear-se em pesquisas sobre o que os concorrentes estão fazendo: como estão projetando produtos eletrônicos, on-line; quais tipos de materiais complementares estão agregando aos livros; e com quem estão assinando contratos de parceria. Essa informação garante que a editora permaneça ciente dos avanços da indústria e não fique para trás quando novas tecnologias aparecerem.

Um primeiro passo é identificar os impulsionadores chave do crescimento da indústria; esses se referem às tendências na indústria cuja expectativa é influir na maneira como os produtos educacionais se desenvolverão em um sistema educacional baseado em tecnologia. Esses impulsionadores chave do crescimento incluem:

- entrega mais eficiente de recursos de aprendizagem;
- melhorias nas tecnologias de informação que permitam um conteúdo mais eficaz;
- mais usuários atraídos pelas melhorias nas tecnologias de informação e conteúdo;
- capacidades técnicas melhoradas dos usuários;
- padrões para toda a indústria que aumentem a acessibilidade e o aproveitamento de conteúdo;
- mercado crescente, uma vez que mais pessoas tiram proveito do maior acesso.

Todas as editoras de didáticos, em última análise, devem estar cientes desses impulsionadores chave, porque esses, de maneira geral, afetam-nas igualmente, sem nenhuma vantagem competitiva específica. O desafio para as editoras é, portanto, serem criativas enquanto realizam pesquisa de mercado, analisam os resultados e exploram as oportunidades. A maneira como uma empresa se diferencia de seus competidores é uma fonte de valor conhecida como *diferenciação*. "Sem um certo grau de diferenciação, os clientes não têm nenhuma razão em particular para comprar os produtos que uma organização oferece em vez dos de seus concorrentes."

Segundo as editoras e consultoras editoriais Eliza Collins e Mary Devanna[15] uma empresa pode aumentar o grau de diferenciação de várias maneiras, entre as quais, uma ampla variedade de produtos, variedade de recursos, benefícios do produto, atendimento ao cliente, disponibilidade do produto, reputação (do produto e da empresa), relações de vendas e preço.

Estabelecer um grau de diferenciação é uma prioridade importante para uma editora. A capacidade de oferecer um recurso específico ou único como resultado da pesquisa de mercado pode determinar o sucesso, medido pelas vendas e pela participação no mercado. As editoras de didáticos se espreitam mutuamente à procura de ideias sobre como apresentar produtos e de pistas sobre como o concorrente está administrando seus produtos de nova mídia. Entretanto, os custos envolvidos nas tecnologias de informação, combinados com o temor de obsolescência da parte da empresa editora, criaram uma abordagem ao desenvolvimento do produto na qual cada editora dá um pequeno passo adiante e depois observa a reação de seus competidores. Desse modo, essa abordagem ao desenvolvimento do produto não dá em grandes saltos.

O papel mutante e ainda incerto das tecnologias da informação na educação, somado à capacidade que as editoras de didáticos têm de mudar rapidamente os materiais de aprendizagem e sistemas de entrega eletrônicos, significa que elas farão constantemente experiências com novas tecnologias e estilos. O debate em torno do papel das tecnologias da informação deve concentrar-se em servir a maioria, não na experimentação de novos sistemas de entrega revolucionários. Dois aspectos fundamentais de uma estratégia de nova mídia devem ser observados: o impacto da tecnologia sobre professores, estudantes e instituições, todos os quais estão se tornando cada vez mais preparados tecnicamente; e a importância, para uma editora de didáticos, de criar e manter um cliente.

Em um ambiente competitivo, a entrega de um produto com valor superior exige que a empresa analise não somente suas atividades empresariais, mas também a maneira como suas atividades se comparam com as de outras empresas (ou participantes) da mesma indústria. Tanto as relações entre os participantes como suas atividades na indústria se modificaram à medida que as tecnologias da informação exerceram um impacto sobre o desenvolvimento de produtos educacionais de novas mídias. Os modelos lineares de negócios tradicionais – por exemplo, a cadeia de valor – não refletem novos métodos de desenvolvimento e entrega que são mais flexíveis, repetitivos e não lineares. Um novo modelo é necessário, algo que reconheça que o desenvolvimento de um produto é um processo contínuo de adaptação e revisão.

A maior flexibilidade das tecnologias de informação possibilitou às editoras de didáticos oferecer uma ampla variedade de materiais e sistemas de entrega suplementares. Por exemplo, muitos livros didáticos vêm acompanhados de um site ou plataforma de ensino; o sistema on-line permite que professores e estudantes tenham acesso a notícias, links da internet, arquivos de materiais auxiliares, mecanismos de busca, componentes interativos, sistemas de gerenciamento de cursos, além de muitos outros recursos de um livro "expandido". Os professores podem escolher os materiais, ampliar o texto principal e complementar seus estilos e objetivos didáticos. Alguns exigem conteúdo multimídia como um pré-requisito para a adoção de um livro.

Além disso, as tecnologias de informação permitem às editoras de didáticos revisar e atualizar seus produtos mais rapidamente do que podem produzir um livro impresso tradicional, reduzindo, portanto, os custos. Também permitem aos professores ampliarem a durabilidade de uma edição; por exemplo, suplementos eletrônicos podem ser revisados e atualizados anualmente ou até mesmo mensalmente sem a necessidade de reimprimir o livro didático. A durabilidade média da edição de um livro didático são três anos, mas, depois do primeiro ano, as vendas caem consideravelmente. Em relação a livros didáticos empacotados com produtos baseados em tecnologia, o índice de queda das vendas no segundo e terceiro anos não é tão grande.

A maior flexibilidade das tecnologias de informação significa que o modelo de desenvolvimento linear tradicional para produtos educacionais precisa ser adaptado a fim de levar em consideração as atividades de suporte interativas envolvidas no desenvolvimento de produtos educacionais de novas mídias.

> **Editor: um estrategista de marketing**
>
> Uma estratégia de publicação é o elo crítico entre o desenvolvimento estratégico de negócios global da empresa e de seus esforços de marketing de conteúdo. Ela esclarece os objetivos da editora, seu público-alvo, o direcionamento de seu conteúdo, as metodologias escolhidas e suas medidas de sucesso.

MODELO DE PLANEJAMENTO ESTRATÉGICO

As orientações que sugerimos a seguir às editoras em geral podem ser adaptadas independentemente do segmento de mercado que uma editora participa ou as áreas que publica.

Estratégias no período de cinco anos

Durante o período de cinco anos, é importante adotar as seguintes estratégias:

1. Desenvolver potencialidades editoriais existentes e abrir novos mercados, buscando nichos editoriais que possam incrementar nosso mix de produtos nas áreas de livros didáticos, técnicos e de interesse geral. Parte de nossa lista incluirá importantes relacionamentos, os quais devemos construir com diversas instituições, livreiros e distribuidores. Como corolário desse primeiro objetivo estratégico, também é necessário dar menos ênfase ou eliminar as áreas de nossa lista que não vimos com suficientes oportunidades ou recursos para sustentar nossos esforços. Além disso, aceitaremos novas áreas em nosso catálogo somente se as julgarmos que são oportunidades extraordinárias (por exemplo, materiais para cursos técnicos ou profissionalizantes).

2. Em diversas áreas chave de nosso catálogo, procuraremos livros e autores que nos ajudem a aumentar o alcance e a reputação de nossas marcas. Isso será possível em muitos de nossos campos estabelecidos (por exemplo, administração, autoajuda e psicologia). Em casos selecionados, também deveremos publicar livros que tenham ampla importância e apelo popular.

3. Não importa em quanto poderemos ampliar nossas ofertas no futuro e quais direções nosso programa editorial poderá tomar. É importante reafirmarmos nosso forte compromisso com livros que contribuam de maneira significativa e que explorem cada aspecto importante de nossa marca.

4. Para gerar vendas suficientes que apoiem nossas operações, daremos prioridade à maioria das áreas que se destinam a um público em geral ou a um mercado previsível, visado um potencial de vendas mais forte que a média (por exemplo, para cursos ou para profissionais). Acreditamos que a publicação e as vendas de livros textos universitários possam declinar, o que costumava ser o suporte principal das editoras desse segmento, em face do surgimento de outras tecnologias. Durante esse novo período de cinco anos, esse compromisso será para nós uma distintiva vantagem estratégica: nosso compromisso com o desenvolvimento de maiores vendas para o público interessado no tipo de livro que publicamos, bem como para mercados profissionais e de ensino superior.

5. É fundamental mantermos o tamanho atual de nosso programa de publicações, controlando cuidadosamente qualquer crescimento adicional, a fim de não ultrapassarmos, em média, o nível estipulado de nossa capacidade de publicar novos títulos por ano. Não poderemos publicar mais títulos novos do que isso, garantindo nossos elevados padrões editoriais – a menos que seja ampliado significativamente o tamanho de nossa equipe em cada uma das diversas áreas funcionais de nossas operações (editorial, produção, marketing, administração).

6. Obtendo vantagem de novas tecnologias de publicação, desenvolveremos ainda mais nossa capacidade de impressão sob demanda, de publicação eletrônica, e de publicação customizada. Isso nos permitirá manter nosso dispêndio de capital dentro de limites manejáveis; programar o tamanho de nosso estoque e as necessidades de armazenamento; bem como

controlar alguns dos custos gerais associados. Se desejarmos alcançar a liderança no mercado de livros didáticos, é fundamental que nos preparemos para estar ativos em tecnologia.

7. Teremos de desenvolver e ampliar nossos sistemas de marketing eletrônico e de distribuição. Isso exigirá atualizações e investimentos adicionais em hardware, software, iniciativas baseadas na web e a criação de um banco de dados envolvendo a editora inteira, mas a recompensa potencial certamente valerá essas despesas. Esses esforços também fortalecerão o valor dos serviços que oferecemos a nossos clientes.

8. Continuaremos a enfatizar e a desenvolver ainda mais os padrões profissionais. Deveremos proporcionar oportunidades de treinamento e remuneração adequadas, a fim de desenvolver e recompensar aqueles cujo desempenho como profissionais das áreas editorial, de produção e de marketing assegurem a execução de nossas metas e a reputação de nossa marca. Uma vez que parte de nossa meta é estar entre as melhores editoras do mercado, procuraremos manter pessoal experiente para ocupar posições profissionais de responsabilidade na empresa, em conformidade com relatórios de desempenho. A realização desses objetivos nos ajudará a manter um ambiente de trabalho que seja desafiador e orientado a resultados. Devemos fomentar o profissionalismo, encorajar todos os empregados a "abraçar" a responsabilidade pelo sucesso da editora, garantir oportunidades para o crescimento na carreira e recompensar aqueles cujo desempenho o merece.

9. Devemos procurar oportunidades de novas aquisições e interação com instituições de ensino, em especial naquelas em que a editora esteja singularmente preparada para fazer contribuições ao ambiente e ao propósito intelectuais da instituição.

10. Desenvolveremos critérios quantitativos e qualitativos para fazermos uma comparação, de maneira significativa, com nós mesmos e também com nossos concorrentes. Isso nos ajudará a avaliar onde estamos, a nos concentrar mais claramente em áreas nas quais poderíamos melhorar e a reconhecer aquilo que seria necessário para atingir o status junto das melhores editoras do mercado.

Imperativos do planejamento estratégico

O planejamento estratégico dará sustentação aos seguintes imperativos:

1. É fundamental elevarmos nossas marcas e contribuirmos como uma fonte importante de conhecimento sobre os mais variados temas. Nosso plano estratégico ampliará ainda mais essas contribuições a fim de fortalecer a qualidade de nosso catálogo, ampliar ainda mais nosso alcance ao público, prover maior acesso eletrônico para nossos livros a professores e estudantes, e, ainda, realizar o potencial da empresa para estar entre as principais editoras do mercado.

2. Além de nossos livros impressos, devemos disponibilizar conteúdo aos estudantes e professores em formato eletrônico por meio do redirecionamento de nossos arquivos, a fim de alcançarmos propostas de valor vantajosas. Nosso plano estratégico projeta o mesmo nível relativo de ênfase e atenção para esses campos de educação profissional durante os próximos cinco anos.

3. É importante aumentarmos o acesso a recursos de conhecimento. Como editora de livros, nossa missão é virtualmente definida pela produção e distribuição de conhecimento tanto para os estudantes como para o público em geral. Por isso, deveremos colocar em prática outras iniciativas tecnológicas (para aumentar o acesso e a disponibilidade de nossos livros a qualquer um que esteja interessado); criar um site atraente (onde todos nossos títulos possam ser encontrados e adquiridos); e realizar melhorias significativas em nosso sistema de atendimento de pedidos on-line.

Práticas do planejamento estratégico editorial

O sucesso ou fracasso de qualquer negócio editorial repousa inequivocamente sobre a capacidade da gestão em traduzir metas e objetivos em tarefas concluídas com êxito, dentro de um orçamento previsto e período de tempo determinado. Sem uma visão clara e sem planos estratégicos e metas, a administração não pode efetivamente contar sua equipe ou seus clientes no que deseja fazer, quando fazer e onde pretende chegar.

O processo do planejamento estratégico editorial deve estar voltado para responder as quatro perguntas a seguir:

1. Onde estamos agora (minha lista, meu programa)?
2. Para onde vamos?
3. O que devemos fazer e quando?
4. O que precisamos para fazer com sucesso?

Uma editora deve dominar as noções básicas de planejamento estratégico para ganhar vantagem competitiva e garantir seu futuro lucrativo como sugere os consultores editoriais Giles Clark e Angus Phillips:[16]

- Começar com uma análise de sua posição/desempenho.
- Criar um calendário de publicações de 3 a 5 anos, detalhando:
  a) novas publicações;
  b) revisões ou novas edições;
  c) objetivos para contratar novos livros e assinar novos contratos.
- Elaborar análise da concorrência, para todas as etapas importantes.
- Definir planos de crescimento específicos e estratégicos.
- Criar uma lista de necessidades editoriais/objetivos para contratar ou assinar.
- Análise para administrar projetos (novos e revisados).
- Ambiente de mercado/concorrência:
  a) identificar a indústria editorial;
  b) selecionar o segmento de mercado;
  c) identificar oportunidades;
  d) elaborar estratégia de entrada no mercado.
- Características e benefícios.
- Plano de desenvolvimento.
- Plano de marketing (médio e longo prazo).
- Plano financeiro/previsão de vendas.

Panorama do desenvolvimento do produto:

- Desenvolver produtos voltados para o mercado.
- Criar a diferença/melhorar as vantagens competitivas.
- Desenvolver o mercado/semear o mercado.
- Considerar o contexto: investimento/utilidade.
- Melhorar a previsão de vendas.
- Produzir melhores ferramentas de marketing.

Aquisição de novos produtos:

- Ter a visão estratégica como elemento principal na estratégia de crescimento.
- Basear-se nas necessidades do mercado/lista de oportunidades.
- Definir planos estratégicos editoriais.
- Fazer uma lista de necessidades editoriais (que é um resumo dos objetivos a contratar).
- Saber o perfil dos autores alvo (atual/concorrência/outros).
- Elaborar um programa editorial da força de vendas.
- Elaborar um programa editorial da força de vendas.

Modelo completo para o desenvolvimento do produto

Na década de 2010, a gigante McGraw-Hill implantou um sistema de treinamento para todos os editores de aquisição, editores de desenvolvimento, gerentes de marketing e gerentes de vendas para aplicar mundialmente um modelo de desenvolvimento que:

- É uma estratégia para aumentar as vendas.
- Direciona o enfoque para as necessidades do cliente.
- É um modelo porque se constitui em um sistema para definir e criar uma vantagem competitiva.
- É completo porque requer uma colaboração estreita entre editorial/vendas/marketing.

- Inclui o desenvolvimento do produto porque possui a convicção de que se pode melhorar qualidade do produto/desenvolvimento de mercado.

Processo de publicação e sua implementação

- Proporciona uma estratégia para o desenvolvimento do produto que define quem somos/marca/vantagem competitiva.
- Proporciona uma base para treinamento/capacitação/uniformidade.
- Funciona como uma estratégia de minimização de riscos para a empresa e para o autor.
- É um processo comprovado para o aumento das vendas

Processo de desenvolvimento do produto em 20 passos

1. Revisar a informação atual sobre o projeto.
2. Obter informações pertinentes ao projeto.
3. Fazer recomendações iniciais e/ou sugerir inovações ao projeto.
4. Realizar uma reunião para o início do projeto.
5. Cuidar do projeto e dirigir o processo de produção do primeiro rascunho.
6. Selecionar os consultores para o primeiro rascunho.
7. Enviar aos consultores os capítulos do primeiro rascunho.
8. Acrescentar as correções dos consultores.
9. Escrever a sinopse dos consultores ao primeiro rascunho.
10. Realizar uma reunião antes do segundo rascunho.
11. Cuidar e dirigir o processo de produção do segundo rascunho.
12. Selecionar os revisores para o segundo rascunho.
13. Escrever a sinopse das revisões ao segundo rascunho.
14. Cuidar e dirigir o processo de produção do rascunho final.
15. Realizar a revisão editorial do último rascunho.
16. Fazer o pré-planejamento do calendário, o planejamento e as reuniões de transmissão de projeto.
17. Entregar o original para a produção.
18. Administrar o processo de produção.
19. Dirigir o desenvolvimento de suplementos e material de apoio.
20. Monitorar o programa de marketing e promoção.

Como implementar o processo em seu programa?

1. A aplicação requer critério.
2. Basear as decisões nas necessidades/potencial/capacidades.
3. Distinguir entre os níveis A, B, C e primeiras edições *versus* revisões.
4. Todos os projetos merecem um desenvolvimento de produto; é só uma questão de ver quanto.

Passos individuais do processo

Passo 1. Analisar a informação atual do projeto/proposta do projeto

- Primeiras edições:
    1. Analisar as tendências do mercado/informação da concorrência.
    2. Analisar o plano de desenvolvimento e os objetivos de vendas.
- Novas edições:
    1. Analisar o desempenho atual.
    2. Analisar a lista de adoções.
    3. Analisar as tendências do mercado/informações relativas aos consultores.
    4. Analisar o plano de desenvolvimento e os objetivos de vendas.

Passo 2. Obter informações da concorrência

- Conseguir títulos-chave para competir no mercado.
- Classificar e analisar os concorrentes.
- Analisar quaisquer informações existentes sobre o mercado.
- Obter conclusões.

PLANO DE MARKETING PARA PRODUTOS EDITORIAIS

Essa unidade trata da formulação de plano para produto individual que foi contratado e está em desenvolvimento; bem como se refere como comunicar o plano, realizar o que foi acordado e monitorar as despesas orçamentárias[17].

1. Preparar o plano de marketing e as estratégias

O que você deve ser capaz de fazer:

- Ligar os planos de marketing aos produtos individuais para a estratégia da editora e o desenvolvimento da marca.
- Conduzir pesquisas de mercado adequadas aos planos e às estratégias de marketing.
- Identificar estratégias adequadas dentro das restrições de recursos.
- Preparar planos de marketing e estratégias apropriados para produtos editoriais.
- Investigar e estabelecer estratégias alternativas e ferramentas de marketing e de comunicação.

O que você precisa saber:

- Os procedimentos para fazer pesquisa de mercado (onde e como fazer pesquisa; qual desenvolvimento, valor e tamanho do mercado).
- O tamanho do orçamento de marketing e outros recursos à sua disposição para comercialização de produtos da empresa.
- O que o marketing ou estratégias de marca da organização usaram no passado e obtiveram sucesso.
- As estratégias de marketing eletrônico que outras organizações estão usando (ou usaram no passado) e com sucesso.
- Onde e como os concorrentes estão se aproximando dos mesmos mercados.
- Como elaborar uma variedade de ferramentas de marketing, por exemplo, kits, folhetos e brochuras, catálogos, vídeos, meios eletrônicos etc.
- Os profissionais nos quais você confia para ajudar a executar seus planos, tanto na editora como fora dela.

2. Planejar e monitorar o orçamento de marketing

O que você deve ser capaz de fazer:

- Planejar um orçamento anual de marketing na proporção de vendas e metas de receitas.
- Alocar orçamentos de projetos individuais na proporção de vendas e metas de receitas.
- Produzir um plano mostrando as despesas previstas para o ano como um todo, bem como de produto por produto.

O que você precisa saber:

- A base sobre a qual o orçamento de marketing é calculado em relação ao volume de negócios da organização e às receitas antecipadas.
- Os gastos em marketing no passado (quanto, quando e com que efeito).
- Os objetivos de vendas da editora e metas de receita, tanto para a organização como um todo quanto para produtos individuais.
- Os custos de todas as iniciativas de marketing sob consideração, e as alternativas possíveis.

3. Preparar e transmitir novas metas de vendas

O que você deve ser capaz de fazer:

- Identificar como a publicação impressa e produtos eletrônicos são vendidos ou divulgados e quais os canais de comercialização disponíveis.
- Identificar os canais de marketing mais adequados para os produtos.
- Estimar o número de clientes potenciais e os canais de marketing que dão acesso a eles.
- Estimar qual é a proporção dos mercados potenciais que são suscetíveis à aquisição ou ao acesso para a publicação eletrônica.
- Estimar o tamanho das vendas dos concorrentes em seus mercados potenciais e sua participação na arena eletrônica.
- Fornecer informações relevantes para aqueles que venderão os produtos, por exemplo, o pessoal de vendas, os distribuidores, os livreiros.

- Instituir e monitorar os procedimentos para garantir que a editora receba informações de mercado durante o processo de venda.

O que você precisa saber:

- O número de clientes ou o tamanho do público que os canais de marketing têm acesso.
- A taxa esperada de vendas de seus clientes potenciais.
- Como monitorar e avaliar as vendas (incluindo as vendas de novos produtos, assinaturas etc.) e publicações eletrônicas.
- Como sua organização avalia o sucesso das publicações eletrônicas.
- Onde e como obter informações sobre outras organizações ativas no mercado.
- Como monitorar e interpretar as informações das fontes eletrônicas e quem dará esse feedback.
- Os intermediários que estarão envolvidos no processo de venda, por exemplo, livrarias, distribuidores, websites, livrarias on-line.

4. Monitorar e avaliar as atividades de marketing

O que você deve ser capaz de fazer:

- Estabelecer procedimentos abrangentes para monitorar as atividades de marketing da empresa, com precisão.
- Estabelecer sistemas de feedback para capturar a resposta dos mercados formal e informal para as atividades de marketing.
- Extrair e distribuir as informações adquiridas, de modo a informar as futuras estratégias de marketing da organização.
- Garantir que as informações sobre cada campanha de marketing sejam armazenadas e sejam facilmente acessíveis para uso futuro.

O que você precisa saber:

- Onde e como proteger as informações para estabelecer o tamanho do mercado abordado.
- Os procedimentos existentes para monitorar o desempenho de mercado, tanto da organização quanto de seus produtos individuais.
- Os orçamentos de hardware e software.
- A disponibilidade dos funcionários para monitorar e avaliar a atividade de marketing.
- Os processos internos existentes para fazer circular informações sobre o desempenho do mercado a todos os interessados.
- Os sistemas de armazenamento que assegurem que as informações sobre campanhas de marketing sejam acessíveis no futuro.

NOTAS DO CAPÍTULO

1. CARROL, Lewis. *Alice no País das Maravilhas*. Porto Alegre: L&PM, 2005.
2. COLE, David; SOREL, Edward; HILL, Craig. *The Complete Guide to Book Marketing*. Nova York: Allworth Press, 2010.
3. SMITH, Kelvin. *The Publishing Business: From P-Books to E-Books*. Lausanne: Ava Academia, 2013.
4. BAVERSTOCK, Alison. *How to Market Books*. 4. ed. Londres: Kogan Page, 2008.
5. FORSYTH, Patrick. *Marketing in Publishing*. Londres: Routledge, 2009.
6. GUTHRIE, Richard. *Publishing: Principles and Practice*. Califórnia: Sage, 2011.
7. JENKINS, Jerrold. *Publish to Win*. Michigan: Rodes & Eaton, 1997.
8. FORSYTH, Patrick. *Marketing in Publishing*. Londres: Routledge, 2009.
9. CARDOZA Avery. *Complete Guide to Successful Publishing*. Cardoza Publishing: Nova York, 2002.
10. KOTLER, Philip; ARMSTRONG, Gary. *Princípios de Marketing*, 15. ed. São Paulo. Pearson Education, 2015.
11. KREMER, John. *1001 Ways to Market your Books*. 5. ed. Iowa: Open Horizons, 2005.
12. McHUGH, John. *Editorial Strategic Planning for Book Publishers*. Milwaukee: McHugh Publishing Consultant, 2009.
13. SYMONS, Kay. *Publishing Stategy*. Londres: PTC, 2022.
14. RIES, Al; TROUT, Jack. *Marketing Warfare*. Nova York: McGraw-Hill, 1986.
15. COLLINS, Eliza; DEVANNA, Mary. *The New Portable MBA*. Nova York: Wiley, 1994.
16. CLARK, Giles; PHILLIPS, Angus. *Inside Book Publishing*. 5. ed. Londres: Routledge, 2014.
17. Book and Journal Publishing National Occupational Standards.

Parte I: O mundo da publicação
Parte II: Diretrizes para autores
Parte III: A função editorial
Parte IV: A função de pré-impressão
Parte V: A função de marketing e vendas
Parte VI: Uma indústria em transformação

PARTE VI

Uma indústria em transformação

NESTA PARTE

Capítulo 24	Publicação eletrônica	499
Capítulo 25	Como criar seu site	523

CAPÍTULO 24

Publicação eletrônica

NESTE CAPÍTULO

Introdução 499

Visão geral da publicação
  eletrônica 500

Tecnologias, mercados e valor
  agregado 502

Estratégias de conteúdo
  na web 504

Publicação de livros didáticos
  e a web 506

Do livro impresso à mídia
  digital 508

Mídias sociais para editores
  de livros educacionais 510

Questões e sugestões de
  e-publishing 512

A encruzilhada do e-book 513

INTRODUÇÃO

Quando o pai da imprensa escrita, Johann Gutenberg (1398-1468), criou seu pequeno invento, jamais poderia sonhar que ele revolucionaria o mundo. A prensa de Gutenberg criou um novo negócio (a produção e comércio de livros), um novo profissional (o editor) e transformou cada ser humano do planeta no potencial consumidor desse novo produto. Tudo isso significou uma nova revolução – a revolução literária.

Com a ampla disponibilidade de computadores e o uso da internet, encontramo-nos no meio do turbilhão de outra revolução. Se os custos de produção de um livro eram enormes e restritos a poucos privilegiados, agora temos uma tecnologia que possibilita virtualmente a qualquer pessoa publicar, de forma autônoma, sua obra. A publicação eletrônica está fadada a revolucionar o mundo ao permitir que cada indivíduo publique suas ideias, suas histórias e seus livros sem os custos elevados de uma publicação convencional.

A publicação de livros é uma velha e estabelecida indústria com suas bases firmemente enraizadas na cultura impressa. Desde Gutenberg, o modelo da publicação tem evoluído ao longo da história de uma forma muito lenta e de modo orgânico. Esse ritmo lento da mudança era adequado aos editores. A publicação de um livro a partir de uma ideia ou de um manuscrito do autor até ao leitor tem sido um processo linear, com os editores tradicionalmente cumprindo o papel de árbitro, depositário, comerciante e distribuidor. Tem havido alguns avanços e alguns ajustes no processo, mas pouca mudança radical. A ascensão da Internet começou a perturbar essa estrutura linear e a introduzir uma circularidade na rede.

Os editores terão que saber aceitar as mudanças culturais, sociais e econômicas e responder a essas mudanças de uma maneira positiva e criativa. Teremos de pensar muito menos no produto físico em si e muito mais no conteúdo e na forma. Teremos de pensar o "livro" como a estrutura de um núcleo ou base do que era antes. Teremos de pensar em como posicionar o livro no centro de uma rede, em vez de em como distribuí-lo até o fim de uma cadeia. A tecnologia vem revelando cada vez mais novos modelos de negócio editoriais. Os editores terão de pensar diferentemente sobre a natureza do livro e, ao mesmo tempo, como promovê-los e vendê-los no contexto de um mundo conectado.

A revolução digital está trazendo novas oportunidades para o mundo editorial de formas nunca antes vistas. Está inspirando novas formas de pensar e novas formas de fazer as coisas. E está inspirando os editores a começar a desenvolver novos modelos de negócios para o novo ambiente comercial.

Novas ideias, oportunidades e modelos também significam mudança, o que para a maioria das pessoas é tanto uma bênção quanto uma maldição. É fácil pensar em algo novo; pode não ser tão fácil saber o que fazer a respeito e ainda mais difícil fazer acontecer.

As tecnologias digitais nos possibilitam aumentar as vendas em uma escala sem precedentes, vender para um público mais amplo e interagir mais diretamente com o mercado. Temos a oportunidade de usar e reutilizar conteúdos de maneiras novas e interessantes, de planejar novos desenvolvimentos até mesmo na forma como o conteúdo é criado. Também podemos reduzir custos e, ao mesmo tempo, melhorar a qualidade.

VISÃO GERAL DA PUBLICAÇÃO ELETRÔNICA

A *publicação eletrônica* – ou *e-publishing* – usa novas tecnologias para fornecer livros e outros conteúdos aos leitores de forma rápida e eficiente, causando grandes mudanças na indústria editorial. O impacto também se dá na maneira de lermos, com a oferta de novos dispositivos de *hardware* e *software*. Estamos apenas começando a ver as ramificações da *publicação eletrônica*. *E-publishing* é um termo muito amplo, que inclui uma série de diferentes modelos de publicação, incluindo livros eletrônicos (e-books), impressão *sob demanda*, publicação de e-mails e publicação na *web*. Outros tipos de *e-publishing* certamente serão desenvolvidos no futuro próximo. Nesse momento, podemos indicar algumas breves descrições dos diferentes métodos de publicação eletrônica.

E-books

E-books são versões eletrônicas de livros que são entregues aos consumidores em formatos digitais. Uma série de dispositivos está sendo desenvolvida para tornar a leitura dos e-books mais fácil para os consumidores. Há *softwares* especiais (desenvolvidos pelas empresas de *software*) que tornam documentos ou páginas de um livro mais fáceis de serem lidos na tela.

O mercado potencial para os livros eletrônicos (e conteúdo de menor tamanho) é extremamente grande. Mesmo com certa resistência do setor de vendas em abandonar os livros de papel em favor de um leitor eletrônico manual, certos setores do público consumidor já reconhecem os benefícios dos e-books em relação aos livros de papel. Os e-books já começam a marcar uma tendência, e esse mercado pode desenvolver-se mais rápido do que o previsto porque as principais editoras e empresas de tecnologia estão disponibilizando muitos recursos financeiros na tecnologia de e-books. Resta-nos, contudo, esperar para ver exatamente quais dispositivos eletrônicos e *softwares* serão bem-sucedidos e quanto tempo será necessário para que as pessoas optem pelos e-books.

O consultor e autor Guthrie[1] diz que a nova tecnologia trouxe ameaças para os modelos de negócios tradicionais, mas para aqueles preparados para aceitar o desafio ela também oferece a perspectiva de novos desenvolvimentos. Há uma infinidade de oportunidades – tanto para disseminar conteúdo para um público mais amplo como para incrementar novas fontes de receita.

A nova tecnologia associada aos e-books permitiu aos editores desenvolver novos modelos de negócios: oferecer conteúdo em capítulo por capítulo para permitir que os usuários façam seus próprios e-books. Para os editores, resta a questão de saber se esses novos modelos de negócios proporcionarão renda incremental útil ou simplesmente canibalizarão as vendas existentes do livro impresso. Certamente esse produto deverá gerar uma renda que de outra forma não seria realizada.

Uma área com excelente perspectiva de sucesso para a venda de e-books será o mercado para profissionais, em especial aqueles de medicina, direito, computação ou engenharia. Os editores tiveram que lidar com a construção de suas próprias plataformas on-line e para muitos a decisão de investir quantias significativas está longe de ser clara em um momento em que os e-books ocupam uma pequena parcela do mercado de livros em geral. Aqueles que mergulharam nesse novo modelo estão descobrindo que a tecnologia pode ajudar a fazer uma contribuição significativa em outras áreas originalmente não previstas. A distribuição de livros impressos como cópias de amostras aos professores gera um custo considerável, ao passo que as amostras eletrônicas resultam numa considerável economia.

Voltaremos à questão dos e-books na parte final deste capítulo.

Impressão *sob demanda*

A impressão *sob demanda* é um novo método de imprimir livros (e outros conteúdos) que permite a impressão de livros, um a cada vez (ou *sob demanda*). Esse método contribui para que as editoras se livrem do processo de produção tradicional de imprimir vários milhares de livros de uma só vez. A tecnologia envolve sistemas complexos de impressão a laser e textos formatados eletronicamente que as impressoras podem ler. Muitas editoras, incluindo as que começam a publicar na *web*, esperam que esse método lhes permita imprimir de forma mais eficiente quantidades menores de um livro e, ainda assim, obter lucro. A impressão sob demanda é um avanço resultante do armazenamento digital de texto e imagens – em vez de guardar os livros em depósito e correr o risco de encalhar ou se deteriorar, é possível imprimir as obras quando houver uma demanda ou no formato desejado, inclusive um único exemplar.

A tecnologia é muito cara atualmente, mas os preços devem diminuir uma vez que um número crescente de editoras e varejistas está comprando a tecnologia. A impressão *sob demanda* está em alta agora; em certo sentido, está em uma fase intermediária entre dois métodos: a impressa (ou convencional) de livros em papel e os livros eletrônicos.

Publicação de e-mails

A *publicação de e-mails* (*e-mail publishing*), ou *publicação de boletins*, é uma escolha popular entre os leitores que gostam da facilidade de receber notícias, artigos e boletins breves em sua caixa postal. A facilidade de entrega e produção de boletins por e-mail acarretou o desenvolvimento de um número maciço de boletins enviados por e-mail, *mailing lists* e listas de discussão sobre uma ampla variedade de temas. *Alguns negócios chegaram a lançar serviços que não fazem outra coisa a não ser distribuir boletins aos consumidores.*

Boletins são também amplamente usados pelas empresas de mídia para complementar tanto suas ofertas apresentadas na *web* quanto as impressas em papel. Muitos autores e escritores publicam seus próprios boletins, a fim de atrair leitores e informar seu público a respeito de novos livros ou assinaturas de livros.

Publicação na *web*

A *publicação na web* não é mais uma prática nova, mas continua a modificar-se e a desenvolver-se continuamente com a introdução de novas linguagens de programação. A HTML ainda é a linguagem de programação da *web* mais amplamente utilizada, embora a XML comece a ganhar espaço. A XML é valiosa porque permite aos editores criar conteúdos e dados que possam ser transferidos a outros dispositivos.

No mundo, muitas empresas têm algum tipo de *site*, e a maioria das empresas de mídia fornece uma ampla quantidade de conteúdo baseado na *web*.

A publicação eletrônica tem permitido aos consumidores baixar arquivos para um computador pessoal ou um visualizador de e-book para ler o texto em formato digital, como uma alternativa ao livro impresso tradicional. As vantagens para a indústria editorial sobre o livro impresso tradicional incluem a redução dos custos de impressão, redução do tempo para o mercado através da editoração simplificada, provas e processos de impressão. Papel, impressão e acabamento, distribuição e transporte são eliminados. As revisões podem ser mais frequentes e mais simples. A necessidade de livrarias físicas e os estoques são eliminados. Assim, toda a cadeia de fornecimento é diminuída. Os autores agora podem postar suas obras diretamente na Web.

Colocar e-books em bibliotecas na Internet permite acesso rápido e melhora a portabilidade. Livros esgotados se tornam disponíveis e são imediatamente baixados para um computador. Espaço, danos físicos e depreciação não são mais problemas para editoras ou consumidores. O feedback dos leitores dará aos autores e editores informações rápidas. Por fim, o e-book oferece possibilidades para pessoas com deficiência, permitindo formatos de texto grandes e sincronização de texto para áudio de e-books.

TECNOLOGIAS, MERCADOS E VALOR AGREGADO

Há pelo menos sete aspectos em que as novas tecnologias podem permitir aos editores agregar valor real ao seu conteúdo na publicação eletrônica:

1. facilidade de acesso;
2. capacidade de atualização;
3. escala;
4. busca;
5. portabilidade;
6. intertextualidade;
7. multimídia.

Esses recursos não são exclusivos do ambiente on-line (eles também se aplicam em diferentes maneiras de outras formas de armazenamento eletrônico) e o uso de novas tecnologias para agregar valor ao conteúdo não é algo que se aplica apenas às editoras: as editoras são apenas uma classe de provedores de conteúdo entre muitos outros e os tipos de conteúdo fornecidos podem ser menos suscetíveis ao valor agregado de novas tecnologias do que outros tipos de conteúdo (tais como música gravada). Mas aqui podemos examinar esses valores adicionando características em relação às formas de conteúdo manipulado por editores e com um foco especial na entrega de conteúdo on-line.

As análises desses recursos, apresentadas a seguir, baseiam-se no modelo desenvolvido por Thompson.[2]

1. **Facilidade de acesso.** Uma das grandes vantagens de fornecimento de conteúdo on-line é a facilidade de acesso. Nos sistemas tradicionais de fornecimento de conteúdos, o acesso ao conteúdo é geralmente regido por certas restrições espaciais e temporais – escolas, bibliotecas e livrarias, por exemplo, são localizadas em locais específicos e estão fechadas por determinadas horas e dias. O conteúdo on-line não é governado por essas restrições: em princípio ele está disponível 24 horas por dia para quem tem uma internet adequada (ou intranet). Não há necessidade de ir a uma biblioteca para procurar um livro ou um artigo de jornal, se o conteúdo pode ser acessado a partir de um escritório ou de casa. O computador pessoal, localizado em um lugar ou lugares que são convenientes para o usuário final, torna-se a porta de entrada para um corpo potencialmente vasto de conteúdos que podem ser acessados facilmente, rapidamente e em qualquer hora do dia ou da noite. Além disso, ao contrário do texto impresso tradicional, uma linha de texto eletrônico disponível pode, em princípio, ser acessado por muitos usuários simultaneamente (mesmo que, na prática, o acesso possa ser restrito a um usuário por vez).

2. **Capacidade de atualização.** Outra característica fundamental da entrega de conteúdo on-line é que ele pode ser atualizado rapidamente, com frequência e de forma relativamente barata. No caso do conteúdo entregue na forma do texto impresso tradicional, fazer revisões e leitura de provas é um processo laborioso. As alterações no texto podem ser feitas em qualquer ponto até a fase de composição, mas uma vez que o texto é editorado é caro para alterar. Textos impressos não podem ser mudados: uma vez que eles são impressos o conteúdo está definido para essa edição. Mas conteúdo on-line entregue não é fixo como num texto impresso, e, portanto, pode ser alterado

e atualizado de modo relativamente fácil e barato. Esse é um aspecto particularmente importante nos casos em que o conteúdo refere-se a material que está em um estado de fluxo contínuo. Mas há muitos outros contextos em que a capacidade de atualizar o conteúdo de forma rápida, barata e com frequência é uma característica importante e que pode agregar valor real.

3. **Escala.** Sem dúvida, uma das características mais importantes da distribuição de conteúdo on-line é a escala: a capacidade de fornecer acesso a grandes quantidades de material. A economia da Internet é uma economia de escala que nos oferece a possibilidade de acessar coleções de materiais extensos e abrangentes, com uma gama ampla de escolha, o que simplesmente não seria possível em obras impressas. Essa escala da economia da Internet tem impulsionado a agregação de negócios on-line. Surgirão numerosos intermediários com o objetivo de agregar grandes quantidades de conteúdo e vender isso para bibliotecas e outras instituições. Parte do que é atraente para as bibliotecas é a capacidade de ter acesso a grandes quantidades de conteúdo a custos relativamente baixos, ou a custos que são significativamente mais baixos do que a aquisição do mesmo conteúdo de forma fragmentada. Parte do que é atraente para usuários finais é a certeza de que encontrarão o que estão procurando em um único local – um balcão único. Ao fornecer escala, ou seja, o acesso a grandes quantidades de dados ou conteúdos, os provedores de conteúdo (ou intermediários) podem adicionar valor real.

4. **Busca facilitada.** Uma característica chave da entrega de conteúdo on-line é a capacidade de busca de um banco de dados. O texto impresso tradicional oferece seus próprios meios para pesquisa de conteúdo – o sumário fornece um guia para o conteúdo do livro, e o índice é efetivamente um mecanismo de busca para o texto impresso.

   Mas a capacidade de busca de um corpo de material digitalizado usando uma busca por palavras-chave ou nomes é infinitamente mais rápido e mais poderoso do que os mecanismos de busca tradicional empregadas em textos impressos e a capacidade de pesquisa pode ser estendida a quantidades muito maiores de conteúdo.

   A capacidade de busca pode ser fornecida tanto dentro como fora do corpo, proporcionando assim ao usuário final um poderoso meio de busca e acesso a conteúdos relevantes. Essa maneira de adicionar valor é complementar em alguns aspectos. Para o usuário final, não há muito valor em ter escala, a menos que tenha um meio eficaz de localizar o conteúdo que lhe interessa. Quanto maior a escala, mais valioso – na verdade essencial – que é ter um meio eficaz de pesquisar o banco de dados.

5. **Portabilidade.** Segundo Thompson[3], A entrega de conteúdos on-line também oferece a possibilidade de maior portabilidade para o usuário final. Em um formato digitalizado, o conteúdo não está ligado a nenhum meio específico de entrega, como o livro impresso em papel.

   É versátil, transferível, libertado a partir de um substrato de material específico, e capaz de ser armazenado em qualquer número de dispositivos, desde que não tenha sido preso a um dispositivo em particular e o formato não é registrado. Além disso, a compressão que pode ser alcançada em um formato digital permite incluir uma grande quantidade de conteúdo em um dispositivo bem pequeno.

   O livro impresso tradicional também é um objeto muito portátil – e tem um forte apelo. Mas o conteúdo que pode ser facilmente transportável num formato digital é muito maior do que qualquer coisa que possa ser conseguido em um livro impresso. Grandes quantidades de conteúdo baixado on-line ou através de uma rede sem fio podem ser armazenadas em um computador ou algum outro dispositivo menor, como um iPod, celular ou dispositivo de leitura, e facilmente transportado de um lugar para outro, sem o peso que seria carregar um grande número de livros.

6. **Intertextualidade.** Outra característica do ambiente on-line é que ele é capaz de dar um

caráter dinâmico ao que poderíamos descrever como a função referencial de textos. No meio tradicional do texto impresso, a capacidade para se referir a outro material é realizado através de dispositivos convencionais, como referências, notas de rodapé e bibliografia: esses são mecanismos para remeter o leitor para outros textos que o autor considera importante. No ambiente on-line, a função referencial do texto pode ser muito mais dinâmica mediante o uso de links para que o leitor possa se deslocar para outras páginas e outros sites. Esses links podem ser de vários tipos – links para outras páginas, outros textos, outros sites e recursos de vários tipos, bibliografias, biografias e livrarias on-line. Através da utilização de links de hipertexto, o provedor de conteúdo pode permitir que o usuário final tenha acesso a textos com rapidez e facilidade, sem ter que localizar o texto fisicamente. Em textos impressos isso só é possível quando há uma nova edição da obra. Os links podem ser atualizados de forma incremental e em qualquer momento.

7. **Multimídia.** A entrega de conteúdos on-line também permite que o provedor de conteúdo use uma variedade de meios de comunicação para complementar o texto, com conteúdo entregue em outras formas, incluindo vídeo e som. Há contextos em que isso pode permitir provedores de conteúdo para adicionar valor real – por exemplo, em que lhes permite usar ilustrações coloridas que seriam muito caras para reproduzir na página impressa, ou para a transmissão de vídeo, reprodução de um discurso ou ilustração de um processo complexo. Claro, existem custos associados com a oferta de conteúdo multimídia – pode ser caro para produzir e taxa de permissão pode ser alta. Também pode ser difícil de utilizar, no sentido de que os arquivos podem ser grandes e lentos para baixar.

ESTRATÉGIAS DE CONTEÚDO NA WEB

Durante os últimos anos, tem havido muita discussão sobre as mudanças na indústria da publicação. Agora não há dúvida de que os editores – especialmente editores especializados – estão sendo vistos como, e vendo-se como provedores de conteúdo. Além de livros impressos tradicionais, as editoras estão cada vez mais oferecendo produtos digitais, ou on-line, e-books, ou como aplicativos. Essa mudança coloca os editores em concorrência direta, não só com outros editores, mas também com grandes empresas de tecnologia como Apple, Google e Amazon.

As fronteiras estão se tornando hostis, com as editoras oferecendo produtos de alta tecnologia e os provedores de tecnologia atuando como editores. Mas os fornecedores de tecnologia também vendem música, bens domésticos, atuam como agentes de viagens e não há limites para a imaginação de produtos, necessidades dos clientes, ou possibilidades de acesso. Na publicação isso ainda é diferente. Mesmo que o portfólio de produtos do editor tenha se expandido para o mundo digital, o modelo de negócio – que gira em torno de produtos – ainda está fortemente enraizado na tradição do livro impresso. O livro, em sua forma impressa ou eletrônica é um produto para todos. Mas os clientes esperam dos editores uma adequação às suas necessidades individuais e até mesmo para ser capaz de adaptar o conteúdo e sua interação com eles mesmos. Nesse contexto, essa abordagem singular sobre o que constitui um livro torna-se redundante. Pelo contrário, pode ser visto como uma rede de módulos de conteúdo que atingem o usuário em diferentes formas e formatos diferentes, e através de diferentes canais de distribuição. O processo de publicação linear tradicional está se tornando, uma rede de processos modulados que permitem a criação de conteúdo personalizado e dinâmico. Editores como provedores de conteúdo não criarão mais e mais produtos, mas projetarão e manterão um centro de conteúdo, a partir do qual eles serão capazes de alimentar a crescente diversidade de oportunidades de negócios. Essas mudanças de paradigma requerem uma extensa reformulação para os editores fazerem uma estratégia de conteúdo essencial. Elas implicam ter uma estratégia de conteúdo, que reconhece que os livros não são apenas informações ou dados. Uma estratégia de conteúdo é a análise, a criação, publicação e manutenção de conteúdo útil, adequado, atualizado e desenvolvido para atender a uma ou mais metas estabelecidas pela empresa. Embora a palavra "conteúdo"seja frequentemente usada para se referir as informações desenvolvidas especificamente para um site, ela realmente pode ser aplicada a qualquer texto e também para apoiar gráficos criados para a distribuição através de todos os canais de um programa de marketing.

O conceito de uma estratégia de conteúdo está intimamente relacionado com o desenvolvimento da Internet e de seu conteúdo associada à *web*. Suas origens estão na década de 1990, quando o campo de experiência do usuário foi desenvolvido. Estratégia de conteúdo é cada vez mais usada no ambiente de negócios e se refere ao planejamento, desenvolvimento e gestão de informação sobre produtos. Esse aspecto também é válido para a indústria editorial, e é relevante para que todos os editores produzam seus produtos. Mas o que é mais importante para transferir o conteúdo do conceito da estratégia para o produto real das editoras – é o conteúdo em si. Tal estratégia de conteúdo para publicação é um procedimento claramente metódico e documentado, garantindo a longevidade de todo o conteúdo de uma editora. É uma parte integrante da estratégia global de editora. Segundo as autoras Halvorson e Rach,[4] uma estratégia de conteúdo eficaz tem por objetivo:

- Uma base de conteúdo consistente e de alta qualidade.
- Mídia independente.
- Riqueza semântica.
- Compatibilidade com diversos usos do conteúdo, hoje e no futuro.

Essas qualidades permitem a automação de fluxos de trabalho e processos de gerenciamento de conteúdo eficiente e de manutenção. As principais vantagens são reduzidas ao *"time to market"* de novos produtos e serviços, e uma redução drástica nos custos de criação, manutenção e produção do conteúdo.

Uma estratégia de conteúdo para editoras pode ser dividida em cinco fases como ilustra a Figura 24.1 que podem ser considerados como um roteiro.

A auditoria documenta as expectativas e metas do conteúdo estratégico para a editora e inicia um inventário, onde o estado atual dos tipos de conteúdo – por exemplo, seus tamanhos, localizações, expectativa de vida e ciclos de vida, bem como seus fluxos de trabalho e processos associados – são registrados e descritos.

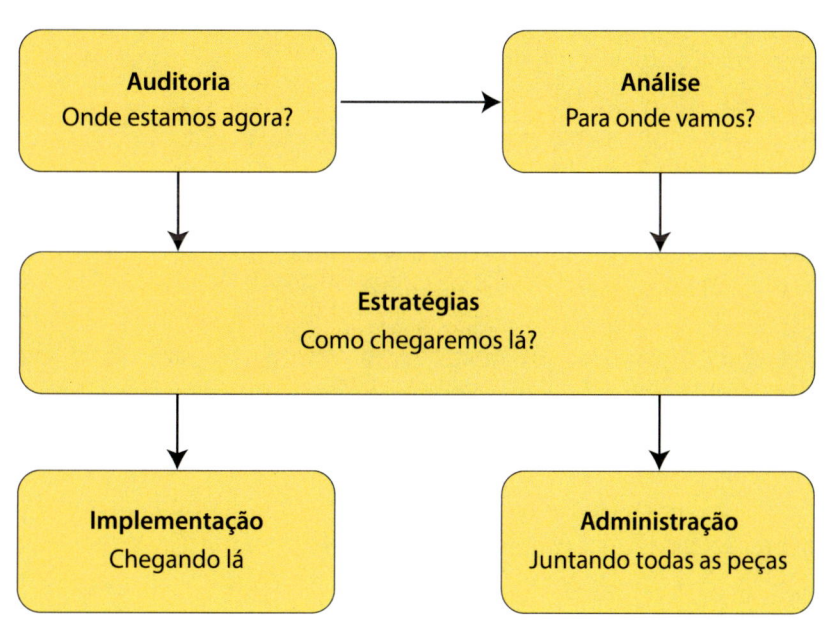

FIGURA 24.1 | Estratégia de conteúdo.

Esse inventário constitui a base para a análise, e uma avaliação do conteúdo em relação à sua melhoria e seu potencial para uma utilização dinâmica.

Os grupos-alvo e seus perfis de clientes, potencial de mercado e mudanças devem ser consideradas.

Isso depende de uma compreensão da evolução da situação da indústria, em resposta às tendências globais na cultura e na sociedade. A análise também examina o potencial de processos e tecnologias, incluindo as habilidades competências dos funcionários. A fase de análise dá uma visão abrangente do potencial de mercado, bem como os custos para as etapas de transformação.

A implementação bem-sucedida, uso e manutenção do conteúdo requerem estratégias. Do lado dos dados, as estratégias para a estruturação do conteúdo tem que ser desenvolvida. Isso resulta em uma estrutura baseada em padrões e modelos que ligam – como XML – e os conceitos de metadados abrangentes que são semanticamente alinhados e direcionados para o conteúdo inteligente. As mudanças resultantes nos processos e fluxos de trabalho devem ser identificadas, descritas e reprogramadas. Especial atenção deve der dada às possibilidades de automação e nesse contexto também a métodos e abordagens da tecnologia da linguagem. Essas considerações estratégicas resultam na modificação e criação de novos trabalhos. Como parte do desenvolvimento da estratégia, novos negócios e modelos de receitas são planejados e potenciais novos fornecedores de serviços e produtos de software são identificados. Esse passo muitas vezes inicia mudanças importantes em uma editora, exigindo a implementação de uma estratégia global de gestão de mudança estratégica.

Para a implementação das diferentes estratégias, planos de trabalho específicos serão criados e executados. Ao nível do conteúdo, por exemplo, as novas estruturas de dados e conceitos de metadados são testadas, avaliados e, se necessário, melhorada. Os modelos de negócios planejadas são implementados e testados especificamente para adequação do mercado. As estratégias também têm um impacto sobre a gestão do conteúdo de longa duração.

Essas fases dependem umas das outros, mas seus resultados, também podem ser utilizados de forma independente. Cada uma dessas fases é um módulo completo, cujos resultados estão documentados como também os resultados. Os resultados de cada fase representa um processo de esclarecimento para a editora em termos de futuros meios de comunicação e desenvolvimento de tecnologia.

O documento de entrega desse processo esclarece, no todo ou em parte, para ser repassado para um terceiro, como um provedor de serviços.

A principal vantagem do conteúdo estratégico, segundo Gunelius,[5] é sua abordagem metódica e claramente documentada, focada na repetição e visa à longevidade do conteúdo. Ele fornece clareza e consistência a todas as linhas de ação em diferentes níveis:

- Descreve a abordagem.
- Quando decide os passos da implementação e quando planeja as tarefas.
- Quando atribui responsabilidades.
- Quando a medição dos resultados é alcançável.
- Quando mensura as mudanças associadas.

Essa clareza e consistência são essenciais para uma abordagem transparente e compreensível, que pode ser claramente comunicada a todos os empregados, e para o envio de um sinal positivo que gera confiança na mudança. Assim, uma estratégia de conteúdo é um apoio essencial para uma editora quando ela se tornar um provedor de conteúdo sustentável.

PUBLICAÇÃO DE LIVROS DIDÁTICOS E A WEB

Nos últimos anos, as inovações tecnológicas deram aos editores a possibilidade de usar uma variedade de mídias não impressas, por exemplo: fita de áudio, videoteipe e CD-ROM. Agora experimentam uma nova tecnologia: a *web*. Ao considerarmos como a *web* afeta os negócios e pode ser utilizada para melhor satisfazer as mutáveis necessidades dos clientes, devemos examiná-la de duas perspectivas: como uma ferramenta educacional para autores, professores e estudantes e como uma fonte de negócio lucrativo. Em consequência, estamos avaliando seu papel como complemento e como substituto para o livro impresso, pesquisando como ela influenciará o processo de aprendizagem e examinando quais formas de utilização da *web* professores e estudantes provavelmente aceitarão para o ensino e a aprendizagem. De maneira geral, estamos considerando todos os sistemas de rede, mídia interligável em rede, e como eles podem ser integrados em mídia off-line.

Uma consequência da nova tecnologia que já se produziu é nossa consciência dos limites que o livro impresso tradicional impôs aos editores de didáticos. Primeiro, materiais impressos necessitam de longos períodos de desenvolvimento, mas, tão logo são publicados, tornam-se estáticos e rapidamente desatualizados. Segundo, ao tentar ser todas as coisas para todos os professores e atingir o maior público possível, autores e editores podem criar textos grandes, sem coesão ou coerência, dos quais os professores precisam extrair aquilo de que necessitam. Para o ensino fundamental e o médio, o desafio é preparar materiais para consumo nacional mas que, ao mesmo tempo, sejam utilizados por diferentes localidades, considerando que talvez essas usem diferentes estruturas para ensinar leitura ou matemática ou que tenham preferências específicas para abordar um determinado assunto (como evolução e educação sexual). Materiais impressos apresentam algumas desvantagens (mas isso não significa que seu toque de finados já soou), mas também têm algumas vantagens significativas. A primeira é que, em comparação com os computadores atuais, os livros são totalmente *user-friendly*. Às vezes, podemos nos sentir tentados a arremessar um livro pela sala, mas isso jamais ocorrerá pelo motivo de não saber como ele funciona. Usar computadores e navegar na *web*, entretanto, podem ser experiências ineficientes e repletas de ansiedade. Outra questão são as despesas. Não obstante se o preço da tecnologia continuar a cair enquanto a potência se eleva, os atuais computadores de segunda linha custam de quinze a vinte vezes mais que os livros didáticos.

Então, parece pouco provável que o livro impresso seja completamente substituído pela mídia digital, pelo menos em um futuro imediato. Isso também provavelmente se dará com o setor acadêmico: escolas e universidades não abrirão mão facilmente de elementos valorizados da educação tradicional baseada em livros.

Diane Laurillard[6] afirma que um dos mais importantes elementos é o próprio *ambiente educacional*. Quando estudantes compram um livro, adquirem mais do que simplesmente texto e ilustrações – eles compram materiais de instrução idealizados para serem usados em um ambiente de aprendizagem que dá apoio e é equipado com professores que os interpretam para os estudantes. As necessidades pedagógicas de materiais de aprendizagem têm sido exaustivamente descritas em outros lugares. O que é crítico para o desenvolvimento futuro é um processo melhor para realizar um projeto simultâneo de desenvolvimento e personalização de materiais pedagógicos em múltiplas mídias. Acreditamos que esse será um processo contínuo e longo, o qual fechará o elo entre estudantes, professores, autores e editores, e, portanto, devemos firmar esses novos processos na própria fonte da questão pedagógica: a comunidade docente.

Estudantes, professores, relações entre docentes e estudantes, alianças a longo prazo entre grupos de estudantes, materiais de ensino e facetas de suporte da comunidade acadêmica constituem um todo que é maior do que as partes: a *comunidade de aprendizagem*. Um foco central da comunidade de aprendizagem é a comunidade de prática educacional pela qual professores devem determinar qual é a melhor maneira de educar seus alunos. Comunidades de prática sempre existiram entre os educadores. Durante séculos, essas comunidades discutiram como aplicar o pensamento vigente a seus respectivos campos; como equilibrar teoria e exemplo; como selecionar o melhor nível de aprendizagem pela descoberta; e como explorar a herança intelectual e cultural com os estudantes. Essas comunidades compartilham suas experiências de ensino através de *workshops*, bem como concordam com as estratégias e técnicas pedagógicas e, de forma muito relevante para a atual situação dos editores, concordam com as ferramentas a serem utilizadas.

Para que os editores integrem essas ferramentas a seus negócios, é necessário que existam novos tipos de produtos e serviços para encaminhar os mutáveis orçamentos às necessidades estudantis cada vez mais diversas, e uma enorme quantidade de outras questões. Para fazê-lo, precisamos ser capazes de recorrer à criatividade e à habilidade de educador ou de autor e criar os equivalentes digitais das comunidades de aprendizagem. Está surgindo das comunidades de prática educacional existentes uma comunidade que utiliza ferramentas novas e digitais, e o envolvimento desses professores experientes é crucial nos esforços para melhorar as ferramentas digitais.

DO LIVRO IMPRESSO À MÍDIA DIGITAL

Esse é um momento de desafio para os editores, que devem entender a natureza e o ritmo da transformação digital e se modificar a fim de responder com agilidade. Essas mudanças internas não são simplesmente uma questão de reconfigurar os processos e sistemas de informação antigos. Ao contrário, requerem uma mudança substancial da linguagem e cultura do livro impresso para a linguagem e cultura dos computadores. A transição já se iniciou. Críticos do *establishment* editorial, segundo as pesquisadoras Marion e Hacking[7] propõem que o futuro apresente uma clara escolha entre livro impresso e tecnologia. Acreditamos, em contraposição, que o livro impresso estará presente por um longo tempo, mas a maneira como será usado em publicação de livros educacionais inquestionavelmente se modificará. O produto do editor universitário, anteriormente um livro didático, agora é aquilo que se denomina solução contínua disponível em uma ampla variedade de pacotes.

Diferentes professores podem lecionar a mesma disciplina e, contudo, escolher a apresentação que melhor se adapte a elas: livros didáticos em papel (os quais são cada vez mais impressos de forma personalizada), cursos completos on-line, ou alguma combinação de livro impresso, multimídia e módulos interativos autodirigidos. Percebendo que o futuro já chegou, um problema com o qual os editores se defrontam é saber a velocidade ótima para introduzir novos produtos e sistemas de entrega. Na melhor das hipóteses, é difícil avaliar quão rápido uma nova tecnologia será adotada, como o treinamento se processará, quando novas plataformas e redes se tornarão disponíveis e quando procedimentos confiáveis para a realização de transações seguras e acompanhamento de direitos estarão disponíveis.

Durante um período de transição, muitos processos são possíveis. Fundamentalmente, não seria uma má ideia uma editora apostar em qualquer suposição acerca de como o mundo digital evoluirá. Algumas empresas norte-americanas que tentaram iniciativas corajosas no momento errado agora estão fora dos negócios. Para entender o que está acontecendo e estar preparados para se adaptar, desenvolvedores e editores precisam fazer experiências; isso também vale para os clientes: que devem aprender a consumir de uma nova maneira.

A solução prática é dar aos clientes uma escolha a respeito de como os produtos são embalados. Algumas editoras já começaram a trabalhar nesse campo usando a *web* como ferramenta para personalizar materiais instrucionais para atender às necessidades de diferentes professores.

Como essas mudanças quanto ao processo e ao produto afetarão os editores? De maneira abrangente, a sequência na produção de materiais educacionais não mais se deslocará em uma linha direta do editor para a instituição e dessa para o usuário final. Uma vez que o processo é cíclico, o produto sofrerá contínuos aperfeiçoamentos. Os editores terão de aprender novas maneiras de envolver os clientes no processo de desenvolvimento do produto. À semelhança dos desenvolvedores de *software*, podemos enviar "produtos protótipos" ao mercado e começar a aprender a respeito das reações dos clientes; os usuários oferecerão *feedback* sobre suas experiências, talvez através de representantes de atendimento ao consumidor, os quais se comunicarão diretamente com gerentes de produção para modificar a versão seguinte do produto. No lugar de simplesmente agir como consultores ou analistas (como o fazem agora), os clientes serão os tomadores de decisão, optando por usar determinado material "exatamente como está", adaptando outros às suas necessidades, e criando uma ampla variedade de materiais que melhor atenda suas necessidades únicas, específicas.

O papel dos autores se modificará, passando de redigir e revisar seus textos em um processo linear a cada três ou quatro anos, para um envolvimento contínuo quando forem necessárias modificações significativas. Visto que os autores de textos geralmente são professores com responsabilidades de pesquisa e ensino, esse processo de autoria mais contínuo de um livro didático pode ser oneroso para alguns. Criar conteúdo para um ambiente da *web* que exige atualização mais frequente e criação de novas páginas e novos vínculos é um processo muito difícil tanto para autores como para editores. Os editores procurarão autores que, além de serem especialistas em seu respectivo campo e professores inspirados, entendam como incorporar novas tecnologias para enriquecer as experiências de ensino e aprendizagem.

As posições de trabalho nas editoras estão se modificando à medida que nos movemos para esse novo ambiente, muitas vezes se tornando mais amplas e menos claramente definidas. Algumas posições tradicionais desaparecerão e outras, novas, surgirão. Os editores continuarão a focalizar a construção de uma relação estreita e confiável com os autores, mas sua posição de trabalho se aproximará cada vez mais à de *webmasters* já que serão mais rápidos a criação e o desenvolvimento de conteúdo.

As posições de marketing estão evoluindo com as novas ferramentas tecnológicas disponíveis para realizar pesquisa de mercado e criar comunidades de pessoas interessadas – editores, representantes de vendas, autores, clientes. As posições de representantes de vendas também estão se modificando; *laptops* possibilitam que eles transfiram seus conhecimentos a respeito de clientes para bancos de dados que são as bases para segmentação, marketing visado e materiais e serviços personalizados.

Embora essas posições de trabalho criem um sentimento de ansiedade e depressão, muitos empregados consideram o novo ambiente estimulante e querem aprender novas habilidades a fim de não ficarem para trás. O treinamento se desenvolve tanto em sessões formais quanto em orientação informal, frequentemente realizado por empregados mais jovens que ingressam no mercado de trabalho com conhecimento e facilidade para lidar com uma variedade de tecnologias, e também com uma sensibilidade mais aguçada sobre a utilização e as excentricidades do ambiente da *web*.

Uma questão importante para os editores, segundo Laurillard,[8] é desenvolver novos modelos de negócios que levem em conta essas mudanças de relacionamento entre criadores, desenvolvedores e usuários finais. O serviço após as vendas – que não é uma parte significativa do processo tradicional – será muito importante no novo sistema. O valor que os editores tradicionalmente têm acrescentado para transformar ideias de professores, estruturas de curso e programas de curso de manuscrito bruto em livros didáticos acabados com múltiplos materiais complementares é similar ao contraste entre informação e conhecimento. Editores trabalham estreitamente com autores para selecionar, analisar, interpretar, integrar, articular, testar aplicações e avaliar. Mudanças revolucionárias também se desenvolverão nos aspectos econômicos da atividade editorial. Editores e seus novos parceiros do conhecimento estão inventando e avaliando novas bases teóricas para o desenvolvimento de negócios on-line, articulados por Hagel e Armstrong.[9]

O papel dos editores

O *papel dos editores* não se modificou, pois eles continuam a modelar ideias de autores para prover soluções de aprendizagem. Mas, no mundo digital, os negócios se modificarão de tal forma que possibilitará atender melhor as necessidades individuais tanto de professores como de estudantes. Ativado pela tecnologia, o veículo de entrega de recursos educacionais se ampliou de alguns componentes de material impresso em papel para centenas de componentes de múltiplas mídias, e o intervalo de tempo de desenvolvimento se reduziu de anos para meses e, com a internet, para semanas ou dias. Nosso mercado se ampliou para além dos espaços físicos institucionais, ou seja, para qualquer lugar em que se desenvolva a aprendizagem.

Embora muito se tenha sido escrito sobre questões pedagógicas relacionadas com o uso de mídia interativa no ensino, a maioria das universidades e dos professores ainda não está muito além da fase de adotante inicial. Laurillard[10] nos diz:

> Os professores estão lutando para descobrir como integrar os enormes recursos da web a seus currículos e como transformar essa informação em conhecimento.

Juntamente com os professores, os editores experimentam uma grande variedade de plataformas para entregar conteúdo, tentando prover a amplitude de estilos de ensino e aprendizagem de professores e estudantes, respectivamente. Para produzir material educacional funcional, as editoras devem trabalhar estreitamente com tecnólogos durante a fase de desenvolvimento e depois testar várias vezes os novos produtos com adotantes iniciais, a fim de assegurar que esses sejam confiáveis e simples de usar, tanto em sala de aula como no ensino à distância. Como ocorre na indústria de *software*, as editoras precisarão desenvolver relações estreitas e de longo prazo com os clientes, oferecendo serviço e suporte ao cliente de forma contínua e, às vezes, intensiva.

Para que editores e autores percebam o pleno potencial da mídia digital, uma série de obstáculos – tecnológicos e administrativos, sociais e financeiros – devem ser superados. Os principais deles são as questões fundamentais de direitos e proteção da propriedade intelectual. A solução dessa questão crucial resultará da estreita colaboração entre todos os interessados dos setores público e privado.

Mudanças nas operações tradicionais de publicação

Nos níveis de editoração e revisão, a tecnologia digital de publicação tanto aumenta quanto diminui a precisão. Por um lado, ela torna possível a existência de dispositivos de garantia de precisão – e consistência – como as operações de verificação ortográfica e "busca e substituição"; como a maioria dos manuscritos atualmente é apresentada em disco e não é digitada outra vez por um compositor, são introduzidos menos erros no primeiro estágio da prova. Por outro lado, a aparência perfeita de um manuscrito gerado por computador pode enganar qualquer um e fazê-lo pensar que a própria matéria está perfeita. Visto que editores e revisores que trabalham on-line precisam de tempo para se acostumar com a leitura em tela, no começo eles podem deixar passar mais erros do que deixariam se trabalhassem em papel.

Sugestões para publicação eletrônica bem-sucedida

As editoras devem continuar a desenvolver conteúdo (seu ativo principal). À semelhança do que ocorre na área da impressão gráfica, as editoras continuarão a licenciar conteúdo (para clubes do livro, traduções etc.) Mas em uma escala mais intensa e maior para acomodar a necessidade de tornar o conteúdo disponível no formato de *e-publishing*.

Eis algumas sugestões apresentadas pelo consultor John McHugh[11] para o sucesso de longo prazo em *e-publishing*:

- Fazer parceria e licenciar para *e-publishers* que tenham a experiência técnica e fizeram o investimento necessário em infraestrutura tecnológica para disseminar conteúdo eletronicamente.
- Desenvolver um especialista em publicação eletrônica na equipe cuja primeira função seja manter-se a par da dinâmica área de *e-publishing*.
- Rever e revisar todos os contratos de publicação, a fim de que sejam apropriados em um ambiente de publicação eletrônica.
- Rever e revisar a política de direitos autorais para acomodar a *e-publishing*.
- Rever seu *site* no que diz respeito às observações apropriadas de *copyright* e marcas registradas.
- Definir e-books (livros eletrônicos) como "livros" nos contratos do autor do livro a fim de cumprir a decisão estabelecida.

MÍDIAS SOCIAIS PARA EDITORES DE LIVROS EDUCACIONAIS

O termo "publicação em mídia social" refere-se a como você usa redes sociais como Facebook, Twitter, LinkedIn, Instagram, etc., para publicar conteúdo. Isso inclui postar atualizações de status, fotos, vídeos e outros tipos de conteúdo. É um aspecto essencial da sua estratégia de marketing de mídia social.

Automatizar algumas das tarefas mais comuns de publicação em mídias sociais permite que você gaste menos tempo gerenciando sua presença social e mais tempo criando conteúdo de alta qualidade. Além disso, ter um calendário de conteúdo totalmente funcional ajuda você a planejar sua atividade nas redes sociais para postar a cada semana.

A publicação em mídias sociais envolve o uso de plataformas como Facebook, Twitter, LinkedIn e Instagram para compartilhar conteúdo, incluindo atualizações de status, fotos, vídeos e muito mais. É um componente crucial de uma estratégia robusta de marketing de mídia social. Ao automatizar tarefas rotineiras com ferramentas de gerenciamento de mídias sociais, você pode se concentrar na produção de conteúdo de qualidade superior para mídias sociais.

Um calendário de conteúdo bem estruturado auxilia na organização e agendamento de suas postagens, garantindo consistência e distribuição estratégica.

A publicação em mídias sociais abrange três elementos principais:

1. **Planejamento:** determinação dos tipos de conteúdo e canais de distribuição ideais.
2. **Criação:** pesquisar, redigir, refinar e formatar conteúdo.
3. **Distribuição:** compartilhamento de conteúdo em várias plataformas sociais.

A publicação nas redes sociais é fundamental para promover conexões e ampliar o alcance da sua marca. Ela não apenas aumenta o reconhecimento do negócio, mas também direciona o tráfego das plataformas sociais para o seu site. Seu investimento em tempo e criação de conteúdo é inestimável para alcançar resultados impactantes em suas redes.

A aparente simplicidade das mídias sociais, escreve o autor Alistair Horne[12], pode não parecer a combinação mais óbvia para o mundo da publicação acadêmica, cujos livros e artigos de periódicos podem cobrir alguns dos tópicos mais complexos e importantes. Ainda assim, plataformas sociais como Instagram, Twitter, LinkedIn e Facebook oferecem algumas das melhores – e mais econômicas – oportunidades para que os editores desempenhem um papel ativo e valioso na vida das comunidades acadêmicas. Elas permitem que os editores se tornem mais presentes nessas comunidades, construam relacionamentos mais profundos com eles, aprendam mais e entendam melhor suas necessidades e desejos. Talvez tão importante quanto, dada a crescente percepção pública dos editores como corporações lucrativas agregando pouco valor à comunidade de pesquisa, as plataformas de mídia social permitem que os editores demonstrem e chamem a atenção para o valor do que fazem. E elas podem ajudar a aumentar o impacto de um artigo e vender mais cópias de um livro também.

Estratégia

Usar a mídia social de forma eficaz como um editor de livros educacionais requer uma consciência não apenas das oportunidades oferecidas por tais plataformas, mas também uma avaliação realista dos riscos envolvidos em confiar em terceiros para alcançar o mercado que uma editora atende. A maioria das plataformas caminha essencialmente para o mesmo modelo de negócio: permitir o uso gratuito do serviço para indivíduos, mas cobrar das empresas pelo acesso preferencial à comunidade que criaram. Esse modelo só pode funcionar financeiramente se houver uma diferença grande o suficiente entre o tamanho do público que uma empresa pode atingir gratuitamente e o número de pessoas que atingirá se pagar por acesso preferencial. O Facebook abriu o caminho nisso, introduzindo rotas pagas para os usuários – como anúncios e postagens promovidas – ao mesmo tempo em que reduz o número de pessoas que verão uma postagem se uma empresa não pagar por sua promoção. E onde o Facebook lidera, outras plataformas o seguiram: tanto o Instagram quanto o Twitter recentemente complementaram suas ofertas promocionais pagas experimentando linhas do tempo organizadas não cronologicamente, mas por algoritmos. Esses algoritmos garantem ostensivamente que os usuários vejam o conteúdo mais relevante para eles, avaliando fatores como a data em que uma postagem foi publicada, com que frequência um usuário interagiu com postagens anteriores dessa empresa e quantos amigos do usuário interagiram com esse determinado público. Na prática, eles também facilitam para o proprietário de uma plataforma aumentar ou diminuir o alcance de uma postagem, dependendo se o autor pagou ou não para promovê-la.

QUESTÕES E SUGESTÕES DE *E-PUBLISHING*

Perguntas que os executivos da área de publicação devem fazer:

- Como devemos modificar as operações de publicação para publicarmos eletronicamente?
- Como podemos usar *e-publishing* (publicação eletrônica) para promover as metas de nossa organização?
- Nossa infraestrutura de tecnologia da informação dá suporte a *e-publishing*?
- Quais de nossos produtos são apropriados para *e-publishing*?
- Quais são as expectativas de nossos clientes no que diz respeito a *e-publishing*?
- Nossos clientes têm facilidade para usar tecnologia?
- Eles têm acesso à tecnologia?
- Qual nova competição enfrentaremos se fizermos *e-publishing*?
- Qual nova competição aparecerá no futuro?
- Como usarmos publicação eletrônica em um mercado globalizado?
- Como nosso *site* deve suportar nossas iniciativas de *e-publishing*?
- Devemos desenvolver uma livraria on-line?
- Quais são os custos fixos e incrementais de se fazer publicação eletrônica?
- Estamos adquirindo os direitos adequados de autores e contribuintes?
- Nossos contratos com autores suportam nossas iniciativas de *e-publishing*?
- Devemos renegociar os contratos existentes?
- Quando foi a última vez que revimos/revisamos todos nossos contratos de publicação?
- Qual (is) modelo(s) de negócio(s) devemos usar para implementar a *e-publishing*?
- Quais devem ser nossos padrões e critérios para selecionar *e-publishers*?
- Quais referências (*benchmarks*) usaremos para medir o sucesso de nossa publicação eletrônica?
- Temos um ponto focal central e/ou um especialista em publicação eletrônica na equipe?
- Nosso departamento de direitos autorais é capaz de autorizar competentemente nosso conteúdo para todos os mercados?

Para desenvolver uma estratégia digital, você precisa saber:

- Identificar novos dispositivos, plataformas e avanços na área digital que possam ser relevantes para os produtos digitais da sua organização, serviços e o consumidor.
- Mapear oportunidades de tecnologia para a publicação digital.
- Definir alvos e mercados secundários os seus interesses, necessidades e capacidades técnicas (incluindo o seu acesso a determinados dispositivos e plataformas).
- Reconhecer as limitações práticas, técnicas, tecnológicas e financeiras relacionadas com o desenvolvimento de produtos ou serviços digitais.
- Identificar plataformas relevantes em que o conteúdo será acessado para atender às necessidades tecnológicas dos usuários.
- Definir parâmetros para definir o escopo de produtos ou serviços digitais de sucesso.
- Passar informações sobre as evoluções tecnológicas e oportunidades de uma forma em que possa ser entendido por colegas e pelo mercado
- Avaliar o sucesso de produtos e serviços digitais e usar essa avaliação para moldar o futuro da estratégia digital.

E deve ser capaz de fazer:

- A natureza de diferentes produtos e serviços digitais, como eles são acessados, e os públicos a que se destinam.
- A imagem e prioridades da sua organização e como os produtos ou serviços digitais ajudará na realização dos objetivos organizacionais.
- Como determinar, esclarecer e expressar os resultados pretendidos de produtos ou serviços digitais.
- Métodos para reunir as informações necessárias para definir o escopo de produtos ou serviços digitais.

- As capacidades e limitações de software e hardware que serão utilizados para o desenvolvimento, transmissão, manutenção e armazenamento de produtos ou serviços digitais.
- Como avaliar os recursos e as implicações no desenvolvimento de produtos e serviços digitais para a sua organização.
- O impacto nos departamentos editorial, produção e marketing e suas implicações na implementação de uma estratégia digital.

A ENCRUZILHADA DO E-BOOK

Quando o Napster, um programa de compartilhamento de arquivos, surgiu em 1999 e quase faliu a indústria fonográfica com a troca irrestrita de arquivos de música no formato MP3, muitos temeram que o estrago se estenderia à indústria editorial, com a digitalização de livros e sua livre distribuição no formato PDF.

Assim como o iPod e o novo modelo de negócio da Apple Store para o comércio e distribuição de arquivos musicais vieram salvar a indústria fonográfica da morte eminente, o lançamento do leitor de livros Kindle, da Amazon, em 2007, foi visto por muitos como a salvação do negócio editorial.

Passou-se então acreditar no contrário, isto é, que o fim do livro em papel estava decretado com a emergência dos e-books e a universalização dos dispositivos de leitura, tablets e celulares.

Passada já quase uma década, o negócio de livros digitais (ou e-books), dá sinais de perder o fôlego nos países mais ricos, sem nunca ter realmente decolado no Brasil.

Desde 2013, o número de e-books vendidos nos Estados Unidos parece estar estabilizado na marca dos 25% dos negócios e já começa a recuar, com o livro em papel retomando sua curva de crescimento natural. No Brasil, as vendas de e-books atingiram, em 2013, apenas 2% do volume de negócios e a expectativa geral é de que não crescerá mais que isso. Por outro lado, contrariando expectativas do mercado, as vendas de títulos impressos caíram nos EUA, em 2014, enquanto o desempenho de publicações eletrônicas tem frustrado quem apostou que os e-books substituiriam os livros impressos convencionais.

Esta seção discute as possíveis razões do impasse atual.

Origens e definição

Embora não haja uma definição estabelecida do que vem a ser um livro digital, ou suas diversas denominações (e-book, livro eletrônico, edição digital etc.), considera-se de maneira geral que é um livro publicado na forma digital e que consiste basicamente em texto e imagens, mas também pode incluir recursos multimídia como áudio e vídeo. Destina-se a ser visualizado primariamente em um e-reader, dispositivo próprio para a leitura de e-books, mas também pode ser visualizado em computadores, tablets e celulares.

Um livro digital se apoia em quatro elementos:[13] formato, dispositivo, plataforma e sistema de gerenciamento de direitos autorais (comumente conhecido pela sigla DRM, de Digital Rights Management). Esses quatro elementos compõem uma espécie de móbile, em que uma evolução tecnológica ou mesmo mercadológica em um deles causa uma reordenação do equilíbrio do todo, o que significa uma mudança na produção, distribuição e consumo do livro eletrônico.

O Projeto Gutenberg foi lançado em 1971 por Michael Hart e é considerada a primeira plataforma de distribuição de livros eletrônicos, com a oferta de obras em domínio público. A missão do Projeto Gutenberg é estimular a criação e distribuição de livros eletrônicos, eliminar as barreiras da ignorância e analfabetismo, e distribuir a maior quantidade possível de livros eletrônicos. As obras oferecidas pelo Projeto Gutenberg são de acesso gratuito, livre de direitos autorais. Atualmente, o projeto conta com mais de 42.000 títulos.

A partir dessa iniciativa, surgiram vários projetos semelhantes, entre eles o *Million Book Project*, liderado pela Carnegie Mellon University School of Computer Science e outras universidades. Atualmente, o projeto já conta com mais de 1,5 milhão de livros.

Um sonho antigo

A ideia básica do livro digital é um sonho antigo: reunir todo o conhecimento humano, do passado e do presente, em um único lugar, facilmente acessível. É uma utopia conhecida que já foi de certa forma materializada em um momento na história: a biblioteca de Alexandria, construída por volta de 300 a.C. Ela foi projetada para armazenar todos os pergaminhos do mundo e estima-se que tenha chegado a conter algo entre 30 e 70% de todos os livros que existiam na época. Esse sonho ficou adormecido por quase dois séculos até que, em 2004, o Google anunciou seu ambicioso projeto: digitalizar todos os livros do mundo, ressuscitando assim a promessa de uma biblioteca universal. Grande, muito grande.

Das tábuas de argila dos sumérios aos livros eletrônicos, a humanidade produziu 32 milhões de livros. E se vamos digitalizar todos os livros, porque não incluir também os 750 milhões de artigos e ensaios, 25 milhões de músicas, 500 milhões de imagens, 500 mil filmes, 3 milhões de vídeos, programas de TV and curtas-metragens e todas as 100 bilhões de páginas Web públicas?[14] Depois de digitalizados, essa maçaroca de dados poderia ser comprimida em 50 petabytes. Hoje, seria necessária uma fazenda de computadores com centenas de alqueires. Amanhã, talvez caiba no cartão de seu celular.

De acordo com o historiador Robert Darnton, a tecnologia da informação, entendida como um conjunto de dispositivos mecânicos e eletrônicos para armazenamento, recuperação e gestão da informação, sofreu quatro grandes revoluções:

a) a invenção da escrita, por volta do quarto milênio a.C.;
b) a substituição do pergaminho pelo códice – com a introdução de páginas no lugar de rolos, no início da era Cristã;
c) a invenção da impressão com tipos móveis, em 1450 por Gutenberg e;
d) a comunicação eletrônica, em meados do século XX, com o surgimento da Internet.

É interessante observar que Thomas Pettitt e outros autores recorrem ao conceito de "parênteses de Gutenberg", formulado originalmente pelo professor dinamarquês L. O. Sauerberg para explicar a era contemporânea: a ideia de que a cultura oral foi interrompida por mais ou menos 500 anos de predominância da cultura escrita; uma predominância que agora vem sendo desafiada de muitas maneiras pela cultura digital e a oralidade que a acompanha. Assim, essa recuperação da tradição oral remontaria ao áudio, o rádio, a TV, o vídeo e, agora em larga escala, a Internet e o YouTube.

Dispositivos de leitura

A principal função dos e-readers (dispositivos dedicados) é reproduzir eletronicamente a experiência de leitura, em um formato similar ao do livro de papel, fornecendo portabilidade, comparável a de um livro impresso ou outros tipos de publicação; acessibilidade e usabilidade, para se adequar a públicos diversos e facilitar o seu uso e manuseio; e a introdução de novas tecnologias. Quanto ao último item, cabe destacar a utilização do chamado "papel eletrônico" (também denominado "tinta eletrônica" ou tecnologia e-ink), que proporciona maior conforto visual durante a leitura e maior duração da bateria do aparelho. A explicação para isso é que a tela de um leitor de e-book não é iluminada, tal como as telas LCD e LED dos computadores, tablets e smartphones, embora existam versões de e-readers com esse recurso. Assim, temos a sensação de que estamos lendo um livro impresso, à luz natural ou do ambiente, e também economizamos bastante energia da bateria, que pode durar até mais de um mês.

No entanto, talvez o maior atrativo dos e-readers seja a possibilidade de carregarmos na mão ou no bolso uma verdadeira biblioteca, contendo milhares de livros – e todos acessíveis instantaneamente com apenas alguns cliques do leitor!

> O aparelho é uma espécie de computador reduzido, livre de todo o supérfluo, com ausência de teclado, de periféricos, mantendo apenas as funções úteis para a leitura como virar páginas, sublinhar ou procurar palavras e equipado com tela retroiluminada que funciona em conjunto com um software de leitura de textos.[15]

O desenvolvimento dos leitores de e-books

Os primeiros leitores (e-readers) surgiram na década de 1980, de forma experimental, mas se popularizaram somente nos últimos dez anos.

A expansão da Internet na década de 1990 impulsionou a comunicação e a informação em escala global, resultando em oferta abundante de textos e publicações eletrônicas em geral, incluindo jornais, revistas e livros. A possibilidade de acessar milhares de textos e livros na internet se popularizou rapidamente, embora em escala bem menor do que os milhões de downloads de arquivos de música, vídeos e filmes realizados diariamente, a revelia das leis de direitos autorais.

Inicialmente, a leitura dos textos e livros em formato digital era realizada somente na tela do computador ou na versão impressa. O conteúdo podia ser acessado na internet e lido on-line, ou transferido para o computador do internauta, via download do arquivo. O leitor também tinha a opção de imprimir o texto para ler em outros ambientes (sem depender do computador), para apresentar na escola ou no trabalho, ou simplesmente para compartilhar com os amigos. Afora a internet, uma das poucas opções disponíveis era a aquisição de CD-ROM ou PDAs (computadores de mão, conhecidos como palmtop). Ainda não havia dispositivos destinados exclusivamente à leitura digital. No entanto, essa lacuna começou a ser preenchida com o lançamento dos primeiros aparelhos projetados para essa finalidade, entre eles o SuperBook, RocketBook, SoftBook, eBookman etc.[16] Esses aparelhos atenderam à demanda crescente dos leitores mais familiarizados com as novas tecnologias e, ao mesmo tempo, funcionaram como protótipos para o desenvolvimento dos e-readers que hoje predominam no mercado.

Em 2007, finalmente ocorreu a grande virada: os e-readers começaram a chamar a atenção do mercado e do público consumidor graças ao lançamento do Kindle, pela Amazon. A empresa norte-americana é considerada uma das maiores livrarias on-line do mundo. Valendo-se de sua posição de liderança no comércio eletrônico, a Amazon acertou em cheio com seu novo modelo de negócios, puxado pelas vendas impressionantes do novo leitor de e-books.

A primeira versão do Kindle foi vendida somente nos Estados Unidos. O aparelho pesava menos de 300 gramas, vinha com uma tela monocromática de 6 polegadas na diagonal, tecnologia e-Ink (conhecida como "papel eletrônico") e memória interna de 256 Mb (expansível com cartão SD), com capacidade para armazenar até 200 livros.

Em 2009, a Amazon lançou o Kindle 2, com novo design e mais leve que o anterior, bateria de maior duração, mais memória interna (2 Gb), dicionário embutido, Wi-Fi e função de leitura de texto, que permite ouvir o que está escrito, entre outras recursos. Os aperfeiçoamentos incorporados à nova versão (lançada também no Brasil e em outros países), um acervo bem maior de livros disponíveis, o preço de venda atrativo (US$ 299) e uma campanha publicitária milionária tornaram o Kindle 2 o leitor de e-books mais bem sucedido da história. Segundo estatísticas divulgadas pela Amazon, isso acelerou as vendas de livros digitais nos Estados Unidos, que atingiram a fantástica marca de 25% do total de livros editados. Sendo assim, ¼ dos leitores havia optado pelos e-books.

A Barnes & Noble, principal concorrente da Amazon nos Estados Unidos, não perdeu tempo e lançou, ainda em 2009, o seu leitor de e-books: o Nook. A iniciativa contagiou várias outras empresas, com destaque para a Sony (Sony Reader) e a Samsung (Papyrus). Porém, nenhum desses aparelhos conseguiu repetir o sucesso de vendas obtido com o Kindle.

Em 2010, Steve Jobs, CEO da Apple, aproveitando o sucesso mundial do iPhone e do iPod, apresentou mais uma grande novidade. A empresa norte-americana estava lançando o iPad, um tablet com múltiplos recursos que pode se transformar em um leitor de e-books, com a simples execução de um aplicativo, o iBooks.

Em 2011, Jeff Bezos, fundador da Amazon, anunciou o fato inédito de que a venda de livros digitais havia superado os de papel! Segundo ele, para cada 100 livros impressos vendidos, outros 143 e-books são comercializados na internet. Pode ser que isso tenha sido uma estratégia de marketing da Amazon. Contudo, sendo verdadeira ou não, a notícia se espalhou como um rastilho de pólvora e muitos previram que o fim do livro tradicional estava bem próximo, causando extrema preocupação no meio editorial, principalmente entre as editoras que ainda estavam fora desse novo negócio. No mesmo ano, a Amazon se instalou no Brasil e alavancou as vendas de e-books, assim como a Apple e o Google.

A seguir, vamos analisar as características dos e-books e dos dispositivos de leitura no que se refere ao formato dos textos, gestão de direitos autorais e principais plataformas utilizadas pelos consumidores.

Formatos

Os livros eletrônicos apresentam uma ampla variedade de formatos de arquivo. Em geral, esses formatos podem ser abertos (PDF, EPUB e HTML5) ou proprietários (AZW, Mobi e iBooks). Os formatos abertos são suportados pela maioria dos computadores (incluindo os notebooks) e também por alguns dispositivos de leitura e tablets. Os formatos proprietários são utilizados na edição dos e-books lançados por empresas como a Amazon e a Apple. Nesse caso, normalmente, só podem ser executados nos aparelhos vendidos por essas empresas.

Desde o surgimento da internet, o PDF (*Portable Document Format*) – formato desenvolvido pela Adobe Systems, em 1993 – tem sido o formato aberto (*open source*) mais amplamente utilizado para a publicação eletrônica em geral. É possível encontrar uma infinidade de textos de jornais, revistas, blogs e obras em domínio público ou de autores independentes nesse formato. A principal razão disso é que, para ler textos e obras em PDF, basta instalar o *Acrobat Reader* (software distribuído gratuitamente pela Adobe) no computador, e-reader ou tablet.

Outros formatos também são populares, tais como *txt*, *rtf*, *doc*, *docx*, *htm* e *html*, mas o PDF é o preferido pelos leitores e editores, porque é um formato de arquivo compacto que pode ser facilmente compartilhado on-line ou transferido por e-mail, além de manter a formatação (tipos de fonte, paginação, diagramação etc) original do texto impresso ou de conteúdos produzidos por outros programas, como o *Microsoft Word*, por exemplo.

Os arquivos em PDF asseguram o leiaute de documentos, garantindo que, ao realizar impressões ou visualizações na tela, a aparência original será mantida, respeitando a diagramação dos livros impressos. Sua aderência ao formato físico do livro impresso apresenta as estruturas conhecidas como paginação, possibilidade de fazer anotações, cabeçalhos, índices, sumários, notas de rodapé etc.[17]

O PDF permite a produção de uma cópia digital de qualquer livro impresso. No processo de digitalização, a obra é copiada por um *scanner* (fotocopiadora), que produz um conjunto de arquivos de imagens depois convertidos em formato de texto por um software de reconhecimento de caracteres, o OCR (Optical Character Recognition). Além do texto, o PDF mantém as imagens contidas no livro impresso. No caso de textos criados diretamente no computador, o PDF oferece suporte para os hiperlinks para sites da Web contidos nas páginas editadas com esse programa.

A digitalização de obras impressas tornou-se um negócio bastante lucrativo para as editoras, pois isso propiciou que muitos livros de seus catálogos fossem reeditados eletronicamente a custos reduzidos e rapidamente comercializados on-line.

O PDF não incorpora recursos multimídia (áudio, vídeos e filmes) e não funciona bem em aparelhos com tela pequena, como leitores de e-books e smartphones.

Outro formato aberto bastante utilizado nos livros eletrônicos é o EPUB – abreviação de *e-publishing* (publicação eletrônica). O EPUB, integrado por formatos auxiliares como o XHTML, CSS e XML, foi desenvolvido de modo a oferecer mais recursos do que o PDF e facilitar a sua leitura em diferentes dispositivos e plataformas. O EPUB é adotado por grandes empresas como Adobe, Google, Sony e Hewlett Packard, entre outras. O Google digitalizou milhões de livros nesse formato.

O EPUB permite a produção de livros eletrônicos "expandidos" (*enhanced e-books*), com conteúdos diferentes daqueles existentes na versão em papel ou em PDF, tais como dicionários embutidos, interatividade com o autor e outros leitores, jogos, animações, sons etc. O processo de produção desses livros, que requer a contratação de profissionais especializados e maiores investimentos em tecnologia da informação, tem um alto custo para as editoras; ao contrário do PDF, que é uma mera cópia do livro impresso.

O HTML5 é um formato mais recente, desenvolvido pelo World Wide Web Consortium (W3C), que visa solucionar o problema ocasionado pela profusão de formatos de leitura de e-books, o que gera a fragmentação do público e atrapalha a expansão de um mercado altamente promissor para o setor editorial. A ideia é que o HTML5 seja adotado como um formato padrão universal, o que possibilitará que os e-books sejam lidos em qualquer dispositivo ou plataforma (Google, Amazon, Apple etc), desde que o leitor esteja conectado à internet. No entanto, a implementação dessa solução só terá plena eficácia se for aceita também pelas empresas que desenvolvem seus próprios formatos de e-books.

Aparentemente, esse novo formato só será viável no futuro, pois uma fatia considerável do mercado atual de livros digitais está dividida entre os formatos proprietários da Amazon (AZW) e da Apple (iBooks), entre outros, cujos modelos de negócio estão voltados à produção de e-books vinculados a suas próprias plataformas (e-readers, tablets e aplicativos), aliado ao rígido controle dos direitos autorais dos livros vendidos em suas lojas, através das ferramentas de DRM (Digital Rights Management). A questão do DRM será tratada mais adiante.

Plataformas e modelos de negócio

Desde o lançamento do Kindle, famoso e-reader da Amazon, em 2007, as plataformas de leitura de e-books passaram por sucessivas mudanças, abandonando modelos ultrapassados e investindo em novos dispositivos (hardware), programas/aplicativos (software) e modelos de negócio.

Atualmente, os e-books podem ser lidos em praticamente todas as plataformas disponíveis graças aos aplicativos (software) desenvolvidos nos últimos anos. Os maiores problemas que ainda persistem relacionados à incompatibilidade de sistemas entre os diferentes dispositivos de leitura se devem à resistência de grandes comerciantes de e-books no mercado global, principalmente a Amazon e a Apple. Até hoje, os formatos de arquivo com as extensões .azw (Amazon Books) e .iBooks (Apple Store) só podem ser lidos nos computadores e dispositivos móveis dessas empresas, embora estas tenham desenvolvido aplicativos que permitem também a leitura de livros em EPUB e PDF vendidos pelo Google e outras lojas on-line.

Ultimamente, a leitura de e-books passou a ser feita também em tablets e celulares de última geração (smartphones). Esse é um fenômeno recente, mas que tende a ganhar maior força nos próximos anos, com previsões de crescimento exponencial do comércio eletrônico e da popularização dos livros digitais.

Destacamos a seguir, sem entrar em detalhes técnicos, as principais plataformas existentes quando este livro foi publicado (2016), ressaltando que tal cenário é conjuntural e, portanto, poderá mudar a qualquer momento, dada a velocidade das transformações em curso.

Google Play

O modelo de venda de e-books adotado pelo Google é bem diferente daquele praticado por seus concorrentes da Amazon e da Apple, pois baseia-se nos formatos EPUB/PDF e no desenvolvimento do sistema operacional *Android* e de aplicativos específicos que permitem a leitura de livros eletrônicos diretamente na tela de um tablet ou smartphone, dispensando o uso de um e-reader específico para isso. Os livros podem ser comprados na Google Play, loja on-line que vende uma infinidade de aplicativos e também dá acesso à seção de e-books, denominada Google Livros. Essa seção oferece milhões de livros em domínio público, além de obras exclusivas do seu catálogo e sugestões de outros sites para o cliente encontrar o título pesquisado. A grande vantagem é que os e-books vendidos pelo Google são aceitos em quase todos os dispositivos de leitura, à exceção do Kindle.

Amazon.com

O Kindle, da Amazon, continua sendo uma das plataformas mais populares, pois a loja on-line da empresa busca cativar seus clientes com a oferta abundante e permanente de e-books de todos os gêneros literários, tanto de autores consagrados quanto de novos escritores, sejam eles independentes ou não. Muitos livros de autores desconhecidos são lançados somente na versão digital, a preços acessíveis, e não são poucos os casos de obras que alcançam sucesso de massa, transformando-se em verdadeiros fenômenos de vendas. Em dezembro de 2014, a Amazon lançou o *Kindle Unlimited*, serviço de assinatura de livros digitais no Brasil. O serviço disponibiliza para os associados milhares de títulos do catálogo da Amazon ao custo de R$ 19,90 por mês. A ideia é inspirada no Netflix – fenômeno mundial na venda de filmes on-line.

Apple Store

A solução encontrada pela Apple, empresa-gigante da área de tecnologia, para enfrentar a Amazon e, simultaneamente, atrair milhões de adeptos do Google Books foi o lançamento do iPad. Como já dissemos, trata-se de um tablet, com múltiplas funções e recursos, incluindo a capacidade de leitura de e-books e outras publicações eletrônicas. O formato padrão dos livros expostos na Apple Store (loja on-line) continua sendo o iBooks, mas o iPad permite a leitura de livros vendidos por concorrentes da Apple no setor, como o Google, a Sony, a Barnes & Noble e a Kobo[18], que adotam os formatos EPUB/PDF, e até mesmo os da Amazon – desde que o usuário baixe um aplicativo para realizar a conversão do formato AZW, o que pode ser considerado ilegal e nem sempre resulta em uma operação bem-sucedida.

Hoje, vários aplicativos permitem que a leitura de e-books seja feita não somente nos e-readers, computadores e notebooks, mas também em tablets e smartphones.

Computador ou notebook. Os computadores de mesa (desktops) e móveis (notebooks) continuam sendo o principal meio para a leitura de livros eletrônicos. Esses aparelhos ainda são muito usados por uma grande maioria de leitores, principalmente por profissionais de várias áreas, professores e estudantes. Os computadores com o sistema operacional Windows, da Microsoft, exigem a instalação de aplicativos como o Blue Fire Reader e o Adobe Digital Editions (ADE). Os computadores da linha Macintosh, da Apple, utilizam o sistema operacional OS X e se transformam em leitores de livros digitais com a execução de aplicativos da própria Apple (iBooks) e também da Adobe (ADE).

Tablet e smartphone. Para esses dispositivos móveis, destacamos três plataformas bastante populares, da Apple, Google e Microsoft, que se sobressaem no ambiente extremamente competitivo de aplicativos para leitura de e-books. Para o iPad, o tablet recheado de recursos da Apple, as melhores opções são o próprio iBooks, o Blue Fire Reader ou o Aldiko. Para o *Android*, desenvolvido pelo Google, é preciso instalar aplicativos como o Blue Fire, Aldiko ou Moon Reader. Para o *Windows Mobile*, desenvolvido pela Microsoft para dispositivos móveis que executam o Windows 8 ou Windows 10, está disponível o Bookviser Reader. Esse software pode ser adquirido na Windows Store (loja on-line da Microsoft). A partir daí, o cliente tem acesso a e-books de bibliotecas on-line e de qualquer site de vendas. A novidade é que os títulos comprados podem ser enviados para o OneDrive, serviço de armazenamento em nuvem da Microsoft (recurso gratuito oferecido no Windows 10), ou guardados na própria nuvem do Bookviser.

E-reader. Os dispositivos dedicados ainda são a melhor opção para os leitores que têm o hábito de leitura mais acentuado, pois foram projetados exclusivamente para essa função, preservando somente os recursos essenciais para a concentração na leitura, sem outros atrativos extras, como os de um tablet ou celular, por exemplo, que dispersam a atenção do leitor. No Brasil, o mercado atual de e-readers está dividido basicamente entre o Kindle da Amazon, o Lev da Saraiva e o Kobo, patrocinado pela Livraria Cultura. O Lev foi desenvolvido pela Bookeen, empresa francesa pioneira em e-books, como o Cybook, lançado em 2007.

Gerenciamento dos direitos digitais

No estágio atual, os maiores obstáculos para o desenvolvimento do processo de democratização e universalização dos livros eletrônicos são os diversos formatos existentes no mercado e o sistema de gerenciamento dos direitos digitais adotado pelas grandes empresas que atuam no setor. Esse sistema, denominado DRM (sigla de *Digital Rights Management*, em inglês), é uma proteção contra a cópia ilegal, pois controla o acesso e uso do e-book adquirido pelo cliente, proibindo a sua reprodução, distribuição, impressão (parcial ou total) ou modificação, conforme o caso. Funciona como o site de um banco on-line ou de um curso pago na internet: para entrar no sistema, a pessoa usa uma senha que precisa ser autenticada para que o acesso à conta ou às aulas seja autorizado.

As ferramentas de DRM já eram utilizadas frequentemente para o licenciamento de programas de computador, mas acabaram sendo incorporadas também por editoras e livrarias on-line para a proteção de seus catálogos. O e-book é considerado uma mídia digital e, como tal, está submetido ao sistema de DRM.

É óbvio que o DRM dos livros eletrônicos visa combater a pirataria que, desde o final da década de 1990, se alastrou de forma generalizada na internet, causando enormes prejuízos à indústria fonográfica e cinematográfica, em função dos milhões de downloads gratuitos de músicas, vídeos e filmes, realizados diariamente através da Web. O DRM foi implementado durante alguns anos pela indústria para diminuir a pirataria de CDs e DVDs, mas acabou sendo abandonado por causa da reação adversa dos consumidores. Muitos desistiram de comprar essas mídias ao descobrir que não podiam copiar e nem reproduzi-las em outro aparelho que não fosse um CD ou DVD player. No caso dos e-books, a situação é bem parecida.

As ferramentas de DRM podem ser mais restritivas ou menos restritivas, a depender da decisão dos editores. Explicando melhor: as autorizações e proibições são definidas pelas próprias editoras e distribuidoras de e-books, como Amazon, Barnes & Noble, Apple, Kobo, Google etc., e estão vinculadas aos seus dispositivos e software de leitura.

Isso significa que não existe uma padronização, ou seja, um único DRM válido para todos os e-books, o que gera bastante confusão. Portanto, o cliente de determinada livraria on-line poderá imprimir trechos do livro, por exemplo, enquanto o cliente de outra livraria poderá visualizá-lo em leitores diferentes, mas não conseguirá imprimir nada, e assim por diante. Em casos extremos, o comprador poderá até mesmo ser impedido de acessar seus e-books já pagos que se encontram hospedados no servidor da loja.

A aplicação do sistema de DRM aos livros eletrônicos é bastante criticada por entidades de defesa dos direitos do consumidor, movimentos a favor do software livre, bibliotecas e usuários em geral. Muitos estudiosos defendem a adoção de um sistema padronizado para o controle do número de cópias vendidas, mas com uma flexibilização nas restrições impostas pelo DRM. Caso contrário, o consumidor saberá encontrar uma solução alternativa por conta própria, seja utilizando-se de aplicativos que eliminam as restrições do DRM, comprando somente e-books sem DRM ou simplesmente voltando a adquirir livros impressos. Parece que isso realmente vem acontecendo nos últimos anos. Afinal, que graça tem comprar um livro e não poder emprestá-lo para um amigo, reproduzir um trecho para mostrar no trabalho e na escola ou, pior ainda, ficar sem o livro?

Estado atual da publicação eletrônica

Há menos de dez anos, muitos previram o fim do livro impresso e a universalização dos livros eletrônicos. Na realidade, ainda não aconteceu nem uma coisa nem outra, para o alívio de uns e frustração de outros. De qualquer forma, o debate em torno da questão prossegue até o presente momento.

O comércio on-line de livros eletrônicos nos Estados Unidos, país-sede das principais empresas que atuam no setor, apresentou crescimento contínuo e sustentável de 2007 a 2014 (com pequenas oscilações), impulsionado pelo sucesso absoluto do Kindle e de uma série de outros populares e-readers vendidos nas lojas virtuais das editoras e empresas distribuidoras de e-books. No entanto, o período mais recente, compreendido entre 2015 e 2016, tem sido marcado por queda significativa nas vendas e profundas incertezas quanto ao futuro do mercado dos livros digitais e dispositivos de leitura. No Brasil, os negócios estão em fase inicial.

Vejamos algumas datas importantes no desenvolvimento dos e-books:

- **2007.** Amazon faz o lançamento bem-sucedido do Kindle nos EUA.
- **2009.** Amazon começa a operar no Brasil.
- **2010.** Lançamento do iPad pela Apple, na sequência do iPhone e IPod.
- **2011.** Apple, Amazon e Google iniciam suas operações no Brasil.
- **2013.** Venda recorde de e-books nos EUA (30% do mercado).
- **2014.** O melhor ano do e-book no Brasil (3,5% do mercado).
- **2015.** Estagnação nas vendas de e-books e e-readers; Amazon inaugura sua primeira loja física nos EUA.

A divulgação e comercialização de e-books no Brasil é um fenômeno bem recente e ainda em estágio embrionário, considerando-se o volume de vendas e o faturamento. Em 2012, por exemplo, as vendas atingiram um patamar entre 0,3% e 0,5% do mercado editorial como um todo. Embora sejam números significativos, esse resultado contrariou todas as expectativas otimistas alimentadas pela instalação das lojas virtuais da Amazon, Apple e Google no país, sem mencionar as cifras recordes (25% do mercado) obtidas pelo Kindle e os livros eletrônicos nos EUA.

Em 2013, a venda de e-books nos EUA alcançou o patamar histórico de 30% de todos os livros vendidos naquele ano. No Brasil, as transações de livros digitais cresceram aproximadamente 400%, em comparação com o ano anterior, ficando com uma fatia de 2% a 2,5% do mercado. De acordo com pesquisa feita pela Fundação Instituto de Pesquisas Econômicas (FIPE), a venda de e-books no país representou apenas 2% dos R$ 5,3 bilhões faturados pelo mercado editorial em 2013. Contudo, o faturamento do setor cresceu 225% no período, atingindo o montante de R$ 12,7 milhões, contra os R$ 3,8 milhões do ano anterior[19].

Em 2014, os e-books conquistaram uma participação de 3,5% no mercado brasileiro de livros. Foi o melhor ano do livro eletrônico no Brasil até a presente data. Mesmo assim, esse crescimento recorde das vendas no país ficou bem abaixo das expectativas de diversas empresas que apostaram todas suas fichas no setor, realizando vultuosos investimentos em tecnologia, software e pessoal especializado para a digitalização dos catálogos das editoras associadas e lançamento de títulos inéditos no formato eletrônico.

Em 2015, o setor começou a dar sinais de estagnação, tanto nos EUA e Europa quanto no Brasil e na América Latina que, pela primeira vez na década, registraram em conjunto uma queda inesperada nas vendas de livros eletrônicos e dispositivos de leitura, incluindo o Kindle. Na realidade, dados negativos foram registrados também nas transações do comércio eletrônico como um todo.

A perda de fôlego das vendas digitais nos EUA atingiu em cheio as grandes editoras on-line de língua inglesa que compõem o chamado "Big Five" – Penguin Random House, HarperCollins, Macmillan, Hachette e Simon & Schuter.

No Brasil, várias iniciativas foram encerradas, dentre as quais o selo Breve Companhia, da Companhia das Letras, e a Gato Sabido, livraria virtual pioneira no mercado, com acervo de 20 mil e-books[20].

Quais motivos teriam levado o mercado de e-books e dispositivos de leitura ao impasse atual? Será que não vale mais a pena investir nos livros digitais, e sim nos livros impressos? O que acontecerá com os e-readers?

Quem souber responder a essas questões, e a outras que têm tirado o sono e o sossego de muita gente, tem a chance de ficar milionário!

Vamos dar algumas pistas que podem ajudar a compreender o que, afinal, aconteceu nos últimos anos que mudou o trajetória ascendente do mercado de e-books:

- Os preços dos livros eletrônicos sofreram uma elevação de preços considerável nesse período. Em muitos casos, a versão digital chega a ser mais cara do que a brochura ou o livro de capa dura. Com isso, aumentaram as vendas do livro impresso.

- E-books de autores independentes ampliaram a sua participação no setor, atraindo clientes das grandes editoras e lojas on-line. É o chamado fenômeno da autopublicação, em que o próprio autor publica seu livro sem depender de uma editora[21].
- A venda de e-readers despencou desde que os tablets e smartphones passaram a ser usados para leitura de e-books. Além do mais, várias pesquisas indicam que os jovens ainda preferem ler no papel.
- Houve um aumento no número de livrarias que vendem obras impressas e grandes editoras (como Hachette, Simon & Schuster e Penguin Random House) voltaram a investir em infraestrutura para impressão e distribuição de livros.

A competição entre o livro eletrônico e o livro impresso está longe de terminar, tendo em vista as reviravoltas ocorridas no mercado editorial nos últimos anos. Ao mesmo tempo, ainda é muito cedo para declarar a morte da revolução da publicação eletrônica[22].

Esse veredito sobre o impasse atual aplica-se tanto aos EUA quanto ao Brasil, com a diferença de que, no caso brasileiro, existem também fatores históricos, de natureza estrutural, que retardam a marcha revolucionária da publicação eletrônica. O principal deles talvez seja a falta de um programa governamental efetivo de inclusão digital da população pobre do país, aliada à necessidade de maiores investimentos em educação, ciência e cultura, para fomentar o hábito de leitura entre os brasileiros de todas as idades, gêneros, raças e classes sociais.

NOTAS DO CAPÍTULO

1 GUTHRIE, Richard. *Publishing: principles and practice*. California: Sage Publications, 2012.

2 THOMPSON, John. *Merchants of culture*. Cambridge: Polity Press, 2011.

3 THOMPSON, John. *Books in the digital age*. Cambridge: Polity press, 2005.

4 HALVORSON, Kristina e RACH, Melissa. *Content strategy for the web*. 2. ed. Berkeley: New Riders, 2012.

5 GUNELIUS, Susan. *Content marketing for dummies*. New York: Wiley, 2011.

6 LAURILLARD, Diane. *Rethinking University Teaching: A conversational framework for the effective use of learning technologies*. 2. ed. London: Routledge, 2002.

7 MARION, Ann; HACKING, Elizabeth. Educational publishing and the world wide web. *Journal of Interactive Media in Education* (2). 1998.

8 LAURILLARD, Diane. *Rethinking university teaching: A conversational framework for the effective use of learning technologies*. 2. ed. London: Routledge, 2002.

9 HAGEL III, John; ARMSTRONG, Arthur. *Netgain, expanding markets through Virtual Communities*. Boston: Harvard Business School Press, 1997.

10 LAURILLARD, Diane. *Rethinking university teaching: A conversational framework for the effective use of learning technologies*. 2. ed. London: Routledge, 2002.

11 MCHUGH, John. *E-publishing – questions and 10 suggestions for successful e-publishing*. Milwaukee: John McHugh Publishing Consultant, 2013.

12 HORNE, Alistair. *Social Midia for Academic Publishers*. Londres: PTC, 2022.

13 SERRA, Liliana Giusti. *Os livros eletrônicos e as bibliotecas*. Dissertação (Mestrado) – Programa de Pós-Graduação em Ciência da Informação, Escola de Comunicações e Artes, Universidade de São Paulo, 2015.

14 KELLY, Kevin. *Scan This Book!* Nova York: New York Times, 14 mar. 2006.

15 SILVA, Giana Mara Seniski; BUFREM, Leilah Santiago. *Livro eletrônico: a evolução de uma ideia*. Disponível em: <http://www.intercom.org.br/papers/nacionais/2001/papers/NP4BUFREM.pdf>. Acesso em: 19 abr. 2016.

16 SERRA, Liliana Giusti. *Os livros eletrônicos e as bibliotecas*. Dissertação (Mestrado) – Programa de Pós-Graduação em Ciência da Informação, Escola de Comunicações e Artes, Universidade de São Paulo. 2015.

17 SERRA, Liliana Giusti. *Os livros eletrônicos e as bibliotecas*. Dissertação (Mestrado) – Programa de Pós-Graduação em Ciência da Informação, Escola de Comunicações e Artes, Universidade de São Paulo. 2015.

18 Segundo a WIKIPEDIA, a Kobo Inc. é uma empresa sediada em Toronto, Canadá. Em 2012, foi comprada pelo grupo Rakuten, conglomerado japonês de comércio eletrônico.

19 Os dados gerais sobre a venda de livros eletrônicos no Brasil e nos EUA foram colhidos de matérias divulgadas na imprensa. O autor não teve acesso às publicações oficiais contendo as estatísticas consolidadas sobre a questão.

20 VARELLA, João. *O calvário dos e-books*. Disponível em: <www.istoedinheiro.com.br/noticias/mercado-digital/20150407/calvario-dos-e-books/247797>. Acesso em: 23 abr. 2016.

21 CUNHA, Joana. *Mercado de livros digitais não decola no Brasil e estagna nos EUA e Europa*. Disponível em: <http://www1.folha.uol.com.br/mercado/2016/04/1759174-mercado-de-livros-digitais-nao-decola-no-brasil-e-estagna-nos-eua-e-europa.shtml>. Acesso em: 20 abr. 2016.

22 The New York Times. *The Plot Twist: E-Book Sales Slip, and Print Is Far From Dead*. Disponível em: <www.nytimes.com/2015/09/23/business/media/the-plot-twist-e-book-sales-slip-and-print-is-far-from-dead.html?_r=0>. Acesso em: 19 abr. 2016.

CAPÍTULO 25

Como criar seu site

NESTE CAPÍTULO

Introdução 523

Cuide do layout de seu site 524

Use seu site para divulgar sua identidade 526

Forneça informações valiosas aos visitantes 527

Use seu site para construir relacionamentos 528

Use seu site para vender 529

Amplie seu campo de ação 530

Invista em um site de livros da editora 531

INTRODUÇÃO

Sites, blogs, redes sociais, X (antigo Twitter) – essas são apenas algumas das ferramentas on-line que você pode usar para promover seus livros. Há muitas maneiras de ter uma presença na web e a mais óbvia é, naturalmente, ter um site, mas também há muitas outras maneiras de construir um perfil na web para comercializar seus livros on-line.

Por que ter um site?

Não basta ter um site, porque todo mundo pode ter um. Pense em por que você quer um site, o objetivo dele e qual o público que pretende atingir. Seu site pode manter os leitores informados sobre seus novos livros, fornecer mais informações sobre a editora e fornecer ao público uma forma de contato com a editora e os autores. Mas para um site ser bem-sucedido, você precisa atualizá-lo frequentemente.

Seja qual for o tamanho de sua editora, é tão fundamental ter seu próprio site na web quanto possuir um telefone ou um e-mail. Para diversos nichos de mercado (especialmente o de livros didáticos), a internet tornou-se uma fonte de informação prontamente disponível e, para muitos, o primeiro lugar onde procurar materiais ou ferramentas educacionais e de referência. Seja você um editor de livros dedicado a um público específico ou um editor voltado ao comércio em geral que trabalha em várias áreas, seus leitores e potenciais leitores estão na internet. Você precisa encontrá-los lá, por meio de um site interessante, ativamente mantido, renovado com constância, que enseje o envolvimento tanto de seu público já conquistado como de novos compradores potenciais.

Os autores Cole, Sorel e Hill[1] argumentam que o site de uma editora de livros didáticos serve a dois propósitos:

- É uma ferramenta de marketing que cultiva o interesse dos visitantes e os dirige para obter informações adicionais; por isso, é uma oportunidade para apresentar suas políticas de negócios a seus clientes, expor seus produtos e serviços, oferecer informações e responder às perguntas de potenciais clientes e parceiros comerciais.
- Um site frequentemente também é uma apresentação da editora ao visitante; nesse sentido, é fundamental que a primeira impressão seja positiva. Uma boa primeira impressão combinada com o fornecimento de informações apropriadas em um formato facilmente acessível é uma oportunidade para a editora diferenciar-se de seus concorrentes.

CUIDE DO LAYOUT DE SEU SITE

Acessibilidade

Um site bem projetado é informativo, atraente e fácil de navegar. A página principal deve informar imediatamente ao visitante que é uma editora de didáticos. Por exemplo, o título "Parceiro na profissão de ensinar" e um menu de navegação com uma lista geral de conteúdos como "Quem somos", "Quais são as novidades", "Fale conosco" poderiam compor a primeira página de qualquer negócio. Um site é uma oportunidade de fazer uma declaração sobre a empresa ou de criar sua individualidade.

Como ferramenta de marketing, a primeira página do site deve instigar o visitante a explorar mais e a dirigir-se claramente para os produtos da empresa. Podemos traçar um paralelo entre o layout de um site e o layout de uma loja física dizendo que a primeira página de um site funciona como uma vitrine ou um catálogo de uma loja: uma vez lá dentro, os visitantes devem ser capazes de achar o que querem facilmente.

O setor de livros didáticos de uma editora geralmente é a mais lucrativo; portanto, deve estar no lugar mais proeminente de um site a fim de dirigir os visitantes o mais rapidamente possível para os produtos dessa área. O site deve assegurar que os visitantes acessem rápida e facilmente as áreas de livros didáticos (ensino fundamental, ensino médio e ensino superior). Um bom site deve ser projetado de forma que diferentes áreas de ensino sejam imediatamente acessíveis a partir da página principal.

Suporte aos diferentes tipos de acesso

Além da acessibilidade, o layout de um site deve dar suporte ao maior número possível de navegadores, dispositivos e resoluções de tela com que as pessoas visitarão seu site. Embora a maioria desses aspectos sejam questões muito técnicas com que dificilmente um editor se envolverá, este precisa ter noções sobre o assunto para poder tomar uma decisão fundamentada quanto a quem poderá e quem não poderá acessar seu site.

Suporte a navegadores

Embora a HTML5 estabeleça padrões de exibição, todos os navegadores têm idiossincrasias específicas na interpretação da linguagem de marcação que podem variar desde pequenos defeitos na montagem da página, como uma borda de um quadro mais grossa do que a prevista, até a completa não renderização da página, dependendo de como ela foi diagramada.

Só bons designers e programadores Web conhecem bem essas peculiaridades e serão capazes de criar layouts alternativos que desviam a chamada da página para a página mais apropriada para o navegador do usuário. O problema às vezes se torna tão complexo, caro ou demorado, que muitos preferem dar suporte somente aos navegadores mais usados. O site StatsCounter fornece estatísticas atualizadas mensalmente sobre o uso dos navegadores. A Figura 25.1 mostra estatísticas de agosto de 2024.

Estatísticas de uso dos navegadores

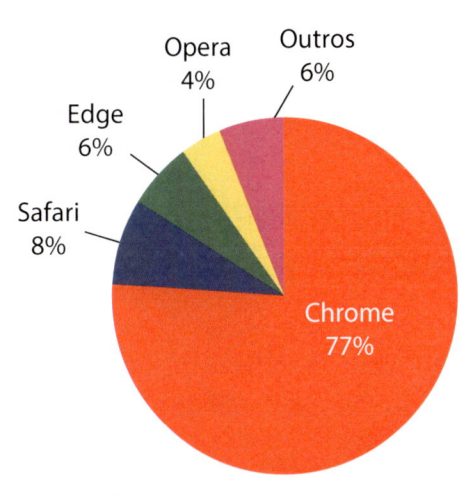

FIGURA 25.1 | Principais navegadores.
Fonte: W3Schools.com.

Estatísticas de uso de resoluções de tela

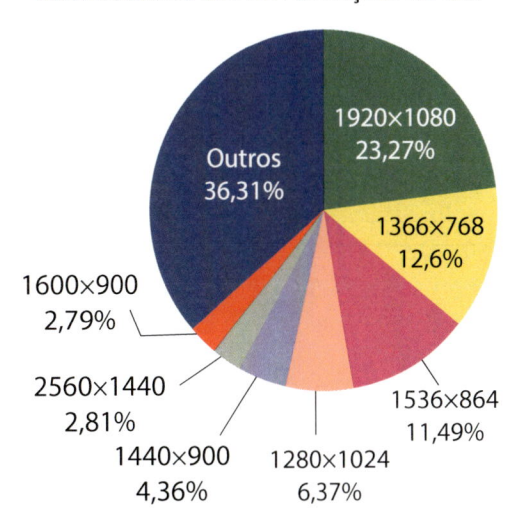

FIGURA 25.2 | Principais resoluções de tela.
Fonte: W3Schools.com.

Vê-se pelo gráfico, que se a solução do suporte a todos os navegadores começasse a se tornar muito cara ou demorada, uma decisão que contemplasse apenas o Chrome, o Safari e Edge já atenderia 90% dos usuários, o que seria solução provisória bastante aceitável.

Suporte a resoluções de tela

O layout de um site também precisa levar em conta a resolução da tela que o usuário está usando para visitar sua página. Um layout muito grande vai obrigar o usuário a rolar a tela horizontalmente, o que é sempre um inconveniente. Um layout muito pequeno pode ser difícil de ler e deixar muito espaço em branco dos lados. Hoje em dia, já há tecnologias que permitem criar um layout fluido, o que significa que a página se ajusta à resolução da tela. Mas isso também pode ser inconveniente para resoluções de tela muito baixas. Mais uma vez, para contornar o problema, os designers costumam criar layouts alternativos para cada resolução de tela. Também mais uma vez, isso pode se tornar caro e demorado, e obrigar a editora a escolher oferecer suporte somente para a mais usada ou a que menos cria problemas de visualização nas outras resoluções. De novo,

o StatsCounter fornece estatísticas atualizadas mensalmente sobre o uso das resoluções de tela. A Figura 25.2 mostra os resultados de agosto de 2024.

Vê-se pelo gráfico que a resolução de tela mais utilizada hoje em dia é a de 1920×1080 pixels (23%), mas, mesmo assim, essa resolução representa menos de 1/4 dos usuários, o que dificulta bastante a fixação de um padrão de formato de tela e, portanto, favorecendo a adoção de formatos fluidos.

Agora se levarmos em conta os demais dispositivos de acesso à Internet, as estatísticas mostram algo mais interessante: o crescimento vertiginoso da navegação na Web com diferentes aparelhos, incluindo TVs, tablets e, principalmente, smartphones. A Figura 25.2 mostra as principais resoluções de tela incluindo todos os dispositivos.

Suporte a tablets, smartphones e TVs

Em abril de 2016, o Instituto Brasileiro de Geografia e Estatística (IBGE) informou que o uso do telefone celular para acessar a internet ultrapassou o do computador pela primeira vez no Brasil. Usando dados estatísticas de 2014, o IBGE relata que mais da metade dos 67 milhões de domicílios brasileiros passaram a ter acesso à internet em 2014 (54,9%). Segundo o IBGE, em 2022, cerca de 70 milhões domicílios acessam a a internet, o que representa 91,5% do total. O celular é disparado o meio mais comum de acesso, com a TV superando o computador na faixa dos 50% Veja a Figura 25.3 a evolução dos meios de acesso.

Para um editor, todos esses números significam uma coisa só: se quer ser visto na web você deve oferecer suporte a todos esses dispositivos, principalmente o celular. Isso significa adaptar todo seu site para carregarem rápido e serem visualmente elegantes, não simples miniaturas dos sites para desktop. Se seu site roda programas e funcionalidades especiais, tudo isso deve ser convertido também para esses dispositivos utilizando tecnologias mais modernas.

Hoje em dia, o celular se tornou a principal fonte de inclusão digital e o desenvolvimento de aplicativos para smartphones vem se constituindo na melhor forma de buscar e fidelizar novos clientes.

USE SEU SITE PARA DIVULGAR SUA IDENTIDADE

Embora você possa publicar livros-textos densos direcionados para um público técnico, ao projetar seu site tenha em mente que sua apresentação estará no ambiente altamente competitivo da internet. Isso não significa que você deva investir em gráficos animados esfuziantes, mas que deve dedicar certa energia para criar uma apresentação atraente, clara e interessante. Embora você pu-

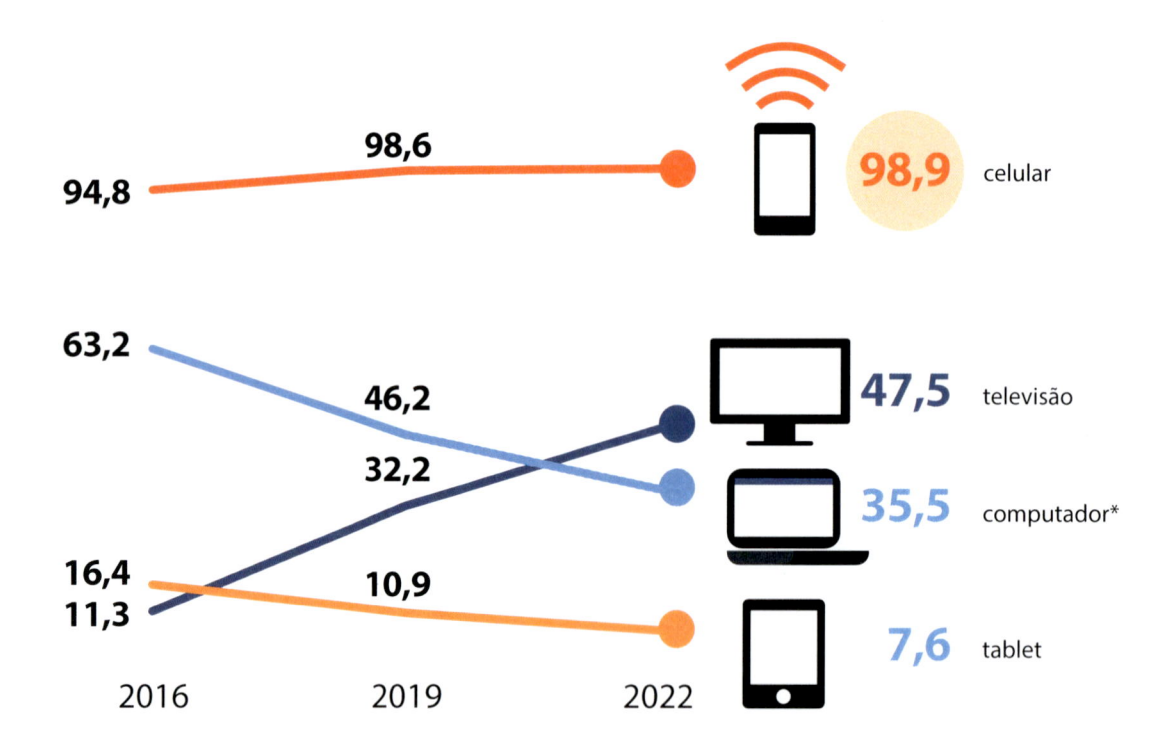

obs.: percentuais se referem a 161,6 milhões de pessoas com 10 anos ou mais de idade que utilizaram a internet no Brasil em 2022
*laptop ou de mesa

FIGURA 25.3 | Meio de acesso à internet no Brasil (porcentagem da população).
Fonte: Pnad Contínua TIC Pessoas – 2022, do IBGE.

blique livros, os usuários da internet vão acessar o site de sua empresa por meio do computador, um tablet ou um celular, ou seja, de uma mídia interativa. Em outras palavras, um site eficaz não é simplesmente um catálogo, uma brochura ou um cartaz on-line.

Você precisa usar as capacidades da mídia o melhor possível, enquanto comunica quem é você e o que tem a oferecer aos leitores. Naturalmente, o projeto e a implementação de seu site podem ser dispendiosos, dependendo do tamanho e da complexidade de seu site e das opções utilizadas. No entanto, se seus recursos forem limitados, você pode usar ferramentas simples para criar sites, com design e funcionalidades prontos para serem usados, só modificando o conteúdo, sem gastar quase nada em arte e programação.

Por mais que sua escolha seja pelos aspectos técnicos de seu site, você deve tentar integrar o design com o estilo e a aparência de seus livros, deve cuidar do design de seu catálogo e de sua logomarca e, desse modo, reforçar a identidade gráfica de sua empresa. Todo site necessita de um foco. Então, a menos que tenha um site diferente para cada livro, o foco deve ser sua identidade como editor. Isso não significa que seja necessário colocar sua declaração de missão na primeira página de seu site, mas significa que toda página do site deve refletir e incorporar essa declaração.

Para uma editora que publica apenas para um nicho, isso é relativamente simples, uma vez que tudo no site será relacionado pelo conteúdo. As editoras que publicam em mais de uma área terão de recorrer mais fortemente a outros elementos unificadores e implementar uma estrutura hierárquica que conduza os visitantes à área que lhes interessa.

FORNEÇA INFORMAÇÕES VALIOSAS AOS VISITANTES

Embora alguns visitantes do site de uma editora estejam lá para comprar um livro, outros estão lá para explorar uma área de interesse. Se chegaram ao site por meio de um link temático, podem nem mesmo estar à procura de um livro, embora queiram saber algo contido em seus livros. Ou talvez tenham acessado seu site diretamente para saber mais a respeito de determinado título. Ou, ainda, um de seus títulos os tenha levado a investigar sua linha inteira de produtos. Você não há de querer desapontar nenhuma dessas pessoas. Seu site deve ser configurado para responder às perguntas desses clientes, bem como alimentar o desejo de comprar e ler aquilo que você tem a oferecer.

O que seu site deve incluir? Colocando-o de forma simples, você deve incluir o máximo possível de material como capas, cópia do catálogo, sumários, avaliações e críticas favoráveis, biografias de autores e amostras de capítulos. Esse é lugar em que você pode continuar a vender títulos que não mais estão em estoque nas livrarias.

Assim que colocar as informações básicas de seus livros, você deve adicionar certa profundidade ao site. Se você quer transformar o site em uma fonte de notícias a fim de que as pessoas retornem periodicamente, uma das maneiras é anunciar títulos novos e futuros e fornecer informações sobre viagens e palestras promovidas pelo autor.

Outra opção é assumir uma abordagem mais ampla e transformar seu site em uma central de informações de seus livros, e em um "ponto de parada" interessante na internet. Um editor de livros didáticos, por exemplo, pode informar sobre estatística educacional, novos cursos, legislação recente e informar os principais links sobre o tema das obras. Da mesma forma, o editor de livros sobre política ambiental pode postar artigos originais ou reimpressos relacionados ao meio ambiente, ou informações sobre propostas de lei pendentes no Congresso nacional que tenham impacto ambiental. Em vez de seu site ser um grande anúncio, agora você é o principal anunciante de um site que tem algumas das qualidades de uma *newsletter* (boletim informativo) ou de uma revista. Desse modo, você oferece aos leitores uma razão para retornar regularmente, sabendo que certa porcentagem deles se sentirá compelida a comprar, e você ainda se estabelece como uma fonte importante de informações valiosas sobre certo(s) tema(s).

USE SEU SITE PARA CONSTRUIR RELACIONAMENTOS

Além de oferecer informações, é importante que você faça todo o esforço possível para tirar proveito das capacidades da internet: criar eventos interativos com seus autores, sessões de bate-papo on-line ou correspondência por e-mail. Talvez você também queira consultar os visitantes de seu site sobre quais tipos de livros eles procuram e solicitar-lhes feedback dos que já leram. Entretanto, esteja preparado para responder a seus comentários – isso consome tempo, mas é um investimento valioso. Ao envolver seus leitores e compradores potenciais em um diálogo, eles se tornarão clientes fiéis.

Assim que seu site tiver sido criado e estiver em operação, certifique-se de notificar todos os principais mecanismos de busca sobre o conteúdo, de forma que você seja listado quando as pessoas fizerem uma busca sobre o tópico. Além disso, certifique-se de usar o recurso metatag – texto oculto nos cabeçalhos do site – para ter certeza de que as palavras-chave que são fundamentais para seus tópicos sejam exibidas no resultado das buscas.

Em suas explorações na web, com toda certeza você encontrará sites com conteúdos que complementam os seus. Certifique-se de estabelecer links recíprocos, quando possível. Afinal, você quer facilitar o máximo possível que as pessoas o encontrem.

A criação de um bom conteúdo é mais do que apenas colocar palavras e imagens juntos. Um conteúdo envolve:

- Compreender as necessidades de seu público-alvo.
- Definir sua capacidade organizacional.
- Definir metas de conteúdo para atender a essas necessidades.
- Realização de uma auditoria de conteúdo para determinar se algum conteúdo útil já existe.
- Avaliar a forma desse conteúdo: ele precisa ser atualizado ou revisado?
- Determinar o que é necessário para o novo conteúdo.
- Determinar quem vai fornecê-lo.
- Onde e como ele vai ser usado.

Redes sociais

Hoje em dia, negócios e empresas vêm se valendo cada vez mais da força das redes sociais para se divulgar e se promover. Um elemento hoje indispensável em todas as páginas da Web é um ícone como o de Curtir do Facebook. Por exemplo, a Figura 25.4 mostra um exemplo de uma página que abre um leque de opções para o usuário expor ao mundo algo de que ele gostou ou o que simplesmente gostaria de compartilhar com seus amigos:

Obviamente, a página da editora não precisa conter links para todos esses tipos de redes sociais, mas apenas os que mais lhe interessam. Por outro lado, ao incluir um ícone de Curtir do Facebook, é importante também que a editora construa sua própria página Facebook. Isso não só ampliará seu compartilhamento como também abrirá novas oportunidades para alcançar novos clientes e levar o público do site da editora para a página no Facebook e vice-versa. Um página institucional no LinkedIn também gera interesse e apreço pela seriedade da empresa. Além disso, cada editora deve encontrar o nicho a que pertence. Por exemplo, uma editora de livros de fotografia poderia se dar muito bem criando uma página no Instagram com amostras de imagens de seus livros.

USE SEU SITE PARA VENDER

Seu site lhe oferece a possibilidade (ainda que somente no mundo virtual) de vender seus próprios livros diretamente ou de outra forma – e você não deve deixar passar tal oportunidade. Veja a seguir algumas dessas formas.

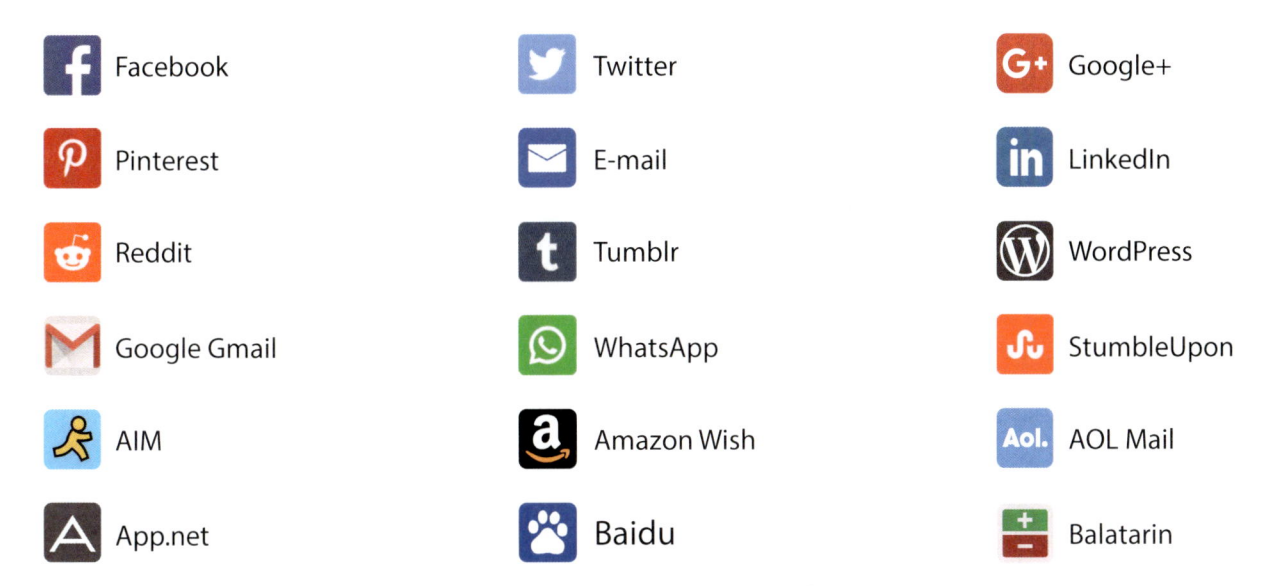

Facebook	Twitter	Google+
Pinterest	E-mail	LinkedIn
Reddit	Tumblr	WordPress
Google Gmail	WhatsApp	StumbleUpon
AIM	Amazon Wish	AOL Mail
App.net	Baidu	Balatarin

FIGURA 25.4 | Exemplos de ícones de compartilhamento de informações.

Vendas diretas

Se você deve ou não vender diretamente em seu site depende de sua estratégia em relação a esse tipo de venda. Assim como as grandes editoras, sua estratégia pode ser movimentar um elevado volume de vendas por meio do comércio de livros em lojas; no entanto, talvez você não queira competir com seus clientes (livreiros e distribuidores) ou, ainda, talvez você não esteja preparado para processar encomendas diretas de maneira eficiente.

Você também pode ir pelo caminho de muitas pequenas editoras, que dão boas-vindas à oportunidade de realizar vendas pelo preço normal ou com pequenos descontos e estão dispostas a transformar seu site em um ponto de venda. Até mesmo aquelas que são cautelosas em relação a competir com suas contas de varejo comuns podem oferecer preços especiais para itens do catálogo cujas vendas decresceram muito ou oferecer republicações especiais a grupos de leitores fiéis e a visitantes do site.

Se você tem uma grande linha de produtos e espera realizar vendas constantes pelo seu site, pode oferecer aos clientes o conforto de transações seguras e o dispositivo prático de um carrinho de compras virtual. Semelhante a outros serviços da internet, você pode terceirizar essas opções ou desenvolvê-las em seu próprio servidor. Se você está apenas iniciando e não quer investir imediatamente, pode oferecer aos visitantes a opção de telefonar a um número de ligação gratuita para pedidos com cartão de crédito (mas não é seguro usar e-mail para esse tipo de informação).

Vendas de assinaturas

As vendas de assinaturas são uma opção adotada pelas editoras de livros de referência. As editoras científicas, médicas e técnicas podem adaptar esse formato, oferecendo a possibilidade de as pessoas convenientemente acessarem on-line enormes volumes de informação e volumes clássicos em formatos eletrônicos.

Embora esses sites por assinatura tenham, até agora, somente complementado as versões impressas sobre as quais se baseiam, pode ser que os maciços volumes impressos de materiais atualizados e sensíveis ao tempo sejam os primeiros candidatos a serem substituídos pelo acesso eletrônico. Se, por exemplo, você recorre a uma editora para oferecer atualizações, e essas atualizações podem ser inseridas on-line com base em uma periodicidade mensal, semanal ou diária (em vez de anual ou semestralmente, como ocorre em uma versão impressa), por que você não haveria de preferir a versão on-line? Esse tipo de sistema não somente economiza os custos de papel como agrega valor ao serviço prestado ao cliente.

AMPLIE SEU CAMPO DE AÇÃO

Marketing através de boletim por e-mail

Desde que você conte com um computador, acesso à internet e um site, por que esperar que as pessoas venham até você? Você pode ampliar seu campo de ação ao desenvolver uma mala direta eletrônica de potenciais clientes e compradores, e pode entrar em contato com eles regularmente por meio de um boletim por e-mail. Se, por um lado, você precisa investir tempo nisso; por outro, não vai gerar nenhuma despesa: você mantém sua lista de e-mails, envia e recebe suas correspondências por meio de qualquer um dos principais programas de e-mail comerciais.

Evidentemente, isso exige um pouco de bom senso. Você não pode bombardear as pessoas com anúncios e esperar que elas respondam entusiasticamente. Mas, se você apresentar a elas informações legítimas e valiosas, elas se disporão a receber seus boletins por e-mail e certamente comprarão mais livros seus. Supondo que você tenha à disposição algum tipo de lista de clientes e de pessoas que buscam informações, sua correspondência inicial deve explicar às pessoas o que você faz e também dar a elas a oportunidade de cancelar (elas próprias) a assinatura, se assim o desejarem.

A partir daí, você pode começar a construir sua lista de várias maneiras, por exemplo: ofereça aos visitantes a oportunidade de assinar seu boletim; forneça informações sobre seu boletim gratuito enviado por e-mail em seus livros, catálogos, anúncios e outros materiais promocionais. Peça a seus autores que disponibilizem a listas de contatos deles e também aos assinantes que o recomendem a seus amigos e ofereça recompensas quando o fizerem.

À semelhança da antiga mala direta, seus esforços promocionais por e-mail serão mais eficazes se você contatar as pessoas com regularidade. Se você mantém algum tipo de boletim de notícias em seu site, pode torná-lo parte de seu boletim remetido por e-mail. Caso contrário, você pode pensar em enviar extratos de livros futuros, entrevistas com autores e artigos originais.

Pesquisa de produto no site

Para os visitantes, especialmente para os professores, encontrar um produto em um site deve ser tão fácil quanto encontrar um setor da editora. Quanto menos cliques os visitantes derem, menos tempo eles gastarão para encontrar o que procuram no site. A menos que os visitantes tenham um título em particular em mente, é provável que eles procurem primeiro um texto sobre determinada disciplina.

Se o visitante tem alguma informação sobre o produto, um mecanismo de busca é uma maneira eficiente de encontrá-lo. Algumas editoras contornam esse problema, direcionando o visitante primeiramente a um setor como, por exemplo, o de educação universitária, e lá disponibilizando o mecanismo de busca.

Os sites de algumas editoras didáticas expõem novos produtos em suas páginas principais – isso é recomendável. Novamente, à semelhança de uma loja física, essa exposição chama a atenção para um produto que provavelmente tem um programa de marketing ativo em desenvolvimento.

Comércio eletrônico e informações on-line

Hoje em dia, o comércio eletrônico se tornou um lugar comum, com cada vez mais pessoas comprando cada vez mais artigos on-line. Se a editora optar por vender no varejo on-line, além da logística necessária para o processamento de pedidos unitários, ela deve se preparar para montar um site que aceite pagamentos seguros e manter um sistema de segurança eficaz para armazenar informações críticas de crédito e dados pessoais.

É importante também fornecer aos visitantes uma lista de representantes de vendas, pedidos de permissão de uso, catálogos e outros recursos on-line. Um site deve oferecer essas informações, rápida e facilmente.

INVISTA EM UM SITE DE LIVROS DA EDITORA

É recomendável que todo livro didático impresso tenha um site correspondente. Sites de livros visam a combinar as qualidades organizacionais de um livro com a facilidade e a versatilidade de apresentação oferecidas pela internet. O layout dos sites de livros varia de acordo com a editora didática, mas a maioria desses sites deve incluir quatro seções: "Sobre o livro", "Sobre os autores", "Recursos on-line para o professor" e "Recursos on-line para o estudante". Essas seções podem constar do seguinte conteúdo:

- **Sobre o livro:** indicar número de páginas, data de publicação, sumário, descrição do produto, características distintivas.
- **Sobre os autores:** fornecer uma breve biografia dos autores e sua afiliação.
- **Recursos on-line para o professor:** informar todo material de apoio ao professor, como Manual do Professor, leituras complementares, videoaulas, apresentações de slides eletrônicos etc.
- **Recursos on-line para o estudante:** se houver esse link, informar se há um guia de estudo, um banco de testes, exercícios on-line etc.

A primeira seção fornece dados do livro impresso; a segunda, diz respeito aos autores. A seção "Recursos on-line para o professor" descreve os materiais suplementares que estão incluídos no livro ou se encontram na forma de componentes opcionais. A quarta seção é voltada para o estudante. O principal recurso dos sites de livros é o produto central da estratégia de uma editora didática: o Centro de Estudos On-line (CEO). O CEO, localizado na seção "Recursos on-line para o estudante", em geral apresenta a maioria dos recursos de aprendizagem suplementares de um livro didático impresso.

Os materiais suplementares destinados ao professor variam de acordo com o livro didático. Eles podem incluir exemplos de casos, lista de sugestão de vídeos, software para problemas auxiliados por computador, simulações de casos para o professor e para o aluno, e até um manual de testes preparado pelo autor para ser usado tanto on-line como em CD-ROM com um texto relacionado. Na maioria dos casos, é preciso proteger os recursos do professor por senhas. Uma seção denominada "Recursos on-line do professor" nos sites dos livros, destinada a uma comunidade web e protegida por senha, por meio da qual o professor pode compartilhar e debater recursos de aprendizagem e estratégias de ensino com colegas é uma ferramenta inestimável, além de um bom diferencial dos concorrentes.

Cada comunidade web é específica a uma disciplina e contém links da web e sugestões de leitura. Qualquer professor pode apresentar suas sugestões. Um membro do corpo docente de uma instituição de ensino, um editor ou ambos podem ser seus moderadores. As comunidades web devem servir a dois propósitos: melhorar a comunicação entre os membros do corpo docente e promover a conscientização do envolvimento da editora no processo de aprendizagem.

Um site de livro informativo deve seguir as mesmas diretrizes de design utilizadas no site. Ele deve ser atraente e prover acesso fácil à informação útil.

Centro de Estudo On-line (CEO)

O *Centro de Estudo On-line* – localizado geralmente na seção "Recursos *on-line* para o estudante" de um site de livro – contém a maioria dos recursos suplementares de aprendizagem on-line de um livro didático impresso.

O CEO deve ser flexível, podendo ser entregue por um site ou por um sistema proprietário de gerenciamento de cursos eventualmente oferecido pela editora. Dessa forma, uma ferramenta de ensino e aprendizagem pode entregar conteúdo de múltiplas maneiras, ampliando o acesso sem provocar aumentos significativos nos custos de produção. O CEO, no qual a editora deve investir seus recursos, concentra-se em dois fatores cruciais: um esforço editorial agressivo que produz ideias criativas e práticas de ensino e aprendizagem on-line eficazes; e o desenvolvimento de fortes capacidades técnicas e vantagem competitiva.

Cada CEO, em geral, contém uma lista de capítulos do livro impresso. Cada capítulo pode, portanto, ser revisto através de uma série de recursos de aprendizagem, por exemplo: apresentações de slides eletrônicos, diversos tipos de questionários baseados no livro, e outros questionários solicitando que o estudante visite sites da web que ilustrem exemplos ou conceitos. A maioria dos CEOs entrega somente atividades suplementares muito básicas: leituras on-line, revisões de pontos e conceitos apresentados no texto impresso, links e questionários. Através de links para sites da web especificamente escolhidos, os estudantes são capazes de estudar aplicações concretas das ideias do texto – isso constitui um recurso valioso para ajudar o estudante a compreender a relevância de uma lição em particular.

Os *questionários* são um recurso comum encontrado nos sites de livros de algumas editoras de didáticos; eles permitem aos professores testar a compreensão do aluno sem a necessidade de se encontrarem pessoalmente. Os questionários incluem questões com respostas verdadeiras ou falsas, questões de múltipla escolha e questões interpretativas (que, depois de respondidas, são enviadas por e-mail ao professor para correção). Algumas das questões dos questionários podem apresentar prontamente a nota, dando ao estudante um feedback imediato.

Há uma grande variedade de formatos de questionário eletrônicos disponíveis nos CEOs; porém, os dados indicam que os testes eletrônicos não são um recurso amplamente usado. Embora uma pequena porcentagem dos professores use notas de testes e questionários para medir o aprendizado, poucos usam as capacidades de teste do conhecimento das tecnologias de informação.

Além disso, poucos alunos pagariam por um curso se um questionário on-line fosse cobrado como serviço extra. Esses dados suscitam a questão: se os questionários eletrônicos merecem tão pouca consideração.

Uma das respostas poderia ser a simplicidade da tecnologia. Muitos livros didáticos impressos incluem questionários e questões, e transferi-los para o sistema on-line faz com que os professores entrem em contato com as capacidades dos sistemas de entrega eletrônicos. À medida que os professores se tornarem mais familiarizados com as tecnologias de informação (como os sites da web de cursos e os sites de livros), as editoras didáticas irão incorporar tecnologias mais modernas e mais versáteis. Já existe uma demonstração de um interesse maior pelas editoras no que se refere às possibilidades de entrega de sistemas de gerenciamento de cursos. Outra possibilidade de resposta é que as editoras talvez queiram conquistar uma parte do mercado de testes (exames). Ao prover recursos e ferramentas para aliviar a carga dos professores, as editoras de didáticos talvez possam melhorar sua participação no mercado e conquistar um elemento de fidelidade a seu produto.

Muitos candidatos a autor, em geral, têm dificuldades para contatar uma editora e apresentar sua proposta de publicação ou seus originais. Um site bem elaborado pode ajudar futuros autores nessa tarefa, por exemplo, se a editora colocar em seu site um link denominado "Seja um autor" ou "Publique conosco". Desse modo, a editora vai orientar os autores como preencher uma proposta editorial (veja Capítulo 11) e como apresentar um original; saber quais suas responsabilidades, o nome e o e-mail do editor para contato; entender os procedimentos de uma editora, bem como todo o processo para aprovação e publicação de um livro. Muitas decisões de publicar ou não um determinado livro podem ser tomadas por meio desses procedimentos e, certamente, serão poupados tempo e dinheiro.

NOTA DO CAPÍTULO

1 COLE, David; SOREL, Edward; HILL, Craig. *The complete guide to book marketing*. New york: Allworth Press, 2010.

APÊNDICE A

O fim de uma jornada

Escrever este livro e trocar observações sobre edição e publicação com alguns dos editores mais inteligentes que conhecemos reforçou nosso otimismo em relação à profissão. Independentemente do motivo pelo qual você escolheu este livro, esperamos que, depois de lê-lo, você encontre motivos para compartilhar esse otimismo.

O propósito destes autores, em 25 capítulos, foi apresentar uma visão abrangente de todos os aspectos da gestão e operação do processo de publicação de livros, visando ajudar os iniciantes e profissionais a enfrentar os constantes desafios dessa indústria.

Mas, como aplicar o que apresentamos aqui? As casas de publicação são semelhantes aos seres humanos: elas evoluem através de um ciclo de vida. Fique atento: o que funcionou uma vez pode não funcionar da próxima vez. Como você responde a qualquer oportunidade ou problema específico deve ser condicionado pelo estágio de evolução que sua empresa está experimentando atualmente.

Na fase de pré-planejamento, antes de realmente iniciar a publicação, você tem uma oportunidade preciosa para explorar alternativas de progresso e imprimir a velocidade no processo de publicação, enquanto ele está custando pouco dinheiro. Tenha paciência para trabalhar seu caminho nessa fase com cuidado e profundidade, ela vai ser muito menos dispendiosa do que futuras "tentativas de erro e acerto".

Esteja realmente comprometido com a fase inicial do empreendimento, você tem que lembrar que o tempo é dinheiro. É vital nessa fase avançar corajosamente, para gerar receitas suficientes para tornar a empresa autossuficiente antes dela se tornar vulnerável.

Depois de ter alcançado o ponto de equilíbrio, esteja ciente de que é praticamente impossível manter por muito tempo o alto nível de energia emocional e até sacrifício pessoal, do período inicial. Agora é hora de institucionalizar a editora para que seu desenvolvimento futuro venha a ser quantitativa e qualitativamente projetado, sem muito desgaste nas pessoas (ou recursos de capital) envolvidas.

Às vezes, o desenvolvimento irá envolver surtos de crescimento rápido, por causa das mudanças de mercado. E haverá o inverso de tais surtos de crescimento, queda de receita, desafios competitivos, saída de pessoal chave e outras situações que empurram a empresa para uma fase de crise temporária.

Quando isso acontece, você encontrará algumas orientações importantes nas descrições formais de cargo dos Quadros 2.1, 10.1, 16.1 e 20.1, de modo que a resolução dos problemas de pessoal (inclusive o chefe!) pode ser solucionada sem deixar o resto da equipe fora do foco.

O mais difícil no gerenciamento da crise é inverter o declínio geral em uma publicação amadurecida é trazer a editora de volta para um novo vigor e rentabilidade.

Agora como autores, percebemos que essa jornada é árdua, eivada de muitos obstáculos e com término imprevisível, parece que o trabalho nunca será concluído.

Essa obra foi escrita para autores, editores e todos os profissionais da indústria de publicação. Você pode fazer o mesmo.

Na Figura A.1 resumimos o processo de publicação e suas atividades associadas, na qual visualizamos a ciclo de vida de um livro, a cadeia de valor e as atividades que muitos profissionais executam.

A tarefa de autor não é meramente transmitir informações.

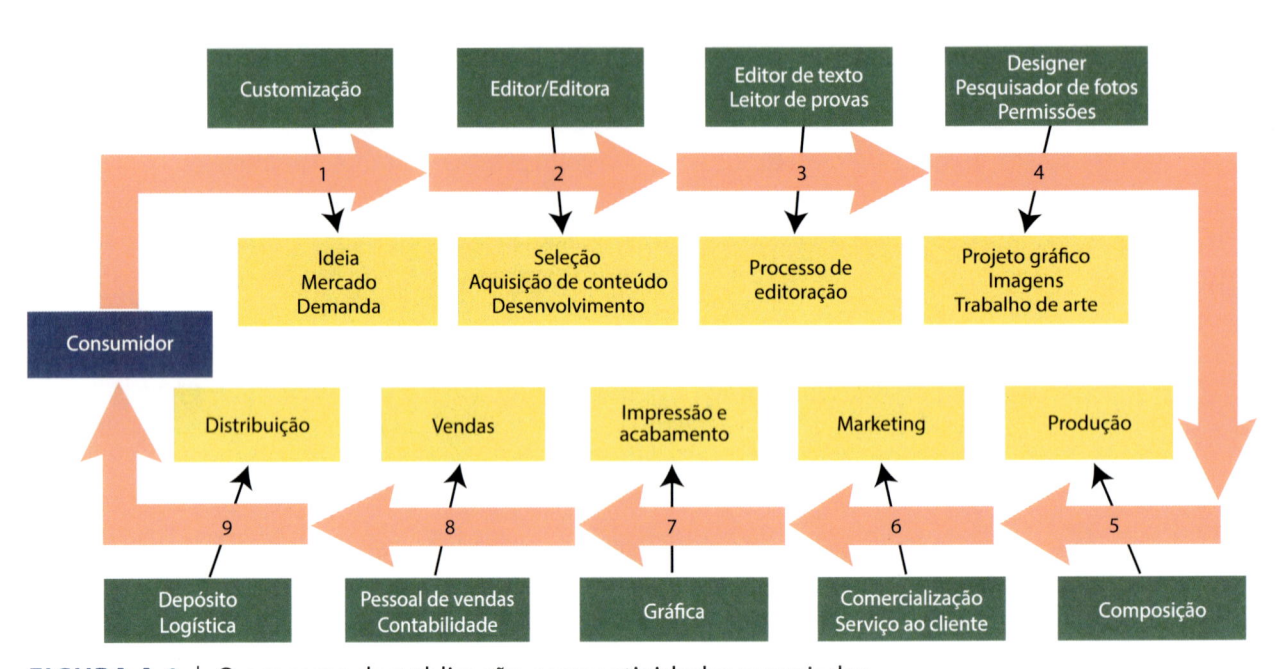

FIGURA A.1 | O processo de publicação e suas atividades associadas.

Glossário

O JARGÃO: PALAVRAS E FRASES QUE VOCÊ PRECISA SABER

Como toda indústria, a publicação está repleta de jargão, e todo mundo espera que você conheça esses termos. Compilamos uma lista das palavras e frases usadas com mais frequência para ajudá-lo a navegar na linguagem desta atividade. Lembre-se de que esta lista apenas define a terminologia para que você possa entender um pouco melhor a indústria editorial.

A

AAP. Abreviação de Association of American Publishers (Associação Americana de Editoras)

abertura das partes. Uma introdução para cada parte do texto, contendo esboço do capítulo e uma breve introdução textual para a parte.

acabamento. Última etapa do processo de impressão, incluindo dobras, corte refilamento e colocação da capa. De modo geral, significa encadernação.

adiantamento. Pagamento antecipado efetuado pelo editor para uma futura obra que serão descontados das vendas futuras.

adoção. Termo usado quando um livro é recomendado aos alunos de colégio ou faculdade. Desse modo o livro poderá ter uma boa demanda.

agente literário. O individuo ou organização que representa os interesses do autor para gerenciar e explorar os direitos de sua obra. Isto inclui a submissão de um trabalho para uma editora, negociação de contrato e recebimento dos royalties.

agradecimentos. Em geral apresentado junto com o prefácio do livro no qual o autor agradece as pessoas que contribuíram para melhoria do livro, por exemplo, colegas, revisores, editores, digitadores etc.

alterações do autor (AA). Qualquer mudança nas provas efetuadas pelo autor originadas de erros cometidos pelo compositor.

apêndice. Parte complementar de um capítulo ou obra para o leitor usar o livro de maneira mais eficaz. Eles podem conter tabelas, listas de organizações, documentos, formulários ou respostas e soluções para os problemas propostos no texto.

arte-final. Acabamento de um trabalho de arte que se destina à produção gráfica. Consiste em colagens, indicações de cor, retícula, ampliações, reduções, fotografias a serem inseridas. Com os avanços da tecnologia, a expressão vem perdendo o vigor que tinha há três décadas.

autopublicação. Um livro em que o autor paga para editar, produzir, imprimir e distribuir.

autor. A pessoa que cria o conceito original do livro e cujo nome, habitualmente, mas nem sempre, aparece no livro. Por exemplo, ele pode ter sido escrito por um escritor-fantasma (ghostwriter).

avaliações. Um procedimento que o editor de aquisição ou desenvolvimento solicita opiniões de especialistas na matéria visando obter informações sobre conteúdo, organização e estrutura da obra. Também averigua se obra apresenta vantagens sobre os concorrentes. As avaliações poder ser obtidas em diferentes etapas antes do livro ser impresso.

avaliadores (consultores). Professores ou especialistas na área que emitem pareceres essenciais para a melhoria específica do material e também para ajudar o autor e o editor a entender as necessidades e os objetivos dos professores e estudantes naquela disciplina. Estes consultores são parte fundamentais para o êxito de qualquer projeto editorial.

aviso de copyright. Uma declaração usualmente seguindo a página de título consistindo dos seguintes elementos: **1** O termo "copyright," ou ©; **2** Ano do copyright; **3** O nome do proprietário, por exemplo, Copyright 2020 by Editora.

B

backlist. Uma lista de livros mais antigos de uma editora, em oposição aos títulos recém-publicados (chamados de *frontlist*).

branding. Diferenciação de um bem ou serviço por meio de um nome e/ou marca distintiva, com que o consumidor associa uma determinada qualidade e garantia.

banco de testes. Um suplemento contendo uma bateria de perguntas e problemas de todos os tipos, como sim ou não, descritiva, verdadeiro/falso e múltipla escolha. Pode ser impresso ou como recurso eletrônico.

best-seller. Expressão usada mundialmente para designar o livro que obtém sucesso de vendagem.

bibliografia. Lista de todas as publicações usadas para escrever o texto, geralmente colocadas em ordem alfabética no final da cada capítulo ou final do livro.

brochura. Encadernação simples, na qual os cadernos são grampeados, ou colados na lombada de uma capa mole.

C

caderno. Conjunto de folhas impressas dobradas, normalmente com 16 ou 32 páginas.

catálogo. Lista completa dos títulos publicados pela editora, incluindo as futuras publicações (livro no prelo).

CBL. Abreviação de Câmara Brasileira do Livro.

ciclo da publicação. Corresponde a vida de um manuscrito através das quatro fases da publicação (aquisição, desenvolvimento, pré-impressão e manufatura)

citação. Material citado de outra fonte direta ou indiretamente.

colofão. Inscrição colocada normalmente no final de um livro que indica a gráfica impressora, a data de impressão, o lugar e o título do livro.

composição. O processo de converter um manuscrito em produto final para arquivo eletrônico.

compositor (componedor). A empresa ou profissional que elaborou o processo de composição e fornece as páginas de provas.

contrato de publicação. Um acordo entre autor ou seu agente, e a editora para confirmar os termos de pagamento, duração, e respectivas responsabilidades. Também denominado contrato de direitos autorais ou contrato de edição.

controle de versão. Método por meio do qual sucessivas revisões de um documento são numeradas e salvas. Esses números servem para identificar, entre outras coisas, o autor, a data e a hora em que a revisão foi feita e sua posição relativa na ordem das revisões.

copydesk. Trabalho que consiste na melhoria do texto e corrigir inconsistências em ortografia, gramática, referências cruzadas.

copyright. Direito exclusivo legal para reproduzir, publicar e vender uma obra ou trabalho artístico.

custos de pré-impressão. São os gastos para a preparação do livro até a fase de impressão: copidesque, ilustrações, arte, revisão de provas etc.

D

dedicatória. Em geral uma mensagem de agradecimento especial a uma pessoa ou pessoas.

desenvolvimento editorial. Um processo complexo no qual autores e editores colaboram a fim de colocar um manuscrito e todo o seu material auxiliar adequado ao mercado e prepará-lo para publicação.

designer. A pessoa que toma a decisão sobre muitos fatores que determinam a aparência física do livro (interior e capa) selecionando tipos de letras e layout.

direito autoral. Direito exercido pelo autor ou por seus descendentes sobre suas obras (publicação, tradução, venda etc.). No Brasil, após 70 anos da morte do autor, a obra passa a ser considerada de domínio público.

direitos de tradução. Direitos adquiridos para traduzir e publicar um trabalho em outro idioma.

direitos subsidiários (subsidiary rights, subrights). São todos os direitos, excluindo os relacionados com a edição do livro impresso (isto é, com sua publicação); por exemplo, trechos, adaptações para cinema/TV, áudio, tradução, clube de livro, merchandising etc. Alguns desses direitos são detidos pela própria editora, que pode explorá-los comercialmente ou vendê-los a terceiros; alguns são detidos pelo autor.

diretor editorial. O profissional que administra o departamento; toma a maioria das decisões chave; chefia o planejamento e desenvolvimento dos programas editoriais da empresa ou divisão; organiza o pessoal; estabelece orçamentos.

diretor de marketing. O profissional que planeja e dirige todas as funções de marketing; coordena esforços na promoção de vendas, propaganda, publicidade e vendas; coordena o marketing com o editorial e outros departamentos.

diretor de produção (diretor de pré-impressão). Dirige o aspecto visual e a produção dos livros; mantém contato com editores e pessoal de marketing; é o responsável total pelas compras de materiais e serviços industriais e pelas estimativas de custos; controla os orçamentos.

distribuidor. Uma organização que adquire livros de uma editora, armazena esses livros e os vende aos atacadistas, livreiros, varejistas, bibliotecas, escolas e consumidores.

E

e-book. Veja livro eletrônico.

edição. Um número de cópias idênticas impresso ao mesmo tempo. Versão específica de um livro, que pode diferir de outras versões devido ao conteúdo, formato ou mercado (por exemplo edição revisada, edição resumida etc.).

edição revisada. Uma nova edição de um livro com pequenas correções ou alterações.

editor. A palavra editor significa uma pessoa ou organização que adquire, prepara e vende conteúdo para o público.

editoração. Estágio na pré-impressão na qual o texto é lido, revisado em gramática, estilo e será preparado para composição.

editoração eletrônica. É uma aplicação específica da computação gráfica que permite a integração de imagens e textos para a criação e editoração de livros e folhetos, revistas, gráficos, formulários, entre muitos outros trabalhos gráficos.

editor de aquisição. O profissional dentro de uma editora que tem como função principal de identificar, negociar e adquirir novos títulos para publicação. Também propõe e executa planos editoriais, de acordo com as metas e diretrizes da editora.

editor de desenvolvimento. O editor que ajuda a autor a desenvolver, avaliar e revisar o manuscrito em termos de conteúdo, pedagogia e organização, visando adequá-lo ao mercado e a disciplina almejada. É também conhecido como editor de conteúdo.

editor de tecnologia. O editor que trabalha com o editor de desenvolvimento para identificar a tecnologia a ser adquirida para um produto ou família de produtos impressos ou não impressos.

editor de texto. Profissional que assinala os erros ortográficos, gramática, pontuação; verifica fatos, referências cruzadas e outros detalhes verificáveis e averigua que o manuscrito esteja em conformidade com o estilo da editora. O editor de texto também verifica a fluidez da escrita e harmoniza as diferenças de estilos entre os coautores (quando existem). O editor de texto é algumas vezes chamado de editor de linha porque ele executa a edição linha por linha do manuscrito.

editorial. Departamento em uma editora responsável pela contratação de autores, aquisição e desenvolvimento de conteúdo dos seus títulos.

estilo editorial. Consiste de regras ou diretrizes que uma editora estabelece para assegurar apresentações claras e consistentes de seus produtos impressos e eletrônicos.

exemplar de amostra. Livro fornecido aos professores para análise e possível adoção. Também conhecido como Livro de Cortesia.

F

ficção. Termo usado para designar uma narrativa imaginária, irreal, ou referir obras criadas a partir da imaginação e que não se relaciona a fatos ou eventos.

frontlist. Uma lista de livros recém-publicados de uma editora, em oposição aos títulos mais antigos (chamados de *backlist*).

G

ghostwriter (escritor fantasma). Um escritor profissional que é pago para escrever livros que será atribuído a outros autores.

glossário. É uma listagem em ordem alfabética das definições dos termos-chave utilizados no texto.

grupo de gerenciamento de núcleo. Membros do staff que trabalham para planejar e implementar os projetos editoriais e que partilham a responsabilidade por suas metas orçamentárias. Este grupo é composto do presidente, diretor editorial, diretor de marketing, diretor de pré-impressão e diretor financeiro.

guia de estudo. Material suplementar que da ao estudante a oportunidade de revisar conceitos importantes e solucionar problemas e questões.

H

heliográfica. Cópia fotossensível azulada, revelada por processo térmico ou por exposição a vapores de amônia. Serve como prova para revisão. Também chamada de cianográfica.

I

índice onomástico. Índice que contém o nome de todos os autores citado no livro. A citação é feita pelo sobrenome.

índice remissivo. Um compêndio de todas as ideias importantes, pessoas, eventos, indicando as páginas no texto. Está localizado no final do livro.

introdutórias. São um guia do conteúdo e da natureza do texto. Ela é composta das primeiras páginas de um manuscrito ou texto final. Suas páginas são numeradas com algarismos romanos em caixa baixa e não com algarismos arábicos.

ISBN (international standard book number). Sistema internacional para designar, identificar, números dos livros. No Brasil o ISBN é fornecido pela Biblioteca Nacional. A numeração está localizada na última capa e é composta de 13 dígitos. O número estabelecido para o Brasil é 85.

itálico. Tipo de letra que serve para destacar um texto ou expressão. É uma letra inclinada

L

layout. Distribuição geral de vários elementos gráficos que compõem a página impressa. A forma aportuguesada é leiaute.

leitor de provas. Profissional que faz a leitura das páginas de provas comparando com o manuscrito copidescado e verificando os erros tipográficos.

linguagem sexista. Linguagem que estereotipa os papéis de feminino e masculino e quase sempre usa o pronome masculino em todos os casos.

livro eletrônico (e-book). São versões eletrônicas de livros que são entregues aos consumidores em formatos digitais e podem ser baixados para computadores ou dispositivos portáteis. Esses arquivos podem ser lidos em eReaders, tablets, computadores pessoais, smartphones, e também em alguns telefones celulares.

livro-texto. Produto criado predominantemente para uso na educação formal e com aparato educacional, como exercícios, questões, casos, gráficos etc.

lombada. O dorso do livro, onde a capa é costurada ou colada.

M

manual de soluções. Material auxiliar usado em cursos como os de matemática, onde o texto contém vários problemas. Um Manual de Soluções é composto de soluções completas para os exemplos ou problemas incluídos no texto.

manual do professor. Material contendo respostas ou soluções para as perguntas ou exercícios apresentados no texto. Também fornece ao professor sugestões de ensino e outras ideias úteis.

manuscrito. Texto submetido ao editor pelo autor em rascunho ou obra finalizada.

N

não ficção. É uma descrição ou representação de um assunto que é apresentado como fato. Esta representação pode ser precisa ou não; isto é, pode fornecer uma descrição verdadeira ou falsa do assunto em questão.

normalização. Normas gramaticais adotado por uma editora para suas publicações para adequação do texto ao estilo da casa.

no prelo. Expressão usada indicando que o livro está prestes a ser publicado.

notas do capítulo. Citações de fontes ou declarações efetuadas no texto, numeradas consecutivamente e colocadas ao pé da página ou final do capítulo.

nova edição. A reimpressão de um título existente, incorporando mudanças substanciais ou a republicação de um livro que estava esgotado.

O

orelha. Continuação da capa ou sobrecapa, em geral usada para apresentação das principais características do livro e informações sobre o autor.

original. Texto impresso ou arquivo eletrônico gravado em CD entregue pelo autor ao editor de aquisição ou editor de desenvolvimento.

P

página de copyright. Ela contém informação ao leitor, equipe editorial, endereços na Internet (se houver espaço disponível) e todas as informações de copyright pertinentes.

página de rosto. Página que contém apenas o título do livro, número da edição ou os nomes dos autores.

página de título. A página que contém o título completo do livro (incluindo o subtítulo), número da edição, nomes dos autores e afiliações. Editoras estrangeiras acrescentam os logotipos e os países que operam.

partes finais. A parte final é composta de apêndices (opcional), notas (opcional), glossário (opcional), referências (opcional), ou bibliografia (opcional) e índices.

PDF (portable document format). Formato de arquivo, desenvolvido pela Adobe Systems, para representar documentos de maneira independente do aplicativo, do hardware e do sistema operacional usados para criá-los.

permissões. Autorização para reproduzir material de propriedade de outra editora ou empresa que detêm os direitos.

plano de marketing. Parte da estratégia do gerente de marketing para a promoção de um livro.

prefácio. Parte das introdutórias que sumariza os aspectos distintivos do livro, objetivos e o tema do mesmo. É uma importante ferramenta de marketing e vendas.

preparação de originais. Trabalho meticuloso de editoração do manuscrito, adequando-o as normas editoriais para seguir posteriormente para a composição. Também conhecido como normalização textual.

processo de produção. São os diversos estágios que um manuscrito percorre até o ponto de ser remetido à gráfica para impressão e acabamento.

processo de publicação. São os diversos procedimentos e etapas pelos quais um manuscrito se desenvolve desde a concepção do projeto ou assinatura do contrato até a comercialização do livro.

proposta editorial. Um documento apresentado por um candidato a autor que fornece uma visão geral descritiva de um projeto, incluindo o fundamento lógico e uma ideia **clara a respeito de seu mercado-alvo.** O autor deve dizer ao editor por que está escrevendo este texto, como planeja desenvolvê-lo e a quem o livro se destina.

provas. Cópias duplicadas destinadas ao editor e autor para corrigir possíveis erros antes da impressão.

provas de arte. Cópias da arte final enviado ao autor para revisão. Se as correções são necessárias, um conjunto de provas que mostram revisões serão devolvidos ao designer.

provas de páginas. O primeiro estágio da composição na qual o autor revisa um completo conjunto de provas, geralmente em lotes.

publicação eletrônica. O processo de criar e disseminar informação por meios eletrônicos via e-mail e web. Materiais publicados eletronicamente podem ser originados de produtos impressos ou ser criados especificamente para publicação eletrônica.

Q

questionário do autor (QA). Documento completado pelo autor e usado pelo gerente de marketing para construir um plano de marketing para um determinado título.

R

reimpressão. Uma nova impressão de uma obra que pode incorporar pequenas correções como erros de composição ou impressão. Não é o mesmo que nova edição ou reedição.

representante editorial (divulgador). Membro da equipe de marketing que visita diariamente às escolas entrevistando professores, com a função principal de obter adoções. Também reportam aos editores as tendências de mercado e indicam, tradutores, revisores e consultores.

retranca. Termo genérico para designar cada unidade de texto em jornal. Mais especificamente, designa o código (em letras e números) com que se localiza um texto nos diagramas de qualquer página de uma edição.

royalties. Pagamento regular efetuado pela editora ao autor, baseado no número e preço dos exemplares vendidos.

reunião de transmissão. Reunião conduzida pelo departamento editorial entregando um manuscrito completo ou com um percentual significativo, ao departamento de pré-impressão. Todos os materiais complementares (tais como figuras, texto da última capa) devem estar juntos.

S

selo. A marca de uma editora sob a qual um título é publicado. Normalmente as grandes editoras usam diversos selos.

submissão. Manuscrito ou proposta enviada por um autor ou agente para avaliação da editora.

sumário. Esboço das partes e títulos dos capítulos com a numeração das páginas.

T

tiragem. Número de exemplares impressos de qualquer edição.

título. Expressão utilizada para designar um livro que pode ser suplementado por um subtítulo.

Bibliografia

ABLE, Linda. *Complete publishing resource manual.* Gainesville: Academic Press, 2000.

ALLEN, Marilyn; O'SHEA, Coleen. *The complete idiot's guide to book proposals & query letters.* New York: Alpha Books, 2011.

ALMEIDA, Napoleão Mendes de. *Gramática metódica da língua portuguesa.* 46. ed., São Paulo: Saraiva, 2009.

ALRED, Gerald J; BRUSAW; Charles T.; OLIU, Walter E. *Handbook of technical writing.* 10. ed. New York: Bedford/St. Martin's, 2012.

AMARAL, Andrey do. *Mercado Editorial.* Rio de Janeiro: Ciência Moderna, 2009.

AMERICAN PSYCHOLOGICAL ASSOCIATION. *Manual de estilo da APA.* Porto Alegre: Artmed, 2008.

APPLENBAUM, Judith. *how to get happily published.* 5. ed. New York: HarperCollins Publishers, 1998.

ARAÚJO, Emanuel. *A construção do livro: princípios da técnica de editoração.* São Paulo: Unesp, 2008.

ARTMED. *Manual Artmed de publicação.* Porto Alegre: Artmed, 2010.

ASSOCIATION OF AMERICAN PUBLISHERS. *Author's guide to college textbook publishing.* New York: AAP, 1998.

BACELLAR, Laura. *Escreva seu livro.* São Paulo: Mercuryo, 2001

BANN, David. *Novo manual de produção gráfica.* Porto Alegre: Bookman, 2010.

BAVERSTOCK, Alison. *How to market books.* 4. ed., London: Kogan Page, 2010.

BAYLEY, Jr. Herbert. *The art and science of book publishing.* New York: Norton, 2004.

BECHARA, Evanildo. *Moderna gramática portuguesa.* 37. ed. Rio de Janeiro: Nova Fronteira, 2006.

BIRKETS, Sven. *The Gutenberg elegies.* London: Faber & Faber, 1994.

BLY, Robert. *The copywriter's handbook.* 3. ed. New York: Henry Holt, 2006.

BODIAN, Nat. *The joy of publishing.* Fairfield: Open Horizons, 1996.

BRANDON, Jodi. *Become a book editor.* Washington: FabJob Guide, 2011.

BREWER, Robert. *Writer's Market.* Ohio: Writer's Digest Books, 2013

BULLOCK, Adrian. *Book production.* New York: Routledge, 2013.

BUTCHER, Judith; DRAKE, Caroline; LEACH, Mauren. *Butcher's copy-editing.* 4. ed. Cambridge: Cambridge University Press, 2006.

BYKOFSKY, Sheree; SANDER, Jennifer. *Complete idiot's guide to getting published.* 5. ed. New York: Alpha Books, 2012.

CABRAL, Plínio. *Nova lei de direitos autorais.* São Paulo: Harbra, 2003.

CAMENSON, Blythe. *Careers in publishing.* New York: McGraw-Hill, 2002.

CARDOZA, Avery. *Complete guide to successful publishing.* Cardoza Publishing: New York, 2009.

CASANAVE, C.; VANDRICK, S. *Writing for scholarly publication: Behind the scenes in language education.* New Jersey: Erlbaum, 2003.

CLARK, Giles; PHILLIPS, Angus. *Inside book publishing.* 5. ed. London: Routledge 2014.

COLE, David; SOREL, Edward; HILL, Craig. *The complete guide to book marketing.* New York: Allworth Press, 2010.

COSER, Lewis; KADUSHIN, Charles; POWELL, Walter. *Books: The culture and commerce of publishing*. New York: Basic Books, 1982.

CROSBY, Philip. *Quality is free*. Nova York: McGraw-Hill, 1979.

CUNHA, Celso e CINTRA, Lindberg. *Nova gramática do português contemporâneo*. 5. ed. Rio de Janeiro: Nova Fronteira, 2008.

CURTIS, Richard. *The business of publishing: an insider's view of current trends and tactics*. New York: Allworth Press, 1998.

DAVIES, Gill. *Book commissioning and acquisition*. 2. ed. London: Routledge, 2004.

DAVIES, Gill; BALKWILL, R. *The professional's guide to publishing*. London: Kogan Page, 2011.

DESSAUER, John. *Tudo sobre publicação de livros*. São Paulo: Mosaico, 1979.

ECKSTUT, Ariele; STERRY, David. *The Essential guide to getting your book published*. New York: Workman, 2010.

EINSHON, Amy. *The copyeditor's handbook*. 3. ed. California: University of California Press, 2011.

EPSTEIN, Jason. *Book business*. New York: Norton, 2001.

FISHBERG, Jennifer. *Become a book publisher*. Washington: FabJob Guide, 2012.

FOLHA DE SÃO PAULO. *Manual da redação*. 14. ed. São Paulo: Publifolha, 2010.

FORSYTH, Patrick. *Marketing in publishing*. London: Routledge, 1997.

FRISHMAN, Rick; SPIZMAN, Robyn. *Bestselling book proposal*. New York: Adams Media, 2005.

GERMANO, William. *Getting it published*. 2. ed. Chicago: The University of Chicago Press, 2008.

GRECCO, Albert; MILLIOT, Jim; WARTHON, Robert. *The Book Publishing Industry*. 3. ed. New York: Routledge, 2014.

GROSS, Gerald. *Editors on editing: what writers need to know about what editors do*. 3. ed. New York: Grove Press, 1993.

GREENFIELD, Howard. *Books from writer to reader*. New York: Crow Publishers, 1988.

GUTHRIE, Richard. *Publishing: principles and practice*. California: Sage Publications, 2012.

HACKER, Diana; SOMMERS, Nancy. *Rules for writers*. 7. ed. New York: Bedford/St. Martin's, 2012.

HALL, Frania. *The business of digital publishing*. London: Routledge, 2014.

HARMON, Eleanor; MONTAGN, Ian; McMENEMY, Siobhan. *The thesis and the book: a guide for first-time academic authors*. Toronto: University of Toronto, 2003.

HARTLEY, James. *Academic writing and publishing: a practical handbook*. London: Routledge, 2008.

HENSON, Kenneth. *Writing for publication*: road to academic advancement. Massachusetts: Allyn & Bacon, 2004.

HERMAN, Jeff; ADAMS, Deborah M. *Write the perfect book proposal*. New York: John Wiley, 1993.

HILL, Charles; JONES, Gareth. *Strategic management theory, an integrated approach*. 10. ed. Boston: Cengage Learning, 2013.

HOLANDA, Aurélio Buarque de. *Novo dicionário da língua portuguesa*. 5 ed. Curitiba: Positivo, 2010.

HORN, Barbara. *Editorial project management*. London: Horn Editorial, 2006.

HOUAISS, Antonio. *Dicionário da língua portuguesa*, Rio de Janeiro: Objetiva, 2009.

HUENEFELD, John. *The Huenefeld guide to book publishing*. 6. ed. Bedford: Mills & Sanderson, 2003.

JENKINS, Jerrold. *Publish to win*. Michigan: Rodes & Eaton, 1997.

JUDD, Karen. *Copyediting; A practical guide*. 3. ed. New York: Crisp Publishing, 2001.

KAMPMAN, Eric. *The book publisher's handbook*. New York: Beaufort Books, 2007.

KASDORF, William. *The Columbia guide to digital publishing*. New York: Columbia University Press, 2002.

KELBY, Nicole. *The constant art of being a writer*. Ohio: Writers Digest, 2009.

KENNEDY, X.; KENNEDY; Dorothy; MUTH, Marcia F. *The Bedford guide for college writers*. 7. ed. New York: Bedford/St. Martin's, 2005.

KREMER, John. *1001 ways to market your books*. 5. ed. Iowa: Open Horizons, 2005.

LARSEN, Michael. *How to write a book proposal*. 4. ed. Ohio: Writers Digest, 2011.

LEE, Marshal. *Bookmaking: Editing, design, production*. 3. ed. New York: W. W. Norton, 2009.

LEPIONKA, May. *Writing and development your college textbook*, 2. ed. Gloucester: Atlantic Path Publishing, 2008.

LEVINE, M. *Negotiating a book contract*. New York: Moyer Bell, 1988.

MAISEL, Eric. *The art of the book proposal*. New York: Tarcher/Penguin, 2004.

MALHOTRA, Maresh. *Pesquisa de marketing*. 6. ed. Porto Alegre: Bookman, 2012.

MARION, Ann; HACKING, Elizabeth. Educational publishing and the world wide web. *Journal of Interactive Media in Education*, 1998.

MARTIN, Sharlene. *Publish your nonfiction book: strategies for learning the industry, selling your book, and building a successful career*. Cincinnati: Writers Digest, 2009.

McHUGH, John. *How to use a book proposal form to improve the acquisition of a new book*. Milwaukee: McHugh Publishing Consultant, 2009.

_____. *How to organize a book company: 15 essential organizational, strategic, and financial elements*. Milwaukee: McHugh Publishing Consultant, 2009.

_____. *How to Evaluate the Book Acquisitions Function: 29 Questions to Ask*, Milwaukee: McHugh Publishing Consultant, 2009.

_____. *Managing book acquisitions: an introduction*. Milwaukee: McHugh Publishing Consultant, 1995.

_____. *How to sell to the college market: six ways to promote and sell your books for classroom adoption*. Milwaukee: McHugh Publishing Consultant, 2009.

MEDEIROS, João B. *Manual de redação e normalização textual*. São Paulo: Atlas, 2002.

MERRIAN WEBSTER'S. *Manual for writers & editors*. Massachusetts: Merriam-Webster, 1998.

MARTINS, Eduardo. *Manual de redação e estilo*. São Paulo: Maltese, 1982.

MICHAELIS. *Dicionário prático da língua portuguesa*. São Paulo: Melhoramentos, 2002.

MOGEL, Leonard. *Making it book publishing*. New York: Macmillan, 1996.

PETERS, Jean. *The bookman's glossary*. 6. ed. New York: Bowker, 1983.

PETERS, Thomaz; WATERMAN, Robert. *In search of excellence*. New York: Harper & Row, 1982.

PERREAULT, William; McCARTHY, Jerome. *Basic marketing*. 17. ed. New York: McGraw-Hill, 2011.

PORTER, Michael. *Competitive advantage: Creating and sustaining superior performance*. New York: Free Press, 1985.

POYNTER, Dan. *Writing nonfiction: turning thoughts into books*. California: Para Publishing, 2008.

POYNTER, Dan; BINGHAM, Mindy. *Is there a book inside you*. California: Para Publishing, 2009.

POYNTER, Dan. *Book publishing encyclopedia: tips and resources for authors and publishers*. California: Para Publishing, 2006.

RABINER, Susan; FORTUNATO, Alfred. *Thinking like your editor*. New York: W. W. Norton, 2002.

RANKIN, Elizabeth. *The work of writing: insights and strategies for academics and profession*. New York: Jossey-Bass, 2001.

REW, Johnson. *Editing for writers*. New Jersey: Prentice Hall, 1999.

ROCKLEY, Ann; COOPER, Charles *Managing enterprise content: a unified content strategy*. 2. ed. San Francisco: Peachpit Press, 2012.

RUBIE, Peter. *The everything get published book*. Holbrook: Adams Media, 2000.

RICH, Jason. *Self-publishing for dummies.* New York: Wiley, 2007.

ROCCO, Tonette; HATCHER, Tim. *The handbook of scholarly writing and publishing.* New York: Jossey-Bass, 2011.

SACCONI, Luiz Antonio. *Não erre mais.* 31. ed., São Paulo: Ática, 2011.

SCHIFFRIN, André. *The business of books.* London: Verso, 2000.

SCHNEIDER, Meg e DOYEN, Barbara. *Everything guide to writing a book proposal.* Avon: Adams Media, 2005.

SHARP, Leslie; GUNTHER, Irene. *Editing fact and fiction: a concise guide to book editing.* Cambridge: Cambridge University Press, 1994.

SHINDER, Jason. *Get your first book published.* New York: Career Press, 2002.

SILVERMAN, Franklin. *Authoring books and materials for students, academics and professionals.* Connecticut: Praeger, 1998.

SMITH, Kelvin. *The publishing business: from p-books to e-books.* Lausanne: Ava Academia, 2013.

SMITH, Datus. *Guia para editoração de livros.* Florianópolis: UFSC, 1990.

STOCK, Rachel. *Getting your book published.* 2. ed. London: Trotman Publishing, 2011.

SUZANNE, Claudia. *This business of books: a complete overview of the industry from concept through sales.* 4. ed. North Carolina: WC Publishing, 2004.

TARUTZ, Judith. *Technical editing.* Massachusetts: Perseus Book, 1992.

The Chicago Manual of Style. 18. ed. Chicago: University of Chicago, 2025.

THOMPSON, John. *Merchants of culture.* Cambridge: Polity, 2010.

THOMPSON, John. *Books in the digital age.* Cambridge: Polity, 2005.

VAN LANV, Krista; CATHERINE, Julian. *The Complete Idiot's Guide to Technical Writing.* New York: Alpha Books, 2001.

VIDEAN, Ann. *Publishing and the World Wide Web: A Web Survey Report from BookZone, Inc.* 2005.

WOLL, Thomas. *Publishing for Profit.* Chicago: Chicago Review Press, 2010.

WILLIAMSON, Hugh. *Methods of Book Design.* 3. ed. Yale: Yale University, 2002.

Índice remissivo

A

AAP
  definição, 537
abas de corte, 247
abas sangradas, 247
abertura das partes
  definição, 537
abordagem e organização
  materiais educacionais, 161
Aburdene, Patricia, 131
acabamento
  definição, 537
Acrobat Reader, 226
adaptação de trabalhos acadêmicos, 232
adiantamentos, 184
  definição, 537
administração
  marketing, 425
administração editorial. *Ver também* gerenciamento editorial
  auditoria da publicação, 76
    benefícios, 76
    componentes, 77
  desenvolvimento e coordenação, 74
  grupo de gerenciamento de núcleo, 72
  presidente, 71
Adobe Acrobat Pro, 398
  ferramentas de revisão de provas, 400
Adobe Document Cloud, 398
Adobe PDF, 226
Adobe Photoshop, formato de arquivo, 225
adoção
  definição, 537
adoção de livro didático, 458
agente literário
  definição, 537
agradecimentos, 237
  definição, 537
alceamento, 247
Alice no País das Maravilhas, 465
alterações do autor, 383
alterações do autor (AA)
  definição, 537
alternativas para edição de PDFs
  Nitro Cloud, 401
  Nitro Pro 9, 401
ambiente de publicação, 89
anacronismos da indústria editorial, 146
análise das avaliações, 219
análise de lucros e perdas
  formulário, 441
análise SWOT, 473, 474, 475, 476
anexos, 244
ao aluno/leitor, seção, 237
apêndice
  definição, 537
apêndices, 244
aprendendo sobre clientes, 104
aprender a escrever, 129
apresentação, 236
apresentação de originais
  formatação, 230
apresentações de marketing, 431
aquisições
  avaliação, 278
  canais, 266
  desenvolvimento de novos produtos, 273
  organização e gerenciamento, 258, 259
arquivos
  convenção para atribuição de nomes, 229
  organização e nomeação, 229
arquivos de amostra
  preparação de originais, 224
arte-final
  definição, 537
arte original em meios físicos, 240
assinando um contrato, 197
assistente administrativo de marketing, 430
assistente do presidente, 75
assistente executivo, 75
atenção dos leitores, como prender
  materiais educacionais, 172
auditoria da publicação, 76
  benefícios, 76

componentes, 77
autopublicação
    definição, 537
autor
    definição, 537
autores/editores, relações
    data da publicação, 358
    introdução, 353
    livro no prelo, 357
    negociações do contrato, 355
    por que não dizer aos autores?, 361
    recebimento e manuseio de originais, 354
    reclamações dos autores, 361
    rejeições, 354
    troca de editores, 359
autorização
    projetos editoriais, 315
avaliação da proposta
    materiais educacionais, 157
avaliação de uma editora, 80
    múltiplo de vendas, 81
avaliação e viabilidade de projetos editoriais
    papel do conselho editorial, 323
    reuniões editoriais, 323
avaliações, 218
    análise, 219
    definição, 537
avaliações e revisões
    materiais educacionais, 174
avaliações pelo editor de desenvolvimento
    materiais educacionais, 175
avaliadores (consultores)
    definição, 537
aviso de copyright
    definição, 537

B

Bacellar, Laura, 128
backlist, 101, 442
    definição, 538
backup eletrônico
    vantagem da revisão de provas eletrônica, 398
Balkwill, Richard, 85, 110, 367
banco de dados
    marketing, 454
banco de testes
    definição, 538
bancos de teste
    material complementar, 193
Baverstock, Alison, 469
Baverstock, Alisson, 85
Bertaso, Henrique, 9, 57, 264, 286
best-seller
    definição, 538

bibliografia, 244
    definição, 538
Bingham, Mindy, 136, 137
Blanchard, Kenneth, 128
Bondarik, Leslie, 459
branding
    definição, 538
Brandon, Jodi, 210, 265
Brewer, Robert, 145
brochura
    definição, 538
Brown, Dan, 130
Butcher, Judith, 409
Bykofsky, Sheree, 127

C

cabeçalhos e rodapés, 242
caderno
    definição, 538
cadernos de exercícios
    material complementar, 193
cadernos de soluções
    material complementar, 193
caixas de produto, 248
caixas de texto
    Microsoft Word
        recomendação para não criar, 225
caixas de verificação
    vantagem da revisão de provas eletrônica, 398
campo de ação
    sites, 530
canais de aquisição, 266
caneta para telas sensíveis ao toque, 400
capas, 233, 378
capítulos de amostra
    proposta de publicação, 153
capturas de tela, 226
características comuns dos livros bem-sucedidos, 204
Cardoza, Avery, 86, 129, 259, 378, 426, 481
cargos/funções
    assistente do presidente, 75
    assistente executivo, 75
    presidente
        descrição de cargo, 73
carimbos
    vantagem da revisão de provas eletrônica, 398
Carrol, Lewis, 465
carta de solicitação de permissões, 192
Casanave, Christine, 129
catálogo
    definição, 538
CBL
    definição, 538
CBL (Câmera Brasileira do Livro, 234

CD/DVD
  método de envio de originais, 228
  rotulando, 228
Cengage Learning, 109
Centro de Estudos On-line (CEO)
  como criar seu site, 532
Chali, J, 176
ciclo da publicação
  definição, 538
ciclo de vida do produto, 480, 481, 482, 483
CIP (Cataloging-in-publishing), 234
citação
  definição, 538
citações, 241
  materiais educacionais, 166
clara a respeito de seu mercado-alvo
  definição, 541
clareza
  materiais educacionais, 164
Clark, Giles, 290, 324, 493
CMYK, 245
Coelho, Paulo, 60, 97, 134, 135
coerência
  materiais educacionais, 164
Cole, David, 431, 454, 467, 523
Collins, Eliza, 489
colofão
  definição, 538
comentários
  vantagem da revisão de provas eletrônica, 398
como avaliar um livro-texto, 176
como colocar seu plano de marketing no papel
  marketing, 442
como criar seu site
  Centro de Estudos On-line (CEO), 532
  marketing através de boletim por e-mail, 530
  por que ter um site?, 523
  use seu site para construir relacionamentos, 528
  vendas de assinaturas, 529
como evitar erros no marketing de livros, 460
como os editores tomam decisões, 144
como posicionar o produto no mercado, 101
como usar este livro, seção, 237
compactação de arquivos, 228
composição
  definição, 538
compositor (componedor)
  definição, 538
compressão
  métodos com perda, 225
compressão de arquivos, 228
comprometimento editorial
  decisão de publicar, 301
comunicação
  materiais educacionais, 170
concisão
  materiais educacionais, 163
conclusão
  publicação eletrônica, 509
concorrência
  mapa para pesquisa comparativa, 216, 217
condições de desconto, 432
conselho editorial
  papel na avaliação e viabilidade de projetos editoriais, 323
considerações sobre o produto, 479
consignação, sistema, 196
consignações
  marketing, 434
contagem de palavras e caracteres
  remuneração, 225
contrato
  assinando, 197
contrato de publicação
  definição, 538
controle de extensão
  materiais educacionais, 168
controle de marketing, 474
controle de projetos, 369
controle de qualidade, 102
controle de versão, 228, 231
  definição, 538
  vantagem da revisão de provas eletrônica, 398
convenções, 438
cópia de avaliação, 455
copiar e colar
  vantagem da revisão de provas eletrônica, 398
cópias impressas, 231
copidesque. *Ver também* editor de texto
copydesk
  definição, 538
copyright
  definição, 538
Corel Draw, formato de arquivo, 225
cores de processo, 245
cores especiais, 245
correção ortográfica e gramatical
  vantagem da revisão de provas eletrônica, 398
corte-e-vinco, 247
Covey, Steve, 128
créditos comerciais
  marketing, 434
  por devolução de mercadoria, 433
Crosby, Philip, 85
cursos de editoração
  livros, 391
  superiores, 391
Curtis, Richard, 107

custos, cronograma e qualidade
    processo de produção editorial, 384
custos de pré-impressão
    definição, 538
custos de transporte, 433

D

dados comportamentais e motivacionais, 470
dados de desempenho, 469
data da publicação
    relações autores/editores, 358
Davies, Gill, 85, 110, 260, 293, 367
decisão de publicar
    comprometimento editorial, 301
    fatores que influenciam, 290
decisões de desenvolvimento, 210
decisões de marketing, 437
declaração da missão, 98
declaração de missão, 466
dedicatória, 234
    definição, 538
definição do preço, 484
Deming, W. Edward, 85
descontos
    condições, 432
descontos de bonificação
    marketing, 433
desconto, sistema de, 196
descrição de cargo
    diretor de marketing, 426
    editor de texto, 390, 393
    gerente de promoção, 428
    gerente de vendas, 428
desenvolvimento, 158
desenvolvimento de novos produtos
    aquisições, 273
desenvolvimento de produtos
    gestão da qualidade total, 102
desenvolvimento do produto, 483
desenvolvimento editorial, 209
    definição, 538
    diferença entre edição de desenvolvimento e edição de texto, 213
    fazendo seu próprio desenvolvimento, 215
    negociando ajuda para desenvolvimento, 212
    trabalhando com um editor de desenvolvimento, 212
designer
    definição, 538
Dessauer, John, 86, 117, 273, 275
determinação do alvo de mercado
    versus saturação do mercado, 139
Devanna, Mary, 489
diagramadores
    treinamento, 369

dicas para futuros autores
    aproximando-se de um editor, 200
    armadilhas a serem evitadas em proposta de livro, 201
    funcionamento do processo de avaliação, 202
    introdução, 199
    livros de negócios, 207
    livros-textos, 206
    o leitor é o rei, 205
    por que escrever um livro-texto, 200
dicionários eletrônicos
    vantagem da revisão de provas eletrônica, 398
diferença entre edição de desenvolvimento e edição de texto, 213
diferença entre marketing e vendas, 436
diferenciação, 489
direito autoral
    definição, 538
direitos autorais, 197
direitos de tradução
    definição, 538
direitos subsidiários (subsidiary rights, subrights)
    definição, 538
diretor de marketing
    definição, 539
    descrição de cargo, 426
diretor de produção (diretor de pré-impressão)
    definição, 539
diretor editorial
    definição, 539
diretores de marketing
    que consistentemente "pensam baixo", 434
distribuidor
    definição, 539
diversidade de assuntos humanos
    materiais educacionais, 166
divulgadores, 459
divulgando sua identidade
    sites, 526
do livro impresso à mídia digital
    publicação eletrônica, 508
Dowd, Steve, 199
Doyen, Barbara, 144, 202
Drake, Caroline, 409
Drucker, Peter, 103

E

e-books
    definição, 539
    publicação eletrônica, 500
Eckstut, Ariele, 133
economia de custos
    vantagem da revisão de provas eletrônica, 397
edição
    definição, 539

edição de arte
　processo de produção editorial, 378
edição de texto, 375. *Ver também* editor de texto
edição revisada
　definição, 539
editor
　como um patrocinador, 262
　definição, 539
　papel de aliado, 264
　papel de caçador, 263
　papel de construtor de lista, 265
　papel de construtor de rede, 265
　papel de ligação, 264
　papel de modelador, 263
　papel de promoto, 264
　papel selecionador, 263
editoração
　definição, 539
　funções do editor de texto, 409
editoração eletrônica
　definição, 539
editoração ou edição de texto
　funções do editor de texto, 410
editoras
　avaliação, 80
　　múltiplo de vendas, 81
　comprando ou vendendo, 77
　prospecção, 183
editor de aquisição, 158, 260
　definição, 539
　papéis e tarefas, 262
editor de desenvolvimento, 158
　definição, 539
editor de tecnologia
　definição, 539
editor de texto
　carreira, 391
　como gerente de projeto, 389
　definição, 539
　faixa salarial, 392
　funções, 389
　gerenciamento de projetos, 403
　mercado de trabalho, 391
　origem do nome do cargo, 391
　profissão, 391
　verificação de fatos, 402
editores de aquisição
　livro didáticoss, 276
editores de desenvolvimento
　livros didáticos, 276
editores de texto
　funções do editor de texto, 413
　treinamento, 369
editorial

definição, 539
eficiência
　marketing, 439
Einsohn, Amy, 163, 410, 414
elaboração e controle da programação de produção, 370
e-mail
　marketing, 438
　métodos de envio de originais, 227
Embree, Mary, 143
encadernação, 246
encartes, 247
encontros nacionais de vendas, 455
Eppler, Martin J., 194
EPS (Encapsulated PostScript), formato de arquivo, 225
equipe de divulgadores, 438
equipe de produção editorial, 374
erros no marketing de livros
　como evitar, 460
esboço de capítulo para um livro de marketing, 162
esboço do conteúdo do livro
　materiais educacionais, 168
escolhendo uma editora
　procurando uma editora, 180
escrevendo
　materiais educacionais, 160
escrevendo um livro, 142
escrever, avaliar e revisar
　procurando uma editora, 186
escritores de ficção, 129
escritores desejados, 128
estilo de escrita
　materiais educacionais, 169
estilo editorial
　definição, 539
　preparação de originais, 249
estimativa do tamanho
　materiais educacionais, 168
estimativas
　funções do editor de texto, 419
estratégia de conteúdo unificado, 457
estratégia de marketing, 430
estratégias de conteúdo na web
　publicação eletrônica, 504
estratégias de marketing, 453, 465, 473
　definição, 473
estratégias para propostas de livros de não ficção
　materiais educacionais, 156
estrutura e organização editorial, 107
　administração, 117, 118
　áreas funcionais, 112
　desenvolvimento, 117
　projetando um sistema, 117
　sinergia, 108
　supervisão, 117, 118

etapa de planejamento de um original, 223
evolução do processo de produção, 379
exemplar de amostra
　definição, 539
exemplos
　solicitação de cotação de impressão, 370
exemplos e aplicações
　materiais educacionais, 166
expectativas de vendas, 442
exposições, 438
extensão de orações e parágrafos, 166

F

Facebook, 528
falsa folha de rosto, 233
fator
　formação de preços, 196
fator de preço, 322
fazendo seu próprio desenvolvimento editorial, 215
ferramentas de medida
　vantagem da revisão de provas eletrônica, 398
ferramentas de pesquisa
　vantagem da revisão de provas eletrônica, 398
ferramentas de trabalho para escrever, 133
ferramentas de vendas
　marketing, 454
ficção
　definição, 539
ficha catalográfica, 234
filosofia do livro
　materiais educacionais, 169
Fishberg, Jennifer, 119
Fitzherbert, Nick, 194
fluxogramas
　razões para escrever livros-texto, 147
folha de rosto, 233
fólios, 242
fontes de tensão na relação entre autores e editores, 213
fontes padrão
　indicação de uso, 231
formação de preços, 196
　fator, 196
formatação, 230
　apresentação de originais, 230
formatação local, 230
formatação lógica, 394
formato, 246
formatos de arquivo, 225
　Adobe Illustrator, 225
　Adobe Photoshop, 225
　Corel Draw, 225
　EPS (Encapsulated PostScript), 225
　JPEG (Joint Photographic Experts Group), 225
　Microsoft Word, 225
　RAW, 225
fórmula para o sucesso
　nicho editorial, 89
formulário de procedimentos, 326
fórmulas e equações, 242
Forsyth, Patrick, 430, 480
frontlist, 101, 442
　definição, 539
Frost, Robert, 179
FTP (File Transfer Protocol)
　método de envio de originais, 228
função de vendas, 427
funções da equipe de marketing, 438
funções do editor de texto
　editoração, 409
　editoração ou edição de texto, 410
　estimativas, 419
　processo editorial, 416
　que os editores de texto não fazem?, 413
　tarefas principais, 411
　triagem editorial, 418
funções e estratégias de marketing
　marketing, 430

G

Garcia, Jesus, 144
gerenciamento de arquivos, 224
　preparação de originais, 230
gerenciamento de projetos
　editor de texto, 403
gerenciamento do ciclo de vida de um título, 481
gerenciamento editorial, 72. *Ver também* administração editorial
　sinergia, 72
gerente de promoção
　descrição de cargo, 428
gerente de promoções, 430
gerente de vendas, 430
　descrição de cargo, 428
Germano, William, 85, 259
gestão da qualidade total (GQT)
　aplicada ao desenvolvimento de produtos, 102
　conceitos
　　foco na satisfação do cliente, 103
　　processo, 103
　　tempo de ciclo, 103
　recomendações, 104
ghostwriter (escritor fantasma)
　definição, 539
Gil, Ladenheim-Gil, Randy, 142
glossário
　definição, 539
glossários, 244
gráficos

        materiais educacionais, 166
gramática e estilo
        materiais educacionais, 168
Grecco, Albert, 116
Grisham, John, 130
Gros, Gerald, 412
Gross, Gerald, 209, 419
Grupo A, editora, 97
grupo de gerenciamento de núcleo, 367
        definição, 539
grupos de consumidores, 469
guia de estudo
        definição, 540
guias de estudo
        material complementar, 193
guias de localização, 454
Gutenberg, Johann, 499
Guthrie, R., 137
Guthrie, Richard, 86, 112, 473

H

habilidades e competências editoriais, 274
Hacker, Diana, 411
Harcourt, Alfred, 179, 199
harmonia
        materiais educacionais, 165
Hartley, James, 156
Hatcher, Tim, 129, 136
heliográfica
        definição, 540
Hemingway, Ernest, 144, 163
Henson, Kenneth, 129, 133, 160
Herman, Jeff, 147
Hermann, Luiz, 98
hierarquia de títulos, 230
Hill, Craig, 467, 523
Horn, Barbara, 416
hot-stamping, 245
Houghton Mifflin, 109
Huenefeld, John, 86, 112, 260, 324, 354, 426
Huenfeld, John, 266, 293
Hughes, Stephani, 371

I

identificação e avaliação de mercados, 325
Identificando o mercado do livro, 462
ilustrações
        materiais educacionais, 169
imaginação e criação
        materiais educacionais, 175
imposição, 247
impressão sob demanda, 501
        publicação eletrônica, 501
impulsionadores chave do crescimento da indústria, 489

incorporando um arquivo, 226
índice de dedo, 248
índice onomástico
        definição, 540
índice remissivo
        definição, 540
índices, 244
índices de desempenho
        índices, 118
inserções, 247
Instagram, 528
instalações físicas, 75
interesse
        materiais educacionais, 166
internet
        marketing, 438
introdução
        publicação eletrônica, 499
introduções e resumos
        materiais educacionais, 166
introdutórias
        definição, 540
investimentos
        sites, 531
investimentos de marketing, 442
ISBN (International Standard Book Number), 234
        definição, 540
itálico
        definição, 540

J

Jenkins, Jerrold, 474
Johnson, Spencer, 128
JPEG (Joint Photographic Experts Group), formato de
        arquivo, 225
Judd, Karen, 411
Juran, Joseph, 85

K

Kampmann, Eric, 281
Kasdorf, William E, 418
Kelby, Nicole M., 128, 147
King, Stephen, 130, 143
Knopf, Alfred, 98
Kotler, Phillip, 134, 135, 484, 496
Kremer, John, 430, 485

L

lançando um livro em produção
        definição, 329
        relatório, 332
        reunião de transmissão, 330
Larsen, Michael, 130, 155, 200

layout
    definição, 540
    sites, 524
Leach, Mauren, 409
legibilidade
    materiais educacionais, 165
lei do livro, 234
leitor de provas
    definição, 540
Lepionka, Mary, 174, 203, 211, 220, 276
Lepionka, Mary Ellen, 186, 197
Lewis, Jeremy, 262
linguagem adequada
    materiais educacionais, 167
linguagem sexista
    definição, 540
linha de tempo da publicação, 93, 94
linha do tempo do marketing, 447
LinkedIn, 528
lista de verificação do autor
    preparação de originais, 252
listagens, 242
listas, 235
    abreviaturas e siglas, 235
    colaboradores, 237
    figuras, 235
    materiais educacionais, 167
    tabelas e quadros, 235
listas de pubicação
    desenvolvendo e mantendo, 295
listas de verificação
    revisão de provas, 402
livro do professor
    material complementar, 192
livro eletrônico (e-book)
    definição, 540
livro no prelo
    relações autores/editores, 357
livros didáticos, 149
    adoção, 458
    editores de aquisição, 276
    editores de desenvolvimento, 276
    processo de criação, 312
livros-texto
    avaliação de mercado, 188
    avaliações de conteúdo, 188
    definição, 540
    escrevendo
        credibilidade, 187
    procurando uma editora, 181
    revisões externas, 189
    tipos de avaliação, 188
livro-texto universitário
    procurando uma editora, 182

lombada
    definição, 540
Losada, Gonzalo, 98
lucratividade
    modelo de análise, 441
Luey, Beth, 182
lugar da ideologia
    materiais educacionais, 167

M

Maddox, Robert, 132
Maisel, Eric, 151
manual de soluções
    definição, 540
manual do professor
    definição, 540
manuscrito
    definição, 540
mapa para pesquisa comparativa da concorrência, 216
    exemplo na área de administração, 217
marcação de texto, 394
marcação do texto, 394
marketing
    administração, 425
    adoção de livro didático, 458
    apresentações, 431
    ciclo de vida do produto, 480
    como calcular seus parâmetros financeiros, 440
    como colocar seu plano de marketing no papel, 442
    considerações sobre o produto, 479
    consignações, 434
    controle, 474
    convenções, 438
    convenções, congressos e feiras, 455
    créditos comerciais, 434
        por devolução de mercadoria, 433
    dados comportamentais e motivacionais, 470
    dados de desempenho, 469
    decisões, 437
    declaração da missão, 466
    definição do preço, 484
    descontos de bonificação, 433
    descrições de cargo
        diretor de marketing, 426
        gerente de promoção, 428
        gerente de vendas, 428
    diferença em relação a vendas, 436, 438
    diferenciação, 489
    eficiência, 439
    e-mail, 438
    envolvimento do autor, 456
    equipe de divulgadores, 438
    estratégias, 453, 465, 473
    exposições, 438

ferramentas de vendas, 454
funções da equipe, 438
funções e estratégias de marketing, 430
grupos de consumidores, 469
iniciando o marketing, 446
internet, 438
investimentos, 442
linha do tempo, 447
marketing é tudo, tudo é marketing, 435
maximizando as receitas, 439
mercado, 429
mix, 474
modelo de análise da lucratividade, 441
modelo de planejamento estratégico, 491
objetivo, definição, 473
pesquisa por setor, 470
planejamento, 465
planejamento estratégico, 486, 491
plano, 453, 471, 472, 495
posicionamento competitivo, 469
potencial de vendas de livros futuros, 434
práticas de planejamento estratégico, 492
priorizar públicos, 431
processo promocional e de vendas, 455
questionário do autor, 448, 449, 450, 451, 452, 453
segmentação dos mercados, 469
sessões de bate-papo ao vivo, 456
tecnologia, 455
tipo de comunicação, 474
treinamento dos representantes de vendas (divulgadores), 459
vendas, 427
World Wide Web, 456
marketing adicional, 456
marketing através de boletim por e-mail
 como criar seu site, 530
marketing de banco de dados, 454
marketing de conteúdo, 457
Marshall McLuhan, 199
Martins, João, 9, 273
materiais auxiliares
 proposta de publicação, 153
materiais auxiliares de ensino e aprendizagem
 materiais educacionais, 170
materiais auxiliares de estudo
 materiais educacionais, 162, 166
materiais educacionais, 149
 abordagem e organização, 161
 avaliação da proposta, 157
 avaliações e revisões, 174
 avaliações pelo editor de desenvolvimento, 175
 citações, 166
 clareza, 164
 coerência, 164

como avaliar um livro-texto, 176
como criar uma boa proposta, 154
como prender a atenção dos leitores, 172
comunicação, 170
concisão, 163
controle de extensão, 168
dicas importantes
 como avaliar um livro-texto, 176
diversidade de assuntos humanos, 166
esboço, 168
escrevendo, 160
estilo de escrita, 169
estimativa do tamanho, 168
estratégias para propostas de livros de não ficção, 156
exemplos e aplicações, 166
extensão de orações e parágrafos, 166
filosofia do livro, 169
gráficos, 166
gramática e estilo, 168
harmonia, 165
ilustrações, 169
imaginação e criação, 175
interesse, 166
introduções e resumos, 166
legibilidade, 165
linguagem adequada, 167
listas, 167
materiais auxiliares de ensino e aprendizagem, 170
materiais auxiliares de estudo, 162, 166
múltiplos autores, 168
natureza geral do livro, 169
notas e referências, 170
o lugar da ideologia, 167
orientações filosóficas e políticas, 167
parcerias na publicação, 150
plágio, 168
plano de livro, 171
politicamente correto, 167
precisão e atualidade, 167
processo de publicação, 158
programação, 170
proposta de publicação-texto, 151
público, 169
quantidade de contribuições individuais, 169
rascunho, 169
ritmo, 166
tabelas, 170
vocabulário, 165
material complementar
 digital, 193
  CD/DVD de dados, 194
  on-line, 194
  slides de apresentação, 194
  sofwares, 194

impresso, 192
   bancos de teste, 193
   cadernos de exercícios, 193
   cadernos de soluções, 193
   guias de estudo, 193
   livro do professor, 192
  procurando uma editora, 192
MathType, 242
Maylor, Harvey, 403
McGraw-Hill, 109
Mchugh, John, 260, 325, 405, 447, 458, 486
McHugh, John, 85, 90, 104, 279, 290, 330
medidas para avaliar a eficácia de um plano editorial, 325
melhor momento para escrever, 132
mercado
  marketing, 429
  proposta de publicação, 152
mercado editorial
  fusões e aquisições, 391
mercados
  identificação e avaliação, 325
métodos de revisão de provas, 395
Microsoft Word
  contagem de palavras e caracteres, 225
  elementos gráficos
    recomendação para não criar, 225
mídias alternativas e de apoio ao produto principal, 386
Milliot, Jim, 116
Mintzberg, Henry, 143
mitos que assombram os escritores, 134
mix de marketing, 474
modelo de análise da lucratividade, 441
modelo de planejamento estratégico, 491
Mogel, Leonard, 371, 434
Mullins, Edward, 412
multiplicador de preço, 322
múltiplo de vendas, 81
múltiplos autores
  materiais educacionais, 168

N

Naisbitt, John, 131
não ficção
  definição, 540
natureza geral do livro
  materiais educacionais, 169
navegação
  vantagem da revisão de provas eletrônica, 398
negociação de contrato
  procurando uma editora, 196
negociação de contratos
  preparação e revisão de contratos, 349
negociações do contrato
  relações autores/editores, 355

negociando ajuda para desenvolvimento, 212
networking, 215, 218
nichos
  fórmula para o sucesso, 89
no prelo
  definição, 540
normalização
  definição, 540
Norton, Scott, 209
notas do capítulo
  definição, 540
notas e referências
  materiais educacionais, 170
notas explicativas, 241
nova edição
  definição, 540
novas edições
  procurando uma editora, 195
nuvem
  método de envio de originais, 227
  vantagem da revisão de provas eletrônica, 398

O

Object Linking and Embedding (OLE), 226
objetivo do marketing, definição, 473
Ogilvy, David, 101
Olympio, José, 98
oportunidades e ameaças de mercado, 475
orelha
  definição, 540
organização e gerenciamento
  aquisições, 259
organograma
  estrutura e organização editorial, 107
orientações filosóficas e políticas
  materiais educacionais, 167
originais
  arquivos eletrônicos, 373
original
  definição, 541
Orwell, George, 142
O Velho e o Mar (Ernest Hemingway), 163

P

página de copyright, 234
  definição, 541
página de rosto
  definição, 541
página de título
  definição, 541
páginas de abertura de capítulos e partes, 242
páginas desdobráveis, 247
parâmetros financeiros
  marketing, 440

parcerias na publicação
    materiais educacionais, 150
pareceres, 218
partes do livro
    elementos de localização, 242
    elementos pré-textuais, 232
    elementos textuais, 238
    preparação de originais, 232
partes finais
    definição, 541
paste-up, 379
patrocinador
    editor como um, 262
PDF (Portable Document Format)
    definição, 541
    editando arquivos para revisão de provas, 399
Pearson Education, 109
Pearson Education Brasil, editora, 97
percepção de preço, 485
Perkins, Fred, 355
Perkins, Max, 57, 264, 286, 287, 411
permissões
    definição, 541
    preparação de originais, 248
pesquisa de marketing
    futuro, 470
    papel, 467
    tipos, 469
pesquisa de mercado
    necessidade, 95
pesquisa e desenvolvimento, 259
pesquisa por setor, 470
pesquisas sindicalizadas, 470
Peters, Tom, 85, 128
Pfister, Roland A., 194
Phillips, Angus, 290, 324, 493
plágio
    materiais educacionais, 168
planejamento de marketing, 465
planejamento estratégico, 471, 486, 491
    práticas, 492
plano de livro
    materiais educacionais, 171
plano de marketing, 453, 471, 495
    compilando, 471
    convencional, 436
    definição, 541
    exemplo, 443
    linhas gerais, 472
plano de publicação, 294
plano editorial, 304
    medidas para avaliar a eficácia, 325
politicamente correto
    materiais educacionais, 167

pontos fortes e pontos fracos da empresa, 474
por que não dizer aos autores?
    relações autores/editores, 361
Porter, Michael, 49
posfácio, 243
posicionamento competitivo, 469
posicionar o livro, 101
potencial de vendas de livros futuros
    marketing, 434
Poynter, Dan, 136, 137, 260
prazos de produção
    como garantir, 386
precisão e atualidade
    materiais educacionais, 167
preço psicológico, 485
preços
    formação, 196
prefácio, 236
    definição, 541
    orientações para escrever, 236
pré-impressão
    organização e gerenciamento, 367
preparação de arquivos, 224
preparação de originais, 223
    arquivos de amostra, 224
    definição, 541
    editor de texto, 394
    estilo editorial, 249
    gerenciamento de arquivos, 230
    lista de verificação do autor, 252
    métodos de envio
        CD/DVD, 228
        e-mail, 227
        FTP (File Transfer Protocol), 228
        nuvem, 227
    partes do livro, 232
    permissões, 248
    processo básico de produção, 224
preparação e revisão de contratos
    negociação de contratos, 349
processo básico de produção
    preparação de originais, 224
processo de aquisição, 144
processo de produção
    definição, 541
processo de produção editorial, 373
    custos, cronograma e qualidade, 384
    edição de arte, 378
processo de publicação
    definição, 541
    materiais educacionais, 158
processo editorial
    funções do editor de texto, 416
processo promocional e de vendas

marketing, 455
procurando uma editora
　escolhendo uma editora, 180
　escrever, avaliar e revisar, 186
　introdução, 179
　livro-texto universitário, 182
　material complementar, 192
　negociação de contrato, 196
　novas edições, 195
　o que é um livro-texto, 181
　trabalhando com seus editores, 190
produção, 158
produção editorial
　edição de texto, 375
　equipe, 374
programação
　materiais educacionais, 170
programação de produção
　elaboração e controle, 370
programas de produção
　como garantir, 386
projetos editoriais
　autorização, 315
　avaliação e viabilidade, 311
promotores, 459
proposta de publicação
　capítulos de amostra, 153
　como criar uma boa proposta, 154
　currículo, 153
　materiais auxiliares, 153
　mercado, 152
　sumário, 153
　texto, 151
proposta de publicação-texto
　materiais educacionais, 151
proposta editorial
　definição, 541
　formulário, 298
propostas de livros
　selecionando e preparando, 297
propostas de publicação
　desenvolvendo, 303
prospectando
　editoras, 183
provas, 379, 380. *Ver também* revisão de provas
　leitura, 380
　definição, 541
　diagramadas, 379, 380
　　revisão, 380
　limpas
　　vantagem da revisão de provas eletrônica, 397
　sujas, 397
provas de arte
　definição, 541

provas de páginas
　definição, 541
publicação criativa, 479
publicação de e-mails
　publicação eletrônica, 501
publicação eletrônica
　conclusão, 509
　definição, 541
　do livro impresso à mídia digital, 508
　e-books, 500
　estratégias de conteúdo na web, 504
　impressão sob demanda, 501
　introdução, 499
　publicação de e-mails, 501
　publicação na web, 501
　questões e sugestões de e-publishing, 512
　sugestões para publicação eletrônica bem-sucedida, 510
　tecnologias, mercados e valor agregado, 502
　visão geral, 500
publicação na web
　publicação eletrônica, 501
público
　materiais educacionais, 169
público-alvo, 442

Q

quantidade de contribuições individuais
　materiais educacionais, 169
questionário do autor
　definição, 541
questionário do autor para marketing, 448, 449, 450, 451, 452, 453
questões e sugestões de e-publishing
　publicação eletrônica, 512
questões jurídicas, 302

R

rascunho
　materiais educacionais, 169
RAW, formato de arquivo, 225
razões para escrever, 125
　como surgem as ideias para um livro, 140
　conceito modelando ideias, 138
　dicas, 147
　ganchos, 138
　ideia com alto conceito, 139
　livros-texto, 135
　　fluxograma, 147
　realizações de uma boa ideia, 140
razões para escrever um livro-texto, 136
recebimento e manuseio de originais
　relações autores/editores, 354
receitas

maximizando, 439
reclamações dos autores
   relações autores/editores, 361
redes sociais, 215, 528
redes sociais, profissionais e/ou acadêmicas, 218
referências, 243
reimpressão
   definição, 541
reimpressões, 386
rejeição, 128
rejeições
   relações autores/editores, 354
relação entre autores e editores
   fontes de tensão, 213
relatório de lançamento em produção, 332
relatórios
   vantagem da revisão de provas eletrônica, 398
representante editorial (divulgador)
   definição, 541
representantes de vendas, 429, 459
retranca
   definição, 541
reunião de transmissão
   definição, 541
   lançando um livro em produção, 330
reunião editorial, 157
reuniões editoriais
   avaliação e viabilidade de projetos editoriais, 323
revisão de provas
   digital. *Ver* revisão de provas eletrônica
   dupla leitura, 395
   eletrônica, 397
     caneta para telas sensíveis ao toque, 400
     carimbos, 400, 401, 486, 487, 491
     diferença entre editar e retocar no Adobe Acrobat Pro, 399
     editando arquivos PDF, 399
     mesa digitalizadora, 400
     vantagens, 397
   em papel, 395
   leitura individual, 397
   listas de verificação, 402
   métodos, 395
   número de provas, 395
   primeira prova, 395
   prova suja, 397
   revisão em dupla, 395
   segunda prova, 395
   sinais de revisão, 397
     exemplo de prova revisada, 397
   terceira prova, 395
   tradicional, 395
revisão de provas diagramadas, 380
revisão em dupla, 395

revisor de provas. *Ver também* editor de texto
Rew, Johnson, 411
Rew, Lois Johnson, 389
ritmo
   materiais educacionais, 166
Rocco, Tonette, 129, 136
Rosa, Guimarães, 146, 264
Rowling, J. K., 143
royalties, 184, 196, 197
   definição, 541

S

Samuelson, Paul, 135
sangrado, 247
Saraiva, editora, 97
saturação do mercado
   versus determinação do alvo de mercado, 139
Schneider, Meg, 144, 202
Schoenfeld, A., 200
segmentação dos mercados, 469
seleção de autores
   criando autores, 306
   critérios, 308
selo
   definição, 542
serviços de armazenamento e/ou compartilhamento de arquivos, 227
Silverman, Franklin, 204
Simon & Schuster, 109
sinais de revisão, 397
sinergia, 72
   gerenciamento editorial, 72
sistema de cores, 245
site
   como criar seu site, 523, 528
sites
   campo de ação, 530
   divulgando sua identidade, 526
   informações aos visitantes, 527
   introdução, 523
   investimentos, 531
   layout, 524
   suporte a navegadores, 524
   suporte a resoluções de tela, 525
   suporte a tablets, smartphones e TVs, 525
   vendas, 529
slides de apresentação
   material complementar digital, 194
Smith, Kelvin, 294, 446, 467
SnagIt, software de captura de tela, 226
SNEL (Sindicato Nacional dos Editores de Livros), 234
solicitação de cotação de impressão
   exemplo, 370
Sommers, Nancy, 411

Sorel, Edward, 454, 467, 523
StarOffice, 225
StarOffice 8 Conversion Technology Preview, 225
Steel, Danielle, 144
Sterry, David, 133
Stevens, Wallace, 144
Stock, Rachael, 204
Stock, Rachel, 338, 361
Stovall, James, 412
Strunk, William Jr, 163
submissão
    definição, 542
sugestões para publicação eletrônica bem-sucedida
    publicação eletrônica, 510
sumário, 238
    definição, 542
    proposta de publicação, 153
supervisor de atendimento ao cliente, 430
SWOT, análise, 473, 474, 475, 476

T

tabelas
    materiais educacionais, 170
tarefas principais
    funções do editor de texto, 411
Tarutz, Judith, 126, 191, 278, 361
tecnologia
    marketing, 455
tecnologias da informação
    papel na educação, 490
tecnologias, mercados e valor agregado
    publicação eletrônica, 502
texto
    proposta de publicação, 151
The Chicago Manual of Style, 411, 412
TIFF (Tagged Image File Format), formato de arquivo, 225
tipo de comunicação de marketing, 474
tipos de comprador, 482
tipos de editores, 181
tiragem
    definição, 542

título
    definição, 542
títulos correntes, 242
trabalhando com seus editores
    procurando uma editora, 190
trabalhando com um editor de desenvolvimento, 212
treinamento
    diagramadores, 369
    editores de texto, 369
treinamento dos representantes de vendas (divulgadores)
    marketing, 459
triagem editorial
    funções do editor de texto, 418
troca de editores
    relações autores/editores, 359
Twain, Mark, 389

V

Vandrick, Stephanie, 129
vendas
    diferença em relação a marketing, 436, 438
    função, 427
    marketing, 427
    sites, 529
vendas de assinaturas
    como criar seu site, 529
verificação de fatos
    editor de texto, 402
verniz de reserva, 245
vida útil de um livro, 197
vinculação e incorporação de objetos, 226
vinculando um arquivo, 226
vocabulário
    materiais educacionais, 165
Vonnegut, Kurt, 130

W

Warthon, Robert, 116
White, Elwyn Brooks, 163
Wiley, 109
Woll, Thomas, 98, 295, 426
World Wide Web, 456